新媒体文化研究选读

SELECTED READINGS ON
NEW MEDIA
CULTURE RESEARCH

曾一果　王敏芝 / 主编

中国人民大学出版社
·北京·

本书为国家社会科学基金重大招标项目
"数字媒介时代的文艺批评研究"（19ZDA269）成果

前言
Foreword

新媒体文化研究选读

曾一果

一

要编写一本能够反映媒体文化前沿成果读本的想法已经好久,这种想法主要是由最近二十年来媒体文化领域的理论、现象以及媒体和技术自身急遽的变化引发的。我在接受《传媒观察》杂志副主编贾梦雨先生的访谈时曾强调当代文化发展的一个整体性走向:"文化—大众文化—媒体文化—新媒体文化"。这虽然是一种线性的文化叙事观念,但在我看来,这样一种相对较粗的线性文化叙事能够让人清楚地认识到,媒体与技术在文化发展中的作用越来越明显,研究新媒体文化十分必要。但以往我们在讨论文化时,很少考虑媒体和技术在其中的作用。北美两位学人麦克卢汉和伊尼斯是比较早地意识到这一点的。麦克卢汉的"媒介即信息"突出了媒介(媒体)对内容本身的决定性影响;伊尼斯则从媒体技术的发展角度认识文明和文化的长时段的变迁,从口头传播、文字传播,到印刷传播、电子传播,再到今天的数字传播,每一次文化变迁都是由媒体技术变革引起的。

说到媒体文化,绕不开的一个人物便是美国学者道格拉斯·凯尔纳,他的《媒体文化》《媒体奇观》等作品可以说引领了全球媒体文化研究的潮流。在接受中国学者王蔚的一次采访时,凯尔纳曾经详细地讲述了他的媒体文化研究之路:

> 20世纪80年代,我产生了一个重要的想法:我认为我们的文化是媒体文化,媒体将影响我们日常生活的方式,(通过商业广告及宣传)影响我们的经济,影响我们日益媒体化的政治(罗纳德·里根是当时的总统,因此当时的政治中,有些部分是作秀、形象工程和奇观),影响我们的文化。我们的文化正在逐渐转变为媒体文化,所有的文化形式都由媒体直接或间接地建构(比如,我们通过媒体了解到歌手或音乐的流行程度)。这个想法影响了我未来数十年的研究。

这种观念部分源于麦克卢汉。他在1964年出版的《理解媒介》一书中说道,伴随着新的媒体形式,我们将有新的文化形式、感官体验和日常生活。这种观念也同时受到法兰克福学派文化工业观点的影响,即资本与技术正在催生一种能够支配文化、经济、政治以及所有生活方式的综合事物。后来我更赞同葛兰西的观点,即文化是一个争夺的领域,而非法兰克福学派所说的是支配与操纵的工具。在那个时候，法兰克福学派的这个观点也是阿尔都塞和结构主义者以及其他马克思主义的媒体理论的观点。

"我们的文化正在逐渐转变为媒体文化，所有的文化形式都由媒体直接或间接地建构"，道格拉斯·凯尔纳敏锐地意识到了"文化之变"的根本原因在于媒体时代来临。借助于西方马克思主义的社会批判理论，他开始将研究重点放在媒体文化研究上。不过，20世纪90年代之前，凯尔纳的媒体文化研究主要集中在电影电视和录像文化领域，对于互联网时代的新媒体文化他虽有所关注，却着力不多。在凯尔纳等人的推动下，20世纪末以来，包括我国在内的全球媒体文化研究有了很大发展，特别是21世纪以来，随着互联网技术的迅猛发展，形形色色的新媒体文化现象引起了媒体文化研究者们的关注和重视，一些关于新媒体文化研究的前沿成果不断产生。这促使我有了编选一本能够全面反映媒体文化研究代表性成果的《新媒体文化研究选读》的想法。这个想法很快得到了合作者陕西师范大学新闻与传播学院王敏芝教授的呼应。

二

有了想法后，我们就着手选文、设计体例和联系出版社。大家目前看到的这本《新媒体文化研究选读》便是最后的成果。《新媒体文化研究选读》一共收录了32篇文章，汇集了国内外媒体文化研究领域的一些代表性成果。可以说，这是国内第一本以《新媒体文化研究选读》为名的媒体文化研究读本。

近几十年来，随着互联网的快速发展，五花八门的新媒体文化现象层出不穷，相关的文章和论述也是铺天盖地，要从中挑选出比较具有代表性的研究成果还是很艰难的。但为了编写一本能够汇集经典和反映最新前沿成果的媒体文化读本，我们决定迎难而上，绝不想随意地对待此事，就连书名我们也反复斟酌。一开始我们想用《媒介文化读本》这样的名称，但后来觉得，我们所编写的读本应该能够尽量反映出最新的一些前沿成果，所以经过商量和斟酌后定下了《新媒体文化研究选读》的书名。而哪些文章可以进入读本，更是一件不容易决定的事。记得当我跟中国传媒大学新闻学院院长、《现代传播（中国传媒大学学报）》主编隋岩教授联系，希望他授权一篇文章时，隋院长郑重地问我："一果，你们都选了哪些人的代表作？"显然，他对我们的选本没有太大信心，担心我们在知网上随便下载一些文章，拼凑成一本书。但当他听我详细地介绍了我们的想法和做法时，他在电话里说了句很给力的话："一果，好好弄。"隋岩老师的这句话极大地鼓励了我，增加了我们编选的信心。

为了让所选的文章具有代表性和前沿性，我和敏芝老师分头开出了一系列名单，这些名单基本上是国内外从事媒体文化研究的代表性人物，然后通过各种渠道查找其相关著述和文章——尽可能多地收集他们近年来的一些代表性成果，再从中挑选出我们认为可以进入读本的作品。当然，这个过程十分困难，因为不少媒体文化学者是高产作者，每篇作品的质量往往又特别高，有时似乎任意选一篇即可，但我们还是很慎重地比较，最终选定我们认为最具代表性也最符合媒体文化研究读本需要的那篇文章。即便如此，因为选本的容量实在有限，在这个过程中，肯定仍有不少遗珠之憾。

在这里，我要特别感谢合作者陕西师范大学新闻与传播学院的王敏芝教授。"中国高校影视学会媒介文化专业委员会第三届学术年会暨 2019 年媒介文化论坛"在四川外国语大学召开时,我认识了敏芝老师。次年该会议恰巧是由陕西师范大学承办,而敏芝老师就是主要的会务组织者之一。通过这两次学术研讨会,我发现敏芝老师是一位在媒体文化领域长期耕耘,且思想敏锐、做事投入的学者,对许多问题都有独到的见解。陕西师范大学会议之后,我们便开始了在媒体文化研究领域的一系列合作。这本书也是我们合作的成果,凝结了我们在媒体文化研究领域的一些共同想法,篇目也由我们共同商量而定。在这里,我对她的辛勤付出表示衷心的感谢。

三

就本书的体例和结构,我们做了认真的讨论和推敲,最终确定分为"理论探索""技术批判""文化观察""亚文化审视""访谈对话"五个部分。

"理论探索"部分重点介绍了不同学者对于媒体文化理论的思考与拓展。凯尔纳关于媒体文化的经典阐述自然不可或缺。杨国斌老师的《转向数字文化研究》原文刊发在《国际新闻界》上,该文敏锐地指出未来的媒体研究将转向数字文化研究。近年来,做粉丝文化研究的无人不知亨利·詹金斯的大名,在我们所选编的《大众文化:粉丝、盗猎者、游牧民》一文中,"粉丝""盗猎者""游牧民"等关键词已将詹金斯大众文化研究的核心思想表达出来。另外,我们所选编的安迪·贝内特的《后亚文化转向:十年后的一些反思》对亚文化与后亚文化的关系所做的思考势必对从事媒体亚文化研究的人有所裨益。作为英国文化研究第三代代表性人物,戴维·莫利的媒体文化思想深受威廉斯文化唯物主义理论的影响,在《传播与运输:信息、人和商品的流动性》中,他站在物质文化发展的角度思考赛博空间的传播问题,并指出:"我们与其把赛博空间抽象地看成一个统一的领域,不如探究不同的物质文化中虚拟与现实的具体结合方式。"这一观点对我而言有着醍醐灌顶的作用。吉见俊哉是日本乃至亚洲媒体文化研究的代表性人物,我曾经在中山大学的一次会议上见过他,其为人温文尔雅,演讲时说一口流利的英文。他的《媒介文化论》《声的资本主义》等作品在中国影响甚大。

当代互联网技术的迅猛发展对媒体文化理论和现实都构成了挑战,因此,在"技术批判"这部分,我们精选了一些对媒体文化中的技术问题思考深入的文章。陈龙的《媒介文化的现代性涂层危机》从社会批判的角度讨论了"媒介文化现代性的'涂层'现象"。在他看来,这种有趣的涂层现象正是由技术发展导致的:"当人们摆脱了旧媒介传播体系的束缚,欢呼来到媒介新天地之时,却发现一种新型附魅正在产生。新型附魅,即技术附魅,是指在文化生产和接受过程中因技术复杂而崇拜某种文化形式,进而忘记或放弃对文化'灵韵'的追求。随着 5G、AI(人工智能)在全社会的崛起,信息技术成为整个社会关注的焦点,而媒介内容、媒介文化该向何处去却少有人关注,这正是一种媒介文化现代性的'涂层'现象。"该文认为,这种技术"涂层"现象潜藏着深刻的社会和文化危机。作为一名思想敏锐的人文学者,在《电脑:机器的进化》中,汪民安用一种罗兰·巴尔特式的文字描述了电脑进化的历史。其中有一段话很触动我:"在同一台机器上能够轻而易举地将娱乐和工作进行转换,这是一种全新的工作方式。这也创造了一种新的自我技术:自我面对着新的自我诱惑,自我面对着管理自我的困难,自我还面对着自我内部的冲突。电脑让自我时刻处在一种纷争状态。"确实，今天在电脑之前的我们，似乎很难分清娱乐、休息和工作的关系了。蒋原伦则将目光聚焦到手机这个人们日日使用的"媒介物"上，关注的是这种媒介物（手机）与人的主体关系问题，而无论是亲密关系，还是异己关系，今天，谁都离不开手机，媒体、技术与人类就这样深深地被捆绑在一起。彭兰的《网络的圈子化：关系、文化、技术维度下的类聚与群分》思考的是互联网时代的社群与圈子问题，在她看来，关系、文化和技术三种力量共同塑造了网络的圈子化现象。陈霖的《论新媒介技术的青年亚文化价值取向》一文深入地讨论了新媒介技术与青年亚文化群体的特殊关系。他认为："在媒介发展史上，新的媒介技术总是以其本身的特性形成新鲜的文化刺激，对固有的、传统的、占主导位置的文化形态构成挑战和对抗，从而激发与催生相应的亚文化形态。"毋庸置疑，青年人总是新媒体技术最先的使用者和倡导者。

在"文化观察"部分，我们精选了周宪、隋岩、孙玮等人的研究成果。在《当代中国传媒文化的景观变迁》一文中，周宪认为当代传媒文化已经摆脱了"传统的格局"，进入了一个全新的发展阶段，而在这个过程中，政治和娱乐话语之间的张力决定着中国传媒文化的未来走向，而草根传媒的兴起则改变了传媒文化的版图。周宪肯定了草根传媒崛起的价值，但又敏锐地意识到"民间草根传媒如何发展出理性论辩的规则，如何避免非理性的传媒暴力，将是决定草根传媒命运的关键问题"。隋岩、姜楠在《加速社会与群聚传播：信息现代性的张力》中深入思考了加速社会产生的"脉冲式文化"现象。所谓"脉冲式文化"是指"一种呈现而非再现的文化"。"呈现与再现的区别在于它们各自蕴含着不同的时间性。诗歌、小说、绘画、摄影、戏剧、电影等是再现的文化，它们依循着节律、叙事、描摹、构图、表演与蒙太奇等方式，将'过去'的事与物在时间的延宕中阐释给受众品味，在时间的持续与累积中创造价值。而热搜榜、流行语、网络直播等则是呈现的文化，它们借助感官刺激、制造轰动、博出位、制作吸引人的标题等手段，将'现在'的事与物在即时的散播中填塞给受众消遣，企图在时间的迅即与消费中创造价值——一种来自'震惊（shock）体验'的价值。""脉冲式文化"的提法对我们理解种种新媒体文化现象颇有启发意义。短视频打卡城市是一种媒体文化行动新潮，孙玮在《我拍故我在 我们打卡故城市在》一文中，从媒体哲学的角度对短视频打卡的媒体文化实践潮流进行了深入分析。

亚文化是媒体文化研究的一个重要板块。在第四部分，我们专门编选了部分亚文化研究的代表性成果。蔡骐的《网络虚拟社区中的趣缘文化传播》较早地讨论了网络虚拟社区的"趣缘文化"现象，该文的许多观念与安迪·贝内特、萨拉·桑顿等人的后亚文化思想不谋而合。马中红的《青年亚文化视角下的审美裂变和文化断层》深入讨论了互联网空间中的种种代际冲突现象，并由此思考其背后的审美裂变和文化断层现象。朱丽丽、蔡竺言的《"弹性"的毛细管作用：中国粉丝权力网络的博弈与变迁》借助福柯富有创造性的"'弹性'的毛细管作用"一说，从微观的权力关系入手，详细描述了改革开放以来中国粉丝权力网络的变迁图景。何威的《从御宅到二次元：关于一种青少年亚文化的学术图景和知识考古》则从理论上对我国二次元文化理论进行了比较深入的梳理，这些梳理对我们理解新兴的青少年亚文化是很有帮助的。

在第五部分，我们精选了几篇重要的"访谈录"，这些访谈能够帮助我们更全面地把握媒体文化思想在全球和我国的发展和变化脉络。例如在第一篇访谈录中，道格拉斯·凯尔纳详细地回顾了自己的媒体文化学术之旅。陶东风在接受杜安的访谈时，仍然倡导语境化和适合中国本土的文化研究，即从具体的历史、政治、社会和文化语境出发研究文化问题。陶东风认为如果只是简单"照搬西方文化研究范式"，忽视中西方语境的差异，势必会出现"难以避免的错位"。这一思考对每个从事媒体文化研究的人来说显然都是非常重要的。

四

本书所编选的32篇文章，有的侧重媒体文化理论思考，有的侧重文化现象观察，有的是对经典的回顾，有的是对前沿问题的探索……总之，它们从不同层面、不同角度勾勒了近年来国内外媒体文化研究的整体图景——从中我们既可以了解国外的研究动态，也可以看到本土媒体文化研究的发展和变化过程。我相信，精选出来的这些成果，对现在或将来要从事媒体文化研究的人或多或少都会有所启发。至少就我本人而言，许多文章让我受益匪浅，有些文章我甚至反复读了好多遍，并将其推荐给我的博士生和硕士生们学习。

在这里，我要特别感谢本书各篇文章的作者（包括翻译者）。在收集、整理和筛选文章的过程中，为了得到各位作者的授权，我一一和各位联系。令人感动的是，几乎所有作者（国外学者主要通过翻译者授权）都很支持这项工作，有些作者如隋岩教授还给了我许多有益的建议。周宪、汪民安、蒋原伦、彭兰、孙玮和陈龙等著名学者也都慷慨授权。

近年来，我一直从事媒体文化领域的相关研究和教学工作，先后出版了《西方媒介文化理论研究》《媒介文化理论概论》《媒介文化论》《中国传媒文化百年史》等著作，在这个过程中，我结识了许多同道，还和其中的一些学者共同创立了中国高校影视学会媒介文化专业委员会，陈龙教授担任了媒介文化专业委员会主任一职。本书里的陈霖教授、朱丽丽教授、马中红教授、何威教授、黄典林教授、刘涛教授、于德山教授、王敏芝教授等人也都是媒介文化专业委员会的理事。围绕着媒体文化，大家有许多共同的学术旨趣，也经常就媒体文化的某些议题展开学术交流和讨论，一起推动着媒体文化研究不断朝纵深方向发展。本书也是媒体文化学术共同体中多位研究者劳动成果的结晶，在这里，借助本书的出版，我要向媒体文化研究的各位学术同行表示衷心的感谢。

另外，我要特别感谢中国人民大学出版社的翟江虹编辑，她的认真、专业和热情，让这本书得以顺利面世；我的几位博士和硕士研究生积极参与了本书的核校工作，他们是王可心、陈爽、昂振、钱伟浩、莫非、罗舜心、严明、吴宇迪、许润莎；王敏芝老师的硕士研究生周文俊、李懿轩、屈晓亮、张旭鹏、辛飞也参与了本书的核校工作，感谢他们的辛勤劳动。

真是"弹指一挥间"，不知不觉我在暨南大学工作已逾五载。在这五年中，我得到了暨南大学特别是新闻与传播学院的领导以及很多同事的关心和帮助。身处岭南他乡的我，常常不忍登高临远，因为望故乡渺邈，归思难收。但还好，有了许多朋友的关心支持，没那么孤独。在这里，我向所有关心和支持我的人表示衷心的感谢！

曾一果

2023 年 8 月于暨南大学

目 录

一、理论探索

文化研究、多元文化主义与媒体文化 道格拉斯·凯尔纳 / 3

转向数字文化研究 杨国斌 / 13

大众文化：粉丝、盗猎者、游牧民
　　——德塞都的大众文化审美 亨利·詹金斯 / 21

后亚文化转向：十年后的一些反思 安迪·贝内特 / 30

传播与运输：信息、人和商品的流动性 戴维·莫利 / 44

全球媒体与文化帝国主义批判 吉见俊哉 / 57

批判理论、文化工业与媒体发展
　　——从法兰克福学派到今日批判理论 曾一果 / 65

媒介文化理论的意义符号阐释 刘　坚 / 78

媒介社会学的文化研究路径：以斯图亚特·霍尔为例 黄典林 / 86

二、技术批判

媒介文化的现代性涂层危机
　　——对一种基于技术逻辑的新型文化资本的批判 陈　龙 / 103

电脑：机器的进化 汪民安 / 116

手机功能的演变：从主体到异己者 蒋原伦 / 128

网络的圈子化：关系、文化、技术维度下的类聚与群分 彭　兰 / **137**

论新媒介技术的青年亚文化价值取向 陈　霖 / **149**

新型图像技术演化与当代视觉文化传播 于德山 / **158**

媒介文化视域下的技术逻辑审视 鲍海波 / **167**

媒介与传播物质性研究：理论渊源、研究路径与分支领域 曾国华 / **175**

三、文化观察

当代中国传媒文化的景观变迁 周　宪 / **191**

加速社会与群聚传播：信息现代性的张力 隋　岩　姜　楠 / **201**

我拍故我在　我们打卡故城市在
　　——短视频：赛博城市的大众影像实践 孙　玮 / **215**

媒介·空间·事件：观看的"语法"与视觉修辞方法 刘　涛 / **229**

声音与"听觉中心主义"
　　——三种声音景观的文化政治 周志强 / **241**

一个线上公祭空间的生成 李红涛　黄顺铭 / **254**

20世纪90年代以来中国媒介文化生产的整体性嬗变 王敏芝 / **273**

四、亚文化审视

网络虚拟社区中的趣缘文化传播 蔡　骐 / **287**

青年亚文化视角下的审美裂变和文化断层 马中红 / **304**

"弹性"的毛细管作用：中国粉丝权力网络的博弈
　　与变迁 朱丽丽　蔡竺言 / **316**

从御宅到二次元：关于一种青少年亚文化的学术图景和知识
　　考古 何　威 / **334**

五、访谈对话

媒体文化研究的进路
——道格拉斯·凯尔纳访谈录 王 蔚 道格拉斯·凯尔纳 / **355**

回到发生现场与本土文化研究的超越
——陶东风教授访谈 陶东风 杜 安 / **366**

媒介学：观念与命题
——关于媒介学的学术对谈 陈卫星 雷吉斯·德布雷 / **375**

尼克·库尔德利：数据殖民主义是殖民主义的最新阶段
——马克思主义与数字文化批判 常 江 田 浩 尼克·库尔德利 / **383**

一、理论探索

文化研究、多元文化主义与媒体文化*

□[美]道格拉斯·凯尔纳 ◎赵士发 译

摘 要

批判性的文化研究使人们能够剖析当代媒体文化产品,从而获得应对文化环境的能力。近年来,文化研究已经开创了社会文化研究的一整套方法,主要包括文化的生产和政治经济学分析、文化的文本分析、文化的受众与接受分析等。这种多元的方法从媒体文化文本中分析生产、阶级、民族、种族、性别、国籍与意识形态等维度,并研究它们对受众接受文化时产生的影响。媒体文化效应的多样性与争议性要求文化研究运用批判的、多元文化主义的与多视角的综合性方法。

关键词

媒体文化;多元文化主义;文化研究

作者简介

道格拉斯·凯尔纳(Douglas Kellner),1943年生,现为美国加利福尼亚大学洛杉矶分校教授,主要研究晚期马克思主义和社会批判理论,并致力于媒体文化批判和教育哲学研究,近些年在后现代主义、当代美国文化批判与多元文化路径探索等方面取得了突出的成果。

译者简介

赵士发,武汉大学哲学学院、马克思主义哲学研究所教授。

一、引 论

广播、电视、电影和其他媒体文化产品为我们提供了许多材料,这些材料来自我们塑造的特有身份、自我意识和一些观念,即我们成为男性或女性意味着什么,还有我们

---

* 凯尔纳,赵士发. 文化研究、多元文化主义与媒体文化[J]. 国外社会科学,2011(5).

的阶级、种族、国籍和性别意识以及"我们"和"他们"的观念意味着什么。媒体形象帮助我们塑造了世界观和更深层的价值观：什么是好的或坏的，哪些是积极的或消极的，怎么做才是道德的或邪恶的。媒体故事提供了象征、神话和资源，借此我们建构起共同的文化，并通过实践而使自己融入这种文化。媒体奇观向我们展示了谁有权、谁无权，谁被允许或谁不被允许动用军队和使用暴力。它们使武装权力戏剧化与合法化，并表明无权的人必须待在他们的位置上或任人压迫。

从摇篮到坟墓，我们一生都浸泡在媒体和消费社会里，因而，学习怎样理解、解释和评论媒体的信息和含义就显得非常重要。媒体是一种复杂的且常被误解的文化教育学资源，它教导我们如何去做或者不去做，教我们想什么、感受什么、相信什么、害怕什么、期望什么。媒体也是教育的一种形式，它教导我们如何做男人或女人，如何着装、打扮和消费，如何对不同社会群体的成员做出反应，如何变得受人欢迎，如何取得成功和避免失败，如何顺应主流社会的规范、价值、实践和制度系统。因此，获得批判媒体的素养，对个人来说，是学习应付充满诱惑的文化环境的重要途径。学习如何阅读、批判和抵抗社会文化的操纵，能够使一个人与占优势的媒体和文化形式相联系，能够提高个人面对媒体文化的自主权，增强人们应对文化环境的能力。

在此，笔者将要讨论文化研究视角对提高媒体批判能力和文化素养具有哪些潜在贡献。近年来，文化研究已经作为文化与社会研究的一整套方法而出现。伯明翰当代文化研究中心开创了这条路径，这条路径培育了多样性的批判方法，并对文化产品进行了分析、解释和批判。通过一系列的内部辩论，在回应 20 世纪六七十年代的社会运动的过程中，伯明翰学派开始逐渐关注文化文本，包括媒体文化中的阶级、性别、民族、种族和国籍等重要概念之间相互具有哪些影响。他们最先研究报纸、广播、电视、电影和其他大众文化形式对受众的影响，同时也关注各种各样的受众如何解释和使用不同的媒体文化，分析那些导致不同受众对多样媒体文本做出不同反应的因素。

英国文化研究在研究青年亚文化的过程中，展示了文化如何塑造出不同的个性形态和群体认同。对文化研究来说，媒体文化为塑造人的世界观、行为甚至个性提供了原料。那些不加批判地追随媒体文化指示的人，本身易于成为主流，遵循主流社会的时尚、价值观和行为。然而，文化研究对于亚文化群体和个人如何反抗主流社会的文化认同形式，从而创造他们自己的风格和个性也同样感兴趣。于是，那些服从流行服装和时尚符号、行为和政治意识形态的人，形成了在主流群体中作为特殊社会群体成员（例如白种人、中产阶级、保守派的美国人）的身份。以亚文化（如朋克文化、黑人民族主义文化）为标志的人群，他们的表现和行为不同于那些在主流文化中的群体，于是产生了对抗的身份，他们自我界定为反标准类型。

文化研究认为，文化必须在社会关系和制度中通过文化生产和消费来研究。因而文化研究与社会学、政治学、经济学研究密切相关。文化研究表明媒体文化如何清楚地说明了占支配地位的价值、政治意识形态、社会发展和时代的新奇事物。它将美国文化和社会设想为一个竞争地带，各种各样的群体思想为统治地位而斗争。电视、电影、音乐和大众文化形式，往往是自由的或保守的，间或也表达更多激进的或反抗的观点。

文化研究是有价值的，因为它提供了一些使人能够批判地解读文化的工具。从小说到电视的更广阔的文化产品统一体，都是文化研究考察的对象，它拒绝建立任何特殊的文化层级和标准，从而颠覆了文化的高低之别。以前，接近文化的主要是学究和精英，他们认为媒体文化陈腐、无价值、不值得认真关注。与之相比，文化研究方案应避免将文化领域分成高雅文化与低俗文化，或分成大众文化与精英文化。这样的区分是很难成立的，并且通常服务于美学的价值标准和政治的需要（例如肯定高雅文化而忽视大众文化，或者赞美被认为是"流行的"大众文化，而鄙视被认为是"精英的"高雅文化）。

文化研究为我们没有偏见地对待一种或另一种文化文本、制度或实践提供了可能，让我们有可能从整体上对文化进行批判的考察。它为对更多不同的文化产品进行政治的而不是审美的评价开辟了道路，人们试图从文化产品中将"批判的与反对的"和"顺从的与保守的"观念区分开来。例如，对好莱坞电影的研究表明，电影在20世纪60年代促成了激进分子和反主流文化的观点，在20世纪70年代电影成为自由主义者和保守主义者的战场。然而，20世纪70年代后期的电影趋向于保守主义，帮助罗纳德·里根当选为总统。

对于文化研究的方案，有一个内在的、批判的与政治学的维度，它不同于从客观主义的和不关心政治的学术路径去研究文化和社会。例如，英国文化研究从文化的社会起源和社会效应中历史地分析文化。它把文化置于社会生产和再生产的理论中，指明文化形式进一步服务于社会统治的途径，或者使人们能够进行反对现行统治的反抗和斗争。它将社会分析为一套等级的和敌对的社会关系，主要以从属的阶级、性别、种族、人种和国民阶层受压迫为特征。它采用葛兰西的霸权和反霸权模型，试图分析"霸权的"或占统治地位的社会的和文化的支配力量，同时也寻求反霸权的反抗斗争力量。为了援助反抗压迫、反抗统治的政治斗争和推动解放进程，这个方案致力于推进社会转型，试图详细说明统治和反抗的力量。

对文化研究来说，意识形态的观念是非常重要的，因为占统治地位的意识形态服务于统治与被统治社会关系的再生产。例如，阶级意识形态赞扬上层社会的生活而贬低劳动阶层的生活，性别意识形态促使男性歧视女性，种族意识形态利用种族主义歧视有色人种和少数族裔。意识形态使不平等和从属关系的出现显得自然而合理，从而引诱人们认同统治关系。当代社会是由不同政治意识形态（自由主义的、保守主义的、激进主义的，等等）的对立群体构成的。文化研究表明，如果可能，在一个给定的文化产品（当然包括意识形态矛盾的详细说明）中，意识形态是有效的。在研究过程中，笔者将会提供一些意识形态分析和批判的例子，说明不同意识形态在媒体文化文本中是如何起作用的。

由于文化研究关注种族、性别和阶级的情况，以及对导致各种形式的压迫的意识形态的批判，它提出了一个多元文化主义的方案，展示了文化如何再生产某种形式的种族主义、性别主义，以及反对从属阶级成员、社会团体或替代生活方式的偏见。多元文化主义肯定了不同类型的文化和文化群体的价值，比如，主张非裔、拉丁裔、亚裔、印第安人、同性恋者以及其他受压迫的和处于边缘的群体，都有他们自己的合法性和重要性。一个反抗的多元文化主义试图表明各行各业人们的声音和体验是如何消失的，以及它们是如何从主流文化中被剔除的，并为帮助被排除在主流文化之外的群体表达不同的观点、经验和文化形式而斗争。于是，保守势力以攻击多元文化主义为目标，他们希望保持白人男性现有的标准与欧洲中心的特权，在 20 世纪 60 年代至今的文化战争中，他们从教育、文艺和自由表达的限制等方面对多元文化主义进行了攻击。

于是，文化研究促进了多元文化主义的政治和媒体教育学，其目的在于使人们对权力和统治关系在电视或电影等文化文本中如何编码保持敏感。但是，它也需要详细说明人们反对占统治地位的编码的意义，创造他们自己可供选择的批评文本。文化研究表明了媒体文化是如何被操纵和被灌输给我们的，这使个体能够抵抗媒体文化产品中的统治意识，生产他们自己的意义。它也有助于形成媒体文化内部的反抗和批评的契机，从而促进批判意识的发展。

批判的文化研究开创的概念和分析使读者能够剖析当代的媒体文化产品，获得超越文化环境的能力。文化研究将有见识地考察和揭示整个文化领域，为个体权力、政治斗争和社会转型提供一个广阔的、综合的构架，以便进行文化、政治和社会研究。在下文中，笔者将阐明文化研究中那些（在笔者看来）最有价值的主要因素。

二、批判的文化研究的要素

文化研究最有力的地方是它包含着三重方案：分析文化的生产和政治经济学、分析文化文本、分析受众对这些文本及其影响的接受。这一全面综合的方案避免了太狭隘地集中于其中的某一个维度而忽视其他维度的缺憾。为了避免这样的局限，笔者打算采取多元视角的方法来讨论：(1) 生产和政治经济学；(2) 文本分析；(3) 受众对文化文本的接受和使用。①

(一) 生产和政治经济学

在近来的许多文化研究模式中，生产和政治经济学都是被忽视的。强调分析文化文本在生产和分配系统中的重要性是非常必要的，这常常被称为文化的政治经济学。②将文本置于文化生产和分配系统中，能够帮助阐明文本的特征和影响。与其说是从相反的途径走向文化，不如说是政治经济学能够对文本分析和批判有实际性的贡献。生产系统通常决定将会生产什么类型的文化产品，在结构上决定什么能够被说明，而什么又不能够被说明和展示，将有哪些限制，文本将会产生怎样的受众效应等。

---

① 斯图亚特·霍尔揭示了这个模型，指导了许多早期伯明翰学派的作品。然而，大约在 20 世纪 80 年代中期，伯明翰学派开始日益忽视文化的生产和政治经济学（一些人认为这一直是他们工作的一个问题），他们的许多研究变得更加理论化，切断了同政治斗争的联系。笔者试图对早期伯明翰方案的精神进行重新渲染，根据当代文化的发展而重构它。

② "政治经济学"这个术语提醒我们注意，发生在具体的经济系统中的文化生产和分配事实，构成国家和经济之间的联系。例如，在美国，资本主义制度预示文化生产被市场规则统治，但系统的民主主义规则意味着有一些国家制定的文化制度。关于多少活动被市场或经济学的压力统治，多大程度的国家管理和干涉才是令人满意的，多大程度上确保广播节目的多样性，哪些现象被认为是应禁止的有害现象（例如香烟广告和色情）等，在一个特定社会内部存在着张力。

例如，对电视、电影或流行音乐的编码的研究之所以得到加强，是因为对生产的规则和惯例的研究得到了加强。这些文化形式是由界限明确的规则和惯例构成的，文化研究的成果能够帮助说明编码实际上在起作用。比如，由于广播和音乐电视格式的要求，许多流行歌曲的时间长度都是3～5分钟，以适应发行系统的格式。由于大公司首先追求利润，受此目的驱使，美国电影、电视的生产中占主导的都是一些特殊的形式，如谈话和娱乐节目、肥皂剧、情景剧、动作和冒险系列剧、电视真人秀等。这种经济因素解释了为什么会有某些流派和亚流派的周期，为什么会有电影产业中的狂热，为什么会有流行电影与电视系列的交叉，为什么产品结构中会有某些同质性。这些在生产系统中都标示着严格的类型编码、刻板的惯例和明确限定的意识形态边界。

政治经济学的研究同样能够帮助判定政治的和意识形态的话语及其影响的界限和范围。例如，笔者对美国电视的研究揭露了主要跨国公司接管广播电视公司和传媒集团是20世纪80年代美国社会"向右转"的一部分，它们凭借强大的公司实力赢得了对政府和主流媒体的控制。例如，在20世纪80年代，三个广播电视网被大公司集团接管：1985年美国广播公司（ABC）由都市通信公司（Capital Cities Communications）接管，1985年美国全国广播公司（NBC）由通用电气公司接管，哥伦比亚广播公司（CBS）由悌西金融集团接管。美国广播公司和美国全国广播公司带着源于里根主义的利益动机寻求合并，这可能会导致它们忽视对里根的批判，通常会支持他的保守主义计划、军事冒险、总统连任。

今天，公司集团得到进一步强化，美国在线、时代华纳、迪士尼和其他全球媒体集团控制了更多的文化生产与分配的域名。例如，在全球化的背景下，如果不分析生产与新闻信息的政治经济学，不分析海湾战争的真实环境和受众的接受，就不能够真实地分析媒体在海湾战争中的角色。同样，保守派公司对占统治地位的媒体企业的所有权，有助于解释主流媒体为何支持布什政府及其政策，例如发动阿富汗战争。

对于娱乐，如果一个人没有分析麦当娜的市场策略、她的政治环境和她的文化产品及其影响，就不能完全把握麦当娜现象。在与之相似的时尚中，年轻女性流行音乐明星（如玛丽亚·凯莉、布兰妮·斯皮尔斯、詹妮弗·洛佩兹）和组合也是展示魅力工业和媒体奇观的工具，使明星成为某种时尚、美、风格以及音乐公司的标志。在评价色情文学的社会影响时，应该意识到性产业（如色情电影）的生产过程，不能仅描述文本本身和它们对受众的影响。

而且，在全球化时代，一个人必须知道全球网络的文化生产与分配是按利润和企业霸权进行的。然而，单独的政治经济学不能把握文化研究的关键，因为单一的方法有其局限性。一些政治经济学分析降低了文本的意义和影响，很大程度上限制和减少了文本的意识形态功能，认为媒体文化仅仅反映了占统治地位的经济精英的意识形态，它控制了文化工业，只是资本主义的意识形态机器。真实的情况是，西方媒体文化压倒一切地支持资本主义的价值，但它也是不同的种族、阶级、性别和社会团体之间激烈争斗的领域。这样，为了完全把握媒体文化的性质和效应，我们需要开创新的方法去全面分析它的意义和影响。

(二) 文本分析

媒体文化产品要求多维度地接近阅读文本，分析它们多种多样的话语形式、意识形态立场、叙述策略以及形象构造和影响。媒体文化的文本批判类型很广泛，从定量的内容分析，比如剖析一个文本中暴力插曲的数量，到定性研究，如调查妇女、黑人或其他群体的形象，把各种各样的批评理论应用于揭示文本的含义，或说明文本如何生产意义。传统上，文本的定性分析是形式主义文学评论的任务，它致力于分析想象的文学作品的形式属性，诸如风格、形象比喻、描述、叙述结构、观点和人工产品的其他形式元素，能够说明文化产品的重要含义、价值、象征与意识形态。然而，从20世纪60年代开始，文学形式主义的文本分析——这种源于符号语言学的方法得到了发展，成为一个研究意义创造的系统，不仅适用于书面语言，而且被运用于其他不用语言的符码，如电影电视的视听语言。

符号语言学分析语言和非语言的文化现象如何形成意义的系统，就像送给某人一朵玫瑰花就是爱的标志，在大学考试中得到一个A就是完成了学习任务。符号语言的分析能够和风格批评联系起来（习俗研究决定文化形式，如肥皂剧的类型），揭示特殊风格的编码和形式怎样遵循特定的意义。例如，情景剧遵循一个冲突和解决冲突的模式，论证如何通过正确的行动和价值观解决一些社会问题，提供恰当和不恰当行为的道德故事；相反，肥皂剧扩散问题，提供关于需要通过生活的无止境的苦难而获得的忍耐力和痛苦的信息，产生积极的和消极的社会行为模型；广告展示了商品推广方案如何解决普及、接受和效果的问题；等等。

例如，一部符号语言学和风格分析的电影《第一滴血》（1982年上映），将会说明它如何遵循好莱坞的惯例——战争电影使美国和它的"敌人"之间的冲突戏剧化。符号语言学描述了依据第二次世界大战的电影符码如何建立反角形象，如何解决冲突达到美丽结局，这遵守了传统好莱坞的经典电影制作模式，描绘了正义压倒邪恶的胜利。符号学分析也将包括对电影形式元素的缜密研究，比如对《第一滴血》，要仔细剖析将主人公兰博作为一个神呈现出来的摄影角度和方法，或他作为自然力量穿越丛林的慢镜头形象。对2001年的电影《香草天空》的符号学分析，将着手于卡梅伦·克罗的电影如何再现1997年的西班牙电影，运用明星汤姆·克鲁斯和佩内洛普·克鲁兹如何卷入现实生活的浪漫史，提供了一个关于美丽、欲望、性和权力标志的现代神话。科幻小说的主题和形象呈现了对未来的符号学描述，技术科学可以使每个人都变美丽，生活在自己的文化美梦之中。

这种文化研究的文本分析把形式主义分析与考察文化如何传达具体的性别、种族、阶级、性、国家等意义的意识形态批判结合起来，而意识形态的文本分析则运用多种方法来充分解释每一个维度，表明它们是如何符合文本系统的。任何一种批判方法都只是从一个特殊的视角分析并突出文本的某些特征而忽略其他。比如，马克思主义的方法倾向于突出阶级，女权主义方法强调性别，批判的种族理论关注种族和种族划分，同性恋理论解释性别。

各种批评方法都有它们自己的优势与局限。就传统而言，马克思主义意识形态批判在阶级和历史语境的分析方面发挥了自己的长处，但在形式分析方面却较为单薄。许多马克思主义版本是高度"还原论的"，将文本分析还原为对统治阶级意识形态的批判。一些女权主义版本也是还原论，早期的女权主义限制自己分析性别形象，而一些形式复杂的女权主义版本则把心理分析和符号学等方法引入性别分析。心理分析要求解释无意识的内容和意义，能够清楚说明在文本中隐藏的意义。如阿尔弗雷德·希区柯克将梦境设计成电影符号，阐明了他的角色困境，或者如《雌雄大盗》（1967年上映）中建构的一个女主角靠着床栏的形象，暗示她的性要求受挫，也暗示她被禁锢在中产阶级的家庭生活里，还暗示她需要反抗。

　　当然，每次从评论家的主体立场来阅读文本都只有一个可能，即不管它如何多方面透视，都只可能成为部分受众的偏爱对象。因为在原文的编码和受众的解码之间有裂痕，所以总是存在每一种媒体文化文本都具有多样性解读的可能性。[①] 当然，任何文本的开放性或多义性都是有限的，文本分析能够说明阅读的可能参数并描绘前景，其目的在于阐释文本及其文化与意识形态的效果。这样的分析也给批判误读或者片面的、不完善的解读提供了原料。因而进一步贯彻文化研究分析，必须考察不同的受众实际上是如何阅读媒体文本的，并判定它们对受众思想和行为的影响。

（三）受众对文化文本的接受和使用

　　所有的文本都会受到多样的解读，这取决于读者的视角和主体位置。不同性别、阶级、种族、国家、地区、性取向和政治思想的成员，对文本的解读是不同的，那么，不同的受众为什么会用不同的有时甚至是冲突的方式来解释文本？对此，文化研究可以进行解释。尽管以文化研究接近受众的标准来衡量也有一些局限性，会导致一些问题，但关注受众的接受确实是近几年来文化研究的优点之一，这也是它的主要贡献之一。

　　发现受众如何阅读文本的一个标准方法是从事人种学研究，尝试判定文本是如何影响受众及其信仰和行为的。人种学的文化研究已经指出了一些方法，使受众能够经常使用与占有文本。例如，雷德威研究滑稽角色的小说，说明了这些书如何给女性提供了空想，被理解为对传统女性角色、行为和观点的再造。然而，它们也使女性能够通过对不同生活的幻想，激起对男性统治的反抗。或者，对其他的受众来说，它们可能强迫女性服从于男性的统治，使女性陷入浪漫的幻想，如对白马王子的服从始终被认为是女性的幸福。

　　媒体文化为个体创造认同和意义提供了原料，而文化研究发现了文化形式的作用。青少年把电子游戏和音乐电视作为逃离社会规范要求的方法。男性把体育作为一个幻想认同的领域，在其中他们能够感受到作为"他们的"团队和明星获得的胜利。这样的体育赛事也产生了某些团体，这些团体目前正迷失于当代私有化的媒体和消费主义文化中。事实上，各种类型的影迷，从《星际迷航》的粉丝到《吸血鬼猎人巴菲》的爱好

[①] HALL S. Encoding/decoding [M] //HALL S, HOBSON D, LOWE A, et al. Culture, media, language. London: Hutchinson, 1980.

者，各种各样的肥皂剧迷，也形成了团体，使人们能够和其他人联系起来，分享彼此的兴趣和爱好。实际上，一些粉丝也积极地再现他们喜爱的文化形式，例如改写他们喜欢的节目剧本，有时以删节形式重新定义人物的性别特征，或者以音乐的形式借用或复制"叙情民歌"。

受众接受强调了受众的接受和借用，帮助文化研究克服先前对待文化的片面的文本主义倾向。它也指导我们关注文本的实际政治影响和受众如何使用文本。实际上，有时候受众颠覆了文化产品制片人或经理人输送给他们的意图，就像机敏的年轻受众嘲笑那些大肆宣传某些角色、展览或产品的意图太过明显那样。受众研究能够揭示人们实际上是如何使用文化文本，以及文本文化是怎样影响他们的日常生活的。虽然这里还存在一些问题，但是接受研究已经在文化研究中建立起来，尤其是在美国的文化研究中建立起来，对此笔者是同意的。实际上，阶级作为一个构成受众解码和使用文化文本的重要变量被忽视是危险的。英国的文化研究对文本使用和接受文化文本的过程中的阶级差别以及亚文化的差别尤其敏感，而不是像笔者已经注意到的美国文化研究中的那些学位论文、著作和文章那样不重视阶级。美国学院大多数学科忽视作为文化和社会本质特征的阶级，这种地域缺陷并不奇怪。

然而也有相反的危险，即夸大阶级的本质力量而不重视甚或忽视像性别和种族划分这样的变量。斯泰格指出，费斯克（John Fiske）在哈特利（John Hartley）的基础上列出了七个对文化接受很重要的"主体性立场"——"自我、性别、年龄、家庭、阶级、国家和种族划分"，并且建议增加性取向。毫无疑问，影响受众如何接受和使用文本的因素还有很多，在研究文化的接受时，必须考虑所有这些因素。因为受众是依靠明确具体的要素解读和使用文本的，如他们的阶级、种族、性别、性取向等。

此外，笔者主张，所有的受众产生他们自己的意义，承认媒体文化具有强有力的控制效应，借此来提醒人们注意使"积极的受众"浪漫化的趋势。在文化研究中有这样的趋势：接受研究的传统使占统治地位的解读和反抗的解读之间形成对分①（构成费斯克作品的二分法）。"占统治地位"的解读是受众占有的文本符合占主导地位的文化文本的意识形态目的，就像恢复男性权力、法律、秩序和社会稳定那样，比如《虎胆龙威》电影的结局，英雄和有代表性的权威消灭了已经接管公司总部高层的恐怖分子，受众会感到愉悦。相反，一种"反抗的"解读赞美受众对所占有文本的反抗，例如，费斯克观察到在庇护所的无家可归的个体对占支配地位的文本的反抗，他们在重复观看《虎胆龙威》录像带时，为警察和权威人物的毁灭而欢呼。

在文化研究中有一个趋势，赞美抵抗本身没有区分抵抗的类型和形式，尽管这是有用的区分（一个相似的问题在于，在某些接受研究中不分青红皂白地赞美受众的快乐）。例如从无家可归的人的视角出发，《虎胆龙威》中对社会权威的抵抗，能够为强化粗暴的大男子主义服务，鼓励用暴力的方式来解决社会问题。让-保罗·萨特、弗朗茨·法农尤其是赫伯特·马尔库塞主张，当暴力施用于压迫的力量或反动分子时，当暴力用于大众力量反抗压迫时，就是根本的解放。相反，许多女权主义者或具有甘地主义思想的

---

① HALL S. Encoding/decoding [M] //HALL S, HOBSON D, LOWE A, et al. Culture, media, language. London: Hutchinson, 1980.

人，把所有的暴力看作粗暴的大男子主义行为的形式，许多人认为，用它来解决冲突是很成问题的。抵抗和快乐不能因此将它们本身规定为占有文化文本的进步因素，但是抵抗与对立的解读，或在特定经验中的快乐是进步的还是反动的，是解放性的还是破坏性的，都必须做出艰难的区分。

对于片面的纯粹文本分析来说，文化研究强调受众和接受是一个很好的校正。笔者认为，文化研究在最近几年过分强调接受和文本分析，而对文化生产和它的政治经济学强调不够。这种类型的文化研究盲目迷恋受众接受研究，忽视生产和文本分析，从而产生对民粹主义文本和受众使用文化产品的快乐的赞美。采取这样一种极端的方法，文化研究将会丧失它的批判性视角，导致一个倾向，即无论研究什么受众经验，都成为绝对的假象。这样的研究也忽略了特定类型媒体文化操控与保护的效应，服务于文化工业的利益，但这是目前文化研究中的做法。

事实上，研究媒体效应的一种新方法是利用收集媒体文本的数据库，诸如收集对话的数据库、新闻全文数据库或收集词汇的数据库，去追溯像《X档案》《吸血鬼猎人巴菲》等媒体文化产品的影响，或者通过媒体中涉及的内容，去分析媒体文化对正做广告的企业（如耐克和麦当劳）的影响。同样，互联网受众研究也是一个新的领域，研究粉丝在聊天室专心于他们特别喜爱的文化产品的行为，创建他们自己的粉丝网站，或者构建文化产品公开他们如何过梦想生活和他们的文化工业剧本。先前的受众和媒体接受研究，优先研究人种学，具有一定的局限性，广泛的有影响的研究能够显示大众媒体文化产品如何有大范围的影响。1995年，笔者在《媒体文化》一书里研究了一些大众文化产品，它们对全球受众的行为产生了明显影响。比如，包括小孩和成年人在内的团体，模仿"兰博"各种各样反社会的行为方式，或模仿"瘪三"和"白痴"的狂热者扮作流行音乐电视中的卡通人物，以老练的方式放火或虐待动物。媒体效应是复杂的，有时是有争议的，它是文化研究的优点，这也使文化研究本身成为其内容的重要组成部分。

三、走向批评的、多元文化的与多视角的文化研究

为了避免文本分析和受众接受研究方法的片面性，笔者主张，必须从多个角度展开文化研究，应从政治经济学、文本分析和受众接受等视角理解文化。文本分析应该利用多视角的批判方法，受众接受研究应该通过受众占有文化来描绘主体立场或视角的广阔范围。这需要多元的方法，明确在媒体文化文本中分析阶级、种族、性别、性取向等维度的重要性，并研究它们对受众如何解读和说明媒体文化的影响。

另外，批判的文化研究攻击性别主义、种族主义或对特殊社会群体（如同性恋者、知识分子等）的偏见，批判那些推销任何类型的统治或压迫的文本。若要用一个文化产品来考察文化研究中如何将生产、文本分析和受众研究卓有成效地贯穿起来，就让我们来反思一下麦当娜现象。麦当娜首先出现在里根主义时代，表现为20世纪80年代物质主义与崇尚消费取向的拜金女郎。她也出现在与音乐电视、时尚狂热和加强产品市场化相关联的戏剧化的偶像扩散的时代。麦当娜是音乐电视的超级明星之一，她有意识地制造形象来吸引大量的受众。她早期的音乐视频的目标群体是年轻的女孩（麦当娜的超级崇拜者），但不久以后，通过她的混血人种的性别形象和多元文化家庭的形象，她的音乐会吸引了黑人、西班牙人和其他少数族裔的大量受众。由于她的视频（如《像一个祈祷者》《表现你自己》等）越来越复杂并具有政治性，因而也吸引了大量男女同性恋者、女权主义者和学术界的人成为其受众。

　　因此，麦当娜的声望很大程度上是她的营销策略在起作用，她的音乐视频作品和形象吸引了各种各样的受众。为了使她的音乐、电影、音乐会与公共关系表演的意义和效应概念化，就需要从她的作品产生和接受的语境中去解读，这包括对音乐电视、音乐产业、音乐会、市场化和生产图像的讨论。理解麦当娜的流行也要求关注受众，其受众不仅仅有个体，也有特殊的群体成员，麦当娜使年轻少女能够为个体认同而斗争，或使同性恋者能够在大众主流文化产品中选择性别形象。然而评价麦当娜的政治学影响也要分析她的工作，分析其工作如何只是按照图像和消费规定再生产认同的消费文化。笔者将设计一个有趣的项目，考察以前的麦当娜狂热者是如何看待超级巨星的演化和最近的变身的，例如她的婚姻和2001年世界巡回演唱会；也考察当代的狂热者如何看待麦当娜的年龄，以及如何拥抱像布兰妮·斯皮尔斯或玛丽亚·凯莉那样更年轻的流行音乐歌手。

　　总之，批判的和多元的文化研究为我们提供了综合的方法，能够用于研究很多文化产品：从色情文学到麦当娜，从音乐电视到电视新闻或一些特殊事件，如2000年美国总统选举，或者2001年恐怖分子袭击美国和美国媒体的反应。它的综合视角包括政治经济学、文本分析和受众研究，提供了批判的和政治的透视，使个体能够仔细剖析主流文化形式的信息、意义和影响。文化研究因而成为批判媒体教育学的一部分，它使个体能够反抗媒体操控，增强他们的自由和个性。它使人们在文化上获得主权，能够为文化选择与政治变迁而斗争。因而文化研究不只是另一种学术时尚，而是为了争取更好的社会生活而斗争的一部分。

转向数字文化研究*

□ 杨国斌

> 📖 **摘　要**
>
> 通过反思"新媒体"概念,提出向数字文化研究转向的问题;进而通过对数字文化研究和平台研究的反思,探讨文化与社会、本土与国际、立场与视角等诸种关系。
>
> 📖 **关键词**
>
> 传播学;新媒体;数字文化;平台研究;BBS;微博
>
> 📖 **作者简介**
>
> 杨国斌,美国宾夕法尼亚大学 GraceLee Boggs 传播学与社会学讲座教授。

2018年元旦,中国人民大学新闻学院新闻系的微信公众号发表了一篇原创文章,题目是《新世纪以来中国的新闻传播学在研究什么》。文章统计了《国际新闻界》《现代传播(中国传媒大学学报)》《新闻与传播研究》《新闻大学》四家期刊2000年至2017年这18年间被引次数超过20次的1 614篇论文,对其标题、关键词、作者及其机构、被引次数等进行分析。作者发现,这18年间,论文中出现最多的5个关键词分别是新媒体、媒介融合、传播学研究、人际传播、国际传播。其中,"新媒体"一词出现60次,居榜首。这说明了新媒体研究在当代传播学研究中的重要性。

但是"新媒体"这个概念不是没有问题。潘忠党在2017年的一个访谈中,对这个概念做了深刻反思和批判。他讲的其中一个问题是"新媒体"概念背后的预设(或者说意识形态特征)对学术研究的限制。"新媒体"之"新","预设了一种理解媒介技术的线性历史发展观"。这种线性发展观"或多或少地蕴含了'新'就是'好'的假设,而'旧'的事物至少在某些方面是有缺陷的,甚至是应当被淘汰的"[①]。

在近现代史上,对"新"事物的召唤和对"旧文化"的破坏,或成为社会潮流,或受到国家机器支持,影响很大。五四时期"新青年"引领的新文化运动等就是例证。正因为

---

* 杨国斌. 转向数字文化研究 [J]. 国际新闻界,2018 (2).
① 潘忠党,刘于思. 以何为"新"? "新媒体"话语中的权力陷阱与研究者的理论自省:潘忠党教授访谈录 [J]. 新闻与传播评论辑刊,2017 (1).

"新"与"旧"的话语会产生直接的社会影响,因此,有必要保持对这类话语的警惕。

问题还不限于"新"与"旧"的对立。"新媒体"这个概念还容易让人觉得,研究的对象是新的"媒体",而不是非媒体的东西。而这些"媒体",指的又主要是互联网、移动手机和客户端等。于是,很多本应属于传播学研究的现象和问题就被遗忘了。例如,电脑的硬件、软件、数据存储器、U 盘、云盘、移动硬盘、数码相机、移动支付、二维码等。它们也都是"新媒体"的组成部分,而且在社会治理、个人隐私、文化传播等各方面起着很大作用,在国际传播学界也有很多研究。此外,"媒体"的含义较窄,还容易忽视其他也可以起到传播作用的媒介,如刘海龙文章里讲的"身体"就是媒介。如果你穿一件带二维码的 T 恤衫,或者直接把二维码印在身体的某个部位上,招摇过市,见到路人就请人家扫描,那你的身体也就成为新媒体的一部分。[①]

以上这些容易被"新媒体"的概念忽视的东西,都属于数字文化的内容。因此,对"新媒体研究"概念的反思,或许可以引起对"数字文化研究"的重视。

一、数字文化

顾名思义,数字文化来源于电子计算机的二进位制数字(0、1)。因此,数字文化与计算机、互联网的发展紧密相关。数字文化既是古老的,也是崭新的。论古老,《易经》也许就是古代的数字文化产品。《易经》中的卦象阴爻(--)和阳爻(—)被广泛解读为 0 和 1,六十四卦就是 0 和 1 组成的二进制的多种变化。论崭新,当今世界上每时每刻都可能有新的数字产品问世。但是以计算机和互联网为核心的数字化生存渗透社会文化生活,则是当代的历史发展。[②] 1995 年尼古拉斯·尼葛洛庞帝(Nicholas Negroponte)的《数字化生存》出版,1996 年胡泳、范海燕翻译的中文版出版,可谓标志性事件。查利·盖尔(Charlie Gere)在《数字文化》(*Digital Culture*)一书中,借用英国文化学者雷蒙德·威廉斯(Raymond Williams)对文化的定义来讨论数字文化,指出正如文化是"物质、知识与精神构成的整个生活方式"[③],数字文化则是当代生活方式的显著特征[④]。马克·德兹(Mark Deuze)对数字文化的定义是:"正在形成的一套关乎人们在当代网络社会中如何行动和互动的观念、实践、期待。"[⑤] 德兹强调的是数字文化的观念和实践。当然,观念和实践与物质文化不可分割,尤其对于传播学研究来说,各种各样的数字商品、物品,也是数字文化研究的组成部分。

那么数字文化研究都包括什么内容?查阅以英文"数字文化"(digital culture)为

[①] 刘海龙. 传播中的身体问题与传播研究的未来 [J]. 国际新闻界, 2018 (2).
[②] 尼葛洛庞帝. 数字化生存 [M]. 胡泳, 范海燕, 译. 海口: 海南出版社, 1996.
[③] 威廉斯. 文化与社会 [M]. 吴松江, 张文定, 译. 北京: 北京大学出版社, 1991: 19.
[④] GERE C. Digital culture [M]. 2nd edition. London: Reaktion Books, 2008.
[⑤] DEUZE M. Participation, remediation, bricolage: considering principal components of a digital culture [J]. The information society, 2006, 22 (2).

名的专著或相关刊物的论文可以发现，数字文化研究的范围极广。视觉文化、抗争文化、网络视频、博客、微博、手机、客户端、数字劳工、数字鸿沟、隐私、网络审查、监控、自我认同、亲密关系、网络公共参与、游戏，等等，从媒介和传播的生产、流通到消费和使用的各个环节和层面，应有尽有，都在数字文化研究的范围之内。

但在这里至少有两个问题需要反思。一是需要反思概念。上面一系列的研究内容，都依赖概念来表述。学术研究中的概念，普及之后，就成为日常语汇的一部分，潜移默化地影响人们的思维。就拿常用的数字鸿沟（digital divide）这个概念来说，它是对数字文化、社会、经济的发展不平衡和不平等的批判。但这个概念本身也隐含了一种不平等的价值观，即认为计算机和互联网的发展，是文明和进步的标志，因此就在它批判发展不平衡的同时，也把数字文化"不发达"的地区视为落后。而实际上，更需要反思的，也许是发展、进步、现代化等一系列话语本身的价值取向问题。也许我们原本认为是进步的、发展的东西，换个角度看其实是落后的，对人类发展有不健康的甚至是破坏性的作用。科技、互联网的发展就是最好的例子。谁敢断言自从有了微信，我们的生活就比没有微信的时候更加美好？

二是需要反思数字文化与社会的关系。任何一个时期的文化，都与社会各方面有着密切的关系。文化的变迁、新文化现象的出现，牵动着社会、政治、经济等诸多领域，连接着普通人的生活和精神世界。因此，英国文化学者威廉斯才在他的一系列著作中，尤其是在《文化与社会：1780—1950》（1958）、《漫长的革命》（1961）和《关键词：文化与社会的词汇》（1976）等著作中，践行了一种把文学、艺术、戏剧等文化变迁的诸方面与社会、制度、情感结构的变迁紧密联系在一起的分析方法。这种方法使我们看到，哪怕是一个小小的文化变化（比如词语变化），都可能蕴含着重要的社会变迁信息，都与社会其他方面的变化息息相关。他在《文化与社会：1780—1950》一书的导论里，谈到对"文化"一词的分析时说：

> 在本书中，我的全部目的就是要描述并分析"文化"这个综合体，并且说明其形成的历史过程。由于它所涉及的范围很广，因而我不得不在一个广泛的基础上开始探讨。我本想紧扣"文化"本身，但是，我要紧扣文化加以考察，所涉及的范围就必须逐渐扩大，因为我在这个词的历史渊源及意义结构中，看到的是一场广大而普遍的思想与感觉运动。

在学术研究日益精细化、专业化的今天，学术文章和著作越来越专注于具体的现象，比如手机、微博、微信、大数据、舆情等，而对与现象密切相关的社会制度、社会关系、社会变迁等大问题却不触及或很少触及。结果或是见木不见林，或是知其然而不知其所以然，更有甚者会得出错误的结论，对公众产生误导。改变这种倾向的一个办法，是借鉴威廉斯的方法和视野，把数字文化研究与社会紧密联系在一起，从数字文化的现象出发，深入社会问题的根源。笔者非常期待数字文化研究者写出像威廉斯的《文化与社会：1780—1950》那样的书，当然，书名应该换成《数字文化与社会》。

二、平台研究

近几年出现的"平台研究"（platform studies），可以算是数字文化研究的一个分支。"平台"的英文词是 platform。《牛津英语词典》对 platform 的第一个定义是："上面可以站人或放东西的凸起的平面，通常指某个有特定用途或活动的独立的结构。"在这个意义上说，平台是一种建筑结构，其用途是办活动、放东西。正是这样一个词，后来被互联网公司用来代指其所办的网站、搜索引擎等网络信息服务系统。早在 20 世纪 90 年代中期，微软就把它的视窗操作系统称作"平台"。但传播学者对平台的文化研究则兴起于 2005 年左右，与 Web 2.0 的兴起基本同步。从 2006 年 10 月谷歌收购 YouTube 开始，平台话语开始被越来越广泛地使用。当时的谷歌 CEO 埃里克·施密特（Eric Schmidt）和 YouTube 的 CEO 查德·赫利（Chad Hurley）在谷歌收购 YouTube 的新闻稿里面，都用了"平台"这个词来描述 YouTube。传播学者吉莱斯皮（Gillespie）在他的一篇颇有影响的文章《平台政治》里说："几个月以后，YouTube 在所发布的服务条款里，便在原来使用的'网站''公司''论坛''社区'之类的词里面增加了'平台'，YouTube 因此成为大大小小原创内容创造者和广告商的分配平台（distribution platform）。"[1]

传播学中平台研究兴起的直接原因，是对互联网公司的这种平台话语的批判。吉莱斯皮在他的文章中还指出，像 YouTube 这样的视频平台、搜索引擎、博客等互动在线空间，成为网上交流和讨论的主要看门人。这些公司对用户及公众负有文化、政治、经济的责任，因此面对越来越多的问责和监督。[2] 正是在这种情况下，它们才发现了平台话语的妙用。吉莱斯皮指出，社交媒体公司常常用"平台"这类话语来把自己装扮成中立的服务商，掩饰自己的实际影响力。平台的话语似乎适用于多种场合，可以用来形容多种东西——技术平台、发言平台、共享平台、游戏平台等，而使用这些话语的时候，则有意回避了平台的商业本质及其与政治权力的微妙关系。[3]

如果说吉莱斯皮代表了一种"平台政治"的理论视角，着重研究的是平台构架对用户交际行为的影响的话，与之相反的理论视角，是着重研究用户使用行为和实践（practice）如何形塑平台，以至于同样一个平台，在不同的社会、文化、政治背景下，会出现非常不同的文化特征。

英国的人类学学者丹尼尔·米勒（Daniel Miller）的《英国乡村的社交媒体》正是持有这样的观点。他说研究社交媒体，最重要的是内容。有些媒介之所以存在，是因为上面有内容。比如，Twitter 看上去好像是一个平台，但其实在不同的时间段，Twitter 会呈现出很多不同的特征，它总是因用户的使用而不断变化。因此，米勒认为 Twitter

---

[1] GILLESPIE T. The politics of "platforms" [J]. New media & society, 2010, 12 (3).
[2] 同[1].
[3] 同[1].

不是平台，他通过一个英国乡村的个案，说明实际上当我们真正从这个村庄的角度来看 Twitter 的时候，根本就没有一个整体、统一的 Twitter，而是有很多个不同的 Twitter。因此，他摒弃了"平台"的概念，代之以"多媒体"（poly media）。他说在当代社会，聚焦于一种媒体毫无意义，"现在人们有意识地使用一系列的媒介。他们发短信看看这个时间是不是可以用 Skype 视频；在 Facebook 上记下点什么，却用电子邮件来发送细节……人们现在会把'电邮朋友'和'电话朋友'区别开来"①。基于以上原因，米勒认为社交媒体一定都是地方性的，而不是全球性的。

三、从 BBS 到微博

上面讨论的"平台研究"的两种理论视角，并不是互相排斥的，而是可以也应该交融在一起。因为数字平台演变的历史，是种种力量互相影响、互相冲撞的历史，不仅网络公司和政府部门参与其中，网民的参与也至关重要，甚至可以说，如果没有网民的参与，就没有网络文化。

从长时段的历史来看，早期的网络平台在发展过程中逐渐衰落，其影响力被后起的平台超越，但未必被取代。如何看待社交网站平台的发展历史呢？什么力量推动着社交平台的起落和变化？范迪克（José van Dijck）认为，早期的社交网络平台有更大的"阐释灵活性"（interpretive flexibility），用户有更大的自主性，因此，用户对早期网络文化的发展有更直接的影响，用户既是受众也是作者。伯吉斯（Burgess）认为，到了 21 世纪，这种具有"阐释灵活性"的早期网站开始转变为"平台范式"，削弱了普通网民的自主性，大数据的发展更使得网民的参与蜕变为由平台聚合的、可以买卖的数据。②

中国的网络社交网站，是网络文化和互动传播的核心，经历了从 BBS、聊天室、个人主页、博客、视频到微博、微信的发展过程。按照平台的基本含义来说，这些社交网站都属于网络平台。它们经历了什么样的发展过程？

吴靖和云国强在最近的一篇分析中国信息社会想象（social imagination）的文章③中，区分了三个历史阶段，即 20 世纪 80 年代的国家现代化想象、20 世纪 90 年代的新公共领域与互动社区想象以及 21 世纪以来的新自由主义的自由市场和创业精神想象。这样的历史区分，尤其是后两个阶段的区分，间接指出了平台发展的主导动力从 BBS 时期的网民（主要包括科研技术人员、大专院校师生）转向了 21 世纪的市场和企业家。这个观点与伯吉斯关于平台发展的观点有所契合。在中国互联网的历史上，20 世纪 90 年代后半期是 BBS 社区的繁荣时期。在这期间，BBS 社区具有很高的"阐释灵活性"，网民广泛参与交流、传播与互动，对于推动 BBS 社交平台的发展起到了重要作用。即

---

① MILLER D. Social media in an English village [M]. London：UCL Press，2016：21.
② BURGESS J. From "Broadcast yourself" to "Follow your interests"：making over social media [J]. International journal of cultural studies，2014，18（3）.
③ WU J，YUN G Q. From modernization to neoliberalism? How IT opinion leaders imagine the information society. International Communication Gazette，2018，80（1）.

使在 BBS 论坛的管理方面，主办论坛的互联网公司也常常依靠网民，比如请社区里的活跃分子做版主来管理论坛。在这种情况下发展起来的平台，比较多元。BBS 论坛不是一个大一统，而是由很多论坛组成。

当然，也应该看到，政府在这个过程中的影响越来越大，这一点暂且不提。笔者想着重补充的是，虽然这样大时段的划分有它的合理性，但是，我们在关注大趋势的同时，也要看到发展过程中各方力量互动关系的复杂性。新浪微博就是一个很好的案例。跟 Twitter、Facebook 类似，新浪微博是个大平台，公司在管理、推广等各方面自然不遗余力。但是，以 2011 年为分界线，新浪微博还是有很大变化。在前一阶段，网民、大 V 对于微博的繁荣起到核心作用；在后一阶段，网民，尤其是大 V 的力量有所削弱。如果用米勒分析英国乡村的 Twitter 的观点来看，可以说新浪微博在前一阶段呈现的面貌很多元，而后一阶段则开始向大一统转型。但即使是这样的转型，也有其局限性，在特殊情况下网民批评的声音仍然能够大量爆发。换言之，只要是平台，就有被挪用甚至被劫持的偶然性，而难以完全由资方掌控。

四、本土与国际

传播学本土化与国际化是个老话题。但是谈数字文化研究，也有必要把它提出来。上面介绍的数字文化和平台研究，多数来自海外传播学界。

在本土化理论建设方面，有些学者致力于对古代儒、释、道文化典籍的研究，努力从中挖掘本土的传播思想。但据笔者观察，学者们研究的重点在文化典籍的内容，尤其是传统文化中的概念如何表达了某种传播学的思想。其实除了内容以外，还需要研究中国文化里的表达形式，因为形式反映了思维的方式，形式也就是传播的方式。比如中国古代的诗评、画评、文论，源远流长，应该说是非常本土化了。在这类评论性文字里，作者常以谈话的口吻，评诗论画，褒贬古今，于一言半语之间，点出所评的作者或作品的精妙所在。但说话会留出余地，点到为止，崇尚含蓄和隐秀，别人可以随时加入谈话。这就是一种开放的诗学，一种双向交流而不是单向独白的态度。它容得下多种含义、多种解读。这样的开放诗学，对当代传播学本土化的探索，应该有所启示。

讨论本土化，还要考虑到本土本身并不是单一的，也有多样性。古代文化典籍固然是本土化的重要资源，当代社会的发展和人们的生活经验、制度、文化、经济、环境等，也无不为建设有本土特色的传播学提供了丰沃的土壤。而当代生活本身也是多样性的，具有城乡差别、地区差别、阶层差别、性别差别、年龄差别等。因此，本土特色的传播学本身也应富有多样性。

正如本土有多样的本土，国际也有多样的国际。我们在谈论国际化的时候，谈的往往是西方社会。西方社会之外的数字文化和数字生存状况如何？对西方以外的国家和地区，我们是否给予了足够的重视？这些非西方社会的经验对中国传播学的反思和建设能提供什么样的滋养？

英国的社会学者唐·斯莱特（Don Slater）的富有反省精神的著作《新媒体、发展与全球化》（*New Media，Development and Globalization*）为我们提供了一个西方学者面对非西方社会现实所做的反思的案例。斯莱特在书中说，他2002年第一次去斯里兰卡乡村做民族志研究的时候，事先在他伦敦的办公室里认真地准备好了调查问卷。他想要了解当地居民的媒介使用情况，因此他的问卷上主要包括网站、互联网电子邮件、电脑、电视、手机等媒介。等他到达研究地点之后，很快发现他事先准备的问卷上的媒介，完全是根据他本人的西方立场和处境想出来的媒介，而不是当地人的媒介。他发现对当地人来说，最重要的媒介根本不是电脑、互联网之类，而是高音喇叭、广播电台，还有就是他们的主要交通工具公共汽车，这些才是本土的重要媒介。于是他意识到媒体（media）、发展（development）、全球化（globalization）这些话语，实质上是西方历史发展的产物，带有西方的价值观。他的结论是要彻底摒弃这些隐含着西方价值观的概念。当然，早有学者批判了西方概念的诸多问题[①]，但是说起来容易做起来难，这些概念迄今不见有退场的迹象。

五、立场与视角

关于本土与国际的反思，进一步提出了学者的立场和视角的问题。所处的位置不同，看问题的角度就不同，看到的东西也不一样，所谓"东向而望，不见西墙"。学术和写作中没有价值中立。既然如此，就要反思立场和视角，这是每个时代的学者都要面对的问题。当代学者，其脚步和思想都越来越多地游走在本土与国际之间，会自觉或不自觉地成为文化翻译者。"翻译"什么，如何"翻译"，是需要思考的问题。

最近几年常有学生问笔者："作为华裔学者，位处北美，研究中国问题，有什么优势和局限？你有没有一些相较于研究欧美社会问题有所不同的、特定的考虑？"这样的问题，提出了学者的自我定位的问题。对笔者本人来说，这是一个在海外从事中国问题研究的华裔学者的定位问题。对此，笔者曾经在微博上用英文做过解答，大意如下：

> 海外的华裔学者的自我定位，需要考虑这样几个问题：（1）自己的写作与讲话、学术研究和观点如何不被歪曲使用，去服务别的意图；（2）在分析中国问题的时候，如何看到能动性、变化和希望，而同时又坚持批判的立场，能够保持公允；（3）在写作和研究中，如何避免迎合外在利益的影响；（4）如何不把中国看成铁板一块，而是有内部差异和多样性；（5）如何在分析问题的方法上保持历史敏感，但又避免文化本质主义……

其中任何一点都不容易做到，有的甚至很难做到，因为不是个人所能控制的（如第一点），但做不到并不是说不要反思和努力。这不仅是个保持独立的学术立场的问题，也涉及学术与公共性的问题，即学术与社会的关系问题。学术写作不仅仅是社会现实的

---

① 沃勒斯坦. 否思社会科学：19世纪范式的局限[M]. 刘琦岩，叶萌芽，译. 北京：生活·读书·新知三联书店，2008.

"反映"和"呈现"（representation），而且具有建构作用。"新媒体"、数字文化、大数据、平台、共享等关键词的翻译，某种理论的引进与运用，都不是简单的呈现过程，而是直接参与到社会、文化的构建过程中。理论话语与概念，不仅概括和反映了某种流行的文化与思潮，也会慢慢渗透到文化之中，进而影响人们的思维和语言。这是一个文化交流的过程，也是一个文化扩散的过程。在这个过程中，学者承担着重要的角色，因此需要不断反思个人的角色和定位。现在常有人重提儒学中"慎独"的概念，用来自勉。那么，是不是也可以提出"慎公"的概念，即学者在公共表达的时候，包括以学术文章和著作表达的时候，要考虑到公共影响，要审慎对待自己的学术与权力、资本及主流意识形态的关系，从而保持学术研究应有的独立和批判立场。

大众文化：粉丝、盗猎者、游牧民*
——德塞都的大众文化审美

□[美]亨利·詹金斯 ◎杨玲 译

摘 要

德塞都将积极的阅读形容为"盗猎"，并指出这种"盗猎"是一种"挪用"而不是"误读"。在此基础上，德塞都还为我们提供了另外一个关于粉丝文化的重要洞见：读者不单单是"盗猎者"，他们还是"游牧民"，总是在移动，不断向其他文本挺进，挪用新的材料，制造新的意义。德塞都的"盗猎"模式强调了意义制造的过程和大众阐释的流动性。德塞都的模式对文本意义的性质保持了一种不可知论的态度，使得各种竞争的和矛盾的阐释也都具有效力。德塞都的理论并不一定拒绝作者意义或学术阐释策略的价值，因为它们也提供了它们自己的愉悦和回报，这是不容忽视的。源自德塞都的解读模式只是将这些阐释性的目标和策略纳入了一系列在通俗文本中制造意义和寻求愉悦的更广泛的方法中，而所有的解读方法都同样值得接受。德塞都的文本盗猎和游牧解读的概念对思考媒介消费和粉丝文化特别有帮助。

关键词

德塞都；大众文化；审美；粉丝

作者简介

亨利·詹金斯，美国南加利福尼亚大学教授。

译者简介

杨玲，现为厦门大学电影学院副教授。

---

* 詹金斯，杨玲. 大众文化：粉丝、盗猎者、游牧民：德塞都的大众文化审美[J]. 湖北大学学报（哲学社会科学版），2008（4）.

一、文本盗猎者

德塞都（Michel de Certeau）将积极的阅读形容为"盗猎"——对他人的文学"领地"的肆意袭击，掠走那些对读者有用或令读者愉悦的东西："（这类）读者远不是作者……读者是行者；他们横穿别人的领地，像游牧民族，在不是自己书写的领域一路盗取，将埃及的财富夺来自己享用。"德塞都的"盗猎"比喻将读者和作者的关系概括为一种争夺文本所有权和意义控制的持续斗争。德塞都还提到一种由文本生产者和被制度认可的阐释者共同主宰的"圣经经济"，其目的是限制民众口头文化的"多重声音"，规范意义的生产和流通。对德塞都来说，"语言的掌握"是社会构型中主导阶级施展文化权威和社会权力的象征。学校里的孩子们被教导在阅读时，要寻找作者的意义，在消费叙述时不能留下自己的印迹："虚构文本注定了消费者只能处于臣属的地位，因为他们总是会被宣判为不忠诚或无知……文本变成了一个文化武器，一个私人的狩猎围场。"

在这个熟悉的模式下，读者被假定为作者意义的被动的接受者，任何偏离文本中明确标出的意义的解读都是负面的，是未能成功理解作者意图的失败表现。教师的红笔奖励那些"正确地"解码文本的学生，惩罚那些"把意思弄错了"的学生。而且，（根据新批评理论中的"情感谬误"说）学生的个人情感和联想都被当作和文学分析任务不相干的东西。教师的评判接下来就要求学生尊重受过专门训练和被认可的阐释者的技能，认为专家的技能优于普通读者的街谈巷议；教师的权威因此变得和读者赋予文本生产者的权威密切相关。随着通俗文本被吸收进学院，类似的有关"作者身份"的主张也被构建出来，以便用与研究传统文本基本类似的术语来研究和讲授通俗文本。为了能被当作一门严肃的学院课程，通俗文本不得不付出代价，即接受其他学术形式中的某些假设，这些假设都把学院的利益与生产者而非消费者的利益联系在一起。在社会和法律实践中，"社会许可的专业人士和知识分子"的特权同样高于大众读者和文本消费者的利益。学院的专业技能让它的成员决定哪些阐释主张是和作者意义（不管是隐含的还是显露的）一致，哪些则超出了这个范围。由于许多社会阶层缺乏接触文化生产和分配工具的途径，如电讯、播放频道，或连锁的书店货架，这种对产品信息"完整性"的尊重经常导致对立声音的沉默和边缘化。当然，文本接受过程中对反对性声音的排斥，不过是生产过程中所发生的同样情况的映照；为了迎合被授权的作者的商业利益，反对者的文化利益必然要被非法化。

德塞都对学术实践和经济实践的描述带有很强的论战性质。他对某些传统信念和态度的概括并不全面，甚至有些偏激。我们并非只有废除对作者意义的全部崇敬，才能认识到另类阐释和消费的潜在裨益。但德塞都提出的一些问题是我们这些学者和教师必须考虑的——我们以怎样的方式为自己的批评立场辩护？我们的专业技能服务的是哪些利益团体？我们的教学在多大程度上妨碍而不是鼓励大众批评？教育可以是促进文化生活民主化的一支力量。如果教育做不到这一点，那么为学院读者写书或积极从事课堂教学就都是毫无意义的。但教育经常过于热衷于维护自己的地位，以致无法成功地履行这个职责。教师更是经常为了提升自己的权威，而不考虑学生形成另类阐释的能力。德塞都呼请我们重新思考艺术作品接受中大众回应、个人化的思考和未经授权的意义所应占据的位置，敦促我们克服职业训练带来的偏见，不要轻易拒绝任何落在我们的参照系和阐释实践之外的意义。

德塞都曾提到，在主导性的表征形式下，大部分阶层的民众仍然"未被标记，无法解读和尚未符号化"，在这种文化中，"边缘性已经变得普遍化"。他显然已经认识到阻挠民众接触文化生产工具的经济和社会障碍。但他并没有试图记录霸权在限制民众意义的流通或将反对派声音边缘化方面所使用的策略，相反，他选择把民众抵抗的战术理论化。德塞都给了我们一些术语，帮助我们讨论从属阶级躲避或逃离制度性控制的方式，分析那些在官方阐释实践之外大众意义生产的地方。他将民众阅读视作一系列的"前进和撤退，玩弄文本的战术和游戏"；或是某种类型的文化拼贴，通过拼贴，读者先将文本打成碎片，然后再根据自己的蓝图将其重新组合，从找到的材料中捞出能用来理解个人生活经验的只言片语。

像从前的盗猎者一样，粉丝是从一个文化上边缘、社会上弱势的立场展开运作的。像其他的大众读者一样，粉丝缺乏直接接触商业文化生产工具的途径，他们影响娱乐工业决策的资源也极其有限。粉丝必须乞求电视网络继续播映他们最喜爱的节目，必须游说制片人按照他们渴望的情节发展剧情或维护他们喜爱的人物形象的完美性。在文化经济内部，粉丝是农民，而不是有产者，我们对大众抵抗策略的欢呼必须基于这个认识。正如巴德、安特曼和斯坦曼所注意到的，游牧的读者"实际上可能是无权的和依赖性的"，而不是"不受约束、不安分和自由的"。他们指出："游牧的人不能定居下来；他们受一些无法控制的自然力量支配和左右。"这些作者敏锐地观察到，掌握文化接受的工具，尽管是一个重要的步骤，却不能完全替代对文化生产和分配工具的掌控。从对生产工具的经济控制的角度说，这些游牧的观众相对于文化工业，的确是"无权的和依赖性的"。但在另一个层面，即符号阐释和挪用的层面，德塞都却表明观众仍然保留了一定自主性。此外，游牧观众的经济依赖性不能直接和被动接受意识形态信息的概念挂钩（上述三位批判性作者似乎暗示两者之间有关系）。消费者并非如三人所描述的"受媒介聚光灯掌控。这道灯光打到哪儿，消费者的主体性就必然跟到哪儿"。消费者其实是一个庞大的媒介文化的挑剔的使用者，这个文化的宝藏，尽管败坏，却还包含着大量可供开采和提炼、可以用作他途的财富。粉丝面对这一情境所采取的策略，有些适用于所有大众读者，有些则仅适用于粉丝这个独特的亚文化社群。参照德塞都的模式，粉丝饶有兴致的地方在于，他们构成了消费者中特别活跃和善于表现的一个社群，他们的活动吸引我们关注文化挪用的过程。粉丝的当代身份，类似于19世纪剧场中的正厅后排观众，宣称拥有凌驾于表演之上的权威；或是狄更斯和其他连载小说作者的读者群，那些人为小说情节的发展主动献计献策；或是福尔摩斯的拥趸，当柯南道尔想让福尔摩斯退场时，他们却强烈要求福尔摩斯重返小说。粉丝的独特之处，并不在于他们作为文本盗猎者的身份，而在于他们将盗猎发展成了一种艺术形式。

二、解读和误读

这里有必要做一些澄清。首先，德塞都的"盗猎"概念是一个关于挪用而不是"误读"的理论。"误读"这一术语必然是评价性的,并且保留了传统的等级制度,这种制度赋予作者意义高于读者意义的特权身份。"误读"的概念暗示阅读有着正确的策略(即学院里教的策略)和非正确的策略(即大众的阐释策略)之分,如果遵循正确的策略就能生产出合法的意义,而那些非正确的策略,即便是在最善意的情况下,仍然只能生产出价值不大的结果。此外,"误读"的概念还暗示有权裁判文本意义的人是学者,而非大众读者,学院的阐释总是更加"客观",是在塑造我们的文本理解的历史和社会语境之外做出的。德塞都的模式则对文本意义的性质保持了一种不可知论的态度,使得各种竞争的和矛盾的阐释也都具有效力。德塞都的理论并不一定拒绝作者意义或学术阐释策略的价值,因为它们也提供了它们自己的愉悦和回报,这是不容忽视的。源自德塞都的解读模式只是将这些阐释性的目标和策略纳入了一系列在通俗文本中制造意义和寻求愉悦的更广泛的方法中,而所有的解读方法都同样值得接受;该模式还质疑了将某种类型的意义置于所有其他意义之上的体制性权力。

其次,德塞都的"盗猎"概念和霍尔的更知名的"编码和解码"理论有若干重要不同。在运用的时候,霍尔所区分的主导的、协商的和对立的解读倾向于暗示每个读者都从一个稳定的立场来解读文本,而不是通过社会构型中更加复杂和矛盾的位置来获得多套话语能力。霍尔的模式,至少在它被运用的时候,表明大众意义是固定的和可分类的,但德塞都的"盗猎"模式则强调了意义制造的过程和大众阐释的流动性。我们说粉丝宣扬的是自己的意义,而非制作人的意义,但这并不意味着粉丝所生产的意义总是对抗性的,或者粉丝意义的制造和其他社会因素无关。粉丝之所以从所有文本中挑选出那些媒介产品,恰恰是因为那些产品能够成为表达粉丝既有的社会信念和文化利益的工具。由于文本的意识形态构建和粉丝的意识形态信念之间早已有了某种程度的兼容性,因此通过对原有故事进行批评性分析所得出的意义也会与粉丝生产的意义有某种程度的契合。一位粉丝曾这样描述电视连续剧《侠胆雄狮》:"仿佛有人扫描了我们的精神,搜寻了我们的心灵,然后为我们提供了电视中的那些形象。"这句话道出了许多粉丝和他们所钟爱的节目之间的关系。不过,《侠胆雄狮》的剧迷们并非总是和制片人保持着和谐的关系。他们对剧目叙事的不满也越来越多。最终,许多人(尽管不是所有人)拒斥了某些剧情发展,而倾向于赞成剧迷自己来决定故事的结局。

这样的情形应该能提醒我们反对绝对化的断言,这些断言在文化研究的论战性话语中频频出现:读者并不总是抵抗性的,并非所有抵抗性的解读都是进步的解读,"民众"并不总是能认识到他们异化和从属的境况。正如霍尔所注意到的,通俗文化"既非全然败坏,也非全然本真",它其实是"深刻矛盾的",其特点是"遏制和抵抗的双重运动总是不可避免地内在于通俗文化"。类似地,霍尔指出,民众接受也是"充满了非常矛盾的因子——进步的因子和石器时代的落后因子"。这样的主张反对一个由主导的、协商的和对立的读者组成的世界,赞成的是另外一个世界,其中每个读者都在持续地重估他与虚构文本的关系,并根据更切近的利益重构文本的意义。

事实上,大部分文化研究者对粉丝和粉丝文本的兴趣都集中在这点上,即当大众读者试图在商业流通的文本的裂缝和边缘建立自己的文化时,他们所生产出的意义的含糊性如何恰好映照出主导意识形态中的断层线。这里仅举一个例子,斯皮格尔(Lynn Spigel)和詹金斯曾采访过一些30多岁的人,了解他们对儿时观看电视连续剧《蝙蝠侠》的回忆。他们的研究目的不是重构实际观看的情景,而是为了更好地理解这些记忆在个人身份的建构中所发挥的作用。他们所收集的回忆不符合任何意识形态上很纯粹的分类,但这些回忆显示出对待童年和儿童文化的许多复杂而矛盾的态度。回忆《蝙蝠侠》不仅唤起了对个人往事的印象,还唤起了20世纪60年代大众文化的互文性网络。回忆这部电视连续剧也为批判当前的政治冷漠和犬儒主义提供了基础,让人记起一个社会问题更加尖锐、社会斗争更加激烈的年代。对于女性《蝙蝠侠》剧迷而言,猫女侠曾是她们探索女性赋权问题、抵抗男性限制和"做乖乖女"的压力的一种方式。但回忆《蝙蝠侠》同时也激发了一些反动的回应——对当代儿童文化的压制和大众愉悦的规范。这些不再怀念童年的反抗的成年人会用这部20世纪60年代的电视剧作为标杆来衡量什么是更纯真的娱乐。同一个受访者能在同一段谈话中,逡巡于进步和反动的思维模式,一会儿欢庆童年的抵抗,一会儿又要求对童趣进行规范。对连续剧内容的混杂反应不仅显示出民众话语中所流传的矛盾的童年概念,还以有趣的方式映照出该剧首次播映时,围绕它的各种竞争性话语。

三、游牧的读者

德塞都还为我们提供了另外一个关于粉丝文化的重要洞见:读者不单单是盗猎者,他们还是"游牧民",总是在移动,"既不在这儿,也不在那儿",不受永久的财产权束缚,不断向其他文本挺进,挪用新的材料,制造新的意义。拉德威(Janice A. Radway)曾利用德塞都的理论批评学者将受众看作特定文本或文类构建出来的产物的倾向,但她认为,受众其实是"自由飘浮"的能动者,"他们从先前的文化产品的无数零星碎片中制造出叙事、故事、物品和实践"。尽管拉德威承认对局部研究的提倡是因为其方法论上的优势和体制的压力,但她还是想抵制为了研究而"隔离"观众的冲动,或将某种特殊的读者-文本关系从更大的文化语境中孤立出来的做法。她呼吁学者们探究"由不断变化、流动的主体在意识形态碎片、话语和实践之间锻造出来的多重具体联系"。

学院话语和大众话语都采用了一些粉丝的标签,如"航迷""野兽女孩""死头",通过粉丝和某一特定节目或明星的联系来标识他们。这种标识,虽然并非完全不准确,但经常产生误导。与其他形式的大众阅读一样,我们不能从粉丝对某系列节目或文类的独有兴趣的角度来理解媒介粉丝文化,因为媒介粉丝会在一系列广泛的媒介文本中做出互文性的联系,并以此为乐。《星际迷航》的女性粉丝并非就事论事地理解这个连续剧,而是会涉及当时和自那以后流通的各种其他文本。比如20世纪90年代的电影《迷失太空》,或电视上的美国国家航空航天局镜头画面,以及自那以后由勒奎恩和布拉德利(M. Z. Bradley)等人创作的女性主义科幻小说。此外,她们在参与粉丝群时,经常不是只对单一文本感兴趣,而是囊括了同一文类中的许多文本——其他科幻小说文本,其他有关兄弟情的故事,其他探索外来者和社群关系的叙事。如大众艺术的其他消费者一样,粉丝的阅读既是文本性的,也是互文性的,他们的愉悦来自将特定节目内容和其他文化材料进行特定的并置。

把粉丝当作文化游牧民的研究方法,有可能让学者重返从英国文化研究传统中浮现出来的一些最早著作。如霍尔、杰斐逊主编的《通过仪式抵抗》(*Resistance through Rituals*)和赫伯迪格的《亚文化：风格的意义》(*Subculture: The Meaning of Style*)所记录的，英国青年群体不仅是通过和特定音乐文本的关系，还依靠从主导文化中挪用一系列更广泛的物品，并在对立的语境中为那些物品赋予新的意义而形成了另类文化。霍尔、杰斐逊主编的文章记载了象征物——衣服、外表、语言、仪式性场合、交往风格、音乐——构成一个统一的指意系统的各种方式，在这个系统中借用的材料被用来反映、表达与应和群体生活的各个方面。在审视朋克文化风格化的拼贴时，赫伯迪格得出这样的结论：被挪用的符号的意义，如万字符和别针的意义，并不取决于它们固有的意义，而是取决于使用的逻辑，取决于它们对抗主导文化的表达方式。

女性主义作者，如麦克罗比（Angela McRobbie）、霍布森（Hobson）、布伦斯顿（Brunsdon）和娜娃都曾批评这些早期研究对青年文化中的厌女主义性质保持沉默，并且只关注男性的公共领域，不关心作为女性文化经验的主要领地的家庭领域。不过，她们自己的著作仍然继续围绕亚文化的挪用和文化使用。她们的研究强调了女性如何通过与一系列媒介文本的联系来界定自己的身份。比如，麦克罗比的《舞蹈和社会想象》(*Dance and Social Fantasy*)一文对舞蹈在年轻女性生活中所扮演的角色进行了深远的分析，讨论了从关于巴甫洛娃的儿童图书到电影《名扬四海》《闪电舞》，再到时尚杂志等一系列文化材料。和赫伯迪格一样，麦克罗比对文本被插入的语境的兴趣远大于对单个文本的兴趣。她展示了文本如何被消费者剪裁进他们的整体社会经验，如何在工作场所被讨论，或在家里被消费，如何为社会行为和个人身份提供了样板。

这些英国女性主义作者为晚近的（大西洋两岸的）年青一代女性主义者理解媒介文本在女性文化经验中的位置提供了有益的研究模式。比如，刘易斯就利用麦克罗比的研究来探索她所谓的"消费性少女文化"——一种围绕"销品茂"（shopping mall）的特定女性领域。刘易斯将辛迪·劳帕和麦当娜的"女性认同"的音乐录像带与这种"消费性少女文化"联系起来，指出这些流行歌星为进入男性活动领域的少女提供了表达愉悦的符号材料。少女们随后对这些符号材料进行改造，将其编织进自己的日常生活，模仿表演者的特异风格，在墙上贴满她们的海报。从音乐电视挪用的影像又与从其他消费文化那里借来的影像连接起来，构成了女性粉丝交流她们作为年轻女性的社会经验的基础。

遵循以上学术传统，笔者想把媒介粉丝当作一个集合了各种文本和文类兴趣的话语逻辑。虽然一部分粉丝只忠实于单一的节目或明星，但更多的粉丝将单部影视剧作为进入一个更广阔的粉丝社群的起点，并把各种节目、电影、书籍、漫画和其他通俗材料连成了一个互文性的网络。如果不指涉这个大的网络和与之比较，粉丝通常就无法讨论单个的节目。长期涉足粉丝群的粉丝也可能从一个影视剧系列晃悠到另一个系列。如资深粉丝编辑伽莱特解释的："大部分粉丝并不是在厌倦了一个粉丝群后就消失了……实际上，我发现在通过某个影视剧首次进入粉丝群之后，粉丝会跟着别人转入各种粉丝群，不再误打误撞地收看其他节目。"伽莱特描述了粉丝如何为了方便和同好的交流而把越来越多的节目纳入自己的兴趣之中："如果她喜欢我所喜欢的东西，而且她好像喜欢某些影视剧，那我也要喜欢这个新剧。"如果我们只盯着一个媒介产品——不管它是《星际迷航》还是麦当娜的歌曲《物质女孩》（Material Girl）——在它被融入个体粉丝的生活后，我们就会错失那个材料原本嵌入的更大的文化语境。

粉丝还经常和其他拥有相关的但乍看上去与众不同的承诺的粉丝结成不稳定的联盟，用他们对媒介的共同兴趣作为讨论和友谊的基础。作为一个在密歇根州首府兰辛举办的重要的年度媒介粉丝大会，Media West 的小组讨论就集合了来自不同粉丝群的报告人，讨论大家共同感兴趣的话题，如"系列浪漫片""假扮的浪漫英雄""法外英雄""哈里森·福特和他的角色"等。Comlink 等信函杂志和 Rec. Arts. TV 等电脑网络兴趣组也协助粉丝讨论和争辩一系列广泛的通俗文本。Comlink 是一个发表粉丝来信的杂志，Rec. Arts. TV 则为成员提供电子邮件形式的"谈话"。还有针对一般粉丝（即不是某特定节目或特定明星的粉丝）所感兴趣的议题的普通业余粉丝杂志。这些杂志提供了各种粉丝趣味的不寻常组合，通常反映了由杂志编辑代表的粉丝群的联合阵营。其代表性出版物包括《音速螺丝刀》（*The Sonic Screwdriver*）、《重播》（*Rerun*）、《无所不包》（*Everything But The Kitchen Sink*）、《黄金时间》（*Prime Time*）、《你所爱》（*What You Fancy*）等。这些杂志关注的焦点不是单个影视剧系列，而是一部分有差异但又有松散联系的文本。比如，《炉边故事》（*Fireside Tales*）杂志"涵盖了警察、间谍和私人侦探这一文类"，发表根据《猎人》（Hunter）、20世纪60年代的电视连续剧《我是间谍》（*I Spy*），以及20世纪80年代的电视剧《阿德利》（Adderly）、《激流》（Riptide）和《登普西和梅克皮斯》等影视剧创作的故事。

四、盗猎者保留下了什么？

虽然笔者发现德塞都的文本盗猎和游牧解读的概念对思考媒介消费和粉丝文化特别有帮助，但笔者还是想指出，笔者的立场和德塞都的立场至少有一个重要的不同。德塞都在作者和读者之间做了明确区分："写作积累，储藏，利用地点的建立来抵抗时间，并通过再生产的扩张主义来增值它的生产。阅读则对时间的侵蚀不采取任何行动（阅读者既丧失自控又忘却一切），它不保留它攫取的东西，或者保留得很少。"对于德塞都来说，写作有着一种物质性和永久性，是读者盗猎来的文化无法比肩的；读者的意义生产是临时的和短暂的，是在读者从一个地点游荡到另一个地点的过程中匆忙生产出来的；读者的意义源自对当下关注之事的回应，一旦这些意义不再有用就会遭到抛弃。德塞都还对策略和战术做了有用的区分：策略是从一个强势的位置展开的运作，利用了专属于"土地所有者"的财产和权威；战术则属于那些无财产和无权势的流动人口，战术虽然缺乏稳定性，却获得了速度和流动性。德塞都认为，阅读的战术优势和策略劣势在于它无法形成一个稳定和永久的文化基础；读者虽然保持了运动的自由，但也付出了代价，放弃了能让他们从一个权力和权威的立场去战斗的资源。战术永远不可能完全战胜策略，但策略家也无法防止战术运用者再次发起攻击。

德塞都的这个主张或许能概括地运用于以短暂的意义生产为标志的大众阅读，但对于媒介粉丝群这个特定现象而言，它似乎是错误的。这里有两个原因。首先，德塞都所描述的读者本质上是彼此孤立的；他们从主文本盗猎来的意义只能用于个人的利益，而且在智识投入方面很有限。这些意义是暂时的，不需要或没用的时候就被丢弃了。但粉丝阅读是一个社会的过程，在这个过程中，个人的阐释经过与其他读者的不断讨论而被塑造和巩固。这些讨论扩展了文本的经验，使其超越了初始的消费。这样生产出来的意义也因此更加完整地融入了读者的生活，和偶然、短暂地遭遇一个不起眼的（未被评论的）文本然后产生出来的意义有天壤之别。对于粉丝而言，这些先前"盗猎"来的意义为日后与文本遭遇奠定了基础，塑造、界定了未来对文本的理解和使用。

其次，粉丝群不对读者和作者进行彻底的区分。粉丝不仅消费预先生产的故事，还生产自己的粉丝杂志故事和小说、艺术图画、歌曲、录像、表演等。用粉丝作者罗拉的话说就是："《星际迷航》的粉丝群是朋友、书信、手工制品、粉丝杂志、花絮、服装、艺术品、粉丝歌曲、纪念章、电影剪辑和集会——是所有被这个影视剧吸引、激励的人想要的东西，该剧的成长已经远远超越了它的电视和电影化身，而成为世界文化的一个鲜活部分。"罗拉的描述模糊了生产者和消费者、观众和参与者、商业运营和家庭手工制造之间的界限，将粉丝群塑造成了一个覆盖全球的文化和社会网络。粉丝群成了一种参与式文化，这种文化将媒介消费的经验转化为新文本，乃至新文化和新社群的生产。

贝克曾使用"艺术世界"这个术语来描述艺术生产、分配、消费、阐释和评价机构等"各种合作环节所构成的一个网络"。作为一个宽泛的术语，"艺术世界"指代着艺术规范和风格惯例的系统、专业训练和声誉积累的系统，以及艺术品的流通、展览、销售和批判性评价的系统。粉丝群从某种意义上说，构成了大众媒介艺术世界的一个组成部分，类似贝克所提及的围绕交响乐、芭蕾和美术展览馆的"严肃受众"。贝克指出，"严肃受众成员"不仅为艺术创造提供了稳定的支持，而且是潜在的艺术变迁的仲裁员。这些成员的艺术知识及其对艺术的承诺保证了他们"在和艺术家联手生产艺术品的努力中，更充分地与艺术家合作"。科幻小说粉丝群就是贝克所谓的"严肃受众"。其历史可以追溯到格姆斯贝克（Hugo Gemsbeck）的《奇妙故事会》（*Amazing Stories*）杂志的读者来信专栏。该专栏提供了一个公共平台，使粉丝群内部、粉丝与作者可以互相交流对已发表的故事的感受。批评家们认为正是因为作者、编辑和粉丝之间有如此丰富的互动，科幻小说才在20世纪30年代和40年代成为一种独特的文学类别。由于格姆斯贝克和其他编辑在杂志上登出了所有来信者的地址，方便了粉丝之间的联络，一个小规模的、忠实的科幻小说读者群也就逐渐形成了。在格姆斯贝克和杂志其他编辑的赞许下，科幻迷们先是建立了地方性的俱乐部，后来又组织了地区性的科幻迷集会，作为同好交流的渠道。到1939年，整个粉丝群已经有了相当的规模，以至于能雄心勃勃地召开首次世界科幻大会。这个召开年度世界大会的传统一直延续至今。

从一开始，科幻小说粉丝群就和职业科幻小说写作群保持着密切的联系，并且为已出版的故事提供了来自使用者的睿智批评。在传播新作品的消息以及推广漫画书、科幻小说和新媒介产品方面，粉丝集会更是发挥了核心作用。它使作者和制作人能与读者直接面对面地交谈，进一步发展了受众的期待意识。每年的世界科幻大会颁布的雨果奖（来自科幻小说迷的奖赏）在帮助树立新人的声誉、认可大家的卓越成就方面也起着关键作用。粉丝的出版活动还为职业作家和编辑提供了一个重要的训练基地，一个在进入商业市场之前打磨技巧、风格、主题和提高信心的孵化器。布拉德利注意到，在职业科幻小说仍然是男性主导、以男性为本的情况下，粉丝群对于女性科幻小说作者的成长尤为重要。她认为，粉丝杂志为女性作者打磨自己的技能提供了一个支持性的环境。

此外，媒介粉丝群也构建出了一个属于自己的独特艺术世界，一个在媒介生产者的直接控制之外运作的艺术世界。它的建立基础不是对现有文本的消费，而是粉丝文本的生产。科幻小说迷的集会不仅为与媒介故事有关的商业产品提供了市场，为职业作家、插图作者和表演者提供了展示的窗口，同时也为粉丝生产的艺术品和粉丝艺术家提供了展示才华的舞台。在这里，粉丝可以拍卖画作、销售杂志、登台表演、播放影碟，并为杰出贡献者颁奖。现在已经涌现出一些半职业化的公司，协助粉丝产品（如歌曲的卡带、杂志）的生产和销售。还出现了一些主要为粉丝艺术提供信息和评论或是帮助宣传和推销粉丝写作的出版物的集会。集会小组的讨论涉及杂志出版、艺术材料或服装设计，针对的完全是粉丝艺术家而非粉丝消费者需要的信息。Media West 更是自豪地宣称它是一个完全由粉丝组织、以粉丝为中心的集会，不邀请名流做嘉宾或参与活动安排。大会的活动包括粉丝录像的播映、粉丝杂志的阅读以及著名粉丝艺术家的工作坊，重点是为崭露头角的粉丝文化提供支持。这些机制是一个自给自足的粉丝文化的基础。

各种迹象显示，媒介粉丝群将成为一种永久的文化。这种文化已经经历了 25 年以上的发展和变迁，生产出了对其社群具有永恒魅力的物质制成品。与德塞都所描述的读者不同，粉丝能够保留他们利用大众文化材料生产出来的产品，这些从大众文化中盗猎来的材料，有时候还能为某些粉丝提供有限度的经济利润。当然，极少有粉丝能从艺术品的销售中挣到足够的钱而把粉丝群看作个人收入的主要来源。不过，不少人能够用这些收入来抵销支出，维持他们的粉丝活动的开销。这种物质性基础使粉丝文化成为研究大众挪用和文本盗猎战术的肥沃土壤。我们必须认识到，粉丝生产出来的物质产品不只是另外的阅读实践所制作的瞬间意义的有形踪迹。如果以这种方式来解读粉丝产品，只会导致对粉丝文化生产的贫乏描述。粉丝文本，不管它是粉丝写作、艺术、歌曲还是录像，都是由更大的粉丝社群的社会规范、美学惯例、阐释规则、技术资源和技巧能力塑造的。粉丝不光拥有从大众文化攫取、借用的残留物，还拥有一个用媒介提供的符号原材料打造的自己的文化。

后亚文化转向：十年后的一些反思*

□ [美] 安迪·贝内特 著　◎ 胡疆锋 译　□ 陈曦 校

摘　要

后亚文化转向让人们了解到青年文化研究者在过去十年中进行的讨论和辩论。虽然后亚文化转向带来了新的分析工具和概念方法，也为一些著作选集提供了依据，但它同样引起了一系列引人关注的批评，这类批评否认后亚文化理论是一种可行的青年研究方法。对于后亚文化理论，可能存在一种重要批评，认为关于文化工业在建构青年的认同和有品质的生活方式上发挥的作用，它采取了幼稚的、本质上来说是赞扬的立场。同样，一直有人认为，尽管后亚文化理论主张新的个性化、反思性的青年认同已经出现，但人们并不需要努力去寻找证据来证明结构性不平等在决定青年人生机遇和文化归属方面持续发挥的作用。

关键词

后亚文化；亚文化；青年；认同

作者简介

安迪·贝内特（Andy Bennett），澳大利亚格里菲斯大学人文、语言与社会科学学院教授。

译者简介

胡疆锋，首都师范大学文学院教授。

20世纪90年代至21世纪初的大量研究认为，"亚文化"概念在过去25年中一直被用来研究基于风格的青年文化，这个术语似乎已经没有什么价值。虽然理论家对于这种看法产生的原因还存在着诸多争议，但他们普遍认为：青年认同——其实本质上是社会认同——由于文化产品、图像和文字的日益增多而变得更具反思性、流动性，更碎片化了。更具个性化标识的项目和自我的概念也借以风行并被模仿。[①] 青年文化研究中的这

---

* 贝内特，胡疆锋，陈曦. 后亚文化转向：十年后的一些反思 [J]. 文化研究，2018 (1).
① MUGGLETON D. Inside subculture: the postmodern meaning of style [M]. Oxford: Berg, 2000.

种"后亚文化转向"成了许多研究和汇编论文集的重点领域。①② 作为具有可行性的理论和分析框架，亚文化在青年文化研究中是否仍然有效，理论家围绕着这个问题展开了持续的批判性对话。③④⑤⑥

后亚文化理论对青年文化研究已经产生了重要影响。事实上，正如本文揭示的那样：后亚文化理论为我们理解文化动态做出了很多贡献，让我们了解到青年每天接触或使用的音乐、风格及其相关物品、形象和文本。虽然后亚文化理论在某个层面上为青年文化研究的新范式奠定了基础，但后亚文化理论并没有取代亚文化理论成为青年研究的基础。针对后亚文化转向，亚文化理论的倡导者也的确提出了一系列引人注意的批评。对后亚文化理论的一种普遍批评是，它作为一种方法在理论上不够严谨，不能为青年文化研究提供一整套可选择的、分析性的、实证性的概念。对后亚文化理论的另一种批评是，对文化工业在建构青年认同和有品质的生活方式上发挥的作用，它采取了幼稚的、本质上来说是赞扬的立场。因此，有人认为，尽管后亚文化理论提出了否认基于阶级的青年认同的主张，但人们并不需要努力去寻找证据来证明结构性不平等在决定青年人生机遇（life chances）和文化归属方面持续发挥的作用。另外一些倾向于批判的观察家认为，后亚文化理论在强调反思性的个人主义是形成当代青年认同的原动力时，实际上去除了青年文化的政治色彩。对后亚文化理论的最后一个批评是，它认为青年的各种风格归属（stylistic affiliations）是流动的盛宴（a moveable feast），这种看法忽略了形成历史更久的青年文化风格的典范，而这些典范似乎违背了后亚文化理论家观察到的具有流动性和暂时性的这一风格的新规律。

在很大程度上，亚文化与后亚文化理论之间的紧张关系和冲突仍未得到解决。不管后亚文化研究遭到何种批评，它都确实有助于揭示亚文化理论的一些明显不足之处。有鉴于此，后亚文化转向在理论和方法上可以得出哪些重要见解呢？本文的目的就是回顾后亚文化转向的重要原则，研究针对它的一些重要批评，并尝试解决与后亚文化理论及后亚文化转向相关的一些疑难问题。在研究并确定了后亚文化理论的优点和一些潜在不足之后，在今后的青年文化形式和行为的研究中，如何将亚文化与后亚文化这两种理论最重要的原则结合起来，本文最后会提出一些建议。

一、后亚文化理论中的关键概念

"后亚文化"这个术语的提出要归功于史蒂夫·雷德黑德（Steve Redhead），他用

---

① MUGGLETON D, WEINZIERL R. The post-subcultures reader [M]. Oxford: Berg, 2003.
② BENNETT A, KAHN-HARRIS K. After subculture: critical studies in contemporary youth culture [M]. London: Palgrave Macmillan, 2004.
③ BENNETT A. In defence of neo-tribes: a response to blackman and hesmondhalgh [J]. Journal of youth studies, 2005, 8 (2).
④ BLACKMAN S. Youth subcultural theory: a critical engagement with the concept, its origins and politics, from the Chicago school to postmodernism [J]. Journal of youth studies, 2005, 8 (1).
⑤ HESMONDHALGH D. Subcultures, scenes or tribes? none of the above [J]. Journal of youth studies, 2005, 8 (1).
⑥ SHILDRICK T, MACDONALD R. In defence of subculture: young people, leisure and social divisions [J]. Journal of youth studies, 2006, 9 (2).

这个术语来揭示从前的青年亚文化体系的不完善，特别是它们无法恰当解释 20 世纪 80 年代末和 90 年代初出现的舞曲文化。① 后来戴维·马格尔顿（David Muggleton）在其著作《亚文化透视：风格的后现代意义》(*Inside Subculture：The Postmodern Meaning of Style*) 中对这一术语进行了重要补充，并将其发展为成熟的概念方法。和雷德黑德一样，马格尔顿认为，在 20 世纪 80 年代和 90 年代，亚文化青年已经转变为后亚文化青年，他将这一时期描述为"亚文化分裂和快速发展的数十年，伴随着大量的（亚文化）复兴、杂合和转换，无数风格在任何一个时间点上并存"②。马格尔顿同时使用了韦伯式的分析和后现代分析，他认为，风格的选择和混合（the pick and mix）是由于青年风格日益多样化和复古市场的突出地位，以及对新的后现代风格的敏感性，从他研究中的那些受访者身上可以明显看到这种处理风格的方法。在新的风格中，个人主义超越了对集体性的强调，成为社会行为人（social actors）的一种手段，为他们自己寻求理想的视觉形象，进而形成自己的社会文化特性。后亚文化理论在随后的发展中使用了一系列的概念框架，最突出的是"新部落"（neo-tribe）、"有品质的生活方式"（lifestyles）和"场景"（scene）。

（一）新部落

"新部落"概念最初由法国社会学家米歇尔·马费索利（Michel Maffesoli）提出，用来研究与后现代主义的出现相联系的社交新模式。根据马费索利的解释，新部落"没有我们所熟悉的刻板的组织形式，它更多的是指一种特定的氛围、一种心境，通过那些注重外观和形态的生活方式可以更好地得到体现"③。新部落理论随后被用于安迪·贝内特和本·马尔本（B. Malbon）对当代舞蹈音乐进行的两项实证研究中。④⑤ 这两项研究提出了这样的中心论点：舞蹈俱乐部会员的流动性表明了由青年风格的碎片化和舞蹈音乐零碎的文字所引发的新部落式的敏感性，其中舞蹈音乐本身就是音乐节目主持人（DJ）使用数字采样、混音及糅合技术生产出来的产品。⑥ 在青年文化研究中，新部落方法的核心就是它允许对青年聚在一起形成集体的方式及原因做出新的理解。和亚文化理论不同，新部落理论允许品味、审美感受和情感成为青年参加集体文化活动的主要驱动因素，而亚文化理论认为个体如果不是"被迫的"，也是因为阶级、社区、种族或性别这些事实而"被掌控"（held）在一起，形成亚文化群。⑦

---

① REDHEAD S. The end-of-the-century party：youth and pop towards 2000 [M]. Manchester：Manchester University Press，1990.
② MUGGLETON D. Inside subculture：the postmodern meaning of style [M]. Oxford：Berg，2000：47.
③ MAFFESOLI M. The time of the tribes：the decline of individualism in mass society [M]. London：Sage Publications Ltd，1996：98.
④ BENNETT A. Subcultures or neo-tribes? rethinking the relationship between youth，style and musical taste [J]. Sociology，1999，33（3）.
⑤ MALBON B. Clubbing：dancing，ecstasy and vitality [M]. London：Routledge，1999.
⑥ LANGLOIS T. Can you feel it?：DJs and house music culture in the UK [J]. Popular music，1992，11（2）.
⑦ 同④.

(二) 有品质的生活方式

"有品质的生活方式"的概念最早出现在马克斯·韦伯(Max Weber)的研究中，随后被美国社会学家托斯丹·凡勃伦(Thorstien Veblen)作为一种工具，来研究19世纪末20世纪初新兴的休闲阶层的财富和地位问题。① 20世纪90年代学术界再次出现了对这一理论的兴趣，引领这种趋势的是文化转向和对文化消费的日益重视，因为在吉登斯称为反思性现代性的背景下，文化消费是建构身份和有品质的生活方式的基础。② 使这一理论得以再次兴起的一个重要人物是英国社会学家戴维·钱尼(David Chaney)，他对有品质的生活方式(lifestyles)和生活方式(ways of life)做了重要区分。他认为，有品质的生活方式是"创意项目"，依赖于"消费能力的显示"，而"生活方式"是"通常和比较稳定的社区相关联的(并)具有共同规范、礼仪、社会秩序的模式，可能会通过一种独特的方言得以体现"③。这种区分依次出现在当代青年理论家，如瑞典社会学家布·赖默尔(Bo Reimer)和英国社会学家史蒂芬·迈尔斯(Steven Miles)对有品质的生活方式理论的应用中。④⑤⑥ 在研究当代青年的文化消费模式时，迈尔斯认为，晚期现代性(late modernity)见证了这样一种转变："务实、统一的亚文化身份，转变为风格的变动不居的拼接和并列。"⑦

(三) 场 景

在早期研究音乐品味和集体性的论文中，加拿大文化理论家威尔·斯特劳(Will Straw)把场景作为概念框架集中分析了它的价值。斯特劳认为，"当各种人群和社会群体围绕特定的音乐风格聚集在一起时"，场景往往超越了特定的地方性，"反映和实现了这些群体的特定关系状态"⑧。场景的这种概念化在后亚文化理论家中一直极具影响力。音乐场景被赋予了许多特点：作为个体聚集场所的功用——这些个体聚集在一起是因为音乐品味和相关的审美感受(而不是因为阶级或社区)不断演变和经常表现出的短暂性——与被谈及的后亚文化转向的本质相一致。音乐场景的这些性质被理论家们视为关键特性，理论家们认为场景是比亚文化更适用于探索集体性和凝聚力等问题的理论框架，因为这些人是围绕流行音乐聚集起来的；与此相反的是，他们认为亚文化太过于坚

---

① CHANEY D. Lifestyles [M]. London: Routledge, 1996.
② GIDDENS A. Modernity and self-identity: self and society in the late modern age [M]. Cambridge: Polity Press, 1991.
③ 同①92, 97.
④ REIMER B. Youth and modern lifestyles [M] //FORNAS J, BOLIN G. Youth culture in late modernity. London: Sage Publications Ltd, 1995.
⑤ MILES S. Towards an understanding of the relationship between youth identities and consumer culture [J]. Youth and policy, 1995 (51).
⑥ MILES S. Youth lifestyles in a changing world [M]. Buckingham: Open University Press, 2000.
⑦ 同⑤36.
⑧ STRAW W. Systems of articulation, logics of change: communities and scenes in popular music [J]. Cultural studies, 1991, 5 (3).

持有关阶级和社区固定性的本质主义假设。①②

二、后亚文化：一种碎片化的话语？

如前所述，后亚文化转向在青年文化理论家之中引发了许多批判性的辩论。后亚文化理论经常遭受的一种批评是：它在本质上不是一个连贯的理论，而是把来自不同传统的众多理论拼凑在一起的大杂烩。但是，对于亚文化理论，我们也能做出大致相似的评论。即使是在亚文化被美国社会学家当作一种方法来研究越轨社会行为的初期，在芝加哥学派这一涵盖性术语之下也已经形成了许多不同的亚文化模式。③④⑤ 亚文化理论通过伯明翰当代文化研究中心（CCCS）进入英国时，从文化马克思主义一直到法国文化理论家罗兰·巴尔特（Roland Barthes）和克洛德·列维-斯特劳斯（Claude Levi-Strauss）使用的符号学方法，它们经历了进一步的整体改造。

CCCS重建了亚文化理论。在"亚文化"成为青年文化的国际研究中使用的一个词语后，它的很多内涵都被丢弃了，越来越成为一个"徒有虚名"（nameonly）的标签。基于北美洲进行的研究，如蒂娜·温斯坦（Deena Weinstein）的著作《重金属》（*Heavy Metal*）证实了这一点。⑥ CCCS把基于风格的青年文化解释为它们是阶级背景和经验的表征，温斯坦很明显认同这一观点，把美国的重金属作为"工人阶级"（或者更确切地说是"蓝领"）亚文化进行了阐释。不过，除此之外，温斯坦对CCCS的亚文化解读模式的使用是很有限的。CCCS制定出的工人阶级亚文化抵抗的基本原则并没有在温斯坦的研究中被重新系统使用，也没有受到质疑，或者进行调整，以便为美国提供本土化的解读模式。⑦ 将亚文化理论解读为碎片化的、变得越来越不连贯的理论，这是安迪·贝内特1999年发表的研究论文的中心论点。他在文章中指出：

> ……这些就是亚文化现在被当作理论基础的各种分析角度，"亚文化"就这样变成了一个"万能"词，可以容纳年轻人、风格和音乐等社会生活的方方面面。⑧

然而，即使是在1999年，关于亚文化不够严谨的评论也绝不是前所未有的。美国社会学家约翰·欧文（John Irwin）在1970年就指出，亚文化在社会理论中的应用方式

---

① BENNETT A, KAHN-HARRIS K. After subculture: critical studies in contemporary youth culture [M]. London: Palgrave Macmillan, 2004.

② STAHL G. "It's like Canada reduced": setting the scene in montreal [M] //BENNETT A, KAHN-HARRIS K. After subculture: critical studies in contemporary youth culture. London: Palgrave Macmillan, 2004.

③ MERTON R K. Social theory and social structure [M]. New York: Free Press, 1968.

④ MATZA D, SYKES G M. Juvenile delinquency and subterranean values [J]. American sociological review, 1961, 26 (5).

⑤ BECKER H S. Outsiders: studies in the sociology of deviance [M]. New York: Free Press, 1963.

⑥ WEINSTEIN D. Heavy metal: a cultural sociology [M]. New York: Lexington Books, 1991.

⑦ JEFFERSON T. Cultural responses of the teds: the defence of space and status [M] //HALL S, JEFFERSON T. Resistance through rituals: youth subcultures in post-war Britain. London: Hutchinson, 1976.

⑧ 由于有了10年后的后见之明，对此可以进行补充，比如可以纳入青少年对互联网通信技术的投入或是对极限运动及类似的冒险行为的参与。

日益多元化；在欧文看来，由于反文化（counter-culture）及其衍生的"子系统和生活方式"的出现，这种情况恶化了。① 同样，迈克尔·克拉克（M. Clarke）于 1974 年在《英国社会学期刊》上发表的一篇论文中指出：

> 多年来，"亚文化"这个术语就是社会学的一部分，像"角色""阶级""魅力"等词一样，无论它是否在社会学兴起之前就已经被广泛使用，毫无疑问，它现在已经是日常语言了。因此，对它进行批判性思考是非常困难的。但是如果今天把它作为社会学的一个新概念加以介绍，我想它将会被认为毫无价值而被摒弃。②

有人认为"后亚文化"本身不是什么严谨的术语，不过也有合理的理由认为，亚文化其实也没有多严谨，因为它在社会学和文化理论研究方面已经被用得太滥了。实际上，亚文化与后亚文化这两种理论都来自范围广阔的一套理论传统，各自体现了青年文化研究的一系列不同的分析角度。既然亚文化研究方法适用于具体的研究和分析，可以质疑的就是：它在理论和方法上的整体性（cohesiveness）是否可以实现，或者是否可取？

三、作为文化民粹主义的后亚文化

另一种针对后亚文化转向的批评，与吉姆·麦圭根（J. McGuigan）等文化理论家确定的文化民粹主义话语有关。这种观点认为，通过强调消费是年轻人中的一种重要文化行为③，后亚文化理论本质上是沉溺于泰德·波尔希默斯（T. Polhmus）所谓的"风格超市"（supermarket of style）中的年轻人所采取的支持的赞扬式立场④。但是，一旦重新评估这一点，就能得出公平的结论：作为青年消费模式的描述符号，"风格超市"这个概念尽管在其表面上具有吸引力，但如果用它来确定后亚文化理论的局限性却会产生决定性的负面影响。"风格超市"⑤ 这个术语来自雷德黑德等人主编的《亚文化读本》（*The Subcultures Reader*）中一篇简短的、基本上是描述性文字的文章，该术语将后亚文化青年贬为卡利尼科斯（A. Callinicos）所谓的后现代纨绔主义（postmodern dandyism）的实例。⑥ 从本质上说，"风格超市"的概念把青年对风格的敏感简化为"选择与混合"的游戏，把青年本身描述成只会进行商业街消费（high street consumption）的年轻人。所以，"风格超市"这个概念严重破坏了马格尔顿和迈尔斯等理论家的大量研

---

① IRWIN J. Notes on the present status of subculture [M] //ARNOLD D O. The sociology of subcultures. Berkeley: The Glendessary Press, 1970.
② CLARKE M. On the concept of sub-culture [J]. British journal of sociology, 1974, 15 (4).
③ MCGUIGAN J. Cultural populism [M]. London: Routledge, 1992.
④ POLHEMUS T. In the supermarket of style [M] //REDHEAD S, WYNNE D, O'CONNOR J. The clubcultures reader: readings in popular cultural studies. Oxford: Blackwell Publishing, 1998.
⑤ REDHEAD S, WYNNE D, O'CONNOR J. The clubcultures reader: readings in popular cultural studies [M]. Oxford: Blackwell Publishing, 1998.
⑥ CALLINICOS A. Against postmodernism: a marxist critique [M]. London: Polity Press, 1991.

究成果。这些理论家试图证明的是：文化消费和商品的日益泛滥，事实上不会消除青年在风格和相关文化产品上留下的任何形式的有意义的印记。事实上，马格尔顿和迈尔斯都在尽力指出风格政治（a politics of style）的可持续意义，因为这是通过后亚文化青年的消费行为明确表达出来的。①② 所以，迈尔斯指出：

> 在社会、文化和结构发生快速改变的背景下……消费的必要性……已经成为维系年轻人稳定生活的根本手段。这种稳定并不表现为千篇一律的生活方式，而是表现为灵活、可变和多样化的认同感。③

有人认为后亚文化理论强调个人主义、流动性和碎片化。后亚文化理论对这些方面的强调引发了另一种批评，这种批评主要围绕后亚文化理论方法的局限性展开，认为它在解释看似较为固定和连贯的早期青年文化风格形式上仍然存在着局限性。所以有的学者，如霍金森（Hodkinson）认为：虽然后亚文化理论对风格的解读（即风格更多的是源自个体的、由消费驱动的、本质上是流动的后现代项目）可能对当代青年文化行为的一些方面（例如关于舞蹈文化）具有意义，但是其他青年文化群体，例如"哥特"（goth）文化，也表现出了集体性和风格固定性这些和传统的亚文化解读联系更为紧密的特点。④

然而，可以说，即使在这一点上，亚文化和后亚文化理论之间的界限也没有像霍金森所说的那样明显。赫伯迪格在对朋克摇滚风格进行的著名分析中认为，朋克风格和先前的亚文化形式的一个不同之处是：它将此前遭反对的亚文化形象进行切分，然后重新放在身体表面上。⑤ 赫伯迪格的这一分析，在很多方面被认为是他对后现代进行宏大诠释的著作《藏于灯下》（*Hiding in the Light*）一书的雏形。⑥ 赫伯迪格是在英国社会面临持续的严重社会经济动荡之时进行分析的，他将朋克碎片化的零散风格定位于英国社会面临的更广泛的危机之中。虽然距后亚文化转向出现的时间超过30年，但是赫伯迪格对朋克青年的描述看起来与后亚文化青年是一致的，后亚文化青年重新使用了先前的风格趋势并将其混合在一起。在这方面，有一个引人注意的有趣现象是：马格尔顿的一些"后亚文化"受访者将自己认定为朋克青年。同样，哥特对朋克、华丽摇滚（glam）、重金属和在某种程度上是浪漫主义新意象的现象的重新定位，也可以被视为类似"切分和重新定位"的方法，这在本质上是后亚文化风格而非亚文化风格。遵循这种论证思路及其符合逻辑的结论，就可以在CCCS研究的那些"经典的"战后青年亚文化中识别出"后亚文化"的特点。这样，摩登族（mods）、无赖青年（teddyboys）和光头仔（skinheads）也是借用了先前的时尚和潮流中的风格元素并对它们进行了重新定位。

---

① MUGGLETON D. Inside subculture: the postmodern meaning of style [M]. Oxford: Berg, 2000.
② MILES S. Youth lifestyles in a changing world [M]. Buckingham: Open University Press, 2000.
③ 同②158.
④ HODKINSON P. The goth scene and subcultural substance [M]//BENNETT A, KAHN-HARRIS K. After subculture. London: Palgrave Macmillan, 2004.
⑤ HEBDIGE D. Subculture: the meaning of style [M]. London: Routledge, 1979.
⑥ HEBDIGE D. Hiding in the light: on images and things [M]. London: Routledge, 1988.

四、后亚文化与政治

布莱克曼（S. Blackman）指出，后亚文化理论把青年风格当作了关注重点，但忽视了当代青年文化较为政治化的一些方面，例如，锐舞文化（rave culture）和舞会场景中表现出的那些元素。[1] 事实上，布莱克曼认为，鉴于舞蹈生成了集中连贯的反霸权的话语，舞蹈的政治特点更明显地与"亚文化"的敏感性是一致的。根据布莱克曼的观点，这些话语起到的作用是操控阶级的不同概念。但是人们不禁要问，把阶级作为青年政治意识和行动的推动力，这种强调从过去到现在是否一直被夸大了呢？虽然CCCS的亚文化理论将工人阶级的青年亚文化安置于阶级斗争的场景中[2]，但正如沃特斯（C. Waters）所说的那样，在CCCS的青年研究中出现的这种政治行动，是一种没有完全成形的、难以言喻的激进主义[3]。这方面的例子包括对学校环境的破坏[4]、属地主义[5]和"无所事事"[6]。正如霍尔和杰斐逊主编的《通过仪式抵抗》所表明的，更明显的政治冒犯（这只是在朋克出现之前的几年中发生的）不是来自亚文化，而是来自嬉皮士的反文化。不过，即使在这一点上，也有人曾尝试用本质上是葛兰西学派的术语（Gramscian terms）来描述反文化。因此，克拉克（J. Clarke）等人认为：如果说工人阶级的亚文化是从外部对中产阶级的权力构成了威胁，那么中产阶级的反文化则是从内部构成了类似的威胁：

> ……领导了针对他们自己的、占主导地位的"父辈"文化的反抗。他们的反叛主要是思想和文化上的反叛。他们的攻击主要针对的是那些重现了主流文化意识形态关系的制度，即家庭、教育、媒体、婚姻和劳动的性别分工。[7]

但是，正如非CCCS的倡导者当时所认为的那样，将反文化主体限定为白人中产阶级学生其实就是一种本质主义（essentialism）。所以，根据克莱卡克（P. Clecak）的观点，"反文化"从整体上看更像是一个涵盖性的术语，用来指代一系列多样化的跨阶级、多种族的活跃分子的行为。

---

[1] BLACKMAN S. Youth subcultural theory: a critical engagement with the concept, its origins and politics, from the Chicago school to postmodernism [J]. Journal of youth studies, 2005, 8 (1).

[2] HALL S, JEFFERSON T. Resistance through rituals: youth subcultures in post-war Britain [M]. London: Hutchinson, 1976.

[3] WATERS C. Badges of half-formed, inarticulate radicalism: a critique of recent trends in the study of working class youth culture [J]. International labor and working-class history, 1981 (19).

[4] WILLIS P. Learning to labour: how working class kids get working class jobs [M]. London: Routledge, 1978.

[5] JEFFERSON T. Cultural responses of the teds: the defence of space and status [M] //HALL S, JEFFERSON T. Resistance through rituals: youth subcultures in post-war Britain. London: Hutchinson, 1976.

[6] CORRIGAN P. Doing nothing [M] //HALL S, JEFFERSON T. Resistance through rituals: youth subcultures in post-war Britain. London: Hutchinson, 1976.

[7] CLARKE J, et al. Subcultures, cultures and class: a theoretical overview [M] //HALL S, JEFFERSON T. Resistance through rituals: youth subcultures in post-war Britain. London: Hutchinson, 1976: 62.

克莱卡克表示，这一系列广泛分布的社会群体的共同目标是"为他们对社会和精神的不满及希望找到象征性的形式"①，反文化在政治上为他们提供了手段。

克莱卡克的观点再次表明，青年文化也许始终在抵制亚文化理论，实际上是反文化理论所设定的还原论（reductionism）的各种形式——作为各种形式的文化之一种的青年文化的形成和发展，包括他们的政治动机和意图，都准确地限定在超越结构性类别（structural categories）及接纳跨地方性的影响、观点和成员身份的这种能力范围之内。最近的实证研究表明，克莱卡克的这个观点可以在当代青年文化形式（如朋克文化、舞蹈文化和嘻哈文化等）中找到例证。② 此外，正如麦凯（McKay）等人的研究所表明的那样，最近以青年为主的各种自己动手做（DIY）行动主义和各种抗议，如反道抗议（Anti-Road Protest）和收复街道（Reclaim the Streets）运动等也包含了来自不同阶层和教育背景的各种各样的参与者。③④

五、后亚文化和对阶级的否定

针对后亚文化理论的另一种批评是，后亚文化理论假定不论青年身处什么阶级、收入多寡、生活在何处，他们都有同等的消费能力。⑤ 有人认为，在年轻人对文化产品的获取、他们在自己的认同形成过程中对那些文化产品的最终使用方面，结构化的不平等显示出了持续的重要性，而后亚文化理论对此完全没有认识到。这种形式的不平等在许多社区和地区中持续发挥着重要作用，影响了年轻人对休闲资源的使用，并有力地显示了他们对自己的感觉和对同伴（peer group）的忠诚。⑥ 对于这一点，指出文化消费确实是多方面的现象是非常重要的——这显然也是消费理论家常常忽视的——它不仅仅意味着购买商品和服务的能力以及相应的经济资本的必要水平。⑦ 文化消费定义了一系列广泛的活动，个体通过这些活动获取了文化物品、文本和形象，并在文化上盗用了它们。就青年文化而言，这不可避免地会扩展到物品、文本和形象的盗用和创新上，它们已经在特定地区流传，并逐渐在互联网上流传。⑧ 事实上，正如以往的青年文化研究所显示的那样，在发达国家中一些最贫困的社区已经出现了一些显著的、影响长久的青年

---

① CLECAK P. America's quest for the ideal self: dissent and fulfillment in the 60s and 70s [M]. New York: Oxford University Press, 1983: 18.
② BENNETT A. Popular music and youth culture: music, identity and place [M]. London: Palgrave Macmillan, 2000.
③ MCKAY G. Senseless acts of beauty: cultures of resistance since the sixties [M]. London: Verso, 1996.
④ MCKAY G. DIY culture: party & protest in nineties Britain [M]. London: Verso, 1998.
⑤ ROBERTS K, et al. Youth leisure careers during post-communist transitions in the south caucasus [J]. Leisure studies, 2009, 28 (3).
⑥ SHILDRICK T, MACDONALD R. In defence of subculture: young people, leisure and social divisions [J]. Journal of youth studies, 2006, 9 (2).
⑦ BENNETT A. In defence of neo-tribes: a response to blackman and hesmondhalgh [J]. Journal of youth studies, 2005, 8 (2).
⑧ BENNETT A. Virtual subculture? youth, identity and the internet [M] //BENNETT A, KAHN-HARRIS K. After subculture: critical studies in contemporary youth culture. London: Palgrave Macmillan, 2004.

文化创新，最著名的例子就是嘻哈（hiphop）文化。嘻哈文化发源于纽约的南布朗克斯区①②，迅速成了全球性的青年文化现象。但有趣的是，它在学术著作中很少被称为"亚文化"。③④ 虽然民粹主义理论会认为嘻哈文化能在全球传播，很大程度上是因为其特定元素说唱（rap）的商业化和商品化，但这种解释过于片面了。比如有研究表明，说唱于20世纪80年代中期才快速商业化，而在此之前，当非裔美国士兵驻扎于德国等欧陆国家时，他们在当地酒吧的即兴表演说唱，就使得说唱越过大西洋传播到了欧洲。⑤ 同样，福格蒂（M. Fogarty）关于街舞文化（b-boy culture）（或是霹雳舞，因为它在20世纪80年代中期最流行期间才变得较为有名）的研究显示了自拍录像这种DIY行业的活力：渴望向彼此学习新舞蹈动作和技巧的街舞爱好者制作了自拍录像，并通过它们在全球的网络进行传播。⑥

　　同样需要注意的是，嘻哈文化以这种方式传遍全球，也经历了相当程度的本土化。有些城市和地区已经形成了嘻哈文化的场景，其中常常含有多民族、跨阶级形式的派别。⑦⑧ 嘻哈文化的这种转变表明，基于特定区域和社区进行的孤立的个案研究，得出关于青年文化行为社会文化意义的通用结论，这是很危险的。加里·克拉克（Gary Clarke）在20世纪80年代初认为，亚文化理论的一个重要问题就是主要采取研究大都市的视角。克拉克援引了赫伯迪格的著作《亚文化：风格的意义》后指出，赫伯迪格对朋克的理解是"开始于牛津街的一股热浪，结束于国王路的精品店"⑨。克拉克认为，各地方对朋克文化的共鸣，在赫伯迪格的解释中从来都没有占据过重要位置，然而赫伯迪格的研究却声称提供了对朋克风格的社会文化诠释。可以说，同样的问题可能会出现在特定的地方性青年文化研究中，其中日常参与的活动，例如小丑舞（krumping）、涂鸦（graffing）和说唱（mcing）等基本上被诠释为以结构为基础的日常体验的有限表达；在阶级、教育背景、职业地位等人口统计数据多样化的其他地区，对当地与上述活动相似的风格行为进行研究，可能会发现，在说明当地完全不同的一组日常体验时，也会用到上述的有限表达。

---

　　① LIPSITZ G. Dangerous crossroads: popular music, postmodernism and the poetics of place [M]. London: Verso, 1994.
　　② ROSE T. Black noise: rap music and black culture in contemporary America [M]. Middletown: Wesleyan University Press, 1994.
　　③ MITCHELL T. Popular music and local identity: rock, pop and rap in Europe and Oceania [M]. London: Leicester University Press, 1996.
　　④ BENNETT A. Popular music and youth culture: music, identity and place [M]. London: Palgrave Macmillan, 2000.
　　⑤ BENNETT A. HipHopam main: the localisation of rap music and hiphop culture [J]. Media, culture and society, 1999, 21 (1).
　　⑥ FOGARTY M. "What ever happened to breakdancing?": transnational b-boy/b-girl networks, underground video magazines and imagined affinities [D]. St. Catharines: Brock University, 2006.
　　⑦ 同④.
　　⑧ 同⑤.
　　⑨ CLARKE G. Defending ski-jumpers: a critique of theories of youth subcultures [D]. Birmingham: University of Birmingham, 1982.

对此可以补充的一点是区域问题，区域性的经济增长和社会流动将结构性因素对流行文化和休闲的影响进一步复杂化了。例如，对澳大利亚黄金海岸地区的青年文化形态的持续研究表明，传统基于阶级的亚文化模式应用存在着严重问题，因为整个社会各个阶层都处于相对富裕水平，生活品质也较高。因此，明确概括出黄金海岸地区青年、阶级、风格和相关的文化及休闲行为之间的关系，就变成了极具难度的任务。以冲浪这项在该地区流行的青年活动为例，虽然当地有很多参与该活动的群体，尤其是棕榈军（the Palmy Army）（来自黄金海岸棕榈滩附近的一个由工人阶级青年结成的群体），但不能说冲浪本身是某个阶层专享的一项活动——当地的冲浪文化的确"实际上涵盖了包含阶级（性别、种族）、地域，以及风格、技术与其他形式的知识和专长这些方面的一系列不同的敏感性"。

那么，由亚文化/后亚文化辩论引发的当代青年研究中的关键问题不是将社会结构作为分析的参照框架纳入研究，而是如何将它作为研究对象进行定位，可以这样说吗？当然，先是以结构问题作为既定前提，接着以此为起点进行的反向研究不太可能回答这个问题。正如钱尼认为的那样，从结构上进行说明的当代文化形式的研究方法所存在的一个关键问题是：

> 这些方法试图关闭意义产生的过程。这些理论不允许讽刺和反思在关于文化的对话里自由发挥……最简单的表述就是，这些理论假设社会实体——例如阶级——存在于真实的世界中，然后将它们作为文化问题进行探讨、描述和体验。接着就是前者（社会实体）的动态关系可以用来解释后者（文化问题）的特点。①

正如钱尼的评论所暗示的那样，关于青年文化研究中的阶级这个问题，更富有成效的方法是，对通过创造性使用文化资源、以反思性方式对其实施管理的结构性体验本身给予更多的重视。这在本质上意味着要制定一个分析框架，该框架会考虑到这个事实，即当代青年的认同是围绕当地经验（如家庭、学校、工作、朋友、对等群体、语言和方言等）和来自跨地区青年文化行为（如音乐、服装、文学、电视、电影、互联网、舞蹈、运动和体育锻炼等）的文化资源的反思性相互作用而形成的。迄今为止，尝试创建这样一个分析"融合区"（analytical "fusion-zone"）并在其中进行研究的努力，其效果一直不尽如人意。一个相关的例子是威利斯（Willis）对青年、消费和文化行为进行的研究。他在研究中使用"现实美学"（grounded aesthetics）这个概念来描绘人们对文化物品和资源的日常使用。② 然而，现实美学实际上在很多方面都被理解为威利斯先前使用的概念性框架"同构"（homology）的改版。这两种方法都试图在一系列有关思想和审美的语言中找到日常的文化行为，这些语言来自有关阶级、性别和种族等根本的、本

---

① CHANEY D. The cultural turn: scene setting essays on contemporary cultural history [M]. London: Routledge, 1994: 48-49.
② WILLIS P. Common culture: symbolic work at play in the everyday cultures of the young [M]. Milton Keynes: Open University Press, 1990.

质上固定的一系列结构性基础。

六、结论：（后）亚文化的未来

  最终，在青年文化研究中，要结合后亚文化和亚文化理论的元素，以便更有效地描绘当代青年文化世界，形成一种精确有效的理论，似乎还任重道远。因为在当代青年文化世界中，青年的认同不仅会受到全球文化的影响，也会被地方文化影响，成为一个日益复杂的合成品。这方面的研究迄今为止进展甚微，总体而言，亚文化和后亚文化研究仍然被描述为青年文化研究的两个独立领域。[1] 确实可以说，这两种方法之间的差距在不断扩大，因为亚文化的观点和针对青年的实质性社会经济问题进行的研究日趋一致，问题有越轨行为[2]、风险[3]和转变[4]，而那些研究对于后亚文化理论在理论和方法上的干预，尤其是涉及文化消费的重要意义时，基本上仍然持否定态度。可以说，在这一领域中，明确认可文化消费是年轻人的生活特点并对此进行分析的研究是相当有限的；这些研究倾向于仅仅对文化消费模式加以分类和量化，而不是深入分析结构性体验和文化消费在地方青年文化行为实践形成中的互动作用。[5] 与此相反，采取后亚文化视角的研究，如安迪·贝内特、迈尔斯和马格尔顿等人的研究，虽然显示了青年认同和文化消费之间较为复杂的互动性关系，但因为要依靠小的定性数据库，所以不可避免地遭到了质疑。[6] 为了更充分地确定年轻人的地方体验与消费、休闲和生活方式的全球性流动之间的互动性质和程度，大规模的定性及定量数据库是必需的。

  因此，只有在掌握了融合多重方式、能开展大规模研究的方法之后，亚文化和后亚文化理论家才能实现有意义的合作。合作项目将旨在通过使用显然比先前的后亚文化研究样本更大的、更具多样性的样本，来提供针对后亚文化研究的主要原则的严谨的实证性评价。可以说，这样的测试也将提供更清晰的、更细微的、更具当地敏感性的方式，来分析消费、休闲和生活方式的模式，在哪里、以何种方式，呼应阶级、性别和种族等结构性经验。

  要实现这一目标需要解决一系列关键问题。第一个问题，即最重要的是，这种性质的研究将需要确定的是：在青年文化特性的形成中，阶级、性别和种族等这些被赋予的特点，会以何种程度及何种具体方式来继续发挥作用？如前所述，许多使用亚文化理论

---

[1] SHILDRICK T, MACDONALD R. In defence of subculture: young people, leisure and social divisions [J]. Journal of youth studies, 2006, 9 (2).
[2] PRESDEE M. Cultural criminology and the carnival of crime [M]. London: Routledge, 2000.
[3] MORRISSEY S A. Performing risks: catharsis, carnival and capital in the risk society [J]. Journal of youth studies, 2008, 11 (4).
[4] HOLLANDS R. Divisions in the dark: youth cultures, transitions and segmented consumption spaces in the night-time economy [J]. Journal of youth studies, 2002, 5 (2).
[5] ROBERTS K, et al. Youth leisure careers during post-communist transitions in the south caucasus [J]. Leisure studies, 2009, 28 (3).
[6] HESMONDHALGH D. Subcultures, scenes or tribes? none of the above [J]. Journal of youth studies, 2005, 8 (1).

的研究或受其影响的研究的严重不足,就是倾向于先假定一些特性确实在很大程度上建构了青年的身份,然后从此观点出发进行反向研究。①②③ 所以,研究工作在一开始先承认来自地方和全球的一系列影响中那些特性的存在,然后评估它们整体对青年身份建构的影响,这样的研究本身就是一种重大创新。

在这种研究模式下,该合作项目需要解决的第二个问题是:消费品、不同形式的媒体、新媒体在年轻人的身份建构中的角色和影响,准确地说是什么呢?在撰写本文时,关于该主题的研究继续在一系列国家中推进。特别是青年和新媒体,它们正在迅速成为新的关注领域,尤其是在线社交网络和年轻人之间借助互联网实现的其他形式的交流方面。④⑤ 然而问题是,这一研究仍然局限于小规模的项目和研究生的研究论文。此外,到目前为止,这项研究的成果还远不能完整描述以下问题:在当地及跨地区范围内,数字通信媒体影响青年的认同概念及青年和同伴间文化联系的多种高度复杂的方式。

融汇了亚文化与后亚文化视角的项目,将会完美地处理好后亚文化转向话语中的三个关键"假设",即"流动性""多样性""暂时性"。

在很大程度上,后亚文化话语中有一个理所当然的观点:年轻人的品味、兴趣和文化归属是流动的、可以互换的。然而,除了上面讨论的极少数已发表的研究成果外,在更大的社会文化层面上提出这些主张的可信赖的数据非常少。关于各种形式的本地体验如何模仿那些在青年文化版图中被确认的后亚文化的变迁,也没有清晰的认识。同样,需要进行更深入更严格的测试,来确定年轻人的认同在何种程度上表现出了"多样化",因为要在众多同时形成的兴趣和团体之中对他们的认同进行划分。

最后,鉴于上面已经列出的其他研究领域的研究,关于青年认同在何种程度上借鉴了可识别的群体或是为这些群体所建构,显然需要更多的相关数据。在采用新的更具流动性和互换性维度方面,关于青年的共同文化归属如何不断变化及为什么可以被视为不断变化的,虽然后亚文化理论提出了可信的论据,但是,经过集体认可的审美、文化和其他生活方式方面的言行,可以表明有关这些共同文化归属的数据是非常少的。

本文研究的目的是审慎地评价后亚文化转向的重要原则。本文首先回顾了后亚文化理论家所提出的一些主要理论干预措施(the oretical interventions),它们与青年文化研究中亚文化传统的主要研究有着密切联系;然后论述了亚文化理论自 20 世纪 90 年代末形成以来遭受的一系列主要批评。

不论后亚文化理论在多大程度上为青年研究提供了准确、可靠的概念和实证的框架,但毫无疑问,在围绕阶级、性别、种族和民族在青年个体和集体文化认同建构中的

---

① BÖSE M. "Race" and class in the post-industrial economy [M] //MUGGLETON D, WEINZIERL R. The post-subcultural reader. Oxford: Berg, 2003.
② BLACKMAN S. Youth subcultural theory: a critical engagement with the concept, its origins and politics, from the Chicago school to postmodernism [J]. Journal of youth studies, 2005, 8 (1).
③ SHILDRICK T. Youth culture, subculture and the importance of neighbourhood [J]. Young, 2006, 14 (1).
④ HARRIS A. Young women, late modern politics, and the participatory possibilities of online cultures [J]. Journal of youth studies, 2008, 11 (5).
⑤ OLSSON T. For activists, for potential voters, for consumers: three modes of producing the civic web [J]. Journal of youth studies, 2008, 11 (5).

重要性进行探讨时，该理论开辟了新的领域。在这方面，后亚文化理论引出了新的问题，这些问题针对的是文化消费在年轻人生活中的重要性，以及当代青年的文化行为和来自本地、全球的影响的关系。① 然而，一系列有关青年文化性质的重要问题仍然悬而未决，这些问题本身就表明：青年文化研究中使用的后亚文化和亚文化理论都有其局限性。鉴于这种情况，针对后亚文化和亚文化研究人员如何弥补不足之处，开展富有成效的项目合作，以及提供更全面的有关当代社会背景下青年文化行为的数据，本文的最后提出了一些初步建议。

---

① BENNETT A. Popular music and youth culture: music, identity and place [M]. London: Palgrave Macmillan, 2000.

传播与运输：信息、人和商品的流动性*

□［英］戴维·莫利 著　◎王鑫 译　▣张昱辰 审校

📖 摘　要

在传播研究常常注重信息流动性而忽视人与商品流动性的背景之下，本文探讨了传播和交通研究领域进一步融合的可能性。与认为虚拟性的出现意味着物质地理环境不再重要的立场相反，本文认为应将媒介化的"远程技术"的作用置于一个更广阔的背景下加以考量。这样一个背景不仅包括多种物理形态流动性的塑造（与管制），还包括现实世界与虚拟世界变化着的连接方式。

📖 关键词

传播；交通；信息；人；商品；流动性

📖 作者简介

戴维·莫利（David Morley）系伦敦大学金史密斯学院媒体、传播与文化研究系教授。

📖 译者简介

王鑫，同济大学艺术与传媒学院教授，审校者张昱辰系上海社科院新闻研究所助理研究员，吴欣慰对本文译校亦有贡献。

一、引　言

我家里的一本老字典将"传播"宽泛地定义为："［名词］告知（特别是新闻）；提

---

* 莫利，王鑫，张昱辰. 传播与运输：信息、人和商品的流动性［J］. 新闻记者，2020（3）.

供的信息；交往；普通的门、两地之间的通道、公路、铁路或者电报。"这个古老的概念不仅包括象征符号领域——这是当传播问题产生时我们第一时间常常想到的，也包括交通领域的研究。正是本着这一精神，马克思和恩格斯对传播概念的定义宽泛到足以包括"商品、人、信息和资本的流动"——其范围不仅包括信息传播的工具，还包括当时的物质运输基础设施。然而，近年来，传播学研究几乎完全集中于信息传播中的象征、机构和技术维度。与此同时，对人员和商品流动性的分析在很大程度上已被归入交通研究的范畴，并且为传播学研究者所忽视。在这样的语境下，笔者主张一种不那么以媒体为中心的范式，这种范式实际上是将媒介和传播问题置于更广阔的物质环境和背景中来讨论。

二、全球化和时空压缩

令人高兴的是，研究传播的较窄路径的一些典型的假设、拒斥和等级排序开始遭到当代关于文化和经济体系全球化研究的挑战。因此，阿尔君·阿帕杜莱（Arjun Appadurai）对当代世界的媒体景观、意识形态景观、族群景观、金融景观和技术景观的轮廓、相互作用和差异予以分析的呼吁，虽然被广泛引用，却很少被实际运用。正如他所说，这一背景下流动的信息在移动和中介的相互情境化中与去地域化的受众相遇。[①] 这种对传播的媒介化形式的研究路径，充分意识到信息和受众的跨域流动性，显然对未能解决文化和地域的相关性问题的传播研究构成了挑战。然而，这并不是说我们生活在一个完全去地域化的世界，笔者将在后文探讨当代的再地域化动态。

在此，我们首先需要关注构成媒体受众的差异化流动性的因素，这涉及可用的交通技术、用以监管线上和线下区域的技术，以及监管信息和人群流动的技术。正如安塞尔姆·弗兰克（Anselm Franke）所说，这些以交通和通信为中心的基础设施的"权力在空间中的实施"，调节着不同人群的运动和停滞。因此，"就像高速公路、媒体网络和管道可能连接起来一样，它们也会分离；就像它们可能整合起来一样，它们也会分化；就像它们为一些人（新移动阶层）压缩了时间和空间使其增值一样，它们也让那些不得不保持不动的人贬值"[②]。

或许这些不同的流动性最显著的特征之一就是，在一个跨国的去管制时代，商品和媒体产品正在"自由流动"。与之形成鲜明对比的，是移民政策和边境管理对人口流动管制的日益加强。正如彼得·阿迪（Peter Adey）所说："如果流动性是一切，那么它就什么都不是"，这不啻把世界变成一摊无形的液态"黏稠物"。[③] 因此，我们必须区分相对流动性和固定性的不同形式、比率和样式。尽管齐格蒙特·鲍曼（Zygmunt Bauman）强调流动性的中心的、周期性的隐喻，但他还是区分了那些被他称为后现代世界

[①] APPADURAI A. Modernity at large [M]. Minneapolis：University of Minnesota Press，1996.
[②] FRANKE A. Introduction [M] //FRANKE A. B-zone：becoming Europe and beyond. Barcelona：Actar Publishers，2005：8.
[③] ADEY P. If mobility is everything, then it is nothing [J]. Mobilities，2006（1）.

"游客"的人和被称为"流浪汉"的人,前者的信用评级让其在任何想去的地方都受到欢迎,而后者却很难拿到签证去任何地方。[1][2] 乌苏拉·比曼(Ursula Biemann)对这种"流浪汉"的"封闭流动性"所做的描述,突显出他们所处的两难境地。

在一个离岸的地方上岸,在集装箱世界里,只"容忍"跨地域的状态——既不属于此处,也不属于任何其他地方,而是处于一种永久无归属、在法律上也不存在的状态。他来到这里,象征着这个巡回身体,被束缚在一连串的领土上,一次又一次地探索进入的规则,永远无法到达最终目的地。他穿梭于非文明场所,在非社会空间中等待"地位"……曾经的一种暂时豁免的状态——在法律延迟的流动时空中生存——正慢慢地巩固为移民维持生计的主要模式。这种存在的场所是连接的,但又是分离的:它是一个封闭流动性的世界系统。[3]

三、重返物质世界

自从詹姆森(Jameson)、哈维(Harvey)和苏贾(Soja)提醒我们"时空压缩"在(后)现代性的构成中占据中心地位以来,文化地理学中出现了十分显著的复兴趋势,然而这些理论家的作品如今也受到地理学家的严肃批评,这些地理学家恰当地指出了"压缩"进程有着更长的历史,其开端远早于任何"后现代"时期。[4][5] 这些研究很大一部分聚焦于当代"远程技术"[6] 所具备的超越距离的能力。一些研究确实认为,我们现在生活在一个以"无地方性"为特征的新型赛博世界中,在这里物质地理环境在影响社会或文化生活上所发挥的作用十分有限。[7][8][9]

然而,最近出现的修正主义立场质疑了这些理想主义假设[10][11],认为尽管我们的世界中新的虚拟维度产生了相当大的影响,但物质地理环境远未"死亡",仍然需要密切关注。新兴的批判性研究认为,赛博空间本身具有完全可识别的地理形态,其中的路线和位置在很大程度上复制了早期通信方式的结构和模式。[12][13][14] 除此之外,这些研究还有

---

[1] BAUMAN Z. Globalization [M]. New York: Columbia University Press, 1998.
[2] BAUMAN Z. Liquid modernity [M]. Cambridge: Polity Press, 2000.
[3] BIEMANN U. Suspended in the post-humanist lapse: contained mobility [M] //Mission reports. Umeå: Bildmuseet, 2008: 56.
[4] MAY J, THRIFT N. Time space: geographies of temporality [M]. London: Routledge, 2001.
[5] RODRIGUE J P, et al. The geography of transport systems [M]. London: Routledge, 2006.
[6] DERRIDA J, STEIGLER B. Echographies of television [M]. Cambridge: Polity Press, 2002.
[7] MEYROWITZ J. No sense of place [M]. New York: Oxford University Press, 1985.
[8] WARK M. Virtual geography [M]. Bloomington: Indiana University Press, 1994.
[9] WARK M. Dispositions [M]. Cambridge: Salt Publishing, 2002.
[10] HANNAM K, SHELLER M, URRY J. Editorial: mobilities, immobilities and moorings [J]. Mobilities, 2006 (1).
[11] URRY J. Mobilities [M]. Cambridge: Polity Press, 2007.
[12] DODGE M, KITCHIN R. Mapping cyberspace [M]. London: Routledge, 2000.
[13] CRAMPTON M. The political mapping of cyberspace [M]. Edinburgh: Edinburgh University Press, 2003.
[14] ZOOK M. The geography of the internet industry [M]. Oxford: Blackwell Publishing, 2005.

力地提醒我们注意其他一些问题,比如不同地理位置每平方公里互联网连接的系统性差异(以及明显的不平等)。在这里,还必须注意到一个奇怪而有趣的事实,即这些通常被认为是关于去地域化的传播的网络产业实际上往往聚集在特定的地域,例如伦敦东部的肖迪奇和巴黎的"赛博桑提耶"地区,这显现了实体位置作为一种竞争经济优势所拥有的持续重要性。①②

互联网技术最初被认为极度重要的原因是,它们能够让各种"欺骗"和"伪装"成为可能,不仅将身份从物理场所中解放出来,而且将身份从具身性中解放出来。然而,我们现在看到一个趋势,即赛博网络越来越明显地利用基于地理位置的连接和参与者的实际身份(而非假扮的身份)。因此,对许多网民来说,虚拟只是个人身份的一个维度,而不是某种神奇的"逃离"身份的手段,或是一种越来越日常化的虚拟对现实的覆盖。从一定程度上说,对地点高度敏感的位置媒介(比如 Facebook 最近推出的"地点"应用)现在被普遍视为"社交媒体"未来盈利的核心点。同样,在商务往来中,人们越来越清楚地认识到,电子邮件的主要功能与其说是让远距离的人相互联络,不如说是加强相邻地理位置(而且常常在同一栋楼里)的人之间的沟通。此外,有时被称为"去地域化"的进程,如离岸电话"呼叫中心"的发展③,仍遵循帝国历史上的地理逻辑——主要的几个工业国家都将其设在自己的前殖民地。

因此,即使在不断变化的技术条件下,物质地理环境也以各种方式保持着重要性。我们必须关注这种转变如何发生,又是在何处发生。一旦我们以这种在历史和地理维度上更微妙的方式看待问题,就会发现,不是从一个传播的"时代"突然进入另一个传播的"时代",而是新旧符号和物质传播技术之间存在着许多连续性、重叠性和共生模式。在多重形式的虚拟和实际联系不断变化的格局中,来自先前历史时代的老幽灵仍然在赛博空间的小路上游荡,甚至最新技术的有效性依旧可以说最终取决于物质基础设施。也许这是一个很好的例子:2008 年初,澳大利亚很多地区的互联网瘫痪了,因为支持它的沿着大英帝国于 19 世纪铺设的电报线路从地中海横跨印度洋的海底电缆,被一艘从亚历山大港起航的远洋船在靠近苏伊士运河口(此地曾被认为是大英帝国的"咽喉")时损坏了。

在这样的背景下,运输和传播问题的分析,必须从不同类型的基础设施"网络"如何促进(或禁止)不同人群的多种活动模式着手。因此,作为当代文化的一个普遍性方面,我们不需要抽象的"速度学"④,而需要对获得不同"连接"模式的分层进行分析⑤。与被大肆宣扬的新技术超越社会、地理和文化分化的作用相反,我们的探究也应该关注技术形态如何通过建设不同类型的当代"技术区域",再次塑造新的分化。⑥

基于这些考虑,我们与其把赛博空间抽象地看成一个统一的领域,不如探究不同的物质文化中虚拟与现实的具体结合方式。在这方面,米勒和斯莱特对特立尼达岛特定文

---

① GRAHAM S, MARVIN S. Net effects [M]. London: Comedia/Demos, 1988.
② PORTER M E. Competitive advantage [M]. New York: Free Press, 1998.
③ 比如英国一些电信公司把客服系统放在印度等国家。——译者注
④ VIRILIO P. Speed and politics [M]. New York: Semiotext (e), 1986.
⑤ MULGAN G. Connexity [M]. London: Chatto & Windus, 1997.
⑥ BARRY A. Political machines [M]. London: Bloomsbury Publishing, 2001.

化背景下互联网的使用进行了研究，为如何更好地理解互联网提供了一个范例，因为互联网（不同程度上）融入了特定地方的物质世界。格雷格·科林斯（Greg Collins）对崩溃后索马里的移动电话使用情况进行的分析也颇具启发性。科林斯并没有把手机技术本身看成一种引发革命性变化的神器，而是从手机如何适应游牧民和链式移民既存的生活方式和文化背景着手来细致探讨这项技术。这种研究技术的"情境主义"视角与布赖斯（Bryce）的观点相似，布赖斯的观点为笔者和罗杰·西尔弗斯通（Roger Silverstone）早期关于家庭使用信息和传播技术的研究提供了基础。通过展示手机的采纳和使用如何受到既存文化模式的影响，科林斯提供了曼纽尔·卡斯特"网络逻辑"的小规模版本，（正如他指出的）不过是"以逆转的方式"——摈弃了所有关于这些技术"变革"性质的夸张说法。

四、流动性的建构

正如前面提到的，马克思主义传统的传播史认为，在从封建主义地方经济向资本主义世界市场更广阔空间过渡过程中，传播发挥了关键性和结构性的作用，即"信息之于资本，如同润滑剂之于机器"。近年来，这种传统在阿芒·马特拉（Armand Mattelart）的权威历史著作《传播的发明》（The Invention of Communication）中得到了极好的发展。① 他从这样一个前提开始，即当代媒体理论失去了其传统的历史根源，而这一传统最初将诸如航运、运河、公路系统和铁路的文化、经济和政治作用归入其范围。② 在较早时期，传播研究被视为更广泛的地缘政治"领土科学"的一部分。③④ 笔者的观点是，这个视角的新版本可以为分析（实体和虚拟）传播和运输网络以及它们在当代世界地缘政治动态中的作用提供许多东西。⑤

如果说马克思、恩格斯、海耶（Haye）和马特拉构成了欧洲传播理论物质主义的一种谱系，那么北美也有这种传统的一个版本，只是理论基础大有不同。这里笔者指的是哈罗德·伊尼斯（Harold Innis）和詹姆斯·凯瑞（James W. Carey）等学者的著作——在凯瑞去世后，新一代学者［帕克（Packer）和罗伯逊（Robertson）等］重新振兴了这一传统。凯瑞关于电报发明（符号通信首次脱离物理传输限制的那一刻）历史意义的卓越文章（最初发表于1983年），近年来逐渐被视为全新的有着历史转折意义的传播学物质主义研究的一个潜在"基石"。它也为其他开创性的著作提供了灵感，如汤姆·斯坦达奇（Tom Standage）的作品，出于同样的原因，在重新思考电报重要性的

---

① MATTELART A. Networking the world：1794 - 2000 [M]. Minneapolis：University of Minnesota Press, 2000.
② SCHIVELBUSCH W. The railway journey [M]. Berkeley：University of California Press, 1987.
③ RATZEL F. Politische geographie [M]. München：R. Oldenbourg, 1897.
④ MATTELART A. The invention of communication [M]. Minneapolis：University of Minnesota Press, 1996.
⑤ TUATHAIL G O, DALBY S, ROUTLEDGE P. The geopolitics reader [M]. London：Routledge, 1998.

同时，使重置关于当代互联网的讨论成为必要。① 事实上，可以说，正是莫尔斯电码的点号和破折号构成了所有信息最初的"二进制"，因此数字时代的开端应该追溯到19世纪中期。

近年来，也出现了被称为"新流动性"的范式，它与社会学家约翰·厄里（John Urry）②③、地理学家蒂姆·克雷斯韦尔（Tim Cresswell）④⑤和文化理论家卡伦·卡普兰（Caren Kaplan）的工作密切相关。这种方法，与阿帕杜莱的观点相呼应，关注人、物体、信息和废弃物的不同流动性，以及它们之间的相互依赖性。通过借鉴戴尔德丽·博登（Deirdre Boden）和哈维·莫洛奇（Harvey Molotch）在虚拟联系的世界里对物理接近的持续性"冲动"进行的富有影响力的研究，这种范式也摆脱了过分简单化的方法，即假定传播的虚拟形态可以不容置疑地替代传播的物质形态。

此外，这些新观点中最可取的一点，不是把流动性或者"游牧学"浪漫化为毫无问题的"好东西"，而是认识到关于作为全球化进程核心的通信和交通系统的一个关键问题是，各种"坏东西"（计算机病毒、疾病、药物、武器等）的流动性增加。所有这一切也让我们有必要进一步分析新出现的边境监管形式——由这些新的、扩展的流动性形式产生的——无论是欧洲目前可见的银行信贷系统的重新国有化，还是世界许多地方关于更严格控制"非法"移民的讨论。正如内奥米·克莱因（Naomi Klein）所言，人们远未生活在不久前许多学者还在屏息期待的"无边界"世界里，相反"边境安全"是当下全球化的繁荣产业。⑥

五、改变世界的箱子？融合技术和全球化的物质基础设施

当代全球化理论，很大程度上忽视了海上贸易的问题。如果说全球化是关于信息和人员的流动，那么它也是关于商品的流动，迄今为止，远距离运输货物最便宜的方式仍是通过轮船的集装箱运输。我们可能部分地生活在一个虚拟的电子世界中，但世界上的港口从未像现在这样处理过这么多的货物。正如艾伦·塞库拉（Alan Sekula）指出的那样，在大家都在谈论电子的瞬时性以及空间崩溃的时代，一些货船仍然需要大约8天才能穿过大西洋，需要大约12天才能穿越太平洋。这些缓慢和大规模的移动仍然构成了大部分不易察觉的全球交流。人们普遍认为，"计算机和电信是第三次工业革命的（主要）引擎"，而塞库拉的观点正好相反。他的抱负是"抵抗对……'赛博空间'重要性的过分夸大，以及对由此产生的关于远距离空间'即时'接触的神话"。他指出，对

---

① STANDAGE T. The victorian internet [M]. London: Walker & Company, 1998.
② URRY J. Mobility and proximity [J]. Sociology, 2002, 36 (2).
③ URRY J. Mobilities [M]. Cambridge: Polity Press, 2007.
④ CRESSWELL T. Place [M]. Oxford: Blackwell Publishing, 2004.
⑤ CRESSWELL T. On the move [M]. London: Routledge, 2006.
⑥ 在这方面，威廉·布朗（William Brown）和他在圣安德鲁斯的同事最近在其著作《移动者与移动图像》（*Moving People*，*Moving Images*）中对移民领域研究有诸多涉及，既包括移民的物质层面和再现层面，又坚持把"贩运"（人口和非法物质）视为这些问题的中心，而不仅仅是其附属方面。

信息流的关注往往伴随着错误的看法和未经检验的假设，比如，"世界上大多数货物都像人一样通过航空旅行"的"准拟人化概念"。也正如他所说，尽管这一想法一经提出就被认为荒唐可笑，但是许多人的行为就好像"电子邮件和航空旅行构成了全球运动的整体"①。

在地理学科的范围内，众所周知，运输速度和运输能力的显著提高，使大量货物和人员能够以较低的成本在世界各地长途流动，这已成为全球经济的主要驱动力之一。在海运领域，关键的发展是基于集装箱的"多式联运"系统，集装箱被高效地从铁路转移到公路，再到轮船，正是装有集装箱的轮船（箱船）主导了现在的海运贸易。

集装箱本身是一个非常平庸的物体：它们的标准尺寸和结构如此简单，在当代世界如此普遍，以至于我们几乎看不见它们，然而我们正被它们包围着。正如威廉·吉布森（William Gibson）的小说《幽灵国度》中的一个人物所说，尽管他可能模糊地"读过个别箱子上的名字……韩进（Hanjin）、中远（Cosco）、天泰（Tex）、川崎汽船（K-Line）、马士基（Maersk Sealand）"，但他指出，人们很少会想到这些名字，只是偶尔在高速公路上瞥见过它们，这是当代现实所映射的一个侧面，它们如此普遍以至不被考虑、不受质疑，尽管我们知道"几乎一切……都在和它们一起旅行"。② 然而，正是集装箱这个平庸的物体使世界制造系统成为可能，因为集装箱运输了分散在全球生产新系统的组成部分。在某种程度上，集装箱船运成本的降低实际上创造了一种新的经济地理环境，在那里可以生产和分销利润丰厚的产品。③

不出所料，确立目前被公认为行业标准的"集装箱"尺寸是一个漫长而艰难的过程，最初，每家航运公司都有自己的集装箱尺寸。事实上，所有这些都涉及极其严重的困难和巨大的投资成本，因为运输系统的每一部分——港口、船舶、起重机、储存设施、卡车、火车和托运人自身的操作都必须标准化。把我们的眼光放宽一些，可以有效地注意到这与媒体工业的其他技术领域行业"标准化"斗争的相似之处——无论是Betamax和VHS之间的早期争斗，还是当今计算机行业和高清电视领域的技术规格斗争，抑或是从更广泛的角度来看欧洲单一市场建设中技术标准化的作用，它们都有相似处。④

然而，如果我们过于关注集装箱的发明及其对航运业的预期影响，就必须谨防落入技术决定论的危险。在集装箱化故事的一些版本中，甚至有一个经典的英雄人物——一个叫马尔科姆·麦克莱恩（Malcom Mclean）的人，他通常被认为通过发明"集装箱"一手改变了世界。显然，这只是一个太简单的故事，现在关于集装箱化的争论中已经出现了某种形式的"修正主义"，就像在更微妙的数字化讨论中发生的一样。当然，在这两种情况下，我们不应仅仅看到技术变革和发明的历史，更重要的是，这些问题是如何在交通和传播行业跨平台所有制结构放松管制的具体背景下发生的，因为世界各国政府

---

① SEKULA A. Fish story [M]. Rotterdam：Witte De with Centre for Contemporary Art，1995：50 - 51.
② GIBSON W. Spook country [M]. London：Penguin Books Ltd，2008：294，176.
③ 在"安全意识"日益增强的时代，保罗·莱文森（Paul Levinson）修正了早先对全球供应链扩展前景的乐观态度。另见加利福尼亚大学圣巴巴拉分校2008年会议文章《旅行箱：集装箱作为我们时代的全球标志》，详情见www.ihc.ucsb.edu/Containers/Box/conference.
④ BARRY A. Political machines [M]. London：Bloombury Publishing，2001.

放松了对跨平台所有制结构的管制，而反垄断法以前是不允许跨平台所有制结构存在的。① 也就是说，只有在了解这些不断变化的监管结构的大背景下，才能充分理解数字化和集装箱化的重要性。

六、权力走廊：从重农主义者到新丝绸之路

聚焦交通在构成市场、地区和民族方面的积极作用（在新的语境下），在某种程度上是回到 18 世纪法国重农主义者关注的问题上来。正如马特拉所述，他们认为，克服自由流通的障碍，建立良好的运输机制和通信系统，对经济健康至关重要。这也需要认识到空间不仅仅是事件发生的"背景"，以及新的地理事实的创造（例如修建运河、铁路、公路或机场），也是决定社会、经济、文化生活的最强大的构成因素之一。基于此，交通和传播问题不再被视为次要问题，而必须根据不同类型的"网络"如何启用（或禁用）活动模式进行分析。以欧洲铁路系统为例，其计划是生产综合性高速列车系统，从而将欧洲大陆东北部的主要首都城市连接起来，在增强它们的连通性的同时，加强所有被排除在外的边远地区的关系。因此，从某种程度上来说，欧洲的核心区域将被重新推到处在劣势地位的偏远地区，诸如英格兰北部、西班牙南部和意大利南部等（在这方面，人们还可以注意到在英国提议建造"HS2"高铁线路中出现的关于其相互矛盾后果的辩论）。

贸易路线历史悠久，往往起源于地理环境所确定的自然边界。虽然现代技术更容易超越这些因素，但它们仍然比人们通常认识到的更为重要。与这些问题相关，巴尔干半岛的情况也值得仔细研究。该地区被差异化地理解为欧盟的试验/扩张空间、"麻烦"人群的边远隔离区，或者是一个潜在的旅游胜地（参考克罗地亚最近崛起为富裕欧洲人的时尚度假胜地）。正是在这一背景下，我们或许能够最大限度地理解欧盟的决定，即把建设贯穿巴尔干半岛和中东直至中国的通信基础设施和"走廊"作为其"扩张"政策的中心。②

在这里，历史的幽灵也困扰着这些方案。欧盟计划已久的"8号走廊"项目，旨在提供公路和铁路、石油和天然气管道、电力和电信网络的组合，连接保加利亚黑海沿岸和阿尔巴尼亚亚得里亚海，这很容易被认为是试图重建丝绸之路的欧洲部分（通过众所周知的埃格那提亚），圣彼得沿着这段丝绸之路旅行，将早期的罗马与中东连接起来。③ 同样，巴库—第比利斯—杰伊汉（BTC）输油管道项目对西方控制高加索地区能源供应的计划至关重要，该项目最近被描述为"超级丝绸之路"的一部分，其最终计划是提供

---

① DONOVAN A，BONNEY J. The box that changed the world [J]. China Maritime，2006（7）.
② MELITOPOULOS A. Corridor X [M] //FRANKE A. B-zone：becoming Europe and beyond. Barcelona：Actar Publishers，2005：154-233.
③ DESPEDOV B. Corridor 8：travel notes by a Balkan film-maker [M] //FRANKE A. B-zone：becoming Europe and beyond. Barcelona：Actar Publishers，2005：283.

一个横跨黑海、高加索和里海连接欧洲和中亚的综合运输系统。① 这些项目的深层次根源再一次从历史地缘政治学的角度得以揭示：19世纪末，俾斯麦的梦想是通过修建柏林—巴格达铁路线，为德国打开东方大门。②

约翰·伯格（John Berger）在他关于欧洲移民劳工的开创性作品《第七人》中，注意到廉价汽车运输在移民过程中的关键作用，而此前移民旅行的特殊性相当被忽视。土耳其电影制作人通杰尔·库尔蒂兹（Tuncel Kurtiz）制作了一部出色的电影 E5-Die Gastarbieterstrasse，以生动的细节记录了史诗般移民过程中的物质性劳动，而这往往是依靠超载的、不可靠的旧车完成的，这些车需要从南欧边界出发沿着高速公路穿过萨格勒布和贝尔格莱德，一直抵达希腊和土耳其。这条特别的公路在近代欧洲历史上占据了近乎神话般的空间，被誉为欧洲国际"E5"公路，并被南斯拉夫国家正式命名为"兄弟情谊和团结之路"（统一其不同民族地区和群体）。它被一代又一代移民的孩子们通俗地称为"自动通道"（autoput）和"无聊之路"。每年夏天他们都往返于南欧和巴尔干半岛，开启他们一年一度的"回家"之旅。这条路是1949—1985年作为一个意识形态项目建造的——为了民族自豪感，当然也是出于实际需要。它最初是由德国为二战期间基础设施受损的国家提供的赔偿资助的，在来自海外的年轻志愿者组建的理想主义大队的帮助下，由铁托的共产主义青年建造。这条路在20世纪90年代战争时遭到了严重的破坏。

如前所述，我们注意到旧的历史模式以新的技术形式重演的方式是关键的。因此，在对巴尔干地区卫星和电话系统的研究中，莉萨·帕克斯（Lisa Parks）指出，随着德国和奥地利公司以电子形式改组和（虚拟化）"重新图绘"哈布斯堡王朝的疆域，新建立的无线区域实际上恢复了一些非常古老的政治联盟，比如曾经属于哈布斯堡帝国的地理区域。③ 同样，彼得雷拉（Petrella）指出，重新出现的跨国/区域经济和政治组织模式，与中世纪控制北欧贸易的汉萨同盟港口网络模式惊人地相似。实际上他甚至表明，我们正进入一个基于"全球技术种族隔离"的"世界经济汉萨时代的新阶段"。

笔者认为，这些历史上的相似之处并非仅仅出自偶然的兴趣。正如林恩·斯皮格尔指出的那样，我们越是谈论未来学，就越需要从历史的视角来看待这些问题。④ 这里所需要的是一个更加严谨的历史视角，一个更好地处理虚拟/符号和实际/物理沟通方式的表达视角。只有这样，才有可能改写并超越当下狭窄的以媒体为中心或历史上总是关注最新信息传输技术的传播研究范式。

---

① BIEMANN U. Back sea files [M] //FRANKE A. B-zone：becoming Europe and beyond. Barcelona：Actar Publishers，2005.
② 要想以历史小说的形式对这些发展进行有趣的描述，可参考巴里·昂斯沃斯（Barry Unsworth）的著作。
③ PARKS L. Postwar footprints：satellite and wireless stories in Slovenia and Croatia [M] //FRANKE A. B-zone：becoming Europe and beyond. Barcelona：Actar Publishers，2005.
④ SPIGEL L. Introduction [M] //SPIGEL L，OLSSON J. Television after TV. Durham：Duke University Press，2004.

七、连通性问题

如果"连通性"被视为经济和文化资本的一种有价值的形式，并且分布非常不均，那么我们必须解决一些非常基本的问题，例如：谁可以使用哪种层级和方式的运输和通信工具？谁可以步行，谁可以使用自行车、汽车、火车、轮船或飞机等交通工具？谁被允许进入特定的实体或虚拟空间？这里的关键问题之一是，不同类型的交通工具如何产生截然不同的旅行体验，以及任何特定交通方式的相对地位如何"抹去"使用它的人。[1]

因此，伊瓦伊洛·迪切夫（Ivaylo Ditchev）写道，在巴尔干旅行，"根据你的交通方式，你可能进入一个不同的国家。（在某些情况下）乘坐飞机可获得光荣的体面感，因其配备了漂亮的机场以及欧洲化的边防官员"。他说，这是一种旅行体验，鼓励人们认识到自己已经到达"地理的尽头"。不过，他补充道，也有人在"破旧、老化的火车上旅行……在火车上，用领带把门关好，以防被侵入，并在公文包上与陌生人打牌"。沿着社会阶梯向下，公共汽车上到处都是"旅行箱小贩"，他们被要求在每个边境下车、排队等候、打开行李接受检查。当然，就像他所指出的，在交通等级体系的最底层，是"那些在夜间由不知名的向导带领徒步穿越边境的人"。正如他看到的，只有做出这样的区分，人们才能理解当两辆车停在同一个检查站时，穿越同一个边境的旅行体验会有多么不同：一边是一辆昂贵而闪亮的车，一个戴着墨镜的司机通过不透明玻璃窗递出文件；另一边则是陈旧而可疑的车，海关官员为了寻找犯罪痕迹，会把它翻个底朝天。[2]

同样，关于可及性的差异，适用于"速度"问题——它作为当代文化的一个关键方面被广泛讨论。这里我们可能注意到，圣保罗中产阶级搭乘直升机频繁地往返于他们公寓楼顶的停机坪，而他们的用人则需要每天花费4~5小时乘坐公交车往返于其居住的贫民窟。[3] 在所有关于"速度"的讨论中，一个经常被忽视的问题涉及它的对立面——等待。当然，等待往往是穷人的命运，或者是那些缺乏进入相关"快车道"或优先车道资格的人的命运。因此，非法移民乘船到达目的地可能需要一年多的时间，因为他们有时还必须在旅途中的各种据点等待数周，以逃避海关和边境管制。多琳·马西（Doreen Massey）也曾举过一个著名的例子：一个妇女为最近超市一个不常有的服务在公共汽车站等待。正如马西所说，问题是："她生活中的时间、空间被压缩在哪里？"[4] 在这个意义上，人们可能会争辩，一个人被迫参与"等待"的次数越来越成为衡量其社会地位

---

[1] BURRELL K. Materialising the border: spaces of mobility and material culture in migration from post-socialist Poland [J]. Mobilities, 2008, 3 (3).
[2] DITCHEV I. Aesthetics of travel [M] //VON HAPSBURG F. Kuba: against the current. Vienna: Thysen Bornemisza Art Contemporary, 2006: 15.
[3] 参见英国一家为精英商业市场提供直升机服务的公司最近的广告——"不要开车：在人群中飞行"。
[4] MASSEY D. Space, place and gender [M]. Cambridge: Polity Press, 1994.

的一个很好的指标（和一个决定因素）。① 塞巴斯蒂安·乌雷塔（Sebastian Ureta）对智利城市贫民低流动性和社会排斥交织的分析②，以及菲奥娜·拉热（Fiona Raje）对英国由于各种流动性障碍而"放弃的、压抑的或未进行的旅行"的叙述，就是很好的例证。③

八、栖息、再现和交通："回声游戏……"

尼克·库尔德利（Nick Couldry）和安娜·麦卡锡（Anna McCarthy）正确地指出："随着电子媒体越来越多地携带着其他地方的图像（想象的或真实的），充斥着我们的日常空间……不讲述媒体的故事，要讲述一个社交空间的故事就变得越来越困难。反之亦然。"从某种程度上说，我们的分析需要能够说明"媒体创造的空间类型"和"现有的空间对媒体形式的影响"。因此，正在出现的景象不仅仅有"地方解体"，也有"其他地方和行为主体更微妙地融入我们的日常生活实践"④。

这里的核心问题是如何把握符号空间、物质空间和传播方式的整合与衔接。内斯特·加尔恰·坎克利尼（Nestor Garcia Canclini）在对当代城市媒介生活的描述中捕捉到了这一点。他说：

> 既然……就连前一天在我们城市发生的事故，也是通过媒体传到了我们这里，这些……媒体成为城市"公共"意义的主要组成部分……
>
> 我认为，它不仅仅是视听媒体对城市生活的绝对替代，更是一场回声游戏。我们在电视上看到的商业广告和政治口号也是我们在街上遇到的，反之亦然；这些广告和口号在其他广告和口号中得到了回应……⑤

相反，我们注意到这一对立的过程，就像对身体被局限于边缘社会空间（贫民区、郊区）的"他者"（通常是种族化）的社会排斥的"回声"，其在媒介空间中的表征也是被边缘化或被排除在外的。这里，我们同时遇到了诺埃尔·纽曼（Noelle Neuman）所称的"沉默的螺旋"的物质化和媒介化版本，其中某些元素和某些类别的人在物质的和符号的维度上被排斥出我们的社会，而这里的关键问题在于这两个维度是如何被勾连的。

笔者曾在其他地方就虚拟空间控制和实体空间控制的相似之处进行过论证。因此，我们必须注意广播领域的黄金/边缘时间与房地产市场黄金/边缘地产结构之间的对应关系。允许哪类人"居住"哪些（虚拟的或实际的）空间是一个关键的问题，只有解决关

---

① SCHULTZ-DORNBURG U. Architectures of waiting [M]. Köln: Walther König, 2008.
② URETA S. To move or not to move? [J]. Mobilities, 2008, 3 (2).
③ RAJÉ F. The lived experience of transport structure: an exploration of transport's role in people's lives [J]. Mobilities, 2007, 2 (1).
④ COULDRY N, MCCARTHY A. Introduction [M] //COULDRY N, MCCARTHY A. Media space. London: Routledge, 2004: 8.
⑤ CANCLINI N G. Hybrid cultures [M]. Minneapolis: University of Minnesota Press, 1995.

于传播的虚拟和实际维度的衔接问题,才能避免我们在工作中过于狭隘地以媒体为中心。1995年,凯文·罗宾斯(Kevin Robins)和笔者曾关注全球媒体新出现的"电子景观"所构成的"身份空间",现在笔者同样关心的是,我们是否会把"虚拟世界"的出现误认为是物质地理本身的消亡。

正是出于这些原因,在笔者自己关于媒体受众的研究中,越来越关注媒体实践是如何在具体的家庭生活模式、建筑模式和笔者所研究的人群的宗教生活方式中得到实质性的体现的。相反,阿苏·阿克索伊(Asu Aksoy)和罗宾斯关于移民观众的研究是在他们介入一定范围的虚拟和实体流动这一更广阔的背景下,探讨了其媒体消费模式问题。① 这两种情况的问题在于虚拟世界和现实世界的衔接,包括媒体和信息的移动、构成受众的人的流动性(或宗教信仰),以及他们生活和移动的环境的物理架构。如果对于移民来说,他们的实际迁离常常与他们介入跨国媒体系统有关,那么对于其他许多人[例如仍居住在其出生地5英里(约8千米)内的大多数英国人]来说,国家广播系统的信息往往仍被根深蒂固的生活和文化模式所强化。

1933年,艺术史学家鲁道夫·阿恩海姆(Rudolf Arnheim)提出,电视这种新发明最能被理解为是隐喻性的,与作为"传播手段"的物质运输问题有关,但它只关涉到图像和声音,而无关物体或人。在这个层面上,他认为,电视从根本上与汽车和飞机等交通工具有关,是一种"心灵的交通工具"。②③ 显然,阿恩海姆的论点是在隐喻的层面上起作用的,他把物理交通方式的功能转移到虚拟领域,在那里被"运输"的实体——图像和思想——本身是非物质的。如果我们追溯"隐喻"一词的词源,我们会发现它最初的希腊语意义正是"传递"或"携带"——在这种情况下,通过使用一种修辞格,把一个名称或描述性术语从一个意义领域转移到另一个意义领域,从而实现意义传递。在此,笔者自己的关注只是试图表明恢复符号和物质维度的传播之间的联系,可能会产生某种分析效益。

笔者着力解决的一些问题最近在一个富有想象力的英国广播公司(BBC)项目中得到了佐证,该项目也将交通和数字传播问题结合在一起。2008年8月,BBC赞助并"捆绑"了一个船运集装箱,集装箱上安装了一个全球定位系统发射器,可以在一年多的时间里监测集装箱在全球各地的航行情况。这个项目的美妙之处在于它非常简单:从字面上来讲,全球定位系统设施允许那些使用BBC网站的人在线实时跟踪它(及其不断变化的内容),从而对国际贸易流动的地理规模和复杂性有一个生动的感知。同时,集装箱的功能不仅仅是作为其物质内容的载体,也不仅仅是作为交通地理学中的"客体",而是隐喻性的,作为产生关于世界经济和全球化的各种详细的个人故事的工具,为BBC的电视、广播和在线观众提供多平台内容。

如果像笔者之前所说的那样,集装箱的标准化对当今全球化的物质交通系统的发展

---

① AKSOY A, ROBINS K. Thinking across spaces: transnational television from Turkey [J]. European journal of cultural studies, 2000, 3(3).
② ARNHEIM R. Film as art [M]. London: Faber and Faber, 1983.
③ RATH C D. The invisible network [M] //DRUMMOND P, PATERSON R. Television in transition. London: British Film Institute, 1985.

至关重要，那么同样重要的是媒体与传播行业的数字化。数字化将所有信息转换为一种标准化的"多式联运"形式，这种形式很容易在不同的媒体"平台"之间进行转换。因此，随着集装箱化出现，交通运输业在它之前已经变成了"多式联运"。这就是说，集装箱化是指物质商品的流动，正如数字化是指信息的流动一样。如果是这样的话，当我们谈到技术"融合"的重要性时——传播研究领域的学者们已经做了一段时间的工作，我们必须关注它在交通领域以及数字媒体行业中的重要性。

BBC的项目生动地展示了进一步融合通信和交通分析所带来的诸多好处。然而，对航运业的研究也提醒我们警惕一个更基本的要点，即泛化带来的不可避免的危险。例如，我们越来越多地生活在一种"速度文化"中——即使不是即时的。航运研究给我们带来的难题不只是集装箱船仍然航行得十分缓慢，而且随着原油价格上涨，为了节省油费，已经被制造的最新和最大的船的航行速度甚至更慢。① 因此，就全球化而言，在某种程度上与直觉相反，我们发现一些相当重要的事情其速度正在放缓。

此外，这一难题也提醒我们，不尊重某一分析领域的特殊性是危险的。为了更好地整合符号传播和物质运输形式的分析，笔者不主张将它们简化为一套统一的分析法则。在这方面，我们应该记住米歇尔·塞雷斯（Michel Serres）的提醒——"最佳的综合发生在差异最大的领域"，以及他对所谓"万能钥匙"分析这种"懒惰"形式的危险的相关警告，即在高度抽象的基础上，现成的解释被视为所有问题的解决方案。而正如他所观察到的，"一把钥匙不能打开所有的锁"，"最好的解决方案是局部的、单一的、特定的"，因此，"每次你试图打开不同的锁，你都必须制作一把特定的钥匙"。② 尽管如此，进一步把玩塞雷斯的比喻，笔者认为，当试图进入一个门上有多把锁的房子时，把相关钥匙挂在同一个钥匙环上可能会有相当大的优势。

---

① 最近的历史趋势发生了逆转，在不来梅（Bremen）的高科技造船厂，"混合动力"集装箱船的建造工作也在进行中，只要有可能，这种船可以在风力驱动下航行。

② SERRES M，LATOUR B. Conversations on science，culture and time［M］. Ann Arbor：University of Michigan Press，1995.

全球媒体与文化帝国主义批判*

□［日］吉见俊哉 ◎苏硕斌 译

摘　要

全球化的来临，使过去以国民国家为架构的媒介及文化基础产生了崩解式的变动。由此，全球媒介跨越界限而生，其并非单一性质的媒介，而是蕴含着重层的、多面的构造，同时包含地方、国家、区域、全球各种不同面向和层次的复杂现象。全球媒体作为帝国主义的文化支配工具所起到的世界性作用，也已然成为值得关注的问题。

关键词

全球化；全球媒体；恐怖袭击；伊拉克战争；文化帝国主义；网际网络；离散；族群；族裔媒介

作者简介

吉见俊哉，日本东京大学情报学研究生院教授。

译者简介

苏硕斌，台湾大学台湾文学研究所教授。

20世纪80年代以后，现代人面对的最大变动就是全球化。过去以国民国家（nation state）①为架构的媒介及文化基础产生了崩解式的变动，各种边界开始交错、冲突，并创造出许多新的集合体。在这样的时刻，一方面，多国籍企业的跨国性（transnational）布局及全球金融市场的压力导致重重问题，面对全球资本主义超越民族国家之力排山倒海而来，究竟要如何因应早已引发诸多话题；另一方面，有关文化的杂种性、混成化，以及后殖民文化状况的各种讨论，也逐渐浮上台面。今天我们所要探究的全球媒介，已是极其深刻地纠缠在一起的问题了。全球化，不论是从大众传播理论还是

---

* 吉见俊哉，苏硕斌. 全球媒体与文化帝国主义批判［M］. 台北：群学出版有限公司，2009.
① nation state 概念在日文中原表述为"国民国家"，究诸 nation 之意既为作为个体的国民，亦为集体性的民族。原作者在文中混合使用国民国家、ナショナル（national）等词，本译本衡诸该词语之二元意涵，在不同文脉分别译为"国民国家""民族国家""国家"。——译者注

从其他媒介分析的观点来看，都使媒介的存在样态本身出现了决定性的变化。卫星传输和网际网络，造成跨国性的信息、影像、文化在人们的日常生活中大规模流通。因此，我们对媒介的认识，也无法再以过去那种封闭性的国族空间及均质性的语言、传统、文化认同（cultural identity）为基础来思考。既然那种国族媒体（national media）的各种条件都已崩坏，那么跨越界限而生的全球媒介就绝非单一性质的媒介，而是同时包含地方、国家、区域、全球各种不同面向和层次的复杂现象，对此，我们当然有必要更加全面地理解。

一、全球媒体的矛盾

从2001年9月11日美国本土爆发"9·11"恐怖袭击，到2003年春天的伊拉克战争为止，这一连串的事件都与今天的全球化和媒体高度相关，在实际上也引出很多问题。"9·11"恐怖袭击事件，从一开始就是高度典型的媒体事件。建筑在世界最大影像产业基础上的美国，拥有无所不在的摄影机视线，当客机撞上纽约世界贸易中心时，不只所有待命的摄影机全部把镜头对准了起火燃烧的大楼，记者也都全力赶赴事件现场。"9·11"恐怖袭击事件，就以这种摄影机视线为前提而进行。为什么袭击目标会选上全世界最知名的纽约代表性建筑物？为什么袭击时间选在早晨这个可以独占全天新闻节目、发挥最大效果的时段？如果回顾事件的经过，就会发现，恐怖分子在策划袭击事件之初，应该就很清楚地意识到了事件现场的摄影机视线。"9·11"恐怖袭击从一开始就是为了在全世界电视画面中上演的剧本化（台本化）事件。

随后美国即刻展开所谓对抗"恐怖主义"的"战争"，这也是一个经由美国全国媒介总动员而上演的剧本。这个过程中，在美国国内媒体、全球媒体、媒体自我言说的事实、另类媒体的可能性等许多问题上，现代媒介都呈现出充满矛盾的吊诡状态。这些状态，笔者将整理成以下四点分别讨论。

（一）朝向独善性民族主义方向的自闭

第一点要指出的是，从"9·11"事件到伊拉克战争的过程，美国多数大众媒体都明显朝向排他性、独善性民族主义的方向自我封闭。恐怖袭击发生后，美国总统和许多电视评论家都强调，美国应展开对抗"邪恶"的战争，很多美国人也坚信从精神重创中重新站起来的唯一道路是歼灭"邪恶"。纽约世界贸易中心大楼崩塌的震撼画面反复播映到几近饱和状态，陆续化约为到处飞奔的简单口号，然后导向"战争"的意识。

"9·11"事件到伊拉克战争的过程中，最能代表、最能煽动美国大众情绪的媒介，无疑就是新兴的福克斯新闻（FOX News）。福克斯新闻是一个专业新闻频道，隶属于媒体大亨默多克（Rupert Murdoch）①领军的福克斯电视网，因为娱乐色彩强烈、政治

---

① 默多克出生于澳大利亚，年轻时继承父亲遗留的报社，经大幅改革后转亏为盈，而后在1968年起逐步收购英国报纸，包括《泰晤士报》，1973年起转往美国收购多家报纸，1985年向二十世纪福克斯（Twentieth Century Fox）收购大量股权而成立福克斯电视网。他创建的新闻集团（News Corp.）是世界上最大的媒体企业，事业版图大、获利能力强，但争议也相当多。——译者注

立场保守而蹿红。连环恐怖袭击事件发生后，福克斯新闻的经营高层就指示下属必须编采坚定爱国的新闻。这个新闻频道，在平常的新闻节目画面中也要打上一个星条旗小标志，在伊拉克战争的报道中则一直称呼英美联军为"我们的部队"。福克斯新闻放弃客观的新闻立场，转而靠拢军方以煽动民族情感。就经营方针来看，这样的"爱国式"编采方针确实大为成功，福克斯新闻的收视率也一举超越美国有线电视新闻网（CNN）。对于本来就富有娱乐性质的福克斯新闻来说，有效提振收视率最快捷的方法，就是成为爱国者。而其他美国电视台为了不让福克斯新闻独享收视率，也跟进强化同样的保守派编采方针，结果，在伊拉克战争结束以前，美国电视新闻仍受到一种前所未见的爱国主义基调支配。美国电视台这样的倾向，与为了客观报道而自订"战争报道方针"，并一直与国家政府保持相当距离的英国 BBC 电视台比起来，显然有很大的差异。

（二）全球媒体传送战争

美国电视的爱国主义倾向对美国国内媒体的变化意义重大。CNN，以及 NBC、CBA、ABC 三家无线电视网，除了是美国国内媒体，向来也是全球性的媒体。因此，当美国国内的电视台被排他性原则支配时，其他国家的媒体也必然受到影响。如此一来，美国的媒体传布的新闻与资讯，是以跨越国境的世界各地媒体为框架的，这种情形是接下来要讨论的第二点。

伊拉克战争发生之际，可以看到欧洲的媒体与日本的媒体态度有极大差异。概括来说，欧洲的电视台多是派遣自己的采访团前往巴格达采访新闻，不同于美国电视台联合阵线的统一采访方式；而有不少日本媒体则是致力于捕捉美国媒体的报道。

例如 NHK，除了对既有的开罗、耶路撒冷、德黑兰等支局加派记者，也新增了杜哈、安曼、科威特等采访据点，总共派出 34 人的采访团；然而 NHK 却决定从最关键的巴格达撤退，甚至也不委托自由记者（freelance journalists）留在战地采访，因此实际上伊拉克的相关报道画面，全部都要依赖签约的海外媒体提供。而派遣到安曼和科威特的采访团，对于远离现场的战地也无可奈何，结果 NHK 只能盯着 CNN 等全球媒体的镜头，在报道不足之处才补上自家记者的现场采访。NHK 在开战的第一个星期，总计采用了 23 个国家 41 个机构的画面，编辑播放的内容可以说是"非常平衡"。这种采用各种不同机构影像画面的做法，或可确保一定的"客观性"。但是这里所谓被保证的"客观性"，结果只是 CNN 等全球媒体在传送战争信息这样一个事实。

（三）新兴全球媒体的抬头

但是，在美国空袭阿富汗到伊拉克战争的过程中，也出现了一些不同于上述趋势的情形。其中之一，是以半岛电视台为代表的中东电视台的崛起。半岛电视台是 1996 年在卡塔尔设立的全天候 24 小时播送新闻的卫星电视台，记者多数是曾有 BBC 工作经验的中东人士。美军空袭阿富汗①之际,他们坚决采取现场主义做法,因此对于美英联军和美国媒体传出的一些消息,半岛电视台多次播出现场卫星影像和当事人访谈予以反驳。例如,对于美英联军发出的消息"已攻陷乌姆盖斯尔港(Umm Qasr)"②,半岛电视台以现场直播采访指出"乌姆盖斯尔港并无被攻陷的迹象";又如,对于伊拉克军方某位司令官成为战俘的报道,半岛电视台则采访到该司令官,表明其并未被俘。

半岛电视台创立的重要意义在于,这是中东地区首次有媒体能够对CNN、BBC等美英全球媒体的世界权威公然提出挑战。接续半岛电视台的成功经验,中东地区陆续出现阿布扎比电视台(Abu Dhabi TV)、阿拉伯电视台(Al-Arabiya)等新兴电视台。如此一来,过往以全球影像媒体之姿占据压倒性优势的美英媒体,开始受到持中东观点的媒体的不断质问。半岛电视台在中东波斯湾区拥有3 500万观众,在欧洲拥有800万观众,在美国也有15万以上观众,若再加上其他媒体的二次影像转播,看过半岛电视台画面的人数应远超过前面提到的观众人数。在这样的发展下,这个电视台早已不只是阿拉伯地区内的媒体,而是名副其实的全球媒体了。

(四)全球资讯网络成为可能

伊拉克战争过程中还有值得讨论的一点是,全球媒体遭遇到一种新的信息网络渗透,而且这个网络是由市民身份的发信主体通过网际网络运作而生的。在"9·11"事件发生时,众人都是盯着电视看,网际网络只是扮演辅助角色,但后来伊拉克战争过程中,网际网络因成为全世界反战思想集结的媒介而扮演了主要角色。2003年1月到3月,通过国际性的ANSWER(Act Now to Stop War & End Racism)等网络社群的呼吁,世界各地有上千个地方发起反对伊拉克战争的集会、示威等活动,在美国华盛顿、旧金山都有数十万人参加,在罗马、伦敦、巴黎、巴塞罗那等地甚至达到100万、200万人之多(东京则有2.5万人),这么多次的街头集结表达意见,无疑是空前的全球性反战运动。这种世界同时性的市民集结之所以可能,是因为网际网络的无数活动网站、电子邮件群组(mailing list)集结形成了一种网眼形态。既有的大众媒体对战争抱持暧昧的态度,但是在网际网络的空间里却掀起了反对美国暴虐的反战声浪。

这个反对伊拉克战争的世界性运动之蓬勃,除了前述的人数众多及规模庞大,还要加上几点清晰的特征:第一点是行动的扩散异常迅速。反战运动在"布什主义"③确立之后的2002年9月急速酝酿,各种集会及示威在网际网络上获得广泛呼应,并在极短的时间内组织起来。第二点是反战表现的多样化。在各地展开的除了常见的集会和示威游行,还有各种组织团体发起的各式各样的抗议活动,例如排成PEACE字样、身穿夸

---

① 2001年11月初,美国出动战机攻击阿富汗东北边,声称要消灭塔利班"恐怖组织",但过程中有不少平民被炸身亡,引起许多争议。
② 乌姆盖斯尔港是位于伊拉克南方、波斯湾沿岸的重要港口。
③ 所谓"布什主义",是指美国总统布什在"9·11"恐怖袭击事件后提出的新战略思维,内涵是美国为固守国家利益,基于自卫权而对恐怖主义及其援助国家采取必要的先发性攻击。这个思维在2002年8月15日美国国防部公布的国防报告中确立。

张的粉红衣服集合、对白宫发动传真和电子邮件攻击、购买报纸广告、绝食静坐示威、拒绝购买亲布什政府的企业的产品、组成人肉盾牌等。第三点是，这些抗议活动整体来看都不是通过既有的大众媒体形成的，而是通过网际网络自身的反身性集结与报道形成的。既有的大众媒体，应该已无法掌握这个全新的、全球规模的公民运动了。例如在日本，几个全国性报纸对于反战示威的事实，都不太能掌握实际意义，只会计较集会规模大小，发布新闻资料片段。

二、全球媒体的文化价值取向

(一) 全球媒体与文化帝国主义批判

如前所述，从"9·11"事件到伊拉克战争期间的媒体发展，大致呈现出四种动向，分别是：(1) 美国主流媒体走向"爱国主义"性自闭；(2) 日本大众媒体对美国媒体的观点照单全收；(3) 半岛电视台等非欧美型的全球媒体崛起；(4) 借由网际网络的市民发信型大众媒介成形。因此，所谓的全球媒体其实蕴含多重层的、多面的构造。

20世纪60年代以来，关于全球化与媒介的关系虽然已有很多讨论，但是鲜少将关注点放在全球媒体自身的重层性之上。在这些讨论中，最早注意并尖锐质问全球媒体支配性影响力的是20世纪60年代到70年代对文化帝国主义（cultural imperialism）的批判。此理论的代表性学者席勒认为，美国的文化工业（cultural industries），亦即大众媒体的世界性支配，已然是个问题。[1] 构成席勒论证基础的认识观，在于他认为现代世界的美国霸权乃是由经济力量与信息力量互补支撑的，因此美国不再是过去以"铁与血"[2]为主轴的美国，取而代之的是以"经济与电力联姻"为主轴的美国，也就是新帝国主义的抬头。这个"联姻"，恰与主张金融资本应超越国界自由流通的自由贸易主义一拍即合，也与信息应超越国界自由流通的全球信息社会图像相互呼应。然而，自由贸易的结果，往往是强国力量渗透到弱国，有如推动一个支配的陷阱。这样看来，跨越国界的自由信息流通，往往也是把美国的生活方式与美国的价值观埋进贫苦的、孱弱的社会里头，贫弱国家要利用社会和文化而自律性发展，实在是太困难了。

席勒的论点最重视的是大众媒体作为帝国主义的文化支配工具所发挥的作用。美国制造的大众媒体演出了美国"富裕生活"的意象并且激发大众的欲望，然后到海外广泛流通美式文化的意象，结果反而巧妙避开了"反美"的矛头。席勒也指出："从美国发射出去的传播信号，呈现的是一种生活方式的愿景。他们的产品是堆积如山的意象（images），提供给私人装扮自己，而由个人购买并消费掉。"这里重要的是，美国国内

---

[1] 席勒. 思想管理者[M]. 王怡红，译. 台北：远流出版事业股份有限公司，1996.
[2] "铁与血"意指强权（铁）与武力（血）结合。

文化工业对国民大众的支配，与全球层次上美国对第三世界的文化支配，二者实际上是一体两面。① 文化帝国主义批判担忧的，是广播、电影和电视等大众媒介的全球性扩散将连根拔除各地域的文化传统，这虽然源自担忧美国商品大量入侵西欧文化传统的思想系谱，然而席勒的论点指出，对被支配国家的文化造成破坏性影响的其实是跨国媒体资本。因此，全球资本主义的核心，应该才是第三世界自主性发展难以成功的真凶。

(二) 脉络接受与文化权力

在20世纪80年代以后，文化帝国主义批判遭到来自文化研究学者的严厉批判。例如汤林森（John Tomlinson）就认为席勒的论证毫无保留地接受了"媒体产品本身就具有支配性效果"的预设，批评席勒忽略了文化工业的战略与接收者的解释过程之间存有动态性意义构成的复杂机制。② 汤林森认为席勒设想的是：美国跨国企业制造的文化产品扩散会自然造成全球规模的文化标准化，亦即全世界的可口可乐和麦当劳汉堡的贩卖，会造成可口可乐化（Coca-colonization）和麦当劳化（McDonaldization）。汤林森批评这种想法是"发送者中心"思维，是对跨国企业力量的过度夸大，无法真正对文化帝国主义支配提出批判。实际上，作为发送者的媒体产业并不能控制其产品的接收者，因此全球化的进行也未必就会直接造成媒体文化的标准化。在全球媒体的发送者和接收者的狭缝之间，在跨国企业与大众性文化消费之间，其实也孕育着对抗、妥协、矛盾的过程，而这才应该是问题的核心。

例如20世纪70年代智利学者多夫曼（Ariel Dorfman）与马特拉就曾以文化帝国主义批判的观点，做出优异的研究成果——《如何阅读唐老鸭》（*How to Read Donald Duck*）③，这本书以马克思主义及精神分析理论为基础，对"唐老鸭"进行精细而辛辣的分析，即使在今天看来也还相当刺激。书中有一些敏锐的分析。例如，所有主角都没有父母亲，完全将"性活动"排除在孩子们的世界之外④，孩子们的世界可以由外在的权力恣意进行支配，如此推导下去，带着文明与技术造访异乡的孩子们，与接受外部权威的当地土著之间，就不断呈现了前者（孩子）是"大人/帝国"、后者（当地土著）是"孩子/殖民地"的关系；又如在迪士尼的世界中，任何人都不需要劳动，形成一个将生产过程观点完全排除在外的独特世界。多夫曼与马特拉通过以上这些例子，相当尖锐地捕捉到迪士尼卡通的基本特征。但问题是，中南美洲的孩子们是不是如此读取文本中表现的意识形态呢？认为中南美洲低下阶层的孩子们是用多夫曼所说的"阅读"方式在读取文本，恐怕并不正确。

即使我们提出些许批评，但仍然必须肯定文化帝国主义批判对媒介研究提出了一大

---

① 席勒. 思想管理者[M]. 王怡红, 译. 台北: 远流出版事业股份有限公司, 1996.
② TOMLINSON J. Cultural imperialism: a critical introduction [M]. Baltimore: Johns Hopkins University Press, 1991. 中译本: 汤林森. 文化帝国主义[M]. 冯建三, 译. 上海: 上海人民出版社, 1999.
③ DORFMAN A, MATTELART A. How to read Donald Duck: imperialist ideology in the Disney Comic [M]. New York: International General, 1975.
④ 排除"性活动"的背后含义为排除因血缘而来的权力，亦即排除父母的权力。

革新。文化帝国主义批判的论点，强烈驳斥了过去结合现代化理论（modernization theory）的大众传播理论意识形态，而采取与现代化理论敌对的依赖理论（dependency theory）观点将媒介在全球化过程中发挥的作用视为问题。换句话说，原本是主流的大众传播理论观点并未跳脱国家的范畴，因而认为资讯技术有助于现代化、开发、民主化等；与此相对的文化帝国主义批判则认为，国家的文化构成是由全球性的政治经济结构所规定的。前者将媒体视为发展的"工具"，而后者将媒体视为依赖全球支配结构的"陷阱"。因此，批判全球主义势力的抬头，也同样是由批判支配性现代化理论的第三世界国家开始。

然而，我们并不认为全球化就是文化被动标准化的过程。今天，在全球化潮流中，跨国性文化工业和资本的流通、资讯的同时性网络确实扮演了极为重要的角色，也让各地诞生了极为同质化的文化。但是，全球资讯和媒介文化的流通究竟如何被地方的既有脉络接受、使用、再脉络化，这是我们有必要追问的。

因此，我们有必要注意，全球文化造成的影响不止在于它被土著文化吸收，更在于对既有文化秩序的重组。自我和他者、土著（natives）和外人（exotics）、全球化（globalization）和在地化（localization）等重层交错而构成无数联动的过程，在这个过程中移动的文化及接受此种文化的主体已经随同这个文脉而发生变化。虽然批判全球媒体产业造成在地文化被侵蚀有其必要，但与此同时，我们并不能确认在全球影响力之下，文化是否已被驯化、同化，因此必须要探讨全球流通的文化潮流与各种场域脉络化过程的构造本身。

三、掌握多变媒介的复杂面貌

（一）全球媒介的重层性

前文已提到全球媒介（global media）[①] 具有重层性的重要意涵。过去的文化帝国主义批判指责美国文化工业遂行世界性支配时，批判的全球媒体正是以好莱坞和三大电视网为代表的跨国媒体。20 世纪 80 年代以来，这种意义的全球媒体确实具有很大的影响力。然而，全球化不只是单纯朝向好莱坞型大众文化同质化，关于全球媒介的意义也不该单纯认为就是形成美国主导的跨国媒体。

当然，英国的媒体资本也具有相同的意义。英美主导的全球媒体长期以来的全球霸权（hegemony）地位，近来至少已受到两方面的威胁：一是从中东、其他非欧美地区开始的全球媒介崛起；二是以网际网络为基础、以市民为主导的全球网络出现。在这些变化之中，今日世界的媒介也就必然纠结了全球、区域（region）、国族（nation）、在

[①] 译者将具有大型传播机构含义的 global media（如前面讨论的三大电视网或半岛电视台）译为"全球媒体"，将开创另类可能性意涵的 global media 译为"全球媒介"。

地（local）等多个面向重层交错的斗争。

确实，这样的全球媒介多样化，在地球上的各个地方各有不同的呈现方法。例如东亚就不曾出现像半岛电视台那样的非欧美系强力全球媒体。虽然1991年中国香港金融界人士曾斥资创立"卫星电视"（STAR TV），看似出现了某种可能性萌芽的机会，但经营者却在两年之后将电视台转卖给了默多克。今天在东亚整个大区域中，跨越国界的新闻媒介也只有CNN和BBC等英美系媒体而已。这样说来，以中国香港为据点形成东亚的汉语网络，应该具有不同于英美系全球媒体的可能性。1996年卫星电视和中国银行等机构共同出资创立的凤凰卫视（Phoenix TV），顺利扩大了亚洲全境的观众规模，并于2001年开播新闻资讯频道。日本的媒体似乎已被遗落在国际化流动的力量之外，今后东亚的全球媒体，或许会围绕以中国香港为据点的汉语媒体而展开。

这种摆脱英美支配的东亚和中东媒体，也在世界其他地区急速扩张成网络，再逐渐集结为族裔媒介（ethnic media）。在多频道化的背景下，少数族群的母语播送机构也有开始扩大为一般性媒体的倾向，远离国家的离散社群（diaspora community）之中也开始流通母国的人气广播节目，例如移民人口众多的伦敦、洛杉矶或纽约等大都会中的各种族裔媒介不断出现，甚至跨越旧有国界而将母国的电视节目以卫星方式播放，就像流行音乐跨越界限而交织各种意义的混成化，这些前所未有的族裔媒介，也颠覆了过去国族媒体与全球媒体固有的区分。

（二）传播空间的变化

对于全球媒介的变化，我们应该如何应对呢？过去以报纸和电视为基础而形成的国族社群空间，受到全球媒介扩张上下两面的侵蚀，因此内容也逐渐空洞化。"上"的侵蚀，指的是全球媒体资本以占据压倒性优势的财力、资本、信息搜索能力对民族国家内部原有的媒体从业者逐步进逼。"下"的侵蚀，指的是利用网际网络和广播的市民方面逐步扩展媒介的表现，让既有大众传播媒体的虚构性都必须摊在阳光下接受检验。在这种状况之下，既存的主流大众传播媒体面对新时代而由内部进行自我改革，可能性恐怕极小。尤其是在像日本这样的国家，大众传播媒体过去享足了安定的地位，完全不希望发生剧烈的体制改变。因而，20世纪90年代以后的日本大众传播媒体，虽然对海外资本的进出已尽力阻挡，但对于市民方面的行动却视若无睹，不予正面回应。电视也好，报纸也好，对全球化的反应都相当迟钝，由主流媒体内部自觉发动改变，可能性实在不大。

媒介能够伴随技术（但不是因为技术）而改变。媒介技术的变化，特别是数字化所带动的影像及通信的小型化、平价化、个体化、个人化、多频道化等各种趋势，使原本媒介发信者的可能性已经开始扩大，而且还会持续扩大。这种可能性的扩大也撼动了旧有的以报纸和电视为主角的国族性信息空间的根基。在1992年泰国的五月事件、2001年菲律宾总统埃斯特拉达被迫下台事件中，移动电话都扮演了重要的对抗性角色。韩国网络新闻台"ohmyNews"的影响力也已凌驾于既有的几家大报。1994年墨西哥恰帕斯州发生的农民起义，也是通过网际网络将抗争者的主张传送给全世界的。

批判理论、文化工业与媒体发展*
——从法兰克福学派到今日批判理论

□ 曾一果

摘 要

法兰克福学派运用批判理论对资本主义和现代社会展开了批判,特别是对广播、电影等媒介文化进行了批判性的思考;在媒介文化领域,法兰克福学派的批判理论被传播政治经济学和文化研究等以不同方式继承和发展;而在德国,施威蓬豪依塞尔等人于20世纪90年代创办了《批判理论杂志》,继续高举法兰克福学派旗帜,针对当代全球社会的诸多文化现象展开了批判性的反思,显示了批判理论在当代社会中的重要价值。

关键词

法兰克福学派;社会理论;媒介文化批判;今日批判理论

作者简介

曾一果,暨南大学新闻与传播学院教授。

1923年,法兰克福大学社会研究所(Institute for Social Research at the University of Frankfurt)成立。1930年霍克海默(Max Horkheimer)开始担任研究所所长,他和研究所主要成员阿多诺(Theodor Adorno,又译阿道尔诺)、本雅明(Walter Benjamin)、马尔库塞(Herbert Marcuse)和洛文塔尔(Leo Lowenthal)等人,运用马克思主义理论严厉批判资本主义的社会制度;在20世纪40年代,法兰克福学派对广播、电影乃至电视等新兴媒体也展开了批判性的反思;20世纪70年代之后,随着霍克海默、阿多诺等人先后离世,法兰克福学派呈现衰微态势。不过,法兰克福学派的批判理论早已被文化研究、传播政治经济学等以不同方式继承和发展;在德国,学者格哈德·施威蓬豪依塞尔(Gerhard Schweppenhäuser)等人于1995年创办了《批判理论杂志》,继承和高举"批判理论"的大旗,在全球化新语境下,继续对当代技术化和媒介化社会

---

* 曾一果. 批判理论、文化工业与媒体发展:从法兰克福学派到今日批判理论[J]. 新闻与传播研究,2016(1).

开展批判性的思考。

一、法兰克福学派的"批判理论"与"文化工业"

法兰克福学派继承了马克思对资本主义社会的批判传统，但与传统马克思主义思想有所不同的是，他们的注意力不再集中于考察资本主义的生产和再生产过程，而是将马克思主义学说与弗洛伊德精神分析学相结合，以马克思的"商品拜物教"理论为基础，批评整个现代社会对人的奴役和控制。

马克思还是在启蒙框架下讨论资本主义的社会制度问题，法兰克福学派学者却认为，不是某个资本家，而是整个现代社会的生产制度对人形成了压迫，使人丧失了自我，变成了"非人"。

在法兰克福大学社会研究所成立之前，卢卡奇已在《历史与阶级意识》一书中开始了对资本主义统治体制的批判。他认为，在现代社会里，越来越机械化和专门化的生产导致了工人主体性的丧失，使得"工人的劳动力同他的个性相分离，它变成一种物，一种他在市场上出卖的对象，这种情况也在这里反复发生。区别仅仅在于，不是所有的精神能力都受到机械化的压抑，而是只有一种能力（或一系列能力）被与整个人格分离开来，被与它相对立的客体化变成一种物，一种商品"[①]。这种"物化"和"商品化"的现象不是"局部形式"，而是人类的"普遍形式"，工人的命运成为"整个社会的普遍命运"。卢卡奇对资本主义制度的批判影响了霍克海默等人，在《启蒙辩证法》中，霍克海默和阿多诺对资本主义制度尤其是资本主义的"文化工业"展开了更为系统的批判。

法兰克福学派的理论经常被人们称为"批判理论"。"批判理论"一说最初源于霍克海默所写的著名论文《传统理论与批判理论》。霍克海默划分了两种社会理论模式：传统理论模式和批判理论模式。传统理论倾向于科学研究，将整个社会当作物理学或者数学对象，通过收集材料、设计问卷以及调查研究等方式进行研究。霍克海默对这种经验主义研究并不满意，他认为传统理论仅仅停留在具体经验上，"这种对于理论的理解没有弄清楚科学真正的社会功能"[②]。霍克海默强调要解释清楚社会问题的本质，就必须通过"批判理论"从整体上加以认识，了解资本主义社会的整体结构，进而了解人在整个社会中的地位。《传统理论与批判理论》确立了法兰克福学派的批判立场，《启蒙辩证法》更是对资本主义制度和启蒙本身的一次彻底反思。

在韦伯等人看来，经过启蒙的现代社会是一个理性化、理智化和专门化的世界，但是霍克海默和阿多诺等人却意识到启蒙本身便是一种"神话"。其实，康德也认为，脱离蒙昧状态的第一步就是"道德方面的堕落"，而在物质方面，"这一堕落的后果便是一大堆此前从不知道的生活灾难，故而也就是一场惩罚"[③]。霍克海默和阿多诺指出，启蒙消除了神话，用知识代替想象。在此过程中，现代人逐渐消除了对自然的恐惧，摆脱

[①] 卢卡奇. 历史与阶级意识 [M]. 杜章智, 任立, 燕宏远, 译. 北京: 商务印书馆, 1992: 162-163.
[②] 霍克海默. 批判理论 [M]. 李小兵, 等译. 重庆: 重庆出版社, 1989: 189.
[③] 康德. 历史理性批判文集 [M]. 何兆武, 译. 北京: 商务印书馆, 1990: 68.

了神的控制和封建暴君的压迫，但在消除这些神话的同时，启蒙又创造了科学主义的新神话——对机器、技术和数字无以复加的迷恋，所以霍克海默和阿多诺认为："启蒙运动甚至依然在神话中认识自身。"① 结果，在现代生产体系中，刚刚成为主人的人重新沦为卢卡奇所说的"物"，卢卡奇说："资本的市场运转与工具理性这种非强制性的奴役，比历史上任何一种外在的专制统治都要牢不可破。因为它的发生常常以进入市场和科学话语的主体自愿为前提，出发点上的平等和自由……"② 一切看起来很合理，这恰恰是现代社会的可怕之处——以科学的名义实现对人的奴役和控制。

总之，在霍克海默和阿多诺等人看来，启蒙或许并没有带来进步，以"工具理性"为核心的新社会管理体系看起来越来越合理，实际上越来越没有人性，工具理性和商品拜物教让人丧失了"自我"。就此，霍克海默曾发表过这样一段著名言论："社会、经济及科学工具越来越复杂和精确化，它们所提供的经验也越来越贫乏。生产体系长期使这个机体与这些工具相协调。质量的取消，质量转变为功能，乃是通过合理的劳动模式从科学转化成各民族的经验世界，并倾向于再次接近那个性质不明的世界……划船的人们不能相互说话，每个人都像工厂里、电影院和集体事业中的现代人一样被同一节奏制约着。社会中实际存在的工作条件需要这种一致性——而不是有意识的影响，这些影响使得被压迫的人们变成聋人，使他们脱离真理。工人的软弱无力并不只是统治者的策略，而且是工业社会的逻辑结果——在努力避免这种结果的过程中，古代的命运之神也最终变成这种工业社会的逻辑结果。"③ 霍克海默和阿多诺进一步指出，工具的合理性就是统治理性的合理，法西斯和国家资本主义正是要把工具理性转化为统治的合理。法西斯主义正是借助于科学技术实现了独裁统治："从改良主义者到法西斯主义的合法的革命，都是与标志资本主义进步的技术和经济成就联系在一起的。"④

因为遭受法西斯的迫害，霍克海默、阿多诺等人流亡美国，但在美国，铺天盖地的好莱坞电影、流行音乐和商业广告引起了他们的警惕。在《启蒙辩证法》中，霍克海默和阿多诺开始用"文化工业"（culture industry）来批判美国的大众传媒。在他们看来，充斥美国社会的大众传媒及其文化，同资本主义其他产品一样，具有商品化、复制化、标准化和工业化特征："汽车、炸弹和电影将所有事物都连成了一个整体，直到它们所包含的夷平因素演变成一种邪恶的力量。文化工业的技术，通过祛除社会劳动和社会系统这两种逻辑之间的区别，实现了标准化和大众生产。"⑤ 霍克海默和阿多诺指出，现代化工厂流水线上生产出了标准化的电影和流行音乐，这些产品生产出来是为了出卖给大众，尽管它们看上去都是很"特别的样子"，但实际上毫无个性可言，更谈不上有什么艺术风格。霍克海默、阿多诺认为，随着资本主义工业化的大规模化，艺术的自律性

---

① 霍克海默. 启蒙概念［M］//上海社会科学院哲学研究所外国哲学研究室. 法兰克福学派论著选辑：上卷. 北京：商务印书馆，1998：120.
② 张一兵. 无调式的辩证想象［M］. 北京：生活·读书·新知三联书店，2001：28.
③ 霍克海默. 独裁主义国家［M］//上海社会科学院哲学研究所外国哲学研究室. 法兰克福学派论著选辑：上卷. 北京：商务印书馆，1998：149.
④ 同①.
⑤ 霍克海默，阿道尔诺. 启蒙辩证法：哲学断片［M］. 渠敬东，曹卫东，译. 上海：上海人民出版社，2006：108. 阿道尔诺，现一般译为"阿多诺"。

和艺术家的个性均遭到了严重破坏:"今天,叫作流行娱乐的东西,实际上是被文化工业所刺激和操纵以及悄悄腐蚀着的需要。因此,它不能同艺术相处,即使它假装与艺术相处得很好。"①

霍克海默和阿多诺还指出,"文化工业"所生产的文化也不是大众需要的,而是它的制作者根据资本主义商品生产的需求,为了追求商品利润而自上而下强加给大众的,正是在这个过程中,统治阶级的意识形态被恰当地灌输给大众,新兴的媒介文化取代了原先富有个性的艺术文化,把各种虚假需求灌输给大众,从而塑造了大众的文化趣味,而且只要有了"闲暇时间",大众就不得不接受这些产品。所以他们不愿意将好莱坞电影、流行音乐和商业广告称为"大众文化"(mass culture),虽然"文化工业"本意指的就是"大众文化"。阿多诺后来在一篇名为《文化工业再思考》的文章里,再次描述了当初他们为什么称好莱坞电影等为"文化工业",而不是"大众文化":

> "文化工业"这个术语可能是在《启蒙辩证法》这本书中首先使用的。霍克海默和我于1947年在荷兰的阿姆斯特丹出版了该书。在我们的草稿中,我们使用的是"大众文化"。大众文化的倡导者认为,它是这样一种文化,仿佛同时从大众本身产生出来似的,是流行艺术的当代形式。我们为了从一开始就避免与此一致的解释,就采用"文化工业"代替了它。我们必须最大限度地把它与文化工业区别开来……文化工业别有用心地自上而下整合它的消费者。它把分隔了数千年的高雅艺术与低俗艺术的领域强行聚合在一起,结果,双方都深受其害。高雅艺术的严肃性在它的效用被人投机利用时遭到了毁灭;低俗艺术的严肃性在文明的重压下消失殆尽,文明的重压加诸它富于造反精神的抵抗性,而这种抵抗性在社会控制尚未达到整体化的时期,一直都是它所固有的。因此,尽管文化工业无可否认地一直在投机利用它所诉诸的千百万的意识和无意识,但是,大众绝不是首要的,而是次要的:他们是被算计的对象,是机器的附属物。顾客不是上帝,不是文化产品的主体,而是客体。②

总之,霍克海默和阿多诺认为,在20世纪初,随着好莱坞电影、广播和电视等大众传媒的兴起,现代艺术和文化变得庸俗化和雷同化,艺术家和大众均被整合到文化工业的生产体系中,沦为"机器的附属物"。

值得注意的是,在20世纪30年代电视刚刚出现时,霍克海默和阿多诺已敏锐地意识到它将产生巨大影响,他们甚至预测在电视的基础上有可能出现一种融合所有艺术的"总体艺术作品":"电视的目的就是要把电影和广播综合在一起,它所以还没有能够做到这一点,是因为各个集团还没有达成一致,不过,电视迟早要产生巨大的影响,它会使审美迅速陷入极端贫困的状态,以至于在将来,所有罩在工业文化产品上的厚重面纱都将被打开,都会以嘲弄的方式实现瓦格纳的总体艺术作品(Gesamtkunstwerk)之梦,所有艺术都会融入一件作品之中。"③

---

① 霍克海默. 批判理论[M]. 李小兵,等译. 重庆:重庆出版社,1989:273-274.
② 阿多诺. 文化工业再思考[M]//陶东风,金元浦,高丙中. 文化研究:第1辑. 天津:天津社会科学院出版社,2000.
③ 霍克海默,阿道尔诺. 启蒙辩证法:哲学断片[M]. 渠敬东,曹卫东,译. 上海:上海人民出版社,2006:111.

霍克海默和阿多诺还指出，大众传媒被操控的命运，在民主国家和极权国家同时存在。在民主国家里，大众传媒被娱乐工业控制，而在极权国家里，大众传媒直接服务于独裁统治："正是独裁主义统治艺术的问答教学法，对社会阶层（不管他是技术工人还是非技术工人）做了区别，同时还指出了种族之间的区别。这种区别必须通过一切传播媒介——报纸、无线电和电影——得到系统的发展，以便将个人同其他人分离开来。"①

二、大众传媒、政治经济学与意识形态批判

霍克海默、阿多诺等人以批判的姿态反思启蒙，批评资本主义的文化工业，他们的批判理论产生了广泛影响。

当然，法兰克福学派的批判理论也遭到了一些批评，赵勇在《整合与颠覆：大众文化的辩证法》中总结出法兰克福学派有来自西方马克思主义内部、英美不同文化背景的学者以及近年来的后结构主义思潮等三个方面的批评。② 例如卢卡奇和布莱希特（Bertolt Brecht）就曾批评霍克海默、阿多诺等人是空头理论家。汉诺·哈特（Hanno Hardt）则认为，美国实证主义传播环境没给法兰克福学派的批判研究"留下任何余地"："他们将批判理论引进美国，但美国的环境不太接受马克思主义理论家，尤其对外国的马克思主义理论家不太欢迎。"③ 20 世纪六七十年代之后，新兴的各种后现代思潮更是对批判理论造成了不小的冲击。尽管如此，法兰克福学派的批判理论还是被不同程度地吸纳和传承，其中以传播政治经济学与英国文化研究最引人关注。

传播政治经济学和英国文化研究都直接继承了法兰克福学派的批判思想，对当代媒体文化现象展开了批判性的思考。不过，在具体思考当代资本主义的媒体文化工业时，传播政治经济学与文化研究之间却存在着严重分歧，还就批判理论的一些基本问题展开了多次论战，从 1973 年起，格雷厄姆·默多克（Graham Murdock）与彼得·戈尔丁（Peter Golding）合作了《呼唤大众传播的政治经济学》(For a Political Economy of Mass Communications)，尼古拉斯·加汉姆（Nicholas Garnham）发表了《大众传播对政治经济学的贡献》(Contribution to a Political Economy of Mass-Communication)，对文化研究集中开火；马乔里·弗格森（Marjorie Ferguson）和戈尔丁还一起主编了《文化研究的问题》(Cultural Studies in Question)，收录加汉姆、默多克等人的文章，汇总文化研究存在的问题。

传播政治经济学认为，霍克海默和阿多诺虽然提出了"文化工业"一说，观察到了 20 世纪初随着电影、流行音乐和商业广告的发展，艺术家和大众均被整合到资本主义文化工业体系中这一现象，但他们忽视了马克思所强调的"经济基础"，没有认真考察

---

① 霍克海默. 独裁主义国家 [M] //上海社会科学院哲学研究所外国哲学研究室. 法兰克福学派论著选辑：上卷. 北京：商务印书馆，1998：99.
② 赵勇. 整合与颠覆：大众文化的辩证法 [M]. 北京：北京大学出版社，2005：12.
③ 哈特. 传播学批判研究：美国的传播、历史和理论 [M]. 何道宽，译. 北京：北京大学出版社，2008：111.

资本主义传媒文化工业的生产、分配和消费机制，结果，"文化工业"在霍克海默、阿多诺等人眼里仅仅沦为"大众文化"的代言词。在传播政治经济学看来，英国文化研究继承了法兰克福学派的批判立场，将文化研究视为一项"激进事业"（radical enterprise），其实存在不少问题。

首先，传播政治经济学认为，文化研究虽然认识到在资本主义文化工业中受众接受的多样性，强调了受众消费的重要性，并运用文化批评和结构主义的符号研究等方法，揭示资本主义传媒文化工业背后的主导意识形态，还试图通过反抗、抵制等具体的政治实践表达工人阶级和边缘群体的文化及政治诉求，但文化研究却没有深入研究传媒文化工业的生产、分配和消费体系。

其次，在传播政治经济学的代表人物加汉姆等人看来，雷蒙德·威廉斯等人的文化研究关注的是地方化的、工人阶级的普通文化，但是在20世纪七八十年代之后，伴随着新的信息和传播技术的发展以及全球社会的来临，资本主义文化工业的生产环境发生了巨变，跨文化的、超民族国家的和全球化的文化取代了原先地方化的、工人阶级的和民族国家的文化，因而，威廉斯等人的文化理论已经无法解释许多新媒介文化现象。

最后，加汉姆等人还指出，威廉斯等文化理论家虽然改变了法兰克福学派的精英主义文化观，转向关注普通文化，并从强调"阶级政治"转向强调"认同政治"，站在工人阶级、边缘群体的立场提出了抵抗、解放、斗争等术语，但他们其实并不知道到底要"抵抗什么？为了什么解放，从什么中解放？最后的目标又是什么？"[①]。文化研究只是制造了许多"词语的权力"（word power），用含糊其词的"抵抗""解放"等词语作为批判的工具，却没有清晰的政治诉求和价值目标，尤其是对资本主义社会的未来境遇缺乏深入的思考。

总之，传播政治经济学试图矫正法兰克福学派和英国文化研究对传媒文化工业生产过程的漠视，强调要重新回到马克思所关注的经济基础，对资本主义媒体文化工业的生产、分配和再生产过程进行详细考察，他们坚持认为应将大众传媒及其文化"置于更广泛的政治经济学，尤其是马克思主义理论的框架中进行理解"[②]。文化研究当然也不甘示弱，多次批评传播政治经济学是简单化的经济决定论，忽视了文化的作用。

其实传播政治经济学与文化研究并非没有共同点，在塞瑞·托马斯（Sari Thomas）看来，传播政治经济学和文化研究都属于"批判理论"，它们之间的分歧、争论的实质是在争夺法兰克福学派批判理论"合法继承人"的位置。托马斯指出，传播政治经济学与文化研究在关于权力和意识形态理论的思考方面存在着一致性，都依赖"统治阶级的意识形态"（dominant ideology）这个概念对资本主义的文化工业展开讨论，只不过，在一些观点上的分歧掩盖了它们之间的"和谐"。[③]

美国传播政治经济学的创始人达拉斯·W.斯迈思（Dallas W. Smythe）在讨论资本主义社会中的受众购买行为时创造性地使用了"意识形态工业"（consciousness in-

---

① GARNHAM N. Political economy and the practice of cultural studies [M]//FERGUSON M, GOLDING P. Cultural studies in question. London: Sage Publications Ltd, 1997: 67.
② 莫斯可. 传播政治经济学 [M]. 胡正荣, 张磊, 段鹏, 等译. 北京: 华夏出版社, 2000: 78.
③ THOMAS S. Dominance and ideology in culture and cultural studies [M]//FERGUSON M, GOLDING P. Cultural studies in question. London: Sage Publications Ltd, 1997: 56.

dustry)这一词组分析受众购物的意愿如何为资本主义的"文化工业"所支配:"冲动购物"逐渐成为意识形态工业的实践,因为市场研究者已经发现商店布局、货架的摆设以及商品包装设计和图片对推着购物车穿过超市过道的消费者的效果。眨眼频率的研究表明,消费者的准睡眠状态会导致冲动购买行为,因为消费者回到家中以后想不起任何购物的理由。[①]

斯迈思的批判论调几乎与霍克海默、阿多诺完全一致。英国文化研究也从法兰克福学派以及葛兰西、阿尔都塞那里全面吸收"意识形态理论",对传媒文化工业中的意识形态问题进行了深入思考。

在这方面,英国文化研究第二代代表人物斯图亚特·霍尔在分析"行政研究"与"批判研究"区别的基础上,提出在媒体文化研究中重新发现"意识形态"的重要性,他详细考察了在大众传媒领域,"意识形态"是如何通过话语运作生产出符合统治阶级的意识形态的。在霍尔眼里:"意识形态不仅成为一个'原材料权力',来使用一个陈旧的表达方式——现实,因为在其效果中,它就是'现实'的;而且,它还成为一个斗争之地(在竞争定义之间)和一块肥肉——一个要赢的奖品——在特别的斗争行为中。"[②]霍尔看到意识形态的争夺过程是复杂的,整个大众媒介领域就是一个战场,不同力量在这里互相博弈、争夺霸权,占主导地位的"意识形态"就是在各种话语争斗中被制造出来的。不过,由于受到葛兰西思想的影响,霍尔认识到主导阶层与从属阶层之间并非没有妥协,相反,占主动地位的阶层经常利用"合法强迫"的方法,赢得从属阶层和团体的共识,从而确立"文化领导权"。而在此过程中,大众传媒发挥了重要作用,现代大众传媒是不同利益阶层的"调节器",它不单为统治阶层服务,也考虑其他阶层的利益,不同的利益群体正是通过"舆论"达成意见一致的。通过意识形态的"再发现",霍尔既肯定了法兰克福学派批判理论的重要作用,同时又吸收了结构主义符号学等理论,对法兰克福学派批判理论的批判模式进行了修正,从而开创了"新的传播研究范式"。[③]

默多克、加汉姆指出,威廉斯、费斯克、格罗斯伯格(Lawrence Grossberg)等文化研究学者其实也意识到媒体研究中考察资本主义生产方式的重要性。默多克早年是伯明翰学派的主要成员之一,对英国文化研究的发展历史十分熟悉,在《基调:文化实践的条件》一文中,他详细回顾了威廉斯的文化理论,指出威廉斯早已认识到经济和传播在文化活动中的价值,"工业""民主"同"艺术""阶级"一样是威廉斯文化研究中几个最重要的词语。[④]确实,在考察英国文化时,威廉斯特别注意文化与社会之间的关系。在《传播》一书中,他仔细探讨了报纸、出版物、电影、广播和电视等媒介文化工业是如何随着资本主义工业革命之后的社会变革而不断发展起来的。在威廉斯看来,有两股主要的力量(大众消费和现代科技发展)相互作用,促进了传媒文化工业的繁荣,

---

① SMYTHE D W. On the audience commodity and its work [M]//DURHAM M G, KELLNER D M. Media and cultural studies. Oxford: Blackwell Publishing, 2005: 245.
② HALL S. The rediscovery of "ideology": return of the repressed in media studies [M]//曹晋,赵月枝. 传播政治经济学:英文读本:下册. 上海:复旦大学出版社,2007: 210.
③ 杨击. 传播·文化·社会:英国大众传播理论透视 [M]. 上海:复旦大学出版社,2006: 25.
④ MURDORK G. Base notes: the conditions of cultural practice [M]//FERGUSON M, GOLDING P. Cultural studies in question. London: Sage Publications Ltd, 1997: 86.

它们紧密关联，相互促进，推动了传媒文化工业的发展，传播本身是民主化、工业化进程的一部分。①

所以，道格拉斯·凯尔纳认为，文化研究和政治经济学之间并非相互对立，他竭力主张将文化研究和传播政治经济学整合起来，从政治经济学、文本分析和观众接受等方面，多元视角、多重视野和批判地开展当代媒体文化研究。②

在凯尔纳看来，20世纪70年代之后，随着美国和全球社会环境的巨变，传播政治经济学和文化研究的批判思想、研究方法都存在一些缺陷，因此，需要整合传播政治经济学和文化研究，"对文化工业的经典模式予以根本的重建"③。他强调，在文化研究所重视的文本分析中增加对生产和分配的关注是很有必要的，因为生产和分配影响文本，传播政治经济学对于资本主义媒体文化工业中政治和经济因素的重视，能够完善和丰富文化研究的文本分析。凯尔纳还通过对好莱坞电影、美国肥皂剧以及麦当娜的流行音乐等媒体文化现象的详细考察，说明在媒体文化研究中引入传播政治经济学研究的必要性。反过来，他也强调传播政治经济学不仅联系经济，其实也联系政治、社会现实以及文化。

事实上，20世纪70年代之后，随着全球社会环境的变化、信息传播技术的发展，在媒体文化研究领域中，传播政治经济学与文化研究已经互相借鉴。詹姆斯·凯瑞（James W. Carey）、劳伦斯·格罗斯伯格、戴维·莫利等人都将传播政治经济学与文化研究结合起来从事媒体研究，他们的研究既注重对大众传媒的政治和经济分析，又努力挖掘隐藏在媒介文本内部的文化和权力关系，丰富了法兰克福学派的"批判理论"。

三、多元视角与今日批判理论

除了传播政治经济学派和伯明翰学派深受法兰克福学派批判理论的影响之外，美国的经验学派也或多或少地受到了影响，拉扎斯菲尔德（Paul Lazarsfeld）的研究就吸收了阿多诺的一些研究成果④；法兰克福学派的批判理论还直接影响了20世纪70年代之后逐渐兴起的各种后理论。

塞瑞·托马斯在《在文化和文化研究中的统治阶级与意识形态》一文中列举了与法兰克福学派批判理论密切相关的一些"批判理论"，包括现代批判理论（modern critical theory）、后批判理论（post critical theory），当然还有上面提到的传播政治经济学和文化研究。托马斯将卢卡奇、阿尔都塞和早期哈贝马斯视为"现代批判理论"的代表人

---

① WILLIAMS R. Communications [M]. London：Penguin Books Ltd，1962：26.
② KELLNER D. Overcoming the divide：cultural studies and political economy [M] //FERGUSON M，GOLDING P. Cultural studies in question. London：Sage Publications Ltd，1997：117.
③ 凯尔纳. 媒体文化：介于现代与后现代之间的文化研究、认同性与政治 [M]. 丁宁，译. 北京：商务印书馆，2004：51.
④ 哈特. 传播学批判研究：美国的传播、历史和理论 [M]. 何道宽，译. 北京：北京大学出版社，2008：112.

物,他认为,卢卡奇、早期哈贝马斯等人的现代批判理论与法兰克福学派关系密切但又不尽相同,卢卡奇、哈贝马斯(学界常把哈贝马斯也看作法兰克福学派的成员)等人关注大众社会理论和知识社会学,试图以批判理论来解决现代社会问题。但与霍克海默、阿多诺等人不同的是,哈贝马斯并不是否定主义者,他肯定了现代社会的主要成就。"后批判理论"包括后结构主义和后现代主义理论,代表人物有布尔迪厄、鲍德里亚、利奥塔和福柯等人,托马斯认为这些学者大部分都"认同美国和英国的文化研究"。托马斯还指出,现代批判理论和后批判理论均关注政治经济学关注的"主流意识形态"问题,但他们较少关注资本主义文化工业中的经济问题。[1]

从托马斯和凯尔纳的讨论可以看出,法兰克福学派的批判理论思想其实不仅被传播政治经济学和英国文化研究直接继承,而且对后现代主义理论、后殖民理论以及女性主义理论均产生了深刻影响。在法兰克福学派的发源地德国,学者格哈德·施威蓬豪依塞尔等人还于 1995 年创办了《批判理论杂志》,集中了安德烈亚斯·格鲁施卡(Andreas Gruschka)、卡伊·林德曼(Kai Lindemann)、阿尔弗雷德·施密特(Alfred Schmidt)等学者,高举法兰克福学派的批判理论大旗,在新的政治、社会、文化和经济语境中,大力宣扬和重构批判理论,对当代世界的社会和文化开展批判性的思考,这些思考有许多后来收入了施威蓬豪依塞尔等人的《多元视角与社会批判——今日批判理论》一书中。施威蓬豪依塞尔等人的思考体现了当代批判理论的一些"新特征"。

其一,多元视角下的社会批判。

《多元视角与社会批判——今日批判理论》一书的标题告诉人们今日批判理论与早期法兰克福学派最大的不同点是批判视角的多元化,而不是单一化。早期法兰克福学派虽然也糅合了马克思和弗洛伊德等人的学术思想,但研究视角总体上比较单一。霍克海默和阿多诺在 1969 年重新修订《启蒙辩证法》时也意识到原书中有些论调已"不合时宜":并不是书中的所有内容,我们现在都坚持不变。这样做是不合理论要求的,因为一种理论是要寻找时代的真谛,而不是把自己当作一成不变的东西,与历史进程对立起来。这本书是在所谓"国家社会主义"的恐怖统治行将就寝的时候撰写出来的。书中的许多说法已经与今天的现实不相适应。[2]

20 世纪 70 年代之后,世界政治、经济和文化以及媒体格局发生了巨大变化,旧的批判理论已无法解释许多新现象,前面也提到,凯尔纳等人在讨论美国媒体文化现象时已经意识到这一点,当代世界越来越多元化,传统批判理论的单一化视角对新的媒介文化现象已经力不从心。今日批判理论则改变了旧的批判理论单一的批判视角,全方位吸收后现代主义、后结构主义、政治经济学、文化研究和女权主义等理论,以一种多重视野审视当今社会的各种问题,多元的、微观的、边缘的视角取代了法兰克福学派单一的、宏大的、精英主义的批判视角。

---

[1] THOMAS S. Dominance and ideology in culture and cultural studies [M]//FERGUSON M, GOLDING P. Cultural studies in question. London: Sage Publications Ltd, 1997: 78.
[2] 霍克海默,阿道尔诺. 启蒙辩证法:哲学断片[M]. 渠敬东,曹卫东,译. 上海:上海人民出版社,2006.

其二，全球化语境下的批判理论。

今日批判理论与旧的批判理论第二个不同点是，今日批判理论认识到当今世界任何一个问题和现象都要在全球语境中加以理解。法兰克福学派的社会批判理论是在德国、美国等西方社会当时的社会语境中产生的，所思考的是欧美当时的社会和媒体文化工业问题。但是全球化浪潮席卷世界之后，任何一个地区的社会现象往往都与全球联系在一起。克里斯托夫·格尔克（Christoph Grg）强调在全球化的今天，并非需要"一种全新的理论形式，却对批判理论提出了新任务和新要求"，因此，需要打破旧的批判理论研究"或直白或含蓄的欧洲中心主义"的视角[1]，以一种新的批判立场看待诸如美国"9·11"恐怖袭击事件等全球和地方性的各种政治、经济和文化现象。

其三，技术和媒介力量超越任何时代。

早期法兰克福学派虽然集中批判了资本主义的媒介文化工业，但其实彼时资本主义的媒体文化工业远没有今天这么发达，当时美国和欧洲的媒体文化也不像今天这么集中化、垄断化。但是在今日批判理论家看来，当今世界是一个技术和媒体的时代，新兴媒体无处不在，要理解当今世界，在某种程度上，就是要理解技术和媒体文化。在施威蓬豪依塞尔等人所著的《多元视角与社会批判——今日批判理论》中，德特勒夫·克劳森（Detlev Claussen）的《旧中之新——市民传统与批判的社会理论》、迪特尔·普罗科普（Dieter Prokop）的《文化工业的辩证法——一篇新的批判性媒体研究》和杰里米·夏皮罗（Jeremy Shapiro）的《数字模拟的理论基础与历史基础》等文章都将重点放在了对当代媒体和技术的思考上。他们均强调一方面要在新技术和新媒体视域下重新理解批判理论；另一方面，要借助于批判理论对新技术和新媒体展开批判性的反思。贡策林·施密特·内尔（Gunzelin Schmidt Noerr）在《对当今技术的社会哲学批判》中一上来就声称："人的生命在今天比以往任何时候都深刻地打上了科学和技术的烙印。不仅科学技术与社会处于一种交互性关系中，而且社会本身的实质已经技术化了。不仅在财富的生产中，而且在交往结构的形成上，技术都是社会性调整的最重要的中介、制造和巩固超个人结构的中介。社会技术系统的根脉远远超出了个体的感知，深入建构个人和社会同一性的领域……人们的恐惧和希望也同某种更为先进的技术紧密交织在一起。"[2] 整个社会的技术化和媒介化现象是霍克海默、阿多诺时代所没有的现象。媒介和技术不仅是中介，也是社会和个体本身。内尔指出，旧的批判理论是希望建立一个"社会的总主体"，但是在今天的媒介和技术社会中，这样的想法只能是一种"幻想"。

今天技术发展已经出现了霍克海默当年所预测的能将所有艺术都汇集在一起的"融合媒介"。拉尔斯·伦斯曼（Lars Rensmann）指出，在互联网和《大兄弟》[3] 统治时代，追忆法兰克福学派的批判理论是有意义的，因为今日无处不在的媒体文化工业已经控制了一切："今天，文化工业媒体把最为细微的感情波动和最为隐秘的切身领域都陈

---

[1] 格尔克. 矛盾与解放：全球社会化的批判理论观点［M］//施威蓬豪依塞尔，等. 多元视角与社会批判：今日批判理论：下卷. 张红山，鲁路，彭蓓，等译. 北京：人民出版社，2010.

[2] 内尔. 对当今技术的社会哲学批判［M］//施威蓬豪依塞尔，等. 多元视角与社会批判：今日批判理论：下卷. 张红山，鲁路，彭蓓，等译. 北京：人民出版社，2010：43.

[3] 这里的《大兄弟》是德国一个电视节目的名称。

列出来，予以标准化处理，无限地投放市场，或者说加以消费。"①

不仅如此，最可怕的是，鲍德里亚所说的"仿真世界"正逐渐成为事实，而在一个由现实、技术和媒介交织的"仿真世界"里，真实与虚拟已经难以辨别。例如在数字化时代，借助于计算机模拟世界已经成为经常的事情，夏皮罗在《数字模拟的理论基础与历史基础》中以战争为例讨论了模拟与现实的关系。他指出，在现代社会，借助于计算机模拟战争已经是战前必需的功课，真正的战争就是按照事先的模拟进行的，换句话说，战争与模拟之间根本没有界限。

不仅战争，在当代数字化环境中，人们其实已经很难区分模拟与现实的界限："通过经常性的使用，即通过加入模拟和虚拟的现实性中，对人们而言，这种模拟和虚拟的现实性就成为'真实性'的现实性。从这种'真实的'现实性立场出发，人们会把日常的或非模拟的现实性体验为偏差、迷误、玷污、错误或令人恼火的事情。"② 这是数字化社会的可怕之处。人们早已生活在一个虚拟真实的环境之中，霍克海默和阿多诺当年认为的文化工业对人的完全操控在今天已变成了现实。今天的媒体文化工业已经从霍克海默、阿多诺等人所说的雷同性、同一性和复制性，发展为具有模拟性、虚拟性和超现实性的"数字文化工业"。不过，内尔等当代批判理论家也指出，虽然今天的媒体文化工业体现了阿多诺等人所说的雷同性、同一性和复制性，以及强大的操控性、虚拟性和超现实性，但当代的媒介技术也给人类带来了种种新体验、新感受和新文化："正如今天，在阿多诺的时代之后，电子邮件往来侵蚀了个人写信的闲情逸致和对他人的怀念，但也使得新的国际交流成为可能。现代流行文化有助于德国和欧洲其他地区的青年去认同迈克尔·乔丹和珍妮弗·洛佩兹，而不是阿道夫·希特勒。"③ 他提醒人们要警惕阿多诺那种"一般性归纳的倾向"，多反思偶然、差异和矛盾之处。

总之，今日批判理论继承了法兰克福学派的批判精神，对技术化、媒介化和数字化的当代世界展开了多元化的批判性反思。由于当代社会的深刻裂变，今日批判理论意识到，需要在新的语境下，以全球化、多元化、媒介化、数字化的多重视角认真考察全球的、民族国家的和地方的等当代社会的各种问题，以寻找出一条能更好地解决当代社会问题的道路。

四、当代批判理论的问题与未来

"'批判理论'以前与现在指的都是一种理论类型，虽然说这一理论类型在20世纪主要是由法兰克福学派阐发的，它却代表着更为广泛的、多种多样的社会、文化、经济

---

① 伦斯曼. 阿多诺在爆心投影点：在后工业全球化时代追忆批判理论[M]//施威蓬豪依塞尔，等. 多元视角与社会批判：今日批判理论：下卷. 张红山，鲁路，彭蓓，等译. 北京：人民出版社，2010：355.
② 夏皮罗. 数字模拟的理论基础与历史基础[M]//施威蓬豪依塞尔，等. 多元视角与社会批判：今日批判理论：下卷. 张红山，鲁路，彭蓓，等译. 北京：人民出版社，2010：63-64.
③ 同①356.

批判理论，它们都力图把握现存社会状况、对现存社会状况的反思形式。"[1] 这是施威蓬豪依塞尔在《多元视角与社会批判——今日批判理论》中对当代批判理论作用的评价。

在前文，笔者考察了批判理论从法兰克福学派批判理论到传播政治经济学、文化研究，再到今日批判理论的总体演进脉络，笔者发现，自从法兰克福学派明确提出"批判理论"之后，"批判理论"已被传播政治经济学、文化研究和后现代主义等以不同的方式加以继承和发展。尤其大众传播研究领域，"批判理论"已发展为与经验主义传播研究相抗衡的重要理论范式。霍尔曾在《"意识形态"的再发现》一文中宣称当今媒介研究有一个趋向，是"从'主流'到'批判'观点的转变，最容易表现其特征的是从行为学的到意识形态的观点上的转变"[2]。这样的说法值得商榷，因为毫无疑问，经验主义的传媒研究至今依然占据着大众传播研究的主导地位。不过，霍尔的乐观主义态度表明批判理论在一定程度上已得到了部分主流媒介研究者的重视。

虽然法兰克福学派的批判理论被传播政治经济学、文化研究和后现代主义等以直接或者间接的方式接受，但是在价值观念日益多元化的当代社会中，批判理论的发展确实也面临着诸多问题。这主要体现在以下几个方面：

首先是后现代主义、后结构主义和后殖民主义等各种后思潮对批判理论的冲击。虽然前面提到后现代主义、后结构主义等后思潮或多或少地吸收了法兰克福学派批判理论的营养，站在差异化、边缘化的立场对不合理的社会现象展开了批判，塞瑞·托马斯将之概括为"后批判理论"，但值得注意的是，各种后思潮对于法兰克福学派批判理论的消解也是十分卖力的。例如，今天的传播政治经济学就有一个新的发展趋向——朝着纯粹的工业研究方向发展。许多研究只关注经济和工业因素，忽略了对媒体文化工业背后各种权力关系的深入考察。加汉姆则认为，文化研究有一种热烈地奔向"快乐和差异化的后现代主义"的趋势。[3] 法兰克福学派批判理论的核心指向是对资本主义的批判与反思，并在此基础上重建启蒙精神，而各种后现代理论却以差异化、多样化和虚无主义否定了批判理论的启蒙立场，这是值得警惕的。

其次是全球消费主义对批判理论的侵蚀。W. 兰斯·本奈特（W. L. Bennett）和罗伯特·M. 恩特曼（R. M. Entman）在他们主编的《媒介化政治：政治传播新论》中曾指出："在过去的20世纪80年代的政治环境中，批判理论面临着极其严峻的消费主义，这种消费主义已经被自由主义和后结构主义所消弭。"[4] 当代消费主义将大众带向了崇尚及时享乐、讲究快感体验的消费狂潮中，这种全球消费主义思潮以"娱乐至上"取代了批判理论的"深度思考"，使得批判理论的深度思考方式得不到大众特别是青年群体的认同。

---

[1] 施威蓬豪依塞尔，等. 多元视角与社会批判：今日批判理论：上卷 [M]. 鲁路，彭蓓，译. 北京：人民出版社，2010：前言.

[2] HALL S. The rediscovery of "ideology"：return of the repressed in media studies [M] //曹晋，赵月枝. 传播政治经济学：英文读本：下册. 上海：复旦大学出版社，2007：210.

[3] GARNHAM N. Political economy and the practice of cultural studies [M] //FERGUSON M, GOLDING P. Cultural studies in question. London：Sage Publications Ltd，1997.

[4] 本奈特，恩特曼. 媒介化政治：政治传播新论 [M]. 董关鹏，译. 北京：清华大学出版社，2011：95.

不过，经历了第一代霍克海默、阿多诺，第二代哈贝马斯，第三代霍耐特之后，以拉埃尔·耶吉（Rahel Jaeggi）和哈特穆特·罗萨（Hartmut Rosa）为代表的法兰克福学派的第四代学者兴起，第四代学者也是在对批判理论反思的基础上走整合之路："如何走出批判的迷途、整合日渐分裂的批判取径，不仅仅是耶吉个人的研究规划，而且是包括霍耐特及其门徒在内的当代批判理论家们共同的致思取向。"① 并且，面对后现代社会以来的各种挑战，第四代法兰克福学派的批判理论在对资本主义社会进行全面批判的同时，对人类的未来提出了一些"建设性的构想"。例如，罗萨指出了当代社会不断加速的趋向——科技加速、社会变迁加速和生活步调加速。这三种社会加速造成了人类的新异化现象："诚然，人类主题无可避免地是去中心化、分裂、充满张力的，而且无法否认欲望与价值观念之间有无法调和的冲突。然而，晚期现代由速度、竞争、截止期限所造就的强制规范，创造出两个难题，这两个难题揭示出一种新的异化形式，而且批判理论必须要讨论这种异化形式。"② 为了解决这样的问题，罗萨提出了建构美好生活的一些新路径。耶吉同样也提出了解决资本主义社会问题的一些设想。所以孙海洋认为："对于耶吉和罗萨而言，构想一种总体性的资本主义社会批判理论，以超越不断分化的批判图景，这并非一种纯粹的理论思辨，而是有其明确的实践指向——美好生活或人的解放如何可能。"③

总之，针对日益多样化、复杂化、技术化和媒介化的当代社会，当代批判理论不仅要继承法兰克福学派的批判理论，以批判性的、反思性的姿态思考生态、种族和环境危机等当今世界和当代社会的种种问题，还要形成一个更加清晰的批判任务和批判目标，并在此基础之上建构出人类未来的理想社会图景。

---

① 孙海洋. 资本主义批判取径的分化与整合：从耶吉和罗萨的批判理论谈起［J］. 国外理论动态，2019(12).
② 罗萨. 新异化的诞生：社会加速批判理论大纲［M］. 郑作彧，译. 上海：上海人民出版社，2018：146.
③ 同①.

媒介文化理论的意义符号阐释*

□ 刘 坚

📖 摘 要

文化研究理论的媒介文化分析,将研究重心放在大众媒介的文本生产和文本传播活动上,通过媒介符号的意义生产和受众符号的意义消费,揭示媒介文化的意识形态符号化过程。结构主义-符号学的媒介文化理论对大众媒介文化意义的阐释,围绕媒介文本符号的意义活动展开,对媒介文化的符号分析,侧重于揭示媒介文化传播中的价值赋予和意义植入。后现代主义理论对媒介文化的解读,则侧重于揭示媒介文化传播对真实世界的建构关系,强调大众媒介对社会生活的文化建构,依循的不是现实价值逻辑,而是符号价值逻辑。

📖 关键词

媒介文化理论;意义符号;文化研究;符号学;后现代主义

📖 作者简介

刘坚,吉林大学文学与新闻传播学院教授。

大众媒介的意义符号运作,媒介文化对意义符号的社会现实化构建,是媒介文化研究重要的认识成果和理论话题。从媒介文化的意识形态符号化功能,到媒介文化的意义符号生产与传播,再到媒介文化的意义符号价值逻辑,不同思想学派的媒介文化理论,给予意义符号的媒介文化实践以相应的论证和解析,并形成相互联系的意义符号阐释话语。

一、媒介文化的意识形态符号化

文化研究理论的媒介文化分析,通过大众媒介的文本生产和文本传播活动,揭示媒介文化的意识形态意义。

---

* 刘坚. 媒介文化理论的意义符号阐释 [J]. 社会科学战线, 2015 (3).

文化研究理论认为，意识形态问题与社会权力和文化权力关系相联系，媒介文化的意识形态意义，主要是通过话语结构的地位关系体现出来的。对这一点，霍尔的概括非常明确："必须通过代码参考社会生活的、经济的、政治权利和意识形态的秩序。""社会生活的不同方面似被划归于话语领域，按等级被组织为占主导地位的或较受偏爱的意义。新近发生的，有问题的，或令人棘手的事件……首先必须被划归到话语领域中，然后才能被称为'有意义'。"①

社会现实生活中的各种事物，就是这样在话语领域获得了各种各样的意义。将它们划归于特定话语领域，并赋予特定意义的，是一种制度化的"解读"力量，它同一定的组织化的、政治的、意识形态的秩序相联系。它不仅描述事物，而且按照特定的意义划分事物，生产出将事物意义化的符码和话语结构。社会公众通过媒介传播了解到的，不是社会事物本身，而是社会事物的意义化符码，是被特定意识形态言语组织化了的社会事物。从这个意义上讲，社会事物在大众媒介上的传播，不单单是物象符码传播，更是意义符码传播，社会事物传播的话语过程，就是将事物划归到一定意识形态关系中的过程。

霍尔还详细分析了符号话语获得意识形态意义的过程，指出在符号的内涵层面，意识形态积极介入和干涉话语，改换和改变符号的意指作用。从新的角度受到强调的代码，作为"特殊话语中用来表示权力和意识形态的手段"，使符号呈现出活跃的意识形态特征，进而使话语获得全部意识形态的价值，并与更加广阔的意识形态体系连接起来。

大众媒介具有将社会事物在特定的话语结构中赋予特定意义的功能，是生产具有特定意识形态价值的符号话语的重要机制，因而媒介文化的生产和传播包含着复杂的意识形态内容和意识形态化活动。注重媒介实践分析的文化研究理论，也从具体的媒介形式入手，揭示了其中的意识形态活动。

文化研究理论认为，电视本身是"'意识形态工具'机构"，"在特定的时刻，电视播放机构必须生产出以有意义的话语形式出现的、经过编码的信息……在这一信息产生'效果'（不管怎么定义它），能满足一种'需要'或能被'利用'之前，它首先得作为一种有意义的话语，并被人有意义地译码。正是这一经过译码后获得的信息，才能'产生效果'，对人们施加影响，为人们提供娱乐，起到教导或说服作用，从而造成非常复杂的感性上、认识上、感情上和意识形态上及行为上的后果"②。在对大众媒介意识形态化话语生产过程的思考中，霍尔还提出了一个"职业代码运作"的命题，以揭示媒介文化意识形态运作的特殊方式。按照霍尔的说法，"职业代码运作"是大众媒介的职业传播人"对本来已经以占统治地位的方法表达的信息进行编码时"所采用的立场和策略。一方面，"职业代码"有自己的表述选择标准和代码操作方式，尤其在技术性与实践性运作上"相对独立于"主导代码；另一方面，"职业代码仍是在占主导地位的代码'统治'之下运作的"。从根本上讲，"它正是通过将主导概念的支配特征加以界定，并采取被置换过来的职业代码运作，起到再现主导性定义的作用"。在这里，"相对独立"

---

① 张国良.20世纪传播学经典文本[M].上海：复旦大学出版社，2003：432.
② 同①426.

的表述方式，淡化了"职业代码"的意识形态色彩，一定程度上遮掩了它的意识形态运作。因此霍尔指出："职业代码特别擅长不公开地把运作引至一个主导方向，从而起到重现占统治地位的定义之作用。因而，意识形态在此的再现是不经心、无意识地'在人们背后'发生的。"[1]

二、媒介文化的意义符号生产

结构主义-符号学的媒介文化理论对大众媒介文化意义的揭示，主要是围绕媒介文本符号的意义活动展开的，我们在前面关于"媒介文化的意识形态符号化"分析中，已经涉及了相关内容。例如，霍尔就强调，符号在内涵层面上，"获得其全部意识形态的价值——可与更为广泛的意识形态的话语和意义结合起来……正是在符号的内涵的层面上，现实环境的思想体系改换和改变了符号的意指作用。在此层面上，我们可以更清晰地发现，思想体系积极介入和干涉话语"[2]。霍尔还结合广告传播的话语实例分析指出，媒介的视觉符号通过不同意义和联想的话语定位，成为可以与"某种文化中的深层语义代码相交"的"代码化了的符号"，这种符号附加了特定的意义内容和意识形态特性。

从大众媒介的传播活动来看，符号的"代码化"，是媒介文化传播中的意义符号生产过程，也就是大众媒介在传播中将符号话语赋予了特定的意识形态内容。罗兰·巴尔特把这种蕴含意义代码的符号称作"意指"。他说："大众媒介的发展在今日使人们空前地关注意指的广阔领域……"[3]

"意指"这一概念来自索绪尔的语言学理论，按照费斯克的解释，"巴尔特充分采用这个概念以指符号在某种文化中的作用：他在索绪尔对这个术语的使用上增加了种种文化价值的向度"[4]。因此"意指"不再仅指"某个符号或符号系统与其指涉现实的关系"，而是有了更为深刻的社会文化意义。

巴尔特谈到"意指"时，又多同另一个重要的概念相联系，即"神话"。"神话是一种传播的体系，它是一种信息……它是一种意指作用的方式、一种形式。""我们在这里必须回想神话言谈的素材（语言本身、照片、图画、海报、仪式、物体等），无论刚开始差异多大，只要它们一受制于神话，就被简化为一种纯粹的意指功能。""……意指作用就是神话本身……"[5]

"神话"是巴尔特在分析文化传播活动中的意义符号生产时使用的一个概念，它既能够说明意义符号生产的过程，又是意义符号生产的结果。

费斯克在巴尔特的意指结构（"意指序列"）框架中解释过"神话"："它是指遍及某

---

[1] 张国良.20世纪传播学经典文本［M］.上海：复旦大学出版社，2003：435.
[2] 同[1]430.
[3] 巴尔特.符号学原理［M］.王东亮，等译.北京：生活·读书·新知三联书店，1999：1.
[4] 费斯克，等.关键概念：传播与文化研究辞典：第2版［M］.李彬，译注.北京：新华出版社，2004：260.
[5] 朱立元，李钧.二十世纪西方文论选：下卷［M］.北京：高等教育出版社，2002：158，161.

种文化的一系列广为接受的概念,其成员由此而对自身社会经验的某个特定主题或部分进行概念化或理解。"① "神话"的核心意思是:它是某种文化意义上的话语形式,它是以其内涵对公众的社会认识和生活理解形成意义制约的话语形式。

因此,"神话"的现实形式是"言谈",包括口头传播的、文字传播的、图像传播的多种形态。但"神话"的本质不在于言谈的是什么,也不在于用什么言谈的,而在于是怎样言谈的。巴尔特强调,"神话"是由"意图"而不是"它的字面意思"定义的,是由"它说出这个信息的方式"而不是"其信息的客体"定义的。"神话的言谈是由一个已经经过加工而适用于传播的素材构成的:因为神话的所有材料(无论是图画还是书写)都先设定了一种告知的意识,使人们在忽视它们的实质时,还可以对它们加以推论。"② 可见,"神话"是特定的意义符号系统,它已经先在地预设了解释和评价现实生活的意义根据和价值向度。在意指作用下,"神话"用"已经描绘的意义"置换了社会生活中的经验意义,用"已有的本质"掩盖了现实生活中不断生成的意义和价值。"它提出了一种知识、一个过去、记忆及事实、理念、决定的相对秩序",并将人们的现实体验引向这种既定的"秩序"。③

"神话"成为现实生活的意义本体,成为人们社会认识的意义归宿,这需要一个运作过程。意义符号的生产不仅仅是生产意义符号,还要生产将意义符号视为社会判断与评价依据的现实需求,这种需求造就了"神话"存在的合理性。也就是说,"神话"生产出自身的现实需求,也生产出自身的存在合理性。这个生产和运作的过程,巴尔特称为"自然化"的过程。

关于"自然化",约翰·哈特利有一个非常清晰的解释:"将历史的东西作为自然进行表述的过程……自然化的意识形态生成力,体现为由社会、历史、经济与文化所限定的(因而是可以改变的)情境与意义被当作自然而然的东西,也就是说不可避免的、永恒的、普适的、遗传的(因而也是不容争辩的)东西而成为'经验'。"④

"自然化"的本质就是意识形态的生活经验化。历史的、特定的、有限的、相对的、人为的意识和意义,被符号化为现实的、普遍的、无限的、绝对的、自然的生活体验,接受并依据这种意义符号进行现实活动,是理所当然、顺理成章的过程和结果。"神话"成为具有绝对合理性和永恒价值的情境与意义,巴尔特也指出:概念自然化,是"神话"的基本功能;将历史转化为自然,是"神话"的根本原则;把意义转化为形式(符号、言谈话语),是神话的特色。他从意识形态的层面做出分析:"神话肩负的任务就是让历史意图披上自然的合理的外衣,并让偶然的事件以永恒的面目出现。现在,这个过程实际上就是资产阶级意识形态的过程。"⑤ 而"自然化"的重要途径和方式,是大众媒介的信息传播,媒介文化的世俗品性和普适的文化生存环境,使"神话"的制造和传播成为日常化的文化生产和传播活动,也使"神话"成为日常化的情境与意义,成为社

---

① 费斯克,等. 关键概念:传播与文化研究辞典:第2版[M]. 李彬,译注. 北京:新华出版社,2004:261.
② 同①167,158,159.
③ 同①167,158,163.
④ 同①181.
⑤ 潘知常,林玮. 传媒批判理论[M]. 北京:新华出版社,2002:243.

会事实、生活经历和心理体验的先在的、必然的意义能指。意义符号的生产，以意识形态的社会文化建构为目标，"神话"的运作最终"由符号学进入意识形态"。

三、媒介文化传播中的意义符号阅读

从结构关系的分析原则出发，媒介文化理论将媒介文化传播活动中的阅读行为，放在一个更为广阔的结构框架中去考察，其对意义符号阅读的分析，一方面表现出结构的对应性，另一方面也表现出界域的宽泛性。

霍尔、费斯克、巴尔特在研究文化传播的接受活动时，都提出了一个分析对象的结构框架。霍尔的"解码立场"结构，用来分析受众的文本意义解读活动；费斯克的"价值流通"结构，用来分析受众的媒介传播角色关系；而巴尔特的"能指专注"结构，则用来分析受众的"神话"意义阅读方式。三个结构框架相比较，"能指专注"结构的阅读类型划分，拓展了"受众"的界域。

按照巴尔特的说法，在"神话"接受的过程中，对能指的专注是不同的，因而产生不同的阅读主体，形成不同的阅读活动。一种是"专注于空洞的能指"的阅读，其方式是"让概念明确地填入神话形式"，也就是说，阅读者将某种"神话"情境植入了特定的意义，赋予"神话"形式以意指性，"使它的意图明显"。这是"以概念出发并寻求形式的记者类型"的阅读活动，阅读者是"神话生产者"。另一种是"专注于一个完满的能指"的阅读，其方法是"借助揭露它来毁掉神话"。阅读者从一个完满的"神话"能指中区分出意义和形式，并将意义从神话形式中剥离开，进而抽掉植入"神话"情境中的特定意义，其结果是"解除了神话的意指作用"。这是"解除神话性质"的阅读活动，阅读者是"神话学家"。还有一种是"专注于神话能指"的阅读，其特征是将"神话"能指视为"由意义和形式组成的解不开的整体"，阅读者得到一个意指作用，并"回应于神话的组成机制及其本身的动力"。这是"依据已建入结构中的目的来耗损神话"的阅读活动，阅读者是"神话的读者"。①

巴尔特把"神话"的接受者分为"神话生产者""神话学家"和"神话的读者"，他们分别对应三种不同的阅读活动——建构"神话"意指、解构"神话"意指和消化"神话"意指，形成媒介文化传播中意义符号阅读的基本样态。可以说，霍尔的意义解读模式（三种"解码立场"）和费斯克的"生产式文本"说，明显受到巴尔特的"能指专注"模式的影响。但巴尔特的意义符号阅读理论，仍然存在后来学者并没有完全承接和诠释的独到含义，最为突出的就是"神话生产者"进入"阅读者"的界域。在巴尔特看来，意义符号的阅读并非只以生成整体意义的符号为对象，在意义生成之前，面对"空洞的能指"的阅读已经开始了。这时的阅读，目的在于为符号形式生产特定的意义，建构符号的意指系统，因此"神话"的生产者首先是"神话"形式的阅读者。"神话"的阅读，有些是为着

---

① 朱立元，李钧．二十世纪西方文论选：下卷［M］．北京：高等教育出版社，2002：169.

生产"神话"意义，换句话说，意义符号的生产，是以符号形式的阅读为前提的。可见，媒介文化传播中的意义符号阅读，不仅是接受对象的阅读，而且是生产对象的阅读。

接受者阅读活动的生产性，由于大众媒介特殊的意义身份和价值功能，而成为媒介文化传播和接受过程中普遍存在的现象。如果说巴尔特关于阅读活动生产性的分析，触及了意义符号生成过程前端的意指建构，那么霍尔和费斯克关于阅读活动生产性的分析，则更多地指向意义符号生成后的意指转换。就如前面分析过的那样，霍尔的意义解读模式中的"协商式"立场和"对抗式"立场，都不同程度地包含着阅读者的意义代码运作和意义话语转换活动，体现受众媒介文本解读的意义生产能力。费斯克所描述的媒介文化产品在"文化经济"领域的价值流通过程，就是阅读者生产意义和快感的过程，所以他强调："读者是文化生产者，而非文化消费者。"① 这是一个完全出于特殊强调的结论。

相比之下，巴尔特对阅读者的界定更全面，他认为，既有作为意义生产者的读者，也有作为意义破除者的读者，还有作为意义消费（"耗损"）者的读者。霍尔所讲的"占主导统治地位的立场"的意义解读，其主体也是作为意义消费者的读者。

为了说明意义符号阅读活动中的生产性，费斯克提出了一个重要的概念——"生产者式读者"。他说："大众文本展现的是浅白的东西，内在的则未被说明，未被书写。它在文本中留下裂隙与空间，使'生产者式读者'得以填入他或她的社会经验，从而建立文本与体验间的关联。"实际上，"生产者式读者"的阅读行为较为复杂，既是一种建立文本和体验的意义关联性的阅读，又是一种超越文本意指的意义再生产的阅读。所谓意义关联性的阅读，是创造性地使用"既存的文化资源"和"选择出的意义"的阅读。在这种阅读中，"文本和日常生活被富有意义地连接起来"，阅读者所关注的是"文本和日常生活之间所具有的相关性"。阅读的本质，是具有一定创造性的文本意义消费，是通过搭建关联而实现的文本意义消费。阅读的生产不是生产意义，而是生产"相关性"。在意义再生产的阅读中，文本成为一个"非既定的（但不是完全未被决定的）文化资源"，它不是意义本体，而是意义再生产的原始资源。阅读的本质，不是文本意义的现实验证，而是新的意义的"再诠释，再表现，再创造"。阅读的生产表现为"事后的再书写"，即"生产出无数的新文本"。②

四、媒介文化的符号价值逻辑

如果说，结构主义-符号学理论对媒介文化的符号分析，侧重于揭示媒介文化传播中的价值赋予和意义植入，那么后现代主义理论对媒介文化符号逻辑的解读，则侧重于揭示媒介文化传播对真实世界的建构关系。在后现代主义媒介文化理论看来，大众媒介对社会生活的文化建构，依循的不是现实价值逻辑，而是符号价值逻辑。

鲍德里亚将符号价值逻辑视为"自主化媒介的逻辑"，这种逻辑"是由这种与技术

---

① 费斯克. 理解大众文化 [M]. 王晓珏，宋伟杰，译. 北京：中央编译出版社，2001：179.
② 同①148，179，173，175.

和编码规则相适应的系统化规定的，是由并非从世界出发而是从媒介自身出发的信息的系统化生产规定的"。可见，符号价值逻辑一方面体现了符码意义编制的体系性，另一方面体现了媒介按照自身逻辑生产信息的体系性。也就是说，符号价值逻辑能动力量的背后，是媒介自主化的充分与活跃，是媒介构建现实文化过程中依循的自主性尺度和模式。按照鲍德里亚的解释："这就是说它参照的并非某些真实的物品、某个真实的世界或某个参照物，而是让一个符号参照另一个符号、一个物品参照另一个物品、一个消费者参照另一个消费者。"① 于是，媒介文化的生产与传播，实质上是符号的生产与传播，媒介文化建构的现实关系，实质上是符号及其能指的参照关系。在大众媒介营造的生活环境中，人们现实判断的基本依据，不是现实生活本身，而是现实生活的符号诠释。大众媒介将真实世界的存在，编制成一系列符号存在，一切进入大众媒介视域的事物和人，都被抽取了现实存在的意义多重性与复杂性，成为承载特定价值内容的符号。人们参照某一种符号，去认识和解释另一种符号。所有的现实价值的理解，都变成了符号价值的理解。真实的世界为符号所替代，符号成为真实。

鲍德里亚把媒介文化的符号价值逻辑放在消费社会的广阔背景下考察，因而"媒介的自主化"既有了存在和发展的现实根源，又有了生产和建构相应文化的现实条件。正是在现代人的消费需求中，物的消费变成了意义的消费，因此，真正的消费不是在物的实体上完成的，而是"通过把所有这些东西组成意义实体"来实现的。在《消费社会》中，鲍德里亚对符号消费做过阐释："消费的社会逻辑根本不是对服务和商品的使用价值的占有……它不是一种满足逻辑，它是社会能指的生产和操纵的逻辑。"② "消费是在具有某种程度连贯性的话语中所呈现的所有物品和信息的真实总体性。因此，有意义的消费乃是一种系统化的符号操作和行为。""为了构成消费的对象，物必须成为符号。"③

大众媒介是从事"社会能指的生产和操纵"的重要文化机制。在消费社会的现实环境中，消费领域的符号价值逻辑，具有一般社会活动中符号价值逻辑运转的普遍性；媒介文化则以文化现实的普遍性，维系、扩展和再生产这种符号价值逻辑的普遍意义。因而媒介文化不仅是符号价值逻辑产生现实力量的推助机制，其自身也是符号价值逻辑建构的文化现实。对大众媒介信息生产和传播形成的文化现实，后现代主义理论从存在的本质性方面进行思考和阐释，进而提出用于描述媒介文化的存在本质性的范畴，即包括"仿真""类像""内爆""超真实"等在内的概念体系。

关于"仿真""类像""内爆""超真实"等概念范畴指称的现象，后现代主义的媒介文化理论将其视为历史的、时代的文化规定性，因而符号价值逻辑是一种历史性存在，或者说是一种体现历史进程规定性的文化逻辑。鲍德里亚将"创造"—"生产"—"仿真"看作文艺复兴时期以来历史过程的三个序列，而"仿真是被符码主宰的目前历史阶段的主要方式"。"超真实是符码化现实的组成部分，它永远不加改动地持续着。"这种历史化的界定，赋予了符号价值逻辑的现实运动以特殊的历史规定性和历史文化意

---

① 波德里亚. 消费社会 [M]. 2版. 刘成富, 全志钢, 译. 南京: 南京大学出版社, 2006: 134. 波德里亚, 现一般译为"鲍德里亚"。
② 同①78.
③ 许正林. 欧洲传播思想史 [M]. 上海: 上海三联书店, 2005: 41.

义。在此基础上，进一步确认以符号价值逻辑为基本运作依据的媒介文化，在存在本质性方面所形成的现实关系，也是这个时代的文化现实关系的体现。正是在这个意义上，鲍德里亚这样描述当今现实的存在本质："今天，整个系统都在不确定性中飘摇，所有真实都为符码和仿真的超真实所吸收。现在调控社会的不是现实原则，而是仿真原则……"；"今天，现实本身就是超真实的……生活已经没有可以直面的虚构，甚至没有生活超越的虚构；现实已经进入现实的游戏……"；"到处都是'类像的创世记'……所有伟大的人文主义价值准则，所有道德、审美和实践判断的文明价值观，都在我们的形象和符号系统中不见踪影。这是符码主宰一切的典型结果……"[①]

这就是媒介文化所构建的超真实的现实，也是其自身所体现的超真实的文化现实景况。它不仅湮灭了现实作为本体存在的真实性，也解构了现实作为价值存在的意义性。大众媒介在符号逻辑和仿真原则下生产传播的文化信息，以类像的形式覆盖社会生活的现象空间和意义范畴，形成超现实的拟态符号世界。在这个拟态的世界中，人们以符号的认知形成现实理解，以符号意义的理解去选择和创造现实价值。一切现实活动的根据，都来自大众媒介通过符号价值逻辑运作而建构的符号现实。

---

① 汪民安，陈永国，马海良. 后现代性的哲学话语：从福柯到赛义德 [M]. 杭州：浙江人民出版社，2000：317，326，303，310.

媒介社会学的文化研究路径：
以斯图亚特·霍尔为例*

□ 黄典林

📖 摘　要

国内传播学界关于媒介社会学的论述呈现出以美国传统和新闻机构为中心的倾向，而对美国学术脉络和机构范式之外的研究传统缺乏足够重视。机构视角把研究范围广阔的媒介社会学窄化为以媒体机构和职业活动为核心的新闻生产社会学。本文认为，以斯图亚特·霍尔为代表的英国文化研究视野下的媒介社会学传统，尤其是霍尔从符号学传统出发提出的"意义结构"概念以及将新闻和媒介分析与意识形态和宏观政治经济情势分析相结合的方法，是值得我们借鉴的替代性学术资源。本文以霍尔在新闻媒介研究方面的代表性论著为论述对象，系统评述了霍尔等人的媒介社会学主张，并在此基础上总结了媒介社会学的文化研究路径的核心特征和理论价值。

📖 关键词

媒介社会学；霍尔；文化研究；学术路径

📖 作者简介

黄典林，中国传媒大学传播研究院教授。

一、引　言

无论在何种关于传播或媒介研究的学术史叙事中，社会学理论及其方法都在塑造这一研究领域的历史进程中发挥了至关重要的作用。几乎所有当代社会理论的主要奠基人和主要理论家都对新闻媒体机构在现代社会中的功能与角色提出过论述，这些观点构成了当代传播和媒介研究的主要学术思想基础。① 在美国传播研究中，尽管主流社会学家

---

* 黄典林. 媒介社会学的文化研究路径：以斯图亚特·霍尔为例 [J]. 国际新闻界，2018（6）.
① ROGERS E M. A history of communication study: a biographical approach [M]. New York: Free Press, 1997.

已经"抛弃"了传播研究，但社会学所提供的理论方法资源和经典样本依然是美国传播研究的重要学术基础。① 正是在这个意义上，媒介/新闻社会学成为一个具有特定所指对象的学术领域，在不同语境下衍生出既有关联性又具备多元性的学术脉络，并引发了关于不同理论取向和范式差异的争论。

按照美国媒介社会学家迈克尔·舒德森的说法，在社会科学领域，对新闻传媒的研究大体采取了三种不同的研究视角：第一，宏观视角的政治经济学分析，关注是的媒介和新闻生产系统与国家权力和资本机制的关系。第二，中观视角的新闻职业和传媒机构的组织社会学。这一视角的研究从新闻生产的常规机制、媒介从业者的职业意识形态和身份意识的建构、媒介的组织化信息生产活动与现实的社会建构之间的关系等维度出发分析媒介机构的运作逻辑。第三，文化视角，突出强调广泛的文化价值、传统和表征系统对媒介运作及其意义建构过程的影响。文化范式强调了这样一个观点，即新闻和媒介生产中所调用的表征结构在一定程度上是超越于媒介组织的政治经济结构和生产模式之上的。在舒德森看来，对新闻或媒介社会学研究而言，在这一范式中的关切点包括媒介生产内容的形式要素和内在结构，普遍的文化表征体系与媒介生产所处的特定的社会组织结构之间的关系，以及媒体从业者的观念和价值判断的文化根源。② 但舒德森对文化视角下的新闻生产研究的论述基本局限于美国媒介社会学领域以媒介组织为核心的研究范本，几乎没有涉及包括英国文化研究在内的欧洲学术脉络。

随着一系列媒介社会学经典著作的译介，关于媒介社会学的不同范式在思想史或学术史意义上的差异，近年来成为中文学界持续关注的议题。但中文学界对媒介社会学不同理论方法传统的讨论，总体上呈现出集中关注美国传统而对美国之外的研究关注不够的倾向。③ 同时，由于美国媒介社会学研究的经典文本大多局限于舒德森所说的第二种范式，即新闻生产的机构视角，故而对美国传统的过分关注也导致中文学界的讨论局限在新闻生产和媒介组织的范围之内，而对其他视角的关注不足。其结果是，研究议题和研究范围广阔的媒介社会学被窄化为以机构和职业活动为核心的狭义的新闻生产社会学。④ 遵循这种美国式的和以机构视角为核心的新闻社会学传统，新闻传播学界在21世纪以来的学术生产活动中，形成了一个以新闻生产研究为核心议题的学术群体，发表了大量以中国新闻机构和新闻从业者的职业观念和新闻生产活动及其与政治经济和社会过程的复杂关系为主要考察对象的学术作品。⑤

---

① POOLEY J, KATZ E. Further notes on why American sociology abandoned mass communication research [J]. Journal of communication, 2008, 58 (4).
② SCHUDSON M. The news media as political institutions [J]. Annual review of political science, 2002, 5 (1).
③ 国内学术界译介的与媒介或新闻社会学相关的著作主要来自美国传统，比如，盖伊·塔奇曼的《做新闻》、赫伯特·甘斯的《什么在决定新闻》、迈克尔·舒德森的《发掘新闻》等。这些美国新闻社会学的经典著作大多出版于20世纪70年代。
④ 检索发现的中文论文大多集中于探讨美国媒介社会学的方法特征、不同学者之间的理论差异。例如，张斌分析了美国媒介社会学中的建构主义的取向，禹夏和曹洵解读了托德·吉特林在《媒介社会学：主导范式》一文中对主流传播研究范式的反思和批评，樊水科对李普曼与舒德森对新闻与民主关系的不同看法进行了比较，田秋生从舒德森和凯瑞的新闻观差异探讨了作为文化的新闻及其研究路径，而孙藜则以凯瑞和舒德森的意见分歧为核心探讨了美国新闻业思想遗产的两种建构路径。
⑤ 根据张志安和章震对博士论文和核心期刊学术论文进行的系统梳理，十余年来本土新闻生产研究的学术成果的主要研究关注点包括"新闻生产的中国'语境'和主要影响因素、转型社会与新闻生产的互动关系、新闻生产和社会控制关系的张力呈现、数字化转型与媒体组织生产惯习调适、新技术采纳与传统媒体职业文化冲突等五类议题，并在此基础上对专业媒体实践的可能性、职业生产的自主性、中国新闻业的公共性等问题进行了观照和阐释"。

当然，造成这种关注失衡倾向的原因除了学术思想资源译介的"知识旅行"以美国为主要源头的单一性之外，在一定程度上还与过去十几年来中国传播和传媒研究自身所处的社会语境有关。本土媒介组织运作现实所引发的问题和期待与外来的美国媒介社会学知识资源的结合，共同导致了本土媒介社会学学术焦点对某些传统的放大和对其他路径的遮蔽。但随着新闻生产所处的技术环境和政治经济环境的剧烈变动，传统新闻生产研究所依赖的社会条件、理论预设和方法路径都面临着危机和重构的压力。

在这样的背景下，我们认为，有必要通过引入替代性的学术视角和理论资源来平衡这种以美国和媒体组织或从业者为中心的论述倾向。本文的意图在于以文化研究的灵魂人物、英国文化理论家斯图亚特·霍尔在媒介社会学领域的研究为主要考察对象，由此透析媒介社会学的文化研究路径的理论和方法特征以及它与其他范式的差异，从而尝试平衡中文学界对媒介社会学研究不同范式关注的失衡倾向。作为文化研究的灵魂人物，斯图亚特·霍尔在其漫长的学术生涯中，始终对媒介和传播议题保持着高度的关注，他的许多重要论著成为后来许多文化中传统的媒介社会学经典研究的理论和方法基础。在霍尔等西方左翼理论家的影响下，文化研究视野下的媒介社会学路径呈现出与其他主流范式不同的特征。在系统评述霍尔的媒介社会学研究之后，本文将把文化研究范式的媒介社会学路径与主流的美国媒介社会学路径进行比较，以期为扩展国内媒介社会学研究的理论和方法视野提供一个具有启发性的思路。

二、斯图亚特·霍尔的媒介社会学研究

作为一位具有高度学术整合力的理论家，霍尔的研究范围除了包括对文化研究基本理论资源的挖掘与阐释，还涉及移民、种族、流行文化、新闻传媒、意识形态等诸多领域。但在霍尔发表的卷帙浩繁的学术作品中，新闻媒体和传播问题始终是一个十分重要的议题，对这个问题的兴趣几乎贯穿了他的整个学术生涯。早在20世纪60年代，作为一场反主流文化理论运动的"文化研究"尚处于草创阶段，霍尔及其合作者就已着手通过一系列论著〔例如，1964年出版的《流行艺术》(*The Popular Arts*)一书和1969年受朗特里基金会委托所做的报告《大众媒体与社会变迁》(Popular Press and Social Change)〕确立大众传媒和传播问题在文化研究学术议程中的核心地位。《流行艺术》一书的出版促成霍尔受邀进入著名的伯明翰当代文化研究中心（CCCS），并在1968年成为该中心的主任，从而引领了以CCCS为核心机构的英国文化研究在20世纪70年代至80年代的蓬勃发展。

整个20世纪70年代是霍尔等人深度介入传播研究领域的一个时期，以霍尔领衔的英国文化研究为媒介社会学贡献了大量经典论著，所涉议题的范围极其广泛。归纳而言，包括如下几个主题：(1) 媒体娱乐，例如1970年发表的论文《休闲、娱乐和大众传播》(Leisure, Entertainment and Mass Communication)；(2) 新闻生产，例如1973年的论文《新闻照片的规定性》(The Determinations of News Photographs)、CCCS论

文手稿《事件的"结构性传播"》(The "Structured Communication" of Events);(3) 广播电视媒介研究,例如 1972 年发表的论文《广播电视业的外部影响》(External Influences on Broadcasting)、1973 年的著名论文手稿《电视话语的编码与解码》(Encoding and Decoding in the Television Discourse)、1974 年的论文《电视暴力:犯罪、戏剧和内容分析》(Television Violence:Crime,Drama and the Analysis of Content)、1975 年的论文《作为传媒的电视及其与文化的关系》(Television as a Medium and Its Relation to Culture)、1976 年的论文《电视时事节目的"统一性"》(The "Unity" of Current Affairs Television);(4) 最能体现媒介社会学文化研究范式特征的议题——媒体或广义表征系统与权力和意识形态的关系,例如,1973 年的论文《越轨、政治和媒体》(Deviancy,Politics and the Media)、1977 年发表在詹姆斯·库兰(James Curran)等人编著的文集《大众媒介与社会》中的论文《文化、传媒与"意识形态效果"》(Culture, the Media and the "Ideology-Effect"),1978 年与其他学者合著的《管控危机》(*Policing the Crisis*)一书(其中有专章讨论新闻的社会生产与文化霸权危机的关系)、1982 年发表的著名论文《"意识形态"的再发现:传媒研究中被压抑者的回归》(There Discovery of "Ideology":Return of There Pressed in Media Studies)、1986 年的论文《媒介权力与阶级权力》(Media Power and Class Power)等。霍尔对这些主题的研究并不是完全割裂的,而是相互交错、齐头并进的。从微观的文本符码结构分析,到中观的新闻组织运作机制和价值体系研究,再到宏观的社会政治历史分析,构成了完整的文化研究视野下媒介社会学研究的框架路径。①

尽管 20 世纪 70 年代是霍尔以及文化研究学者集中讨论媒体和传播议题的一个时期,但直到晚年,霍尔依然时有关于传播议题的论著发表,如 1997 年出版的文化研究经典教程《表征》(*Representation*)就集中体现了文化研究视野下媒介研究的基本理论框架和方法逻辑。总而言之,从 20 世纪 60 年代以来,媒介和传播问题始终是霍尔领衔的文化研究学术计划的核心议题之一,并逐步从微观的文本和生产研究拓展到宏观的社会文化政治批判。其中部分文献(最突出的代表是《电视话语的编码与解码》一文)在与处于主导地位的实证主义媒介社会学的论争中,奠定了文化研究视野下媒介研究的基本理论方法,使之成为与传播政治经济学并驾齐驱的两大主要批判媒介研究范式之一。

当然,霍尔关于媒介和传播问题的论述不是孤立的,而是为他从左翼批判立场出发对西方社会文化政治问题的整体思考服务的。但这并不妨碍我们从媒介研究的基本问题切入,梳理霍尔对传播和媒介概念的理解,以及文化研究范式是如何解释传媒运作机制以及以此为主体的社会表征系统如何与其他社会维度产生复杂的互动关系的。比如,霍尔从符号学和语言人类学角度对"传播"概念的理解就与主流的实证主义范式下的媒介社会学有本质性的不同,他关于传播研究的方法路径以及研究者应秉持何种社会立场的论述,他对当代主要媒体类型的生产机制及其内在文化逻辑的深入研究,以及对媒体与政治和不同社会维度之间关系的分析,都对当代批判的媒介社会学和传播研究产生了重要影响。可以说,如果不对霍尔的传播思想进行系统的深入研

---

① 关于霍尔论著的部分系统编目,参见陈光兴在 1986 年编纂的一个作品目录。

究，就无法准确把握文化研究视野下的媒介社会学和传播研究的基本理论思路和方法逻辑。从这个意义上说，从霍尔本人在媒介社会学方面的代表性论著出发，有助于我们把握媒介社会学的文化研究范式的基本逻辑，从而为当前本土的媒介社会学研究提供不同于美国传统和媒体组织范式的替代性的理论资源。鉴于中文学界对霍尔媒介社会学研究的重视不够和相关研究的匮乏，这种对文化研究范式的关注和系统梳理，就变得尤其紧迫。[①] 下文将结合霍尔本人发表的与媒介和传播议题有关的主要文献，从理论方法的基本框架和学术旨趣的现实关怀两个维度对媒介社会学的文化研究范式进行评述。

三、意义结构与媒介运作的表征维度

恰如舒德森所指出的那样，从文化视角切入媒介社会学研究的学者，大多会特别强调表征和意义体系对新闻和媒介实践的影响。就这一点来说，霍尔等英国文化研究学者也不例外。实际上，文化研究的重要特征之一就是强调表征体系的内在结构和运作逻辑相对于外在政治经济结构、组织模式和主体实践的一定程度的独立性，从而突出了意义生产的复杂性、循环性和开放性这一基本文化事实。在媒介运作所涉及的诸多环节要素中，意义生产的内在结构与外在条件成为文化研究范式的媒介社会学关注的核心。

从霍尔所调用的学术资源来看，对表征体系的重视之所以成为文化研究范式的基本特征，与他在整个20世纪70年代的CCCS时期通过对符号学、文化人类学以及意识形态理论的整合而确定的分析框架分不开。早在1970年为CCCS启动的报纸研究计划[后在1975年以《报纸的声音：大众报业与社会变迁（1935—1965）》（*Paper Voices*: *The Popular Press and Social Change*, 1935-1965）为题出版]所写的引言中，霍尔已经初步描述了以"意义结构"（structures of meanings）概念为核心的文化分析的方法路径和主要学术议题，为CCCS后续的新闻研究以及更为宏大的文化政治批判设定了一个建构主义的传播观念框架：新闻不是对事件的"反映"，而是对现实的社会建构。与美国媒介社会学所采取的进入媒体生产的机构语境中进行田野观察不同，文化研究从表征系统的符码维度入手，认为为了理解新闻媒体如何建构现实，必须对媒体生产和消费环节所依赖的意义结构的内在机制和手段，即符码体系的运作规则进行符号学分析。对不同表征方式和策略的选择反映了不同媒体机构的价值观以及对社会图景和传播对象属性的不同预设。用霍尔自己的话来说，这里的关键议题是："在处理复杂的历史和社会变化主题的过程中，报纸调用了什么样的现有可用的意义来对这一过程进行解释从而使之能够为读者所理解？报纸必须具备什么样的核心价值才能不仅保证报纸的从业者，

[①] 在中文学界，对霍尔著作的译介和相对系统的研究工作起步较晚，始于21世纪初，与霍尔从20世纪60年代即着手拓展文化研究的学术版图，相差了40多年。迄今可见的在中国大陆出版的霍尔的中文著作仅包括2003年出版的《表征》和《做文化研究》、2010年的《文化身份问题研究》、2015年的《通过仪式抵抗》等几种。

同时也使读者具备一个虽不是一成不变但大致逻辑自洽的解释框架？这些核心意义是否会发生变化？如果是，这些变化是什么事件导致的？"①

显然，这些议题一方面涉及文本内部的符码结构，以及这些结构所反映的价值偏好；但另一方面，更重要的是，霍尔在这里已经初步提出了文化研究视角下的传播观念所要求的对组织制度分析、符号学和沟通人类学方法的整合问题。因为从文化研究的视角来看，媒介生产不仅涉及生产的制度环境、组织机制、专业意识形态、职业实践常规及其所处的物质技术条件和编码的语言学规律，还涉及这些环节所处的"意义结构"，即媒介从业者和媒介使用者在意义维度上的互惠关系和相互确认。换言之，在媒介生产过程中，表征活动所涉及的不仅是媒介从业者和媒体组织的自我认同和价值规范，同时还有在特定历史观念语境中围绕传播对象或广义的社会主体所确立的一系列假设前提。因此，依据特定符码规则建构起来的媒介文本不仅是传播政治经济制度、组织结构、技术条件等物质要素的产物，同时也是这种"意义结构"的产物。新闻生产过程研究和对作为表征体系的新闻的研究不是相对立的，而是互补的。正如霍尔所指出的那样，媒体"本身的象征结构体现和调节着生产者和读者之间的交换关系。没有这种象征性的调节关系，编辑和读者之间的互动关系就不可能实现。因此，对象征结构的研究并不是其他研究的附属品，而是在这一关系中处于核心位置"②。在这里，霍尔以媒介符码分析为核心，明确地把媒介生产机制研究与文化人类学取向的阐释研究进行了初步的理论勾连。在这里，我们明确看到文化研究取向的媒介社会学与以机构和新闻生产为核心的主流媒介社会学的差异。对后者来说，媒介从业者所处的生产结构、专业实践以及这种实践的观念基础和文化后果才是研究的重点。文化研究并没有否定这种研究的价值，但强调了这种机构视角的单一性和盲点，即它忽略了这样一个事实：既然媒体是从事意义生产和现实建构活动的机构，那么对意义生成和传播的内在机制就应当成为分析框架中不可或缺的核心组成部分。

霍尔通过一系列具体的案例研究丰富和完善了他所强调的这种以意义结构为核心的媒介社会学框架。在《新闻照片的规定性》一文中，他运用罗兰·巴尔特的符号学方法，对摄影这一新闻生产中最常见的视觉符码形式进行了分析，目的在于阐明新闻的意识形态属性及其实现机制。他首先运用罗兰·巴尔特提出的符号的外延和内涵概念，区分了视觉符码在符号学意义上两种不同的表征机制，即更具客观事实属性的外延表意过程和与社会权力结构的意识形态基础紧密关联的内涵表意机制之间的差别。③ 在这个基础上，霍尔进一步对新闻文本这一专业化的符码体系的价值基础进行了更加细化的辨析，提出了两类对新闻生产来说至关重要的价值类型：第一种是专业化的职业标准规范，即通常意义上的新闻价值。在西方主流媒体制度环境下，这一价值体系以新闻专业精神的职业意识形态形式出现，它规定了何为新闻以及新闻应当以何种可被接受的表述

---

① HALL S. Introduction [M] //SMITH A C H, IMMIRZI E, BLACKWELL T. Paper voices: the popular press and social change, 1935-1965. Totowa: Rowman and Littlefield, 1975: 12.
② 同①23.
③ HALL S. The determination of news photographs [M] //COHEN S, YOUNG J. The manufacture of news. London: Constable, 1973: 226.

方式被呈现出来，即规定了事件在新闻媒体中的可见性的基本规则。新闻媒体的日常运作和职业行为正是在这一价值体系的基础上建构起来的。霍尔将这一维度称为形式化的新闻价值（formal news value），即这一价值体系的基本逻辑是在新闻生产的操作手法和文本的呈现形式上设定一系列职业规范，从而确保新闻文本和新闻从业者自身的程序合法性。形式价值符合新闻生产的经济学逻辑，因为它确保了新闻的可交换性。

与此相对的是第二种价值体系，即意识形态性的新闻价值（ideological news values）。这一价值体系源于社会整体的道德政治话语秩序，无论新闻生产的具体形式化操作机制在不同媒体组织之间如何存在差异，这些形式背后所体现的内涵式意义的光谱都被框定在特定历史条件下社会整体所允许的意识形态范围之内。因此，新闻生产的操作流程以及作为这一流程最终作品的新闻文本本身，不仅体现了新闻职业的形式性价值要素，同时也反映了社会自身的意识形态主题。不同新闻机构在职业操作层面的技术差异，往往也是为了在表达形式上服务于各自所倾向的意识形态主题的需要。①

更为关键的一点是这两个层面的关系：新闻生产的形式价值是实现其意识形态价值的前提或手段，而一旦进入意识形态领域，新闻生产就从纯粹的组织运作或文本层次进入社会主体生产的领域。换言之，新闻在内涵维度的意识形态意义生产离不开新闻从业者对在特定社会权力结构中处于不同位置的阐释主体对新闻文本进行"角度化"阐释的具体方式的假定。在这里，新闻话语通过为新闻消费者生产出他们所熟悉的认同方式，从而进入阿尔都塞所说的主体生产范畴。通过个性化和对新闻叙事中不同行动者的主体身份定位，新闻话语以一种高度意识形态化的方式被嵌入社会权力机制之中。恰恰是这一点将以新闻价值为逻辑基础的新闻职业的内部话语体系与社会整体的意识形态话语联系了起来，并确保前者为后者服务的功能定位，即把高度意识形态化的社会权力秩序自然化为新闻价值所规定的一系列形式要素，从而再生产现存权力秩序的合法性。新闻价值的客观和中立特征仅限于新闻表述的形式要素，即表征运作的外延层面。但本质上新闻作为一个表征体系在整体上依然是高度意识形态化的，新闻价值是对作为意识形态的新闻的形式化、操作化和常规化。离开社会意识形态，新闻价值的形式规则就无法实现其功能，因为新闻在本质上是对在社会秩序和制度结构的可预期的延续性中出现的非预期性插曲的再现，而不是对绝对非预期的新事实的客观反映。只有在与新闻消费者共享的"共识"结构中运作，新闻媒体才能作为一个有效的社会机构维系下去。没有这种背景性的为社会成员所共享的关于社会如何运作的意识形态化的共识性知识，新闻就无法作为一种有意义的话语在新闻生产和消费过程中被识别和解读。② 我们可以把新闻生产实践所处的这两种不同的意义结构层次及其逻辑关系予以归纳，如表1所示。

---

① HALL S. The determination of news photographs [M] //COHEN S, YOUNG J. The manufacture of news. London: Constable, 1973: 231-232.
② 同①.

表 1　新闻生产的意义结构层次

意义结构层次	霍尔的命名	内容	功能	与另一层次的关系
外延意义结构	形式化的新闻价值	专业化的职业规范：新闻价值、职业意识形态	明确新闻生产专业实践的形式规范，确立职业和专业的程序合法性	实现意识形态性的新闻价值的前提和手段
内涵意义结构	意识形态性的新闻价值	社会整体的道德政治话语和权力秩序：特定历史条件下的意识形态主体和表达边界	建构社会主体位置和价值认同，对现有秩序合法性的再生产	作为默认的"共识"为新闻作为一种有意义的话语进入社会阐释领域提供语义背景

这样，从新闻摄影的符号学分析出发，霍尔从一个貌似简单的文本分析符号学方法框架再度引申出文化研究范式的媒介社会学中极其关键的议题之一：媒介运作所处的意义结构及其来源。显然，要解答这一问题，媒介社会学的学术视野就不能局限于新闻组织或新闻文本本身。因为表征系统的运作或意义生产的社会过程涉及媒介内部和外部的复杂关系，而对这种内外部结构之间勾连的分析应当成为媒介社会学的重要议题。如果只局限于媒体组织/从业者或文本本身，而不对媒体生产和文本结构运作所依赖的外部意识形态和阐释环境进行考量，就难免会对作为表征体系的媒介系统的运作逻辑进行片面化处理。

霍尔很快将这些观点应用到对其他媒体形式尤其是广播电视的分析之中。在 1972 年发表的会议论文手稿《广播电视内外关系的辩证法》(External/Internal Dialectic in Broadcasting) 中，他分析了广播电视行业的制度结构以及围绕这一行业的合法性问题所产生的争议与特定历史社会语境之间的关系，着重强调了广播电视业是如何通过一系列价值观念的介入来维系自身在权力-意识形态体系中的合法性的。正是专业新闻的职业伦理观念和相应的操作程序规则以及在特定历史条件下被广播电视节目生产者和社会成员共享的以"共识"形式出现的意识形态，确保了以广播电视为代表的现代大众传播媒介组织能够在不挑战占主导地位的文化霸权结构的前提下完成常规职业操作，维系职业合法性，实现组织功能。意义结构再次成为连接从业者、媒体机构、媒体使用者与权力结构的纽带。[①]

在 1976 年的 CCCS 论文《电视时事节目的"统一性"》中，霍尔进一步论述了电视新闻的生产模式、传播结构、文本形态与国家和政治结构等社会系统之间的复杂关系。在对阴谋论（媒体与国家合谋维系主流价值观）以及作为这一论调变体的共识论（主张核心价值系统内部的多元统一性）、替代论（媒体取代政治组织成为传播和培育核心价值系统的主导机构）和传统的自由主义观点（媒体通过独立公正的报道"反映"客观发生的政治事件）等几种主流的学术观点进行批评的基础上，霍尔通过对电视时事节目《全景》(Panorama) 的个案分析，指出媒体是在一系列复杂的常规、表征体系和政治经

---

① HALL S. External/internal dialectic in broadcasting [C]. Paper presented at fourth symposium on broadcasting, department of extra-mural studies. Manchester，1972.

济结构的限制下完成对具有特定"偏好"倾向的多义意义空间的建构,从而证明西方语境下电视媒体与国家之间的关系具有双重属性:它既在一定程度上相对独立于国家,同时又高度依赖并服务于国家所设定的霸权性制度和意识形态框架。电视时事节目所遵循的专业新闻形式规则,在其内部复制了外部议会民主政治结构中阶级政治斗争的矛盾和冲突特征。这些矛盾具有真实性,但并不对主导结构形成原则性破坏。从元传播的意义上来说,节目的形式规则本身规定了内容的关系边界,即在总体上电视新闻没有突破或质疑议会民主制度的意识形态框架,而是进一步再生产或巩固了这个基本的政治共识。在这里,形式规则合法化和自然化了传播背后的前提预设,从而为主导的政治权力结构在表征维度的再生产提供了必要的条件。①

在以上述论文为代表的一系列论著中,霍尔反复论证了媒介社会学的文化研究范式所着重强调的一个基本观点:确保媒介运作或广义的传播活动能够正常进行以及促使媒介生产和消费两端能够产生有效互动的前提或结构性条件,不仅仅是媒介组织的政治经济结构、组织模式、媒介技术、职业意识形态和从业者的个体属性等要素,还包括以符码系统为中介的意义和价值维度。意义维度是贯穿表征系统运作所有环节的核心要素。意义结构不仅为媒介生产提供了观念基础,同时也通过文本符码系统的策略性建构使之与媒介使用者语境化的社会阐释产生勾连。而为媒介生产和语境化阐释提供意义结构来源的则是表征系统所处的复杂的历史和政治语境。这就必然要求把分析的触角延伸到历史政治分析的视野,从而构成媒介社会学的文化研究范式的另一个重要特征:摆脱以机构和文本为核心研究对象的媒介中心主义思路,进入文化政治批判的社会分析领域,从而形成一种去媒介化的媒介社会学路径。

四、媒介社会学的批判视野

作为一篇为文化研究的方法框架和学术议程确立基调的纲领性文献,最初于1973年以CCCS手稿形式发表的《电视话语的编码与解码》一文不仅阐明了文化研究所主张的建构主义传播观,确立了媒介研究的文化研究进路的方法框架,更重要的是指出了文化研究视野下媒介社会学研究的现实指向性,使之呈现出与其他媒介社会学范式不同的问题意识、现实关怀和强烈的社会批判色彩。该文中的不少观点在霍尔本人1973年撰写的《事件的"结构性传播"》等论文中也有所体现,并在20世纪70年代后期CCCS进行的一系列民族志和受众阐释的经验研究计划中逐步付诸实施。

从方法论上来看,在这篇文献中,由于引入了符号学和语言人类学的概念工具,霍尔得以从符码系统和意义生成结构的角度出发,将传播由一个行为和效果问题转变为一个意义和权力关系问题。延续前述研究中所提出的意义结构的观念,霍尔指出,媒介生

---

① HALL S. The "unity" of current affairs television [C] //GRAY A, et al. CCCS selected working papers. London: Routledge, 2007: 326-364.

产的信息产品的意义属性使得媒介组织的运作不仅依赖物质和技术条件，而且相比其他领域更加依赖对符码规则的把握。"传播信息的生产交换过程不可避免地要依赖于组织和制度性结构（包括网络和制度结构、组织常规、技术设施等），生产环节因而成为启动信息生产、流通和消费循环的起点。但他也强调，文化生产过程不只是对经济资料的组织过程，这个过程也受制于意义和观念体系，即关于常规、技能、专业标准、制度，以及关于产品接受者的假设等各种形式的知识体系。更重要的是，由于信息产品与一般物质产品的属性差异，虽然信息生产依赖于生产结构，但这个结构并不是封闭的，它需要不断从广阔的社会政治系统汲取话题、策略、议程、受众图景以及'对情景的定义'等意义资源。"① 在这一前提下，霍尔再次运用巴尔特的外延和内涵的二分法，对媒介文本中作为外延的符码和作为内涵的元符码的关系进行了界定，其目的在于提出内涵意义的多样性解读问题所造成的传播的非透明性，其"基础不是传播性的，而是社会性的。在信息层面上，它们反映的实际上是经济、政治和文化生活的结构性冲突、矛盾和协商过程"②。这意味着，"外延层次上的传播效果误差问题可以理解为技术问题，而内涵层次上的'误解'则是一个人类学意义上的文化政治问题"③。但霍尔对媒介符码运作规则的语言学分析的真正目的不在于文本内部，也不在于生产这些文本的媒体机构及其从业者，而是在文本之外。一方面，在学术上，从 20 世纪 70 年代早期刚刚兴起的文化研究范式的角度对实证主义和行为主义主导的主流媒介社会学范式提出批评，并为人类学视野的媒介社会学研究提供理论合法性。另一方面，从媒介研究的问题意识和现实关怀的角度来说，霍尔在这篇经典论文中所要强调的是媒介社会学研究的政治批判立场，即对主导社会权力结构的质疑和对知识与权力合谋的警惕："如果教育者或文化政策制定者都把实际存在的冲突和矛盾理解为仅仅是传播链条中的一些扭曲或障碍的话，那么他们就是在扮演一个极度具有政治倾向性的角色。外延错误在结构上并不是十分重要，但内涵或语境性的'误解'却具有十分重要的意义。把对在社会传播的系统性扭曲中发挥重要作用的那些要素理解成只是传输过程中的一些技术性错误，就意味着对一个表层现象的深层结构过程进行了误读。"④ 霍尔在这里指出的路线图是借助沟通民族志和葛兰西的文化霸权概念来开辟文化意义生产和阐释的研究路径，并坚持把媒介和文化分析与对现实政治"情势"（conjuncture）的分析结合起来的文化批判视野。

霍尔与同事合作出版于 1978 年的《管控危机》一书是体现这种分析路径和批判视野的最好范例。作为 CCCS 时期霍尔领衔完成的一项规模巨大的集体研究课题，《管控危机》一书涉及的案例资料分析和研究过程耗费了六年时间，几乎贯穿了整个 20 世纪 70 年代，相关的早期理论成果以《越轨、政治和媒体》、《新闻生产和犯罪》（News

---

① 黄典林. 重读《电视话语的编码与解码》：兼评斯图亚特·霍尔对传媒文化研究的方法论贡献[J]. 新闻与传播研究，2016（5）.
② HALL S. Encoding and decoding in the television discourse [C]//GRAY A, et al. CCCS selected working papers. London: Routledge, 2007: 396.
③ 同①64.
④ 同②397-398.

Making and Crime，1976）等论文形式发表。简而言之，该书要回答的问题是：" '行凶抢劫'这一容易引起社会情绪反应的标签是如何以及为什么在 20 世纪 70 年代变得如此影响广泛的？对这一标签的定义是如何建构并被放大的？为何当时的英国社会——警方、司法机构、媒体、政治集团、道德卫士以及国家——会对此做出极端的反应？结合当时特定的社会政治背景，这些事件发生的过程说明了什么？"为了搞清楚这些问题，霍尔等人既考察了"行凶抢劫"现象的文化、意识形态和话语层面，同时也关注这一现象的法律、社会、经济和政治维度，并认为就其所带来的影响而言，这两个方面都是构成性的（constitutive）和多元决定的（over-determining），其中没有一个方面可以被看作由另一方所决定因而处于次要的和依赖性的地位。[1]

显然，这里的考察对象不是传统犯罪社会学意义上的犯罪现象本身，而是以犯罪现象为表征的政治道德秩序及其在话语层面的呈现，即关于犯罪的一系列复杂的意识形态观念及其在政治经济意义上的存在条件。一方面，关键的分析对象是越轨行为的标签和意义赋予机制，而不是越轨行为本身；另一方面，还要进一步进入广阔的社会政治历史情境之中，分析围绕越轨现象建构起来的意义世界如何在现实层面引发舆论旋涡和道德恐慌，进而导致复杂的政策后果，以及在媒体、控制机构、公众围绕国家这一核心制度展开复杂的互动过程中，公众意见的起伏变化与复杂的国家文化霸权转型的内在机制是如何相呼应的。这一向国家视角的转移，使得《管控危机》一书将分析推向了社会的核心地带，即公众意见的起伏变化和社会权力与政治权威的核心。[2]

在这里，国家既作为实施强制性宰制关系的暴力机器，也作为"制造共识"或"生产赞同"的意识形态机器而存在，两者在围绕"行凶抢劫"这一越轨标签所形成的话语螺旋和道德恐慌中是相辅相成的。话语实践作为权力机制的一部分，发挥着不可替代的作用。其中，媒体机构通过对控制机构的统计数据、情境定义的创造性转化，在勾连国家和公众之间的意义结构以及推动文化霸权危机的范式转型过程中发挥着关键的作用。为了理解媒体的角色，霍尔等人在该书中详细论述了新闻的社会生产机制及其与控制机构和国家的关系。这里涉及新闻生产的三个关键要素，即"促使新闻生产以类型化模式进行的媒体机构组织方式"（尤其是现代媒体组织模式中的时间和常规化压力）、"决定新闻选择及各类新闻事件的重要性序列的新闻价值结构"（公正、客观等要求），以及将新闻事件"置于一系列已知的社会和文化关联性之中"的识别和语境化过程。[3]

如果说新闻价值是以新奇性和不确定性来决定新闻素材的取舍标准的话，那么第三个环节则是媒介生产环节与广泛的社会意识形态领域进行缝合，从而将不确定性纳入相对稳定的意义结构之中的关键机制。这一"使事件变得可以理解的"过程是一个由一系列特定的新闻实践构成的社会过程，这些实践体现了（往往是含蓄地体现）关于什么是社会以及社会如何运作的重要假设[4]，即关于社会的基本共识或"核心价值体系"。媒体

---

[1] HALL S, CRITCHER C, JEFFERSON T, et al. Policing the crisis：mugging, the state and law and order [M]. New York：Holmes & Meier, 1978.
[2] 同[1].
[3] 同[1].
[4] 同[1].

在传统价值框架内报道事件，不仅报告发生了什么，还暗示人们应如何理解这些事件。

这三个方面要素的结合，导致媒体的报道在信息来源的获取上往往与现存社会权力秩序的话语权分配格局高度一致。尽管媒体与权势集团之间经常出现矛盾冲突，但由于这种媒体自身的组织方式和专业规范所产生的结构性压力，代表国家权力和控制机构的权势言说者在媒体报道中的话语权往往远远高于其他言说者的话语权，从而成为"首要定义者"。他们与作为"次级定义者"的媒体之间存在一种结构性的依存关系。在这里，专业伦理和形式规范成为确保媒体能够发挥关键作用，既有效又"客观地"再生产出统治阶级意识形态的主导性场域的手段[1]，因为媒体倾向于复制权势者和主导意识形态的解释的趋势是由新闻生产本身的内在结构和过程机制造成的[2]，而不是主观恶意或密谋的结果。这种结构性屈从关系的结果就是媒体总是倾向于复制主导意识形态并将其转化为社会共识。对犯罪新闻的报道成功复制了控制机构和国家权力机关的主导定义，并将其转化为"公共智慧"，从而促进了舆论发酵和道德恐慌情绪的螺旋式生成。通过这种道德恐慌情绪的膨胀，媒体和舆论话语将"行凶抢劫"这一发挥漂浮能指功能的犯罪现象与特定的政治历史"情势"相结合，从而在内涵意义上确定了对历史情境进行解释的意义循环的封闭性。媒体营造的道德恐慌成为国家文化霸权合法性危机重构过程中提供意识形态合法性来源的话语配置手段。

由此，霍尔等人把分析的焦点从媒体和社会观念的分析引向了战后历史语境下的政治分析，即必须理解战后这一时期英国社会特定的经济政治形势和意识形态状况才能充分理解围绕"行凶抢劫"建构起来的舆论旋涡和道德恐慌的政治功能，也就才能理解作为话语运作配置的媒体机构在宏观的政治经济结构中所扮演的角色究竟是什么。在"共识的瓦解"一节中，霍尔等人花了很长的篇幅解释了对"行凶抢劫"的反应如何成为英国国家总体性的"文化霸权危机"的一个组成部分[3]，为此必须对意识形态和共识政治的危机以及文化霸权范式的转型所处的历史语境进行社会政治史分析，其最终的批判指向为新保守主义和新自由主义意识形态在英国政治版图中的崛起提供了一种文化分析的解释。由此可以看到，《管控危机》一书体现了伯明翰时期文化研究的政治批判取向，在这一研究路径中，传媒机构的运作机制、角色和功能被安置在国家与社会关系转型的历史视野中进行考察，媒介生产的社会学和符号学分析最终服务于意识形态批判的政治学分析。媒介生产和表征系统的意识形态效果[4]成为这一社会批判分析框架的一个组成部分。

五、走向文化研究视角的媒介社会学

通过以上对霍尔在媒介社会学领域的代表性成果的概要评述，我们可以看到媒介社

---

[1] HALL S, CRITCHER C, JEFFERSON T, et al. Policing the crisis: mugging, the state and law and order [M]. New York: Holmes & Meier, 1978.
[2] 同[1].
[3] 同[1].
[4] HALL S. Culture, the media, and the "ideological effect" [M] //CURRAN J, et al. Mass communication and society. London: Edward Arnold, 1977: 315-348.

会学的文化研究范式具有这样几个特征：第一，汲取了语言学转向以来人文社会科学领域的符号学、语言人类学、结构主义、新马克思主义等众多思想资源，确立了传播观念的建构主义范式，文化研究视野下的媒介研究正是在这一观念的基础之上进行的。在这里，文化研究范式与美国以媒介组织为核心研究对象的"新闻生产社会学"的学术旨趣有重合之处。例如，塔奇曼在《做新闻》中和霍尔等文化研究学者一样，都反对媒介社会学的实证主义范式对传播的行为主义界定，转而把传播视为对现实的社会建构。[①]

但两者在确立"意义"在传播概念界定中的核心地位时，所调用的学术资源是不同的，这反映了美国媒介社会学和英国文化研究所处的理论脉络的差异。塔奇曼的理论基础是现象学传统和知识社会学。借助现象学家舒茨对主体间性的强调、社会学家加芬克尔的民族志方法论中的"索引性"和"自反性"概念以及戈夫曼的"框架"理论等学术资源，塔奇曼详细论证了"新闻建构现实从而又认同并限制现实的必然性"[②]。霍尔的观点除了受到社会建构主义思想的影响，更多地还受到符号学/语言学传统，尤其是带有意识形态批判色彩的巴尔特符号学传统、以阿尔都塞为代表的结构主义的马克思主义传统以及葛兰西的政治理论的影响。

第二，理论资源的差异进一步导致文化研究范式与其他范式在研究方法上的差异。与主流的实证主义媒介社会学对个体行为或者媒体组织功能或效果的量化界定，以及美国建构主义媒介社会学对媒介组织如何制造出关于现实的"知识"的具体机制的民族志研究不同，文化研究范式是从共享的意义结构这个嫁接了媒介生产和消费以及表征系统所处的广阔政治历史语境的核心要素入手，试图勾连编码和解码活动这两个符码运作的关键环节及其与广阔的社会政治经济条件之间的意识形态关系，从而确立了一种以批判话语分析为核心路径的研究框架，形成了包括组织逻辑、文本结构、语境化阐释以及作为语境存在的意识形态系统和历史情势之间的表征循环模式。

这一研究模式在霍尔等人编著的《表征》一书中得到了充分阐释。正是通过把媒介理解为表征系统的组成部分，才能理解为何文化研究强调对媒介组织和生产环节的理解离不开对媒介使用者的语境化阐释的研究。从这个意义上说，建构主义媒介社会学以机构为核心的研究路径的贡献在于对媒介组织运作的微观机制进行了经验考察，这种新闻生产社会学采取的是一种微观和中观的"经验性、技术性"分析策略，关注的核心是"对新闻的生产负责（和对自己负责）的个体和机构"。[③] 在这方面，最有代表性的是社会学家赫伯特·甘斯的《什么在决定新闻》一书。在这项研究中，甘斯通过内容分析对新闻对美国社会的报道方式进行了描述，但更重要的是通过对几家代表性媒体机构的长期民族志观察，详细分析了对新闻生产具有重要影响的几大因素。虽然没有甘斯的研究这样面面俱到，但其他学者的研究，比如塔奇曼的研究，同样采取了从媒体组织机构内部观察入手的方式，对媒体运作的常规进行了描述。

但这种方法的一个欠缺在于仅仅止步于媒介组织的门槛及其所处的行业或社会环

[①] 塔奇曼．做新闻［M］．麻争旗，刘笑盈，徐扬，译．北京：华夏出版社，2008．

[②] 黄旦．导读：新闻与社会现实［M］//塔奇曼．做新闻．麻争旗，刘笑盈，徐扬，译．北京：华夏出版社，2008：6．

[③] 舒德森．新闻社会学［M］．徐桂权，译．北京：华夏出版社，2010：16．

境，而没有把建构主义逻辑延伸到对媒介使用以及媒介如何与广泛的社会意识形态或意义结构、特定复杂的历史情势产生关联的考察之中。这种考察始终没有摆脱以作为行业的新闻媒体机构或作为特定职业群体成员的从业者为中心的视角。文化研究的基本立场表明，任何有意义的话语生产都不只是特定机构和群体专业实践的产物，它离不开身处复杂现实语境中的复杂阐释主体的参与以及与特定历史情势条件下的意义结构相关联的话语实践。虽然甘斯在《什么在决定新闻》中提到了媒体的新闻生产过程所处的意识形态价值系统，但相比于霍尔等人在《管控危机》中对20世纪60年代犯罪恐慌背后新闻和舆论背后相关阶级和种族意识形态从18世纪以来发展脉络的历史分析，主流传媒社会学对意识形态问题的处理仍缺乏历史感和动态视角。

第三，相比于知识社会学传统的媒介社会学研究，文化研究范式除了阐明媒介作为现实的社会建构机制的角色之外，还具有强烈的去媒介中心主义色彩和政治批判意识。在文化研究范式中，媒介研究的出发点不只是为了阐明媒介机构或文本符码系统运作的逻辑，而是对社会尤其是社会中的权力结构的意识形态基础进行批判性考察。其目的既不在于解释一般性规律，也不在于对通常意义上的定义现实的"共识""知识""意义"的阐释，而在于对学术写作者所处的特定历史情境中的现实问题做出反应。相比而言，尽管主流媒介社会学的许多研究也对媒体与主导权力结构的关系进行了不同于专业新闻逻辑的另类解释，但这些研究总体上维持了学术表达的"专业性"，追求的是对新闻媒体这个特定社会领域的"运作机理"的人类学阐释，而非作者自身所要表达的现实政治判断或价值立场。

因此，相对于其他范式中突出的媒介中心主义倾向，文化研究范式将对媒介组织系统和文本结构的分析纳入对更广阔的社会政治经济历史情势的分析之中，媒介研究成为从文化维度出发对社会、历史和政治进行批判研究的环节之一。基于这一点，文化研究视野下的大多数媒介研究具有强烈的现实政治关怀和问题意识。正如霍尔等人的《管控危机》一书所展示的那样，对新闻生产和媒体文本的研究被整合到对英国社会在特定历史语境中的政治合法性危机的意识形态表征的宏观分析之中。在回答了媒体如何建构了现实，如何在以共识形式存在的共享的意义结构中为公众提供关于现实情境的意识形态界定之后，文化研究学者并没有止步，而是进一步追问背后的原因及其在现实政治维度产生的后果。有学者针对主流媒介社会学以机构运作和专业实践为研究对象的做法提出这样的疑问："知道了新闻组织的这般建构又如何？"[①] 从文化研究的思路出发，这种把机构分析、文本研究、历史分析和政治批判结合起来，同时具有明确的现实问题意识的综合分析框架，或许能够为解答这一疑惑提供有益的替代性理论资源。

我们可以从表2中看到对两种不同传统的媒介社会学主要差异的归纳。当然，我们并不是要主张用文化研究范式来取代聚焦于媒介机构的新闻生产社会学范式。综观霍尔等人的研究，文化研究视野下的媒介社会学研究的重点的确是放在文本和使用者这两个维度，对媒介组织运作机制的论述大多基于其他学者的研究成果或逻辑推论，并未以自己进行的经验研究为一手证据。但从意义生产的角度来说，文化研究所理解的"生产"

---

① 黄旦. 导读：新闻与社会现实[M]//塔奇曼. 做新闻. 麻争旗，刘笑盈，徐扬，译. 北京：华夏出版社，2008：21.

已经远远超出了经典马克思主义所理解的狭义生产概念，生产和消费都成为广义生产的构成要素，故而侧重于对解码一端的意义阐释研究。从这个意义上来说，文化研究范式与关注媒体机构的组织社会学范式之间不是相互取代的关系，而是互补的关系。媒介组织的民族志考察可以为文化研究提供详细的关于编码环节的丰富细节，而文化研究范式对语境化阐释的人类学考察和表征系统与宏观政治经济结构的意识形态勾连的分析，则可以拓展媒介组织社会学范式的理论视野和现实意义。

表 2 新闻生产的媒介社会学与文化研究的媒介社会学之比较

	人物和作品	理论资源	研究方法	研究对象	研究目的	研究风格
新闻生产的媒介社会学	塔奇曼《做新闻》、甘斯《什么在决定新闻》	现象学、知识社会学、符号互动论、民族志方法论、组织社会学	内容分析、民族志观察和访谈	新闻媒体机构和从业者	阐释和理解：通过机构和从业者分析，理解媒体生产的规则和逻辑及其与社会的关系	媒介中心主义、机构视角、经验性的、描述性的
文化研究的媒介社会学	霍尔《管控危机》	语言学、结构主义、马克思主义的社会、政治、历史和意识形态批判	文本和话语分析、社会形态分析、历史和政治分析	新闻话语、媒体机构、社会主体、历史情势	揭示和干预：以话语批判为核心，揭示媒体如何作为主导意义秩序的一环成为当下历史情势的关键要素	去媒介中心主义、社会历史视角、规范性的、批判的

考虑到当下中国媒体和新闻实践面临的日趋复杂的技术、政治、市场和文化环境，这种可以期待的范式整合或许能够成为当下中国媒介社会学研究借鉴的一个新思路。比如，随着传统新闻业的衰落，新闻研究的诸多理论假设的现实基础已经发生动摇。在这种情况下，研究者不必刻舟求剑，而是可以考虑从意义与关系建构的文化视角出发，将新闻研究的维度从传统机构和从业者，拓展到新业态和用户研究，结合历史制度主义方法，把这种生产和消费相互构成的分析纳入规制研究，以及历史脉络中的宏观政治经济和意识形态逻辑分析的语境之中。经过文化研究视角的转化，中国语境下的媒介社会学，尤其是新闻生产研究可以在传统的机构、制度和生产维度之外，纳入意义和意识形态维度，从而把研究的焦点从行业/职业视角转向历史和政治视角，从媒介视角转向社会和国家视角。由此，媒介社会学研究将不再是对机构逻辑、行业态势、职业规范或专业价值危机的简单白描，而将成为从经验和规范两个维度理解社会世界（social world）的一个新工具，并在一定程度上成为霍尔所说的在思想领域的"一种对现实的干预"[①]，从而凸显传媒和传播研究的现实价值。

---

① HALL S, CRITCHER C, JEFFERSON T, et al. Policing the crisis: mugging, the state and law and order [M]. New York: Holmes & Meier, 1978.

二、技术批判

媒介文化的现代性涂层危机*
——对一种基于技术逻辑的新型文化资本的批判

□ 陈　龙

📖 摘　要

当前，一种信奉技术逻辑的新型文化资本正成为大众新宠，这种新型文化资本有着社会结构性诱因，它带来了传播职业的重组，打破了传统媒体垄断内容生产的格局，促进了话语权重新分配，同时带来几个趋势性的后果：给媒介文化带来新的技术附魅和新的文化霸权，使媒介文化丧失传统文化资本所具有的特有气质，技术新潮取代了文化灵韵。从本质上说，技术工具理性甚嚣尘上是其大行其道的根本原因，作为现代性涂层，其本质是一种技术引发的文化异化状态，它预示着技术引发的文化再结构化，暗含了资本价值运动的新趋势。其化解之道是强化文化灵韵价值本位，突出文化的审美性和反思性，推行清新活泼、形式多样的文化实践形式。

📖 关键词

媒介文化；现代性涂层；技术；新型文化资本

📖 作者简介

陈龙，苏州大学传媒学院教授。

近年来，随着5G、AI（人工智能）技术的不断发展，一种崇尚科学主义的社会潮流开始在中国社会形成，技术创新提高生产力已转化为全社会的共识。在这一社会潮流中，媒介文化本体特征也悄然发生变化。从媒介发展史角度看，在信息技术刚刚兴起之时，其带来的变革总会引起人们的极度恐慌，基特勒（Friedrich Kittler）甚至认为：

---

* 陈龙. 媒介文化的现代性涂层危机：对一种基于技术逻辑的新型文化资本的批判[J]. 湖南师范大学社会科学学报，2021（5）.

"当信息技术的垄断走向末路之时,才催生了恐慌美学。"① 荷兰学者约斯·德·穆尔(Jos de Mul)也认为:"现实性在 20 世纪被不断地依照大众传播的美学加以塑形。"② 过去十年,社交媒体的普及,加速了人类社会的"数字化"迁徙,彻底改变了人们的生活方式和文化形式。技术在社会发展中扮演着越来越重要的角色,技术理性正成为统辖整个社会的隐形力量。哈贝马斯意义上的"生活世界"正在不断被信息技术重绘。从更广阔的历史上看,信息技术逻辑的扩散实质上改变了世界认知、知识生产和文化传承。资本与技术的勾连促成了媒介生产的劳工重组;算法技术成为网络平台核心竞争力后,传统的忍受式接受转变为强迫式接受;算法技术在网络空间的现身与缺席都直接影响媒介文化的整体品质。随着移动媒介具身性的日益强化,传统的基于纸质媒介、视听媒介的阅听行为渐渐弱化,由此,基于传统知识习得路径的文化资本也渐渐式微。在传统阅听行为基础上形成的规训方式随之渐渐丧失其影响力,附魅于传统知识接受体系之上的文化模式逐渐消解。信息技术的现代化进程的加快,带来了信息的自由流通,生产和接受都呈现出自由、灵活的特性。

然而颇为吊诡的是,当人们摆脱了旧媒介传播体系的束缚,欢呼来到媒介新天地之时,却发现一种新型附魅正在产生。新型附魅,即技术附魅,是指在文化生产和接受过程中因技术复杂而崇拜某种文化形式,进而忘记或放弃对文化"灵韵"的追求。随着 5G、AI(人工智能)在全社会的崛起,信息技术成为整个社会关注的焦点,而媒介内容、媒介文化该向何处去却少有人关注,这正是一种媒介文化现代性的"涂层"现象,这种刷在媒介文化之上的技术"涂层",潜藏着深刻的社会危机,技术的逻辑——科学和理性主义——作为现代性的支配性的发展维度,驱使媒介文化走向一条新的路线,依据后传统的秩序进行历史性安排,而这种趋势再次印证了吉登斯关于晚期现代性的判断。以信息技术进步为特征的媒介文化生产是一种现代化表征,但这种现代化放大和催生了许多问题,文化质性的下降就是其中最突出的表现之一。本研究试图回答在技术占支配地位的现代性社会中,媒介文化经历何种途径实现自身的蜕变,媒介文化经历一个怎样的过程才形成文化资本格局,这种文化资本对媒介文化的发展将产生怎样的影响,其中隐藏着怎样的危机。

一、技术崇拜与新型文化资本生成

技术逻辑的新型文化资本具有一定的语境依赖性。移动互联的智能传播社会基于互联网海量的大数据,每时每刻与现实世界进行信息交互,在这个背景下,关于传播的传统理念正遭受着挑战。5G、AI 等构成的智能化、场景创造、可穿戴设备、沉浸式传播等改写了传播格局,自然也改写了媒介文化。这里所说的信息技术是进化、融合的产物,涉及计算机技术、网络技术、虚拟仿真技术、数据算法技术等,作为信息新型的承载中介,不再只和媒体有关,它正在改变我们的内容呈现方式。媒介、传播者、渠道、

---

① 基特勒. 留声机 电影 打字机[M]. 邢春丽,译. 上海:复旦大学出版社,2017:2.
② 穆尔. 赛博空间的奥德赛[M]. 麦永雄,译. 桂林:广西师范大学出版社,2007:28.

效果这些传播体系中的要素,需要重新调整。在信息技术的推动下,新型传播形态形成了,与此同时,媒介文化的生产、传播、接受模式也发生了变化,社会对文化资本的认知、评价和追求也发生了转变。

传统文化价值体系的消解是在许多细节中体现出来的,网络社会形成后,文化的大众媒体独家生产、出版、传播走向了多元格局的媒介生产、传播;偶像、粉丝由大众媒体走向网络新媒体,"爆款"代替了经典,电商替代了传统商业模式,一切都在发生位移。随着人类社会的数字化大迁徙,秩序消解与重建都在动态发展之中。以信息技术为核心的这场变革,主要体现在信息处理和交往能力上,其意义不亚于能源之于工业革命,它重组了人类传播方式,促成了现代社会的再结构化,文化的转型也正是这场社会再结构化进程中的一个有机组成部分。美国政治学者马歇尔·伯曼(Marshall Berman)把这种社会再结构化视为"现代运动":"这很可能是现代环境的确定景象,正是这种环境,从马克思的时代到我们自己的时代,引起了令人吃惊的众多现代运动。"[①] 媒介文化变革作为一种狂飙突进的现代运动,最引人注目之处是全社会对技术的膜拜,一种信奉技术逻辑认知而受追捧的社会潮流占据了文化发展的主导地位,重塑着人们对现代性的观感。这种技术逻辑就是强调掌握技术即能掌握经济、掌控文化。从某种意义上说,技术已成为文化资本的重要组成部分。

文化资本是布尔迪厄将马克思主义经济学中的资本概念进行扩展后提出的一个社会学概念。在布尔迪厄那里,文化资本是以"趣味"为基础的货币,包含高雅的艺术气质、高超的鉴赏能力和渊博的知识。他特别观察到一些看似自由选择的行为,例如对古典音乐或摇滚乐的偏好,其实和人在社会中的处境高度相关,此外,某些语言上的细节表现,比如法国人的语言腔调与语法,也往往具有特殊魅力,影响着人们的社会流动。布尔迪厄把文化资本视为社会阶级再生产的途径,他将文化资本分为具体状态(具身化文化资本)、客观状态(客体化文化资本)、体制状态(制度化文化资本)(见表1)。"具身化"是文化资本的第一种形态,布尔迪厄认为:"这是一种具体的状态,即采取了我们称之为文化、教育、修养的形式。它预先假定了一种具化、实体化的过程。这一过程因为包含了劳动力的变化和同化,所以极费时间,因此它的获得必须由投资者来亲力亲为。衡量文化资本最为精确的途径,就是把获取收益所需的时间的长度作为其衡量标准。"[②]

表1 文化资本的存在载体及表现形式

	存在载体	表现形式
具体状态(具身化文化资本)	个体	精神和身体持久的性情文化、教育、修养
客观状态(客体化文化资本)	文化商品	图书、绘画、纪念碑、机器、工具等
体制状态(制度化文化资本)	社会	文凭、证书等

---

① 伯曼. 一切坚固的东西都烟消云散了: 现代性体验 [M]. 徐大建, 张辑, 译. 北京: 商务印书馆, 2013: 22.
② 包亚明. 文化资本与社会炼金术: 布尔迪厄访谈录 [M]. 包亚明, 译. 上海: 上海人民出版社, 1997: 90.

布尔迪厄认为，社会和阶级的再生产，其实就是文化资本不断复制造成的。那么，文化资本的社会决定性理论是如何运作的？在布尔迪厄看来，文化资本就是文化形式的资本或者说是资本的文化形式，在生产资料私有制的社会条件下，它被人们在私人性的基础上占有，从而成为内在于社会结构之中的强制性的力量和获取资源的文化工具，它广泛存在于社会的各种领域之中，并内化为人们的身体和头脑，塑造人们的习性，从而划分和区隔了不同的社会阶级。文化资本就是"一种标志行动者的社会身份的，被视为正统的文化趣味、消费方式、文化能力和教育资历等的价值形式"[①]。在布尔迪厄那里，"习得""熏陶"是个体获得文化资本的主要途径，这是一个漫长的文化学习-实践过程。布尔迪厄所说的文化资本的社会价值和获取渠道，均是一种传统的社会共识，如同教育文凭、古董商鉴定古董的知识能力一样为社会所共同向往。

新型文化资本是以技术"习得"为核心的文化资本，这种文化实践过程并不产生"腹有诗书气自华"的气质型效果，但是在掌握信息技术的过程中可以形成区隔，这大体可以从网络平台和用户两方面来加以说明。从网络平台来说，它属于布尔迪厄所说的"客观状态"，其存在载体是文化商品，表现形式则是网络文化、网络软件等；对于用户而言，则是用户习得的信息技术。与传统具身性文化不同，文化资本的形式在用户那里不再表现为气质、教育、文化水平，而是表现为对技术的操控、使用能力。新一代信息技术正在和即将颠覆现有的信息传播、消费和娱乐方式，塑造人们现代的生产、学习和生活模式，以网络为支撑的信息社会将成为人们日常生活的基本形式。网络泛在化、智能终端化使得内容订制、线上服务、手机付款等应用模式成为新的行为习惯。生活中的扫码、注册、下载等行为，对老年人来说是一种障碍，对年轻人来说却是一种便利。对平台传播机构来说，技术是其存在的核心竞争力，网络基础设施建设的目标之一是将网络由"需求"驱动的媒介使用行为转变为"发现"驱动、技术引领的媒介使用行为。新的信息技术对传统行业的颠覆将从狭义的信息消费领域扩展至所有行业，在催生出诸多新领域的同时，也产生了诸如信息鸿沟等问题。

然而，新型文化资本的技术属性不是天然的，它的背后是社会经济资本。资本的逐利性，使其敏锐地觉察到信息技术对于商业的价值。IPv6新一代网络技术在资本的推动下迅速普及，信息、经济、文化的版图随着信息技术的融合而重组，社会传播的个性化产品和服务的新业态、新模式正不断涌现。例如，基于大数据挖掘、算法设计等的技术对传播链条上的企业、个人、金融、物体、知识进行全面刻画，对社会的生产要素进行全面精准管理；基于强化学习、流式计算、因果分析、数据可视化等的人工智能技术，为全社会运营决策提供智能辅助建议；等等。在资本的推动下，一个以网络平台为中心节点的传播新格局正在形成。在新型传播形态的坐标中，技术的快速发展带动了资本的涌入。技术决定着资本博弈的天地，决定了资本的回报率。技术决定论把技术发展看作一个按技术的"内在逻辑"自我展开的过程，一个与社会情境不发生关联的过程，这种观念误导了很多人。有学者就曾揭示其本质，认为技术决定论的核心是"强调技术

---

① WEBB J, SCHIRATO T, DANAHER G. Understanding Bourdieu [M]. London：Sage Publications Ltd，2002：PX.

的自主性和独立性，认为技术能直接主宰社会命运"。"技术决定论把技术看成是人类无法控制的力量，技术的状况和作用不会因为其他社会因素的制约而变更；相反，社会制度的性质、社会活动的秩序和人类生活的质量，都单向地、唯一地取决于技术的发展，受技术的控制。"[①] 很显然，这种观点看到了技术在社会经济发展中的作用，看到了其在社会再结构化中的能量，因而对技术因素推崇备至。

在网络文化圈层内，主体对文化资本的社会共识在潜意识内已发生了迁移，熟悉某种文化生产、使用、消费技能不再是一个长期的"习得"过程，也不是一种具身性气质。技术赋能可以"炫酷"，可以"引流"，可以提升影响力，最终可以"变现"。因此，网络平台为每个个体提供了创造价值的无限可能性，而在网民那里，网络技能为创富神话的现实转化提供了可能。文化资本向技术的迁移，彻底消解了传统文化资本形成的模式，技术赋能使技术也附带赋予主体某种理念。从此意义上说，文化生产走向感性化，与技术崇拜的新型文化资本有着很大的关系。

二、技术作为文化资本的结构性诱因

美国组织理论学者斯蒂芬·巴利（Stephen Barley）在《技术作为结构化的诱因：观察 CT 扫描仪与放射科社会秩序获取的证据》一文中，通过观察 CT 扫描仪这一新型医学成像设备对放射科专家和放射技师之间的传统角色关系的影响，认为在某些条件之下新技术会切实地改变放射科的组织结构和职业结构。技术如何通过改变制度性的角色关系和互动模式引发不同的组织结构？在"技术形塑组织结构"这一理论表述中，技术被视为社会性对象而非物理性客体，而结构被概念化为一个过程而非实体。很显然，传统 X 光拍片医师习惯了 X 光室内的组织结构和工作流程，也习惯了等级关系和固有秩序，CT 机的出现，改变了诊疗的模式，传统 X 光医师的诊疗经验全部过时了。这一现象也是当下媒介文化变革的一个预言。

从社会科学的观点来看，过往的研究已经再三表明技术通过改变习俗和生产关系来改变社会。由于工业社会中的大多数生产过程发生在正式组织中，所以，当现代技术改变生产关系时，自然也就改变了组织形式。[②] 21 世纪以来技术变革速度的加快，强化了人们关于媒介文化的技术决定论观点。一个多世纪以来，从打字机、电报，到广播、电视，再到互联网，信息方式的变迁也带来了人们社会角色的变迁。打字机、电报时代的女秘书、女报务员、女接线员等的社会角色设定在 Web 2.0 时代是不可想象的，在今天，虽然女报务员、女接线员的社会角色消失了，但直播网红却兴起了，这或许是信息技术带来的新的社会角色设定。技术迭代与社会角色关系设定之所以在我们的社会被认为具有合理性，是因为公众对技术赋能的认知。于是，全社会投入大量的财力、物力、

---

① 《自然辩证法百科全书》编辑委员会. 自然辩证法百科全书［M］. 北京：中国大百科全书出版社，1995：225.
② 巴利. 技术作为结构化的诱因：观察 CT 扫描仪与放射科社会秩序获取的证据［M］//邱泽奇. 技术与组织：学科脉络与文献. 北京：中国人民大学出版社，2018：104.

精力去开发技术,因为人们相信,技术可以创造新的文化,自然新的文化可以带来新的财富。媒介文化的发展就直接化约为技术文化或有技术门槛的媒介文化。技术的渗入使媒介文化诸如抖音、快手、网红等变得越来越炫目、刺激、好玩。如同城市高楼大厦、流光溢彩的现代化景观让社会中大多数人产生了一种幻觉:周遭绚烂的环境就是自己生活的空间,由此产生幸福、愉悦的文化认同感。各种使用信息技术而出现的造富神话都让人深信不疑,抖音、快手等短视频 UGC 形式,很快就被认为是青少年自己的文化,从而形成文化认同。社会结构性差异因为技术而产生,传统的以亲情、血缘关系为纽带的社会结构,在转入网络虚拟空间后,被虚幻的共同体圈层取代。

技术具身的必要性来源于社会集体无意识。制作 VR 和 AR、制作短视频、玩手游、角色扮演、做 UP 主、熟悉各种网络操作等,各个不同界别都有其技术层级,例如,玩手游通关,新手与高手所获得的圈层内部声誉是不可相提并论的。青少年将在互联网中的技能看作一种时尚、一种"本领",这如同 X 光检查室的医师,由技术经验形成等级关系,技术经验就是一种文化资本。

当下数字传播技术的普及所带来的结构性变化表现为:第一,传播职业的重组。传统大众传播职业的从业人员开始重新设计与定位自己的职业角色,媒体的主体不再是单纯的记者、编辑等专业的生产者。自媒体的崛起也为传播从业者开辟了新的通道,掌握新的信息技术正成为一种新的职业资本。正如曼纽尔·卡斯特(Manuel Castells)所言,在信息化范式的劳动过程中,就业者将被区分为网络工作者、被网络连接者、被隔离的劳工。这样,工业社会的社会分层似乎对他们不起多大作用,社会需要一种新的标准来划分劳动分工和社会分工。[①] 网络技术带来的种种便利改写了游戏规则,为阶层跨越提供了机遇。熟谙新媒体技术的人凭借自己的技能找到自己的角色位置。第二,传统媒体垄断内容生产的格局被打破了。以前只有大众媒介的专门机构才可以进行内容生产,现在 UGC、PUGC 等多样的内容生产形式和 MCN 机构如雨后春笋般涌现,内容生产被垄断的局面不复存在。第三,话语权重新分配。信息技术的进步使得网络空间的意见表达更加自由,这是一种明显的结构性变化。获得利用新媒体技术进行交流、对话的能力事关民主议程和社会公平正义,从信息流动讲,网络带来的社会流动性的增强不应只表现于同一阶层内部的信息流动、思想流动,也应表现于不同阶层之间的信息和思想交流。技术具身性使话语权在公共空间得到重新分配,从而有效阻止了"一言堂"。此外,圈层组织的不断涌现与重组本身也是技术结构性诱因的产物。

三、技术附魅:新型文化资本的隐性危机

技术价值负荷论认为:"每一个事实都有价值负载,而我们的每一个价值也都负载

[①] 谢俊贵.凝视网络社会:卡斯特尔信息社会理论述评[J].湖南师范大学社会科学学报,2001(3). 曼纽尔·卡斯特,也译为曼纽尔·卡斯特尔。

事实。"① 价值负荷论肯定了技术价值存在，但这种价值负载是不是就能成为文化资本呢？从工具理性视角看，信息技术的发展体现的是一种非充分决定性现象，表现为相关的社会旨趣与价值取向成为技术的构建因素，说明技术功能的实现依赖于与技术发展相向而行的社会情境属性。技术在与社会情境的互动中被赋予了价值。与技术相向而行的现实社会情境其总体趋势已经证明，在当下技术被赋予了很高的价值，崇尚技术已转变为一种民族国家的集体认同，例如，"厉害了，我的国"是技术成功后民族自豪感的自然流露。

价值中立的技术在当代社会是较为罕见的，现实处处都显示技术已深深嵌入我们的生活，并左右了我们的行为方式和思维方式。数字化信息技术在线上娱乐、线上支付、沉浸体验、物流管理等方面全面更新了人们的认知，其便捷化、丰富性前所未有。卡斯特认为，在以信息技术为基础的网络社会，文化、经济的核心是以知识为基础的生产力及对活力、能力的强调，脱离了工业经济单一的生产力增长方式。信息化对信息技术的运用形成了以知识和信息为基础的新的技术范式和文化范式，它是一种"生产和管理的社会和技术组织的特殊形式，它通过对新的信息技术的运用而使以知识和信息为基础的生产效率得以实现"②。信息技术在网络传播中的价值是赋能、赋权，使原本想象的东西变成了现实。

追逐以技术为核心的新型文化资本，会带来几个趋势性后果：

首先是给媒介文化带来新的技术附魅。AR、VR全息内容沉浸式体验，机器人写作，Netflix式依据算法进行剧情组合、算法精准内容推送，这些神奇的形式向人们展现了一个个全新的世界，在技术赋能基础上开始的媒介文化再生产给人一种错觉——技术创新是无穷无尽的，技术也是无所不能的，这样就为技术附魅提供了土壤。新的文化范式以数字技术、算法技术等为核心，智能、算法崇拜培植出的文化新魅，带来了数字殖民。在全社会渲染技术话语，形成数字崇拜、技术崇拜的大背景下，人的对象化、客体化被忽视了。在技术至上的社会大潮中，积蓄、营构新型文化资本，不可避免地会受到技术理性的规训，个体被训练成一个具有效率的技术化工具。

其次是不可避免地带来新的文化霸权。技术的操控者最终将决定文化生产的走向，他们迎合受众、引导受众，经过科学测算制定媒介内容的生产方案，确定媒介文化的趣味选择。网络平台经营者凭借掌握的海量数据，对媒介内容的生产呼风唤雨，久而久之必然形成自身独有的文化霸权。马克思在《资本论》中开宗明义地指出："资本主义生产方式占统治地位的社会的财富，表现为'庞大的商品堆积'。"③ 网络时代的媒介文化生产也体现出这一特征。当社会进入平台资本主义阶段，文化生产的平台垄断趋势已经形成。在实践中，资本对技术的操控、对数据资源的剥夺性占有、对媒介文化内容的控制表现为不断推动文化产品的商品化。随着技术要素市场和技术产品市场的发展和完善，媒介文化生产所体现的霸权特性日渐明显。在平台资本主义阶段，大数据、云计

---

① 普特南. 理性、真理与历史 [M]. 李小兵，杨莘，译. 沈阳：辽宁教育出版社，1988：248.
② CASTELLS M, AOYAMA Y. Paths towards the informational society: employment structure in G-7 Countries, 1920-1990 [J]. International labour review, 1994, 133 (1).
③ 马克思，恩格斯. 马克思恩格斯选集：第2卷 [M]. 3版. 北京：人民出版社，2012：95.

算、人工智能和物联网等迅猛发展，信息技术开始向数字技术转移，算法设计、数据分析能力显著提升。在数据标注、机器深度学习和算法匹配的合力作用下，将海量数据转化为行之有效的"交易决策"成为现实。"让数字说话"正成为一种权威举证方式。算法权力久而久之会转化为一种文化霸权，并在文化生产和文化接受等多层面展现出来。正如迈尔-舍恩伯格（Viktor Mayer-Schönberger）和拉姆什（Thomas Ramge）所言："新技术的产生似乎带来某种动力加强版的指挥与控制系统，关于员工、流程、产品、服务和客户的数据就是其动力燃料。"① 从虚拟网络用户活动到现实空间的人机交互，听觉、视觉、触觉各种形态的文化形态都已经被数字技术塑造，各大平台在技术日臻完善之后，所做的就是操控海量数据，炮制各种话题、趣味，平台资本对各种算法技术"秘而不宣"，因而也牢牢地把显示巨大算法生产力的数字机器掌控在自己手中。文化风格走向取决于平台的指挥棒，取决于商业利润的大小。

再次是丧失传统文化资本所具有的那种特有气质。布尔迪厄意义上的文化资本是一种知识资本。它是一种与社会各种机制共谋的、借由这些社会机制（如教育场域的运作）来合法化其自身的资本形式。② 文化资本的展现是一种能够"辨识"出具有特殊符码性质实践的"组成图像或是音乐上、文化上的知觉和评价模式系统，它以有意识及无意识的方式发挥作用"③。当人们尽力去培养自己或是厚待这种特殊的辨识系统（习性）时，这种特殊的辨识系统就形成了一种文化上的资本，可以供其在复杂符号世界中使用。传统文化资本的获得途径，通常是通过习得、阅读、参悟等行动积累起来的，因而自然形成一种文化主体所特有的气质。以技术为核心的新型文化资本跳过了漫长的"习得"过程，改以技术为文化训练要素，因而传统文化"习得"过程中所养成的特有气质就不复存在。布尔迪厄所说的"特殊的辨识系统"，最终被网络空间的"炫酷""标题党""特效趣味"等技能取代。

最后是技术新潮取代了文化灵韵。智能、短视频、数据、算法等是当下文化传播中的"热词"，它们与文化中的"灵韵"（aura）毫不相干，因为不符合灵韵生成模式。灵韵关系到一个民族文化的生命力，没有灵韵的文化终究会是社会泡沫、过眼烟云。本雅明在揭示灵韵在现代艺术中消失的根源时指出："灵韵的衰竭来自两种情形，它们都与当代生活中大众意义的增长有关，即现代大众具有要使物在空间上和人性上更为'贴近'的强烈愿望，就像他们具有接收每件实物的复制品以克服其独一无二性的强烈倾向一样。"使物更为"贴近"，就是去除物的隐秘性，使其更为确定；克服独一无二性，也就是弘扬共有的东西。不隐秘的、确定的，同时也就是共有的。因而，本雅明接着指出，这种"'视万物皆同'的意识增强到了这般地步，以至于它甚至用复制方法从独一无二的物体中提取相同物"④。文化生产中的灵韵不是通过掌握技术后的简单操作就可以获得的，它是一种感性经验的产物。在本雅明看来，经验关乎救赎问题，他的现代性批判也集中体现在鞭挞艺术向机械复制转化过程中个体丧失了自律特征，进而沦落为他律的存在。

---

① 迈尔-舍恩伯格，拉姆什. 数据资本时代［M］. 李晓霞，周涛，译. 北京：中信出版社，2018：88.
② BOURDIEU P. Three states of the cultural capital［J］. Acts of research in social sciences，1979（30）.
③ BOURDIEU P. La distinction：critique sociale du jugement［M］. Paris：Les Editions de Minuit，1979：2.
④ 本雅明. 摄影小史、机械复制时代的艺术作品［M］. 王才勇，译. 南京：江苏人民出版社，2006：118.

在技术统治占据重要支配地位的现代性社会中，数字技术背景下的媒介文化与大众传播时代的媒介文化有着迥然不同的境遇。如果说在本雅明所处的时代，机械复制技术对文化艺术的冲击尚处在一个有限规模之中，社会自我反思性使得文化尚在努力保持灵韵价值，那么在完全数字化传播的当下，复制速度、复制形式和复制规模都大大超越了那个时代。灵韵不再成为当下人们关注和追求的价值目标，灵韵在以速食化为特征的媒介文化中逐渐荡然无存。

四、新型文化资本作为一种现代性涂层的认知与化解

伴随着新技术的应用出现的，往往还有超前的观念与标新立异的风格，它们在媒介文化消费群体中引领风尚，成为一种新型文化资本。技术本身并不具有文化属性，它嵌入了文化生活，助力产生新型文化，因而融合产生新的文化资本，是文化的技术化或者说具有技术色彩的文化，甚至也可以说是一种技术成果。因为技术是以智力为主的精神创造活动，是信息构建活动，投入的是庞杂的散乱信息，生产出来的却是新颖的可用于明确目的并能与一定的物质条件相结合产生巨大利益的信息。正是新型文化资本形成过程的特殊性，导致其具有不同于一般文化资本的特性，而资本逻辑是幕后最大的推手。用技术手段追逐商业利润最大化是一种现代商业捷径。以技术为核心而产生的生产、消费模式重组与分化，都可以从资本逻辑中得到解释。

技术进步是否意味着文化进步？走向数字化、走向智能化生产的媒介文化是否就是先进文化、进步文化？在信息技术推动下的当下社会如同一辆疾驰的列车，它是现代化的标志，体现出现代、便捷、高效等诸种特征，在这个进程中存在着许多现代性的隐性危机，而附着在其上的新型文化形态也不例外。作为社会象征体系的一部分，文化资本必然随着社会变迁而发生一系列的变化。文化资本在当下的嬗变不仅表现为趣味与格调表征意义的变化，更是本质地反映了现代性进程中新型文化形态与传统文化形态之间的价值冲突。面对数字技术时代现实的复杂性，我们必须找到当下媒介文化发展的真正现代性症候。

从社会总体文化氛围看，需要廓清以下几个本质性的认知。

第一，技术工具理性甚嚣尘上是新型文化资本大行其道的根本原因。网络化、数字化、智能化……媒介文化的现代化变革，在带来新奇、便捷、趣味的同时，也催生、放大了某些问题。技术理性至上就是其中一个突出的问题。文化发展注重形式尤其是注重技术形式，其目标是海量用户。用户喜欢好玩、好看、热闹的内容，技术就帮你朝这个方向努力，去实现这个目标。于是平台资本主义就会调动一切技术手段，让文化产品看上去很光鲜、炫目，其他有价值的东西都不重要了，这个实现过程就是技术工具理性在发挥作用。基于技术工具理性作用的社会行动极易在突出某要素的基础上，演变成局部最优的状态。基于市场逻辑的量化评级、产值、销售额、利润等的排序，都有待于技术的最优化来实现。韦伯指出："'经济行动的形式合理性'将被用来指称在技术上可能的并被实际应用的量化计算或者核算的程度,另一方面,实质合理性则是指按照某种(过去、现在或潜在的)终极价值观(ultimate value)的标准、通过以经济为取向的社会行动(不论什么范围的)向既定人员群体供应货物的程度,不管这些标准的性质是什么。"① 平台机构的内容生产决策依赖于算法技术,数据分析的结果决定了内容生产的方向,因而内容生产只会迎合大多数用户的口味而不可能超前设计。这是平台资本主义的市场逻辑决定的。技术合理性从速度、效率、便捷性、全息性四个基本维度形塑媒介文化特性。当前的 5G 网络技术有着最快的信息传输速度;大数据、算法、人工智能大幅提高了信息传播的效率;AR、VR 等技术则突破了原有的二维信息传播的局限,提供了完整的、全息化的信息场景。在全社会拥抱技术的大背景下,工具理性必然以计件方式考核市场价值。媒介文化何时重视审美价值和伦理价值,取决于价值理性逻辑回归的程度,而这将是一个社会难题。针对技术理性盛行的社会潮流,尼尔·波斯曼(Neil Postman)发明了"技术垄断"一词,他解释道:"所谓技术垄断论就是一切形式的文化生活都臣服于技艺和技术的统治。""技术垄断是文化的'艾滋病'(Anti-information Deficiency Syndrome,我戏用这个词来表达'抗信息缺损综合征')。"② 波斯曼眼中的技术不仅指机械技术,更是一种包含技术性思考的信仰系统,这个信仰系统的隐性存在对媒介文化发展危害很大。

第二,新型文化资本作为现代性涂层本质上是一种由技术引发的文化异化状态。从 PC 互联网到移动互联网,信息技术带来的便捷、互动自由都改变了人们对传播技术的认知,媒介化的文化开始登上历史舞台。好用、方便、有趣等工具理性层面的目标逐渐变成现实,文化竞技的主场已由传统媒体转移到新媒体,媒介文化生产和消费的规则由主场行为主体来确定,信息技术带来的便捷、丰富、多样的新型文化,已经足够人们打发休闲时光,并且衍生出了新的商业模式。人们也许有更高的目标,但这些更高的目标,绝不是价值理性层面关于人性、道德等的自我提升,而是技术层面向更高级形态的升级。技术理性膨胀的恶果之一便是导致社会价值体系的单一性。正如韦伯所言:"由理性科学与技术的思维方式及功用关注而成的工具理性越来越成为生活的依赖,这种过程伴随着世界的除魅、道德信仰的沦丧;在社会组织的层面上,如机器般精确、固定的科层制权力体系牢固建立;所有个人的整体价值、人与工具和过程的密切联系均已消失,代之以单一方面的价值和深度的孤独感。"③ 从游戏沉迷、宅男、迷族这些由媒介文化消费导致的新型人类的存在状态,就可以看出技术理性导致的后果。当大数据、算法技术、人工智能技术进入媒介生产、传播领域,精准把握、靶向投送、数理逻辑便代替了人文思维,由此告别了对象化、监督化。在广义线性思维下,媒介内容可以专门订制,可以直逼个体的心性结构,作为社会存在着的人很快被"召唤"成为媒介机构的文化实验对象,人的异化、低智化自然也不可避免。

信息技术理性将会不断向纵深发展,媒介文化的疆域也会越来越广阔,但是信息技术所带来的社会意义和文化意义已经超越了信息技术本身,技术催生的工具理性让人们

---

① 韦伯. 经济与社会:第1卷 [M]. 阎克文,译. 上海:上海人民出版社,2010:182.
② 波斯曼. 技术垄断:文化向技术投降 [M]. 何道宽,译. 北京:北京大学出版社,2007:30-37.
③ 李公明. 奴役与抗争:科学与艺术的对话 [M]. 南京:江苏人民出版社,2001:92.

沉浸在技术创新的喜悦中，所有的媒介文化生产都被纳入经过精确计算的流水线，因而文化工业的诸种特征依然存在。

在互联网时代，技术已经可以不断自我改进，消除一些笨拙的表现形式，走向贴近民众的方式，从而包装出公众喜闻乐见的华丽、精美的产品。它最具创新性的一面是找到一些新概念、新玩法、新趣味。能引起用户兴趣的文化产品就是好的文化产品，于是，从工具理性角度看，点击率、点赞率、下载量、"日活用户"等成为考核文化产品价值的指标。而大数据、算法等生产模式颠覆了原有的生产模式，在这种情况下，无数的消费者被发展为媒介机构的目标用户，在"信息茧房"效应下进入自我循环认同，异化为"容器人"。

第三，新型文化资本作为现代性涂层预示着技术引发的文化再结构化。加速社会本质上是技术一骑绝尘之后产生的。在技术逻辑驱动下，社会结构、文化结构都在发生变化。信息技术对文化的再结构化，表现为内容多元化、生产组织采用新模式、圈层组织采用新形式等方面。在现代性社会，一方面，我们无可避免地陷入技术系统的统治之中，数字化已使人类一步一步进入数字技术组织的网络之中，无可逃避。另一方面，信息技术又对我们的社会角色进行重新安排，如同CT扫描仪这样的新型医学成像设备及其操作技术会切实地改变放射科的组织结构和角色关系一样。在某些条件之下，这些技术媒介文化生产的技术逻辑以技术意识（techno-consciousness）的文化领导权即霸权（hegemony）为特征，在技术意识的统治下，一切对智慧和知识的追求都被对文化创富成功的强烈渴望取代了。这种普遍的再结构化以一种潜移默化的方式影响社会，一步一步地改变着文化生产者的组织结构。当前多如牛毛的 MCN 公司、网红公司、散在网络平台外围的 UP 主，围绕着网络平台形成新的媒体生态。在文化内部，这种再结构化既表现为一种文化体制的再结构化，也包含内容风格取舍的再结构化。前者表现为从大众传媒的集中生产模式转向 UGC、PUGC 等新的生产模式。在这一点上，现代性涂层的"新"在于其受制于制度性的压迫越来越少，直接表现为技术解放了生产力，释放了创造力，快速、便捷、高效的文化生产方式和炫目的流水线式的文化产品，就剩下光鲜的现代性外观。此时，大众追求的新型文化资本就是对文化生产线的操作能力，比如，某些头部主播的直播带货能力，成为很多人羡慕的对象，似乎只要具备了实现利润的技术手段、技术装备、操作技能，包括化妆、场景布置、灯光美术、文案创意等，也就离创富成功不远了。从网红到短视频制作的角色重新分工，就是在追逐新型文化资本过程中的一次再结构化。

第四，新型文化资本作为现代性涂层暗含了资本价值运动的新趋势。媒介文化发展到数字媒介传播阶段，资本的热情一下被激活了。"数字淘金热"表明，资本的价值运动出现了新的动向。基于数据挖掘、分析、处理的数字产品的交易，成为当代资本价值运动的新奇观。尼克·库尔德利等人在研究资本主义数据生产的本质时指出，在资本主义数据生产中，资本家的商业、广告营销等资本积累逻辑主导着资本主义数据生产，这种逻辑迫使数据提取总是试图全方位直接介入每个人日常生活的既有结构。[1] 源源不断

---

[1] COULDRY N, MEJIAS U A. The costs of connection [M]. Standford: Stanford University Press, 2019.

形成的"行为数据剩余"就是与土地、石油等量齐观的宝藏,蕴藏着巨大的商业价值。资本借助大数据算法、人工智能等现代技术,不断开发和深度加工,形成功能各异、五花八门的数字产品和服务。然而,数字技术并不是终极产品,从媒介文化角度看,19世纪30年代资本对大众化报业的青睐和21世纪资本对数字产品的青睐,其中都有资本各自"最好的想法":前者是注重将报纸的内容锚定在大众的趣味上,形成受众的最大化;后者的"玩法"则锚定在数字技术上,通过技术手段锁定目标用户,实现用户最大化。两个时代的操作路线不同,却殊途同归,因为它们秉持的都是市场逻辑,而对市场逻辑的极致化追求,必然导致文化生产的短期行为,导致文化领域被形式主义侵占。轰动、热闹、光鲜文化的涂层化成了总体特征,资本价值的运动难辞其咎。

化解技术化的文化现代性涂层其实并不复杂,其基本的路径需要从以下几方面着手:(1)倡导灵韵价值本位的文化价值体系,以民族国家优秀文化为参照,特别要注重文化规划和沉淀。在技术附魅时代,需要从教育、社会风尚营造角度强化文化灵韵价值本位,这是一个漫长的过程,也是一个社会系统化工作。(2)加强文化"正餐"的生产以替代文化"快餐",速食文化是平台技术化大生产的一种突出景观,当这种文化甚嚣尘上时,社会的文化窳败征兆就已显现。媒介文化的现代性涂层往往给社会大众以光鲜、热闹的表象,网络平台大量输送的是"爆款""热搜""流量明星"等,这些正是文化现代性的涂层,久而久之会成为文化发展的障碍。回归布尔迪厄意义上的文化资本营造,就是要强化文化生产的"习得"过程,突出文化的审美性和反思性,这需要教育、文化、社会系统化联动。(3)推行清新、活泼、形式多样的文化实践形式。当前的网络文化实践是一场深刻的文化革命,其孕育的新型文化尚处在野蛮生长阶段,引导这种文化走上健康轨道,不是回到从前,而是以人为本,适应消费社会的发展形势。"推动现代消费主义的核心动力与求新欲望密切相关,尤其是当后者呈现在时尚惯例当中,并被认为能够说明当代社会对商品和服务的非同寻常的需求时。因此,理解现代消费主义意味着去理解一种生产过程的性质、起源和功能。"① 当前在全社会推行线上线下多形式的质朴文化尤为迫切,因为全部走向虚拟化,会使文化现代性涂层化日益严重。

五、余 论

技术和文化工业的关系已经被讨论了一个世纪,只不过当下技术突飞猛进,使得社会、经济、文化层面的变革速度太快,因而再次刺激到知识阶层的敏感神经。当下技术嵌入的媒介文化工业已与一个世纪前的文化工业大相径庭,再次开始文化现代性问题的讨论,似乎有了新的内容。"晚期现代性危机"是一个多世纪以来现代性议题中经久不衰的话题。美国学者莱因哈特·科泽勒克(Reinhart Koselleck)在其著作《批判与危机:启蒙运动与现代社会的病态》(*Critique and Crisis*:*Enlightenment and the Patho-*

---

① 坎贝尔. 求新的渴望[M]//罗钢,王中忱. 消费文化读本. 北京:中国社会科学出版社,2003:266.

genesis of Modern Society) 一书中，将现代性视为一种充满危机的话语，同时他也不认同阿多诺、霍克海默利用辩证法建构真实世界的思想，他不认为批判具有救赎的力量。科泽勒克的悲观论调在 20 世纪具有代表性。文化危机论自 20 世纪初开始出现，进入 20 世纪 80 年代后，这种文化危机、现代性终结论愈演愈烈。当人类历史进入数字技术时代时，新型文化资本作为社会共识登场了，这成为文化工业新的症候，阿多诺、霍克海默式的担忧又成为现实。

不能把技术进步的一维方向视为文化发展的总体方向。技术主导的文化市场化工具理性容易误导人们的价值观，导致文化实践的偏差。新型文化资本中的技术维度和趣味维度，均不能保证文化的价值保值，毕竟网红、B 站（即 bilibili）、电竞、抖音、快手等在网络世界的存在，大多是以商业价值为目标的，那种促使人们对彼岸世界进行思考的文化，在快速更替、竞争激烈的商业场域里难以生存。社交媒体时代，夹杂着交互性、社交性的生产消费（pro-sumption）需求，均是在瞬间完成的。算法技术将这种"时不我待"的消费格局推向了极致。当下人们追逐的文化资本正是造成当下社会"再度封闭"与"再度禁锢"的根源。没有人们文化传播价值理念的自觉调整，没有文化互动模式的合理化，化解现代性涂层危机终将是一句空话。

在数字化信息技术逐渐成为 21 世纪的媒介方式时，人们有理由相信，它也会轻易地从一股解放的力量蜕变为一种新的控制力量。库尔德利等人所担心的数字殖民现象有了现实依据。媒介文化现代性新魅的产生，在于媒介文化中加入了技术的成分，数字化、算法技术、精准推送、智媒传播等构成媒介文化的新景观，这在当下就是一种典型的现代性涂层。现代、先进、便捷——当全社会都在欢呼新媒体技术带来的优势时，数字崇拜、技术崇拜下的文化新魅就诞生了。在新旧动能转换、消费升级的环境下，以数字技术为代表的新经济、新文化、新动能，正在成长为社会奇观。对于媒介文化，诸如网络游戏技术使用能力，很多青少年在幼年时期可能就已掌握，在这一仪式过程中获得的技术具身性成为一种间接的成人礼。这种新型文化资本对新一代公民来说已转化为一种"人生必备"。

在一个由 5G、AI、数字技术构成的新型"物"的体系中，最容易迷失的是人的主体性。因此，找回文化主体是当下最重要的工作。在现代性令人眼花缭乱的涂层下，找到媒介文化发展的主线、认清社会追逐新型文化资本造成的弊端、重塑文化的价值本位才是正道。文化资本的祛魅，首要工作就是防止技术对文化价值的僭越，防止文化的异化，如此才能确保"人"走在健康的轨道上。

电脑：机器的进化*

□ 汪民安

摘　要

本文将电脑作为一种新的机器来看待。机器领域和生命领域一样有一个进化过程。对于电脑而言，它的进化表现在诸多方面：用机器的多功能性来统合机器的单一功能；用操作的偶然性来取代操作的必然性；用多样性连接来解域自治的封闭性；用信息生产来取代物质生产；用无限的能力来取代有限的能力。作为一种机器的电脑所表现出的这诸多特征，深深地改变了人们的劳动、娱乐、时间、空间观念。它不仅改变了人和人之间的关系，也改变了自我和自我的关系。最终电脑将人们的生活一分为二：电脑生活和非电脑生活。

关键词

进化；娱乐机器；电脑体系；信息生产；非物质劳动

作者简介

汪民安，清华大学人文学院教授。

一、打开电脑

和人类一样，机器也有一个进化的历史。[①] 电脑在几个方面都是最新的进化机器。它显而易见的独特之处，是将先前不同类型机器的不同功能集于一身，这是它同其他所有机器的一个重要区别。通常，单一的机器具有单一的用途，它的功能是固定的，人们也因此来给不同的机器下定义。电视机是观看机器，汽车是运输机器，微波炉是食物加热机器，空调是调节空气的机器。而电脑是一种什么机器？人们难以马上给它一个功能

---

* 汪民安. 电脑：机器的进化 [J]. 文艺研究, 2013 (6).
① 有关机器进化论的观点，请参阅：斯蒂格勒. 技术与时间：爱比米修斯的过失 [M]. 裴程，译. 南京：译林出版社，2012：32, 83. 该书致力于建立"技术进化论的可能性……技术的进化一直摇摆于物理学和生物学两种模式之间，技术物体既有机又无机，它既不属于矿物界，又不属于动物界，关键就是要确定技术进化论和生物进化论之间切实可行的类比的界限。因此，技术应该放在时间中来考察。但是，技术同时也构造了时间"。

定义。它可以缴费，可以订票，可以购物，可以写作，可以看视频，可以打游戏——它几乎无所不能——电脑是各种机器的进化以及对不同类型机器所做的综合。就此，它不仅仅淘汰自身的前史（电脑自身的历史发展就是一个进化史，它在不停地升级换代），更重要的是，它将许多其他的机器淘汰掉了，它将许多机器的能力囊括其中。它是进化过的打字机，进化过的录像机、收音机、电视机、游戏机。它对各种机器进行收编，从而成为一种总机器。事实上，电脑无法从功能上来定义——它没有主导性的功能。尽管它和信息的关系密切，但不能把它单纯说成是信息机器；甚至不能通过互联网来对它进行定义——电脑并不一定完全依附于互联网，电脑可以在不接入互联网的情况下进行游戏、阅读、设计和写作，等等。电脑可以在线上和线下自由交替地出没。

　　电脑的功能如此之多，以至于人们难以确定其主要用途。这样，每个人有每个人的电脑，人们或许拥有相同品牌和相同型号的电脑，但是，人们的电脑行为却截然不同，每个人赋予电脑不同的意义，仿佛他们拥有的不是同一种机器，不是同一种对象物。他们使用电脑的差异，就如同使用冰箱和使用洗衣机的差异一样大。即便是家中的同一台电脑，对于父亲和孩子来说，也可能是完全不同的机器。对于具体的个人本身来说也是如此，他们一会儿将电脑当银行来使用，一会儿将电脑当游戏机来使用，一会儿通过电脑把自己变成一个棋手，一会儿通过电脑将自己当成算命先生。电脑的语义和功能有一种爆炸性的无休止的扩散。

　　但是，人们还是可以抽象地说，电脑既是一个娱乐机器，也是一个工作机器；既是一种纯粹的消遣机器，也是一种全方位的实用机器。电脑第一次将工作和娱乐结为一体而成为一个综合性机器。如果说，一个人的生活大体上来说就是娱乐和工作的交替，那么，电脑越来越多地充斥在人们的生活之中就毫不奇怪了。许多人起床或者上班之后的第一件事是打开电脑，睡觉前的最后一件事是关掉电脑，电脑从早到晚像一根绳子一样贯穿在人们日常生活的每一天之中。每个人必须配置一台电脑，犹如每个人必须配置一张床、每个人必须穿戴一套衣物一样——电脑成为个人的必需品。对于很多人来说，生活就意味着电脑生活和电脑之外的生活——电脑将人们的生活一分为二。

　　因此，每天打开电脑自然而然，尤其是对于那些将电脑作为工作机器的人而言。他每天迫不及待地打开电脑，无论是在办公室，还是在家中，他打开电脑就心安理得。因为他总是以工作之名，以要务之名，甚至确实是以此为动机来打开电脑——打开电脑意味着工作，至少意味着工作的可能性。打开电脑意味着一个新的工作的开端。但是，打开电视一定意味着娱乐，一定意味着不工作。对于一个迫切需要工作的人而言，打开电视或者进行其他的娱乐一定意味着浪费，一定会有浪费时间的罪恶感，一定会有一种思想的自我斗争。

　　因此，打开电脑相对而言要轻松许多。但是，人们打开电脑，很少立即将电脑变成一种工作机器。电脑中的娱乐通常是工作的序曲，人们总是要在电脑上毫无目标地游荡和徘徊，虚度一段时光之后，才缓慢地进入工作的状态。即便进入工作状态之后，也常常身不由己地重新回到电脑的娱乐和消遣状态中来。人们经常从烦躁和不快的工作中抽身出来，闯进轻松宣泄的娱乐情境之中。绞尽脑汁地写作当然令人痛苦，而浏览各种轻松的八卦当然轻松。人们对工作的厌倦天经地义。工作总是烦琐的，总是一种令人不快的和被迫的行为，工作总是会令人疲劳。反过来，人们对娱乐的趋向天经地义。娱乐总是轻松的，娱乐总是令人感到津津有味——或许，娱乐和工作的区别就在于，前者不会令人感觉疲劳，后者总是迅速地令人感到疲劳。如果一种工作从不令人感到疲劳，它就不仅仅是一种工作，也是一种娱乐，它就会划破二者之间的界限。事实上，在电脑上，娱乐的时光总是倾向于挤掉工作时光。娱乐和工作交替进行，工作机器和娱乐机器不时地进行功能转换。总体来说，工作总是会发生梗阻，尤其是唾手可得的娱乐就在手边之时。娱乐总是穿插在工作的进程之中，它要打断工作，让工作停顿下来，工作时间在此被频频地爆破。工作也因此要反复地修复，要强迫自己从娱乐的世界中返归，要让工作挣脱娱乐的诱惑而重新开始。娱乐和工作，这人生的两大选择，两大取向，除了吃饭和睡觉之外的两大主要活动，就此在这个小小的液晶屏幕上展开争斗。屏幕时间在这种争斗中也因此被无限拉长。电脑不仅提供了两种人生经验，也提供了两种令人挣扎的截然相反的心理经验。作为工作的机器总是要被作为娱乐的机器僭越，反过来也是如此——这既让工作不能全心全意，同样，娱乐也难以尽兴。人们就在这种摇摆中没完没了地敲击着电脑。人们借助电脑来工作是为了提高效率，但是，娱乐又总是让人们降低效率。因此，人们总是处在焦虑和悔恨之中，作为娱乐机器的电脑常常引发那些勤勉工作的人的懊恼。

在同一台机器上能够轻而易举地将娱乐和工作进行转换，这是一种全新的工作方式。这也创造了一种新的自我技术：自我面对着新的自我诱惑，自我面对着管理自我的困难，自我还面对着自我内部的冲突。电脑让自我时刻处在一种纷争状态。但是，在另一种条件下，电脑也提供了抵抗的自我技术。对于资本主义生产企业而言，这是一个新的管理难题。以前的管理者可以通过机器的节奏对工人进行操控，工人必须服从这个节奏，服从传输带的节奏。马克思对此说道："死机构独立于工人而存在，工人被当做活的附属物并入死机构。"机器的统治，从根本上来说，是物对人的统治，"即不是工人使用劳动条件，相反地，而是劳动条件使用工人，不过这种颠倒只是随着机器的采用才取得了在技术上很明显的现实性"[①]。现在，新的工人，这些电脑操作者则完全摆脱了强制性的机器律令，是他们在主动地操纵电脑，他们让电脑服从他们的手指节奏。以前公司的管理者可以通过普遍监视来发现谁在逃避机器从而逃避工作，现在，管理者无法辨认埋头在电脑前面的员工是否在努力为他工作；以前的管理者可以通过劳动时间来衡量劳动价值，现在的管理者则无法弄清电脑前的员工是否将电脑时间彻头彻尾地奉献给了他本人。对于为自己工作的人来说，电脑总是意味着自我的内在争斗；对于被迫为他人工作的人而言，电脑则是一种逃避手段、一个德塞都式的战术掩饰。它以娱乐的方式逃避了必要的劳动时间，那个漫长的工作时间也因此变得并不无聊和可怕——工作时间也可以被娱乐充斥。

就此，电脑可以成为所有人的玩具，它是人们儿时玩具的一个新的替代物。在某种意义上，我们也可以说，这是一个玩具的进化，是一个全新的玩具，是一个甚至可以让人们在工作时间娱乐的玩具。这也意味着一种新的娱乐方式诞生了：人们可以通过机器

---

① 马克思，恩格斯. 马克思恩格斯选集：第2卷 [M]. 3版. 北京：人民出版社，2012：227.

娱乐，人们在任何时间都可以娱乐，娱乐的源泉无穷无尽，娱乐的内容多元化了，每个人都可以找到属于自己的娱乐——如果我们将娱乐定义为一种无用的耗费，而这种耗费所获得的唯一结果就是快感的话。在今天，对许多成年人而言，电脑是唯一的玩具、唯一的娱乐对象。这使得电脑成为一种恋物客体，人们会对它上瘾。人们在它上面投注了太多的时间和精力，但是，除了获得稍纵即逝的娱乐外并没有得到任何现实的回报。一旦人们沉浸在电脑中，活生生的现实人生就会被淡忘。如果确实可以将生活区分为电脑生活和非电脑生活，如果确实是在电脑生活中娱乐挤占了工作时间，那么，我们也可以说，电脑生活在大规模地侵蚀非电脑生活，非电脑生活时间将会越来越短暂。

因此，许多人开始怨恨电脑，信誓旦旦地说要戒掉电脑，就如同戒掉烟瘾一样。但烟瘾对身体而言是完全负面的，它上升的快感来自对身体毫无建树的缓慢摧毁。人们去掉这种纯粹的快感，就意味着重建一种健康的身体。但是，电脑的瘾很难戒掉——人们戒掉电脑是想重建一种健康的生活，可如今健康而规范的生活一定也意味着对电脑的使用，生活内在地包含着电脑。电脑在包括娱乐的同时，还包括工作的技能，包括实用性，因此，它不能被抛弃、被戒断。对许多人来说，打开电脑是以工作之名，关闭电脑却是以禁止娱乐为理由。但是，打开电脑轻而易举，关上电脑却困难重重。许多人放下饭碗就坐到电脑桌前；许多人起床之后就坐到电脑桌前；许多人结束非电脑的工作之后，就会马上转移到电脑上来。人们以前都是和电视一起度过下班之后的夜晚，现在，是电脑陪他们度过黑夜，不过这个黑夜再也不是难熬的漫漫黑夜，它一瞬间就过去了。电脑改变了人们的时间经验，它好像偷偷地拨快了钟表的指针。在深夜，人们坐在电脑桌前，眼睛与手和谐地配合，点击鼠标的轻微而急促的声音，将夜晚衬托得更为安谧。此刻，现实生活的阴影完全褪去，电脑生活获得了它绝对的纯净性和自主性，一个充分的电脑人生吸纳了人们的全部激情。电视机曾经推迟了人们睡眠的时间，现在电脑进一步推迟了这个时间，它甚至使夜晚消失了，在电脑前，寂静的夜晚仿佛白天一样喧嚣。

二、操作电脑

一个单一的机器有多样功能，这使得机器的每个配件也具有多义性。对一般机器而言，配件都是单一性的。就汽车而言，轮胎的功能就是滚动，刹车的功能就是让它停下来，反光镜的功能就是让司机的视野更加开阔，方向盘的功能就是调整汽车的行进线路——每个固定部件都有一个固定功能，犹如每个字词都有固定的意义一样。这所有的功能可以组合起来，形成一个总体性的可以移动的交通机器体系，犹如一些字词根据语法组成句子，从而获得一个完整语义一样。汽车，它确定的也是唯一的目标就是移动。但是，电脑是多目标的，它的配置产生的意义也是多样性的。虽然它也由各种配件构成，但是，它的配件组装，它每一次的指令，并不会产生一个确切的语义。电脑的操作主要由鼠标和键盘来完成，人们用同一个鼠标进行点击，可以发出五花八门的指令，从而获得不计其数的功能和结果。鼠标作为唯一的能指，却可以繁殖出无数的所指：它可以让电脑发出声音或者让它保持沉默，可以不间断地变换电脑页面，甚至可以关闭电脑。反过来，人们也可以用不同的操作方式、通过不同的路径来获得完全一样的结果。操作方式和结果并不构成确切的一对一关系——这是电脑和其他所有机器的一个根本区别。对电话而言，每个数字按键绝不能出错；对电视机而言，每个数字意味着一个频道；而汽车是最严格的，如果配件错误，可能会导致最严重的后果——配件一定是单一性的，并被严格地编码。相比之下，电脑的操作并没有严格的规范，打开电脑之后，可以有不同的路径选择，有不同的操作机会。它的运转线路，经常为偶然性所主宰，人们无法预测它的下一个站点。也正是这种偶然性和多义性，使电脑变幻无穷，它有一种令人意外的自我繁殖能力。相对于传统机器的"结构"而言，电脑的使用和组装更像是一种德里达式的"播撒"。

　　所有操作都离不开手的运用：手对鼠标和键盘的操作是新型的手和机器的关系。事实上，手和机器的关系非常复杂。严格来说，所有机器都是由手来操作的，但是对于许多机器而言，我们只要将它们启动，它们就会自动运转——洗衣机、空调和电视机都是如此。这是机器的自动化阶段。还有一些机器，同样需要手来操作，但手需要被动地适应机器，人们在一个工厂车间的车床上会发现无数双手以同样的频率挥舞着，附和着机器的节奏——这是被动之手。在此，手要吻合机器的节奏，它们甚至就变成了机器，变成了机器的部件，它们高度地标准化。对机器的操作，一定会被机器本身束缚，一定会依循机器的编码秩序。许多人由此判定机器的吃人性质，这也正是卢卡奇所讲的"物化"的意义。而操作电脑的手，全程配合电脑的工作，电脑需要手持续工作，需要手无休止地参与。在这个意义上，它并非自动化的。电脑和手实际上构成了一个装置，手仿佛是电脑的发动机或者加油器，似乎正是它在驱动和驾驭着电脑，它似乎内在于电脑本身，它停止工作电脑就会停下来。手在电脑上不停地敲击或者挪动。电脑对它的要求，犹如钢琴对手发出召唤一样。但是，手对电脑的操作绝对不是蕴含着激情的如同敲打琴键般的宣泄。手麻木地毫无风险地触摸着和驱动着电脑。电脑上的手没有一个确切的强制性的手指操作语法——它也没有节奏，简便易行。相对于不能出错的汽车而言，操作电脑的手要自由得多，它有主动性、有选择性，它可以出错，它不需要节奏和频率，它不被束缚于规范，它不紧张。电脑甚至可以被孩童之手胡乱地敲击。敲击也不要求体能的残酷消耗。在这不间断的操作中，手既不令人产生快感也不令人感到难受。许多机器和手的配合，会滋生手的快感，比如有些司机对汽车的驾驶、钢琴师对钢琴的弹奏。而最大的快感来自对电子游戏的操作——在这里，手甚至是机器的目标，它就是手的游戏，手在这里总是蠢蠢欲动，急不可耐；在此，手获得一种自主的膨胀。另一些"机器-手"的配合，则令手感到无比难受，有时机器甚至对手造成了暴力伤害——许多工人在工厂车间里永远地失去了他们的手指。在此，机器需要手，但是将手视作敌人。而电脑上的手如此地漫不经心，它和汽车之手所表达的警惕，和游戏机器之手所表达的欣快，和各种车床机器对手表达的敌意，都形成了强烈的对比。如果说那些机器都让手的存在变成一种强烈的可见性事实，那么，电脑却将手推到了暗处：人们在敲击电脑的时候，总是忘记了手，仿佛手不存在一样——一个离不开手的机器，却将手置于忘却的地带。这是机器和手的一种新关系——一种散漫的、偶然的、随意的配置关系。

这样的手无须刻意训练，无论是孩童还是老人，无须培训就可以轻而易举地操作电脑。电脑的操作对手的要求并不高，就此而言，它的确难以被称为一门"手艺"。但是，从另外一个层面来说，操作电脑又是一门最高深的手艺。电脑对手没有形成强烈的压制性规范，但是，电脑一旦和网络相结合，它就是一个神秘的客体、一个绝对的阴影，它就会变成一个难以穷尽的知识对象，它存在无数的可能性、无数的密码，以至于它好像毫无规范可言。电脑是唯一不能为人所全部参透的机器，它被人生产出来，但是，它是所有人的深渊。它是一台由有限零件装配的机器，但也是一个不可思议的意义无穷的艺术作品。

这是它和先前的机器的一个根本区别。先前的机器有一个终极性的单一知识，它的操作是有限的，人们能够破解它，它的奥秘能够在某一个时刻被曝光。但是，电脑的知识是无法穷尽的，电脑埋藏着无限的可能性。对于先前的机器而言，手的操作方式是既定的、程序化的，并且操作会有一个确切的结果。但对于电脑上的手而言，它的触碰可以产生无数的结果，如果这手能力非凡，它也可以探究那些深不见底的如大海般浩瀚的知识，它可以打开一个全新的电脑世界。尽管如此，仍旧没有人能够彻头彻尾地驾驭这台机器，正如没有人丝毫不会使用这台机器一样。电脑如此深邃，以至于几乎所有的人都会在它面前屈从：人们只能接近电脑的某些方面，掌握它的某些奥妙，开发它的某部分潜能。就此，人们使用电脑的能力存在着巨大的差异：确实存在着一些电脑行家和高手，存在着一些匿名的顶尖黑客，他们不断地实验这些机器。在这个意义上，电脑成为一个实验性客体——许多人迷恋电脑，不单纯是迷恋电脑所表达的信息本身，甚至也不仅仅是迷恋电脑的各种功能，而是迷恋电脑的操作和尝试，迷恋它谜一般的技术，迷恋穷尽这种技术这一不可能性本身。在此，人们不是将电脑中的游戏软件作为游戏对象，而是将整个电脑机器系统作为游戏对象。在此，电脑不无悖论地丢失它的各种各样的目标，而成为一个单纯的游戏机器，一个难以耗尽的、充满着智力极限挑战的游戏机器。

三、电脑体系

电脑的无底"深渊"，它作为机器的实验性，使电脑不可避免地会出现大量障碍和失误。同先前的机器相比，电脑的故障和失误极为平常，它是试错性的。而且，这些故障和失误同先前机器的故障和失误相比有完全不同的性质。每一次电脑使用都会出现许多小的操作失误——无论是键盘打字还是鼠标点击的失误。电脑允许这些操作失误，并且能够轻易地修复和更正，不会引发麻烦的后果。这同许多操作性机器——尤其是汽车——形成了鲜明的对比。对汽车来说，任何操作失误都可能是致命性的，或者说，汽车严禁操作失误。而对另外一些自动机器而言，没有操作失误，只有机器本身的失误，只有机器本身的内在障碍，冰箱和洗衣机都是如此——它们无须操作。对这些自动机器而言，只要机器配件本身完好无损，就不会有任何故障出现。一旦出现失误，人们就在这个机器上进行拆装和修补，仅在机器内部进行修正，以防范自身失误。这种机器的所有秘密就在于它的内在性中。

　　对电脑而言，除了外在的操作失误之外，还有来自它自身的失误。它自身的失误，当然可能来自它的配件障碍，如同电视机的失误来自电视机的配件障碍一样。但是，电脑还有一种独一无二的失误方式。即便它的配件毫无瑕疵，即便其作为一个机器的总体性完美无缺，它仍旧会发生故障，也就是说，电脑的失误常常不是由于自身的原因。电脑常常会受到外物的影响，它的失误经常来自不可控的外力。具体地说，它会受到另一台隐秘的电脑的影响。就此而言，电脑不是一个纯粹独立的机器，不是一个自主的机器，它同其他的机器存在着无线连接，因此，它容易被看不见的病毒攻击，它也会被其他的电脑攻击——它的问题不一定来自它自身，而是来自别的机器。一台电脑和别的电脑组装在一起，一台电脑同另一台距离遥远的电脑发生联系，一台电脑总是另外一台电脑的配件——电脑之间存在着一种复杂的无线之"线"，它们像德勒兹所说的"根茎"那样缠绕在一起，没有一台电脑处在绝对的中心，占据着支配地位，也没有一台电脑独立于这整个庞杂的"根茎"系统之外，"这是一个去中心化、非等级化和非示意的系统，它没有一位将军，也没有组织性的记忆或中心性的自动机制，相反，它仅仅为一种状态的流通所界定"①。电脑总是一大群电脑中的电脑。也正是因为这样，电脑的失误既可能来自自身内部，也可能来自电脑网络的失误。一台就机器和配件本身而言无懈可击的电脑，同样可能瘫痪——这是电脑所产生的独一无二的故障。

　　这也是电脑同其他所有机器的一个重大区别。尽管它可以保持一个独立的、封闭的物质性姿态，可以待在一个封闭性的狭窄空间中藏匿起来从不示人，但是，它一定和其他的机器隐秘地缠绕在一起，它一定归属于无数的电脑机器。这使得电脑超出了它主人的控制，更准确地说，超出了人的控制。对于电脑而言，它有一个人类寄主，一个电脑法律上的拥有者和使用者；但是，它还有另一个机器寄主，一个自主的、庞大的、不可见的电脑机器系统，它隶属于这个匿名的机器网络。两个寄主都可以操控它，都可以争夺对它的操控权：人类寄主可以操控它攻击另外一台电脑，反过来，它也可以被另一个人控制的另一台电脑攻击。它既强大无比，又脆弱不堪。一个人可以借助一台电脑来控制不属于他的、未知地点的电脑，从而暂时性地成为这台从未谋面的电脑的僭主。电脑可以成为彼此的敌人、彼此的战争机器。在今天，它既是最温馨的情感机器，也是最强大的杀人凶器。在这个意义上，没有一台电脑能够"独善其身"。人们无论如何牢牢地掌控自己的电脑，都不能保证电脑的安全，不能保证他是这台电脑的绝对主宰者。马克思早就指出机器吃人的现象，但是，对于今天的电脑来说，是机器吃掉机器。

　　机器依赖机器而存活，而死亡。机器的命运同其他机器密不可分。机器是机器体系中的机器——这是电脑的独特性。洗衣机没有体系，冰箱没有体系，空调没有体系，它们是孤立的个体机器。一台洗衣机的全部传记就内在于它自身，也就是说，一台洗衣机不会和另一台洗衣机发生关系。只有电脑才会成为一个有体系的机器群。但是，人们会

---

① 德勒兹，加塔利. 资本主义与精神分裂：卷2：千高原［M］. 姜宇辉，译. 上海：上海书店出版社，2010：28.

说,许多通信机器都有体系,电话机、手机、传真机等都是依赖另一台电话机、手机和传真机而存活的,也都建立了机器系统。但它们和电脑不一样的是,它们无法彼此攻击,它们无法被对方操控,它们不会因为对方而死亡,而且,它们是对偶性的。电脑预示着一个新的机器体系的出现。这个机器体系的关联非常复杂,它们或者和谐交往,或者彼此攻击,或者相互帮助,或者相互毁灭。另外,每一台机器都可以和无数的未知机器发生关联,并且依赖这个关联网络而生存——没有连接的网络,就没有机器本身。而人和人之间的关系,在此史无前例地变成了机器和机器之间的关系。如果说,在19世纪,马克思看到了人和人之间的关系是物的关系,从而发现了商品拜物教的话,那么,在今天,一种新的"机器拜物教"开始弥漫于人世间。

电脑之间有一种横向的根茎式的连接,以至于一台电脑总是超越了它的物质性的屏幕框架本身。同样,电脑甚至超越了电脑本身,超出了它的机器属性本身,它在向它的界外游牧,它在向其他类型的机器生成:它在向手机生成。反过来,手机也在向电脑生成,它们甚至相互生成,相互打破界限。电脑和手机这相互的解域化过程,最终会形成一种新的机器,一种新的"手机-电脑"。人们甚至无法预知这种新的机器的最终形态,因为它处在一种持久的生成过程中,它只是确保了机器的开放性。正是因为这种不断的生成过程,因为这种生成的高速度和高频率,所以它总是处在一种快速的变动和更迭状态之中。所有的机器都在进化,但是,电脑和手机的进化速度或许是最快的。它们在淘汰自身的历史时,还在向其他的机器生成。也就是说,淘汰不仅仅是在自身内部完成的,进化不仅仅是各种器件的内在进化,它还意味着向其他物的进化。人们看到了冰箱和洗衣机的进化过程,但是,它们的进化始终是在自身内部完成的,一直没有摆脱冰箱和洗衣机的属地。而电脑的进化是解域化的进化,它不断地突破自己的界限去抢占新的领地:它抢占电视的领地,抢占音响的领地,抢占计算器的领地,甚至抢占算命先生的领地。它甚至有多种开口,可以和其他的机器有一种实质上的组装,它可以容纳别的机器输送的信息,它有插口随时承受来自外部的输入。电脑将它的定义和功能不断地改变,以至于人们会问:到底什么是电脑?正是这种解域化过程,使它不仅能吞没和席卷其他的通信和娱乐机器,而且也能不断改变自己的物质形态:它越来越小巧,越来越轻盈,因此越来越具有流动性。它越来越从形状上趋近一部手机,越来越和人有一种身体的依附关系——人们最初是奔向一台静止的、固定的、醒目的电脑,电脑的位置成为人的情不自禁的目的地;现在,人们可以将电脑随身携带,让身体成为电脑的依附之地,让电脑成为自己身体的一部分,让电脑和人形影不离。开始是一台由显示器和笨重的主机盒子组装的电脑,它和人保持着距离,成为人的一个客体;接下来是一台可以放在包里随身携带的移动电脑,它是人的一个亲密伴侣;现在是可以拿在手中的一部手机电脑,它是人的一个新器官。手机电脑是电脑最新的自我进化,它成为一个打破了手机和电脑界限的奇妙机器。在此,"机器作为个体而具备自身的动力",它以整合的方式获得再生,"然而再生在此的意义和生命领域一样,产生一个新的单一的个体,它既保留前辈个体的遗传,同时又完全独特"。[①]

[①] 斯蒂格勒. 技术与时间:爱比米修斯的过失 [M]. 裴程,译. 南京:译林出版社,2012:32,83.

四、信息机器

　　这也意味着，人们和电脑的相伴时间将越来越长。电脑和人构成了一个新的配置，或者说，它们成为彼此的配置。就摆放在室内的电脑而言，它仿佛有一股磁力将人们吸纳到自己身边，它成为个体的中心。正是因为电脑，持久地待在室内不至于成为一件乏味的事，室内再也不意味着孤独和无聊。由于电脑免去了许多先前必须在室外才能完成的工作，因而也就免去了许多必须和人见面的机会。交流越来越多，见面却越来越少，人们不会因为无关紧要的事情而见面，不会因为单纯的信息交流而见面。人和人见面越来越成为一件要事，一件必需之事，或者说，终有一天，见面必须是一个事件。电脑摧毁了身体和身体相遇的物理空间，它形成了一个新的空间——一个非物质性的交流空间。

　　电脑只和它的使用者形成一个空间装置。它犹如绳索一般将人束缚在自己的旁边，把人困在一个狭隘的空间之内。但是，人也可以通过电脑闯进无限的世界之中。也就是说，电脑既是一个无限的宇宙，也是一个关闭的牢笼。一方面，人们在电脑上异常地活跃；另一方面，人们在现实生活中则足不出户地将自己封闭起来。越是持久地在电脑上活跃，则越是持久地在现实空间中被束缚；越是在电脑世界中冲撞，则越是受困于现实世界的空间笼子。一个新型的、不愿出门的人群诞生了（人们为此发明了"宅男""宅女"这样的词语），尽管他们的眼睛只盯住那块小小的屏幕，但是，外面的世界仿佛潮水般一波波涌来，令他们应接不暇。反过来，那些居无定所、四处游逛、两手空空的人，尽管睁大了眼睛，但是，世界并没有慷慨地为他们敞开窗户。

　　电脑将室内的封闭个体和一个无限的外部世界连接在一起，同居一室的人反而减少了交流。如果说电视可以造就一个家庭的空间中心，从而将家人聚拢在一起，电脑则将家人隔离开来，电脑不能共享——它是一台机器对一个人的组装模式，每台电脑占据着一个特定的空间，有几台电脑，一个家庭就因此被隔离成几个空间。尽管电脑——尤其是移动电脑——对空间的要求并不高，但是，它有能力使人们将现实的空间遗忘掉。哪里存在着电脑，哪里的现实空间就瞬间消亡。电脑的自主性如此地强大，以至于人们在酒吧、在机场、在餐厅，在所有嘈杂的地带都可以毫无障碍地使用电脑。毫无疑问，在家庭内部，如果家庭成员同时使用电脑，同时沉浸在电脑构筑的空间中，他们就不会意识到自己所处的家宅空间，就会将家宅中的其他人迅速地忘却，即便这个现实空间如此地逼仄，即便家人之间的空间距离如此地微乎其微。电视主导的家庭充满着集体的喧嚣——电视的喧嚣和家人聚集的喧嚣，而电脑主导的家庭则无声无息。喧嚣之家注定慢慢转向一个沉默之家。如果说电视主导的家庭的夜晚犹如一个微型电影院，那么，现在电脑主导的家庭则变成了一个沉默的阅览室。电脑既让每个人可能同世上无数的人相关联，同时也让每个人成为一座孤岛。家庭空间被分成了新的隔栅——不再是房间和门组成的显形隔栅，而是由电脑机器打造的无形隔栅。

但是，到底是什么让人们能够如此持久地扑在电脑上面，从而和他人相互区隔？我们已经指出了电脑是一种娱乐机器，是成年人的玩具，它是多种快感的客体。但是，它真正具有独特性的地方，它的快感的实质，或者说，它令其他机器无法替代的地方，就是它源源不断的信息的生产。如果说电脑是一种机器，从而也具有机器的生产功能，那么，它所生产的就是信息。它也在劳动，但它从事的是一种"非物质劳动"[①]，它的产品是一种非物质产品，它没有锻造出一个实体——这是电脑作为生产机器的一面，这使得它同传统的物质生产机器区分开来。但同时它也作为一种消费机器而存在，人们扑在它上面，沉迷于它，没完没了地消费它。电脑将生产和消费功能集于一身，尤其是将信息的生产和消费集于一身。这就是我们所说的电脑所特有的工作和娱乐的双重性。它和其他机器的差异因而非常明显：对于个体使用者而言，电视机和录像机都是消费性的而非生产性的，洗衣机和电冰箱都是生产性的而非消费性的，而电脑则兼具生产性和消费性。

　　电脑作为机器，生产和消费的都是信息。尽管信息的生产和消费由来已久，但是，电脑的信息概念则完全不同。对于一般的诸如电视机这样的信息机器而言，信息总是被特定人群生产，然后又被另外的特定人群消费，因此信息总是被遴选、被编码、被体制化。它们是现实的反映，也是现实的一部分。就电脑而言，信息可以被所有人生产，也可以被所有人消费。最主要的是，电脑意味着一切都可以被信息化，连隐私也可以被信息化（事实上，人们常常将自己最私密的东西，将自己的身体、财物、内心意愿等，也就是说，将自己的全部存在感，都储藏在电脑里面，以至于电脑一旦丢失，存在的意义就丢失了）。人们可以将一切——不仅包括外部世界的一切，也包括自我的一切，以电脑的方式信息化。就此而言，信息的概念会发生变化——信息是因为电脑而产生的。人们总是说，信息事先在现世存在着，它有待一种传播机器来完成和表述它；一种好的传播机器能够对信息进行恰当准确的再现。人们总是以此为标准来衡量广播、报纸和电视。但事实上，电脑或许会改变信息的定义：没有什么事先的信息，信息是被创造出来的，信息是电脑的产物，是因为有了电脑，然后才有了信息。所有发生之事、所有琐碎之事、所有现存之物都可以被电脑转化为信息，而所有未发生之事、所有可以想象之物、所有虚构之物，同样可以借助电脑转化为信息。电脑可以将一切，将可见的和不可见的，将现实的和非现实的，进行信息化的处理。如果说电脑是一个非物质的生产机器，那么，它是将整个世界进行了非物质化的生产，它将世界生产为信息。整个世界被信息化了，并以信息的方式而存在。信息不再构成现世的一部分，而是现世完全转化为信息。

　　从居伊·德波到鲍德里亚都已经指出，世界逐渐地取消了它的深度、它的秘密、它的内在性，而变成了一个外在性的景观。人们就生活在这景观之中——这是影像机器导致的结果。而今天，电脑甚至使这个世界失去了景观，失去了外在性，而变成了单纯的信息。世界被电脑抽象为信息，抽象为屏幕上源源不断的碎片化的信息。如果说，合上

[①] 拉扎拉托（Maurizio Lazzarato）的"Immaterial Labor"概念，将"非物质劳动"定义为"生产商品的信息和文化内容的劳动"，请参阅：VIRNO P，HARDT M. Radical thought in Italy [M]. Minneapolis：University of Minnesota Press，1996：133.

电脑，人们可以看到城市或者乡村的景观和景观差异，那么，一旦打开电脑，景观及其差异就消失了。在电脑中，所有这些都被取缔了，人们只能接触到信息，人们只是在信息中呼吸。电脑会消除地区的差异，消除景观的差异，消除空间的差异，消除世界外表的差异，最终，它会消除世界本身，世界以一种无限的信息方式来到你的面前，这个信息世界对于所有的人来说都是平等的。

就此，电脑远远不是一个生产或者消费机器，它实际上构造了一个世界——一个信息世界。人们如今是在这个世界中存活。世界一旦被电脑信息化，它就并非真实世界的复制、再现和反映，不是其柏拉图式的表象，而是一个自主的世界，一个独立于现实世界的电脑世界。诸如电视这样的信息机器，其根基是现实人生，其功能也是作用于人们的现实人生，改造人们的现实人生：消费信息是这个现实人生的一个片段，人们在现实人生中与这种机器相伴。但是，电脑不仅仅植根于现实人生，它还创造了现实人生之外的另一个人生，它无中生有地创造了一个完全不同的世界，这个世界有自身特有的法规和程序，它和现实的世界同时存在。就像人们曾经相信有一个此岸世界还有一个彼岸世界，有一个现实世界还有一个幽灵世界一样，今天，人们借助电脑找到了这样的双重人生：电脑人生和现实人生。就如同人们会在现实人生中呼吸一样，人们也在电脑人生中呼吸。

电脑构成了一个自主的世界，不过这个电脑人生法则同现实人生法则迥然不同。它有它的符码，有它的存在方式，有它的语言，有它的逻辑，有它的价值观。如同现实中的每条规范和法律都是现实人生的教程一样，电脑的所有程序和规范也都是这个电脑人生的培训教程；如同人们在现实人生中有自己固定的上班路线一样，在电脑人生中他们也有自己固定的网游路线；如同人们在现实中有固定的伙伴和朋友一样，在电脑人生中他们也有自己固定的伙伴和朋友。这样，每个人都有一种现实的人生习性，也有一种电脑的人生习性，他们之间似乎并不存在必然关联。人们过着两种人生：一旦坐在电脑前，就同时以两个身份、两个形象、两种本性的面孔出现。人们也因此而存在两种本质、两种自然、两种内在性。在这个意义上，电脑是一个分裂的机器，它将人一分为二。这两个世界如此地不同，以至于人们常常感到惊讶：一个人居然能展现如此不同的两副面孔。电脑中这奇特的人生，既非现实人生，也非电影式样的梦幻人生，它甚至不是这两种人生的辩证综合，它只能是属于自己的特有人生。这人生唯一确信的是，它不可能像睡梦那样最后被现实人生惊醒。它将持续存在，并且一直和现实人生相互较量。

这电脑人生，意味着人们生活在信息之中，信息如空气一样包围着人们。这些信息并非默默地待在那里一成不变。相反，电脑对信息的生产永不停止，绝不会终结。电脑信息是流动的、活跃的，并且能够无休止地蔓延和滋生，所有的人都可以消费它，所有的人也都可以生产它。电脑这个信息机器不同于其他的媒介机器之处在于：人们不是被动地接受媒介机器提供的信息，人们可以主动生产信息，人们是这个信息机器的创造者，是这个信息机器的主人。就此，信息的生产和消费之链无始无终——人们无法穷尽这些信息。并且增加的信息丝毫不对机器构成压力，丝毫不增加机器的分量。电脑尽管有一个不大的体积，有一个界限明确的框架，但令人惊讶的是，它拥有无限的空间，并且能容纳无限的可能性。电脑中如此之多的内容和信息，居然没有重量！电脑总是那样保持一个固定重量，保持一个固定体积，它既不膨胀，也不缩小。它的内部不断变化，不断扩充，但机器本身毫无变化。这是一个机器令人惊讶之处：新的要素不断添加，但它居然丝毫没有爆炸的迹象。机器通常有一个承受之极限，有一个最终的框架。收音机和电视机的频道是有限的，冰箱和洗衣机的容积是有限的，汽车和火车的承载量是有限的，它们都有一个终极框架，唯有电脑仿佛突破了这种终极性，仿佛那些新增加的内容、那些源源不断扩充的新东西永远无法形成一个极限。

正是这无限的丰富性，这些信息的无限生产和消费使得人们从不对电脑感到厌倦。人们一旦使用电脑，就绝不会将它弃置一旁：它总是有新的东西涌现，它总是让人觉得还有未知的可能性，人们永远无法对电脑进行彻头彻尾的探索。电脑永远不会被人画上句号。许多人会对一种机器产生兴趣，然后穷尽这种机器的奥妙，将这种兴趣耗尽。但是，对电脑的兴趣绝不会耗尽。一个人之所以关闭电脑，不是因为他在电脑上已经穷竭了，而是因为他的身体和时间不允许他继续使用电脑，电脑消耗了他大量的精力——没有比使用电脑更加轻松愉快的事情了，同样，也没有比使用电脑更加辛苦劳累的事情了。人们轻松地坐在电脑前，最后却疲惫不堪。

电脑会故障频频，坐在电脑前的人也会故障频频。一种电脑病出现了，它长久地改变了人的身体——颈部、腰椎、手指乃至整个身体本身，在对电脑的贪婪投入和迎合中，它们悄然地发生了变化，这些变化对于电脑而言，仿佛是一些合适的位置性的框架，但是对于一个既定的身体而言，它们一定会成为扭曲的疾病。电脑不仅生产了一个独有的世界，最终，它还会生产一个独有的身体。这样一个身体，对于今天我们这些只有十多年电脑使用历史的人而言，可能意味着某种变态的疾病，但是，对于后世那些注定会终生被电脑之光照耀的人来说，它就是一种常态。或许，人类的身体会有新一轮的进化：伴随着劳动工具的改进，人们曾经从爬行状态站立起来；如今，随着电脑的运用，人们的眼睛、手指、颈椎、腰椎等，可能会出现新的形态，或许，终有一日，人们的身体会再度弯曲。

手机功能的演变:从主体到异己者*

□ 蒋原伦

📖 摘 要

从最初的移动通信工具发展到今天的智能化运用,手机在功能上有了很大的进展,不断开发出来的应用程序和与之相应的功用,使得手机从各个方面进入人们的生活,大大拓展了人们生活的边界。与此同时,人们生活的各个方面逐步进入手机之中,丰富了手机的内涵。某种意义上可以说,手机象征着机主的主体,是其私人生活和情感生活的组成部分。手机也是人们进入社会生活的重要媒介之一,作为技术之物,手机似乎重新组织了人们的生活,人们越依赖手机,手机就越多地干预人们的日常生活。当然,这种现象不仅仅是技术发展的结果,它还跟今天社会的体制、信息化程度和监控环境相关,跟社会一体化进程相关。而今,手机也成为监控人们的有效工具。由此手机成为人们亲密的异己者,也许有朝一日,它会成为可恶的异己者。

📖 关键词

手机;主体;无身体器官;异己者

📖 作者简介

蒋原伦,同济大学艺术与传媒学院教授。

今天的手机是人们不可须臾离身之物,它不仅是人们信息交流的工具,也是进入某些场所的导航仪、许可证和身份证。离开了手机,人们简直寸步难行。

有研究者曾把手机比喻成人体的一个器官:"它长在人们的手上,就如同手长在人们的身体上面一样。人们丢失了手机,就像身体失去了一个重要的器官,就像一台机器失去了一个重要的配件一样。"① 这一比喻尽管生动,却仍然道不尽手机在我们日常生活中的重要性。因为手机的功能一直在发生着变化,不断开发出来的应用程序和与之相应的功能,使得手机从各个方面进入我们的生活之中,大大拓展了我们生活的边界。当然反过来说也行,即我们生活的各个方面逐步进入手机之中,丰富了手机的内涵。生活

---

* 蒋原伦.手机功能的演变:从主体到异己者[J].东南学术,2021 (5).
① 汪民安.手机:身体与社会[J].文艺研究,2009 (7).

既是我们过去的延续，是习以为常的过程，也是未来的起点。而手机似乎是朝向未来的通道，手机的出现是迄今为止最奇特的现象，许多新科技都可以在手机这个终端得到展示。

如果说在手机出现之前，某些人工器官（假肢、假牙、心脏起搏器）打破了有机物和无机物、生物与机械之间的界限，那么手机的使用则打破了客体与主体之间的界限。斯蒂格勒说："在机械物和生物之间，技术物体成为一种不同性质的力量交织的复合。"[①] 手机作为技术之物，似乎重新组织了人们的生活；人们越依赖手机，手机就越多地干预人们的日常生活。当然，这种现象不仅仅是技术发展的结果，它还跟今天社会的体制、信息化程度和监控环境相关，跟社会一体化进程相关，亦即手机并非一开始就成为人体的特殊器官，它是随着其自身功能的不断开发、经济生活的运作、商业竞争的开展、社会相应制度的变化等情形，逐渐演变成今天这种状况的。

一

手机最早是作为即时通信工具和移动电话面世的。手机的基本功能就是保证人们在不断移动和变化的环境中与他人保持联系。手机刚刚出现时，人们对它的依赖还没那么严重，只不过没有手机，许多信息无法及时传递，人们会浪费许多时间成本。由于最初其体积较大且价格昂贵，手机很少成为私人专有的通信工具。有些企业单位买了手机，是公用的，谁出差谁就携带。有的老总外出，秘书帮他提着手机。随着手机体积缩小、价格下降，它才逐渐成为我们的私有之物。第一代手机只有语音通话功能，然而语音通话在150年前出现时，确实有点石破天惊的意思，人类有了语音的远距离传递，克服了空间障碍。克服空间障碍有时就意味着消除了时间的间隔，因为传递信息是需要时间的，人们之间的一切距离间隔几乎都需要用时间来填平，有了电话，不仅跨越了空间距离，也缩短了时间差。当然，电话的出现不仅消弭了信息交流的时间差，还增强了人们的情感交流；在情感交流的背后，是主体的在场。尽管电话里的声音是模拟的，它不是说话者的真声，但是听电话的一方并不怀疑对方的存在，只有在某些悬疑电影中，观众才能看到伪装的语音的欺骗。

麦克卢汉曾认为，在我们的传播研究中，电话传播并不为人所关注。这可能是因为电话的交流内容相对私密，不像纸媒、广播和影视传播，作为大众传播的载体留下了公开的丰富的研究资料。例如电话和留声机几乎在19世纪70年代同时发明，但是德国的传媒学者基特勒却更关心留声机，大概是因为留声机能打破时间的制约，使声音储存和流传下来，为公众所享有。现代科技能够把真实的世界转化为抽象的数据保存下来，能够把光学、声学和书写的数据做分流处理，这些给了基特勒以灵感，使他把这一现象和拉康的主体建构理论联系起来，并认为"拉康对真实界、想象界和象征界的'方法论区

[①] 斯蒂格勒. 技术与时间：爱比米修斯的过失 [M]. 裴程，译. 南京：译林出版社，2012：3.

分'就是这三者分流的理论版本（或者说仅仅是一种历史效应）"①。在技术介入之前，我们想象原初的世界是混沌不清的，其实人类的五官显然是将对象做分流处理的。但是在历史的长河中，视觉器官和听觉器官慢慢成为最敏锐的器官，而随着文字的产生，听觉器官又被排斥到边缘地位。所以诗人里尔克认为，相对于阿拉伯诗人，"现代的欧洲诗人在利用五种感官功能时却相对单一，而且感官发挥的作用也不均等，只有其中的一种——将世界尽收其中的视觉——仿佛一直处于支配地位；相对而言，由于疏于倾听，听觉做出的贡献非常微小，就更不提对其他感官能力的漠视了，它们只是活跃在意识的边缘，活动空间极其有限，还要不时地被打断"②。

里尔克感叹，听觉受到欧洲诗人漠视的年代，正是广播兴起的年代。在相关领域，人们开始有了对听觉和声音传播的关注。因此，美国学者洛厄里和德弗勒在追溯传播学效果研究的里程碑时，将早期的广播研究（"火星人入侵：广播使美国陷入恐慌"，"日间广播连续剧的听众：使用与满足"）分别列为第二个和第四个里程碑。可见，只要进入大众传播范畴，一定会受到研究者的关注。但同样是语音传播，电话由于囿于人际传播，又有私密性，所以较少受到关注。虽然在马克·吐温和卡夫卡等的小说中均有使用电话的情节，但他们对电话交流有着恐惧和怀疑。③ 因此，手机最初的兴起并没有引起传播学研究者太多的兴趣。不过手机注定会以其特有的私密性及其与主体建构的密切关系，进入研究者的视野。

二

如果一个社会只有少部分人拥有手机，那么它很难真正进入个人的私密生活，手机的微型化和大众普及，使它进入了人们的私人空间。由于手机和机主的关系是固定的——它是机主随身携带之物（和座机的最大区别），所以手机的功能有了变化。它不仅仅是即时通信的工具，还记录了机主的情感和隐私，因此手机成为主体的一部分。

主体在哲学上指的是一个拥有独特意识并且拥有独特个人经历的存在。因此，主体主要指我们的精神世界。关于主体的建构和形成，曾有各种不同的理解："马克思将主体置于经济关系中，韦伯和法兰克福学派将主体置于理性关系中，尼采将主体置入道德关系中……福柯将主体置于权力关系中。"④ 现今，主体在陷于上述种种关系之后，又跌入了电子技术的网络之中。当我们的个人情感和精神的历程与手机相连时，手机就是主体的某些组成部分（这里主要是指个人和他人交往或发生情感联系的那一部分，纯粹的内心情感和思想不一定显示在手机上，比如我们的某些深邃的思考）。手机除了通话功能，还有留言功能，即手机短信（最早的手机没有留言功能，BP机有留言功能）。当

---

① 基特勒. 留声机 电影 打字机 [M]. 邢春丽，译. 上海：复旦大学出版社，2017：16.
② 同①43.
③ 彼得斯. 交流的无奈 [M]. 何道宽，译. 北京：华夏出版社，2003.
④ 汪民安. 编者前言：如何塑造主体 [M] // 福柯. 自我技术：福柯文选Ⅲ. 北京：北京大学出版社，2016：23-24.

手机将语音和文字两种功能聚于一身时，情况就有了不同，即语音和文字留言能够在全天候的情况下实现无间断的人际交往。在拉康的意义上说，它打破了真实界和象征界之间的明确界限，或者说融合了两者的领域。这也表明手机和我们的主体有了双重对应的关系。而基特勒预言的"'人'分裂成生理结构和信息技术"① 的情形再次得到了扭转。

笛卡儿以来的主体理论强调的是自我意识中的理性精神。作为对前者的反驳，叔本华、尼采和福柯则注重的是意志、身体和欲望，而手机中的主体与后者的联系比较紧密，更多的是展现人们的情感生活和隐秘的欲望。难怪在手机普及使用之后的 2003 年，冯小刚的电影《手机》引起了相当程度的反响。这是一部有关私人情感纠葛的作品，电影主人公严守一匆忙出门，把手机落在家里，手机上泄露的信息成为导火索，致使家庭生活破裂，夫妻离婚。同时期，国外也有类似的电影，以手机为题材，探索个人的情感经历和私密生活，涉及的是家庭和两性关系伦理。夸张一点说，每个人都有自己的手机故事，这些不同的手机故事记录了人们不同的生活和情感经历。当手机和机主分离时，机主的一部分隐秘也有可能被分离出去，成为他人审视的对象。这就有点"主体去中心化"的意味。

早期的哲学家往往于个体内在独立的语境中探讨自我的形成，所以福柯在名为《主体解释学》的演讲中一直追溯到古希腊的德尔斐神谕"认识你自己"。其实在不同的时期、不同的语境下，对"认识你自己"的解释并不相同。例如也可以这样来理解："'认识你自己'，这只是不断提醒人不要忘了自己只是一个不免一死的人，而不是神的劝谕，它告诫人不要把自己的力量估计得过大，也不要与神的力量较量。"② 福柯想表明，人们对自我的认识是在一定的社会和人际交往环境中达成的。

当手机成为主体的某种组成部分时，或者说以手机象征主体时，我们不难理解这一象征是建立在与他者不断交流的基础之上的。在某种意义上说，手机是人们渴望与他人密切交往的产物，也是当代社会生活中最有效的人际交往的媒介。由此，马克·波斯特在《信息方式》一书中展开了"交流与新主体"的话题。他说："电脑音讯服务为交谈的进行提供了新的途径。我相信，电脑交谈对自我构建过程进行了全新的构型。主体在电脑交流中被改变了，被消散在后现代的时/空、内/外以及心/物语义场中。"③ 在列举了若干电子社群的交流记录后，马克·波斯特又称："一旦与音讯服务相连，一个人的主体性便犹如春花怒放。""我所要强调的是，当某些用户坦言，他们在电脑交谈中流露出的亲昵言行，比他们对相处很久的配偶所流露的还要多的时候，电脑交谈往往被认为比传统的交谈更加重要。虚构的主体性可能比'真实的'自我更具'本真性'。"④

所谓"虚构的主体性可能比'真实的'自我更具'本真性'"，应该是指电子媒介（包括手机）提高了人际交往的频率，扩大了交往的范围，增强了主体内在的丰富性。主体的建构并非在成年后就定型，它一直在交互中不断地重构，或可说电子时代的主体就是交互主体。这里的交互主体并非胡塞尔早年提及的交互主体性的理论，在胡塞尔那

---

① 基特勒. 留声机 电影 打字机 [M]. 邢春丽, 译. 上海：复旦大学出版社, 2017：17.
② 福柯. 主体解释学 [M]. 佘碧平, 译. 上海：上海人民出版社, 2005：4-7.
③ 波斯特. 信息方式：后结构主义与社会语境 [M]. 范静晔, 译. 北京：商务印书馆, 2000：156, 163.
④ 同③.

里，交互主体中的他人，是呈现在自我意识中的他者，所以是一个"他我"的概念。胡塞尔特别提出了"同感"这个术语，认为"同感是对陌生身体的感知和我对一个陌生意识的假定，它当然包含在我的意识联系中，并且，对于同一个确定的动机联系而言，同感以某种方式意味着一种联系，一种类似于那种与单纯事物感知相联结的联系，但它又是一种根本不同的联系"①。后来，这一术语又演变为"单子共同体""同一个世界的意识""一个共同的世界统觉"等。② 显然，胡塞尔希望不同的主体在现象学还原的基础之上建立起某种共识。然而，在后结构主义哲学家看来，主体的交互并非为了达成共识，因为每个主体都是开放的，且是不稳定的。既没有自明的主体，也没有一成不变的主体，只有在具体的语境和条件下逐渐形成的主体。例如德里达认为，主体是在语言中被建构的，语言是开放的、未完成的，所以主体本身也是无法完成的。朱迪斯·巴特勒则上承德里达的思路，认为主体不是个人，而是一个语言学结构；它不是给定的，而是一直在形成之中。③

这里的语言学结构说的是主体的自我认识和自我表述，即主体是在语言中逐渐形成的。不过说到语言，自我认识和自我表述的语言与日常语言没有什么本质的区别。没有什么器物比手机更像是一部语言机器，一部不断制造语言、传递语言、储存语言的机器。这不是事先设定程序的语言学习机，作为日常生活语言交流的机器，手机和固定电话没有多大区别；但是由于手机的私密性和随身携带性，它扩大了主体的交际范围，提高了交往频率，同时又有了交往中选择的自由。这一选择的自由使得交互的双方总是能在庞大的人群中找到相近的知音，而正是在类似知音的一个小范围内，主体才有相对稳定的建构语境。

人与人之间的基因差别是很小的，就这一点而言，不同的主体也许能达成胡塞尔所说的"同感"。然而，由于每个个体的经历和所处的环境是不相同的，因此在其开放的形成过程中，主体会呈现出多样性，这些多样性最后不会走向统一，或者处于"同一个世界的意识"之中，亦即不同的主体是在各自的语境中形成的，所以没有稳定的主体。因此也有学者认为，随着手机等现代传媒深度参与到人们的日常生活之中，"人作为传播主体与接受主体的主体性地位不断遭遇虚置"，而主体性虚置的多重表征则是降维的主体-极化的主体-透明的主体-偏见的主体。④

三

智能手机出现后，手机的功能有了一个飞跃！
当手机和互联网融为一体时，它不再仅仅是人际交往的媒介，也不再仅仅是人们情

---

① 胡塞尔. 交互主体的还原作为向心理学纯粹交互主体性的还原 [M] //倪梁康. 胡塞尔选集：下. 上海：上海三联书店, 1997: 853-854.
② 雷德鹏. 自我、交互主体性与科学：胡塞尔的科学构造现象学研究 [M]. 北京: 人民出版社, 2015: 203.
③ 王玉珏. 主体的生成与反抗 [M]. 北京: 北京师范大学出版社, 2018: 16-78.
④ 王敏芝. 算法时代传播主体性的虚置与复归 [J]. 苏州大学学报（哲学社会科学版），2021（2）.

感和隐私的庇护所，它几乎是人们进入社会各个领域的通道。当然，它首先是人们获取各种信息的媒介。年轻人在手机上获取娱乐和流行文化的资讯，老年人在手机上传播各类养生之道，爱好美食者在手机上晒各种美食，喜欢旅游的人在手机上交流天地山水间的乐趣。由于手机，我们已经成为信息饕餮者。每天睁开眼，我们就接收到大量的信息——有用的或是冗余的信息——这些没有经过甄别和筛选的信息，使我们感到外部世界存在的真实性，体会到周围世界的日新月异。

以前人们将手机比喻成人体器官，它仿佛是耳朵或眼睛的延伸；而今天再将手机看成是人类的器官，情形又有所不同。这是自然人从未有过的器官，它不是人体的自然性器官的技术延伸，也不是人工组装的人体单一器官（如假肢、假牙等）。手机更像是某种社会性器官，承担人们社会交际的综合性功能。

或许今天的手机可以被称为"无身体器官"，即手机这个器官不是针对特定人体的，这个器官是随时可替换的，没有与人体的匹配度问题。且手机的更新换代和款式的多样性在不断地诱惑着机主，迎合他们喜新厌旧的心理，因此在某些年轻人和"手机控"那里，这一"无身体器官"更换的频率还特别快。在一些年轻人那里，手机某种意义上就是使用者的皮肤和外观，就像他们不断改变自己头发的颜色、口红或者指甲油的颜色。

当然，本文所说的"无身体器官"与齐泽克意义上的"无身体的器官"并不相同，不过也有某种关联。齐泽克所谓"无身体的器官"是在讨论德勒兹等人的理论时所提出的，是对后者"无器官身体"说法的反驳。

器官与身体在弗洛伊德以来的有关欲望的理论中是一对有机的组合的概念：孩子在其身体的成长过程中，欲望的表征可分为口腔期、肛门期、生殖器期等。但是在德勒兹看来，欲望不能由具体的个别的器官来表征，因为"欲望不是部分客体"，也不是"组合主义/有机体系"。欲望"是一个反表征主义的概念，它是一种可以自我创造出表征/压抑情景的原始的流"，故而"最纯正的欲望就是力比多的自由流动"。① 德勒兹着重强调的是欲望的整体性和不可分割性，又认为"每一种器官都是平等的"，在非等级化的空间中，器官之间会呈现出无序的多样性。② 然而德勒兹关于欲望既是自由流动，身体又不是有机体的观点很难自圆其说。所以，齐泽克称《反俄狄浦斯》"被争相认为是德勒兹的最糟糕的著作"③。他反驳道："为什么是无器官身体？为什么不能（也）是无身体器官？为什么不是身体——这个自主性的器官可以自由流动的空间呢？"④ 其实身体也罢，器官也罢，它们都是物性的；相对于意识，相对于主体，身体本身就像是一个大器官。身体这个大器官所承担的生理功能保证了人体的平衡和协调运作，当其中的某些机体部分出现缺损时，另一些机体会接替和承担那部分有问题的机体的功能。由此可以说，身体与器官、理性与欲望、主体与无意识都是在具体语境中相对的概念区分，并无不可逾越的固定的边界，正如黑格尔在其《精神现象学》一书中所说的："自我意识就

---

① 齐泽克. 无身体的器官：论德勒兹及其推论 [M]. 吴静，译. 南京：南京大学出版社，2019：7.
② 同①.
③ 同①58.
④ 同①8.

是欲望。"① 意识作为精神现象,可以看作理性和欲望的共同根基。

齐泽克和德勒兹都赞同柏格森的观点:"因为人具有意识,而这正使得一个生命体最终能避开自己的物性(机体)界限,上升到具有神圣完满状态的纯粹精神的统一体。"② 而今,这个纯粹精神统一体受到了现代高科技的挑战,随着生命科学、生物科技和电子科技的结合,在工厂的流水线上,人类可以制造大量的无身体器官,医生也可以在人体中安装各类器官。这些装配线上的无生命症状的器官一旦进入人体,就成为可以互相替换的、没有个性特征的配件,安装在任何个体身上都行。相比这些无身体器官,智能手机具有不同的意义。特别是对于一出生就见证手机的"00后"一代人来说,手机就是人生成长的见证,是自我的重要组成部分。也就是说,当语音、文字和图像这三者结合在一起时,情况就发生了变化:手机既是互联网时代的新型大器官,又是我们的第二主体,或者说是社会性主体。也就是说手机曾经是我们情感和隐私的一部分,现在是我们主体中和社会联系最为紧密的部分;或者说主体一分为二,分为意志和表象(借用叔本华的概念),内在部分是不可知的(意志、物自体或者说本质),外在部分就是我们的表象,手机所呈现的一切就是我们的表象。例如我们在手机上的大量点赞,就如同我们对不同的人群报以同样的微笑。当然,在基特勒的理论逻辑中,我们甚至可以将智能手机看成是某种"机械主体"③,特别是当我们外出到陌生的地界,手机导航能不断修正我们的行进路线,似乎有某种自反性。不过,斯蒂格勒在他的《技术与时间》一书中不是这样解释的,他认为,技术的进展使得"物理学的无机物和生物学的有机物之间有第三类存在者,即属于技术物体一类的有机化的无机物"④。智能手机就是有机化的无机物。

四

现在,我们来看看手机这个"有机化的无机物"在我们身边发挥怎样的作用。应该说,某些时候手机像是某种特殊的器官,但更像是人们进入社会生活的必由路径。

当手机引导我们进入社会生活时,它既是一条宽敞的通道,同时又是一道严密的屏障。比如手机信号微弱,甚至手机没电,我们就会被整个社会排斥,社会对我们关上大门。因为互联网和信息环境使得社会把这一媒介用作监控社会人群的一个有效工具。今天的手机并非完全听命于手机使用者,它也是异己者,因为手机同时也在监控我们、限制我们。

这里有一个关键因素是手机实名制,应该说手机实名制是一种社会制度。跟随着这一制度安排,还有一系列相应的技术措施。我们在网络上购买车票,只有在身份证和手

---

① 黑格尔. 精神现象学: 上卷 [M]. 贺麟, 王玖兴, 译. 北京: 商务印书馆, 1979: 136.
② 齐泽克. 无身体的器官: 论德勒兹及其推论 [M]. 吴静, 译. 南京: 南京大学出版社, 2019: 9.
③ 温斯洛普-扬. 基特勒论媒介 [M]. 张昱辰, 译. 北京: 中国传媒大学出版社, 2019: 163.
④ 斯蒂格勒. 技术与时间: 爱比米修斯的过失 [M]. 裴程, 译. 南京: 译林出版社, 2012: 20.

机号对应后，才能进入下一个环节。另外，当我们用手机来支付票款时，也是一种社会性制度安排。手机支付带来了种种方便，而为这种方便所付出的代价是我们几乎所有的经济活动都在监控之中。在许多场合，人们没有现金支付的自由，据说有了手机支付后，现金支付就构成了麻烦，需要另一种系统方式来应对，也许某一天，人们会永远失去现金支付的自由。

在冯小刚的电影中，手机还没有实行实名制，所以它还没有成为一种异己的控制自身的工具，那时的网络监控技术还不发达，其他的配套措施尚未跟上。但是随着信息技术的发展和网络监控系统的完善，手机就成为社会统一管理的工具。也就是说人们自己掏钱购买监控自己的工具，且不断地更新这一工具，使之更高效。由此，可以说手机不是单纯的技术器物，不是只与个人自身功能相关的特殊器官，它是社会体制的一种新型的权力技术。福柯曾在《规训与惩罚》一书中把权力技术社会看成是监控社会，他借用边沁的"圆形监狱"的提法，将学校、医院、工厂等对个体有规训权力且会使个体产生精神压力的机构和场所看作现代意义上的全景监狱。福柯认为，现代社会不是一个景观社会，而是一个监视社会；在图像的表面下，深深地掩盖着身体；在交换的大抽象背后，继续进行着有生力量细致具体的训练；传播环路是积累和集中知识的支撑物；符号游戏规定了权力的停泊地；个人的美妙整体并没有为我们的社会秩序所肢解、压制和改变，而应说"个人被按照一种完整的关于力量与肉体的技术而小心地编织在社会秩序中"[①]。

上承福柯的思路，马克·波斯特在其《信息方式》一书中称："今天的'传播环路'以及它们产生的数据库，构成了一座超级全景监狱，一套没有围墙、窗子、塔楼和狱卒的监督系统。监督技术的数量增加导致了权力微观物理学中的质变。然而人民大众已经受到监督的约束，并参与这一过程。社会保障卡、驾驶执照、信用卡、借书证等，个人必须申办、必须随时准备好，并不断使用它们。每一次使用都被记录、编码并加进数据库中。在许多情况下，人们自己动手填表；他们便同时既是信息源又是信息记录器。"[②]

马克·波斯特在20世纪90年代提出"传播环路"和数据库时，显然没有料到短短十数年之后智能手机的魔力。手机简化了社会管理设施，加强了社会的技术性控制。如果说无处不在的摄像头是对人们的外在的监控，那么手机则是对人们的内在的监控，手机所搜集和汇总的数据，进入人们生活的每一个细小的角落，甚至你每一天行走的步数、每一分钟呼吸的次数都有意无意地成为监控对象。

在这种意义上讲，手机从主体演化为异己者，当人们用手机和他人交往时，人们知道什么信息可以交流，什么信息须谨慎应对。尽管是异己者，但手机是"亲密"的异己者，因为它和我们朝夕相处，目前它带给我们的方便大于麻烦。有了困惑或难解的问题，我们首先习惯于求助手机和手机背后的互联网。随着现代科技的进一步发展，人们依赖手机的程度越来越深，人们被监控的程度也就越深，范围也就越广。使用手机时留下的大量数据不仅揭示了机主的行踪，也泄露了他的思想与欲望。因此，美国老牌杂志撰稿人富兰克林·福尔称"数据就是新型石油"，因为科技巨头和大商家就是通过大数

---

① 福柯. 规训与惩罚：监狱的诞生 [M]. 刘北成, 杨远婴, 译. 北京：生活·读书·新知三联书店, 1999：243.
② 波斯特. 信息方式：后结构主义与社会语境 [M]. 范静哗, 译. 北京：商务印书馆, 2000：127.

据来牟利的。福尔在《没有思想的世界》中深深担忧的是，人们的思想和欲望被现代科技巨头全面控制。①

其实，哈贝马斯在《作为"意识形态"的技术与科学》一书中已经探讨了这个问题，他认为，技术由本来在人和自然的关系中解放人类的力量，变成了一种政治统治的手段。②③ 是否可以说今天的手机的功能是哈贝马斯这一观点最好的例证？

当然，对技术进步持怀疑态度的哲人历来都不少。卢梭在《论科学与艺术》一文中认为，技术进步导致道德的败坏和人欲的横流。海德格尔则害怕技术的包围使我们成为"无根的人"，使我们自然人的地位受到侵蚀。"现在存在的东西被现代技术的本质的统治地位打上了烙印，这种统治地位已经在全部生命领域中通过诸如功能化、技术完善、自动化、官僚主义化、信息等可以多样地命名的特色呈现出来。"④

在海德格尔的年代，技术还谈不上是全面、全天候、无缝控制人的力量，但是今天这一切都逐渐成为现实，社会成为英国电视剧《黑镜》所预言的社会。也许某一天手机这个"亲密的"异己者会成为"可恶的"异己者！它使我们动辄得咎。

---

① 嵇心. 科技巨头的入侵与威胁：读《没有思想的世界》[J]. 书城，2021 (5).
② 斯蒂格勒. 技术与时间：爱比米修斯的过失 [M]. 裴程，译. 南京：译林出版社，2012.
③ 哈贝马斯. 作为"意识形态"的技术与科学 [M]. 李黎，郭官义，译. 上海：学林出版社，1999.
④ 海德格尔. 同一与差异 [M]. 孙周兴，陈小文，余明锋，译. 北京：商务印书馆，2011：64.

网络的圈子化：关系、文化、技术维度下的类聚与群分*

□ 彭 兰

摘 要

圈子是网络人群的一种重要关系模式，圈子化也是圈层化的一个方面。关系、文化和技术三种力量共同影响了网络的圈子化。网络赋予了人们重构关系圈子的可能性，但现实中的差序与关系约束仍难以摆脱。亚文化依靠其文化边界构建起另一类圈子，部分亚文化圈子还在走向组织化，而文化资本对于亚文化圈子有着特别的意义。网络技术及产品，也推动了用户的圈子化。在三种力量的共同作用下，人们会被各种不同的圈子"圈"住，人们的利益诉求、态度立场、行为模式等，会受到他们所在的各种圈子的影响。

关键词

圈层化；圈子；社会资本；文化资本；亚文化

作者简介

彭兰，中国人民大学新闻学院教授。

网络用户的圈层化，是近来开始受到关注的一个现象。但对这个概念，研究者大多并没有严格的界定，也没达成共识，多数时候，人们提到的圈层，似乎只是社群或小群体的另一种表达。但从对网络用户聚集与分化模式的深层观察来看，圈层化既包括圈子化，也包括层级化。本文将重点从圈子化角度分析网络圈层化的形成机制及影响。

一、圈子与社会网络、社区、群体

圈子是以情感、利益、兴趣等维系的具有特定关系模式的人群聚合。圈子的关系模式特点，体现为圈子成员构成的社会网络结构的特殊性，根据社会学学者的研究，圈子

---

* 彭兰. 网络的圈子化：关系、文化、技术维度下的类聚与群分 [J]. 编辑之友，2019 (11).

结构的群体中心性往往很高,圈子内关系既亲密,又具有一定的权力地位不平等特征。圈子内关系强度很高,关系持续很久,社会网密度很大。此外,圈子往往容易发展出自我规范——可能是被社会认可的规范,也可能是"潜规则"①,圈子是情感和利益交融、圈内圈外交往规则有别的特殊社会网络②。

在社会学的研究领域,圈子这个概念更多地被应用于中国人的关系情境。一些研究者将圈子分为血缘、业缘、趣缘等类型。对于传统社会中的圈子的研究较多集中于血缘、业缘圈子的研究,如以自我为中心的圈子,以及组织或行业中的圈子等,研究主要关注对圈子起着维系作用的关系以及圈子所带来的圈子文化等。进入网络时代,研究者对基于趣缘的网络中的文化圈子关注较多,但对传统的关系圈子在网络中的延伸及变化的研究相对较少,对其他新型圈子的关注也不多。

目前对网络圈子的界定,学界也并没有达成共识。一种定义是:"社会成员基于不同缘由,以社会关系的远近亲疏作为衡量标准,通过互联网媒介平台集聚与互动,所建立并维系的一个社会关系网络。"③ 这一界定基本沿用了传统的关系圈子定义,另有研究者则在界定时强调网络圈子成员在兴趣、爱好上的共同点和文化上的认同④或网络圈子的边界⑤。

本文希望将研究对象拓展到网络中不同类型的圈子,以探究影响网络圈子化的多种因素。不同类型的网络圈子形成的机制不同,维系纽带有所不同,有的有明确边界,也有的没有明确边界。所以本文不以维系要素或边界作为界定圈子的主要标准,而更多地参照传统圈子研究中总结的社会网络结构特征来界定圈子,即关系强度高、存在权力地位的不平等、圈内圈外有别,同时也关注圈子中形成的规范甚至独特的文化。

圈子不同于一般的网络社区。网络中人群会聚的地方都可以被称为社区,网络社区强调的是空间的边界,但社区中人的关系模式可能是多样的。圈子不一定局限于某一特定空间,但其成员的利益诉求、文化特征或行为模式等会有相似之处。相比严格意义上的群体,即有明确的成员关系、持续的相互交往、一致的群体意识和规范、分工协作并有一致行动的能力⑥这样的关系模式的群体,某些圈子的社会关系可能相对松散一些。

当然,网络中的圈子,与网络社区、群体等有着相似性或交集,有些甚至会局部重合,但社区、群体等研究,主要关注的是网络中人群的聚集,而当我们在圈子这一视角下进行研究时,还应关注人群的分化。从早期松散的网络社区,到今天越来越多的紧密连接的网络圈子,这也是网络社会与现实社会逐渐融合的一个结果。

以往的研究揭示了关系或社会资本在圈子形成中的关键作用,而在网络情境下,文化与技术的区隔也会带来不同的圈子。本文从社会资本连接的关系圈子、文化资本驱动的亚文化圈子以及技术应用区隔形成的产品圈子三条线索入手,分析网络中的圈子现象。

---

① 李智超,罗家德. 中国人的社会行为与关系网络特质:一个社会网的观点 [J]. 社会科学战线,2012 (1).
② 龚虹波. 论"关系"网络中的社会资本:一个中西方社会网络比较分析的视角 [J]. 浙江社会科学,2013 (12).
③ 朱天,张诚. 概念、形态、影响:当下中国互联网媒介平台上的圈子传播现象解析 [J]. 四川大学学报(哲学社会科学版),2014 (6).
④ 闫翠萍,蔡骐. 网络虚拟社区中的圈子文化 [J]. 湖南社会科学,2013 (4).
⑤ 隋岩,陈斐. 网络语言对人类共同体的建构 [J]. 今传媒,2017 (5).
⑥ 同⑤.

二、以社会资本为纽带：现实关系圈子在网络中的延伸

个体在现实中的各种关系圈子大都会延伸到网络中，网络在某些方面重构着人们的关系圈子，但在某些方面又在强化着现实的关系网络及其力量。

（一）网络赋予的关系圈子重构能力

现实圈子中的一种典型圈子是以自我为中心的圈子，费孝通有关中国社会关系结构的差序格局理论形象地说明了这种圈子的特性，也广为学者所接受。费孝通认为："我们的社会结构本身和西洋的格局是不相同的，我们的格局不是一捆捆扎清楚的柴，而是好像把一块石头丢在水面上所发生的一圈圈推出去的波纹。每个人都是他的社会影响所推出去的圈子的中心。被圈子的波纹所推及的就发生联系。"① 虽然一些国外学者的研究也发现，差序格局的圈子并非中国社会独有，但在中国，在各类社群中，圈子占有更大的比重。②

在进入互联网时代后，传统意义上的关系圈子在网络中一度是被抑制的，因为早期的网络互动主要基于虚拟关系，挣脱现实关系的自由交流正是网民向往的，但随着强关系社交平台的发展，现实中的圈子，也逐渐被复制到网络中。网络也在一定程度上使个体在关系圈子的构建与管理方面拥有了更多的自主性。

以个体为中心的关系圈子，在网络中多是以社交平台好友（或关注对象）的形式出现的，个体可以根据需要构建多种类型的圈子。平台、分组、互动方式、互动频率等，可以揭示出关系的远近。相比现实社会，一方面，个体圈子有了更多扩张的可能，很多萍水相逢的关系可以通过网络互动转化为亲密关系或强关系，成为个体圈子中的一分子；另一方面，个体可以进行圈子关系的再定义，现实社会中的亲戚关系这些强关系，在网络圈子里可能会被弱化或被边缘化。同时，通过社交平台的好友管理等功能，个体的圈子可以更完整地被描绘出来，也可以说是可视化了。个体也可以对自己圈子中的关系进行权衡，对不同性质、距离的关系对象，也可以用不同策略进行关系管理与互动。

网络也为新的集体层面的圈子构建提供了可能，新型的职业共同体的圈子，就是其中的典型。相比以往跨越组织、地域的职业共同体（如协会、学会等），网络中的新的职业共同体圈子，能更多地体现成员群体及个体的意愿，它也是对现实中的职业共同体权力关系的一个重构过程。抱团取暖成为这类圈子的一个主要目标。与传统的职业共同体相比，价值观的认同在新共同体的形成与维系中作用更为显著。当然，圈子成员在价值观方面的认同并不稳定，在一些事件、话题等的激发下，成员间的差异、冲突会逐渐暴露，有时甚至会很激烈，也可能会发生退出圈子（如退群）的行为。

---

① 费孝通. 乡土中国 [M]. 北京：生活·读书·新知三联书店，1985：23.
② 张江华. 卡里斯玛、公共性与中国社会：有关"差序格局"的再思考 [J]. 社会，2010（5）.

此外，这些基于网络互动形成的职业共同体圈子，也可能加剧行业内的小圈子化，甚至带来行业内部的割据与分裂。

(二) 网络关系圈子中难以挣脱的现实差序与约束

尽管个体在网络中在构建以自我为中心的圈子以及加入某些圈子方面有了更多自由，但并不能完全摆脱现实的差序格局，在一些圈子（例如组织的圈子）里，权力结构和群体氛围对成员的约束也是明显的。

罗家德等学者将组织中出现的利益导向的、边界相对模糊、非对抗性的人际关系结构也称为圈子。组织中的圈子追逐权力、资源，并按一定的规则对其进行分配。[①] 它们也越来越多地以封闭社区的方式（在中国目前主要是微信群）复制到虚拟世界。

以往的研究揭示，圈子的利益导向本质，使得组织中的圈子以资源分配者为中心：谁拥有权力，谁分配资源，谁就成为圈子的中心。若组织刚好仅存在一个圈子，那圈子与正式组织的重合性会相当不错。[②] 也就是说，很多时候，组织中的领导仍然是其圈子的中心。当这样的圈子迁移到网络中，特别是以微信群这样的方式存在时，可以想象，多数情况下，组织中的权力关系并不会在对应的网络圈子中颠覆，有时反而可能是强化，人们在权力面前的情绪敏感与失态[③]仍然存在，甚至因为互动的公开性，这种情况会更为明显。

相比线下，网络平台可以增加成员间的互动频率与强度，同时，原本在线下可能属于一对一的交流在线上往往展现在所有圈子成员面前，特别是在微信群这样的封闭空间里，这就更容易形成群体压力。在圈子互动中的社交表演、社会比较，也会使个体受到来自关系的束缚与压力。[④] 总的来看，线上圈子会强化同质性与从众性，人们的自由意志与个人意愿被抑制。

有研究者曾分析中国社会的圈子对成员的负面影响，如圈子对部分成员的过度索求及对个体意愿的抑制，导致成员在圈内人际关系上过度投资，加重成员人际交往时的道德顾忌和心理负担等。[⑤] 这些情况在网络的圈子中依然存在，甚至某些时候更为突出。但即使如此，在综合权衡得与失后，多数个体还是会选择留在圈子里。

(三) 网络关系圈子中个体社会资本的增强与集体社会资本的不足

人们如何建构自己的关系圈子，如何抉择在各种关系圈子中的去留，其中的核心考

---

① 罗家德，周超文，郑孟育. 组织中的圈子分析：组织内部关系结构比较研究 [J]. 现代财经（天津财经大学学报），2013 (10).
② 同①.
③ 蔡宁伟. "圈子"研究：一个聚焦正式组织内部的文献综述和案例研究 [J]. 华东理工大学学报（社会科学版），2008 (3).
④ 彭兰. 连接与反连接：互联网法则的摇摆 [J]. 国际新闻界，2019 (2).
⑤ 龚虹波. 论"关系"网络中的社会资本：一个中西方社会网络比较分析的视角 [J]. 浙江社会科学，2013 (12).

虑因素与社会资本相关。法国学者布尔迪厄认为，社会资本是"实际或潜在资源的集合体，他们与或多或少制度化了的相互认识与认知的持续关系网络联系在一起……通过集体拥有的资本的支持提供给他的每一个成员"。美国学者科尔曼继承了布尔迪厄的观点，并进一步指出，社会资本不仅是增加个人利益的手段，也是解决集体行动问题的重要资源。美国政治学者罗伯特·帕特南则主要用这个概念来指称社会组织所具有的某种特征，如信任、规范和网络，它们会通过产生合作行动来增加社会的公共利益。① 而华裔学者林南更多地从个体层面来研究社会资本，他认为，社会资本是行动者在行动中获取和使用的嵌入在社会网络中的资源。② 他的界定更适合于解释中国人的关系圈子。

社会资本与个体所处的社会网络相关，而互联网的使用，对于社会网络的扩张、重构具有显著作用。互联网也有助于促进圈子成员之间的互动，圈子成员在有了更多感情联络、相互了解与信任的基础上，利益互惠或集体行动也会更频繁，也就有可能给成员带来更多的社会资本。

圈子给成员带来的归属感甚至阶层感，也是一种社会资本。林南认为，人们通过等级制结构中的位置（如一个组织）控制的资源，也是社会资本的一种表现，社会关系的位置资源通常比自我的个人资源有用得多，因为位置资源唤起的不仅是人嵌在组织中的位置上的资源，还包括组织自身的权力、财富和声望。③ 虽然网络中的圈子不一定都具有组织那样的资源，但某些圈子也会因自己的名声而拥有更多获得社会资源的潜力，甚至有些圈子相对其他同类圈子拥有更多的权力。因此，如果个体能进入某些有影响力的圈子，就有可能搭上这些圈子的便车。相比现实社会，互联网为人们在不同圈子之间流动，特别是进入超出现实社会阶层的圈子带来了可能。

网络的特点，使得人们可以对于社会资本的投入或回报进行更好的控制。林南所称的关系理性在网络圈子中可以更好地实现，即在参与社会交换时，充分考虑关系中相对于成本的收益，以获得更多的认可、名声。④ 尽管它也会带来对个体约束的一些负社会资本。

但我们也需要意识到，布尔迪厄、科尔曼、帕特南等都强调社会资本在集体层面的体现，帕特南等甚至强调社会资本的公共利益目标。基于此，翟学伟认为，社会资本的本意讨论的是社会中的个体自愿连接的方式，诸如市场、俱乐部、志愿者和非政府组织等，而信任、规范与互惠等就是这些连接的黏合剂，但在中国的传统社会中，形成这样的自愿连接及社会资本的机制相对缺乏。⑤ 在网络关系圈子里，这一点似乎并没有发生根本改变。虽然网络中也有一些圈子，例如前文提到的新型职业共同体圈子，有可能推动集体层面的社会资本的生产，但是，对于公共利益的贡献仍然是有限的。有时圈子间相互的争斗甚至会损害公共利益。

虽然帕特南所说的社会资本的公共利益目标并不一定是共识，但从社会进步的角度

---

① 周红云. 社会资本：布迪厄、科尔曼和帕特南的比较[J]. 经济社会体制比较，2003（4）. 布尔迪厄，又译"布迪厄"。
② 林南. 社会资本：关于社会结构与行动的理论[M]. 张磊，译. 上海：上海人民出版社，2005.
③ 同②.
④ 同②.
⑤ 翟学伟. 是"关系"，还是社会资本[J]. 社会，2009（1）.

看，的确需要将公共利益和福祉作为社群行动的重要目标之一。或许超越关系这一诉求局限，超越关系圈子这种相对封闭的人群聚合模式，才能更好地接近这一目标。

三、文化区隔与文化资本追逐：网络建构的亚文化圈子

网络时代，基于网络空间互动，也出现了超出传统关系的另一类圈子，那就是亚文化圈子。

早期亚文化研究更多关注因弱势身份聚集在一起的亚文化人群，而今天很多的亚文化人群则可以视作被原子化、碎片化的个体重新建构社群意识时所结成的新的共同体或新的生活方式，亚文化人群也不再一定是越轨或对抗主流文化的[①]，这在今天的网络中表现得更为突出。

网络亚文化人群有很强的内外有别的意识，但并非所有亚文化人群都能形成强烈的群体意识或集体行动，相比"群体"这个概念，或许"圈子"这个词更能反映网络亚文化人群的聚合特点，当然，一个亚文化圈子里可能会有一些小群体存在。人们通过亚文化构建了一个特定的小世界，在获得文化消费、生产、归属感等满足的同时，也在追逐文化资本。

（一）消费、生产、模因：亚文化圈子的文化边界形成

亚文化圈子不一定都吻合传统圈子的界定，不一定有明确的由成员构成的社会网络，但它们都会有自己的文化边界，圈内文化相对圈外文化有显著的差异。在伯明翰学派看来，亚文化是通过自己的风格体现的。[②] 对于网络亚文化来说，这种文化边界或风格是以其初始特征为基础，由成员的消费与生产来强化的。

中国年轻用户中盛行的二次元文化，便具有典型的文化边界。"二次元"一词源自日本，它在日文中的原义是二维空间、二维世界，日本的漫画、动画、电子游戏爱好者用这个概念指称这三种文化形式所创造的虚拟世界、幻象空间。有学者指出，二次元文本虽然丰富多元，但最流行的作品仍普遍具有相似的审美趣味，如架空的世界观、幻想类作品、唯美酷炫的视觉效果、后现代式的叙事等[③]，与此相关，二次元文化也有其独有的语言系统。

二次元文化的爱好者，首先是通过二次元产品的消费实现对这一文化的追逐与认知的，这既包括对内容的消费，也包括对周边产品等实体产品的消费。但二次元爱好者并不只是被动的消费者，作为大众文化粉丝中的一类，二次元爱好者也充分体现了他们对

[①] 孟登迎. "亚文化"概念形成史浅析[J]. 外国文学，2008（6）.
[②] 胡疆锋，陆道夫. 抵抗·风格·收编：英国伯明翰学派亚文化理论关键词解读[J]. 南京社会科学，2006（4）.
[③] 何威. 二次元亚文化的"去政治化"与"再政治化"[J]. 现代传播（中国传媒大学学报），2018（10）.

文本的投入与生产能力，正如美国学者约翰·费斯克在《理解大众文化》一书中所指出的："他们的着迷行为激励他们去生产自己的文本。"[1] 作为产消合一者，二次元爱好者的生产过程，也典型地反映了美国学者亨利·詹金斯所提出来的"文化挪用的过程"[2]，无论是通过弹幕等评论机制，还是通过同人文本的创作。[3] 在生产中，二次元爱好者将自己对二次元文化的理解与再创造进行扩散，不同用户在相互学习、相互借鉴过程中，巩固了二次元文化的特征。

二次元文化的产消过程，也在影响着二次元文化圈内部的权力分层。有研究者指出，对二次元知识量的积累程度，决定了粉丝在社群中的地位。[4] 这也印证了费斯克的观点，在粉丝文化中，如同在官方文化中一样，知识的积累对文化资本的积累是至关重要的。[5]

亚文化圈子中的消费与生产，往往是在大量的模仿与被模仿中实现的，由此形成的文化模因，对于亚文化特征的形成与稳固，具有特别的意义。模因又译迷因、觅母、米姆、迷米、弥母等，《牛津英语词典》的解释是"以非遗传的方式（如模仿）传递的文化元素"。1976年，理查德·道金斯在《自私的基因》一书中首次将通过模仿而传播的文化基因称为模因。他认为模因是一种文化传播或文化模仿的基本单位，它通过从广义上被称为模仿的过程从一个大脑转移到另一个大脑，从而在模因库中进行繁殖。模因库里有些模因比其他模因更为成功。就如基因一样，具有更强生命力的模因的特征包括长寿、生殖力和精确的复制能力。[6]

作为一种新生的文化，网络文化的形成与传播，完全基于网民的自发行为，没有外在的控制力量，模因在其中的作用就被凸显出来，在网络亚文化传播中更为明显。就像病毒传播一样，网民也有对特定模因的易感体质和非易感体质。国内心理学者从社会心理学角度指出，网络模因的自我复制实际是基于传播者的模仿意愿和行为，这种传播并非传染而是依赖于个体寻求社会认同的心理需要和个体从众博弈的决策结果。[7]

模因的传播，不仅使特定人群被打上某种文化基因的烙印，也为亚文化圈子画出一条边界。对于二次元文化来说，视觉符号、文本特征、语言风格等，都是具有较强生命力的模因，它们易于辨识与记忆、易于模仿与复制，因此，在二次元爱好者的内容生产中，其会得到传承。

二次元逐渐形成的文化边界，也被称为"次元之壁"。有研究者指出，中国的二次元爱好者，采取"次元之壁"这样的隐喻性修辞，建构了一道想象性的壁垒，壁垒之内的世界是一个封闭自足的亚文化圈子，从而将"家事国事天下事"等"三次元"的话题

---

[1] 费斯克.理解大众文化[M].王晓珏，宋伟杰，译.北京：中央编译出版社，2001：173-174.
[2] 詹金斯，杨玲.大众文化：粉丝、盗猎者、游牧民：德塞都的大众文化审美[J].湖北大学学报（哲学社会科学版），2008（4）.
[3] 林品.青年亚文化与官方意识形态的"双向破壁"："二次元民族主义"的兴起[J].探索与争鸣，2016（2）.
[4] 陈一愚.网络群体传播引发的二次元文化现象剖析[J].青年记者，2016（18）.
[5] 费斯克，陆道夫.粉丝的文化经济[J].世界电影，2008（6）.
[6] 道金斯.自私的基因[M].卢允中，张岱云，陈复加，等译.北京：中信出版社，2012.
[7] 窦东徽，刘肖岑.社会心理学视角下的网络迷因[J].北京师范大学学报（社会科学版），2013（6）.

隔离在壁垒之外。① 但在各种因素推动下，主流文化与网络亚文化之间的沟通交流、相互理解，也即"破壁"，成为政治、资本、学界和媒体的迫切需求。② 也有学者提出了"二次元民族主义"这一概念③，即将国家民族相关话语转换成可以投射情感认同的"萌化"编码系统，这也意味着，二次元文化呈现出一个从去政治化到再政治化的过程。④

拥有"次元之壁"的二次元圈子也会出现这样的转化，说明亚文化圈子并非完全与世隔绝，它们也会与主流文化和其他亚文化进行对话，甚至谋求在一定程度上主流化，但是，这种主流化是以亚文化本身所特有的方式实现的。虽然看上去"次元之壁"被打破了，但它隐形的文化壁垒仍是存在的。

（二）社会认同、集体行动与自组织机制：部分亚文化圈子的组织化

网络中的部分亚文化圈子，不仅有着文化边界，其成员也有明确的身份认同和归属感，在持续的互动中甚至在向组织化发展。饭圈便是其中的一个代表。

饭圈是指某个（或某几个）偶像的粉丝们组成的共同体圈子，饭圈是一个统称，在网络中，以不同的偶像为中心会形成不同的饭圈，彼此之间界限清晰，甚至时有冲突。今天的饭圈，粉丝们对作品的再生产及文化的挪用也存在，饭圈的语言符号就是这样一种文化挪用的产物。它们既部分借用了二次元的语言符号，又夹杂着拼音缩写、英文缩写等形式，如"唯饭"（一个组合里只喜欢其中一个人的粉丝）、"本命"（自己最喜欢的偶像）、"zqsg"（真情实感）、"nbcs"（没人在乎）等。

但饭圈对粉丝文化的发展，更多的是从群体互动、集体行动（如应援、打榜、抢博、控评、反黑等）层面体现出来的。如研究者的观察，饭圈已经发展为一种特有的文化现象，粉丝们的行为不再盲目，相反变得组织化、规则化、程序化、纪律化。⑤

饭圈强大的行动能力，意味着粉丝不再仅仅是偶像的崇拜者，也成了偶像的养成者。"粉丝在某种意义上成为明星的股东，粉丝的消费权也就具备了众筹资本权利的性质。"⑥ 虽然对饭圈的行为，也有很多批评与质疑的声音，但一些粉丝也在用行动回击对他们的质疑，努力营造理性、热衷公益、爱国等新的粉丝形象。

对于粉丝来说，进入饭圈，除了基于对偶像的喜爱及自我投射心理，或对想象的与偶像的亲密关系的需要外⑦，还基于社会认同的需要。最早提出社会认同概念的泰弗尔将社会认同定义为："个体认识到他（或她）属于特定的社会群体，同时也认识到作为群体成员带给他的情感和价值意义。"个体通过社会分类，对自己的群体产生认

---

① 林品. 青年亚文化与官方意识形态的"双向破壁"："二次元民族主义"的兴起 [J]. 探索与争鸣，2016 (2).
② 高寒凝. 次元之壁的缝隙：破壁的可能性与必要性 [J]. 中国图书评论，2018 (8).
③ 白惠元. 叛逆英雄与"二次元民族主义"[J]. 艺术评论，2015 (9).
④ 何威. 二次元亚文化的"去政治化"与"再政治化"[J]. 现代传播（中国传媒大学学报），2018 (10).
⑤ 吕鹏，张原. 青少年"饭圈文化"的社会学视角解读 [J]. 中国青年研究，2019 (5).
⑥ 同②.
⑦ 高寒凝. 虚拟化的亲密关系：网络时代的偶像工业与偶像粉丝文化 [J]. 文化研究，2018 (3).

同，并通过对内群体与相关的外群体的有利比较，实现或维持积极的社会认同以提高自尊。①

社会认同心理说明了圈子边界的存在价值，也可以在一定程度上解释粉丝参与饭圈行动的动力。对于粉丝来说，对自己所属的"圈"的努力付出，以及与其他"圈"的厮杀，都是维持其社会认同的主要方式。粉丝不仅是为自己的"爱豆"而战斗，也是为了自己所在群体的优越性在"战斗"，而群体的优越性最终也会转化为对自我价值的肯定。对于人微言轻的普通个体，特别是没有太多社会资源，在学业、工作等方面难以快速获得满足感的年轻人来说，以某个饭圈为依托，借助集体的力量来获得成就感，或许更容易让他们提升对自我价值的认同，饭圈成员共同奋斗获得的集体社会资本，也会在某种程度上转化为个体的社会资本。

饭圈大规模、持续的集体行动之所以能协调有序地进行，也依赖于组织机制。在此基础上，饭圈的组织化越来越显著，有明确目标和分工，拥有相应资源，成为在"统一意志之下从事协作行为的持续性体系"②。在严密的分工合作基础上，饭圈也形成了自己的等级，特别是应援会这一机制推动了结构清晰、分工明确的粉丝阶层的形成。③

饭圈在制定目标、协同行动、争取资源等方面的机制，对于在网络社会中形成新的共同体组织具有启发意义。但是，从其行动目标来看，饭圈仍是狭隘的，加之一些粉丝的极端行为，以及少数成员的权力垄断甚至腐败，饭圈离帕特南所倡导的以公共利益为目标的社会组织仍有距离。

不同偶像的饭圈之间会频繁地发生冲突，这是饭圈的另一个常态景观，也说明了圈子化的另外一个结果，那就是不同人群的分化与冲突的加剧。这种冲突，一方面是源于粉丝对自己所在群体的认同与对外群体的排斥，另一方面也源于对文化资本、社会资本等的争夺。

（三）区隔、增强与竞争：亚文化圈子中的文化资本

对于亚文化圈子的形成与维系来说，除了社会资本的动因外，文化资本的驱动作用也十分显著。

文化资本这一概念来源于布尔迪厄。布尔迪厄认为文化资本有三种存在形态：其一是一套培育而成的倾向，这也是一种身体化的文化资本；其二是以涉及客体的客观化形式存在，如书籍、艺术品等；其三是以机构化的形式存在，主要指教育文凭制度。④ 同时，布尔迪厄将家庭和学校看作最重要的两个文化资本传承场所。⑤ 在新媒体时代，对于文化资本的获得与传承，家庭和学校的作用在削弱，尤其是家庭，网络成了文化资本

---

① 张莹瑞，佐斌. 社会认同理论及其发展 [J]. 心理科学进展, 2006 (3).
② 郭庆光. 传播学教程 [M]. 北京：中国人民大学出版社, 1999: 100.
③ 马志浩，林仲轩. 粉丝社群的集体行动逻辑及其阶层形成：以 SNH48 Group 粉丝应援会为例 [J]. 中国青年研究, 2018 (6).
④ 斯沃茨. 文化与权力：布尔迪厄的社会学 [M]. 陶东风, 译. 上海：上海译文出版社, 2006.
⑤ 朱伟珏. "资本"的一种非经济学解读：布迪厄"文化资本"概念 [J]. 社会科学, 2005 (6).

生产与传承的新场所。

网络亚文化圈子对文化资本的影响，会从趣味方面体现出来。在布尔迪厄看来，趣味这样的看似主观和个人化的观念，其实都展现出了结构性特征[1]，折射着个体的社会地位、经济资本和文化资本，因此，趣味对人群的区隔有着重要作用[2]。虽然布尔迪厄将趣味看作特定阶级及其习性的必然产物，但是，今天的时代与布尔迪厄那个时代有了很大的变化，经济条件普遍改善，社会阶层在进一步分化，趣味也就不再囿于"统治阶级的区分意识、中小资产阶级的'良好文化意愿'和民众阶级的'必然选择'"[3] 这样的区分，或者统治阶级的"对自由的趣味"与工人阶级"对必需品的选择"两者的对立[4]，影响趣味区隔的因素更多样，趣味的区隔更为细分和复杂。

亚文化圈子作为一种新的社会结构，虽然基本上不能实质性地改变人们在现实社会中的阶层，但它们在文化维度上带来了人群的新聚合模式，提供了新的文化实践场所与实践方式，在文化习性与趣味的培养上，它的作用不亚于甚至某些时候可能会超出学校与家庭。每个圈子的人群在努力地制造出属于自己圈子的特定趣味，以标识圈子边界，亚文化与主流文化之间、不同亚文化之间的区隔，在一定程度上也是趣味的区隔。独有的趣味也可能成为圈子成员满足感的一个来源，为其在心理上带来文化资本的获得感与增强感。

对亚文化趣味的选择，也是人们对自己的社会位置的一种主动定位。因为"趣味发挥着一种社会定向，一种'感觉到自己的位置'的功能"[5]。同样，与趣味相关的文化资本也具有标志等级的功能，尤其是生活方式、文化消费等文化资本是客观阶层地位的指示器。[6] 在新媒体平台中，生活方式、文化消费等会通过亚文化的方式体现出来，特别是对于年轻人群来说，进入某种网络亚文化圈子，可以给人打上这一亚文化的相应标签，进入网络文化中的某个特定层级。虽然很多网络亚文化在官方或某些人群看来是非主流的，但是对于年轻人群来说，这些亚文化反而是主流的。不进入这一代人的主流，就有可能被同代人鄙视、抛弃。

费斯克在借用布尔迪厄的文化资本的概念基础上，进一步提出了官方文化资本与通俗文化资本这一对概念。他认为，官方文化资本经常与经济资本联袂制造出社会特权和区隔。但与官方的文化资本对应的，还有一种通俗文化资本，粉丝是这种通俗文化资本的积极创造者和使用者。粉丝通常利用自己所获取的知识和品味来填补他们实际所有的（或官方的）文化资本与他们能够感受到的真正资本之间的可见的差距。[7] 费斯克关于通俗文化资本对粉丝的意义的解释，在一定意义上也可以推及今天更广泛的亚文化人群。通过对亚文化的认同，以及相应的消费、参与，人们可以获得用传统渠道难以获得的文化资本，特别是身体化的文化资本，某些时候文化资本最终也可能以某种方式转化

---

[1] 赵超. 知识、趣味与区隔：《区分：判断力的社会批判》评介 [J]. 科学与社会，2016 (2).
[2] 刘晖. 从趣味分析到阶级建构：布尔迪厄的"区分"理论 [J]. 外国文学评论，2017 (4).
[3] 同[2].
[4] 斯沃茨. 文化与权力：布尔迪厄的社会学 [M]. 陶东风，译. 上海：上海译文出版社，2006.
[5] 同[4]89.
[6] 肖日葵，仇立平. "文化资本"与阶层认同 [J]. 国家行政学院学报，2016 (6).
[7] 费斯克，陆道夫. 粉丝的文化经济 [J]. 世界电影，2008 (6).

为社会资本甚至经济资本。

文化资本也是一种权力资本①，而文化资本的争夺，往往在一些特定的场域中展开。布尔迪厄将场域看作一个围绕特定的资本类型或资本组合而组织的结构化空间，场域也是为了控制有价值的资源而进行斗争的领域。文化资本是知识分子场域最主要的财富及竞争目标。② 在传统时代，知识分子场域主要体现为学术界、文学艺术界等，对于普通人来说，他们参与文化资本竞争的可能性很小。即使是知识分子，如果他们是后来者，要挑战那些已经获得权威文化地位的人也很难。但网络为文化资本的竞争提供了新的场域。

学者蔡骐指出："整个趣缘文化世界就是一个场域，而整体的趣缘文化又在社会的支配性规则中被划分为若干处于不同位置的小'场域'。各个趣缘圈子在互动、冲突、联盟、分化中展现出复杂的关系结构。"③ 亚文化圈子的成员，既可以以其整体力量博取圈子影响力的提升以便在网络场域中争夺文化资本，甚至是客体化的文化资本，如二次元圈子那样，也可以通过提升个体的亚文化知识与生产能力提升在圈子内部的位置，来获得更多的自我认定的文化资本。

四、技术产品区隔：网络圈子化的另一种路径

在网络中，每种具体的技术或产品（应用）本身也可以造成不同的社会圈子。这种社会圈子相对上文所定义的圈子，内涵更丰富，但在某种意义上也可视作一种圈子。

媒介即信息，一个技术产品是一个具体的媒介，每种产品也有自己特定的信息。由于用户定位、支持技术、性能、使用方式、界面设计、互动规则、运营模式、产品营销以及文化认同等因素的影响，不同的产品会吸引不同类型的人群，也会形塑成员的行为模式，甚至可能形成其独有的文化，因而使用同一产品的人，也成为一个社会圈子。当然，在一个产品圈子里，还会存在大量的小圈子。

从用户方面来看，人们使用或不使用某种产品，除了功能、用户体验等方面的考虑外，很多时候，也会参照他们所属的社会群体、他们好友的选择，特别是对于社交产品来说，人们的选择一定会与其主要社交圈子相关，只有和他们要交流的对象在同一平台上，社交产品才有意义。

在即时通信工具的选择上，人群的自然分化已经显现出来。作为早期两大即时通信工具，MSN与QQ的用户群体有着显著差异。QQ更适合喜欢交际、娱乐的人，特别是年轻人，而MSN则更适合商务人士。今天，同属腾讯公司产品的QQ和微信，在使用人群上也有所差异。"00后"用户比较偏向使用QQ，这既是因为他们从接触网络之初就在使用QQ，已经对这一平台产生依赖，其核心社交圈子也在QQ上，同时也是因

---

① 斯沃茨. 文化与权力：布尔迪厄的社会学 [M]. 陶东风, 译. 上海：上海译文出版社, 2006.
② 同①.
③ 蔡骐. 网络虚拟社区中的趣缘文化传播 [J]. 新闻与传播研究, 2014 (9).

为他们想远离自己的父母、亲戚所在的微信平台,而近几年才进入网络世界的大批老年用户,基本上都只会使用微信。

每一种产品平台上用户的互动,会强化圈子及圈子文化,并导致产品的符号化、标签化。如布尔迪厄认为,财产一旦从关系上被认识,就变成了区分符号,这些符号可能是高雅符号,也可能是庸俗符号。① 但无论一个互联网产品形成什么样的符号或标签,都有可能会吸引某一类别的人群。

于是,知乎、豆瓣等逐渐成为具有精英、文艺标签的小圈子,同为短视频平台的快手和抖音因调性不同而成为不同的圈子,而被打上"五环外""小镇青年"等标签的趣头条、拼多多等则成了下沉市场的代表。

当被打上社会身份、地位或文化趣味的符号或标签时,每个产品不仅成为一个圈子,也具有了层级差异。媒介技术应用本身对人群的区隔作用,虽然在互联网之前的时代已经存在,但相对来说不是太强烈。而网络技术的多样化、应用的多元化,使得技术在人群区隔中扮演的角色更为突出,其作用权重也在增加。

总体而言,虽然现实中的关系这一因素仍作用于网络中的圈子,但文化因素和技术因素也会强化网络人群的分化,这也是互联网作用于现实社会的一种方式。在关系、文化、技术三种力量的共同作用下,人们会被各种不同的圈子"圈"住,人们的利益诉求、态度立场、行为模式等,会受到他们所在的各种圈子的影响。而由大大小小圈子所分隔的网络社会,也可能会变得碎片化。这些都是未来有待进一步研究的问题。

---

① 刘晖. 从趣味分析到阶级构建:布尔迪厄的"区分"理论[J]. 外国文学评论,2017(4).

论新媒介技术的青年亚文化价值取向*

□ 陈 霖

摘 要

从新媒介技术与青年亚文化实践的关系来看,新的媒介技术总是以其本身的特性形成新鲜的文化刺激,冲击传统的、占主导地位的文化,从而激发与催生相应的青年亚文化形态。青年亚文化主体对新媒介技术的分享和使用过程,是向主导文化争夺话语权利,形成表达自身价值的途径、方式与空间,并创造出属于自身的文化方式的过程,也因此而显示出新媒介技术的青年亚文化价值取向。

关键词

新媒介技术;青年亚文化;价值取向

作者简介

陈霖,苏州大学传媒学院教授。

一、引 言

凯尔纳指出:"媒体文化是一种将文化和科技以新的形式和结构融为一体的科技-文化,它塑造诸种新型的社会,在这些社会中,媒体与科技成了组织的原则。"① 因此,技术,尤其是媒介技术应该是考察文化(包括青年亚文化)与媒介关系的一个重要入口。但一般这类讨论主要着意于媒介文化构成特质、再现与建构的意指实践、符号的文化表征,而鲜有着眼于媒介技术本身的文化建构论析。对技术本身的文化性质探讨,在文化分析中远远没有形成明晰而深入的视角,即如尼克·史蒂文森(Nick Stevenson)所指出的,文化主义的分析常常"远离各种技术的解释",忽视对不同媒介技术的文化

---

* 陈霖. 论新媒介技术的青年亚文化价值取向 [J]. 文化研究, 2013 (1).
① 凯尔纳. 媒体文化:介于现代与后现代之间的文化研究、认同性与政治 [M]. 丁宁, 译. 北京:商务印书馆, 2004: 10.

构建力量的分析。① 以麦克卢汉为代表的媒介环境学派在这方面堪称例外，但其很大程度上的技术决定论色彩也确实会让人在探究之路上迷失。作为麦克卢汉思想来源的哈罗德·伊尼斯认为，媒介技术是支撑整个文化的基础框架，只要确定了文化中占支配地位的技术，就可以确定这一技术是整个文化结构中的动因和塑造力量。② 与此相反，雷蒙德·威廉斯强调，所有技术都是在早已存在的社会关系和文化形式之内进行的，各种决定最终都是政治上的和经济上的。③ 在这两种截然不同的媒介技术观之间，我们的研究将选择一条中间道路，即在注意到历史情境、社会秩序、经济和政治力量规约了技术及其使用这一前提下，充分关注特定的媒介技术本身一旦进入使用即会显露出的文化偏向。

虽然伊尼斯和威廉斯都没有论述媒介技术与亚文化的关系，而是着眼于媒介技术与总体文化、主导文化的关系，但是，所谓亚文化正是相对于主导文化而言的，它寄生于主导文化，却与主导文化构成了对峙、反抗或偏离的关系。青年亚文化这一概念的提出，揭示了青年文化中相对于主导文化的异质性、逆反性、他者性。因此可以说，一个主导文化的构成状态，不仅可以通过其规约的各种话语的自我表征，而且往往可以通过作为"他者"的青年亚文化的表达予以敞露。当我们注意到媒介技术对整个文化结构、对主导文化建构的影响力时，同样可以推及的是，媒介技术对青年亚文化的建构和塑造起着重要的作用。因此，我们有必要在规避技术决定论的阴影、尊重历史联系和社会语境的前提下，关注媒介技术与青年亚文化的关系，揭示新媒介技术的青年亚文化价值取向。

二、催生青年亚文化实践

在媒介发展史上，新的媒介技术总是以其本身的特性形成新鲜的文化刺激，对固有的、传统的、占主导位置的文化形态构成挑战和对抗，从而激发与催生相应的亚文化形态。麦克卢汉在其著作中竭尽全力揭示新媒介（在他那个时代是以电视为代表的电子媒介）对传统的冲击——政治、经济、文化各方面，也就意味着媒介技术本身将一种异质的、冲突的文化，一种不为主导文化所了解、接受和认可的文化，拉入我们的生存之中。保罗·莱文森则指出，新的媒介技术最初总是"玩具"，具有游戏的性质，"在技术文化的初期，技术占主导地位。……新技术像初生牛犊一样急忙亮相、炫耀力量和新的手法，具有超越的力量，技术本身实际上就成为内容"④。它不足以撼动整个的主流文化，却在主流文化的边缘地带发出异样的声音。

新媒介技术作为一种推动力，在其形成和发展的过程中，既作用于一个时代的主导

---

① 史蒂文森. 认识媒介文化：社会理论与大众传播 [M]. 王文斌，译. 北京：商务印书馆，2001.
② 伊尼斯. 传播的偏向 [M]. 何道宽，译. 北京：中国人民大学出版社，2003.
③ 威廉斯. 现代主义的政治：反对新国教派 [M]. 阎嘉，译. 北京：商务印书馆，2002.
④ 莱文森. 莱文森精粹 [M]. 何道宽，译. 北京：中国人民大学出版社，2007：4-5.

文化的建构，也孕育和催生了亚文化尤其是青年亚文化。因为每一项新媒介技术的推出，首先吸引的都是青年群体，青年群体总是新媒介技术的热情拥抱者和积极使用者，新媒介技术的亚文化价值取向即在此表露出来。一个明显的事实是，大部分新媒介技术本身就是由青年人研发出来的，天生具备在青年群体中流行的优势。在媒介技术发展史上，每一项新的技术发明，都会催生相应的青年亚文化实践。20世纪20年代左右，美国的无线电业余爱好者们凭着技术和兴趣与其他爱好者进行远距离接触，对无线电本身的兴趣超过了对播放内容的兴趣。"在美国大约有15 000个发射台，几乎所有广播站都是业余爱好者运转的。当时很可能有250 000人收听了这些广播。……'认真的'业余爱好者看不起那些只听收音机的人，并且认为他们的信号干扰了电波。他们还抱怨广播工作者不能经常传送他们的电台呼号。对于这些无线电业余爱好者来说，最重要的事情不是广播的内容而是发射台的位置。"[1] 这些无线电爱好者将反对政府和商业力量的介入作为自身存在的原则，维系着他们的亚文化实践。在谈及这一点时，反对技术决定论的雷蒙德·威廉斯依然没有忽视"原来的无线电爱好者和实验部分还在持续，并且仍然还很活跃"[2] 的情况，他们在威廉斯所关注的社会主导力量和秩序之外极为边缘地存在着，既反证了威廉斯观点的正确，也证明了青年亚文化群体对媒介技术的非主流价值取向的坚持。

在互联网刚刚普及的20世纪80年代后期，"以BBS（留言板系统）为轴心的主要网络亚文化代表了技术领域的螺旋式前缘。乐于使用BBS的主体，是由技术娴熟的职业用户和熟悉电脑的青年构成的地下网络"[3]。青年亚文化群体对新技术的吸收利用，无须太多经济和文化层面上的考虑，入手和弃用的迅速转换也不会让人觉得吃惊。反之，对主流文化而言，由于其地位所带来的标志性影响，这方面的动作就显得慎之又慎。譬如在微博兴起的时候，青年人启用微博犹如穿衣吃饭，而代表着主流文化的各种官方微博则往往踌躇不前甚至难产。

对现状而言，"技术具有破坏性"[4]。媒介技术的更新与青年人的反叛，具有同构的关系，所谓青年亚文化的"抵抗的仪式"在某种意义上是借助媒介技术实现的仪式，因为新媒介技术本身天然地包含对权威的反抗、对集权的质疑、对不确定性的好奇以及对中心的颠覆和瓦解。青年亚文化的风格化表现，就是在媒介形式的充分利用中得以实现的。譬如，现代先锋艺术的文化表征，具有明显的亚文化性质——反叛既有的传统，充满革命的想象，释放无穷的潜力。现代艺术中的诸多先锋实践，都明显地被媒介技术激发出来，艺术家们或直接运用，或间接启发，无不体现了媒介技术变革所带来的影响。在摄影技术出现后，绘画界经历短暂的休克，便诞生了德加的印象派画作，他很快就开始参考照片来绘画，借助摄影来捕捉芭蕾舞演员优美的舞姿；波普艺术家杜尚1912年创作的《走下楼梯的裸女》用立体主义表现手法再现了当年英国摄影师穆布里奇的动态连续摄影。

---

[1] 菲德勒. 媒介形态变化 [M]. 明安香，译. 北京：华夏出版社，2000：74.
[2] 威廉斯. 现代主义的政治：反对新国教派 [M]. 阎嘉，译. 北京：商务印书馆，2002：172.
[3] 陶东风，胡疆锋. 亚文化读本 [M]. 北京：北京大学出版社，2011：418.
[4] 莱文森. 数字麦克卢汉 [M]. 何道宽，译. 北京：社会科学文献出版社，2001：38.

桑德拉·鲍尔-洛基奇（Sandra Ball-Rockeach）等恰当地指出，媒介技术本身并不构成传播社会形态，与其说是信息技术的形式上的特征决定其对于传播的重要性，不如说它是被人们以某种方式用于延伸他们通过其他传播形态业已进行的活动决定了信息技术的重要性。① 鲍尔-洛基奇的看法着重于以特定方式对传播技术的运用实现传播形态的延续。但是，这一看法忽略的问题是，如果说所谓"延续"是一种常态的话，那是相对于断裂和冲突而言的。而对青年亚文化来说，每每在使用媒介技术中选择的恰恰是断裂和冲突，从而释放出其革新的力量，也显露出其对秩序的破坏。麦克卢汉当年在谈到电话和电视时指出："它构成了新型的劳动形态，使工作非集中化，使人人有事干。这也是电话和电视图像世界的性质，因为它们对使用者的要求，远远超过收音机和电影。作为电力技术的参与性和自己动手的一个简单结果，电视时代的任何一种娱乐都偏爱上述的个人介入性。"② 这种个人的参与和介入性，实际上不仅在电话和电视中表现出来，而且一直作为新媒介技术发展的一项不断刷新的指标。

当年麦克卢汉所指出的一种情景是："今天的教师时常发现，不会读一页历史书的学生却在成为代码和语言分析的专家。"③ 这种情景在基于互联网的媒介技术下更为突出。以计算机和互联网为代表的新媒介技术断裂般地横空出世，对传统的积累与传承方式构成了明显的反叛，较之原子时代，比特时代的一代人更加轻松地拒绝对传统媒介的接触。正是在这里，形成了以"代沟"面目出现的青年亚文化实践。

三、推动青年亚文化的权力对抗

应该看到，新的媒介技术的使用，并不是独为异质的亚文化准备的。譬如，在印刷术作为变革推手的时候，"事实上，印刷术还一度推广着既定的旧信仰，强化了传统的偏见，并令似是而非的理论更难动摇；许多新观点难获认同，甚至可以说是印刷术从中作梗。学界即便有了新发现，也常常受人冷落，传统的思想权威，则持续受人信赖"④。由此可见，新的媒介技术并非总是意味着激进的、进步的、抵抗的力量，"在两种技术世界之间悬空的世界中，常常会出现文化滞后或文化冲突"⑤。

新的媒介技术产生后，占统治地位的主流文化，也会在努力"化为己用"的模式中加以对待。于是，媒介技术的权力博弈和文化对抗，几乎总是紧随新媒介技术的产生，而形成一个充满斗争的场域。在媒介技术层面构成的新旧冲突和交锋之中，新生的力量总是以抵抗和叛逆的姿态呈现，"不同形式的社会力量组合亦可能把新信息传播技术作为探讨社会问题的一种方式，一种呈现主流媒体所不接受的信息的方式"⑥。对青年亚

---

① 张咏华. 媒介分析：传播技术神话的解读 [M]. 上海：复旦大学出版社，2002.
② 麦克卢汉. 理解媒介：论人的延伸 [M]. 何道宽，译. 北京：商务印书馆，2000：214.
③ 同②.
④ 费夫贺，马尔坦. 印刷书的诞生 [M]. 李鸿志，译. 桂林：广西师范大学出版社，2006：282.
⑤ 同②147.
⑥ 莫斯可. 数字化崇拜 [M]. 黄典林，译. 北京：北京大学出版社，2010：13.

文化族群来说，新媒介技术的分享和使用过程则意味着向主流文化争夺话语权利，形成表达自身价值的途径、方式与空间。

德国学者西格弗里德·齐林斯基（Siegfried Zielinski）指出，在对新媒介技术的使用和探寻中，存在着两种相互对立的经济：一种是对生产率的范式负责，"服务于使制度发挥出效能，对其加以维护，或者也为了去对抗其他与之竞争的制度"的经济；另一种他称为"友谊之经济"，对第一种经济起破坏作用，"不需要什么法制，就如同享乐与艺术也不需要什么法制一样"①。虽然齐林斯基着眼的是经济，但显然关联着一定的社会与文化的制度。青年人对新媒介技术的使用明显地偏向于"友谊之经济"，这更为突出地体现在互联网出现以来，尤其是 Web 2.0 以来的新媒介使用中，网络资源的免费、共享，显然是对以知识产权为主导的文化/经济制度的破坏。在此过程中，青年亚文化主体往往扮演了恶作剧者的角色，就如文森特·莫斯可所描述的那样，他们以破坏者的面目出现，"跨越边界，撼动公认的现实，参与反叛或者一心二用，助长模棱两可、矛盾、冲突和悖论。他们不讲道德却充满魅力，他或她（性别通常是模糊不清的）诉诸我们可能达到却不能达到的状态，因为我们紧紧扎根于被界定好的社会纽带和文化规则之中"②。在 20 世纪 60 年代，当电视深入每个家庭，形成日常文化的时候，Video 艺术的实践者们如白南准、安迪·沃霍尔（Andy Warhol）以另一种方式使用电视，通过便携式录像和电脑编辑，进行反新闻惯例、寻找个人身份和政治自由的摄录和编辑，也是以对技术的少数化、另类化使用，形成文化价值取向的斗争，展示亚文化对主流文化的反抗。而所谓"加利福尼亚意识形态"，则是混杂了技术乌托邦、反主流文化、嬉皮文化、雅皮景观、无政府主义的多元而异质的亚文化，它也是在信息技术的魔力召唤下，由美国西海岸的一些作家、黑客、资本家和艺术家以一种松散的方式聚集而成形的。③

在这方面，黑客现象更为典型，它充分昭示了新媒介技术如何推动着亚文化群体向主流文化争夺话语权利的过程。被誉为"利维原则"的黑客伦理准则（the hacker ethic），其内容就包括：对计算机的使用应该是不受限制和完全的；所有的信息都应当是免费的；怀疑权威，推动分权；计算机使你的生活变得更好；任何人都可以在计算机上创造艺术和美；应该用黑客的高超技术水平来评判黑客而不是用什么正式组织或它们的不恰当标准来判断。④ 这些都表现出对商业逻辑、主流秩序的反抗。当今世界，黑客大家庭里早已分布着不同种族、性别以及年龄段的成员，他们在根本上以其技术和行为体现着"利维原则"：反垄断、反限制、反封锁、技术至上以及排斥或拒绝主流文化法则。史蒂芬·利维的书特意选在 1984 年出版，大有呼应奥威尔预言之意。在利维看来，黑客亚文化群体面临着对抗主流文化特别是冷战思维以及商业化侵蚀的重任。也是特意选在 1984 年，苹果公司 CEO 史蒂夫·乔布斯推出了一则宣传公司新产品的电视广告，画面中一位代表新生力量的女郎，挥出手中的大锤砸碎了巨大屏幕中的"老大哥"

---

① 齐林斯基. 媒体考古学 [M]. 荣震华，译. 北京：商务印书馆，2006：263.
② 莫斯可. 数字化崇拜 [M]. 黄典林，译. 北京：北京大学出版社，2010：43.
③ 加汉姆. 解放·传媒·现代性 [M]. 李岚，译. 北京：新华出版社，2005.
④ 严耕，陆俊. 网络悖论：网络的文化反思 [M]. 北京：国防科技大学出版社，1998.

形象。①

鲍德里亚在分析电视时指出:"电视带来的'信息',并非它传送的画面,而是它造成的新的关系和感知模式、家庭和集团传统结构的改变。谈得更远一些,在电视和当代大众传媒的情形中,被接受、吸收、'消费'的,与其说是某个场景,不如说是所有场景的潜在性。"② 实际上,对青年亚文化群体来说,这种"场景的潜在性"意味着借助新媒介技术探索、发现和创造亚文化表意策略的多样性。正如波斯特所评述的那样:"在鲍德里亚看来,媒介将一种新型文化植入日常生活的中心,这是一种置于启蒙主义理智与非理性对立之外的新文化。"③ 我们不能确定地说这种新的文化就是青年亚文化,但是其中显然包含了大量的青年亚文化。

四、促成青年亚文化的空间建构

青年亚文化群体在对媒介技术形式本身的强烈兴趣中,创造出属于自身的文化方式,可以说,新媒介技术为其构筑了这种文化方式的场景或空间。在摇滚亚文化史上,投影技术、音响技术被摇滚乐迅速地运用于现场表演。如果说摇滚乐借助巨大的屏幕创造了群体的"在场"感,那么实时通信、卫星直播、无线网络等都在不断扩展和深化这样的"在场"感。显然,媒介技术创设了这种"在场"感,也扩散了亚文化的传播,从而凸显了亚文化群体的文化诉求在主流文化霸权划定空间中的存在。

美国学者梅罗维茨(Joshua Meyrowitz)通过研究电视这种媒介形态,指出人们下意识地受到传媒所建构的情境的影响,即通过改变社会生活的"场景地理"产生影响。梅罗维茨虽然主要是通过对电视的分析得出结论,但它同样适用于以互联网为基础的新媒介时代。今天我们会更清楚地感受到,在通过媒介的交流中,"我们身体所处的地方不再决定我们在社会上的位置以及我们是谁",媒介通过"改变地点的信息特征,重塑了社会场景和社会身份"。④ 新媒介情景下的青年亚文化活动,很大程度上正是以新媒介技术所构设的各种场景,"……网络空间,种种聚会处、工作区、电子咖啡屋等空间中大量传输着各种图像及文字,以至这些空间已变成交往关系的场所"⑤。新媒介技术的使用建构了青年亚文化的组织形式和认同方式,网上的社区、部落、语言符号方式,成为青年寻求认同的力量,成为定义他者与主体的变幻不定的魔方。

新媒介的场景重构能力,凸显了后亚文化的"部落化"特征。法国社会学家米歇尔·马费索利认为,经过后现代严重的社会解体和极端个人主义时期之后,后现代个体开始转向,除了寻求自身主体性的认同外,也需要外部群体的支持和认同。而后现代社会已

---

① 马中红,顾亦周. 中美黑客亚文化比较研究 [J]. 深圳大学学报(人文社会科学版),2010(5).
② 波德里亚. 消费社会 [M]. 2版. 刘成富,全志钢,译. 南京:南京大学出版社,2006:131.
③ 波斯特. 第二媒介时代 [M]. 范静哗,译. 南京:南京大学出版社,2000:20.
④ 梅罗维茨. 消失的地域:电子媒介对社会行为的影响 [M]. 肖志军,译. 北京:清华大学出版社,2002:110,112.
⑤ 同③36.

经碎片化，整齐划一的社会组织已经分化成若干短暂的、不稳定的、以情感维系的部落，这些部落发展了它们各自复杂的符号和意义。因此，群体识别不再依赖于阶层、性别和宗教等传统的结构因素，消费方式成为个人创造当代社交以及小规模社会群体的新形式，它鼓励个人参与多个流动的、临时的、分散的和环绕的群体识别。① 马克·波斯特以多用户域（MUDs）中一个叫 Lambda MOO 的游戏中的性别角色为例，说明它"从根本上质疑了主导文化中性别系统固定不变的二元律"，而"人们在与他人交流的同时可以探索种种想象出来的主体位置"。② 这些都充分表明新媒介技术提供的空间为青年亚文化群体的实践提供了一个载体。

新媒介技术对青年亚文化空间构筑的意义自电子媒介时代以来日益突出，这是因为新媒介技术（尤以互联网为代表）的"时间层面"往往是软弱的，比如删除、屏蔽等技术就是其死敌，但是在空间的层面却呈现出越来越强大的扩张性、越来越广阔的覆盖面，这就为青年亚文化冲破被主流文化分割或包围的空间提供了更为丰富的可能性，从而可以极大地拓展青年亚文化表达和交流的空间。例如互联网以前的黑客亚文化可谓星星之火，但在互联网形成之后即成燎原之势，就很有力地表明了这一点。基于互联网的新媒介技术改变社会生活的"场景地理"的最直接的体现，是虚拟社区的形成。对亚文化群体来说，虚拟社区的重要意义在于，它能为那些在现实空间中受到忽视或无法实现的身份认同诉求提供出口。譬如，中国的视频网站土豆网，在"小组"五花八门的表象下，是亚文化暗流的涌动与汇聚，是志同道合者"毛虫找毛虫，猴子找猴子；同声相应，同气相求"的认同建构。亚文化成员可以搜索感兴趣的视频内容，看其作者属于哪个小组，或是浏览土豆社区里的小组目录，寻找对自己有吸引力的加入，或是涉足多个部落，花一段时间体验、比较。通过与普通观众和志同道合者的互动性的文化实践，亚文化成员得以确认那些不易在现实空间中确认的特别身份，寻找且融入符合自己的"亚"部落，并在交互之中不断调整自我。土豆网上的小组数量高达 6 000 多个，在动漫、追星、摇滚小组内，青年人个性化的、"非主流"式的语言、图像和观点表达等，展示了亚文化色彩的普泛化存在和传播，而它们之间的差异成为亚文化认同多样性和意义复杂性的丰茂源泉。

五、助力青年亚文化的"用户战术"

在传播学中，斯图亚特·霍尔的三种解码方式的观念，关注到受众异质、多样的存在，引入阶级、种族、性别的考量，尤其是其中的抵抗性解码，为解读亚文化符号提供了一把钥匙，于是，挪借、拼贴、戏仿等概念，被广泛运用于亚文化分析之中。

应该看到，在亚文化的抵抗性解码活动中，新的媒介技术提供了有力的工具。当印刷术被发明出来，大量的印刷物抵达普通民众手中的时候，对正统的质疑与对自身的理

---

① 马中红. 西方后亚文化研究的理论走向［J］. 国外社会科学，2010（1）.
② 波斯特. 第二媒介时代［M］. 范静晔，译. 南京：南京大学出版社，2000：42.

解促成了新教的兴起；当摄像设备和技术得到使用的时候，对主流电影和电视的反叛既催生了充满反叛的 Video 艺术，也激发了大量业余的恶搞；当互联网信息传播通过超链接的方式引入即时评论时，针对主流文化进行的异向、对立的解读开始瓦解主流话语的霸权。马克·波斯特在评述本雅明的媒介思想时指出，技术具有解放和平等的潜能，技术武装下的介入使观众获得建立和批判的位置；因为面对新的媒介技术，"作者与观众并非处于固定不变的等级制位置，而是处于可逆的位置，这从根本上瓦解了艺术维护权威政治的主要手段之一，尽管这种维护有悖其初衷"①。

法国社会学家德塞都更是强调日常生活的实践中用户的创造：用户的战术在主动性使用过程中，和产品一起制造一种自己的形式。在德塞都看来，战略与战术分别代表着拥有权力的强者与弱者，强者运用策略，利用分类、划分、区隔等方式以规范空间。"战略"就是日常生活中独立的体制或者结构，它要求在特定的场合中呈现合适的、符合规范的行为和举止；而"战术"与之相反，它是日常生活中采用的各种游击战式的行为和手段，是对各种战略环境中各种可能性的创造性利用。② Web 2.0 时代的网络实践为德塞都的观点提供了更为直接、更为有力的支持。Web 2.0 技术催生了用户创造互联网内容的新局面，它从由少数资源控制者集中控制主导的互联网体系转变为由广大用户集体智慧和力量主导的互联网体系，将互联网传播的主导权交还给个人，个人以及个人联系形成的社群影响替代了原来少数人所控制和制造的影响。当然，在根本上，是商业资本和技术创新为公众设定了 Web 2.0 的网络空间，但是，亚文化群体也正通过对媒介技术的使用，创造出自身的表达。

深受德塞都的理论影响和启发，费斯克提出的积极受众的观念以及日常生活的抵抗性，在青年亚文化群体借助新媒介技术的文化实践中表现得尤为突出。亨利·詹金斯更是直接将德塞都所谓的"盗猎者"和"游牧民"运用于迷文化研究，指出"媒介消费的模式因一系列新媒介技术而遭到了深刻的改变"③，粉丝群体总是新媒介技术最早的使用者和推广者，作为"报答"，他们得到了新媒介技术的赋权。他们通过键盘的输入将自己的声音发布在网络上，与偶像互动，电脑的鼠标和键盘才是他们在网络空间"阵地"上最有力的"武器"，他们作为群体的存在和参与式文化的实践，在主体身份建构过程中，"时而内在于、时而外在于商业娱乐的文化逻辑的立场，探索和质疑了大众文化的意识形态"④。

Web 2.0 时代的到来，进一步彰显了媒介技术发展的一个趋势，那就是传播者与接受者界限的消弭，接受者与传播者的角色随时可以互换。因此，青年亚文化主体在抵抗性解读的同时，也在创制和传播属于自己的内容。譬如，在微博上，我们随时可以看到那些逸出了主流文化边界的主题推送、转发、评论。它们在印证经典的抵抗性解码范式的同时，也提出了新的问题：新媒介技术武装下的受众，其积极的、主动的色彩更为鲜明，同时，主体的不确定性、意指实践的不确定性也更为突出，而且它们置身于主流文

---

① 波斯特. 第二媒介时代 [M]. 范静晔，译. 南京：南京大学出版社，2000：17-18.
② 吴飞. "空间实践"与诗意的抵抗 [J]. 社会学研究，2009（2）.
③ 陶东风. 粉丝文化读本 [M]. 北京：北京大学出版社，2009：107.
④ 同③111.

化之中，与其同在而并非时时抵抗。

六、结　语

　　媒介技术在递嬗更迭之中，总是作用于社会整体的文化面貌的构成，或者说，特定时代的社会文化整体，总是借助于一定的媒介技术系统现身、传播、沉淀、流传。而新的媒介技术的最初实践者和最热烈的追捧者总是青年人，新媒介技术的使用构成青年亚文化实践中极为凸显和极其重要的内容。我们看到，一种新的媒介技术总是激发特定的亚文化意指实践，锚定它们的存在方式和存在空间，并成为它们与主流文化争夺话语权力斗争的方式和策略。这些都向我们提示了新媒介技术的亚文化价值取向。对我们今天这样一个媒介技术日新月异、亚文化形态层出不穷的时代来讲，对新媒介技术的亚文化价值取向的观察、分析和揭示，不仅有助于我们更切近地理解和把握青年亚文化实践本身，而且可以从中透视青年亚文化与社会文化整体的关系状态。

新型图像技术演化与当代视觉文化传播*

□ 于德山

📖 **摘　要**

　　现代图像信息符号是一种新型技术符号。随着当下新型图像技术的持续演化，各类新型数字图像不断产生，渗透到社会经济的方方面面。新型图像技术与图像信息除了专业化发展之外，还重点向视觉设备移动化、小巧化、一体化与应用个人化、社交化、智能化等方面高度发展，融入人们的日常生活层面。各种图像传播渠道与海量图像信息融合覆盖，图像可以异常迅速方便地制作与传播，由此形成当代视觉文化传播新的巨型格局，促进视觉文化时代向更复杂的层面发展。

📖 **关键词**

　　图像技术；数据可视化；虚拟影像；社会化传播；视觉文化

📖 **作者简介**

　　于德山，南京师范大学新闻与传播学院教授。

　　在当下数字化的背景中，媒介融合之中的图像信息呈现出多形态、全媒体、数字化、社交化的发展特征，图像呈现为以视频为主的广义图像状态。随着所谓视觉文化时代的深化发展，各种新型图像技术与图像信息的社会化应用迅猛发展，广义图像以其强大的技术与商业特征渗透到社会文化生活的方方面面，图像不仅是当代叙事的主因，左右着当代社会叙事格局，而且预示着传播科技对人类日常生活、感知方式、知识传播与叙事表达等方面影响的未来结局。由此，我们需要基于传播技术的角度，对新型图像技术与视觉文化传播的关系进行全面透彻的反思。

＊　于德山. 新型图像技术演化与当代视觉文化传播［J］. 现代传播（中国传媒大学学报），2018（4）.

一、新型图像技术的持续发展

从传播技术的角度分析，语言、图像和声音三种基本信息符号（媒介与媒体）的发展与技术有着千丝万缕的联系。正是由于图像信息符号与语言信息符号、声音信息符号在媒介与媒体方面的不同特征，图像信息符号的制作、文本形态、材料要求与传播方式都与二者不尽相同，相关的技术要求也并不一致。

比较而言，图像信息与图像媒介受图像技术（视觉技术）的影响最大。周宪认为，所谓视觉技术包括两层含义，第一是图像制作技术，第二是观看技术或图像呈现的技术，两者相辅相成，构成了视觉的观念、历史与文化。① 实际上，在图像技术的第二个层面，我们还应该强调图像储存与传播的技术。图像信息符号的艺术化表达（如绘画艺术等）虽然一般轻视乃至抵抗相关技术，但是从实用的角度分析，技术因素一直在图像信息符号制作、文本样式尤其是传播层面产生持续而深入的影响。② 摄影技术和摄像技术出现之后，机具的等比图像信息受到技术的影响是根本性的③，换句话说，等比图像信息完全是技术的产物，没有技术，就没有现代图像信息符号的产生。因此，图像信息符号比语言信息符号、声音信息符号在本质层面更是技术化的。图像技术涉及图像信息符号本身的点、线、色彩等文本构成与时空因素④，也涉及图像的制作方式、设备工具、图像介质、图像媒介（图像媒体）、传播方式、图像与观者之间的关系等诸多方面。在技术层面，图像信息因为技术因素不断改进其物质层、符号形态、传播介质乃至人们的视觉形态、视觉方式、视觉感受与视觉思维。

随着当下数字技术、大数据技术与 4G 技术的发展，摄影、摄像设备与各种制图软件应用高速发展，高科技催生了亿万像素、立体影像、3D 打印、数据可视化与虚拟影像、图像实时传输等新型图像技术⑤，3D 电影、多媒体电视机、3D 电视机、3D 显示器、虚拟影像设备、影像无人机等新产品开始出现，并不断更新。更为重要的是，数字化图像技术与新媒体移动化传播渠道尤其是社会化新媒体应用高度融合在一起，各种图像传播渠道与海量图像信息可以融合覆盖，并异常方便地迅速制作与贯通传播。新型图像技术不断塑造着图像信息与图像媒介的基本形态、制式、制作方法乃至存储方式、传播形式，赋予图像信息符号新的形态与人类新的视觉方式⑥，成为图像信息发展最为重要的因素之一。图像技术与人类社会的关系在当代社会进一步强化，昭示了人类图像信

---

① 周宪. 图像技术与美学观念 [J]. 文史哲，2004（5）.
② 霍克尼. 隐秘的知识：重新发现西方绘画大师的失传技艺 [M]. 万木春，张俊，兰友利，译. 杭州：浙江人民美术出版社，2013.
③ 韩丛耀. 图像：主题与构成 [M]. 北京：北京大学出版社，2010.
④ CUBITT S. The practice of light: a genealogy of visual technologies from prints to pixels [M]. Cambridge: The MIT Press, 2014.
⑤ 米尔佐夫. 视觉文化导论 [M]. 倪伟，译. 南京：江苏人民出版社，2006.
⑥ 克拉里. 观察者的技术：论十九世纪的视觉与现代性 [M]. 蔡佩君，译. 上海：华东师范大学出版社，2017.

息制作与传播几乎难以估量的未来。

二、数据可视化与数据新闻

近几年来，随着图像信息的数字化与大数据技术带来图像技术质的飞跃，数据可视化与数据新闻成为业内热点，也是当代视觉文化发展最为重要的趋势之一。

（一）数据可视化

所谓数据可视化是对大型数据库或数据仓库中的数据的可视化，它是可视化技术在非空间数据领域的应用，使人们不再局限于通过关系数据表来观察和分析数据信息，还能以更直观的方式看到数据及其结构关系。① 可视化技术的基本思想在西方科学研究活动中有非常悠久的传统。近几年来，所谓的大数据时代逐渐来临，信息的数字化浪潮覆盖社会生活的方方面面，数据可视化开始在各行各业得到广泛的应用。

目前，各种数据可视化的软件应用（应用平台、网站）层出不穷，人们可以更加便捷地处理各种数字化的数据，进行各种图形的可视化表达。例如 GitHub 上的 Awesome Dataviz 几乎囊括了优秀的数据可视化框架、库和软件，涵盖支持 JavaScript、Android、C++、Golang、iOS、Python、R 语言和 Ruby 等编程语言的数据可视化工具。再如 JavaScript 工具包含图形图表库、地图（Maps）、D3.js、DC.js、Misc 等内容；iOS 工具包括 JBChartView（同时支持线性和条形图的图表库）、PNChart（使用了 Piner 和 CoinsMan 的简单并且美丽的图表）、iOS-Charts（MPAndroidChart 的 iOS 端口，可以使用非常简单的代码为两个平台创建图表）等，可以连接网络应用与各种新媒体终端。② 有学者介绍了 39 种国外流行的大数据可视化软件，例如 Polymaps、NodeBox、Flot、Processing、FF Chartwell、Microsoft Excel、Google Charts 等免费或者收费软件，可视化功能皆十分强大与便捷。Many Eyes 是 IBM 研究所和 IBM Cognos 软件小组的试验成果。"该工具提供了一个平台，用于创建各种可视化效果说明数据点关系、比较的值集，创建线性和堆栈图、分析文本，或查看整个饼图或树图中的各个部分。该工具可以以多种方式展示数据，上传供公众使用的数据集，并且可以使用其他用户现存的数据集。"③ 词云可视化也是目前比较流行的文本可视化工具，国外的词云制作工具主要有 Wordle、Word It Out、Tagxedo、Tagul、To Cloud 等。Tagul 云可以自定义字体、词云的形状（爱心、汽车、雪人、人像、UFO 等）、颜色等。国内在线词频分析工

---

① 刘勘，周晓峥，周洞汝. 数据可视化的研究与发展［J］. 计算机工程，2002（8）.
② 数据可视化工具大集锦［EB/OL］.（2016-05-24）［2020-08-24］. http://www.thebigdata.cn/YeJieDongTai/30125.html.
③ Andy Lurie. 39 个大数据可视化工具［EB/OL］.（2016-08-18）［2020-08-24］. http://www.36dsj.com/archives/58886.

具主要有图悦，可以对长文本自动分词并制作词云，还可以自定义订制图形的"标准""微信""地图"等模板。①

（二）数据新闻的应用

我们知道，图表、地图等图像在新闻报道中很早就有所使用，但是由于绘制、制版与印刷等方面的限制，此类图像在新闻中使用的数量和范围有限。随着计算机技术、互联网技术与新型图像技术的高速发展，各类图像信息越来越多地在新闻传播活动中使用。在这一背景下，数据新闻作为一种新闻形式受到热捧，数据可视化成为新闻制作与传播的一种流行趋势。比较而言，数据新闻并非原有的图像或者影像式（电影新闻纪录片、电视新闻乃至视频新闻等）表达，而是基于海量的新闻信息而形成的图形、图表、图像等视觉表达方式。数据新闻在大数据背景中，对各类数据深度挖掘，在某种逻辑下用数据进行叙事，"数据新闻能够帮助新闻工作者通过信息图表来报道一个复杂的故事"②，数据新闻的可视化过程看似简单，但是"数据可视化使用数据和图形技术将信息从数据空间映射到视觉空间，是一门跨越了计算机图形学、数据科学、自然科学和人机交互等领域的交叉学科"③。因此，数据新闻同样是各门科学技术的综合，体现了众多学科与图像复杂叙事方法的整体运用技巧。目前，网络之中有很多数据新闻可视化的软件和应用，如 Journalism. co. uk 网站中的 Plotly 软件，可以在其"工作区"（workspace）绘制自己的图表，点击"import"上传自己的数据文件，或者在添加"新网格"（new grid）后复制粘贴表格。这些数据栏都是自动编码的。在设计图表时，使用者可以在左边栏中选择背景和颜色，添加注释，任意移动或伸缩箭头，随之调整文本。当图表完成，Plotly 有多个隐私选项供使用者选择，还能生成嵌入代码，这样就能插入网站。④ Carto DB 是一款开源网络应用程序和交互式地图制作工具，以提供"一键式制图"功能闻名，该应用可以分析任何使用者上传的数据，自动制作地图以显示相关信息。目前 Carto DB 已经吸引 12 万用户创制了 40 万张地图，主题包括从全球粉丝对歌星碧昂丝最新专辑发布的实时反应到尼泊尔地震的损毁情况⑤，由此形成了庞大的图像信息库。

可以说，数据新闻不仅扩展了新闻的题材、写法、文本样式，而且改变了图像的制作与编辑方式，成为传统新闻数字化转型的一个典型。有研究者分析认为，信息图的制作需要多位设计师、编辑与数据分析师一起合作完成，大致需要选择主题、调查和研究、汇总数据、分析数据、探索表现形式、创意草图、编辑、设计、检验、完成等 10 个步骤。对

---

① 张杨进. 免费词云可视化工具，你知道几款？［EB/OL］.（2016 - 08 - 22）［2020 - 08 - 24］. http：//www.36dsj.com/archives/59256.
② 布拉德肖. 何谓数据新闻？［EB/OL］.（2016 - 10 - 24）［2020 - 08 - 24］. http：//datajournalismhandbook.org/chinese/intro_0.html.
③ 数据可视化与 G2［EB/OL］.（2016 - 08 - 11）［2020 - 08 - 24］. http：//business.sohu.com/20160811/n463811750.shtml.
④ 同③.
⑤ 周炜乐. 信息图制作工具和设计技巧分享［EB/OL］.（2015 - 09 - 23）［2020 - 08 - 24］. https：//www.jzwcom.com/jzw/22/11380.html.

于新闻组织专业化的数据新闻制作而言,其可视化表达活动大致也是如此。目前,海外的《华盛顿邮报》《纽约时报》《卫报》《每日电讯报》《芝加哥论坛报》及英国广播公司、美国广播公司等欧美著名媒体都开始大规模地进行数据新闻可视化的实践。国内的新华社(新华网)、《人民日报》(人民网)、《新京报》(新京报网)等传统媒体也积极推进数据新闻实践。新华网从 2012 年就开始对"数据可视化"新闻进行探索,树立"数读新闻,据焦天下,用数据和图表传递独特新闻价值"的理念,现已形成从大数据抓取到数据分析、提纯,再到数据可视化呈现的全流程,共制作了 1 000 余期"数据可视化"新闻,逐步形成了热点解码系列、政策解读系列、生活服务系列、科普知识系列、交互数据系列等五大系列数据新闻。人民网《图解新闻》栏目的宣传语是"图个直观,解得明白",涉及时政、社会、国际、军事、交互、百科、人物、数字等主题。国内门户网站、澎湃新闻、财新网等新媒体更是深入进行数据新闻可视化实践。新浪《图解天下》、网易《数读》、腾讯《数据控》、搜狐《数字之道》等栏目颇能体现门户网站对数据新闻的重视,澎湃新闻的《美数课》、财新网的《数字说》等栏目则能够体现专业化数据新闻的优势。

总的来看,各种数据信息的可视化表达方式蕴含着一种新型的视觉观念与视觉思维,是一种新型的图像叙事方式,体现出当前媒介融合语境中视觉文化传播的最新发展。目前,各种数据信息的可视化技术仍在高速演化之中,其各个环节的媒介融合与新媒体化的趋势越来越突出。在这一背景中,除了数据新闻之外,各类图像的制作与传播技术越来越高度融合起来,特殊兴趣、情感体验与商业价值成为新型图像制作与视觉文化传播最新的推动因素。

三、虚拟影像技术与虚拟新闻

虚拟影像技术又称虚拟现实(VR,即 Virtual Reality)技术,与 AR 技术(Augmented Reality,即利用虚拟物体对真实场景进行"增强"显示的技术)结合紧密,是一种典型的高科技新型图像技术,代表了新型图像技术最重要的发展方向。目前,三星、苹果、索尼、HTC、Facebook、谷歌、微软等公司都在加大虚拟影像技术的研发力度,推出或计划推出自己的虚拟影像应用与设备。

2015 年 11 月,《纽约时报》推出新闻虚拟影像应用程序——NYT VR,给 100 多万订阅用户寄送虚拟影像体验设备——谷歌纸盒(Google Cardboards)。同时,发布一款专为虚拟新闻而设计的免费 App,进行重大热点话题的虚拟新闻报道。《纽约时报》和 Vrse 公司合作推出虚拟新闻项目,该项目已经制作出《行走在纽约》和《无家可归》等虚拟新闻。[1][2] 2015 年 3 月 8 日,美国有线电视新闻网宣布推出 VR 频道——

---

[1] 用虚拟现实怎么来报道新闻?《纽约时报》是这么做的[EB/OL].(2015-10-21)[2020-08-24]. http://www.techweb.com.cn/it/2015-10-21/2215409.shtml.

[2] 皓慧.《纽约时报》与谷歌合作展开虚拟现实项目[EB/OL].(2015-10-21)[2020-08-24]. http://it.21cn.com/prnews/a/2015/1021/08/30175186.shtml.

CNN VR。美国广播公司也在 2015 年推出一种虚拟新闻报道,通过 VR 技术让读者身处新闻现场并自由移动。首个虚拟新闻报道在叙利亚首都大马士革进行,其新闻用户得到了"亲临叙利亚战区"才能获得的浸入式体验。[1] 总的来看,虚拟新闻是一种新型图像新闻样式,体现了新闻可视化专业技术的最新发展趋势。Facebook 公司在 2017 年正式组建了一支虚拟现实社交(Social VR)团队,这个团队的目标是"探索在虚拟现实(VR)内社交互动的未来",为将来全平台的在线虚拟现实社交服务打下基础[2],虚拟现实技术由此将进一步向日常应用领域渗透。同时,扎克伯格认为 VR 将成为智能手机和 PC 之后的下一代计算平台[3],也将成为视频厂商争夺的另一个硬件入口。

与此同时,国内 VR 企业也迅猛发展,"除了 3Glasses、蚁视、暴风魔镜、乐相等国内熟知的 VR 厂商外,以 BAT 为代表的行业巨头开始在 VR 领域展开探索,乐视、小米等公司也不甘落后。有专家预测,2016 年将是虚拟现实的爆发元年"[4]。有研究报告指出,中国 VR 用户规模增长较快,截至 2016 年上半年,VR 潜在用户已达 4.5 亿,浅度用户为 2 700 万,重度用户已经达到 237 万[5],预计 2018 年中国 VR 市场将突破百亿元大关,到 2021 年,中国会成为全球最大的 VR 市场[6]。网易、搜狐、新浪、腾讯等互联网公司也积极地进行 VR 技术(AR 技术)的投资、产品开发与平台建设。新浪 VR 于 2016 年 5 月正式上线,是背靠门户网站、移动门户和社交网络服务组成的虚拟现实综合平台。除拥有传统网络媒体的优势外,还通过与新浪科技、新浪视频、新浪娱乐联手进行 VR 行业投融资,打造 VR 影视平台、原创 VR 泛娱乐平台等产品。[7] 腾讯公司则将在游戏、视频、社交、直播和地图为核心的五大领域进行 VR 技术的投资。2015 年 6 月 3 日晚,腾讯炫境 App 进行了国足对阵特立尼达和多巴哥队的 VR 直播,这是全网第一次尝试用 VR 技术直播国足比赛。[8] 2015 年,财新传媒推出虚拟现实纪录片《山村里的幼儿园》,表现"留守儿童"的主题。其后,财新传媒相继制作出突发事件报道、环境报道、资讯类报道等方面的 VR 视频。[9]

除了虚拟新闻之外,新闻游戏(news games)成为虚拟影像技术在新闻传播业的另一个发展领域。新闻游戏在西方已经有十余年的发展历史,其启示来自事件类的电子游

---

[1] 全晓艳,常江. 2015:西方新闻可视化发展的新趋势及其解读[J]. 中国记者,2016(1).
[2] Facebook 组建虚拟现实社交团队[EB/OL]. (2016-02-24)[2020-07-03]. http://tvoao.com.cn/a/180803.aspx.
[3] 孙实. Facebook 的 VR 野心绝对没有 Oculus 那么简单 它在下更大的一盘棋[EB/OL]. (2016-08-19)[2020-07-03]. http://tech.qq.com/a/20160819/004311.html.
[4] 高少华. 2016 年将成"虚拟现实"爆发元年[EB/OL]. (2015-12-27)[2020-07-03]. http://finance.sina.com.cn/roll/2015-12-27/doc-ifxmxxst0592579.shtml.
[5] 中国 VR 用户行为研究报告:潜在用户达 4.5 亿 科幻大片最受欢迎[EB/OL]. (2016-10-15)[2020-07-03]. http://smarthome.ofweek.com/2016-10/ART-91006-8420-30049521.html.
[6] 2021 年中国将成全球最大 VR 市场,规模可达 790.2 亿元[EB/OL]. (2017-12-04)[2020-07-03]. http://www.sohu.com/a/208344869_823359.
[7] 新浪 VR 正式上线:我们不只是媒体[EB/OL]. (2016-05-09)[2020-07-03]. http://games.sina.com.cn/y/n/2016-05-09/fxryhhi8555943.shtml.
[8] 腾讯炫境 VR 直播国足比赛 让我们带您去现场![EB/OL]. (2016-06-02)[2020-07-03]. http://sports.qq.com/a/20160602/054565.htm.
[9] 邱嘉秋. 财新 VR:虚拟世界的真实探索[EB/OL]. (2017-03-13)[2020-07-03]. https://www.read138.com/archives/365/4ua0e1vpinygl7k3/.

戏（video games）①，发展的动力则是不断强化的影像交互技术、游戏化社会思潮以及以商业化目标为主导的技术应用开发规划。国内外相继出现了《刺杀肯尼迪》(JFK Reloaded)、《杀手资本主义》(Cutthroat Capitalism)、《预算英雄》(Budget Hero)、《心脏守护者》、《你们怎么说话》(How Y'all, Youse and You Guys Talk)、《叙利亚1000天》、《G20小精灵GO》等新闻游戏，涉及重大历史事件、虚构事件、热点国家（地区）与公益宣传等方面，通过新闻游戏的形式，传播者能够提供受众需要并希望了解的内容，利用新闻专业化渠道和大数据平台，采用强交互、多模态、高度自主的游戏形式来更好地实现服务。② 由此，在电子游戏多年高速发展的基础上，新闻游戏开始介入社会现实，展示出全新叙事能力与未来发展前景。

目前，虚拟影像技术还存在不少问题，例如制作设备较为昂贵，制作成本高，PC端、手机移动端的观看效果较差等。可以预测的是，随着生物技术、人工智能与3D打印技术、虚拟影像技术的进一步演化，当代图像信息符号"模拟现实"的能力仍将不断增强，同时将向着真实三维空间发展，与受众的触觉、嗅觉、听觉等感觉系统联系在一起，在不断兼容人类视觉图像资料的基础上，在新媒体艺术、新闻报道、影视、动漫、体育转播、股市行情、购物、社会体验、社交与医疗、情感体验、教育、军事、游戏、娱乐、地理测绘、城市规划、社会治理等领域广泛使用。这是当代新型图像技术与视觉文化产品的集成式体现，这一切只有技术才能够做到。也正是从技术的层面，我们才能够深入地分析所谓视觉文化时代来临的根本原因、特征、社会影响及其发展趋势。

四、数字化图像信息的社会化应用与传播

波斯特在1995年出版的专著《第二媒介时代》中认为："从延伸和代替手臂的棍棒演变到赛博空间中的虚拟现实，技术发展到今天，已经对现实进行模仿、倍增、多重使用和改进。"③ 20余年来，新型图像技术不断进行着日新月异的演化。我们上文分析过的各种数据可视化应用软件，大多可以免费从互联网之中下载使用，极大地刺激了大众化图像信息的制作与社会化传播，新型图像技术对社会现实的渗透程度与改造广度在不断地增强延伸。总体分析，数字化图像信息的社会化应用与传播体现为以下三个方面，表现出不同的特征。

首先是图像表情符号的使用。图像表情符号原本只是一种互联网的亚文化形态，随着互联网、社交化应用的发展，短信与社交聊天短语开始流行，图像表情符号从简单的图示符号演化成各种图像符号系列，被社会广泛接受，成为一种特殊而实用的新型图像符号。网络之中，网民设计的各种图像表情符号系列层出不穷，其中运用著名人物、卡

---

① BOGOST I, FERRARI S, SCHWEIZER B. Newsgames: journalism at play [M]. Cambridge: The MIT Press, 2010.
② 新闻游戏，一种丰富新闻表现形式的探索 [EB/OL]. (2016-09-13) [2020-05-11]. https://mp.weixin.qq.com/.
③ 波斯特. 第二媒介时代 [M]. 范静哗，译. 南京：南京大学出版社，2000：53.

通人物、动物等素材设计的众多漫画表情最为著名，这些图像表情符号大多配以简短文字，感情表达强烈，形成熊猫人、金人、暴走漫画等著名图像表情符号系列。同时，图像表情符号的商业价值也不断凸显，在这一背景下，各网络公司不断设计众多图像表情符号系列，形成所谓的"表情包"，例如腾讯微信之中就存储了上千个图像表情系列。这些表情包大多可以免费下载使用，成为短信、QQ、微信与新媒体语言输入法等应用中的一个组成部分。目前，各种图像表情符号在新媒体之中使用广泛，可以在日常交往中表达各种情感，结合热点事件制造新的热点，例如2016年里约奥运会期间，网络上涌现出众多运动员的表情包，成为当时的一个热点话题。除此之外，表情包还以特殊的方式介入重大事件，被大规模地运用到虚拟空间的论战之中。

其次是网络图像亚文化的兴盛。近十余年以来，各种数码相机、摄像机不断向小型化与大众化方向发展，各种类型的智能手机也兼容了高清摄像与摄影功能；各种图像处理软件、图像发布网站、社会化应用乃至直播平台层出不穷，例如有快手、美拍、秒拍、梨视频等UGC视频发布平台，百度贴吧之中建有各种各样的漫画吧、影视吧和游戏吧，为网友提供发布各种图像作品的平台，博客、微博、微信之中也有大量相关的用户。由此极大地促进了个人的图像制作与传播，促进了自拍文化的兴盛，也形成众多趣缘网络图像社群，其粉丝互动的图像文本生产催生了耽美、二次元、鬼畜等大量网络图像亚文化形态。

最后是图像的恶搞式运用。目前，众多网络社会化应用构成了新媒体视觉文化传播的空间，在这一互动空间中，网民参与促成了一种基于民间的图像叙事方式——图像恶搞。图像恶搞表现出强烈的反讽、并置、无厘头、拼贴等后现代视觉文化的修辞特征。结合众多热点事件或者人物，网民常常会制作恶搞式图像，在短时间内大规模传播。近几年来，重大媒介事件与名人都遭受过不同程度的图像恶搞，其规模与数量十分惊人，有些甚至引发了重大网络舆论，受到社会的广泛关注。[1]

总的来说，新型图像技术与社会化新媒体应用高度融合在一起，各种图像可以异常方便地迅速制作与传播，预示着我们的时代不仅是读图时代，也是一个图像赋权与全民制图传播的时代。

五、余 论

数字化图像信息的制作与传播是当代新型图像技术驱动下视觉文化传播的再一次飞跃，这一技术不仅使图像专业制作技术更为精细便捷，促进了图像社会化制作与传播的兴盛，而且极大地促进了图像信息形态、媒介组织与视觉文化传播格局的重大转型。例如国外的新闻漫画、政治漫画、事件速写等通过网站的在线传播正在复兴。[2] 国外社交

---

[1] 于德山. 突发事件的新媒体取向及其规制 [J]. 重庆社会科学, 2015 (2).
[2] 用绘图来说故事？美国的新闻编辑谈在线漫画新闻的优势与前景 [EB/OL]. (2016-10-20) [2020-07-03]. https://mp.weixin.qq.com/.

媒体生产和传播了巴黎恐怖袭击的年度有影响力的视频报道。《纽约时报》《华盛顿邮报》《每日电讯报》和新闻集团等世界知名传媒集团都开始推出自己的视频战略。2016年，美国广播公司开始进行新的视频格式方面的探索，涉及垂直视频、无声视频以及长格式和浸入式视频。国内方面，除了众多传统媒体的新媒体视觉文化传播发展战略与实践之外[①]，新媒体视觉文化传播也不断产生巨大影响力。

截至 2017 年 6 月，我国网络视频用户规模高达 5.65 亿，手机视频用户规模高达 5.25 亿，网络视频消费移动化趋势日益显著。[②] 与此相对应，各种视觉文化传播的新应用与新形态不断出现。2016 年以来，基于移动终端的网络直播异军突起，引起业界的追捧与社会的关注。人民网新媒体智库发布的《2015 年中国网络视频产业生态发展报告》指出，无论是从助推"互联网＋"经济方面，还是从独特的舆论影响力方面，抑或是从产业发展空间方面看，微视频都正在成为越来越独立的媒介形态。[③] 微视频成为移动互联网重要的入口，各类视频盒子、应用层出不穷，与传统门户、搜索引擎、微信、微博、新闻客户端等形成更为强劲的竞争，不仅强化了视频业上下游的垂直整合，还不断打破不同传统行业边界，加速产业融合，重塑视频行业生态和网络社交格局。由此，微视频与微博、微信、客户端一起，形成"三微一端"的新媒体信息传播格局，引领国内新媒体社交化传播与视觉文化传播的主流。据悉，5G 技术将于 2018 年进入商业试用阶段，"5G 最为重要的 3 个应用场景是大带宽、万物互联、低时延"[④]，由此在视觉文化传播方面将加速互联网移动化、视频化、社交化的发展，进一步促进虚拟影像、互联网电视、机器视觉、全网监视等技术与产品的高速发展，建构一个新型视觉化的"全景社会"。由此，新型图像技术真正地释放出图像信息符号的巨大活力，极大地改变当今图像观念与视觉文化传播的原有格局，不断激起视觉文化传播革新的浪潮。

---

① 胡正荣．智能化：未来媒体的发展方向［J］．现代传播（中国传媒大学学报），2017（6）．
② 解读《2017 年中国网络视听发展研究报告》［EB/OL］．（2017-11-30）［2020-07-03］．http://www.jiemian.com/article/1784227.html．
③ 人民网发布《2015 年中国网络视频产业生态发展报告》［EB/OL］．（2015-12-03）［2020-07-03］．http://yuqing.people.com.cn/n/2015/1203/c364391-27886031.html．
④ 5G 将至，中国领跑：明年至少有 5 个城市规模组网［EB/OL］．（2017-12-29）［2020-07-03］．http://money.163.com/17/1219/09/D60PCPF3002580S6.html．

媒介文化视域下的技术逻辑审视*

□ 鲍海波

摘　要

随着现代科学技术的高速发展以及信息时代的到来，媒介对技术的使用甚至依赖日渐成为一种趋势并达到前所未有的程度。媒介技术在媒介形态的改变、媒介种类的增加、"媒介链"的形成、媒介结构的调整以及媒介场域中的竞争等方面都起到重要作用。特别是由媒介技术及其装置所形成的"信息模具"，不仅关涉思想的流动形式，更关乎媒介的高社会功能的发挥。从媒介文化的视角对以上问题予以审视，意在提醒媒介技术不唯是技术问题，也是亟待关注的重要的媒介文化问题。

关键词

媒介文化；媒介技术；技术逻辑

作者简介

鲍海波，陕西师范大学新闻与传播学院教授。

启蒙运动以来，人类在宣布"上帝已死"之后一直在极力寻找自身的存在及存在方式。在确证自身的过程中，技术理性不仅成为人类理性的重要组成部分，而且在相应的实践领域见证了人的本质力量对象化，并最大限度地改善了人类的自然生存境遇。但是技术理性的膨胀所带来的技术肆虐也为人类及其生存环境带来空前的灾难，故而人们对技术问题的思考从未停止过，且形成的成果不断地被列入思想史的宏伟殿堂。在当下人们所说的后工业时代，媒介也借力科学技术日新月异的发展，逐步成为强大的信息装置和意识形态国家机器，在社会的政治、经济和文化等实践活动中占据重要的地位。如此，对媒介技术及其运行逻辑的思考就变得极为重要。

当然，关注此问题的视角多种多样，本文将媒介技术问题置于媒介文化视域的观照之下，以文化哲学的思想框架来观测并分析其中奥赜。这是因为，媒介文化乃是媒介及其表征系统的统一。媒介既是表征系统的载体，也是其传播运行的渠道，它决定了表征

---

* 鲍海波. 媒介文化视域下的技术逻辑审视［J］. 陕西师范大学学报（哲学社会科学版），2018（2）.

系统的装置和思想的流动形式；作为媒介文化构成要素的表征系统，它是以一定的方式呈现的一定体系的符号建构物，是人类心灵活动的象征物，也是其重要标识之一。以此框定对媒介技术的思考范围，不仅可以使研究对象较为集中，亦可防止其失去焦点而漫溢无边。

一

从莎草纸到互联网，2 000 年来媒介演化的漫长历史表明，任何一种媒介的产生与发展无不以当时的技术水平为基础条件。无论是媒介的渐变式的改进与改良，还是推陈出新式媒介的变革，都有赖于科学技术的推动或牵引才得以完成。可以说，科学技术的发展与应用是孕育与催生新型媒介的先导力量。

媒介技术不仅经常性地改变着媒介的存在形态，还在持续不断地使媒介家族谱系增加新的成员，并且使他们形成一定系统的"媒介链"。如果以传统的报纸媒介为考察对象梳理其发展的大致历程，就可以看出，从早期的书信新闻、手抄新闻、活页小报、小册子、年鉴、非定期出版报纸等主要存世形态，到 17 世纪逐步转化为以月报、周报和日报为信息发布周期的定期出版的报纸，时至今天的每日早报、晚报、电子报以及数字报，纸质新闻媒介的具体形态在不断转化，新闻信息的传播周期也逐渐缩短，传播的速度日益加快，传播的范围也在不断扩大。这一切渐变改良式的进步，无疑是造纸技术、印刷技术、通信技术、交通技术、城市建造技术等综合而成的媒介技术提升所造就的成果。

如果说单一种类新闻媒介的多形态发展是不同技术共同促动的结果，那么现如今，口头媒介、印刷媒介、电子媒介和网络媒介等多种类媒介共存于世并呈迭代发展之势，若无强大的媒介技术作为支撑是绝无可能实现的。加拿大物理学家、传播学家罗伯特·洛根在论及技术与媒介形态之间的关系时认为：

> 技术和媒介从一种形式演化为另一种形式，媒介是人体的延伸，这两个论断衍生出串联技术或串联媒介的观念。比如，印刷书是书面词的延伸，书面词是口语词的延伸，口语词是心灵过程的延伸。如此，我们看到一连串的媒介：从思想到口语词到书面词再到印刷词。我们甚至可以在延伸这一连串媒介的过程中将图书馆也包括进去，而图书馆的内容是书籍和杂志，所以图书馆就是印刷词的延伸。①

洛根所言极是，他告诉人们，每一种媒介形态或大或小的变化都发生在"媒介链"的某一具体关键点上，并以重要环节承续于前后媒介的链接之间，这个关键点的出现一定与当时的技术积累和转化有密切的关系。与此同时，"媒介链"的形式也可视为麦克卢汉媒介定律的形象演绎，如电子媒介提升了大众传媒，使印刷机过时，再现了口语文化，逆转为互动式的数字新媒介；又如数字新媒介提升了互动性、信息存储能力和双向传播性，使大众媒介过时，发展至一定程度的数字媒介再现了社群，并且逆转为超现实。能否将媒介定律看作技术定律的媒介演绎？此处，洛根最想提醒人们认识到媒介发展显逻辑的背后是技术发展的潜逻辑。

---

① 洛根. 理解新媒介：延伸麦克卢汉[M]. 何道宽，译. 上海：复旦大学出版社，2012：78.

二

　　显在的媒介形态及其媒介链在不断变化的同时，也会为满足受众新的信息需求并加快适应变化了的信息传播形势而不断调整其媒介结构。现代意义上的大众传播媒介出现之后，在读报成为黑格尔所说的现代人的"早祷"之后不久，电影以及电影院就成为人们劳作之余休闲娱乐的新时尚和新空间；紧随其后出现的广播又为人们提供了阅读和观看之外更为广阔的信息选择空间。20世纪50年代之后，电视作为新的大众媒介因其集视、听于一体，并能为人们提供与自然节奏相一致的现实生活情状而逐步跃上媒介霸主的位置。在电视点点光斑闪烁荧屏之际，电影观众有了可替代性选择，录像带租赁业务随之风生水起；听众和广播电波之间的关系维系在如汽车等快速移动的交通工具和不易观看之地，如田间地头、晨练间隙。20世纪90年代起，互联网崛起，其发展呈一日千里之势，大有一"网"打尽天下的气概。地球瞬间成"村"，你我以世界公民的身份分享着信息在"村民"间流通的便捷与荣耀。在"我们村"，无论是鸡鸣犬吠之声还是黄钟大吕之音均可以在分秒间引起瓦釜齐鸣。可以看出，媒介对技术力量的利用与转化，不仅使单一种类的媒介在信息传播的速度与质量提升方面有促进作用，还表现为整个媒介家族新成员增补时间周期越来越短，也使得新老媒介成员间形成的行业内竞争空前激烈。新媒体的出现加速了传统媒介的消亡，媒介领域进行一轮又一轮重新洗牌。

　　为此，作为一个整体的媒介领域的内部结构不得不重新调整：继报纸、电视这些龙头老大让出第一把交椅之后，基于互联网的新媒介以及新新媒介集群已占据鳌头。2017年8月4日，中国互联网络信息中心（CNNIC）《第40次中国互联网络发展状况统计报告》显示：截至2017年6月，中国网民规模达7.51亿，半年新增网民共计1 992万人。互联网普及率为54.3%，较2016年底提升了1.1个百分点。中国手机网民规模达7.24亿，较2016年底增加2 830万人。网民中使用手机上网人群占比由2016年底的95.1%提升至96.3%。中国网民中农村网民占比26.7%，总人数为2.01亿。中国网民通过台式电脑和笔记本电脑接入互联网的比例分别为55.0%和36.5%；手机上网使用率为96.3%，较2016年底提高1.2个百分点；平板电脑上网使用率为28.7%；电视上网使用率为26.7%。中国网站总数为506万个，".cn"下网站数为270万个。①

　　媒介结构调整的背后，暗含的不仅是媒介受众注意力的转移，而且是媒介内容多元化生产能力的逐步提升、传播技术供给能力的日渐增强、信息接收个体接收信息所耗费成本的不断降低等综合性变化。另外，随着媒介结构的调整，媒介生态也呈非恒定化状态，处于不同生态位上的媒介作为整个媒介结构中的重要结构性要素，其地位与实际作用变动不居。这些都说明，媒介结构的调整实际是媒介场域内外竞争态势的阶段性结果。

　　以布尔迪厄的"场域"思想来看，"场域"这个理解社会结构的"开放和封闭"的

---

① 中国互联网络信息中心. 第40次中国互联网络发展状况统计报告[EB/OL]. (2017-08-07) [2017-09-12]. http://news.xinhuanet.com/zgjx/2017-08/07/c_136506155.htm.

空间模型，包含着社会组织、机构和实践特征的无穷层面。英国文化学家安吉拉·麦克罗比对"场域"观念进行评价时认为：

> 场域限制着、管理着、协调着发生在场域框架之内的那种实践活动。社会群体被组织在这些场域之内。当亚群体的人们为了更高的地位而奋斗的时候，他们也要在场域内部寻找到一个位置并获得承认。①

作为空间模式的"场域"既可以诠释共时的社会组织、机构和实践特征，也可以分析历时的社会组织、机构和实践特征。从媒介发展的历史可以看出，媒介场域中新媒介因天时地利恰逢其时地出现，自然而然会吸引当时的大量受众。17世纪至19世纪，报纸在媒介场域中掌管天下，读者的"眼球"是媒介争取的重要资源。19世纪40年代左右出现大众化报纸，为了在当时的媒介场域中占领高地并争得更大的发展空间，甚至用上了"黄色新闻"的竞争手段。20世纪30年代，美国的广播因"围炉夜话"在西方世界大萧条中创下收听神话并成为媒介场域中的佼佼者。电视在20世纪50年代至90年代在家庭中占据重要的空间位置，甚至因观看电视而形成了新的家庭政治关系。在当时的媒介场域中，没有任何一种其他媒介能够与电视一争高下。及至20世纪90年代之后，互联网又将网民紧紧地拴在一起，受众终因传受角色一体化或传受角色互换而终结，与受众终结呼声相对应的是网络媒介集群称霸当下媒介场域的时代到来了。

从历时与共时媒介场域的交互观察可知，媒介要在当时的媒介场域中赢得优势地位，技术资本的鼎立作用不容小觑。不同形态的媒介在历时的媒介场域中的霸主地位，也可以看作传播技术革命之产物。

三

媒介形态与结构的变化关涉的不只是媒介领域自身的运作与发展问题，它往往是作为媒介系统有机地嵌入人类社会运行的大系统中来发挥其功能，并作为人类文明程度观测点而受到人们的普遍重视。当然，以此观测点来检视媒介技术逻辑的推动力，可以清晰地辨识出二者之间的密切关系。哈罗德·伊尼斯在研究了媒介的时间偏向与空间偏向之后得出这样的结论：

> 罗马帝国的官僚体制，是依赖羊皮纸卷的必然结果。但是，帝国的稳定有一个前提：官僚体制要和宗教组织融合，而宗教组织又依赖羊皮纸。国家的官僚体制倚重空间，忽略时间。相反，宗教却倚重时间，忽略空间。西方羊皮纸的主导地位，使时间的重要性增加了。建立在羊皮纸上的知识垄断诱发新媒介比如纸的竞争。②

羊皮虽小，成"纸"即大。羊皮纸质地结实耐久且轻便易携，在储存信息的占地空

---

① 麦克罗比. 文化研究的用途[M]. 李庆本, 译. 北京：北京大学出版社, 2007：164.
② 伊尼斯. 帝国与传播[M]. 何道宽, 译. 北京：中国人民大学出版社, 2003：142.

间与克服信息传播空间障碍等方面，和以往的媒介（如石头、泥板等）相比拥有绝对优势，这一等级的媒介与罗马帝国的空间扩张相得益彰；羊皮纸品质优良、贵重且价高难得，使信息传播的接收者范围受到限制，这必然形成一定知识或信息垄断，握有此媒介者必然掌控一定的权力。伊尼斯的研究结论告诉了人们一个难以想象的问题：媒介及其符号系统不仅仅是人类文明的镜像式的反映，它本身就是人类文明的重要构成因素之一。

对此，"媒介信使"麦克卢汉有另一种说明：媒介作为人体的延伸，其本身就是信息。"任何媒介对个人和社会的影响，都是由于新的尺度产生的；我们的任何一种延伸或曰任何一种新的技术，都要在我们的事物中引进一种新的尺度。"① 以新尺度来反观媒介可以看到，在以拟口语和口语传播媒介为主导的历史时期，这种尺度就是以人自身——以我为媒。这时候，作为个体或群体的人其生存实践活动半径通常是人力所能到达的极限，人类社会处于原始部落化时代；书写媒介的出现，因其可携带的便捷性，使人们的信息获取挣脱了对时间和空间同一性的依赖，使人类脱离了部落化的同时也使人类单一的生存实践活动提升为多向度的社会实践活动；印刷技术发明的结果是，"印刷机的数量迅速增加，到 1500 年，大约 1 000 架印刷机在欧洲 250 个大小城镇轰鸣，总共印了大约 1 000 万册书。谷登堡印刷机的发明意味着思想可以比过去任何时候都更加迅速地得到复制和传播"②。借助于谷登堡机械印刷机印制的《圣经》，欧洲展开了影响空前的思想启蒙和改革运动——马丁·路德的宗教改革。信众原有的信上帝的问题转化为如何信上帝，个体的人在此方式转化中立于何地的问题。这一切将为人类宣布"上帝已死"奠定坚实的思想基础，也为真正意义上人的出现划定了明确的时间界限。更进一步，作为人类神经系统的延伸——电力媒介的诞生，使"机械形式转向瞬息万里的电力形式，这种加速度使外向爆炸逆转为内向爆炸。在当前的电力时代中，世界内向爆炸或紧缩而产生的能量，与过去扩张的、传统的组织模式发生了冲突"③。在此所言的世界内向爆炸或紧缩，是指电力媒介穿越一切障碍的高速的信息运载和传播方式转化为一种能量，它能消除人际组合的时间差异与空间差异，迅速而经常地营造一个相互作用的、所有人必须参与其中的事件的整体场。这个内向爆炸或紧缩的世界就是现在的人们置身于其中的世界——地球村。麦克卢汉也为此感慨：人类社会重新进入了新的部落化时代。

当然，言及媒介发展与人类社会文明形态之间的关联，无论是伊尼斯、麦克卢汉还是其他媒介思想家均表示，媒介在其中只起到推进器与加速器的作用。发现与锚定社会变化和发展的主动力是一个永久开放的论域，未来的人们大可智者见智地给出相应的答案。

四

从微观的媒介形态的变化、媒介种类的增加、媒介链的形成，到宏观的媒介结构调

---

① 麦克卢汉. 理解媒介：论人的延伸 [M]. 何道宽, 译. 北京：商务印书馆, 2000：33.
② 斯丹迪奇. 从莎草纸到互联网：社交媒体 2000 年 [M]. 林华, 译. 北京：中信出版社, 2015：77.
③ 郝建国. 媒体融合的三重逻辑及其走向：以上海报业集团的组建实践为例 [J]. 理论探索, 2014（6）.

整及其导致的媒介间的相互竞争和媒介场域中优势地位的获得，乃至于媒介与人类文明形态之间的互动关系，莫不可窥见技术及其装置力量的强大。在一定意义上，技术逻辑之于媒介发展，之于媒介文化，之于媒介社会恐怕不只是加速器和推进器的作用，更应该将其视为一种重要的牵引力量。从当下时代的媒介发展来看，媒介结构的调整从两个方向上显示出较为清晰的路径：一是媒介融合，这是业界、学界与政界达成的广泛共识；二是媒介分散，表现为民间自媒体在野蛮式的增长和运行过程中各出奇招所营造的繁星灿烂的媒介景观。媒介结构调整路径的角力，不仅关乎媒介场域中主导地位的获得，更涉及话语权掌控等重要的现实问题。关于媒介融合的运行逻辑问题，有青年学者针对媒介融合的现实境况及具体实践认为，在我国媒介融合受到政治、市场与技术三重逻辑的影响。三者既有各自的运行规则，也会以不同的组合方式在不同的历史阶段相互影响，以形成不同的媒介融合过程和结果。其中技术逻辑对政治逻辑产生了最直接的影响，而媒介融合的效果则取决于政治逻辑和市场逻辑相互关系的调整。[1] 此言不谬。对于中国当下现有的媒介结构而言，媒介融合之路可以说是一种冲击性回应：媒介技术的快速发展、信息载体的多样变化、传播方式的进一步优化、媒介结构的全面调整、媒介环境的不断重构等一系列变化，以及与社会发展的相互协调等问题，迫使媒介管理以及经营层面做出重大的战略调整。因媒介系统在整个社会结构，特别是在现代社会结构中所处的位置、扮演的角色以及发挥的功能与传统社会大不相同，所以媒介融合至少得在政治、经济与媒介自身三种不同逻辑的联合支配下才能有效运行。其中，媒介技术及其运行逻辑不只是一种倒逼性力量，其强大的构建能力更是关涉到思想运行的物流形式。

雷吉斯·德布雷（Régis Debray）指出："通过媒介化，一个观念成为物质力量，而我们的媒体只是这些媒介化当中一种特殊的、后来的和具有侵略性的延伸。"[2] 德布雷的见识超尘拔俗，他之所以构建起宏大的"媒介学"理论框架，其知识意图乃是探明思想的物流方式，以及观念如何成为一种物质力量。他将文字、印刷、视听等不同历史发展阶段的主导性思想观念的物流方式概括为"逻各斯域""书写域""图像域"，并分别以"历史集团内在的和不变的组织功能和规范""相继出现的与之对应的机关和形式"等多种维度予以对应说明。以时下媒介融合重要形式之一的"中央厨房"为例，或许可以透视出这一信息物流形式的奥秘。"中央厨房"是媒介融合顶层设计的现实模板，它是以行政力量为推手、以媒介技术为基础而建造的"信息模具"。信息收集者将自认为有用的信息收集并输送到"中央厨房"，"信息厨师"将其按照传播主体的传播意图，以接受主体的口味加工成不同类型的信息产品，然后从不同的信息渠道输送之。这种统一收集原材料、统一加工、统一配送的方式是时下媒介融合阶段主要的信息流通方式。此种信息加工、流通方式颇为"高大上"——一切都是统一的。细思后就会发现，媒介技术营造的这一以"统一"为标识的"信息模具"背后所隐藏的是话语体系和话语模式的深刻变化：与往常形态下的媒介"独白"或"单口相声"般的媒介话语模式及其所形成的话语体系不同的是，此"信息模具"的媒介话语模式是"媒介大合

---

[1] 德布雷. 普通媒介学教程［M］. 陈卫星，王杨，译. 北京：清华大学出版社，2014.
[2] 同[1]3.

唱",媒介话语体系将以"媒介合唱团"形式显示出来。大合唱的声势自然威武雄壮,其威力巨大无边。

媒介技术不仅能缔造"信息模具"以决定思想的物流形式,更是拓展信息运动的时空维度的重要力量。与以往的信息传播效果测评标准一致,信息运动的最终成果评价往往从两个维度展开:一为空间维度,二为时间维度。"一个媒介域组织了一个特殊的空间-时间组合,也就是说,它的特点表现为技术上被决定但在社会上和知识上有决定作用的一个速度体制。"①"信息模具"的速度体制说明的是在单位时间内信息运动的空间范围。"中央厨房"式的媒介融合不仅要求信息运动的高度"统一",也欲使其传播效力在最短的时间内达到最广泛意义上的空间维度。此外,从真正意义上信息运动的时间维度而言,媒介融合讲求的不仅仅是传播,更有传递,即"其中不仅包含着基于技术平台的物质性流动过程,而且强调思维主体和物质客体的平衡关系。同时,在这个过程中,具体的传播主体和传播客体的界面差异意味着一个独立的信息再生产"②。由此可见,媒介融合所代表的"媒介大合唱"话语模式和话语体系也将会在差异的时间流程中产生累积性效果。

这样一来,就关系到媒介的高社会功能,即媒介在相对长时间范围内所有形式的活动,以及在人们使用媒介过程中给人们带来的潜移默化的精神行为等方面的影响。与新闻学或传播学提及的媒介功能相区别的是,媒介学视域下的媒介功能在于考察信息传递中的高社会功能,即思考媒介如何运载信息,特别是一定社会的宗教、政治、意识形态和思想态度等和技术结构的关系。就现阶段的媒介融合形态而言,其技术结构无论是在信息的记录与呈现方式、信息的各种解码方式、用于信息扩散手段的设施与实物等技术配制方面,还是在信息运动的制度、语言以及仪式创建与运用等有机配制方面都可说是"顶级配制"。以此来考量媒介的高社会功能,媒介融合无疑将会是象征性效力流布的强有力的物质性力量。

五

即便如此,人们仍然更倾向于将各种信息的"中央厨房"式的信息模具视为一个"媒介平台",认为它属于媒介融合的初级阶段。与海外科技公司纷纷进军新闻传媒业并重构新闻传媒生态相比,这简直就是小儿科。2015年以来,海外互联网公司如谷歌、Twitter、Facebook、苹果等在新闻信息传播等方面有不少创新之举,如重视用户体验、实现个性化阅读、强化内容整合、增进报道深度等。由此可以推断"媒介平台"正在成为"平台媒介",从而实现了华丽转身,显示了科技公司向媒体平台的跨界升级,传媒

---

① 德布雷. 普通媒介学教程[M]. 陈卫星,王杨,译. 北京:清华大学出版社,2014:272-273.
② 同①7.

融合转型展现了新路径。① 媒介平台的转化，媒介业态的升级，媒介生态的重构，这一切可谓是破茧成蝶。在一连串"化蝶"过程中，留下的是科技公司前赴后继冲锋陷阵的身影。如果"平台媒介"真如其所言，海量信息可随意索取、随意交换、随意整合、随意加工、随意传播、随意互动，技术才能在真正意义上实现"赋权"。这样，至少在以下三个层面会体现出媒介用户的价值：一是媒介使用者能够建构自己的"信息模具"，真正掌控其思想流动的物流形式；二是媒介使用者相互间有效互动并决定其"信息模具"的速度体制与时空范围；三是媒介使用者主动促使其对象媒介实现高社会功能。

行文至此，似乎才真正理解了罗伯特·洛根对媒介与技术的看法。这位媒介环境学派的第二代重要代表人物在谈到技术与媒介的关系时认为：

> 媒介、技术和工具都是近义词。在某种程度上，一种媒介就是一种技术或工具。技术不仅包括硬件，如机器，而且包括一切形式的传播和信息处理，包括言语、文字、数学、计算和互联网语言。所以，媒介、语言和技术的区分是人为的区分。②

的确如此。从媒介发展的漫长历史中可以发现，媒介与技术的关系不只是如影随形，而且如罗伯特·洛根所言，它们是近义词。区分媒介及其表征系统与技术，这纯粹是作为认识主体的人的行为。那么这是否又是技术决定论的老腔调呢？并无此意！媒介技术不是一切，它必须由其使用主体所指挥、所掌控，它的使用方向、使用深度、使用意义均由使用主体来把控，并被赋予新的意义。故而建构何种信息模具、信息与思想以何种物流方式运行，仍然是人的认识和实践行动及其结果。不能忽略的是，技术自有其运行的逻辑，或显于媒介，或隐于媒介，但始终是信息模具建构和思想物流形式的重要手段。

---

① 张志安，曾子瑾．从"媒体平台"到"平台媒体"：海外互联网巨头的新闻创新及启示［J］．新闻记者，2016（1）．
② 洛根．理解新媒介：延伸麦克卢汉［M］．何道宽，译．上海：复旦大学出版社，2012：9．

媒介与传播物质性研究：理论渊源、研究路径与分支领域[*]

□ 曾国华

摘　要

在最近一二十年间，物质性研究成为多个人文学科与社会科学的重要研究领域。由于其显而易见的跨学科性，物质性研究具有多元的理论渊源和研究导向。本文主要关注多个语种的学术界中的媒介性、技术与物质性的理论建构与实践，尝试从思想史的视角概述媒介与传播物质性研究的主要理论与方法论路径、学术渊源以及互动关系，从而简要勾勒这些理论与实践的学术演进脉络。

关键词

物质性；物质文化；新物质主义；媒介本体论

作者简介

曾国华，中国社会科学院新闻与传播研究所副研究员。

在最近一二十年间，人文学科与社会科学的多个学科都在讨论"物质文化转向""物质性转向""物的转向""本体论转向"的理论与实践可能性。这种以物质性（materiality）为中心的研究取向，由于其显而易见的跨学科性，具有多元的理论渊源和研究导向。例如，现象学、形而上学、实践主义、自然主义、有机哲学都是这个多元话题的重要理论资源。在梳理与物质性研究有关的理论和研究脉络时，不同学者有不同的分析与叙述框架。有些梳理侧重于物质性研究的某些具体的学科或者分支领域，如媒介研究与物质性[①②]、

---

[*] 曾国华. 媒介与传播物质性研究：理论渊源、研究路径与分支领域[J]. 国际新闻界，2020（11）.
① HERZOGENRATH B. Media matter: the materiality of media, matter as medium [M]. London: Bloomsbury Publishing, 2015.
② BRUNO G. Surface: matters of aesthetics, materiality, and media [M]. Chicago: University of Chicago Press, 2014.

媒介技术与传播①、设计与物质性②、物质的社会性③、文学与物质主义④、物质文化研究⑤⑥等；有些则从它们哲学根基的演进过程来分类，例如分为黑格尔和马克思脉络下的辩证唯物主义、物质文化研究、媒介本体论⑦、生机物质主义（vibrant materialism）⑧、"客体导向的本体论"（object-oriented ontology）⑨ 与思辨实在论（speculative realism）⑩。另一些研究则试图把晚近以物为中心或者以客体为导向的著述归并在"新物质主义"（new materialism）的体系之中⑪⑫。当然，这些分类并非截然分明，而是互有交叠：很多与物质性有关的研究以及对于这些研究的分类梳理具有高度异质性的特征，同一个研究可能同时属于多个不同分类，这是一种普遍现象。

  本文主要关注在多个语种的学术界中，媒介、技术与物质性的理论建构及实践在广义的媒介与传播学科中的部分表现。由于"媒介"概念的"中间性""中介"的指向以及传播概念的广泛包含性，媒介与传播的物质性研究在很大程度上与大多数物质性研究的分支领域都有所关联。目前国内学术界中，章戈浩与张磊的《物是人非与睹物思人：媒体与文化分析的物质性转向》一文已经很好地梳理了最近十多年来在媒体研究与文化分析领域"物质性转向"的基础概念、基本理论与方法论图景。本文试图在此基础上进一步深化媒介与传播研究中"物质性"研究的学术与理论渊源。为了实现此目的，本文将采取以各主要分支领域的研究进展为主线的分析与叙事框架，以思想史的视角尝试对媒介与传播物质性研究进行简明扼要的梳理，以展现媒介与传播物质性研究如何在长时段的研究图景中非线性地起伏以及相互关联交织。在此基础上，本文也将尝试将各分支领域的研究进展置入相关学科发展脉络和哲学基础脉络之中，从而梳理这个多元领域的主要理论与方法论路径、学术渊源，以揭示这些研究的学术脉络关系，并讨论它们在中国的理论和实践前景。需要强调的是，作为一种复杂多元、根基深远的跨语际和跨学科运动，物质性研究的学术脉络具有复杂交汇的特性，本文以简明线索勾勒的方式梳理，只能高度简化地描述这种复杂状况的某些简单脉络。

---

  ① GILLESPIE T, BOCZKOWSKI P J, FOOT K A. Media technologies: essays on communication, materiality, and society [M]. Cambridge: The MIT Press, 2014.
  ② PINK S, ARDÈVOL E, LANZENI D. Digital materialities: design and anthropology [M]. London: Bloomsbury Publishing, 2016.
  ③ DANT T. Materiality and society [M]. Maidenhead: Open University Press, 2005.
  ④ NEYRAT F. Literature and materialisms [M]. London: Routledge, 2020.
  ⑤ MILLER D. Material culture and mass consumption [M]. Oxford: Blackwell Publishing, 1987.
  ⑥ APPADURAI A. The social life of things: commodities in cultural perspective [M]. Cambridge: Cambridge University Press, 1988.
  ⑦ KITTLER F A. Towards an ontology of media [J]. Theory, culture & society, 2009, 26 (2-3).
  ⑧ BENNETT J. Vibrant matter: a political ecology of things [M]. Durham: Duke University Press, 2010.
  ⑨ HARMAN G. Object-oriented ontology: a new theory of everything [M]. London: Penguin Books Ltd, 2018.
  ⑩ GRATTON P. Speculative realism: problems and prospects [M]. London: Bloomsbury Publishing, 2014.
  ⑪ DOLPHIJN R, TUIN I. New materialism: interviews and cartographies [M]. Ann Arbor: Open Humanities Press, 2012.
  ⑫ COOLE D, FROST S. New materialisms: ontology, agency, and politics [M]. Durham: Duke University Press, 2010.

一、物质文化研究：物的消失、发现与再隐匿

以物为中心的叙事具有非常长的历史，并且横跨了多种形式以及多个学科。略去较为久远但在世界各地普遍存在的以物为中心的档案式叙事（例如各地风物食货志、山川地理志、金石学与文物收藏、炼金术技术档案等，其中一些进入晚近"媒介考古学"的研究视野之中），19 世纪末期以来的人文社会科学中积累了深厚的以物为中心的历时性或者"在场"式叙事，也积累了不少对这些叙事的理论化建构，其中一些时至今日仍然被经常引用。例如，美国早期人类学家弗朗茨·博厄斯（Franz Boas）在 19 世纪和 20 世纪初，对因纽特人和印第安人的物质体系进行了系统分析，马林诺夫斯基（Malinowski）在《西太平洋上的航海者》中、马塞尔·莫斯（Marcel Mauss）在《礼物》中展示和总结了礼物的交换机制和社会组织功能，而格奥尔格·齐美尔（Georg Simmel）的《货币哲学》系统论述了货币作为社会媒介对于社会运行的双重作用。这些出色的研究对媒介与传播研究有着深刻的影响，例如，齐美尔对货币的媒介分析，以及他的社会形式方法论路径，不但启发了芝加哥象征互动论学派的理论建构，而且至今仍是媒介化理论、媒介生态学理论和货币媒介研究的重要理论资源。[①②③] 然而，这种以物为中心的叙事虽然丰富，但其深度和理论化对于理解当下社会的物质文化状况在总体上是不够的。至少在丹尼尔·米勒看来，尽管物质文化在现代社会非常显著，但是它们"一直没有被学术界关注到，依然是现代社会的中心现象里最不被理解的部分"[④]。

因而，20 世纪 80 年代以来的物质文化研究的成形，除了因为延续和深化上述以物为中心的叙事传统和理论化建构外，还与其他几种理论的发展有关。正是这些后来的理论奠定了物质文化研究的双重基础：一方面发现和强化"物"和"物的关系"的"中心性"，另一方面将它们隐匿在符号和文化之中。这些理论首先包括结构主义对物的解析和符号化。结构主义对物倾注了极大的关注，然而，对于结构主义来说，结构与符号才是真正的实体物（matter），而物（things）本身的实在性很大程度上是被隐匿的。例如，克洛德·列维-斯特劳斯的《结构人类学》认为物以及物的关系在很大程度上依存于人的心智的结构性模式。[⑤] 罗兰·巴尔特的《神话：大众文化诠释》则从符号学的角度系统地把物符号化。[⑥] 结构主义和后结构主义最大的理论后果之一，就是物以及物的

---

① HEPP A. Mediatization and the "molding force" of the media [J]. Communications, 2012, 37 (1).
② ANTON C. Georg Simmel as unrecognized media ecologist [J]. Explorations in media ecology, 2013, 12 (3-4).
③ COECKELBERGH M. Money as medium and tool: reading Simmel as a philosopher of technology to understand contemporary financial ICTs and media [J]. Techné: research in philosophy and technology, 2015, 19 (3).
④ MILLER D. Material culture and mass consumption [M]. Oxford: Blackwell Publishing, 1987: 217.
⑤ 莱维-斯特劳斯. 结构人类学 [M]. 谢维扬, 俞宣孟, 译. 上海：上海译文出版社, 1995. 克洛德·列维-斯特劳斯，也译为"克洛德·莱维-斯特劳斯"。
⑥ 巴特. 神话：大众文化诠释 [M]. 许蔷蔷, 许绮玲, 译. 上海：上海人民出版社, 1999. 罗兰·巴尔特，也译为"罗兰·巴特"。

关系在理论上的隐匿。其次，二战后的社会物质文化史的兴起，改变了传统史学以重大事件、关键人物为中心的叙事模式。其中，费尔南·布罗代尔的《15 至 18 世纪的物质文明、经济和资本主义》是一个关键性的代表作品，开创了以物为中心的系统化、长时段的历史叙事。① 受此启发，物的社会文化史得到迅速发展，不但在历史学框架内进展迅速，还扩展到多个人文社科领域。最后是西方马克思主义左派对消费社会和商品文化的批判。其中，鲍德里亚是影响最大的学者之一，他的《物体系》和《消费社会》结合了批判政治经济学、符号学和精神分析，探讨了物的层级与分类体系、商品化和符号化，以及对商品的主动消费如何重塑甚至奴役了社会关系。②③ 鲍德里亚的尝试作为一种调和，在一定程度上弥合了物质主义实在论与符号论之间的巨大鸿沟，奠定了后续物质文化研究中商品文化批判的理论基础，并且提供了将物、商品的研究与其他重要理论视角进行交叉的可能性。西方左派基于"实践"（praxis）（如情境主义、实践论和文化唯物主义）、主体性与权力、意识形态与霸权、世界体系和（后）殖民主义的批判性理论发展，将理论反思与社会介入实践相结合的学术政治思路普及得深入人心，将物质文化研究中以文化研究与消费文化批判为导向的研究直接引入基于反思的社会介入和社会实践政治之中。

　　用高度简化的方式来说，后续的物质文化研究多数采用的是上述几种视角的某种交叠。这些研究视角会同其他因素和理论视角，共同推动了物质文化研究取向下的物质性研究的基础进展，在多个学科中引发了"物质文化转向"。这种转向重要的特征在于：一方面强调物在塑造社会文化与日常生活中的基础性地位，另一方面强调物的社会文化属性。这些研究喷涌得如此之快，以至于在 20 世纪 80 年代中期就推动了一系列的理论反思与总结，并进一步引申出大量研究。其中，由丹尼尔·米勒与阿尔君·阿帕杜莱两位学者分别完成的两个系列总结，在人文与社会科学领域的总体"物质文化转向"中都颇有影响。前者通过《物质文化与大众消费》来梳理"客体化"（objectification）的多重理论背景，并指出客体化是现代社会的一般进程和总体特征。大众商品文化的生产与消费过程作为这个客体化过程的一个部分，不仅构成了当下的社会运行环境，还参与了社会主体的塑造过程，"我们的身份、我们的社会归属和我们每天的社会实践"都与这种过程密切相关。④ 阿帕杜莱则通过《物的社会生命：文化视野中的商品》提出，物同样具有社会生命，而商品状态可能是任何物的社会生命中的某个阶段。⑤ 这种分析在很大程度上打破了经典马克思主义对于物与商品的区分以及传统人类学和社会文化史的分析视角，并且在一定程度上统合了 20 世纪 60 年代和 70 年代对商品和物的符号学与政治经济学批判。

　　这些卓有影响的研究所形成的对"物性"（thingness）的系统探讨，对于媒介与传

---

　　① 布罗代尔. 15 至 18 世纪的物质文明、经济和资本主义 [M]. 顾良，施康强，译. 北京：生活·读书·新知三联书店，2002.
　　② 鲍德里亚. 物体系 [M]. 林志明，译. 上海：上海人民出版社，2019.
　　③ 波德里亚. 消费社会 [M]. 2 版. 刘成富，全志钢，译. 南京：南京大学出版社，2006.
　　④ MILLER D. Material culture and mass consumption [M]. Oxford：Blackwell Publishing，1987.
　　⑤ APPADURAI A. The social life of things：commodities in cultural perspective [M]. Cambridge：Cambridge University Press，1988.

播研究以及与之相关的文化研究有着深刻复杂的交互影响。从正面的研究推动来看,这些物质文化研究高度扩张了物质与商品文化的研究,从而将媒介和媒介物的研究包含在内,既有对传统媒介物质性及其周边关联媒介物的研究,也有从"中介"的角度对媒介和媒介物的概念进行扩展的研究,产生的研究成果汗牛充栋。例如,在传统媒介及其关联物质性领域,比较引人注目的研究包括约翰·厄里的《游客凝视》[①]、斯科特·拉什和西莉亚·卢瑞的《全球文化工业:物的媒介化》[②];在非传统媒介研究领域中,西敏司的《甜与权力——糖在近代历史上的地位》[③]和卜正民的《维梅尔的帽子:从一幅画看全球化贸易的兴起》[④]对糖的中介作用和17世纪以荷兰为中心的全球贸易状况进行了深刻描述。

然而,尽管有这些显著的正向作用,但对物质文化研究的不满与批判,也引发了一系列更加关注多元意义的物质性研究。大多数的物质文化研究,虽然其出发点在于重新强调"物"的中心性或者本体论意义上的存在性,但是在实际研究中仍然会强调物的社会文化属性,从而使得"物"仍然被视作一种文化产物,并且这种文化产物主要在文化网络、符号象征体系之中存在以及与其他"物"和人发生关联。因而,"物"的本体论状况变成一种"文化"的物质性,在总体上有再次隐匿的危险。甚至部分这种取向的研究还会有一种不假思索的机械还原主义的唯物论,将物的存在看作三维物理世界的冰冷的物的存在,物在本体意义上的丰富性、有机性和能动性被忽视或者低估了。部分出于对这种研究取向的不满,部分也由于其他多种学术研究路径的内在发展,非物质文化研究取向的媒介和传播研究者后来将目光更多凝聚在物的实在本体论、更加哲学化的反实在论和关系本体论、技术哲学和宇宙哲学等领域之中。

二、物的本体论与媒介本体论:实在、观念与关系

关于物/客体的本体问题,是思想界长期追问的一个问题。近代以来这个问题的第一步深化,可以追溯到弗里德里希·谢林。谢林提出,在主体的认知与"物自体"之间,存在着难以解决的难题:以康德式的主客体的二元分割或者以黑格尔"辩证法"的方式来容纳所有现实性的方式,存在着巨大的本体论困境。在其《一种自然哲学的理念》一书中,谢林将"观念论"的内在逻辑推向极致,提出要从观念论意义上的以主体为导向的本体论,转向以客体为导向的本体论。但是,谢林在讨论这个问题时,难以解决理解力与客体如何"聚集"的问题(谢林只能以固有的"黑暗性"来解答)。这个问题在胡塞尔开启的现象学研究中,跳出了"观念论"的传统,以"悬置"的方式进入主体的"观念"与"客体"相连接的"界面",来"显现"客体的存在。这个路径与语言

[①] 尤瑞. 游客凝视 [M]. 杨慧,赵玉中,王庆玲,等译. 桂林:广西师范大学出版社,2009. 尤瑞,现一般译作"厄里"。
[②] 拉什,卢瑞. 全球文化工业:物的媒介化 [M]. 要新乐,译. 北京:社会科学文献出版社,2010.
[③] 西敏司. 甜与权力:糖在近代历史上的地位 [M]. 王超,朱健刚,译. 北京:商务印书馆,2010.
[④] 卜正民. 维梅尔的帽子:从一幅画看全球化贸易的兴起 [M]. 刘彬,译. 上海:文汇出版社,2010.

学转向、怀特海（Alfred North Whitehead）的过程哲学等多种理论一起开启了 20 世纪激烈交锋的本体论讨论。

在最近几十年关于物的本体论层面的论述中，海德格尔是比较引人注目的一位，本文也将主要围绕着海德格尔以及对海德格尔物性理论的反思与对话来展开（一些其他的重要分支将在后文简要提及），以此作为一个典范性的学术脉络案例来展现关于媒介与传播物质性研究在本体论层面的一些具体特征。虽然海德格尔在关于物性与技术的沉思方面有较多的论述［如《什么是物》(Die Frage nach dem Ding)、《艺术作品的本源》(Der Ursprung des Kunstwerkes) 等］，但在最近二十年里，物质性研究中经常被引用的内容，集中在海德格尔后期的两篇文章《物》(Das Ding) 与《技术的追问》(Die Frage nach der Technik) 之中。海德格尔在《物》一文中，展开了对物的现象学本质的追问，即关于"物"的"物性"。他透过大地、天空、神（上帝）和终有一死者（人类）四重关系来沉思物的物性，每一个物都"同时逗留着大地与天空，诸神与终有一死者"，这四方在物中成为一个整体，让它们居留于从它们自身而来、统一的"四方之纯一性"中。① 如此，物通过"物化"而聚集，成为一个与四方关联（以"游戏"方式的"映射"）、聚集无间的网络。《技术的追问》是海德格尔后期对技术的沉思中最为重要的篇章，海德格尔在其中指出技术的本质和技术本身无关，也与平常理解的人类工具或者"手段"无关，技术的本质是一种"集置"（enframing，德语 das Gestell，或译作"座架"）：在现代技术的存在情境下，一切存在都受到"摆置"，因而，现代技术是"摆置的聚集，这种摆置摆弄人，使人以订造方式把现实事物作为持存物而解蔽出来"②。通过对亚里士多德所提出的"四因"（形式因、质料因、目的因与动力因）因果性的分析，海德格尔明确指出人只是技术以及技术本质的一个组成部分，集置并不仅仅是"在人之中发生的，而且并非主要通过人而发生的"③。如此，海德格尔将"物的追问"与"技术的追问"综合起来，阐明主体本身在其中只是"四方""四因"关联网络中的一部分，以此超越主体/客体二分、形式/质料二分的方式，重构了物和技术的本体论。

受海德格尔之物和技术追问影响的众多媒介研究学者中，弗里德里希·基特勒是最为引人注目的学者之一。基特勒曾经自称，在某种程度上，他所有的研究都是对海德格尔技术沉思的一种阐释。他的主要观点可以通过《迈向媒介本体论》(Towards an Ontology of Media) 一文来管中窥豹。在这篇文章中，基特勒提出，因为亚里士多德在本体论的探讨中过于注重物质的质料和形式的二元对立，所以亚里士多德虽然在哲学上第一次承认"媒介"的存在，但是仍然将物理媒介和技术媒介逐出了本体论思考。④ 而只有从海德格尔开始，关于技术媒介的沉思才得以可能。但是海德格尔没有解决一个问题，即传统技术如何向现代技术过渡。延续这个思路，基特勒指出"技术媒介"——例如从手写到印刷的书写技术再到计算机，同样具有本体论意义（这种媒介本体论思路的

---

① 此段译文参照了多个译本的译法，但直接引用部分采用的是孙周兴的译本。海德格尔. 演讲与论文集[M]. 孙周兴, 译. 北京：生活·读书·新知三联书店，2005：180-181.
② 海德格尔. 演讲与论文集[M]. 孙周兴, 译. 北京：生活·读书·新知三联书店，2005：23.
③ 同②.
④ KITTLER F. Towards an ontology of media [J]. Theory, culture & society, 2009, 26 (2-3).

具体研究实践可参见后文"媒介考古学")。命令、地址（address）和数据，在某种意义上统合了从书写媒介到数字媒介的历史。"与其让人类、存在（beings）和机器继续受困于质料/形式的二分法，不如我们至少暂时试着去阐明这个由命令、地址和数据构成的新三位一体。"① 在数字时代，除非将来基于并行和微小量子的计算机出现，否则媒介的本体论与命令、地址和数据仍然密切相关。

吉尔伯特·西蒙东（Gilbert Simondon）的《论技术物的存在方式》采用的是一条不同的路径。他区分了"个化"（individuation）和"个体化"的概念，并以"个化"概念来化解"文化"与"技术物"之间的对立关系。西蒙东和海德格尔的相似之处，在于他也认为技术物本身的各种技术成分、个体本身、个体组合和其所处的外在"缔合环境"（associated milieu）所形成的网络关系，是技术物具体的存在方式。② 许煜的《论数码物的存在》是建立在海德格尔和西蒙东二者之上的一种数字时代媒介本体论的构建尝试，可以说是数字时代迄今为止最为重要的本体论建构之一。③ 许煜试图通过对数码时代的形式性分析，进入海德格尔未能解决的传统技术与现代技术的衔接问题：现代技术尤其是数码技术如何与海德格尔在壶、工具等传统人工物的基础上构建的物性理论相合。对许煜来说，通过将本体和本体论的概念进行区分与重组，推导出"数码物本质上是由计算机本体（computational ontologies）形式化的数据"④，可以桥接这种断裂。而通过"客体间性"概念的创述，则可以深化西蒙东"缔合环境"的物性本体论的解释力。⑤ 被认为属于"新物质主义"（详见后文）的主要推动者之一的布鲁诺·拉图尔（Bruno Latour）提出的是另外一种弥补方式。⑥ 拉图尔认为，20世纪盛行的"唯物主义/物质主义"（materialism）实际上是一种唯心主义的唯物主义（即上文提到的观念论意义上的物质主义），这种唯物主义用抽象的"对象"或者"物性"掩盖了物和物之间关系的广泛丰富性和网络关系性，或者说用"知识"替代了物的存在运动本身。在这种观念论的视野下，对物的描述永远是"薄"的。因而，在拉图尔看来，海德格尔的物性理论完全是唯心主义的，但他的正确之处在于从网络化的关系来理解物，只是在这样做的时候，海德格尔低估了物与物之间的巨大差别，尤其是传统技术物和现代高度复杂的技术物的区别，从而归根结底是一种唯心主义的、"薄"的物的描述。⑦ 在拉图尔看来，从行动者网络理论（ANT）出发来探究物的组合与聚合的复杂网络关系，并且在此基础上探究出物质的唯物主义理解以对抗观念论的物质主义的"对象/客体"，即以ANT的关系本体论来对抗观念论的物质本体论，是实现"厚"的物的描述、"挽救"物质主义/唯物主义的路径。

上面的简短叙述勾勒了几种富有影响力的物的本体论之间的脉络性关联，以及这些

---

① KITTLER F. Towards an ontology of media [J]. Theory, culture & society, 2009, 26 (2-3).
② SIMONDON G. On the mode of existence of technical objects [M]. Minneapolis: Univocal Publishing, 2017.
③ 许煜. 论数码物的存在 [M]. 李婉楠, 译. 上海：上海人民出版社, 2019.
④ 许煜, 斯金纳. 许煜：在当下的危机中重新思考中国的技术思想 [EB/OL]. (2017-07-19) [2019-06-18]. http://www.china.com.cn/guoqing/2017-07/19/content_41242643.htm.
⑤ 同③.
⑥ LATOUR B. Can we get our materialism back, please? [J]. Isis, 2007, 98 (1).
⑦ 同⑥.

理论对媒介本体论和物质性研究在研究方向上的影响。这种叙述当然是高度简化后的示例性分析，物的本体论或者物质性研究的理论和学者清单可以更长更复杂，它们相互交叉的脉络关系更是复杂多样，但限于篇幅本文未能一一详述。不过，这条示例性的脉络虽然挂一漏万，但还是大概指明了 20 世纪以来物的本体论建构的一个非常明显的特点，那就是以不同的方式来构建一种跨越主体、客体二分法的网络关系，并在这种网络关系的基础上构建基于形式的关系本体论或者基于实践的关系本体论（比如拉图尔的行动者网络理论），并在延伸之后被用来构建媒介和传播的本体论。

三、媒介物质性研究分支领域举例

在简要勾勒 20 世纪以来物的本体论构建的几种重要理论之后，下文将以几个常见的媒介物质性的分支领域为例，来展示媒介物质性研究的丰富层次与繁复内容。同时，这些示例也意在讨论物质性研究分支领域从理论开拓到研究应用上的断裂问题：一方面，这些分支领域的理论主创学者虽然在研究总纲上具有清晰的物的本体论研究取向，但是他们自身研究内容上的复杂性，可能使得这些路径后来的延伸和扩展具有很大不同。另一方面，一些分支领域对原有研究传统的折中，以及对于其他领域现存理论的借用和挪用，也使得物质性研究呈现出纷繁复杂的特征。这两方面因素的结合，导致了物质性研究内部的高度理论异质性，这既意味着该领域的创造力和活力，也蕴含着理论和实践意义上的风险。

（一）基特勒、媒介考古学与文化技艺研究

在过去一二十年的媒介与物质性研究中，最有活力和影响力的分支之一是"媒介考古学"。这个分支，通常认为与基特勒有密切的关联。如上文所述，基特勒本人的研究具有很强的媒介本体论取向。基特勒强调技术、媒介与身体的融汇对于个体和群体存在情境的塑造性作用，即强调媒介对人的存在状态的决定性影响。他的学术生涯大体来说可以分为三个时期。早期研究起始于文学研究，他的第一本富有影响力的作品《话语网络 1800/1900》，主要采用的是法国哲学家米歇尔·福柯早期提出的"知识考古学"的分析框架，对 18 世纪和 19 世纪的德语文学进行知识分型意义上的话语分析（福柯称之为 episteme，即知识型，基特勒称之为"话语网络"）。随后，基特勒中期研究的对象视野明显地超越了福柯（后者主要关注纸质文本，尤其是福柯意义上的"档案"），从印刷和书写作品扩展到多种媒介技术，其中《留声机 电影 打字机》关注的是电动化技术基础上的电动模拟书写。① 随后，他的作品涵盖了电子与数字技术媒介，例如《光学媒介》(Optical Media)。其晚期的研究关注点转向了长时段的系谱学研究，其最为引人注

---

① 基特勒. 留声机 电影 打字机 [M]. 邢春丽, 译. 上海：复旦大学出版社, 2017.

目的努力是通过对古希腊数学与音乐的记述系统的研究来阐述"文化技术"（kultur tekniken），即媒介技术与群体意义上的身体和心智技艺的综合，以及这种综合对于文化与社会所呈现的那种"培育性"（如德语古典意义上的kultur一词所蕴含的语义那样）。

基特勒富有原创性、层次丰富的研究，先是在德国，随后在英语以及其他语言的学术界，引起了密切的关注，并启发了多个取向的分支研究领域，其中包括当下在全球范围内越来越成为显学的"媒介考古学"。然而，媒介考古学自身是一个具有强烈异质性的体系，一般认为它至少包含了三个子系。第一个子系是沃尔夫冈·恩斯特以及其他早期"基特勒青年"（即受基特勒影响的青年学者群体）的研究，它在很大程度上延续并且拓展了早期和中期基特勒的研究思路。这一子系的媒介考古学致力于"挖掘"作为技术与物质的媒介如何"决定了人的处境"。① 西格弗里德·齐林斯基则代表了媒介考古学的第二个子系。② 早期"基特勒青年"的媒介考古学研究，主要延续和拓展了基特勒的方法论。与此相比，齐林斯基在反实在论的道路上走得更远，他提出要以"类考古学"的方式研究包括人造物技术媒介、生物体、自然宇宙在内的多种多样的媒介"变体"（variants），并以变体学（variantology）的方法来探究各种变体之间多面向、宇宙观层面上的关系。③ 第三个子系则和"电影考古学"联系在一起。这个子系可以追溯到20世纪早期和中期关于电影的技术媒介史的一些著述，但是数量并不多见。与基特勒的中期研究差不多同时，电影考古学先是进入与知识考古学密切相关的早期电影话语形式的研究，随后进入电影技术——感知技术以及强调电影技术物质基础的新媒介史研究之中。④ 在最近十来年中，媒介考古学的上述三个子系既各自按照内在逻辑发展又相互交叉，并且在发展过程中吸纳其他理论和方法论资源，从而呈现出更加纷繁复杂的研究取向。例如，第一种和第二种思路的交叉，激励了一大批媒介考古学研究者致力于旧媒介与"死媒介"（dead media）的研究，在一段时间内，这种研究取向甚至成为"媒介考古学"的代言性研究取向。而齐林斯基所开创的对媒介"变体"的研究，启发了大量对异质性媒介的研究。例如，媒介考古学二代学者尤西·帕里卡所开展的对病毒、昆虫、废弃物等新物质主义"变体"的研究⑤⑥⑦，以及埃里克·克鲁腾伯格（Eric Kluitenberg）等人对想象性媒介（imaginary media）的研究⑧可以看作这种异质性媒介研究的典型尝试。第三种思路则不但激发了研究系列的深入，还在晚近一二十年激发了"物质"本体的电影

---

① 基特勒. 留声机 电影 打字机 [M]. 邢春丽, 译. 上海: 复旦大学出版社, 2017: 1.
② 齐林斯基. 媒体考古学 [M]. 荣震华, 译. 北京: 商务印书馆, 2006.
③ WAGNERMAIER S. Variantology 1: on deep time relations of arts, sciences and technologies [M]. Köln: Walther König, 2007.
④ ELSAESSER T. Film history as media archaeology: tracking digital cinema [M]. Amsterdam: Amsterdam University Press, 2016.
⑤ PARIKKA J. Digital contagions: a media archaeology of computer viruses [M]. New York: Peter Lang Publishing Inc, 2007.
⑥ PARIKKA J. Insect media: an archaeology of animals and technology [M]. Minneapolis: University of Minnesota Press, 2010.
⑦ PARIKKA J. New materialism as media theory: medianatures and dirty matter [J]. Communication and critical/cultural studies, 2012, 9 (1).
⑧ KLUITENBERG E, ZIELINSKI S, STERLING B, et al. Book of imaginary media: excavating the dream of the ultimate communication medium [M]. Rotterdam: NAi Uitgevers/Publishers, 2007.

和影像创作、生产与研究。

然而，尽管媒介考古学作为一个跨学科的分支领域在最近二十年获得了极大的进展，但被认为对"媒介考古学"有着决定性理论影响的基特勒，其在世期间（1943—2011）并未明确承认自己的研究与媒介考古学的关联。从《话语网络 1800/1900》以降的研究中，基特勒本人一直关注的是媒介的物质性技术、文化技艺和身体的关系网络，以及这种关系网络对社会、人群的"养育性"。基特勒晚年关于"文化技艺"的研究将这种研究倾向表现得更加清晰。无论是齐林斯基、帕里卡还是克鲁腾伯格，在"物"的本体层面都比基特勒走得更远。然而，从一定程度上来说，正如对"变体"的广泛研究昭告了齐林斯基等人在宇宙观尺度上的媒介研究的贡献，对文化技艺和"养育性"的持续关注成就了基特勒的独特理论魅力。

（二）ANT、物的能动性以及社会物质性

另一种在媒介与传播物质性研究中极有影响力的路径是拉图尔和他的理论同行者们（"巴黎学派"）的行动者网络理论（actor-network theory，ANT）。如前所述，拉图尔从两个层面重构了"新物质主义"的理论立场。一方面，拉图尔强烈质疑了唯心主义的物性理论如海德格尔式的"物的本体论"的理论建构，认为这是一种"薄"的、唯心主义的物性论；另一方面，拉图尔以基于实践的关系主义本体论，打破主客体的二分。拉图尔的行动者网络理论，基本观点可归纳为：世界是一种不断生成的网络，在其中，人和非人都是具有能动性的行动者，人的行动者（actor）和非人的行动体（actant）一起构成多元的节点，并通过实践和行动构成不断生成变动的联系（associations），这种联系既是"网络"（net-work），也是行动网（working-net），即 net（网络）与 work（行动）的一体连接。① 这种关系主义本体论最有理论魅力的一点，是它确认物质行动者和人一样具有对称的能动性，从而具有强大的理论和研究激发力，由此它迅速跨越了拉图尔本人所在的社会学和人类学领域，形成了广泛的理论和实践影响。例如，在新物质主义的理论建构领域，简·本内特（Jane Bennett）在《活力物质》（*Vibrant Matter*）一书中构建了生机物质主义（vital materialism），探讨了电流、污染物、赛博格、垃圾等非人行动体的能动性和活力。② 而奥利考斯基（Wanda J. Orlikowski）以及其他一些研究者则试图缓和这种实践的关系本体论的激进性，从而提出"社会物质性"（social materiality）这种折中的概念，并由于其折中性而获得众多关注和引用。③④

ANT 对媒介与传播研究的影响虽然来得略有点晚，但是同样也很广泛。媒介社会学者尼克·库尔德利早在 2008 年就专门讨论过 ANT 在媒介、传播研究中的理论启发

---

① LATOUR B. Reassembling the social: an introduction to Actor-Network-Theory [M]. Oxford: Oxford University Press, 2005.
② BENNETT J. Vibrant matter: a political ecology of things [M]. Durham: Duke University Press, 2010.
③ ORLIKOWSKI W J, SCOTT S V. Sociomateriality: challenging the separation of technology, work and organization [J]. The academy of management annals, 2008, 2 (1).
④ LEONARDI P M, BARELY S R. Materiality and change: challenges to building better theory about technology and organizing [J]. Information and organization, 2008, 18 (3).

性,他认为 ANT 似乎特别适合于"建立一种媒介与传播技术在当下社会中的角色的理论",但是,对媒介与传播研究和 ANT 之间联系的探索似乎"令人惊讶地少"。① 然而,当时 ANT 已经在欧美一些高校的硕博士论文、期刊论文和专著的某些章节中得到众多应用,并且有不少课程包含了对 ANT 的讲授。在 2014 年之后,很多研究者会本能地引用一小段 ANT 来说明"物"在媒介和传播过程中的参与,哪怕整篇文章或者章节的主体观点与 ANT 没有关系,甚至与之冲突。这种研究风格打破了之前将基础设施、媒介和传播硬件当作物理或者经济背景的状况,的确在一定程度上凸显了物的本体性和能动性,但是,它带来的理论贡献并不算显著。

马库斯·施珀雷(Markus Spöhrer)讨论过,这种状况在 2013 年时就引起过很多疑虑。例如,有重要的德国媒介研究学者认为 ANT 当时还没有在媒介与传播研究领域带来"令人惊喜的理论融合"。② 当然情况也非完全如此,ANT 在一定程度上已经内嵌了"媒介"理论,它的"转译"(translation)概念指明了数量众多的行动者和行动体(actant)在信息、权力和关系等诸多层面的中介性(mediation)。从这种中介性出发可以阐明重要的媒介理论问题,如德国的媒介化理论建构就与 ANT 有一定的关联。同时,ANT 也可以在话语分析、媒介生产方面产生出色的理论洞见。

时至今日,ANT 在媒介与传播领域已经激发出数量惊人的研究文献。除去上文提及的"装点式"研究,ANT 在许多领域都产生了富有洞见的研究成果。例如对计算机和数码设备的硬件基础、数字基础设施、网络平台以及其他"物"的能动性的研究,对互联网与数字媒介的技术和物质构架及互联网人群在构建人和物的各种行动网络聚合(assemblages)中的对称性、能动性的研究,以及对人机交互、人工智能、科技伦理层面的关系本体论思考。就理论的应用广泛性和扩展性来说,ANT 可能是物质性研究整体图景中最为引人注目的一种理论。然而,除去上文提到的德国学者的疑虑(至今在一定程度上仍然可能成立),"社会物质性"概念所代表的折中性,可能是更能消解 ANT 跨越主客体的理论努力的因素,它的广泛应用可能预示着 ANT 的应用前景至少将部分地步入物质文化研究的旧辙之中。

(三) 机制/装置、MSA 与软件研究

在广义的物质性研究领域,还有数量众多的分支领域存在。在这些分支中,除了更加激进的物质本体取向的研究(如宇宙论视野下的媒介与传播研究),也有其他的研究策略通过反实在论的方式,构建人/社会和物之间具有存在论意味的实践关系模式。其中,与"社会物质性"研究取向类似的机制/装置(dispositif)理论,同一系列具有实践导向特性的社会和文化理论的分析视角及工具相关。例如,在马克·科泰(Mark

---

① COULDRY N. Actor network theory and media: do they connect and on what terms?[M]//HEPP A, KROTZ F, MOORES S, et al. Connectivity, networks and flows: conceptualizing contemporary communications. Cresskill: Hampton Press, 2008.
② SPÖHRER M. Applications of Actor-Network Theory in media studies: a research overview[M]//SPÖHRER M, OCHSNER B. Applying the Actor-Network Theory in media studies. Hershey: IGI Global, 2016.

Coté)的解读中，福柯、德勒兹、费利克斯·加塔利（Félix Guattari）的机制/装置同时作为理论视野和方法论，具有在关系本体层面统合人类行动者及其物质基础的方法论意义。正是通过这种视野，柯泰解析了社交大数据的物质性基础的中心性。① 从这个角度出发，如果对安东尼·吉登斯的社会机制（social institution）概念进行媒介化解析，那么可看到结构化过程（structuration）理论在弥合主体和客体、个人和社会的二元分割的同时，会进一步强化社会机制中"资源"的物质性特征，我们将有可能获得具有不同理论适应性和温和解释力的物质性分析视角和工具。②

凯瑟琳·海勒斯（N. Katherine Hayles）提出的媒介特性分析（media specific analysis，MSA）则是另外一种实践导向的物质性分析视角。③ 海勒斯将 MSA 看作一种实践导向的社会批判系统。在 MSA 中，文本是一种"实体化的物质"（instantiated matters），强调它的实体特性而不是符号或者文字特性，而物质性（materiality）则被重新概念化为"文本的物理特征和它的符号化策略之间的相互作用，这种相互作用从一开始就与实体和符号交缠在一起"④。如此，MSA 对媒介的分析也就变成了对于实体、符号、符号化策略以及阅读过程的关系性批判分析系统。马修·富勒（Matthew Fuller）等研究者将这种策略扩展到软件研究之中，提出对作为 MSA 物件的软件进行研究，关注软件（例如微软 Word 文字处理系统）如何通过连接物质系统和使用者的文本实践，来塑造文本生产及文本体验。⑤ 富勒还将这种思路整合进他的《媒介生态学：艺术与技术文化中的物质能量》的体系中，从而使他的媒介生态学与之前尼尔·波斯曼的理论与方法形成重大区别。⑥ 而列夫·马诺维奇（Lev Manovich）的《软件掌控一切》则通过"深度混编性"（deep remixability）的视角，讨论不同的物理物质、电子媒介，以及不同媒介内嵌的特定技术、技能和工具，如何通过软件混合在一起。⑦ 正是因为有了软件，电脑才变成了真正意义上的"元媒介"（metamedia）。⑧ 经过这样的理论发展系列，MSA 和软件研究形成了一个相互关联的物质性实践体系。

上述机制/装置、MSA 和软件研究，作为微观分析系列视角的示例，呈现出与前述宏大视野不同的分析朝向，并且部分弥补了上文中实践导向的关系本体论在"数量"上的相对欠缺。然而，这个示例也说明，微观系列的物质性研究可能和"社会物质性"、物质文化研究具有类似的难点，即如何不在研究视角的扩散过程中逐渐强化"社会"与"文化"的决定作用，而将关注的焦点放在实践导向的关系本体论之上。

---

① COTÉ M. Data motility: the materiality of big social data [J]. Cultural studies review, 2014, 20 (1).
② 吉登斯. 社会的构成：结构化理论大纲 [M]. 李康，李猛，译. 北京：生活·读书·新知三联书店，1998.
③ 海勒斯的 MSA 理论与列夫·马诺维奇的《新媒体的语言》有密切的关系。马诺维奇. 新媒体的语言 [M]. 车琳，译. 贵阳：贵州人民出版社，2020.
④ HAYLES N K. Print is flat, code is deep: the importance of media-specific analysis [J]. Poetics today, 2004, 25 (1).
⑤ FULLER M. It looks like you're writing a letter [M] //FULLER M. Behind the blip: essays on the culture of software. New York: Autonomedia, 2003.
⑥ 富勒. 媒介生态学：艺术与技术文化中的物质能量 [M]. 麦颠，译. 上海：上海社会科学院出版社，2019.
⑦ MANOVICH L. Software takes command [M]. London: Bloomsbury Publishing, 2013.
⑧ 同⑦.

四、结　论

最近二十年关于"物质性转向"的文献中，物质性的研究图景经常与"新物质主义"相关联，并将主要的理论贡献归于曼纽尔·德兰达①（Manuel DeLanda）、罗西·布拉伊多蒂（Rosi Braidotti）②③、卡伦·巴拉德（Karen Barad）④⑤ 这些受德勒兹和加塔利哲学影响的理论开创者。更晚近的研究文献则将这个进程与"思辨实在论"⑥ 的几位哲学家相关联，其中格雷厄姆·哈曼（Graham Harman）的"客体导向的本体论"（object oriented ontology，简称OOO）更加受到关注。⑦ 然而，本文试图表明，一般意义上的"物质性研究"比这些文献所揭示的更为源远流长，它在人文社会科学的多个跨学科分支领域已经有了较为长久的研究历程，而且在很大程度上和哲学问题相关联。同时，除了上文已提及的理论，还包括本文由于篇幅限制所无法容纳的怀特海的过程和有机哲学、生态主义、新斯宾诺莎主义、宇宙哲学，以及批判动物理论、具身性理论和后人类主义等多种影响重大的理论。本文从观念论与实在论的多重分歧入手，对当下物质性研究的三种典型本体论建构路径，以及它们各自的脉络和相互之间的脉络关系进行了简要梳理。本文首先讨论了三种典型的本体论路径的最简化观点（即以物为中心与物的社会性交缠的物质文化研究、基于形式的关系本体论以及基于实践的关系本体论），指出它们之所以可以统归在"物质性研究"的框架之下，在于它们都尝试跨越主客体区分，凸显物的中心性、主体性和本体论地位。然而，物质文化研究在高度扩展之后对于文化性、社会性的强调，又在一定程度上导致了"物"的本体有再次隐匿的风险。这种风险加快了其他关于物的本体论探讨的演化，推动了基于形式的关系本体论以及基于实践的关系本体论在物质性研究中的完善和扩展。随后，本文以几个常见的媒介物质性的分支领域为例，来展示媒介物质性研究的丰富层次与繁复内容，并探讨高度的理论异质性在带来理论活力和创造力的同时，可能同时蕴含着理论和实践意义上的风险。要化解这种风险，除了对物质性研究的基准性概念进行讨论之外，理论上的双向反思也很重要：一方面可以进入底层的哲学追问，尝试用更为基础的概念或者视角来统合这些差异；另一方面可以引入新的视角或者概念，推动对于物质性研究底层概念的基准性（而不是规范性）探讨。而这恰恰可能召唤着非西方学术界（包括中文学术界）的底层概念

---

① DELANDA M. A new philosophy of society [M]. London: Continuum Intl Pub Group, 2006.
② BRAIDOTTI R. Nomadic theory [M]. New York: Columbia University Press, 2012.
③ BRAIDOTTI R. The posthuman [M]. Cambridge: Polity Press, 2013.
④ BARAD K. Meeting the universe halfway: realism and social constructivism without contradiction [M] // NELSON L H, NELSON J. Feminism, science, and the philosophy of science. Dordrecht: Kluwer Academic Publishers, 1996.
⑤ BARAD K. Meeting the universe halfway: quantum physics and the entanglement of matter and meaning [M]. Durham: Duke University Press, 2007.
⑥ GRATTON P. Speculative realism: problems and prospects [M]. London: Bloomsbury Publishing, 2014.
⑦ HARMAN G. Object-oriented ontology: a new theory of everything [M]. London: Penguin Books Ltd, 2018.

参与理论拓展。

最近一二十年，中文学界对媒介与传播物质性的引介和研究已经颇有进展。无论是对国外重要著述的译介，还是对这些理论视野在研究中的具体应用，都取得了显著进展。其中，在物质文化研究领域，无论是译介还是本地研究都有较为丰厚的积累；而在基特勒研究、媒介考古学、ANT 视野下的媒介与传播研究等领域中的进展非常迅速[①②③④⑤]，新物质主义、MSA、软件研究和媒介生态学等其他分支领域和理论导向的引介和研究也取得明显进展。孙萍的《媒介作为一种研究方法：传播、物质性与数字劳动》扩展了媒介的概念，从自下而上的数字劳动的角度，诠释了外卖骑手电动自行车的媒介属性，以及这样一套城市媒介系统如何中介了复杂的人、物、机构等多元行动者的复杂关系。章戈浩的《网页隐喻与处理超文本的姿态》则通过综合网页本体论和作为操演物质性的姿态现象学两种视角，探索了"页"的物质化隐喻如何规定了浏览器和"网页"的本体论存在状态，以及这种网页本体论状态与计算机软硬件共同形成的物质关系体系对网络使用者的具身操演姿态的规定性。[⑥] 这两篇文章各自综合运用了多重物质性、媒介性和实践性理论来对特定案例进行详细分析，其中数字劳动和物质的具身姿态操演视角的运用具有高度的创造性。实际上，在物质性研究的小部分领域，如中国香港学者许煜在数码物本体论[⑦]、有机哲学[⑧]和宇宙哲学[⑨]方面的系列探讨，中国学界已然在全球物质性研究图景中处于引领地位。然而，正如章戈浩与张磊和许煜都试图揭示的，在跨越主客体区分的有机哲学、"物人合一"的思想层面，中国哲学有着丰富和深厚的思想资源。[⑩⑪] 这些资源目前并未得到充分而审慎的思考，亟待国内外理论界基于当下的存在情境对其进行再次诠释，并结合全球理论进展进行理论重构。重申媒介概念本身，并重申媒介中的物和物质性，或许将开启更为多元、更具理论潜力的研究视角和研究领域。

---

① 张昱辰. 媒介与文明的辩证法："话语网络"与基特勒的媒介物质主义理论 [J]. 国际新闻界, 2016 (1).
② 吴璟薇, 曾国华, 吴余劲. 人类、技术与媒介主体性：麦克卢汉、基特勒与克莱默尔媒介理论评析 [J]. 全球传媒学刊, 2019 (1).
③ 施畅. 视旧如新：媒介考古学的兴起及其问题意识 [J]. 新闻与传播研究, 2019 (7).
④ 车致新. 媒介技术话语的谱系：基特勒思想研究 [M]. 北京：北京大学出版社, 2019.
⑤ 戴宇辰. "物"也是城市中的行动者吗?：理解城市传播分析的物质性维度 [J]. 新闻与传播研究, 2020 (3).
⑥ 章戈浩, 张磊. 物是人非与睹物思人：媒体与文化分析的物质性转向 [J]. 全球传媒学刊, 2019 (2).
⑦ 许煜. 论数码物的存在 [M]. 李婉楠, 译. 上海：上海人民出版社, 2019.
⑧ 许煜. 递归与偶然 [M]. 苏子滢, 译. 上海：华东师范大学出版社, 2020.
⑨ HUI Y. Art and cosmotechnics [M]. Minneapolis：University of Minnesota Press, 2021.
⑩ 同⑥.
⑪ 同⑨.

三、文化观察

当代中国传媒文化的景观变迁*

□ 周 宪

摘 要

20世纪90年代以来,随着中国经济改革的成功,中国的传媒文化也发生了一系列值得关注的变化。特别是在文化体制的改革中,传媒的产业化引入了新的市场化因素,形成了当下传媒文化的行政和市场二元体制结构。二元体制造成了传媒文化内在的张力,进一步导致了政治话语和娱乐话语的结构分离和功能区分,由此产生了复杂的传媒效果。同时,作为民间文化形态的草根传媒的兴起,改变了中国传媒文化的版图,并对当代社会和文化产生了重要影响。对这些问题的考察表明,随着中国经济发展和社会进步,中国传媒文化领域将呈现出多元性和丰富性,传媒内部的各种张力也会随之增大。

关键词

传媒文化;传媒体制;信娱;草根传媒

作者简介

周宪,南京大学艺术学院教授。

中国经济的飞速发展,推动了各个领域的深刻变迁。2008年中国国内生产总值(GDP)超过30万亿,居世界第三位。有专家分析预测,中国的GDP在2010年将超过日本位居世界第二。显然,经济改革作为火车头带动中国社会文化从传统向现代的转型,基础的变革必然导致上层建筑的改变。生活在中国这片沸腾大地上,我们深切地感受到社会文化领域的翻天覆地的变化。传媒作为一种文化,是我们生活世界里每天照面的文化现实,从电视到广播,从报纸到书籍,从网络到手机短信,当人们说"人生在世"时,某种程度上是说"人在传媒中"。晚近传媒文化领域中所发生的变迁实乃我们亲身亲历,这些变化也引起了国内外学术界对中国当代传媒文化景观的强烈兴趣,成为中国研究的一个新的热点。①近些年来,这方面的研究可谓汗牛充栋,争论也异常激

---

* 周宪. 当代中国传媒文化的景观变迁[J]. 文艺研究,2010(7).
① HUANG C J. From control to negotiation: Chinese media in the 2000s [J]. The international communication gazette, 2007, 69(5).

烈，众说纷纭。

本文的焦点是分析 20 世纪 90 年代以来中国传媒文化景观的几个变迁趋势，探究背后所蕴含的中国当代社会和文化复杂的矛盾及其内涵。

一、传媒体制的张力

自 1978 年改革开放以来，经济体制从计划经济转向社会主义市场经济，建构了一个富有中国特色的社会主义市场经济体系。就像"社会主义市场经济"这一独特表述所揭示的那样，政治上的社会主义制度与经济上的市场经济体制同时并存，这就向经典的经济学和政治学理论提出了挑战。在这样的背景下，中国传媒文化也经历了复杂的演变过程，其体制也逐渐发展出一种独特的"社会主义市场经济"形态，尤其突出地呈现为二元传媒文化体制特征。我们知道，传媒在中国现代社会文化中具有特殊的重要性，然而，改革开放以来，经济体制改革的成功，不断给传媒文化带来新的压力和机遇，市场化或产业化的诱惑不断从外部改变着传媒文化的格局。文化体制改革就是要把这一外在压力转化为内在的动力，从体制上解决传媒发展的现实问题。

概要说来，中国当代传媒文化的二元体制的形成源自多方面的原因。

其一，西方发达国家文化产业化的成功实践，为中国传媒文化的转型提供了有益的参照。从美国的好莱坞或迪士尼到日本的动漫产业，高度的市场化和产业化显然是一条可资借鉴的路径。随着中国国力的强盛，文化软实力的建设迫在眉睫，中国不但要成为经济的强国，亦要成为文化的强国。因此，作为最具影响力的文化载体，传媒文化的产业化势在必行。

其二，面对中国经济改革成功的新局面，文化体制改革也被提上了议事日程。经济改革极大地改变了中国的文化版图和内在结构，特别是消费文化的崛起和大众娱乐的巨大需求，使得囿于传统政治宣传的喉舌模式的传媒文化已难以适应。因此，如何建构一种既有政治宣传功能又有大众娱乐功能的新型传媒文化，并在两者之间保持必要的平衡，已成为传媒文化发展所面临的新课题。

其三，传统的行政型文化体制导致政府负担过重，一些文艺和传媒机构面临着严峻的生存危机。因此，如何减轻政府的负担，从体制上激发文化机构的内在活力，形成富有创新性和自我更新能力的文化产业，是必须考虑的问题。所以，文化体制改革在所难免。

自 1992 年始，党中央陆续提出了推进文化体制改革的思路[①]；到了 1996 年，明确提出文化体制改革的任务，其关键是要"发挥市场机制的积极作用"[②]。从时间上看，如果我们把 20 世纪 90 年代初看作文化体制改革的前奏的话，那么，真正的转折点出现在

---

① 江泽民. 加快改革开放和现代化建设步伐，夺取有中国特色社会主义事业的更大胜利 [M]. //江泽民文选：第 1 卷. 北京：人民出版社，2006.
② 中国共产党第十四届中央委员会第六次全体会议公报 [M] //中共中央文献研究室. 十一届三中全会以来党的历次全国代表大会中央全会重要文件选编：下. 北京：中央文献出版社，2000：388.

2000年，这一年召开了中共中央十五届五中全会，再次明确地提出了文化体制改革的目标、手段和进程。会议指出，要完善文化产业政策，加强文化市场建设和管理，推动有关文化产业发展。①

传媒文化体制的市场化改革显然是一个复杂的系统工程。改革的第一步是改变预算体制，采用预算包干的办法，这就改变了传统的行政体制的预算。据统计，实行这一改革后，中央电视台的收入从1990年的1.2亿元增加到2000年的57.5亿元；电视节目从1991年的3套增加到2000年的9套；节目播出时间由1991年的平均每天31小时增加到2000年的156小时。中央电视台还累计投入资金12亿元，用于电视节目全球覆盖工作，电视节目信号在2000年已覆盖全世界多数国家和地区。

改革的第二步是，面对中国加入WTO之后的国际竞争，实施文化产业集团化的整合战略。从2001年开始，中国的新闻、出版、广播、影视和演艺业开始了集团化组建工作，以便提高文化企业的竞争力。到2002年，共组建了70多家文化集团，其中报业集团38家、出版集团10家、发行集团5家、广电集团12家、电影集团5家。② 到2008年，总计13家文化产业的企业上市，实行融资运作。最重要的转变是，大众传媒过去只是单一的宣传机构，如今被纳入国家发展"软实力"的战略任务之中。国务委员刘延东强调，必须发展与经济实力相匹配的先进文化，使之成为现代化强国的力量源泉，并成为中国屹立于世界民族之林的精神支撑。③ 面对全球经济危机，2009年国务院出台了《文化产业振兴规划》，强调坚持把社会效益放在首位，努力实现社会效益和经济效益的统一，具体的目标是完成经营性文化单位转企改制。④

毫无疑问，文化体制的转轨，相当程度上改变了中国传媒文化的格局。产业化和市场化进入传媒领域，到底给传媒文化带来了什么变化？一些学者认为，中国传媒的商业化和市场化将彻底改变现有的传媒文化版图，并向现实提出新的挑战；另一些学者则相信，传媒文化市场化和产业化，不过是体制形式上的变化，并不会导致传媒文化有什么实质性的转型。⑤ 其实，这两种看似对立的观点都流于表面化。

假如说文化体制改革之前，传媒文化保持着体制上的单一性，那么，在市场化引入传媒文化之后，随即产生了传媒文化内在的体制性的张力。一方面，传媒文化的主要功能仍然是主导文化的耳目喉舌功能，受到严格的行政体制性约束；另一方面，来自市场经济的压力和大众娱乐的需求，特别是发达国家成功的文化产业化实践，不断地作用于现有的传媒文化建构。于是，在原有的行政体制约束和新的市场体制竞争之间出现了张力，因为两者在传媒导向、内容生产、目标诉求和传播过程上并非完全一致，矛盾、抵牾、摩擦难以

---

① 中共中央关于制定国民经济和社会发展第十个五年计划的建议[R/OL]. (2000-10-11)[2010-02-10]. https://www.gov.cn/gongbao/content/2000/content_60538.htm.

② 韩永进. 我国文化体制改革的历程与新进展[J]. 出版参考，2005 (1).

③ 刘延东在全国文化先进单位、全国文化系统先进集体和先进工作者表彰大会上强调：培育强大的文化软实力 为建设富强民主文明和谐的现代化国家提供强大支撑[EB/OL]. (2009-11-24)[2010-02-10]. http://www.gov.cn/ldhd/2009-11/24/content_1472268.htm.

④ 文化产业振兴规划[R/OL]. (2009-09-26)[2010-02-12]. https://www.gov.cn/jrzg/2009-09/26/content_1427394.htm.

⑤ HUANG C J. From control to negotiation: Chinese media in the 2000s[J]. The international communication gazette, 2007, 69 (5).

避免。这种体制上的复杂的张力，便转向了结构性的要求，通过结构性的调整来缓解，经过一系列复杂的博弈过程达到平衡。从传媒文化的结构-功能角度看，这一张力所导致的显著后果之一，便是传媒的娱乐性话语和政治性话语的结构区分和功能分化。

二、传媒话语的分殊

中国传媒文化现有的行政和市场二元体制，其内部张力必然驱使人们去寻求缓解紧张的路径。换言之，传媒市场化的诉求和主导的政治宣传的要求，不可避免地存在某种紧张关系。前者是单纯的市场导向，以娱乐化产业为方向；后者则以意识形态为导向，突出党和政府的政治宣传宗旨。那么，如何处理这一张力关系呢？

只要对当下中国传媒文化的版图结构稍加观察就会注意到，缓解这一紧张关系简单有效的办法，就是依据内容生产和传播方式的差异，在其结构-功能上加以区隔，将政治宣传空间与娱乐消费空间加以区分，并使其保持各自的相对独立运作。比如，在报纸、广播、电视、出版等主要传媒形式中，通常会有一些功能相对单一的政治宣传性栏目和节目。诸如中央电视台的新闻、专题等时政类节目，或是中央党报和地方党报报纸的头版重要栏目等。传媒市场化和娱乐化的扩张是不能挤占这个独立空间的，其功能相对单一化是确保实现传媒市场化时代主导文化宣传导向的策略。在此之外的其他空间里，则充斥着大量丰富多彩的娱乐信息，其功能完全是面向市场和大众的娱乐消遣。娱乐话语不但形式花样极富变化，而且内容方面无所不包，从名人逸事到八卦新闻，从域外奇谈到文化体育消息，可以说无所不有、无奇不有。两种话语的差异有点像古人所说的"文""笔"之分，娱乐话语永远在追求辞章华丽的感性愉悦，政治话语则更重视意思传达的"辞达而已矣"。尽管政治话语从来就有追求"寓教于乐"的效果，但由于传媒结构功能上的区分，实际上"教"与"乐"已在相当程度上分离了。

从内容分析角度看，这两种截然不同的话语类型各有各的规则和指向。政治话语有其固定的表述和特有的修辞，也有严格的内容规范和传播规范。在政治话语之外，各种传媒上娱乐话语则自有一套游戏规则，在各级电视台、各类报纸（尤其是各种地方性的晚报和小报）以及广播电台中，娱乐节目或栏目占据了大量的空间和时间，成为高度市场化和竞争性的产业活动。从传媒信息生产的量的方面来考量，政治话语的信息生产量相对较小，但是生产相对集中；而娱乐话语的信息生产则有铺天盖地之势，构成了当下传媒文化的绝大部分。从质的方面来看，政治话语信息观点、价值、导向明确；而娱乐话语信息则相对暧昧和含混，容纳了诸多差异性的观念、价值和意识形态。

传媒结构上区分和话语功能分化，相应地形成了话语生产截然不同的两种游戏规则。显而易见，商业化和产业化必然要求传媒的运作按市场法则来进行，其中一个必须遵守的游戏规则就是市场竞争。传媒的市场竞争说到底就是市场份额的竞争、受众资源的争夺，就是用什么样的新手段和新形式来吸引受众眼球的问题。因此，在那些高度娱乐化的传媒空间里，始终存在一种压力，要求传播内容生产和形式技术上不断革新，提供给受众有吸引力和充满快感的产品，从而可能从市场中得到高额的商业性回报。进一步看，这种高度竞争性的压力是自下而上的，娱乐节目和栏目的生产也必须考虑到作为最终目标的受众的需求、趣味和接受能力。与此相反，在政治话语的宣传领域，信息的传播流程通常是自上而下的，信息通过各种规范保持畅通和准确明白，不允许走样。如此差异催生了当下中国传媒文化的一个非常独特的景观：充满竞争和变化的话语生产与传播通常呈现在娱乐性传媒中，其中争夺受众和收视率的搏杀异常残酷和激烈，达到你死我活的地步，这就造成了创新和模仿的循环。一种新节目类型或一种新栏目类型出现，必然会有更多的模仿者相互追逐，直至它因失去魅力和受众而死去，或被更新的节目或栏目取代。而在政治（宣传）性的话语的生产与传播领域，既不存在实际上的激烈的竞争，也不存在不断推陈出新的巨大压力，虽然政治话语采用一些有效的方法和技术，不断地改变着自身的形态，但从总体上说，它并没有娱乐话语争夺受众那样的殊死搏斗。

这里我们不妨比较一下中国和西方的当代传媒文化的差异性。晚近西方传媒文化的发展出现了一个所谓"信娱"（infotainment）趋向，这个英文新词取了"information"和"entertainment"的各一半合成一个词，意思就是"信息＋娱乐"。依照一些学者的界定，所谓"信娱"就是以大众娱乐的方式来实现信息传播的目标。① 具体说来，也就是将严肃的新闻和政治信息的传播，与高度娱乐化的节目或形式混合起来。这就出现了一种耐人寻味的独特传媒景观。当信息与娱乐不加区分时，一方面改变了新闻或政治信息本身的严肃性、真实性和可信度，另一方面也混淆了娱乐节目纯粹找乐、不足为信的消遣特性。这一奇特的混合旨在吸引受众，增加收视率或市场占有率。"信娱"现象在电视节目中尤为显著，在各种平面印刷媒体中也相当突出。

假如说西方传媒的政治话语和娱乐话语带有"信娱"的混杂性特征，那么，在中国当下传媒文化中似乎存在着两相分离的趋势。政治话语和娱乐话语信息各异，传播方式不同，目标受众也不尽一致。从技术上说，政治话语和娱乐话语的分离或许是确保政治宣传话语合法化和严肃性的一个必然选择，同时也为传媒文化产业化提供了一个相对独立的发展空间。

值得注意的是，尽管政治宣传与娱乐消遣是两个截然不同的领域，但实际上两者是息息相关的。其一，两相分离和平安相处确保了各自相对独立的发展空间，尽管娱乐话语时有越界事件发生，但是总体上看，结构的区分是保证功能实现的必要手段。两种话语在议程设置、内容生产、传播形式和受众目标上的分殊，使得彼此通过独立运作来实现互相支持。与此同时，游戏性的娱乐话语自我约束，区隔于严肃的政治话语，这也是确保其发展扩张的合法性的条件，通过不越界来证明自己的存在是合理的。正是这种各居一隅的格局使得互相支持成为可能。其二，娱乐话语的市场机制最终还是要受到宣传文化部门行政规约的控制，因此，宣传性的行政体制对传媒内容生产的把关和约束，就实现了市场之外的

---

① 有关"信娱"的讨论，出现了许多相关的专题论著，请参阅：ANDERSON B. News flash: journalism, infotainment, and the bottom-line business of broadcast news [M]. San Francisco: Jossey-Bass, 2004; MUSA B A, PRICE C J. Emerging issues in contemporary journalism: infotainment, internet, libel, censorship, et cetera [M]. Lewiston: Edwin Mellen, 2006; THUSSU D K. News as entertainment: the rise of global infotainment [M]. London: Sage Publications Ltd, 2007.

行政规约对娱乐话语的最终掌控,这是中国当代传媒文化二元体制的独特性所在。反过来,政治宣传的某些观念和方法也受惠于娱乐信息生产的方法和策略,一定程度上改变了传统政治宣传的刻板模式。其三,娱乐传媒的高度膨胀和急速发展,在创造出一个巨大的传媒消费市场的同时,也在建构一个庞大的娱乐受众群体及其消费需求。在今天这一消费主义时代,以消费性的娱乐话语来使公众一定程度上不止拥有政治关怀和冲动是有效的。但也要看到,"娱乐至死"的价值取向在青少年中的蔓延,遮蔽了他们的政治关切和社会参与,放纵型的传媒娱乐性消遣也会导致受众的政治冷漠症和娱乐偏执狂。

三、传媒受众的效果

从另一个角度看,两种话语的截然分立也带来一系列复杂的文化政治问题。一个问题是受众接近传媒的冷热两极分化。

传媒在当代社会是一个广阔的公共领域,正像哈贝马斯所指出的那样,公共领域应该是一个培育公民理性论争和参与的场所。[①] 但是,当中国传媒文化产业的政治话语和娱乐话语结构区分和功能分离后,一方面政治话语仍保持原有的严肃性和正统性,另一方面传媒的娱乐化又为公众打开了另一扇追求快感的大门。尤其是娱乐话语的多样化和丰富性,相当程度上转移了社会公众的政治关注,缓解了其政治冲动,为其提供了另类心理宣泄和满足的渠道。由于官方传媒的政治话语的信息传递一定程度上具有自上而下的单向性,这就在某种程度上使公众产生政治疏离感和淡漠感。反之,高度娱乐化的传媒却为公众提供了另类满足和表达的空间,特别是当收视率成为基本的游戏规则时,一定程度的公众参与和互动激发了公众的热情和兴趣。这与政治话语领域的公众参与十分不同,看来娱乐话语实际上带有某种转移缓解的功能。所以说,在政治和娱乐两个不同的话语领域,一冷一热的冷热不均现象在所难免。

由此产生的第二个相关问题是,长期的冷淡与短暂的激情爆发的交替。

当代传媒的发展具有越来越明显的娱乐化特征,在消费社会快感主义的诉求不断提升的同时,习惯于或沉溺于快感体验的受众也被不断地培育出来。当代传媒文化在提供充足乃至过度的快感消费时,会钝化受众的其他关切吗?长期的或常态的政治淡漠的后果是可怕的,因为它有可能积蓄了相当大的心理能量而借机爆发出来。这就是所谓间歇性的政治冲动"歇斯底里"现象。虽然娱乐话语的常规形态在一定程度上满足了传媒受众的一些文化需求,但是公众平时所积累的政治冲动能量仍然存在。一旦碰到某个重大突发事件,这种冲动便会以瞬时爆发的形式凸显出来。特别值得注意的是,这类政治冲动"歇斯底里"的瞬时爆发有两个特征:其一,它是高度情绪化的,往往缺乏冷静的理性分析,尤其是在触及民族主义一类问题时。经常出现的一些"网络暴力"现象就是明证,在这些爆炸性网络事件中,由于缺乏必要的政治参与经验和理性讨论训练,通常会出现高度情绪化和突破伦理底线的现象。更有甚者,一些人将娱乐话语参与经验直接移植到政治话语领域中来,将严肃的政治问题或社会问题转化为娱乐性的嬉戏,这也是很成问题的。其二,之所以说

---

① 哈贝马斯. 公共领域的结构转型 [M]. 曹卫东,王晓珏,刘北城,等译. 上海:学林出版社,1999.

这种现象带有瞬时爆发的"歇斯底里"特点,是因为它在短时激发出空前的政治参与冲动和热情,一旦时过境迁,便很快烟消云散了,重又陷入长期的或常态的冷漠状态之中,等待着下一次突发事件来临。这种理性匮乏和高度情绪化的冷热转化,是一种值得注意的公民文化政治心理状态。

四、草根传媒的崛起

以上讨论的问题还只限于通常的官方传媒范围内,如果把目光投向更加广阔的中国当代传媒文化空间,就会发现一个新的发展趋向,那就是草根传媒的崛起。所谓"草根传媒",有一系列截然不同于官方传媒的新特点,正因为如此,当下中国传媒文化的格局出现了一些引人注目的变化。

草根传媒又被学界称为"私传媒"或"自传媒",即自愿在视频或论坛网站上提供信息的个人或组织。它们不同于官方传媒,带有显而易见的民间性。从生产角度说,这些传媒主要分散在民间的不同地域和空间里,以网络或手机为主要的联系通道。草根传媒是网络和信息时代的民间文化。

据中国工业和信息化部发布的报告,截至 2009 年上半年,手机用户在中国已超 7 亿户。① 在如此庞大的手机用户群体中,手机短信既经济又快捷,成为信息交流的重要通道。对于一些重大事件,目击者可以通过手机短信迅速地传给亲朋好友,信息会像滚雪球一样,传至整个社会。另一个更为便捷的传播通道是网络。网络不但改变了信息的传播方式,甚至改变了人们的生活方式和观念。据中国互联网络信息中心(CNNIC)统计,截至 2009 年 6 月 30 日,中国网民规模达到 3.38 亿人,普及率达到 25.5%。② 如此庞大的网络用户群,既是一个巨大的信息生产群体,又是一个巨大的信息交流和受众群体。CNNIC 的《社会大事件与网络媒体影响力研究报告》明确指出,网络传媒在社会危机事件中的作用非常显著。2008 年 5 月 12 日在四川汶川发生的大地震,消息最初就是通过网络传播的。CNNIC 的调查统计显示,2008 年"5·12"汶川地震时,有 87.4% 的网民选择通过上网来看相关的新闻报道,在汶川地震的新闻获取中网民对网络传媒的使用超过了电视。互联网的开放性使其成为民众获取危机事件信息的重要渠道。该报告还显示,2008 年使用互联网关注社会事件的用户中,有 52.1% 的用户表示目前获取新闻信息时最喜欢使用互联网。网民每天浏览网上新闻平均时长为 55.9 分钟,使用行为日趋多元化。③

---

① 全球最多:中国手机用户超 7 亿户[EB/OL].(2009-06-28)[2010-02-13].http://forum.home.news.cn/detail/70089952/1.html.
② 中国互联网络信息中心.第 24 次中国互联网络发展状况调查统计报告[R/OL].(2009-07-16)[2022-04-01].https://www3.cnnic.cn/n4/2022/0401/c88-807.html.
③ 中国互联网络信息中心.社会大事件与网络媒体影响力研究报告[R/OL].(2009-08-20)[2022-04-01].https://www3.cnnic.cn/n4/2022/0401/c120-865.html.

草根传媒有别于官方传媒，比较而言，它更多地直接反映了民众的意愿和看法。在某种程度上，草根传媒一改官方传媒自上而下的宣传特性，形成了公众之间协商性的讨论和对话。从网络讨论和博客，到播客、手机短信和电子邮件，草根传媒的形式多样，且参与者规模极其庞大，互动也相当频繁。目前人气很旺的草根网站有很多，诸如"天涯社区""优酷网""土豆网""博客中国""反波"等。CNNIC 的《2009 中国网民社交网络应用研究报告》显示，社交网站的用户规模已经接近国内网民总数的三分之一，以大专以上的中高学历人群为主。报告指出，社交网站正在成为包括博客、电子邮件等各种互联网应用在内的聚合平台。数据显示，好友留言成为常用功能，占使用率的 51.2%，图片/相册的使用率为 48.6%，博客/日志功能使用率达到 41.5%。越来越多的交互和信息是通过社交网站来完成的。对新闻/资讯、音视频的转帖传播和评论非常活跃。[1] 可以看出，这样的民间草根传媒实际上是一个兼具信息、娱乐、交往等多重功能的没有边界的公共空间。

显然，草根传媒的兴起和传播技术的发展有很大关系，一些观察家注意到，传播技术的进步对于中国草根传媒的出现具有相当重要的作用。特别是 Web 2.0 的广泛运用，为各种草根传媒的发展提供了技术上的可能性。[2] 正像数码相机、手机照相功能等彻底消解了摄影的精英性和高成本一样，Web 2.0 技术的广泛运用也改变了传媒生产、传播和接受的格局，使得绝大多数网民可以自由地进入传媒领域而相互交往。当然，技术是一把双刃剑，它既可以给传播的多元化带来新的生机，也可以被用来更加有效地加强信息控制。

从草根传媒的生产角度看，传播技术的进步的确带来更多的公众参与可能性。草根传媒实现了"一人一传媒"和"所有人向所有人传播"的局面。在中国，存在着大量能够熟练使用各种网络传媒技术的年轻人，他们具有较高的教育水平和较好的经济收入，热衷于利用草根传媒来交流情况、探讨问题、游戏娱乐，这就构成了广阔无边的传媒社区——一个个人信息的发布、流传和接受所形成的虚拟社区，一个安德森意义上的"想象的共同体"[3]。草根传媒有助于逐渐发展出一个公共领域雏形，也有助于形成某种程度的社会组织交往话语的规则。以"天涯社区"网站为例，该网站创建于 1999 年 3 月，引起了网友的高度关注和参与，次年与《天涯》杂志合作，开始强调人文精神，因而成为中国颇具标志性的公共网站。一系列重大事件和话题在网站上热烈讨论，形成了一种理性论辩的虚拟公共领域。社区站务管理委员会、网站的运作、版主的出任和权限、发帖的审查、讨论的议程和协商等，都具有某些公共领域的初步特征。这在一定程度上体现了人们的社会关怀和政治参与，对培育人们的理性论辩习惯和规则程序具有积极作用，为中国社会的政治民主发展提供了一些有益经验。

正如巴赫金在分析民间文化与官方文化的差异时所指出的那样，两种文化之间有一

---

[1] 中国互联网络信息中心. 2009 中国网民社交网络应用研究报告［R/OL］. （2009 - 11 - 12）［2022 - 04 - 01］. https://www.cnnic.cn/n4/2022/0401/c123 - 833. html.

[2] 周荣庭，沈智伟. Web 2.0 时代草根媒体公共领域的形成［J］. 新闻世界，2009（6）.

[3] ANDERSON B. Imagined communities：reflections on the origin and spread of nationalism［M］. London：Verso，1983.

系列对比性的差别。与官方传媒不同，草根传媒的内容更多样化，是一个值得具体分析的层面。通过内容分析，我们可以揭示出草根传媒在中国当下传媒文化系统中不可或缺的重要性和独特性。

这里，我们简要地概括一下草根传媒的内容形态，通过草根传媒信息的议程设置（agenda setting）来看这类传播的意义所在。虽然草根传媒的信息可谓无所不包，但我们可以概括出以下比较重要的信息类型：一是公共事件的报道，包括地震、火灾等以及社会公共事件，特别是一些声援弱势群体的报道等。在这些事件的信息生产、传播和接受过程中，草根传媒扮演了极其重要的角色，最终捍卫了弱势群体的利益。二是推动反腐倡廉，通过对一些贪官污吏腐败行为的追踪、报道和讨论，揭露他们的丑行。特别是一些网民自发地利用搜索功能，广泛传播，具有一定程度的社会动员性质。在众多网民的共同参与下，最终将贪官诉诸法律。三是有关社会文化问题的讨论，诸如环境问题和国际事务等。四是中央和地方政府有关政策的讨论和建议，广泛涉及经济、金融、教育、医疗改革、网络绿坝、房地产、高速铁路、地方官员的政绩工程等。在这方面，一些讨论反映了民意和民情，引起了政府有关部门的注意，并在政府决策过程中起到一定的作用。

从草根传媒政治传播的议程设置来看，大多数与官方传媒的议程不同，因而带有某种民意或公众舆论的功能，它属于官方宣传之外的另类信息的生产和交流。这类信息反过来对政府及其决策产生一些影响，同时也对公众发挥作用，还对官方传媒产生了影响，推动官方传媒改变自己的信息策略，采取更加亲民的路线。

关于草根传媒的传播功能和效果，一些学者认为，它已形成了某种社会舆论的压力，并具有某种组织和动员功能。还有人认为草根传媒形成了中国特有的传媒公共领域。而一些海外学者关心的是，是否由此形成了公民传媒或公民新闻。不管怎么说，草根传媒在中国传媒文化中的出现无疑具有积极意义。它丰富了传媒的资源和格局，助力形成了一个不同来源的多元传媒文化结构。此外，草根传媒为公众表达意愿提供了一个渠道。通过这种表达，各级政府会更多地关注民生和民众呼声，并出台或修改相关的政策。最后，草根传媒与官方传媒的张力关系，形成了比较有趣的发展趋向，那就是官方传媒不断地从民间草根传媒中学到一些东西，进而改进自己的策略和方法。总之，在当代中国，草根传媒是不可或缺的，其积极影响也显而易见。当然，草根传媒的问题也不容忽视，最重要的问题是如何培育网民理性论辩的传统，如何形成公共领域讨论的理性批判原则，以及如何防止将公共领域的自由讨论转变为越出道德底线的人身攻击。

五、结　语

过去十多年来，中国传媒文化的景观不断发生变化。从以上分析来看，可以得出如下几个初步结论：一是传媒文化的二元体制产生了内在的张力，而政治话语和娱乐话语的二元区隔暂时缓解了这一张力，但长期来看，张力仍然存在并决定了传媒文化的未来走向。二是政治话语和娱乐话语的二元区隔保持了两种传媒话语各自的特性，但带来的问题也不容小觑，尤其是公众沉溺于娱乐消遣而表现出的政治冷漠。因此，应在两种话语之间寻找一个相关联的通道，保持公众的政治关注和娱乐消遣的平衡，更重要的是建构一个公共参与的开放性平台，让公众广泛参与。三是草根传媒的兴起改变了传媒文化的版图，其积极作用毋庸置疑。但民间草根传媒如何发展出理性论辩的规则，如何避免非理性的传媒暴力，将是决定草根传媒命运的关键问题。总之，中国当代传媒文化已经摆脱了传统的格局，进入一个全新的发展阶段，它不断地向文化研究提出新的问题和挑战。

加速社会与群聚传播：信息现代性的张力*

□ 隋 岩 姜 楠

摘 要

信息传播技术超越工业制造技术，成为推动社会发展的新引擎。工业化阶段，信息传播从属于社会发展，时间性原则是这一时期的主导性原则。信息化阶段，信息传播囊括经济、政治、社会与文化等内容，信息性原则成为主导性原则，生产方式被传播方式取代，流动逻辑成为支配性逻辑。加速需求催生了流动逻辑，打散了线性时间的组织方式，形成了"非线性社会系统"。作为非线性社会系统中非制度化的传播制度，互联网群聚传播颠覆了线性时间的组织状态和传播法则，呈现出多元主体、多维时间、非线性传播、共同在场的传播景观。多元主体增加了信息体量，多维时间造成了信息无序，非线性传播与共同在场使因与果时常处于不确定甚至倒置的状态，增加了社会风险。流动逻辑的价值增值并非借助固定积累，而是借助流动而扩散。它不仅使信息以朝生暮死的姿态呈现，也造成物质与文化的快餐式消费。当文化被化约为信息流时，文化的再生产便由于"即时的霸权"而陷入危机，丧失其所具有的经验与认同价值。这种比工业现代化阶段更为剧烈的矛盾冲突，加深了工具理性与价值理性之间的鸿沟，带来了技术对文明的僭越，后果恰恰彰显着信息现代性的悖论。

关键词

工业现代性；信息现代性；时间性原则；信息性原则；互联网群聚传播

作者简介

隋岩，中国传媒大学新闻学院教授；姜楠，山东大学新闻传播学院助理教授。

信息传播技术的加持，使人类社会迈入从工业现代化向信息现代化加速转换的历史进程。加速，贯穿于工业化到信息化的不同历史时期，不同时期也赋予加速各异的动力。信息化驱动的现代化较之工业化驱动的现代化而言，产生的加速体验更为强烈：不

---

* 隋岩，姜楠. 加速社会与群聚传播：信息现代性的张力［J］. 北京大学学报（哲学社会科学版），2023（2）.

仅重塑着个体的存在方式、经验范式与认同模式，也重构着社会的生活形式、组织模式与权力范式。信息现代化阶段，互联网，特别是移动互联网迅速发展，普通个体获得传播主体地位，成为信息生产者，在一定程度上促进了社会民主。个体经验、认知、情绪及价值判断等，随之在互联网场域中实现社会化传播，形成群聚传播之势，也带来了舆论难调、叙事解构、认同撕裂、价值失序等问题。这种比工业现代化阶段更为剧烈的矛盾冲突，与信息流动速度的加快、传播程度的加深、通信广度的延展密不可分。

一、工业现代性与信息现代性

（一）现代化与现代性

现代化以工业文明为标识，既包含着经济制度、社会生活的转型，又包含着政治体制、文化观念的转变。它既重视工具理性，以实现工业发展、经济增长、物质繁荣、科技进步为目标；又强调价值理性，以生活方式重塑、行为规则再造、价值理念更新为追求。理性精神贯穿于现代化过程的方方面面，因此现代化也被视为一种"合理化"过程。现代性是"现代这个时间概念和现代化这个社会历史过程的总体性特征"[①]。现代性既标志着"量"，体现为时间范畴的累积划界与历史延续，又表征着"质"，体现为社会形态和价值理念上的转型、激变与断裂。如果说现代化是本体与事实，那么现代性则是特征和属性。

（二）工业现代性与信息现代性各自的张力

以工业革命为标识的现代化进程，发展至今应该包含两大历史阶段：工业现代化和信息现代化，也即蒸汽机开启的机械工业社会和互联网普及带来的信息社会。如果说现代化进程必然伴随着现代性特征的呈现，那么现代性也包含着呈现工业社会发展特征的工业现代性和呈现信息社会发展特征的信息现代性。换言之，信息传播的现代化也包含两个阶段：工业化推动的信息传播的现代化与信息化推动的信息传播的现代化。信息传播的现代化肇始于工业社会，与整个现代化发展并行。电报的发明开启了信息传播的现代化实践，它以电力为能源，与以蒸汽机为动力的铁路运输并驾齐驱，同为19世纪具有里程碑意义的现代传播（交通运输与信息通信）工具，工业现代性的张力与悖论集中体现在这一阶段。信息化不同于信息传播的现代化，而是相较于工业现代化的高级阶段。它以电子计算技术为标识，以信息化为动力，推动信息传播的现代化发展。信息现代性的张力与悖论也集中体现在这一阶段。

信息现代性是信息方式在现代化演变中所呈现的总体性特征，突出体现在信息化的

[①] 贝克，吉登斯，拉什. 自反性现代化：现代社会秩序中的政治、传统与美学［M］. 赵文书，译. 北京：商务印书馆，2001：总序.

信息社会阶段。从传播史考察中可以发现，信息方式的变革与现代性的发展密切相关，信息传播始终参与着现代性的持续变动与扩张。在以生产为导向的工业化阶段，工业现代性的张力是工业技术、生产方式、分配机制、交换方式等各要素与社会关系之间的矛盾冲突，现代性的审视体现为对这一系列要素中人的主体性与生存境遇的现实观照。信息现代性则将目光投射到媒介技术、信息方式、传播过程与传播关系等各要素之间，考察媒介技术、信息生产方式、传播模式的变革所引发的传播关系乃至社会关系的变迁，以及由此导致的社会结构变迁。信息现代性的张力集中表现为信息社会化与社会信息化、媒介社会化与社会媒介化过程中，媒介技术、信息方式与人的信息化生存境遇之间的矛盾关系。信息现代性孕育于现代性之中，天然带有现代性的基因。与现代性相应，信息现代性不仅意味着对工具理性（主要是媒介技术）的进一步强调，也包含着对价值理性的更多期待。如果说在工业现代化阶段，信息现代性内隐于现代性之中，是现代性内容指向的一个侧面，那么在信息现代化阶段，信息现代性则愈发外显化，不断加速扩张自身版图，企图渗透和囊括现代化的所有过程，成为信息社会的全部原则与内在尺度。

二、加速社会与信息现代性

时间观之于现代性，是不同历史阶段现代性精神发挥作用的结构形式和深层枢纽，由此，现代制造业生产方式确立的线性发展与持续进步，使得"未来"较之"现在"总是意味着更进步、更文明的线性矢量时间观成为工业社会的主导逻辑，即工业化时代秉持的时间性原则。然而，移动互联网普及带来的非线性传播和空间重组，使得信息性原则跃迁为信息社会的主导逻辑，即信息化时代尊奉的信息性原则。

（一）工业化时代的加速：时间性原则

工业制造业生产方式的确立与科技实践上的探索发现，确证着线性矢量时间观的合法性，强化了人们追求未来无限进步的信念。线性、连续的时间流产生了过去、现在与未来之别。工业现代性的文化意义和价值取向正在于"未来"。因为"未来"较之"现在"，总是意味着更进步、更文明。这种潜移默化的规定性使人们始终处于走向未来、向未来无限靠近的动态"现在"之中，也使这种时间观成为工业现代性价值诉求的开端。

现代主体的对象化活动遵循着线性矢量时间观。它在推动现代化进程持续发展的同时，也不断规制与生产着现代性。在这一过程中，技术变革驱动生产方式转变，既保障了人们在连续生产活动中实现从"现在"到"未来"的可能性，也在周期性再生产实践中生成着"过去"。线性时间观的方向规定性与技术的不可逆性，共同构成现代性的意指线索，推动着现代主体的对象化活动，指引着现代化进入持续加速的进程之中。工业制造业生产方式大大缩短了生产周期，也为机器生产的时间计量提供了原型，如哈桑所指出的："当工业革命和时间意识的钟表化转变肇始之时，由竞争所驱动的这一系统的不断发展意味着技术逻辑在地理空间之内——以及跨越地理空间——的不断扩散。"① 也就是说，机械钟表的诞生及其规定的时间意识，不仅成为以机器制造业为生产方式的社会运行模式和制度运行结构，也成为现代人日常生活的参照标准与实践规则，甚至成为衡量工业化时间状态下现代性价值的尺度，并由此孕育出工业现代性的文化精神，如马克思指出的："每一历史时代主要的经济生产方式和交换方式以及必然由此产生的社会结构，是该时代政治的和精神的历史所赖以确立的基础，并且只有从这一基础出发，这一历史才能得到说明。"②

机械钟表的出现决定性地实现了时空分离，建立了脱离于自然时间的抽象时间体系，提供了虚化时间（empty time）的统一尺度，形成了不同于前现代的工业社会时间结构。这种结构既呈现出跨越地区的标准化特点，又呈现出世界范围的统一性特点，使每一个"现代人"的日常生活都被划归到同一计时体系下，遵循着大体相同的节奏与步调。电影《摩登时代》中的工人查理，就是一个受制于工业流水线，依循皮带传送节奏的"现代人"。正是"查理们"的工作和生活维持着大型机器的正常运转，满足着抽象时间体系中商品交换的需求。通过皮带传送机打造的工业流水线是工业社会时间结构的典型表征，它使身体的每一分钟都从属于流水线。这种时间结构以一种全然不同于前现代时间秩序的方式，将人们卷入更为广阔的生产与交换体系（却使个体成为这个庞大的生产与交换体系中的一颗螺丝钉）。

事实上，机械时间规定下的工业现代性价值实现，并非仅仅来源于流水线上的物质产品，更在于商品进入市场流通后交换的完成，只有更广阔范围内社会交换、交往的实现，才能转换为包含着物质与文化双重意义的现代性价值，也正是更广阔范围内的交换需求推动着工业现代化的历史进程，催生出现代社会的时间结构与文化精神，并最终赋予格林尼治时间以世界性标准。这种世界属性，彰显了现代性无限扩张的本质，也揭示了现代性文化的全球化内涵。

现代性内生着一种加速逻辑，这种加速逻辑支配并形塑着现代社会的时间结构。而统一的现代时间体系的确立，为跨地域传播提供了参照标准，提出了加速传播的新要求。"用时间去消灭空间"③的思想，是工业现代性加速逻辑与价值要旨的最有力论断。马克思注意到，工业制度的日臻成熟赋予信息传播与商品流通同等重要的地位。要实现大量资本、商品和劳动力的转移，既要力求突破交换的地方限制，获得全球市场，又要力求在征服空间的过程中将"转移"所花费的时间压缩到最低限度。④ 同时，为避免因需求变化而造成的经济损失，也要求商品信息的跨时空传播与有效沟通。于是工业现代性价值的实现，被聚焦于时间价值，时间范畴享有超越空间因果的优越性。通过加速缩

---

① 哈桑. 注意力分散时代：高速网络经济中的阅读、书写与政治 [M]. 张宁，译. 上海：复旦大学出版社，2020：53.
② 马克思，恩格斯. 马克思恩格斯选集：第1卷 [M]. 3版. 北京：人民出版社，2012：385.
③ 马克思，恩格斯. 马克思恩格斯文集：第8卷 [M]. 北京：人民出版社，2009：169.
④ 同③.

短传播时间，提高传播效率，成为现代性的制度经验。

尽管这一时期的信息传播处于经济发展的附属地位，辅助商品交换完成，但作为信息传播技术的电报的发明，不仅"成为配合铁路发展的通信工具"①，更强有力地促进了现代商业、金融与贸易，使人们意识到信息交往的重要性。当第一条跨大西洋海底电缆成功铺设时，人们更表现出对信息传播技术的兴奋、喜悦与期待，正如马克思所比喻的，"整个欧洲变成了一个证券交易所"②。20世纪中后期，电子计算技术的发明与互联网技术的出现，使数字技术超越了模式技术，离散数字信号替代了连续电信号，并最终使信息得以通过一组通用协议瞬间传遍全球。可以说，信息传播技术的变革再一次兑现了"进步"与"解放"的现代性承诺，使人类对传播技术实现美好生活的希冀与期待延伸到信息时代。

（二）信息时代的加速：信息性原则

当人类迈入信息社会时，信息性原则取代了时间性原则成为新的支配逻辑，信息社会现代性价值的实现也转而依托于信息价值。这一支配逻辑的转变看似是一种"断裂"，实质上是对时间性原则的"延续"。这是因为，信息性原则正是"时间征服空间"进而征服、超越自身的结果。同时，"时间征服空间"进而加速征服、超越自身，也是"信息现代性"的根本特征。

蒸汽交往时代到电力交往革命，再到信息网络交往系统，信息与知识逐渐替代了物质与能源成为生产力要素，推动人类社会从工业现代化向信息现代化迈进。在这一过程中，工业逻辑逐渐让位于信息逻辑，整个社会无论是从生产方式还是从文化经验上来看都具有了信息性特点。

如果说工业现代化阶段，现代性"解放"与"进步"承诺的兑现来源于对机器加速动力的汲取，那么信息现代化阶段，兑现现代性承诺则通过汲取信息技术的加速动量。可以说现代性是在加速动力的变革中，强化着自身的合法性。正如罗萨所言，现代性的承诺"之所以能获得正当性和吸引力，也正是因为社会出现了与日俱增的'动力能量'，亦即社会变迁速度的增加"③。信息性助力的现代化发展不仅实现了从远程终端局域连接到全球互联网连接，还实现了从 Web 1.0 到 Web 3.0、从 1G 到 5G 的跨越式发展。不仅信息实现了全球流动，信息传播技术的更迭周期也不断缩短。信息性之所以具有超越机器性的加速动力，是因为信息是比特的。它抛开了物质的量的沉重，脱离了能量的质的密集，以优于原子和电子的轻灵与流动，穿梭于全球互联网世界。信息技术构建的全球互联网体系重制了生产与交往方式，也重塑了信息社会的现代性价值，使整个社会呈现出可以被称为"信息现代性"的特征。

当信息成为社会运行机制和生产动力时，无论生产工具、生产过程还是生产产品，

---

① 项翔. 划时代的传播革命：有线电报的发明及其对社会历史的作用 [J]. 历史教学问题，1996 (1).
② 马克思，恩格斯. 马克思恩格斯全集：第 14 卷 [M]. 2 版. 北京：人民出版社，2013：43.
③ 罗萨. 新异化的诞生：社会加速批判理论大纲 [M]. 郑作彧，译. 上海：上海人民出版社，2018：108.

都越来越具有信息属性。微电子元件带来了生产工具的信息化，生产过程从劳动密集向信息密集或知识密集转向。同时，生产工具与生产过程的信息化，又直接导致了生产方式、生产关系以及组织方式的信息化，进而使人们的工作与生活均带有信息属性。当信息逻辑作用于生产方式，生产便依赖信息流动而组建，形成了地理形式上并不连续的区位生产复合体，分散又汇聚着地方性空间。而当生产方式从生产者渗透到使用者时，信息逻辑便随之扩张为一种普遍的社会属性，最终形成整体性的信息文化。

所谓信息文化，本质上是一种"流"文化。拉什在具体指认时将它解释为信息流、通信流、影像流、观念流、货币流、物流、人流等内容范畴。卡斯特也认为，当社会逐步信息化后，"社会是环绕着流动而建构起来的：资本流动、信息流动、技术流动、组织性互动的流动、影像、声音和象征的流动"①。在整体性的信息文化中，流动不再只是社会组织方式的构成要素，而是具有了支配经济、政治、日常生活之过程的功能属性，并最终以"流动空间"（space of flows）的形式加以呈现。在这里，"流动空间"并非抽象、玄虚的物理空间，而是包含着共享时间（time-sharing）下具体、丰富的信息化传播实践。"流动在同时性的时间中接合"②，多重"立即瞬间"的交叠，压缩了流动发生的过程性，导致时间在一个可以囊括一切的沟通与传播系统里被消除，而时间之于现代性的意义也再次发生改变。卡斯特用"无时间之时间"（timeless time）指称这一沟通与传播系统在空间流动不居状态下的时间性特征。在他看来，这种"立即瞬间"造成了莱布尼茨（Leibniz）所谓的"事物序列秩序"的消除。而事物序列秩序消除带来的随机性与不连续性，实质上再造了一种未分化的时间系统。流动空间里带有信息属性的时间碎片混合了"过去""现在""未来"各种时态，这种新系统中的时空关系状态便是由数字信息技术构建的全球互联网的信息化范式。

互联网传播作为信息传播现代化发展的新阶段，使传播不再拘泥于工业现代化时期社会发展之一隅，而是将一切卷入信息性构建的"流"文化之中，从而产生了由互联网技术建构的媒介时间系统，即互联网时间系统。互联网时间打破了与工业社会相匹配的线性时间结构的规定性，生成了非线性、不连续、弹性化的媒介时间结构，不仅颠覆了工业社会条件下的主体实践方式，提高了主体实践的灵活性，也创造了主体实践的多维空间，改变着主体的时间体验与经验建构。

大众传播时代，广播电视节目的生产流程、制作周期、排播时间等作为工业生产方式的组成部分，均围绕着线性时间结构展开。作为人们日常生活实践的观看方式、观看时间等，也与节目系统呈现出协同性和一致性。不同地域空间被赋予统一的时间参照，成为嵌入个体生活实践和生命体验的时间秩序，与社会规范一并内化于身体之中。这种由现代工业技术创生的时间体验与个体建构，被技术哲学家斯蒂格勒称为"现代主义大众接受"的社会化过程。它使置身于工业社会中的人们"与内置于技术制成品中的时间秩序形成了动态的依存关系"③。可见，技术、时间与现代性的发展并行不悖。于此，

---

① 卡斯特. 网络社会的崛起 [M]. 夏铸九，王志弘，等译. 北京：社会科学文献出版社，2001：505.
② 同①.
③ 诺沃特尼. 时间：现代与后现代经验 [M]. 金梦兰，张网成，译. 北京：北京师范大学出版社，2011：72.

斯蒂格勒将工业现代性视为由社会时间结构的改变而引发的传播与接受的革命。

互联网传播时代的到来使社会运行越发取决于网络技术范式规定的节奏与速度。互联网建构的全新时空秩序再次"改变了社会生活的空间和时间的知觉与组织"[①]，为人们提供了虚拟与现实融合交织的多维时空，使原本处于相对静止状态的物理空间也流动了起来。[②] 在互联网架构的一体化空间里，信息化后的一切均得以摆脱原有地域、社会乃至民族国家边界，主体实践也不再囿于地方性的物理空间。同时，信息化的生产方式制造了不同以往的远距离工作（teleworking）状态，形成了卡斯特所谓的"电子别墅里的日常生活"[③]，使家庭场景足以替代办公室场景。然而这种状态的存在，带来了工作时间与私人时间的相互交叠，在一定意义上造成了工作时间对私人时间的侵入和挤占。当代西方加速理论研究者朱迪·瓦克曼（Judy Wajcman）也认为："信息与通信技术的变革创造了新的时间实践形式，它改变了交往的质，……创造了一种模糊的'在场与非在场'意义上的'联结关系'。"[④] 这种联结关系的出现，恰恰来源于互联网技术对既有时空序列的颠覆，它"造成了'时间变位'（time-shifting），进而使日常生活和工作中出现多重任务叠加的非组织性状态"[⑤]。

信息技术革命催生出一种新的媒介时间。它以全球互联网为技术支撑，重新规制了现代生产与交往的方式，重构了人与时间的关系，并推动信息现代化进程加速发展。在互联网建构的媒介时间体系里，信息性原则主导的非线性传播范式颠覆了工业化时代由大型机器主导和建构的线性传播范式，使机械时间系统赋予的组织方式、结构秩序与实践规则被逐一打破，工业现代性所遵循的通过统一时间来控制空间的价值准则失去了合法性，人类社会从隶属于流水线转向隶属于互联网，加速动量从取决于时间性转向取决于信息性。

三、互联网群聚传播与信息现代性

互联网群聚传播以"非线性流动"与"无组织聚集"为特点，是非线性时间催生出的传播新范式，也是社会加速的传播后果。它遵循着信息逻辑，生成脉冲式的文化，成为信息现代性的传播表征。

（一）作为加速后果的互联网群聚传播

从时间性来看，加速导致了非线性。由于线性系统并不能承载运动的持续加速，因

---

① 罗萨. 新异化的诞生：社会加速批判理论大纲 [M]. 郑作彧，译. 上海：上海人民出版社，2018：14.
② 刘少杰. 网络化时代的社会结构变迁 [J]. 学术月刊，2012（10）.
③ 卡斯特. 网络社会的崛起 [M]. 夏铸九，王志弘，等译. 北京：社会科学文献出版社，2001：485-486.
④ WAJCMAN J. Life in the fast lane?: towards a sociology of technology and time [J]. The British journal of sociology, 2008, 59 (1).
⑤ 同④.

而造成了现代性在加速运动状态下与线性系统的分离,以及与非线性系统的媾和。从传播层面来看,从线性到非线性的转变既涉及媒介技术的加速变革,也包含加速条件下信息传播需求扩大而带来的传播主体多元化的转变。

媒介即人的延伸。所谓媒介既包含对人的感官延伸的媒介,即信息传播媒介;也包含对人的身体延伸的媒介,即交通运输媒介。谷登堡时代,字母表系统和拼音文字建立线性句法和抽象逻辑的信息方式,延伸了人的视听感官,强化了线性思维的意识系统。而贯通于城市间平直的罗马大道,则构筑了修长且连续的线性交通系统,宛如文艺复兴时期的透视法,诠释着地点与空间的关系,完成点与点的线性汇聚,通过公路运输实现着人的身体的延伸。

电的发明,开启了信息传播的现代化发展,实现了从"烽火连三月,家书抵万金"到"海内存知己,天涯若比邻"的转变,带来了事物来去倏忽的知觉体验。这种知觉体验意味着自然序列的打破,使线性逻辑产生。人们开始认识到即便两个事物在自然时间中接连发生,也并不意味着它们之间存在因果关系。蒸汽机的发明,加速庞大线性传播体系的社会化构建。其中,蒸汽机车作为线性传播加速社会化的标志,不仅掀开了工业文明的崭新篇章,也使人的身体得以跨过地域空间,将时间甩在身后。信息传播的工业化发展,使现代报纸借助大规模机械生产与批量复制实现着大众传播,也为信息的记录和存储提供了便利,保障了经验与文化、过去与传统持续稳定地向未来传递。

广播、电视等电子媒介的相继出现,进一步强化着工业文明的线性传播逻辑,使信息传播呈现出一种"有序共时性"。不同于互联网传播的"无序共时性",这种"共时性"的信息传播方式因大规模集中化而产生,从工业组织结构中衍生而来。由于工业"组织上的集中制建立在连续的、视觉的线性结构基础上,这种结构是从使用拼音文字的文化衍生出来的。因此,电力媒介最初遵循着文字结构的既定模式"[①]。尽管如此,广播、电视的问世仍然不同以往地重启了视听表意系统,实现了人的视听感官延伸。在蒸汽和电力共同推动的大工业时代,交通运输和信息通信领域的大规模、集中化发展,加速构建了一种社会化的线性传播体系。这种线性传播体系遵循着机械时间逻辑,通过统一时间来实现对空间的征服。然而,当大规模的集中化、组织化成为加速现代性的掣肘时,线性传播与机械时间便在加速现代性的过程中失去了合法性。

如果说工业现代化的加速,依赖于大型制造业机器以及与之相伴的线性传播体系,那么信息现代化的加速,则离不开精密的数字芯片以及随之而来的非线性传播系统。尽管连续的、高度组织化的线性传播模式助力了工业现代化的高速度,但持续的加速唯有打破固定、僵化的线性传播体系才能进一步实现。如此,非连续、非线性传播模式应运而生。在交通运输中,飞机通过非线性与不连续的空间迁移完成两点空港之间的起飞与降落。在信息通信中,两点之间不连续且非线性的信息流通,则由手机、私人电脑等信息终端实现。当机械时代的线性传播逻辑被信息时代的非线性传播

---

① 麦克卢汉. 理解媒介:论人的延伸 [M]. 何道宽,译. 南京:译林出版社,2019:349.

逻辑取代，信息性成为社会加速的主导原则时，一切便都力图以信息方式呈现。借助钢筋与水泥构筑的"越大越好的""沉重的现代性"，逐步向光纤网络与路由器联结的"小的是美好的""流动的现代性"① 转变，线性传播的刚性体系逐步向非线性传播的柔性系统转变。

当持续的加速运动伴随着互联网技术的普遍渗透与底层嵌入而成为一种社会逻辑，拉什所谓的"非线性的社会-科技群聚（assemblages）"② 便随之产生。这种"社会-科技群聚"正是加速现代性驱动下传播主体的多元化转变。它是一种在无限延伸与扩张的网络时空中发生的群体性、社会性的加速传播的后果，也即基于互联网技术的"群体传播时代的莅临"③。这里的群体并非社会学意义上的首属与次属群体的分类，而是心理学意义上因事聚集的群体（collective action）；这里的群体传播也非传统意义上基于物理空间的群体传播，而是脱离于地域空间的因事聚集的网络互动。随着互联网的普及，"虚拟空间与现实世界不再有楚河汉界之分，反而彼此渗透、深度融合"，促使"网络互动成为人们真实社会生活中的重要组成部分"④。这种通过网络群聚而产生的群体传播活动日益常态化，甚至成为一种"非制度化的传播制度"，然而，这种"无人不传播、无处不传播"的传播现象和社会状态，并不局限于传播领域，也存在于经济、政治、社会与文化等其他方面，深刻影响着经济形式、政治生态、社会关系、社会心理以及文化样态。这种规模空前的互联网群聚传播及其所激发的普遍的社会影响，恰恰来源于互联网技术的加速动能。它不仅是加速流动的信息社会的重要表征，也是信息现代性的传播后果。

互联网群聚传播之所以能够产生，在于信息网络技术带来的时间的非线性、碎片化与空间的流动性、非组织化。在线性机械时间体系下，虚化的时间尺度既带来了自然时间与地方空间的分离，又在时空重组机制下再嵌入（re-embedding）地方空间，重组为符合大型机器运转速度与节奏的新型时空。而在非线性互联网时间系统下，虚化的多维、非线性时间不再具有统一的标准，不仅造成了空间与地点（place）的分离，也不再企图完成与地域空间的再重组，而是随机嵌入不同的流动空间之中，形成了流动时空中持续运动的节点。这些流动的时空节点是个体化的，它们附着于一个个移动互联网终端，其背后是参与或卷入互联网的多元传播主体。它们中有些虽然可能代表着组织机构、社会团体，但仍然以个体化的方式存在，而更多流动时空中的节点则属于网民个人。显然，在信息现代性机制构筑的重组时空中，机器逻辑需要的线性时间序列在高速运动的状态下被打散，取而代之的互联网逻辑，在保障现代性持续加速的需求下，最终导致时间的碎片化和时空关系的个人化，这也是互联网群聚传播生成的时空条件。在个人化的时空关系节点拼贴的互联网场景里，多元传播主体通过松散、临时、非线性的网络群聚展开信息传播活动。这种"拼贴时间"作为信息现代性的时间制度，随着互联网群聚传播的常态化，逐渐生成了新型传播秩序与文化样态。

---

① 鲍曼. 流动的现代性 [M]. 欧阳景根，译. 北京：中国人民大学出版社，2018：202.
② 拉什. 信息批判 [M]. 杨德睿，译. 北京：北京大学出版社，2009：181.
③ 隋岩，曹飞. 论群体传播时代的莅临 [J]. 北京大学学报（哲学社会科学版），2012 (5).
④ 隋岩. 群体传播时代：信息生产方式的变革与影响 [J]. 中国社会科学，2018 (11).

(二) 作为信息现代性传播制度的互联网群聚传播

以信息化为动力的加速现代性,生成了拼贴的时间和流动的空间。这种灵活重组的时空关系结构,赋予普通个人以传播主体地位。同时,信息逻辑不断推动着以个人为传播主体的网络群聚活动的日常化、常态化和生活化,也使互联网群聚传播最终成为信息现代性的一种非制度化的传播制度。互联网群聚传播作为信息现代性的传播制度,通过持续生产并传播信息,使网络时空中时刻存在着海量信息流,很大程度上满足了人们不断增长的知识和信息需求。这种灵活、弹性、非组织化的信息传播模式,也使个体在一定程度上拥有了自主性和主体性,它通过赋予个人传播者以主体地位,不断激活人们的自我呈现与表达欲望,增强了个体的自我存在感与社会参与感,实践着信息现代性所秉承的"解放"承诺。

然而,加速的现代性又违背了它的承诺。当信息逻辑以轻灵、流动的特质成为加速动力,互联网技术又以其开放、包容、自由、共享精神成为加速引擎时,看似繁荣的互联网群聚传播景观却也潜藏着风险。互联网技术将人们卷入信息海洋之中,信息化生存不再是一种时尚,而成为实在的生活方式与交往方式。尽管信息性的交往方式提供了便捷,然而,即便如今的社交关系可以轻而易举被构建,它也只是信息性的,甚至是去实质性的。它使传播中本应生成的"立体"关系变得"扁平化"了。这种扁平化关系的产生,遵循着信息逻辑,构建着流动的、脱域的实时关系。它让参与互联网群聚传播的"触网"者们,以拼贴化的方式嵌入网群之中,在非正式的网络通属空间中自发且无组织地进行传播活动。无组织化与流动性,使网络聚集性群体呈现出持续生成、变形、分离,又再次生成、汇聚之特点。互联网群聚传播之所以在某种程度上能够打破社会阶层之间的区隔与边界,展开临时性的沟通与对话,正因为它生成于流动中,存在于流动中,也终将在流动中消散。从这个意义上来说,互联网群聚传播是反建制性的(anti-institutional),它是对组织化传播制度的一种反叛,也是信息现代性框架下一种非制度化的传播制度。

自发而非制度化的信息生产,既是互联网群聚传播的行动方式,也让它潜隐着极大的社会风险。所谓风险,首先意味着自然与传统的终结、人为性的突显,正如贝克等人所说:"在自然和传统失去它们的无限效力并依赖于人的决定的地方,才谈得上风险。"① 也即,风险意味着更多的人为性。显然,自发性与非制度化增强了人为性,提高了风险性。同时,去地方性削弱了自然与传统的效力。时间从空间中脱域、空间与地点的分离,不仅是现代性的动力机制,也将原本由自然导致的危险转变成了人为造成的风险。特别是在脱离了地方空间的互联网传播场域,传统的、先赋性的束缚与规约被打破,个体获得了能动性和一定程度的选择性,使风险不仅包含了有意的人为制造,也包含着人们在面对不可预测的未来时,借助估计与选择决策而无意造成的风险。在信息现代性框架下,流动空间与碎片化时间生成了充满不确定性的实践场域,意味着信息现代

---

① 贝克,威尔姆斯. 自由与资本主义 [M]. 路国林,译. 杭州:浙江人民出版社,2001:121.

性需求下诞生的人造物——互联网技术本身，也隐含着风险。在这种风险传播环境下，"因事聚集"的互联网群聚传播中的"事"，往往是具有风险的突发事件，而规模庞大的个人传播者的涌入，以及针对突发事件展开的极具主观性的信息生产与传播行动，更使非制度化的互联网群聚传播增添了风险性。

非线性传播是互联网群聚传播的行动表征。它在赋予个人传播者极大自由的同时，也因脱离了时间秩序的约束而滋生风险。工业现代化以来的"高效"追求，导致了现代社会的高度分化，结果造成了时间结构的复杂性和非线性。这种复杂的、非线性的时间结构不仅意味着同一时间状态下发生着多重行动，也导致了偶然性与不确定性并存。如果说在线性时间建构的体系里，通过立足"现在"，比较"过去"与"未来"之间的差异，能够最大限度地规避风险；那么在非线性时间建构的系统里，不同子系统同一时间状态下发生的多重行动，则意味着"现在"本身也存在差异。因此，与线性时间遵循的因果逻辑与必然性不同，非线性时间抛开了因果律，强化着偶然性与不确定性。互联网群聚传播便是同一时间状态下多元传播主体非线性的聚集传播活动。它产生于"过去""现在""未来"不断生成且相互交织的非线性系统里。在这里，建立在线性矢量时间观上的"过去""现在""未来"的序列性与方向性被消解，由时间延宕而产生的三者之间的差异性被抹去，于是"过去""现在""未来"消失了。韩炳哲将此称作原子化的时间危机。在他看来，时间危机摧毁了"过往的和将来的东西聚合到现时之中去的时间引力"[①]，并导致了叙事的终结。在互联网群聚传播制造的无序的、非线性的信息洪流中，这种"叙事的终结"表现在因与果时常处于不确定甚至倒置状态。这种在信息现代性加速逻辑中生成的媒介时间，导致了线性时间的崩解、因果逻辑的失灵，将人类"丢进了不可预期的后果逻辑里"[②]。这就是加速逻辑驱动下的信息现代性的悖论，也是信息性原则在传播制度上的现代性体现。

（三）作为信息现代性文化表征的互联网群聚传播

互联网群聚传播产生了"速度的社群"，它在同时性（synchrony）中发生，在同时性中行动，又在同时性中消亡。这种网络传播行动类似于短暂行为艺术的"快闪"，迅速聚集，在行动之后又迅速消散；而它又不同于"快闪"，因为它的同时性来源于自发的不约而同，而非预设的时间与地点之内。然而这种瞬时情境中诞生的"速度的社群"不同于传统意义上的社群，甚至并不能被称为社群。因为传统社群通常具有强大的内部凝聚力与价值认同感。而凝聚与认同或者来源于日常经验累积中的约定俗成，或者形成于相对稳定的文化积淀。显然，这种速度制造下的网络群聚，并非发生于经验累积与文化过程之中。或许因为速度太快，消解了它们本该拥有的经验时间与文化过程。抑或说，这种刹那间聚集的传播行动与被消解了时间性的行动经验本身也是一种文化——一种脉冲式的文化，一种信息性的文化。

---

① 韩炳哲. 时间的味道 [M]. 包向飞，徐基太，译. 重庆：重庆大学出版社，2017：107.
② 拉什. 信息批判 [M]. 杨德睿，译. 北京：北京大学出版社，2009：71.

"速度的社群"生产的脉冲式文化，是一种呈现而非再现的文化。呈现与再现的区别在于它们各自蕴含着不同的时间性。诗歌、小说、绘画、摄影、戏剧、电影等是再现的文化，它们依循着节律、叙事、描摹、构图、表演与蒙太奇等方式，将"过去"的事与物在时间的延宕中阐释给受众品味，在时间的持续与累积中创造价值。而热搜榜、流行语、网络直播等则是呈现的文化，它们借助感官刺激、制造轰动、博出位、制作吸引人的标题等手段，将"现在"的事与物在即时的散播中填塞给受众消遣，企图在时间的迅即与消费中创造价值———一种来自"震惊（shock）体验"的价值。

　　"速度的社群"存在于呈现之中。同时，他们又参与着呈现的生产，追逐着短暂而必须新奇的震惊体验。这种极具信息属性的脉冲式的呈现文化，也是一种放弃了物的时间意义和社会意义而只留有信息价值的文化。如果说使用价值存在于作为商品的物之中，交换价值从物的实质性中抽离出来又附着于物之上，那么通过震惊体验带来的信息价值则弱化了物的实质性，甚至抛弃了物。这一点也导致了信息价值通常产生于瞬息间，也被遗忘于瞬息间。当交换不是为了获取使用而成为目的时，符号价值就此产生。符号价值的产生，意味着交换的过程性与价值实现的时间性也一同被视为阻碍。因为用于交换的商品总是在未来的交换过程中实现价值，所以交换价值是未来导向的，拥有着未来价值。与之相较，使用价值在商品生产过程中，其价值就已经固定，因此使用价值是过去导向的，饱含着过去价值。同时，使用价值还饱含着记忆，在某种程度上建构着人们的身份认同。而符号价值则不同，它厌倦了消磨与等待，抛弃了或凝结于过去或寄托于未来的时间价值，倾向于价值的立即实现，力图以最直接的方式将价值呈现于当下之中。符号价值的产生离不开技术现代性推动下物质生产的丰盈，离不开产能过剩的消费社会语境。在这里，物的生产周期被缩短，规模化与同质性被提高，单个物品的迭代周期也被迅速压缩。交换的加速、流通的加速、消费的加速，都在逐渐缩短物对人的陪伴时间。

　　鲍德里亚在面对工业社会图景时曾说："我们生活在物的时代，我们根据它们的节奏和不断替代的现实而生活着。在以往的所有文明中，能够在一代一代人之后存在下来的是物，是经久不衰的工具或建筑物，而今天，看到物的产生、完善与消亡的却是我们自己。"① 对加速现代性的期待使人们把对符号价值更为迫不及待的追逐，最终寄托于信息技术。如果说符号价值的生成过程还蕴含着过去与历史，具有事物的象征属性，那么信息技术哄抬的信息逻辑及其所支配的现在图景，则只剩下了对事与物的想象。信息逻辑使"无限延伸的均质的时间图景被打破，取而代之的是一种以现在取代过去和未来的时间图景"②。现在图景中的信息价值生成于断裂的时间碎片之中，既剥去了过去，也不确信未来，以一种直接、粗暴的方式呈现，没有阐释，没有逻辑，没有因果，甚至没有为推理和反思留下任何空间。互联网技术打破了原有"理解'现实'的生物和环境时间基础"，使知识形式、经验表达"变得超级中介化"。③ 信息只能停留在呈现层面，

---

　　① 波德里亚.消费社会［M］.2版.刘成富，全志钢，译.南京：南京大学出版社，2006：2.
　　② 杨向荣，雷云茜.速度：现代性叙事话语的三重建构［J］.浙江社会科学，2020（8）.
　　③ 哈桑.注意力分散时代：高速网络经济中的阅读、书写与政治［M］.张宁，译.上海：复旦大学出版社，2020：83.

难以经由充足的反思时间而转变为知识。作为一种呈现文化，信息并非通过固定与积累而实现增值，而是借助持续的流动和扩散而实现增值。因此，信息价值及其附着物通常具有转瞬即逝的特点。它使信息本身越发以一种朝生暮死的姿态呈现，也带来了文化的快餐式消费，使"一切还来不及体验和反思就已经消失了"[①]。

"速度的社群"生产着信息价值，也消费着信息价值。在网络媒介与社会深度同构的条件下，信息逻辑配合着市场机制完成资源配置，以期实现资本的扩张本质和增值诉求。身处加速社会中，个体的情感诉求很容易被信息资本乘虚而入，成为赚取"眼球效应"、迎合快感消费、吸引"注意力"的手段。缺少了反思的时间与态度，"速度的社群"中的个体也时常为情绪所裹挟，表现出价值失范的心理现象，导致网络谣言、道德绑架、戏谑恶搞、无厘头狂欢等网络群聚行为轮番上演。"速度的社群"是信息现代性的技术拥趸，信息现代性也赋予"速度的社群"以一种前所未有的远距的文化，使参与其中的个体生命、生活经验既被外化到无限延伸的时空范围，又为远距离时空中的经验所建构。由于熟悉不再通过地域特殊性而派生，熟悉与地域的关联性解体。因此，"远距离的事件"总是被嵌入而非生成于个体生命、生活经验之中。而"速度的社群"所存在的网络时空不仅改变了组织空间的形式，甚至颠覆了组织性，使组织方式以变动不居、转瞬即逝的非组织形式呈现。于是，企图以时间性为标尺衡量近与远、熟悉与陌生的可能性被消解，近与远、熟悉与陌生同时被悬置，个体的生命叙事从此与速度体验深度捆绑、交织交融。速度体验以牺牲现实经验为代价，而信息现代性的加速度不断制造着"在场"与"缺场"、速度体验与现实经验的冲突。它既提供了时间的盈余，又不给反思与调和剩下毫厘的时间。

当加速不断压缩物所存在的时间尺度时，物所蕴含的文化价值便逐渐丧失。当文化也被化约为信息流时，文化的再生产便因"即时的霸权"而陷入危机，失去它所具有的经验与认同价值。当信息社会的加速试图通过信息传播技术的普泛化释放传播权力时，信息逻辑与媒介权力不仅没有丰富个体的生命经验，反而压缩了个体的生命叙事，使个体、他人、公众与社会之间的关系变得无根且扁平化。如同福柯在体察到社会形态的后工业转向时所指出的："我们处于同时的时代，处于并列的时代、邻近和遥远的时代、并肩的时代、被传播的时代。我们处于这样一个时刻，在这个时刻，我相信，世界更多的是能感觉到自己像一个连接一些点和它的线束交织在一起的网，而非像一个经过时间成长起来的伟大生命。"[②] 不仅如此，信息逻辑与媒介权力也在一定程度上束缚着理性人的主体性发挥，使工具理性与价值理性之间的张力失衡时有发生，工具理性主导着价值理性，理性甚至被非理性钳制和裹挟。

从现代性发展的历史经验来看，技术作为人类在物质生产实践中的创造物，不仅催生了现代性，也直接推动着现代性的多向演化。它不仅将人类带出刀耕火种的历史源头，赋予人类启蒙理性之光与主体地位，也在时间的持续与空间的广延中，将人类社会置于生成与再生、断裂与连续的动态语境中。作为一种更高级、更文明的现代化阶段，

[①] 但海剑. 简论现代性背景下网络传播的时空困境 [J]. 理论月刊，2011（1）.
[②] 福柯，王喆. 另类空间 [J]. 世界哲学，2006（6）.

信息现代化推动人类社会从机械生产向互联网生产、从物质生产向精神生产、从现实交往向虚拟交往转向。在这一过程中，对技术工具理性的过度信任与依赖，使得人们误将对价值理性的实现、对美好生活的期待完全寄托于工具理性的发展，忽视了技术现代性与文化现代性的非同步性，从而导致信息性原则不仅存在于经济社会领域，也渗透到了思想文化范畴。这种技术性胜过现代性的境况，实际上是实用主义对现代文明成果的抢夺，它加深了工具理性与价值理性之间的鸿沟，甚至带来了技术对文明的僭越和反噬，其后果，恰恰彰显着信息现代性的悖论。

我拍故我在 我们打卡故城市在*
——短视频：赛博城市的大众影像实践

□ 孙 玮

📖 摘 要

本文在晚近以来移动网络、人工智能掀起的新一轮新技术、全球化浪潮的历史场景中，聚焦"打卡""自拍"等短视频影像实践中的典型经验，探讨新媒体时代的城市影像如何重塑了人与世界的关系，进而拓展了传播、媒介的含义。本文认为，短视频是数字时代的典型影像实践，它突破了媒介表征论，凭借突出的涉身性渗透在赛博城市的肌理中，成为建构社会现实的强大视觉性力量。作为一种存在方式，它确认了在实体与虚拟世界双重存在的新型自我：我拍故我在。作为一种具身化媒介实践，它汇聚大众的个人印迹塑造了公共的城市形象：我们打卡故城市在。

📖 关键词

短视频；打卡；自拍；城市形象；赛博城市

📖 作者简介

孙玮，复旦大学新闻学院教授。

一、赛博城市：从表征到实践

随着技术迭代的提速，媒介"元年说"更替的频率也加快了。最近的一次恐怕要算短视频元年说。倏忽间，短视频在社会各个领域中突飞猛进。以抖音为例，2018年风行的"抖音之城"，用15秒钟的城市短视频，带动了中国城市形象工程重塑风潮。像重庆市李子坝这样一个穿越建筑物的高架轻轨站短视频，播放量不可思议地达到了一个

---

* 孙玮．我拍故我在 我们打卡故城市在：短视频：赛博城市的大众影像实践 [J]．国际新闻界，2020 (6)．

亿①，全国各地游客纷纷前来"到此一游"。这个现象很难再用大众媒介时代的影视理论去解释，短视频引发了视觉媒介的新一轮更迭。正如雷吉斯·德布雷所说："媒介过渡时，像政权交替一样，有两个阶段：先是效忠，随后便排挤。"因此，"摄影不是次级的绘画，同样，电视也不是缩小的电影，而是另一种图像"②。就像当年电视挤压电影一样，短视频正在展开一场攻城略地的战争，它倾轧着那些影视前辈，大有取而代之的趋势。

城市因其复杂的空间形态以及异质生活的表演性，与影像结成亲密关系由来已久，短视频在城市影像实践中的异军突起顺理成章。大众媒介时代的城市形象主要是由电视影像来承担的，最突出的形式就是城市形象片，电视台是城市形象片的主要制作与传播机构。短视频的城市影像与电视时代有何不同？仅仅是将影像从电视转移到了网络，因而呈现出全民拍摄的热闹景象吗？短视频现象引发了学界研究的热潮。当前对于短视频以及相关新媒体影像的阐释较多涉及如下方面：大众生产（技术门槛低、易操作）、题材日常化（地方美食、城市景观）、碎片化观看（时间短、节奏快）等。也有从政治、经济等权力维度的观察，比如对手机自拍现象的分析，将其视为一种福柯意义上的塑造自我的社会权力。③ 总体而言，如果我们把短视频看作视觉文化的一种新形态，现有的这些研究，比较多的是偏重于米歇尔（W. J. T. Mitchell）所说的视觉文化辩证概念的一面，即"视觉领域的社会建构"，重点探讨视觉现象的社会因素，而较少涉及这个命题的交错反转版本，即"社会领域的视觉建构"④。对于短视频现象，社会建构路径的分析固然十分重要，但显然是不够充分的。视觉如何塑造社会，有待传播学者更多地关注。米歇尔提醒说："诚然，我们以特定的方式来观看，因为我们是社会动物，同时还存在另一方面的事实，那就是我们的社会是以特定方式建构的，因为我们是有视觉的动物。"⑤ 沿着这个思路，本文试图追问的是：作为一种不同于电影、电视的影像媒介，短视频的独特性是什么？它构成了怎样的视觉文化现象？短视频的城市影像实践是如何建构了城市与人的新关系的？这种实践如何更新了传播、媒介的含义？

为了达成以上研究目标，需要引入多元化的研究尺度。德布雷提供了一个独特视角，在他设置的"图像的生与死"这个时空维度中，1980 年是一个特殊的时间节点，此时一颗数字炸弹引爆了。"在图像史中，从模拟技术过渡到数码，其断层相当于军械中原子弹的出现，或生物学中的基因技术。——把有血有肉的世界实体化为跟别的东西一样的数学存在物，这是'新图像'的乌托邦。"这个炸弹到底炸掉了什么？德布雷直截了当地说，是 representation（再现）中的 re（再）。"无论如何，视觉上的革命发生了。模拟取代了幻象，消除了由来已久将图像和模仿联系在一起的不幸。从前图像被拴在投影、模仿、假象的投帆地位上，最好时是一个替代品，最糟时是场骗局，但无论如何总是一场幻觉。"计算机打破了千年以来图像的这个从属地位，德布雷宣告"自希腊

---

① 短视频与城市形象研究白皮书 [EB/OL]. (2018-09-11) [2020-06-23]. https://www.thepaper.cn/newsDetail_forward_2524573.
② 德布雷. 图像的生与死：西方观图史 [M]. 黄迅余，黄建华，译. 上海：华东师范大学出版社，2014：248.
③ 彭兰. 自拍：一种纠结的"自我技术" [J]. 新闻大学，2018 (5).
④ 米歇尔. 图像何求?：形象的生命与爱 [M]. 陈永国，高焓，译. 北京：北京大学出版社，2018：377.
⑤ 同③.

人以来所有使我们与表象对话贬值和夸张戏剧化的本体论关系全部颠倒过来了",因为"电脑绘图图像绕开了存在与表现的对立"。① 在这种尺度中,新媒体影像与电影、电视根本性的区别在于,它不再仅仅是现实世界的表征(再现),而是创造了一种与现实连接的新型关系。比如互联网早期阶段,新媒体影像被视为虚拟空间,只不过是现实世界的表征。后来,人们渐渐地意识到这种新形态并非与现实世界对立的,有学者认为,应该将人类生活了几千年的空间命名为物质世界,物质空间与互联网的延展空间互相渗透,会改变人类的"空间"概念。② 赛博现象描述的正是这种虚实交织的新型社会形态,赛博城市就是系列赛博现象中的一个。它不能再被视为与真实城市相对立的虚拟空间,而是创造了一种虚实互嵌的新型城市形态。短视频则是赛博城市一种典型的影像传播实践,它不仅仅是城市的表征,而且渗透在赛博城市的肌理中,成为建构社会的视觉性力量。

新媒体影像如何刷新了人与城市的关系？追溯历史,可以发现技术、人与城市的关系经历了复杂的演变。在不同的研究视域中,这种关系呈现出不同的面貌。瓦尔特·本雅明在以电影技术为导向的"机械复制时代",倡导以"体验"作为人遭遇城市的方式。他引申夏尔·波德莱尔(Charles Baudelaire)创造的"都市漫游者"意象,以倡导用身体在场的全部感官,去捕捉现代人生存于城市的感觉。由此本雅明开启了"行走城市"的理念,与"文本城市"观形成了对照。长久以来,在城市研究中,"表演"的城市与"书写"的城市构成了具有张力的两极。提倡"表演城市"的学者认为,"'城市文本'的概念在描述城市和市民之间肉体的、物质的和心灵的多元相互作用方面"完全失去了作用,"档案文献能够描绘城市的历史,但是一个城市的历史从来不是单独地存在于它的档案文献之中"。③ 城市仅仅依赖文本予以再现的单一思路,正在被突破。比如米歇尔·德塞都意义上的"城市漫步",旨在突出大众在城市空间、场所中的具体文化实践。"表演城市"论者认为:"城市不需要被构想成重写再现的。""表演城市"是"活跃的、空间的、物质的活动"。提出"表演城市"的目标,"是思考在漫步的居民的日常生活中表演的角色以及表演对于都市空间和都市记忆的贡献"。④ 城市研究中这两方的争论由来已久,似乎很难达成和解,文本论突出虚拟再现的城市,而表演观则关注体验行动的城市。在移动网络时代,这种争论或可消弭于赛博城市。所谓的"书写"与"表演",就是媒介再现与具身行动,之前这两者处在虚拟与现实的两个空间里,几乎无法在特定时空中产生连接。新媒体影像轻而易举地击穿了千百年来横亘在这两者之间的坚固壁垒。试问:所谓的"抖音之城",是表征还是行动？在场、拍摄、上传、点赞、转发、评论,继而引发新一轮的身体在场,此种新媒体影像实践构筑的赛博城市,将原本对立的双方调和兼容,创造了崭新的城市形态。因此,短视频与电影电视影像的不同,不仅在于它的时长之短以及技术的灵便性,更重要的是它与移动网络的关联。短视频是一种

---

① 德布雷. 图像的生与死:西方观图史 [M]. 黄迅余,黄建华,译. 上海:华东师范大学出版社,2014:252.
② 苏勒尔. 赛博人:数字时代我们如何思考、行动和社交 [M]. 刘淑华,张海会,译. 北京:中信出版社,2018:63-64.
③ 霍普金斯,奥尔. 记忆、纪念、表演:1776 至 2001 年间的下曼哈顿 [M] // 霍普金斯,奥尔,索尔伽. 表演与城市. 庄友刚,等译. 苏州:苏州大学出版社,2017:IX-XI.
④ 同③28,26.

典型的新媒体影像。

"活生生的肉体战线恢复了力量,它使干瘪的语言战线变得哑口无言。"① 德布雷如此生动地描述视频圈称霸整个媒介圈的情形,揭示了影像与文字之大不同。斯科特·拉什和西莉亚·卢瑞承接法兰克福学派的"文化工业"论,立足于互联网全球化时代,提出"全球文化工业"说,指出媒介正在经历"从表征到物"的转变。

> 媒介过程在霍克海默和阿多诺所谓的文化工业中主要表现在表征层面。在全球文化工业中,我们看到的是物的媒介化。——当媒介作为表征(绘画、雕塑、诗歌、小说)的时候,我们关注的是它们的意义。当媒介变为物的时候,我们就进入了一个只有操作、没有解释的工具性的世界。我们更多地"做"它们,或是用他们来做事,而不是"读"他们。②

在全球文化工业中,"体验"取代了文本的"阅读""观看",成为最重要的媒介文化运作方式。拉什与卢瑞进一步阐释说:

> 在全球文化工业中,不仅媒介图景呈现出内涵物的特征,城市图景也同样如此,建筑和城市生活已经不完全是对象和体积的问题。城市空间变成了内涵物的空间。这些虚拟的内涵物描绘了某种拓扑学,一个多模态体验的空间。它不仅是视觉空间,而且是包含了以事件而非对象的形式实现自我的虚拟和内涵物的空间。③

拉什和卢瑞在此所阐释的城市,不是媒介生产的社会背景,而是当今人类生存的基本时空形式。

承接上述媒介、影像、技术、城市的研究思路,本文试图描绘当前短视频城市影像实践展现的又一次媒介转向。当下,在德布雷预言的将要替代"视频圈"的"数字圈"时代,"活生生的肉体"已经突破屏幕的限制,游走在赛博城市中,实现着从媒介表征到具身实践的转型。而拉什和卢瑞所描述的"从表征到物"的媒介转型并未停歇,媒介的新一轮转变正在出现。拉什和卢瑞所言的文化工业与全球文化工业分别处于这样的时间段中:"1945—1975 年,文化基本属于上层建筑。这时,统治和反抗以意识形态、符号、表征的形式出现。——截至 2005 年,文化无处不在,它仿佛从上层建筑中渗透出来,又渗入并掌控了经济基础,开始对经济和日常生活体验两者进行统治。"④ 如果我们将媒介形态演变与之对照,2005 年之后的媒介形态发生的巨大变化,主要表现为互联网的崛起,特别是晚近以来移动网络、人工智能掀起的新一轮新技术、全球化浪潮。本文正是在这样的历史场景与研究尺度中考量短视频的城市影像实践的,以捕捉移动网络影像媒介的特征,突出以往较多被遮蔽的"社会现实的视觉建构"面向。文章聚焦"打卡""自拍"这两个短视频影像实践中的典型经验,探讨新媒体时代的城市影像实践如何建构了人与世界的新型关系,进而拓展了传播、媒介的含义。

---

① 德布雷. 媒介学引论 [M]. 刘文玲,译. 北京:中国传媒大学出版社,2014:47.
② 拉什,卢瑞. 全球文化工业:物的媒介化 [M]. 要新乐,译. 北京:社会科学文献出版社,2010:10-11.
③ 同②20.
④ 同②6.

二、打卡：人与城市的双重相遇

短视频城市影像有一个显著特点，主要是由大众生产的，这与电视时代的城市形象片是由专业机构制作的截然不同。2018 年抖音平台播放量排名前 100 位的城市形象视频中，超过八成是由个人用户创作的。① 但就新媒体的媒介生产而言，这似乎也没有什么特别的，不过就是新媒体的用户生产模式而已，仿佛是"人人都有麦克风"这种新媒体套话的又一个翻版。短视频的特点只是拍摄主体由专业机构部分地转变为大众吗？这种思路恐怕仍然停留在大众媒介影像理论的分析范畴中。短视频城市影像实践的视觉建构性力量需要更深入地挖掘。如果说大众媒介时代影像媒介实践的一个关键词是"拍摄"，那么短视频城市影像的关键词则是打卡，打卡迥异于拍摄。何为打卡？原义是指到单位点卯签到，引申为一个新媒体用语后，意味着用自媒体标记某些事件，在时间或空间中留下印迹。最通常的用法，是指一种新媒体现象，它包括一系列行为：接触到某个网红事物，拍摄图像和视频，上传至朋友圈或微信群，引发点赞、评论、转发等互动。城市影像实践中，打卡意味着身体亲临某一个空间，目睹某一个景观、建筑、物品；亲口品尝某一种食物；亲手触摸某一建筑物、器物、植物；等等。总之，是要身体在场，以身体感官亲身感受城市。与大众媒介时代的拍摄相比，短视频城市影像实践的特点，绝不仅止于大众成为拍摄主体。它最重要的特质在于，突出拍摄者的身体与物理空间的感官相遇，以及影像在虚拟空间的呈现与流转，这两个方面缺一不可。这才构成了打卡所意味的穿梭虚实的一个循环。在这个循环中，身体同时处于实体与虚拟的双重世界。所谓短视频元年的典型景象，一方面是影像流动在日常生活的手机小屏幕中，另一方面是大众游走、聚合在网红城市地点。短视频影像实践串联了虚拟和物理的双重城市网络，创造了赛博城市的虚实互嵌、往来穿梭的景观。或可说，短视频的城市影像实践，是以突破表征为显著标志的。以德布雷的媒介圈理论看，视频圈与数字圈是截然不同的。以媒介内容论，都是以影像为主，仅从文本再现、表征的视角看，两者没有大的差别。但如果从具身实践的角度考察，这两种影像实践的方式有着质的差别。数字圈的影像实践更多地关涉了身体、实体空间，进而触发了虚拟空间与实体空间的融合。

"打卡"是新媒体影像实践的一个典型隐喻，其中尤为重要的元素是"位置"。人与位置的不同关系，造就了视频圈与数字圈两种影像实践的显著分别，这也构成了人与城市关系的不同状态。就城市影像论，大众媒介时代城市形象片的重点在于"脱域"，所谓人在家中坐，走遍全世界。这个所谓的"走"，是指影像的移动，影像传输将远距离世界带入人的视野中，"脱域"是作为表征的影像带给人的一种虚拟状态。人未动，仍然处于固定的位置，并没有脱离地域。城市形象片就是此种"脱域"的典型状态。以大众媒介为基础的城市形象片，提供了一种观看城市的"上帝"视角。它"借助'假器'

---

① 短视频与城市形象研究白皮书 [EB/OL]. (2018-09-11) [2020-06-23]. https://www.thepaper.cn/newsDetail_forward_2524573.

以超人的方式在城市之上、之中飞檐走壁、凌空穿越，捕捉城市的整体轮廓，潜入城市的历史记忆，浓缩城市流动的速度，这种观看的主体是非人的"①。这种宏大叙事的影像，通过剪裁、拼贴跨越时空的城市景观，以及脱离日常生活的仪式化镜头表演，构成了一种视觉奇观。在这种影像中，位置只不过是脱离人之日常生活存在的虚幻场景，身体感官与位置的具体化联系被彻底剔除。影像作为媒介，以虚拟再现之方式，将位置从城市物理空间中拔出、移动，使其虚幻化，以实现与困于肉身之固定主体的接合。这便是安东尼·吉登斯所描绘的晚期现代性的典型特征，是大众媒介实施的"脱域"与"再嵌入"的双向过程。这是视频圈带给人类的非凡革命，但同时，由于摒除了人与位置、空间的具身化联系，因而也隐含了巨大危机。针对此种状况，保罗·维利里奥（Paul Virilio）在 1995 年写道：

> 远程视觉（电视）再也不需要人身的可动性，而只需要他们的原地可动性……于是真实时间的这种城市化接替了真实空间的城市化，而真实时间的城市化最终就是市民自己的身体的城市化，市民这个在不久之后被各种互动性假器完美装备起来的终端公民，其病理模式就是这种为了能够不必进行物理上的移动就控制其家庭环境而被装备起来的"残缺支配者"，这是这样一种个体性灾难性形象，这个个体性既丧失了它的自然运动机能，又丧失了它的直接干预能力，并且，由于没有更好的选择，就完全信赖传感器、感觉器和其他种种远距离探测器的能力，这些能力将他变成了被他与之对话的机器所奴役的一个存在物。②

视频圈影像的虚拟移动性，弱化、遮蔽了"位置"在城市生活中的意义，在维利里奥看来，这改变了人与机器之关系，削弱了人介入现实的行动力，甚至威胁到了人之主体性。

"位置"的重要性彰显于移动网络时代的媒介实践。移动终端作为"位置媒介"，具有革命性的意义。媒介随身移动释放出前所未有的传播动能，这种动能拓展了大众媒介时代的传播、媒介的含义。打卡等新媒体影像实践不但召回了城市生活中的物理空间，而且将其与虚拟空间融合，创造出了赛博城市。短视频城市影像中非常重要的一个主题是城市景观，包括空间、街道、建筑、景色等。位置，是这个主题的关键内核。以抖音 2018 年的网红城市为例，相关视频播放量名列前茅的，重庆是李子坝，西安是大雁塔，成都是小吃店，都包含了确定的位置元素。这里的视频播放量不能简单地与电视收视率等同看待，因为其中裹挟了丰富的位置信息。比如视频观看者后续前往该地，生产更多的视频上传至网络，视频播放量伴随的是大众在物理空间中源源不断的大量移动。李子坝从一个轻轨站，摇身一变为网红景点，成为重庆旅游的必去之地，甚至有人不远万里专程赶去重庆，只为到李子坝打卡。这样的打卡行动形成了抵达位置、拍摄视频、上传互动的多重循环。这种突出位置信息、激发物理空间移动的城市影像实践，直接调动了更多人群的实体空间移动。有数据显示，2018 年重庆市洪崖洞等网红景区的游客接待数

---

① 孙玮. 镜中上海：传播方式与城市 [J]. 苏州大学学报（哲学社会科学版），2014 (4).
② 维利里奥. 解放的速度 [M]. 陆元昶，译. 南京：江苏人民出版社，2004：27-28.

有显著增长。① 这种现象在抖音网红城市中并非孤例，而是具有相当的普遍性。这表明短视频城市影像实践不是止于拍摄、观看，而是有着激发观看者亲临现场（打卡）的效应。打卡有别于一般的旅游，它不仅突出了个体的经历与体验，更有另一层特别意义——刷存在感，即创造现身于新媒体平台与他人共在于某个环境中的感受。网络心理学奠基人约翰·R.苏勒尔（John R. Suler）指出，存在感最核心的感觉是此时此地，这包括两个基本问题：我在这儿、其他人在这儿。人类至少依据四个线索来感知自身与其他人共同存在于某一环境内：感觉到它（你）、它（你）在我周围运动和变化、它（你）与我互动、它（你）看起来很熟悉（这里的"它"指环境，"你"指其他人）。

  网络环境的感官维度越强，它就越有可能给我们一种真实感和置于其中的存在感。如果我们能够使用视觉、听觉、触觉、嗅觉和味觉这五种感官进行全方位的体验，如果我们潜意识里能够感觉到周围环境的细微差别，就像我们在现实世界一样，我们能够确定我们"存在"于某个地方。②

短视频城市影像实践创造的存在感，与单纯的网络虚拟空间有所不同，这是一种杂糅了物理与虚拟双重空间的存在感，它建立了人感知城市的一种新模式。

当前移动媒介的出现，也激起了人们对于城市感知的困惑："这些设备让我们可以在城市中定位，获得有关餐厅、名胜古迹等各种场所的信息，丰富我们的知识与经验。然而这些真的能够丰富我们的感知吗？这些脱离实体的电子化体验，是否在驱动我们探索城市中的社会与感官体验的同时，把我们与城市之间的纽带切断？"③ 城市研究者认为，感知城市对于人类有着特别重要的社会意义，有助于建立市民的存在感。随着全球城市化进程的推进，这种观点已渐渐地成为社会共识。鉴于此，对于移动媒介介入甚至破坏城市感知的担忧，在当前愈发地显得普遍而真切。在虚拟空间逐渐膨胀的过程中，人们逐渐地意识到物理空间体验的重要性："城市空间在日常生活中扮演着越来越重要的角色。数字化世界当中的虚拟现实，使我们身边所发生的一切与世界联通。与此同时，以身体感官去体验真实世界的需求并未减弱。恰恰相反，我们愈发盼望身边的场所能够提供积极的感官体验，作为对虚拟体验的必要的补充。"④ 在上述这样的经验与认知中，虚拟空间与物理空间的城市体验是无法兼容的，因此要获得宝贵的城市物理空间的身体体验，必得暂时地抛开媒介。互联网发展的早期阶段确是如此，彼时的网民们常常端坐于固定电子终端前，沉迷于虚拟世界中。移动媒介的诞生，提供了兼容两者的可能性。短视频城市影像打破了虚、实两种空间无法兼容的状况，它开启了交织双重感知并再造新型感知的新经验。事实上，媒介对于环境感知的介入，并非自新媒体始。基于身体感知的系统性、沉浸式特点，城市感知是各种感官的全面综合。马歇尔·麦克卢汉早就指出，媒介就是人之感官的延伸与突显。但麦克卢汉未能进一步预见，媒介对于感

---

① 短视频与城市形象研究白皮书 [EB/OL]．(2018-09-11) [2020-06-23]．https://www.thepaper.cn/newsDetail_forward_2524573．
② 苏勒尔．赛博人：数字时代我们如何思考、行动和社交 [M]．刘淑华，张海会，译．北京：中信出版社，2018：69-83．
③ 韩西丽，斯约斯特洛姆．城市感知：城市场所中隐藏的维度 [M]．北京：中国建筑工业出版社，2015：3．
④ 同③8．

知的介入，并非仅仅是复制、加强人体感知，而是创造了一种交织媒介技术与人类有机体双重逻辑的新型感知。尤其是当这种媒介可以伴随着身体在物理空间中移动时，人类的感知系统更是经历了新一轮的重构。虚拟与现实交织的感官刺激，正是短视频城市影像实践的一个显著特征。研究者发现，2018 年的抖音城市影像，内容主要集中于四个方面，即景观、音乐、美食以及科技。① 这四个方面的内容非常明显地与感官刺激直接关联。

打卡将实体空间与虚拟空间的双重感知综合在一起，创造了一种史无前例的新型感知。大众媒介的信息虚拟移动，转变为人与信息在虚拟与实体空间的同时移动，由此生成了人与空间的一种新型关系，虚拟位置与物理位置通过人的融合交织在一起，人时时刻刻处在实体与虚拟的双重世界——赛博城市中。城市实体与虚拟网络的交织、流动，创造了移动网络社会崭新的个人与社会价值。

三、自拍：个人印迹的城市形象

自拍，在短视频的城市影像中有着不可替代之地位。它是一种特殊的打卡方式，拍摄者的身体不但处于目标位置——某一城市地点，还直接出现在影像中，拍摄者将自己作为拍摄对象，如艾美利亚·琼斯（Amelia Jones）所言，这"显示了一种自相矛盾，为了证明自我作为主体的存在，而使其客体化"②。短视频城市影像自拍与大众媒介城市影像的显著区别是，作为拍摄主体的人与作为拍摄客体的城市，融为一体。我拍"城市"转变为我拍"我与城市"。大众媒介时代的城市形象片，拍摄者是隐而不见的，拍摄技术的使用，主要是为了追求一种人之肉眼无法捕捉的视觉奇观，因此，尽力地抹去、隐藏拍摄者的个体肉身存在，是大众媒介城市形象片的重要特点。这种视觉建构的力量在于，塑造了一个非人的观看视角，城市呈现出一种摆脱日常生活的宏大景观。与之相对照，短视频城市影像的自拍则突显了拍摄者个人，这不但指观看视角，也包括个体的肉身形象以及个人身体的移动印迹。大众媒介的城市影像，刻意地将拍摄对象城市客体化，主客体的间离效果十分明显；而短视频自拍的城市影像，则呈现了人与城市的极致交融。

短视频城市影像的自拍关涉许多历史上的文化实践。它和摄影术有着明显的关联性，是身体处于某个空间位置的图像记录。在摄影术发明之前，人对于自身的空间移动，或是用文字书写，或是在空间或物体（比如树木、石头、纪念碑等）上留下标记，来铭刻人与特定地点的相遇。摄影术发明之后，这种印迹的呈现与记录开始大量使用影像。大部分的人像摄影，是将身体的人与空间、地点叠加在一起，呈现人嵌入环境的整体性影像。如此，主体被摄影者以自觉或者无意识的方式，放置在一个特定的环境中，

---

① 短视频与城市形象研究白皮书 [EB/OL]. (2018 - 09 - 11) [2020 - 06 - 23]. https：//www.thepaper.cn/newsDetail_forward_2524573.

② 琼斯. 自我与图像 [M]. 刘凡，谷光曙，译. 南京：江苏美术出版社，2013：12.

创造了一个此时此地的瞬间自我。所谓自拍,意味着拍摄主体与客体的融合,以此溯源,自拍有一个非常重要的文化传统,即在绘画史上占据独特地位的自画像。尼古拉斯·米尔佐夫(Nicholas Mirzoeff)认为,自画像关涉的是人类如何观看自己的问题,不但展示了影像自我的社会权力关系(视觉的社会建构),也揭示了视觉性是如何塑造自我的(社会的视觉建构)。比如,后现代艺术家马塞尔·杜尚创作的自画像系列作品,表达了后现代视觉文化中自我的去本质化与多重性。① 但自拍并非自画像、自我摄影的简单延续,如果只是将其理解为因拍摄技术的便宜性而使得早期为少数精英所垄断的自画像变得大众化了,那就遮蔽了自拍作为一种典型的新媒体实践的特质。2013 年《牛津英语词典》宣布当年的"年度词汇"是"自拍",这个词的一般定义是"一张自己给自己拍摄的照片,最为典型的是用数码手机或者网络摄像机拍摄并上传到社交媒体网站上的照片"。米尔佐夫对自拍解释的重点在后面半句话。他分析说,这个词在 2012 年 10 月到 2013 年 10 月的使用次数是之前的 170 倍,部分原因是照片分享网站 Instagram 的流行。② 由此看来,与新媒体实践的关联,才是自拍现象的关键点。米尔佐夫因此将自拍视为网络化时代的"第一个视觉标志物"③。自拍呈现的是自我的身体、身体的移动轨迹及其与城市的融合景象,这种新型视觉影像实践正在改变人类感知自我、感知世界的方式。

  自我与图像的历史源远流长。"在史前时期,当人类跪下来取水饮用时,他们的影像就映在那里。在世界史上,人类第一次在水中看见了他们自己的图像。"④ 在欧美文化中,用视觉再现技术表现或证实自我是一种持续性的努力。⑤ 视觉媒介技术对于自我塑造有着非常重要的影响,正如唐·伊德(Don Ihde)所说:"在笛卡儿理论中,暗房对现代主体来说是一个重要的隐喻——照片,不再只是再现,它还'教会'人们一种观看的方式。"⑥ 身体无疑是自拍最重要的元素,但身体很少孤零零地存在,大部分的人物影像都有一个背景,而且是经过挑选的背景,即身体总是处在一个特定的空间背景中。事实上,身体与周围环境之关系是图像化自我一个非常重要的方面。在短视频城市影像实践中,这个关系被大大地突出了。自拍,就是将身体与特定空间进行互嵌,呈现一个特定的自我——属于这个时刻、这个空间背景的自我。针对短视频城市影像,有一种说法是,这些拍摄者只是将城市作为一种背景而已,他们关注的只是他们自己的形象,而不是这些城市元素本身。其实这正是短视频城市影像自拍的特征,或可称为个人视觉城市记录。因为从每一个个体的角度出发,特定身体与城市空间的互嵌,正是图像化自我的关键点,因为它呈现的是此时此地的自我,是个体在城市中的生命印迹。这种影像有双重性,一方面是影像化的个体记忆,另一方面则是个体视觉呈现的城市形象。这种城市形象是多个个体自我呈现的交融与汇聚。所谓网红城市,就是这种千百万乃至数以亿计的个人影像汇聚的集中体现。因此,自拍的社交属性,不能简单地理解为网络

---

① 米尔佐夫. 如何观看世界 [M]. 徐达艳,译. 上海: 上海文艺出版社,2017: 22 - 25.
② 同①3.
③ 同①4.
④ 琼斯. 自我与图像 [M]. 刘凡,谷光曙,译. 南京: 江苏美术出版社,2013: 19.
⑤ 同④12.
⑥ 同④63.

平台上针对个体影像的点赞与流量。比如有舆论评价近期流行的 Vlog 现象，认为琐碎的"晒生活"不会获得陌生人点赞，未能激发"陌生人社交"的热潮。① 这种观点基于流量和商业利益的考量，只是解释了那些以社交、流量为目的的视频博主的现状与焦虑，未能捕捉到短视频自拍的丰富意义。短视频城市影像中的自拍，是建构自我与塑造城市形象的融合。在城市影像中，身体与景观、设施、建筑、地点、物品、食物等形成了互构关系。由此，城市地点成为一个布鲁诺·拉图尔意义上的"物的媒介"，一个"活生生的物的媒介"。所谓"活生生的"，是指此处的物并非静态而孤立的，因为有虚拟网络的介入，它获得了移动网络的流动性，构成了一个虚实交融、聚合大众的锚点，汇聚了多样性的城市实践。从这个意义上看，它创造了具有移动网络时代典型意义的陌生人社会交往。

新型的感知方式、新型的陌生人交往方式，这些特质使得短视频城市影像的自拍创造了城市形象建构的一种新方式，或可称为个人印迹的城市形象。凯文·林奇（Kevin Lynch）创造的"城市形象"② 理论，因其击中了全球城市化进程中的共性问题——地方文化与地方感的丧失、城市交流与互动的缺乏、城市形象公共认知的缺失等，从而赢得了理论和实践两个领域跨越学科边界的共鸣。林奇的城市形象理论，突出个人日常生活、生命体验与城市地方文化的关联，因此，个体与城市在物理空间的相遇，是城市形象的精神内涵与抽象价值最重要的不可或缺之基础。

传播学对于城市形象理论的理解与运用，惯常落在大众媒介对于城市的再现上，突出大众媒介在建构城市形象中的作用，主要是着眼于媒介公共影响力所达成的传播效果。这固然不错，林奇再三强调城市形象"是一系列的公共意象"③，需要广泛的交流与大众共同认知才能形成。传播学研究的另一个关注点是视觉的重要性，林奇称为"视觉意象"，城市显著的空间属性，使得影像媒介在建构城市形象方面有着特别优势，这也是城市形象片产生的一个基础。传播学在上述两个方面积累了城市形象研究的大量成果。但传播学常常忽略城市形象的一个根本性面向：身体感知的重要性。人对城市形象的认知与接受，不能仅仅依赖影像的视觉虚拟观看，它还涉及人的身体与环境的全方位接触。林奇认为，对于一个聚居地的感知，是一个环境的空间形态和人类认知过程相互作用的交汇点。这样的情感活动，除了从人与场所之间的交互活动获得之外无从分析，感知是一种主动的行为，而非被动接受。④ 林奇特别强调人类感官对于空间、场所的感知，以及在城市地点发生的互动与交流，他认为，这才是人类感知城市形态、建立地方感的最重要方式。无疑，传播学的城市形象研究突出媒介的表征（再现），而身体感知这个面向基本被遮蔽了。城市形象的感官性，在大众媒介时代受到很大限制。一方面，媒介受制于技术，多运用影像虚拟地呈现城市空间，无法在个体身体性感知层面建立与城市地点的关联；另一方面，人们对于城市形象的感知越来越多地依赖大众媒介的虚拟

---

① 卫中. 视频 "晒生活"，陌生人会为你点赞？[N]. 文汇报，2019-07-31.
② 林奇创造的核心概念 The Image of The City，中文有两种译法——"城市形象"与"城市意象"，在本文中，根据需要交替使用这两种译法，特说明。
③ 林奇. 城市意象 [M]. 方益萍，何晓军，译. 北京：华夏出版社，2001：35.
④ 林奇. 城市形态 [M]. 林庆怡，陈朝辉，邓华，译. 北京：华夏出版社，2001：93.

传播，以致物理空间的大众具身性交往受到冲击。电影电视时代的城市形象片呈现出以下基本特质：内容是脱离日常生活的奇观式影像，以官方主导的宏大历史叙事的政绩展现为基调，采取线性历史的片段性拼贴以完成主流叙事；一般以媒介机构等专业团队为主体进行拍摄；以大众媒介机构为主要传播渠道，辅之以网络传播或城市地点（如大屏幕）播放。

短视频城市影像的自拍，不但补充了大众媒介局限于表征的欠缺，还创造出一种个体感知建构城市形象的新型方式。数字圈时代的自拍，因其"地理媒介"特质——无处不在、实时反馈、位置信息、普遍融合①而展现出与大众媒介显著不同的特点。其一，身体在场。个人形象与城市实体空间元素互嵌出现在视频中，个体与城市景观在两者互相映照的关系中获得新的意味。其二，即时即地。自拍是某一特定时空中个人身体与城市在具象层面的相遇，这种体验式的相遇对于个体生命而言是唯一不可重复的记忆，时过必境迁。其三，感官综合。自拍时，身体处在城市物理空间中，全身性感官的部分感知（主要是视觉、听觉）留存于自拍视频中，另一些感知（触觉、嗅觉、味觉、方位感等）则是通过每一次的观看，唤起彼时的身体感觉。其四，渗透日常。自拍的随时随地性，突显了偶发、自然、随性的特点。即使是自我有意识的摆拍，也与官方及专家精心策划、制作的城市形象片截然不同，它是从个体自我出发的，是基于时间的偶发性的大众艺术。其五，自我在多重空间中往来穿梭。"在网络和现实生活中与技术互动，这正是我们当下所经历的新的视觉文化，如今，我们的身体既在网络中又在现实世界里。"②2018年的网红城市，以身体参与城市实践为基本要素，例如毛笔酥是"我"亲口尝的，摔碗酒的那个碗是"我"亲手摔的，等等。与以往的影像媒介以及新媒介相比，短视频具有更加强烈的涉身性，因此或可说，短视频的城市形象，是每个个体的身体实践建构出来的。

数字时代最为人们所津津乐道的一张自拍，恐怕当数2012年日本宇航员以太空为背景的自拍照，他将自己的形象镌刻在了浩渺太空中。③ 这张自拍昭示了人类的成长历程：从地球出发在太空游历中不断确认"我是谁"。正如林奇所言："地方的特色和人的个性是紧密结合在一起的。人们会把'我在这'（I am here）变成'这是我'（I am）。"④短视频城市影像的自拍，是将自我与城市的互嵌影像，作为特定时空的一个个碎片化瞬间，偶然、随性地嵌入生活之流。自我与城市互相构成，由个人印迹呈现的无数个"自我的城市"，汇聚而成公共的城市形象。城市属于我，嵌入我的生命印迹；我也构成了城市，自我城市影像汇聚构成了城市形象。自我作为一种节点主体⑤嵌入流动的城市社会网络中，城市形象由一个个可见的自我影像汇流而成。如此，自我与城市互嵌，人与城市实现了融合。

---

① 麦夸尔. 地理媒介：网络化城市与公共空间的未来 [M]. 潘霁, 译. 上海：复旦大学出版社, 2019：2.
② 米尔佐夫. 如何观看世界 [M]. 徐达艳, 译. 上海：上海文艺出版社, 2017：38.
③ 同②8-9.
④ 林奇. 城市形态 [M]. 林庆怡, 陈朝辉, 邓华, 译. 北京：华夏出版社, 2001：94.
⑤ 孙玮. 微信：中国人的"在世存有"[J]. 学术月刊, 2015（12）.

四、赛博城市影像：生控复制时代的大众艺术

被誉为图像学研究开拓者的米歇尔，将当前的数字仿真技术放置在图像复制技术与人类社会历史演变的传统中加以研究。他指出：

> 生控复制已经代替瓦尔特·本雅明所说的机械复制而成为我们这个时代的基本技术决定性因素。如果说机械复制性（摄影、电影以及相关工业进程，如流水线生产）统治了现代主义的时代，那么生控复制（高速计算、视频、数字影像、虚拟现实、因特网以及基因工程的产业化）则通知了我们称之为后现代的时代。"后现代"这个术语在 20 世纪七八十年代起到的只是占位符的作用，如今似乎已经用够本了，我们已经可以用更富有描述性的词语如"生物控制论"来代替它了。①

米歇尔阐述了当前生物控制时代"复制"与机械复制时代的根本性不同。在笔者看来，这个不同集中呈现在媒介"表征"模式的彻底崩塌，以及这个崩塌对于人之主体性的冲击。复制不再是现实的一种模拟，它成了新的现实；复制的对象从作为客体的世界，拓展到人本身。这是两个互相关涉的特征。如此，延续了很久的媒介含义也必将刷新，媒介必将从"表征论"中解放出来，逐步摆脱从属于现实的命运。短视频城市影像，可视为生控复制时代的大众影像实践的典型，这种实践创造了赛博城市影像的新型状态。打卡、自拍不是对于现实的反映、模仿、再现，它就是现实本身，它是大众在这个时代的存在方式。逃脱了现实附属品定位的媒介，正在释放巨大的社会动能。媒介建构着自我；而所谓城市形象，就存在于媒介实践中。

米歇尔描述了生控复制时代的后果，这在短视频城市影像实践中得到淋漓尽致的体现，而且，这种实践在中国本土化经验中更呈现出了一种崭新状态。从传播学视角看，在理论和实践两个层面都开启了新格局。比如，"复制品不再低于原件或被视为原件的残迹，而在原则上是对原品的提升"②。短视频的城市影像实践不再仅仅是对城市的复制，它就是组成城市的千千万万个侧面。正如米歇尔所说："当然，这仍然会造成本雅明所说的光晕消除，因为光晕本就与作品的历史、传统联系在一起；不过如果'光晕'指的是恢复原初的活力、原件的生命气息，那么数字复制品可以比原件本身听起来、看起来更像原件。"③ 城市短视频之于大众，就是城市生活本身，它与日常生活、自我的密切关联，使它和电视时代的城市形象片不同，不能被视为城市的复制，而更像是城市的一种增强现实。城市影像在大众媒介时代，以表征论、符号论、文本论、意识论为基调，是以理性叙事为主的影像活动，体现了话语圈、图文圈、视频圈的特点。在数字媒介时代，则更多地体现出呈现论、行动论、交往论、身体论的特征，是一种混杂了数字

---

① 米歇尔.图像何求？：形象的生命与爱［M］.陈永国，高焓，译.北京：北京大学出版社，2018：348-350.
② 同①351.
③ 同①352.

圈与其他媒介圈的影像实践。短视频城市影像，不仅仅是一种叙事方式，也是交往方式、实践方式，是日常生活的存在方式。米歇尔认为生控复制的另一个后果是：

> 改变了艺术家与作品、作品与新工具带来的新模式之间的关系。赛博艺术家与现实有着既更近又更远的关系。……作品的材料就是艺术家的身体——艺术家与作品以及物质现实之间的关系前所未有地紧密，同时艺术家的主体性也碎片化而分散到假体肢体以及远程控制的观众身上了。①

短视频城市影像突出身体、物理空间、感官体验，和物质现实的关系非常近；网络上动辄千万甚至上亿的转发、评论互动，和现实的关系又不可谓不远。只是米歇尔关注的焦点仍然是艺术家，当前中国的短视频城市影像实践把越来越多的普通拍摄者变成了大众艺术家。

赛博城市的大众影像实践，呈现了技术和城市的一种新型关系。移动数字网络的城市影像生产带来的机器与人类身体的融合，使得影像生产和传播的边界被不断打破，人们的多重感官和身体实践日益融入城市影像的个性化"生成"之中，正在重塑人与城市时空的关系。一方面，越来越通过具身化生产和体验融入城市物理空间；另一方面，这些媒介化的时空碎片以非线性的涌现方式汇聚成城市历史。与智慧城市关注技术嵌入实体空间、集中于信息基础设施的城市建设不同，赛博城市突出技术与人的融合。如果说智慧城市强调技术联通与中心化控制，那赛博城市则更偏重于物理与虚拟空间的交织互嵌。赛博城市的市民都是赛博人，这种智能个体成为城市网络的分散性节点，他们的城市传播实践正在打破原有的社会结构，重组城市关系。如2018年抖音之城现象，引发了一系列后续社会反应，很多网红城市的政府机构开始与新媒体平台合作，试图吸纳市民的短视频城市影像实践的力量，以达成提升城市形象之目标。且不论这种合作的动机、效果如何，一个显而易见的事实是，原本官方主导的大众媒介时代城市形象片的宣传模式，已然遭遇大众民间城市影像实践的挑战。大众城市影像实践的视觉性力量，正在改变城市形象生成与传播机制等诸种社会现实。这种视觉性力量产生的影响是多方面的。大众从城市形象产品的观看者，转变为城市影像生产的实践者。如果说大众媒介时代的城市形象片构成了脱域（去地方化）和全球化的一面，那么移动媒介开启的民间城市影像实践则构成了一种全球化和数字化背景下的"再地方化"力量。"在全球文化和地方文化目前的对立中，城市提出了另外之物——地方世界主义。"② 一方面是城市的在地化，面对面相遇、交流，体现了全球化时代的"地方性"价值；另一方面是全球网络传播超越了城市地域的限制，体现出社群的"世界性"一面。这种"再地方化"的媒介力量更多地以个体感官元素、城市位置信息、大众日常实践的方式呈现，与以往较多聚焦经济、政治（意识形态）的媒介话语方式形成参照，可视为新媒体时代"再地方化"的一种新型方式。这种奇特的文化社群景观给当前的中国城市公共生活带来了新的可能性。

数字时代的短视频城市影像，可视为移动网络社会的一种大众艺术，它是艺术与生

---

① 米歇尔. 图像何求？：形象的生命与爱 [M]. 陈永国，高焓，译. 北京：北京大学出版社，2018：353.
② 博伊姆. 怀旧的未来 [M]. 杨德友，译. 南京：译林出版社，2010：86.

活的高度融合，这种融合不仅指艺术表现生活，也不仅指大众接触艺术品，上述层面两者的结合在历史上早已发生；这种融合是指，这种影像艺术成为一种生活实践，构成了大众城市日常生活的一部分，这种新型的大众艺术不是对生活的模仿，它就是生活本身。作为一种存在方式，它确认了在实体与虚拟世界双重存在的新型自我：我拍故我在。作为一种具身化媒介实践，它汇聚大众的个人印迹呈现了公共的城市形象：我们打卡故城市在。

媒介·空间·事件：观看的"语法"与视觉修辞方法

□ 刘　涛

摘　要

作为一种分析方法，视觉修辞强调对"视觉形式"的识别与分析，挖掘出潜藏于视觉文本"修辞结构"中的含蓄意指。视觉修辞的文本对象主要包括视觉化的媒介文本、空间文本和事件文本，相应地也就形成了三种不同的视觉修辞方法。媒介文本的视觉修辞方法主要强调在视觉形式与构成的"语法"基础上把握视觉话语的生产机制。空间文本的视觉修辞方法主要关注空间的功能、意义与价值如何在空间生产的视觉逻辑中体现和深化。事件文本的视觉修辞方法主要强调图像事件中视觉化的"凝缩符号"与"新闻聚像"的生产方式及其在传播场域中的流动结构与跨媒体叙事过程。

关键词

视觉语法；视觉修辞；修辞结构；图像事件；凝缩符号；新闻聚像

作者简介

刘涛，暨南大学新闻与传播学院教授。

任何符号系统都存在一个修辞学的认识维度，视觉图像同样可以在修辞学意义上进行研究。[①] 视觉修辞（visual rhetoric）关注图像的意义体系，而这最早要追溯到罗兰·巴尔特在《图像修辞学》中关于图像的"神话"分析。视觉修辞所关注的意义，其实就是巴尔特所说的图像二级符号系统的含蓄意指（connotation），即超越了图像一级符号系统的直接意指（denotation）的暗指意义（connotative meaning）。按照国际符号学权威期刊《符号学》（Semiotica）主编马塞尔·达内西（Marcel Danesi）的观点："视觉修辞的意义并不是存在于图像符号的表层指涉体系中，而是驻扎在图像符号深层的一个

---

* 刘涛. 媒介·空间·事件：观看的"语法"与视觉修辞方法 [J]. 南京社会科学，2017 (9).
① FOSS S K. Ambiguity as persuasion: the Vietnam Veterans Memorial [J]. Communication quarterly, 1986, 34 (3).

'修辞结构'之中。"① 视觉修辞之所以关注"修辞结构",是因为它预设了一个潜在的假设——"修辞结构"意味着一个符码汇编系统,所谓的含蓄意指恰恰以某种"伪装"的编码形式存在于特定的结构之中,而且"伪装"行为依赖于特定的"语言"法则。其实,视觉符号的"修辞结构"并非一个抽象的事物,而是对应于隐喻、转喻、越位(catachresis)、反讽、寓言、象征等修辞性的意义装置。因此,视觉修辞方法强调对视觉文本的"修辞结构"进行解码处理,使得驻扎其中的那些被编码的暗指意义或无意识的文化符码能够显露出来,即通过对"视觉形式"的识别与分析,挖掘出潜藏于"修辞结构"中的含蓄意指。作为一种研究方法,视觉修辞分析的前提是确定修辞对象,即确定视觉话语构建与生产的文本形态。目前,视觉修辞研究最具代表性的成果是三本论文集:查理斯·希尔(Charles A. Hill)和玛格丽特·赫尔默(Marguerite Helmers)合编的《定义视觉修辞》②,卡罗琳·汉达(Carolyn Handa)主编的《数字时代的视觉修辞:一个批判性读本》③,以及莱斯特·奥尔森(Lester C. Olson)、卡拉·芬尼根(Cara A. Finnegan)和黛安娜·霍普(Diane S. Hope)合编的《视觉修辞:传播与美国文化读本》④。三本论文集关注的视觉修辞对象主要包括三种文本形态:第一种是以广告、电影、摄影、漫画、纪录片、新闻图片等为代表的媒介文本;第二种是以广场、超市、纪念堂、博物馆、庆祝仪式为代表的空间文本;第三种是以公共议题建构与生产实践中的图像事件(image events)为代表的事件文本。

所谓视觉修辞,是指强调以视觉化的媒介文本、空间文本、事件文本为主体修辞对象,通过对视觉文本的策略性使用,以及视觉话语的策略性建构与生产,达到劝服、对话与沟通功能的一种实践与方法。相应地,视觉修辞方法主要体现为面向媒介文本、空间文本、事件文本的修辞分析。如果说媒介问题创设了一个观看结构(structure of seeing),空间文本则提供了一个体验结构(structure of experience),而事件文本则形成了一个参与结构(structure of engagement)。由于视觉文本与受众之间存在不同的作用结构,相应地也就形成了不同的视觉修辞方法,也即视觉修辞方法在传播研究中的不同应用维度。本文主要基于学术史的方法论考察,分别梳理和提炼视觉修辞的操作方法与分析模型,以此接近视觉修辞结构中观看的"语法"问题。

一、视觉语法与媒介文本的视觉修辞方法

苏珊·桑塔格(Susan Sontag)在《论摄影》中将视觉图像的意义问题置于一定的

---

① DANESI D. Visual rhetoric and semiotic [EB/OL]. (2017-05-24) [2017-07-11]. https://oxfordre.com/communication/display/10.1093/acrefore/9780190228613.001.0001/acrefore-9780190228613-e-43.
② HILL C A, HELMERS M. Defining visual rhetoric [M]. Mahwah: Lawrence Erlbaum Associates, Inc, 2004.
③ HANDA C. Visual rhetoric in a digital world: a critical sourcebook [M]. New York: Bedford/St. Martin's, 2004.
④ OLSON L C, FINNEGAN C A, HOPE D S. Visual rhetoric: a reader in communication and American culture [M]. London: Sage Publications Ltd, 2008.

"观看结构"中予以审视。尽管说照片展示的是一个形象的世界,但"照片乃是一空间与时间的切片",也就是"将经验本身转变为一种观看方式"。[①] 显然,作为一种实践形态,摄影不仅揭示了观看的哲学,还揭示了观看的语法,而后者恰恰指向视觉构成基础上的图像意义系统。视觉图像究竟有没有类似于语言文本那样的"语法",这一问题虽然争议倍出,但并没有影响学界对视觉语法(visual grammar)的探索步伐。1996 年,冈瑟·克雷斯(Gunther Kress)和西奥·凡莱文(Theo van Leeuwen)出版了影响深远的著作《解读图像:视觉设计的语法》,正式将视觉语法问题上升到一个理论维度,同时也在方法论上进行了大胆的探索。[②] 基于克雷斯和凡莱文以及诸多学者的前期探索,索尼娅·福斯(Sonja K. Foss)将视觉语法上升为视觉修辞研究的一个非常重要的理论与方法问题。[③]

视觉语法不仅是视觉修辞研究需要回应的图像本体论意义上的形式与构成问题,同时也是探讨视觉结构的一个方法问题。依据迈克尔·哈利迪(Michael Halliday)提出的语言的三大元功能——概念功能(ideational function)、人际功能(interpersonal function)和语篇功能(textual function)[④],克雷斯和凡莱文将视觉符号的意义系统同样划分为三种对应的类型——认知呈现的表征意义(representation)、人际交流的互动意义(interaction)和视觉布局的构图意义(composition),同时提出了每一种意义系统对应的视觉语法分析方法与过程,而这套分析系统也奠定了多模态修辞分析理论与方法的基础。

克雷斯和凡莱文提到的三种图像意义分别对应于三种视觉语法系统,可以借助一定的操作方法分别接近图像意义生产的"语法"问题。第一,表征意义主要反映图像文本中的元素结构和叙事关系。表征结构可以通过图像的叙述结构(narrative structure)和概念结构(conceptual structure)来把握。[⑤] 叙述结构分析包括动作过程(action process)、反应过程(reactional process)、言语与大脑过程(speech and mental process)、转换过程(conversion process)、几何符号(geometrical symbolism)使用过程和情境(circumstances)的视觉分析类;概念结构包括分类过程(classificatory)、分析过程(analytical)和象征过程(symbolical)三个维度的视觉分析。[⑥] 第二,互动意义旨在揭示图像提供者与观看者之间的交流方式与认知态度,可以通过接触(contact)、社会距离(social distance)和态度(attitude)三种视觉语法手段来实现。[⑦] 接触强调借助视觉观看而建立一种互动关系,而图像究竟是作为索取(demand)还是提

---

① 桑塔格. 论摄影 [M]. 艾红华, 毛建雄, 译. 长沙:湖南美术出版社, 1999:33 - 35.
② KRESS G, VAN LEEUWEN T. Reading images: the grammar of visual design [M]. London: Routledge, 1996.
③ FOSS S K. Theory of visual rhetoric [M] // SMITH K L, MORIARTY S, BARBATSIS G, et al. Handbook of visual communication: theory, methods, and media. Mahwah: Lawrence Erlbaum, 2004:141 - 152.
④ HALLIDAY M A K. Language as social semiotic: the social interpretation of language and meaning [M]. London: Edward Arnold, 1978:183.
⑤ KRESS G, VAN LEEUWEN T. Reading images: the grammar of visual design [M]. 2nd edition. London: Routledge, 2006:59.
⑥ 同⑤74.
⑦ 同⑤149.

供（offer）而"出场"便意味着不同的观看结构与视觉关系。社会距离反映的是再现主体与观看主体之间的亲密关系，而不同的景别（特写、近景、中景、远景）能够体现出不同的社会距离，相应地也会形成亲密的（intimate/personal）、社会的（social）、疏远的（impersonal）三种不同的社会距离。态度反映的是图像认知中的信息形态和情绪问题，其中图像的行动取向（action orientation）和知识取向（knowledge orientation）反映的是客观态度，而视角（perspective）、水平角度、垂直角度反映的是主观态度。比如前视表示参与（involvement），斜视表示疏远（detachment），仰视反映出再现主体的权力（representation power），而俯视体现出观看者的权力（viewer power），平视则表现出平等与对话（equality）。第三，构图意义可以由信息值（information value）、显著性（salience）和框架（framing）三个内在关联的图像语法手段来实现。① 就信息值而言，图像的左－右、上－下和中心－边缘所代表的信息价值是不同的，如左边元素是已知信息，而右边元素则是新信息，因而具有更高的信息值。就显著性而言，类似于罗兰·巴尔特在《明室》中提到的"刺点"（punctum），图像中的某些位置的视觉元素具有更大的吸引力，其意义增长也更快，具有打开"画外空间"和"视觉想象"的穿透力。② 显著度可以通过重复、大小、透视、对比等修辞手段来体现。就框架而言，图像中的不同的线条或框选手法能够揭示元素之间的分离性或融合性。

可见，视觉语法分析旨在探索视觉文本的元素构成与编码原理。在操作方法上，诸多学者对图像符号的构成问题给出了不同的认识方法。福斯认为，视觉形式分析的前提是对视觉元素的分类与编码，借助一定的集合思维来接近图像元素的内部构成法则。福斯给出的分析路径是"颜色集合、空间集合、结构集合和矢量集合等视觉元素的规律探讨"③。马蒂娜·乔利（Martine Joly）认为，视觉形式分析其实就是图像的"自然性"分析，也就是视觉成分分析，具体包括形式、颜色、组成、画面品质（texture）。④ 罗兰·巴尔特的学生雅克·杜兰德（Jacques Durand）针对广告图像的构成语法，将视觉元素区分为产品、人物和形式（form），然后从传统的修辞格中寻找图像分析的"视觉等价物"（visual equivalents），以此分析广告图像中三种元素（产品、人物、形式）之间的组合关系及其意义生产机制。⑤ 不同于符号学的分析过程，修辞学方法的最大特点就是对修辞效果的关注。⑥ 福斯提出了以修辞效果为"问题导向"的视觉修辞方法。具体来说，这一分析模型包括三个操作步骤：第一，将图像置于特定的传播结构中，立足于图像本身的各种物理数据和特征，识别和确认图像的"功能"（function），也就是图像发挥作用的原始意图。尽管说图像的"功能"阐释并不是唯一的，但修辞批评家必须

---

① KRESS G, VAN LEEUWEN T. Reading images: the grammar of visual design [M]. 2nd edition. London: Routledge, 2006: 177.
② 巴特. 明室 [M]. 赵克非, 译. 北京: 文化艺术出版社, 2003: 83.
③ FOSS S K. Framing the study of visual rhetoric: toward a transformation of rhetorical theory [M] // HILL C A, HELMERS M. Defining visual rhetoric. Mahwah: Lawrence Erlbaum Associates, Inc, 2004: 308.
④ 乔丽. 图像分析 [M]. 怀宇, 译. 天津: 天津人民出版社, 2012: 65-66.
⑤ DURAND J. Rhetorical figures in the advertising image [M] // UMIKER-SEBEOK J. Marketing and semiotics: new directions in the study of signs for sale. New York: Mouton de Gruyter, 1987: 295-318.
⑥ BERGER A A. Media analysis techniques [M]. London: Sage Publications Ltd, 1991: 27.

提供足够的证据来说明物理数据与图像功能之间的内在关联。第二，探寻图像文本中支撑这一"功能"的图像学"证据"，也就是从图像的主体、媒介、材料、形式、颜色、组织排列、制作工艺、外部环境等多个维度进行监视，评估不同的"证据"维度对图像"功能"的作用方式和贡献程度。第三，立足于图像的原始意图，判断图像"功能"本身的合法性与合理性，比如图像符号体系是否符合既定的伦理道德，受众是否因为图像接受而获得更大的赋权等。[①]

必须承认，福斯的分析模型虽然对修辞效果给予了足够观照，却将视觉符号"悬置"于社会历史与意识形态之外，因而未能建立其从视觉语法到视觉话语之间的修辞关联。而视觉修辞要回应意识形态问题或后现代主义问题，则需要在传统的修辞批评基础上发展视觉修辞批评（visual rhetorical criticism）及其操作方法。乔纳·赖斯（Jonah Rice）提出了面向视觉产品的后现代修辞批评模型——平衡视觉模型（omnaphistic visual schema）。平衡视觉模型包含两个层面的感知——内容（content）和形式（form）。如何对图像的内容和形式进行感知，赖斯并不赞同福斯的演绎推理，而是借鉴了皮尔斯逻辑学中提出的一种推理方式——溯因推理（abduction）。[②] 赖斯认为溯因推理先于任何归纳推理和演绎推理，它开始于先于任何事情的"视觉观察"，并且作为一种认识的起源而存在，能够提供一个"连接大脑与事物的可能先前存在的逻辑"的洞见。[③] 桑德拉·莫里亚蒂（Sandra E. Moriarty）将溯因推理应用于传播学领域，并将其发展为视觉解释的一种新理论。[④]

究竟如何来阐释后现代视觉修辞产品呢？赖斯给出了四个分析指标：一是对立元素（oppositional elements），包括"冲突性风格、类属错位、并置、悖论、讽刺、对比性修饰以及其他表示对立的观念"；二是同构元素（co-constructed elements），主要解释文本与观众之间的互动，包括"多义性、贴近真实世界、超真实、模拟、作品与观众的互动、参与、开放系统、眼神交汇、融合、观众与被观看之物的交互、拒绝宏大叙事等"；三是"语境元素"（contextual elements），主要解释文本与语境是如何通过各种可能性产生关联的；四是意识形态元素（ideological elements），主要强调后现代的视觉产品是如何"政治化、人性化、去理性、反科技、反客观化、消解伦理"的。[⑤] 显然，视觉修辞分析一方面需要识别图像文本中的对立元素、同构元素、语境元素和意识形态元素，另一方面需要分析对立元素、同构元素、语境元素和意识形态元素分别对应的内容、形式以及各种视觉经验的融合情况。

显然，面对媒介文本的视觉修辞分析，主要思路是在图像的形式与构成维度上发现"含蓄意指"的意义系统。其实，视觉话语分析并没有标准的分析范式，具体的研究方

[①] FOSS S K. A rhetorical schema for the evaluation of visual imagery [J]. Communication studies, 1994, 45 (3-4).
[②] 不同于传统的归纳推理和演绎推理，皮尔斯认为溯因推理是新知识生产的唯一逻辑运作方式，是强调从事实的集合中推导出最合适的解释的推理过程。
[③] RICE J. A critical review of visual rhetoric in a postmodern age: complementing, extending, and presenting new ideas [J]. Review of communication, 2004, 4 (1-2).
[④] MORIARTY S E. Abduction: a theory of visual interpretation [J]. Communication theory, 1996, 6 (2).
[⑤] 同③.

法还需要回到具体的问题情境，其目的就是实现"修辞结构"与"含蓄意指"之间的阐释逻辑。沿着这一基本的分析思路，笔者在视觉修辞方法上提出了以下分析模型：从"意指概念"（ideographs）、"语境"（context）、"隐喻"（metaphor）、"意象"（image）和"接合"（articulation）五个修辞视角来把握环境传播的视觉话语结构①；从"数据修辞""关系修辞""时间修辞""空间修辞""交互修辞"五个修辞维度来接近数据新闻的视觉话语结构②。

二、空间结构与空间文本的视觉修辞方法

视觉修辞所关注的文本形态不单单体现为漫画、广告、新闻图片等图像文本，而且逐渐拓展到许多空间文本层面，成为我们理解空间结构、功能与生产逻辑的重要的认识方式。具体来说，广场、会展、博物馆、纪念堂、游乐园、世博会等空间文本的设计与构造，首先呈现给公众的是一个体验式的、沉浸式的视觉景观，其对应的不仅是空间生产问题，还是身体体验结构中的视觉修辞问题。在20世纪60年代以来的"空间转向"思潮中，不同的空间思想虽然在对待空间的认识上存在差异，但都强调空间的生产过程与社会内涵。③ 既然空间是被生产的视觉景观，而且往往携带着非常复杂的劝服欲望和修辞目的，那么便引申出学界普遍关注的面向空间文本的视觉修辞命题。

将空间作为视觉修辞的对象，存在一个普遍而严谨的学理渊源。如果说传统修辞学的关注对象是语言文本，新修辞学代表人物肯尼思·伯克（Kenneth Burke）则将修辞学的研究对象推广了一个更大的符号实践（symbolic action），修辞学开始关注符号沟通实践中的一切物质对象。由此，视觉修辞的研究范畴已经不再局限于"修辞图像志"（rhetorical iconography）和"修辞图像学"（rhetorical iconology），而是尝试回应现实空间中的诸多视觉对象和视觉物体，由此推进了视觉修辞研究的"实物修辞"（material rhetoric）转向。④ 比如，莉兹·罗恩（Liz Rohan）的视觉修辞对象是一个母亲为了纪念自己的母亲而制作的一条棉被。这条棉被携带着19世纪的宗教仪式元素，但后来作为各种图像符号进入公共空间，由此重构了人们在空间实践中的文化记忆。⑤ 在"实物修辞"的视觉分析框架中，物质对象往往被置于一定的空间结构中，或者说在空间的"存在之维"上获得意义阐释的基本"语境"，甚至空间本身也成为修辞分析与修辞批评的文本对象。于是，针对广场、博物馆、纪念堂、游乐园、世博会等公共空间的视觉修辞研究逐渐浮出水面，极大地拓展了视觉修辞研究的文本范畴。除了静态的空间

---

① 刘涛. 新社会运动与气候传播的修辞学理论探究［J］. 国际新闻界，2013（8）.
② 刘涛. 西方数据新闻中的中国：一个视觉修辞分析框架［J］. 新闻与传播研究，2016（2）.
③ 刘涛. 社会化媒体与空间的社会化生产：列斐伏尔和福柯"空间思想"的批判与对话机制研究［J］. 新闻与传播研究，2015（5）.
④ OLSON L C. Intellectual and conceptual resources for visual rhetoric: a re-examination of scholarship since 1950［J］. Review of communication，2007，7（1）.
⑤ ROHAN L. I remember mamma: material rhetoric, mnemonic activity, and one woman's turn-of-the-twentieth-century quilt［J］. Rhetoric review，2004，23（4）.

研究，视觉修辞关注的空间文本进一步延伸到展会、庆典、仪式等更大的公共空间范畴。①

如果空间在视觉意义上编织着某种话语问题，那从修辞学的方法视角考察视觉话语的建构过程与逻辑，实际上推开的是一个视觉修辞研究命题。作为一种空间化的叙事文本，博物馆一直都是视觉修辞研究的重要文本形态。在博物馆的视觉修辞结构中，空间中的视觉设计和图景往往与特定的空间使命联系在一起，即通过集体记忆的制造来完成既定的国家认同。而集体记忆研究存在一个修辞维度②（rhetorical dimension），即集体记忆往往体现为一个修辞建构与争夺的产物。美国平原印第安人博物馆（The Plains Indian Museum）讲述了美国西进运动中美国白人与土著印第安人之间的故事和记忆。博物馆的视觉修辞目的就是对西进运动进行美化处理，通过制造"忘记"来生产"记忆"，具体体现为挪用了一定的"敬畏修辞"（rhetoric of reverence）表征策略，使得身处其中的游客往往携带着一种敬畏式的美学目光来观照这段历史，其中的杀戮与死亡被悄无声息地推向了认知的黑暗区域。③ 同样，美国大屠杀纪念馆（U. S. Holocaust Memorial Museum）并非在普泛的人性与伦理维度上讲述大屠杀故事，相反，其视觉话语实际上呈现的是一种完整的美国叙事（Americanizing the Holocaust），各种视觉材料的有意选择和使用，最终在空间体验上打造了一种通往所谓美国神话的"朝圣之旅"。④

如何在视觉修辞的操作方法上研究空间文本，围绕美国越战纪念碑（Vietnam Veterans Memorial）的系列研究，提供了一个可供借鉴的通往空间文本研究的视觉修辞方法与批评路径。位于美国华盛顿的越战纪念碑被认为是一个没有硝烟的"战场"⑤，诸多传播学者从视觉修辞维度上探讨其中的意义生产机制。皮特·艾伦豪斯（Peter Ehrenhaus）指出，传播实践中的"沉默"（silence）实际上是一种特殊的修辞话语，而美国越战纪念碑则抛弃了其他纪念碑惯用的政治宣讲，通过选择一些代表性的私人信件和个人回忆，甚至用逝者的名字作为纪念碑的视觉景观，从而在空间生产的视觉意义上"将沉默的力量发挥到了极致"。⑥ 福斯通过分析空间结构中的视觉景观，发现美国越战纪念碑拒绝公共艺术（public art）中的传统展演策略，而是借助一定的视觉材料制造歧义（ambiguity），并认为这种"言而不语"的图像话语反倒传递了一种极具劝服性的修辞力量。⑦ 洛拉·卡内（Lora S. Carney）将美国越战纪念碑的视觉修辞机制概括为一种视觉隐喻（visual metaphor）。具体来说，纪念碑并没有使用传统的葬礼仪式或纪念修辞形式，而是制造了一个开放的、沉默的意义空间，其目的就是希望公众沉浸其中

---

① HASKINS E V. "Put your stamp on history": the USPS commemorative program celebrate the century and postmodern collective memory [J]. Quarterly journal of speech, 2003, 89 (1).
② BOYER P. Exotic resonances: Hiroshima in American memory [J]. Diplomatic history, 1995, 19 (2).
③ DICKINSON G, OTT B L, AOKI E. Spaces of remembering and forgetting: the reverent eye/I at the Plains Indian Museum [J]. Communication and critical/cultural studies, 2006, 3 (1).
④ HASIAN M, Jr. Remembering and forgetting the "final solution": a rhetorical pilgrimage through the U. S. Holocaust Memorial Museum [J]. Critical studies in media communication, 2004, 21 (1).
⑤ PALMER L. Shrapnel in the heart: letters and remembrances from the Vietnam Veterans Memorial [M]. New York: Random House, 1987.
⑥ EHRENHAUS P. Silence and symbolic expression [J]. Communication monographs, 1988, 55 (1).
⑦ FOSS S K. Ambiguity as persuasion: the Vietnam Veterans Memorial [J]. Communication quarterly, 1986, 34 (3).

而发掘属于自己的理解和意义。其实,纪念碑虽然放弃了直接的政治观点和意识形态内容,但这种特殊的留白与沉默(understatement),反倒悄无声息地激活了和引导着人们的政治想象空间。这里的视觉修辞过程实际上是在隐喻维度上实现的,具体视觉隐喻策略体现为,转向依赖视觉意义上的意义留白(meiosis)、制造歧义(ambiguity)、期待落差(reversals of expectation)和自反认知(self-reflection)等修辞方式。[①] 纵观美国越战纪念碑的空间修辞逻辑,视觉修辞的基本理念就是表面上对视觉材料的"去政治化"表征,但在一个"身体在场"的体验结构中,纪念碑刻意营造的"沉默"与"留白"则打通了人们的视觉联想空间,尤其是在伦理意义上完成其所谓爱国话语的视觉生产与认同。

当我们将公共空间视为一个生产性文本时,空间修辞则体现为一个深刻的话语问题。今天,公共空间中的"视觉问题"承载了太多关于空间的认知与想象,也携带了太多超越美学意义的话语使命。因此,探究空间文本的视觉修辞方法,主要是考察空间的"功能"是如何在视觉维度上存在并发挥作用的。只有将空间置于特定的评估体系中,我们才可以相对清晰地把握空间的"功能",如此才能考察视觉意义上的空间想象力。公共空间的评估体系可以从以下六个维度切入:第一是公共空间的美学性,因为视觉的修辞性往往建立在美学性基础之上[②];第二是公共空间的带入性,即实用意义上空间与日常生活的对接性;第三是公共空间的沉浸性,即空间能否提供一种完整的在场体验;第四是公共空间的包容性,即空间能否促进城市或文化的包容性发展;第五是空间的对话性,即可沟通性,强调空间能否促进不同主体、不同阶层、不同文明之间的沟通与理解;第六是辐射性,即空间文化在日常生活中的体现,以及空间话语对日常生活逻辑的影响。

基于以上公共空间评估的六个维度,视觉修辞研究的基本思路就是探讨不同维度上的视觉话语生产状况,即空间是如何在视觉意义上体现并深化"六大功能"的。"六大功能"可以进一步提炼为空间的性质与意义、空间的生产逻辑与价值定位、空间的社会意义与人文内涵。鉴于此,为了揭示空间在视觉意义上的"存在方式"和"发生逻辑",我们将空间文本研究的视觉修辞方法概括如下:第一是探讨空间内部元素的视觉构成、要素选择、结构布局、设计理念、视觉风格如何体现并深化空间的性质与意义;第二是探讨空间与空间的关系逻辑和组合方式如何体现并深化空间本身的生产逻辑与价值定位;第三是探讨空间与主体的互动方式与参与结构如何体现并深化空间的社会意义与人文内涵。

其实,沿着视觉修辞方法探讨空间文本的意义机制,往往离不开对具体的视觉修辞问题或理论的思考。换言之,任何空间文本的视觉修辞研究,其实在学理意义上回应的都是不同的视觉修辞问题,所谓的视觉修辞方法不过是特定视觉修辞理论统摄下的研究方法。因此,视觉修辞意义上的空间文本研究,首先需要结合空间的功能与定位,确定

---

① CARNEY L S. Not telling us what to think:the Vietnam Veterans Memorial [J]. Metaphor and symbol activity,1993,8 (3).

② PETERSON V V. The rhetorical criticism of visual elements:an alternative to Foss's schema [J]. Southern communication journal,2001,67 (1).

其意义生产所对应的视觉修辞问题，进而在特定的问题逻辑和理论脉络中开展空间文本研究。格雷格·迪金森（Greg Dickinson）和凯西·莫夫（Casey M. Maugh）对美国著名的野燕麦超市（Wild Oats Market）的视觉修辞分析，在方法论维度上提供了一个典型的研究范本。野燕麦超市的深层消费逻辑是对某种后现代消费体验的生产，而这种消费体验建立在视觉修辞意义上的后现代空间生产逻辑基础之上。迪金森和莫夫立足于巴赫金的对话主义（dialogism），揭示了空间生产所对应的一个深刻的视觉修辞问题——语图互文理论。具体来说，图像元素和语言文字元素沿着两个不同的认同建构维度平行展开，图像元素致力于地域感（sense of "locality"）的认同建构，而语言元素致力于全球属性（global nature）的认同建构，两种叙事元素之间并不存在统摄、服从或支配关系，而是沿着两个独立的叙事路线分立前进，从而形成了语言和图像之间的对话主义结构。① 正是源于图像元素和语言元素之间的对话主义叙事关系的生产，野燕麦超市的空间实践在视觉修辞意义上生产了三个文化主题——"后现代性的异质与自我、超市内部的区域化体验、消费共同体的生产"②。由此可见，野燕麦超市的空间话语生产，同样体现为空间意义上的视觉话语建构过程，而空间分析的方法论则追溯到视觉修辞理论体系中的语图互文问题。

三、新闻聚像与事件文本的视觉修辞方法

图像事件就是由图像符号所驱动并建构的公共事件，即图像处于事件结构的中心位置，而且发挥了社会动员与话语生产的主导性功能。默里·埃德尔曼（Murray Edelman）关注公共事件中沉淀下来的特殊的象征符号，认为它们具有形成符号事件（symbolic event）的能力，即激起人们对于某些事件或情景的强烈情绪、记忆和焦虑。③ 当这种象征符号主要表现为图像时，其结果就是制造了图像事件。

图像符号之所以获得了建构公共议题的修辞能力，是因为图像符号具有独特的视觉构成与情感力量，因而被卷入一种冲突性的多元话语争夺旋涡中，不同的话语都尝试在图像符号上建构自己的意义体系，编织自身话语的合法性，其结果就是在图像意义上创设了一个"政治得以发生的语境"，即图像的符号实践"创造了一个新的现实"。④ 凯文·德卢卡（Kevin M. Deluca）在《图像政治：环境激进主义的新修辞》一书中详细论述了环保主义者的社会动员策略就是制造图像事件，也就是通过特定的图像符号的生产与传播来促进建构社会争议与公共话语，进而在后现代主义语境下发起一场指向新社会

---

① DICKINSON G, MAUGH C M. Placing visual rhetoric: finding material comfort in Wild Oats Market [M] //HILL C A, HELMERS M. Defining visual rhetorics. Mahwah: Lawrence Erlbaum Associates, Inc, 2004: 303-314.
② BORROWMAN S. Defining visual rhetorics [J]. Composition studies, 2005, 33 (2).
③ EDELMAN M. The symbolic uses of politics [M]. Urbana: University of Illinois Press, 1964: 6.
④ DELUCA K M, DEMO A T. Imaging nature: Watkins, Yosemite, and the birth of environmentalism [J]. Critical studies in media communication, 2000, 17 (3).

运动的"图像政治"(image politics)。① 在视觉文化时代,图像逐渐取代语言文字而成为社会争议(social arguments)建构的中心元素,图像事件已经不可阻挡地成为当前公共事件的主要形态,同时也是视觉修辞研究最具生命力的一个研究领域。② 我们不妨借助多丽丝·格雷伯提出的凝缩符号(condensation symbol)这一概念进一步把握图像事件的生成机制和分析框架。格雷伯在《语言行为与政治》中指出,公共议题的构造往往依赖于特定的符号生产实践,有些符号永恒地定格了,一定程度上塑造了人们关于这一事件的主体认知。格雷伯将那些永恒定格的符号瞬间称为凝缩符号,并将其上升为一种非常重要的事件分析概念。正是因为凝缩符号的"出场",公共议题最终成为一个事件。凝缩符号既可以是一些特定的概念术语、人物或词语,也可以是典型的图像符号,它们的共同特点就是给公众留下了深刻印象,使得公众按照其预设的价值立场而形成相应的认知话语。③ 在后来的研究中,格雷伯提出了凝缩符号的"图像转向"问题,即当前媒介事件中的凝缩符号主要体现为图像符号,其标志性符号结果就是图像事件。④ 罗伯特·考克斯(Robert Cox)的研究发现,环境传播实践的一个重要特点就是对视觉化的凝缩符号的制造并挪用,进而在视觉图像意义上完成环境议题的话语建构以及深层的社会动员过程。⑤ 在气候变化的视觉动员体系中,站在即将融化的冰面上的北极熊图像就是一个典型的凝缩符号,它被广泛应用于图书、电影、明信片等媒介系统中,其功能就是激活人们对气候变化问题的深层焦虑。

兰斯·本内特(W. Lance Bennett)和雷吉娜·劳伦斯(Regina G. Lawrence)提出的新闻聚像(news icons)分析范式,有助于我们进一步把握图像事件中的图像流动过程与修辞逻辑。新闻事件中往往存在一个"决定性瞬间"(decisive moment),它一般以特定的符号形式表现出来,成为我们关于整个事件认知的凝缩与象征。⑥ 换言之,历史深处的某个媒介符号,往往进入后续相关报道的叙事体系,从而影响并塑造了后续报道的媒介框架和文化主题,而这种特殊的媒介符号就是新闻聚像。兰斯·本内特和雷吉娜·劳伦斯对新闻聚像给出如下定义:"所谓新闻聚像,主要指新闻事件中的一个影响深远的凝缩图像(condensational image),它往往能够唤起人们某种原始的文化主题(cultural themes),我们可以在其中发现理论上的探索潜力、矛盾与张力。"⑦ 新闻聚像既可以是一个标志性的新闻事件,也可以是新闻事件中某个标志性的符号形态,如图像、任务、意指术语等。珍妮·基青格(Jenny Kitzinger)将历史上那些标志性的新闻事件称为"媒介模板"(media templates),认为"新闻模板"往往被挪用到当下的新闻

---

① DELUCA K M. Image politics: the new rhetoric of environmental activism [M]. New York: The Guilford Press, 1999: 45.

② DELICATH J W, DELUCA K M. Image events, the public sphere, and argumentative practice: the case of radical environmental groups [J]. Argumentation, 2003, 17 (3).

③ GRABER D A. Verbal behavior and politics [M]. Urbana: University of Illinois Press, 1976: 289.

④ GRABER D A. Processing the news: how people tame the information tide [M]. New York: Addison-Wesley Longman Ltd, 1988: 174.

⑤ COX R. Environmental communication and the public sphere [M]. 2nd edition. London: Sage Publications Ltd, 2009: 67.

⑥ MOELLER S D. Shooting war [M]. New York: Basic Books, 1989: 15.

⑦ BENNETT W L, LAWRENCE R G. News icons and the mainstreaming of social change [J]. Journal of communication, 1995, 45 (3).

报道中，并且影响了当下新闻的报道框架。① 显然，基青格所说的"新闻模板"，其实是一种特殊的新闻聚像形态。

新闻聚像的最大特点就是流动性，也就是从"过往"进入"当下"，从而成为一个跨媒介的叙事符号。在图像事件中，往往都驻扎着一个视觉化的新闻聚像，考察新闻聚像的流动轨迹，一定意义上可以勾勒出视觉修辞的实践逻辑与结构。二战期间，美国士兵经过艰难的战争，最终将美国国旗插在太平洋战场的硫磺岛（Iwo Jima）山峰上，这一瞬间被随军记者乔·罗森塔尔（Joe Rosenthal）的摄影镜头抓取。随后，这张《硫磺岛旗帜》很快成为承载美国精神的一个象征符号，最终在历史上的诸多事件中被反复挪用和阐释，成为雕塑、绘画、电影、纪录片、图书、明信片等大众媒介场域中的符号原型。② 显然，图像符号《硫磺岛旗帜》就是一个典型的新闻聚像，因为它不仅凝缩了硫磺岛战役的视觉印迹，也凝缩了美国精神的视觉意象，因而成为一个流动于不同媒介系统的新闻聚像。

兰斯·本内特和雷吉娜·劳伦斯虽然没有就新闻聚像的研究方法进行特别强调，但他有关新闻聚像的生命周期（life cycle）的理论论述无疑提供了一个探究视觉修辞的分析结构。具体来说，兰斯·本内特和雷吉娜·劳伦斯将新闻聚像的生命周期分为三个阶段：第一阶段，图像符号作为事件中最具戏剧性的一个符号形式"出场"，然后进入大众媒体的再生产过程，最终跨越新闻的边界而进入评论、艺术、电影、电视剧、脱口秀以及流行文化的其他领域。第二阶段，经过大众媒介的再生产，这一图像便承载了一定的公共想象力（public imagination），携带了特定的价值取向和文化主题。不同的社会组织往往通过对这一图像符号的征用，来完成特定的公共议题的激活与建构。图像符号由此获得了普遍的公共属性，具有建构公共议题的视觉力量。第三阶段，图像符号逐渐从其原始的事件语境中脱离出来，成为一个独立的、自足的象征符号。当与其有关的其他新闻事件发生时，这一图像符号一般被策略性地选择和使用，并且作为一个非常重要的叙事符号进入当下的新闻语境，一定意义上影响了当下新闻的报道框架。③

显然，面向图像事件的视觉修辞分析，并不是将图像文本"悬置"下来进行静态分析，而是强调将其置于一定的实践和过程语境中，进而探讨作为修辞实践的图像事件的发生机制和意义过程。劳里·格里斯（Laurie E. Gries）提出了视觉修辞研究的一种新的数字化研究方法——图像追踪法（iconographic tracking）。格里斯立足于新唯物主义（new materialism）研究取向，强调图像追踪法"尝试在经验维度上测量图像是如何流动（flow）、转化（transform）和影响（contribute）公共生活的"，在具体的测量方式上强调借助数据化的图像追踪方法"找到图像在传播过程中所经历的多重改变并确认其在与各种实体相遇后所产生的复杂后果"。④ 格里斯认为，在经验意义上揭

---

① KITZINGER J. Media templates: patterns of association and the (re)construction of meaning over time [J]. Media, culture & society, 2000, 22 (1).
② HARIMAN R, LUCAITES J L. Performing civic identity: the iconic photograph of the flag raising on Iwo Jima [J]. Quarterly journal of speech, 2002, 88 (4).
③ BENNETT W L, LAWRENCE R G. News icons and the mainstreaming of social change [J]. Journal of communication, 1995, 45 (3).
④ GRIES L E. Iconographic tracking: a digital research method for visual rhetoric and circulation studies [J]. Computers and composition, 2013, 30 (4).

示符号的流动轨迹，也就等同于发现了图形符号的"修辞生命历程"（rhetorical life span）。

就具体操作方法而言，图像追踪法采取传统的定性研究与数字研究路径相结合的方式，在时间维度上探讨图像事件中图像符号的生命周期与流动实践，进而揭示这种"符号历险"是如何修辞性地构成现实世界的生存条件的。为了在经验意义上揭示图像追踪法的操作过程，格里斯选择了艺术家谢泼德·费尔雷（Shepard Fairey）创作的一幅极具争议的图片——《希望》，通过图像追踪法探讨了这张图像在奥巴马竞选前后的五年间的"图像变化轨迹"和"修辞生命历程"。具体来说，图像追踪法分为两个研究阶段。第一个阶段包括三个步骤：一是数据收集，围绕某一特定的视觉议题，使用具有图像搜索能力的搜索引擎（SearchCube 或 TinEye）尽可能多地收集大数据图像资源；二是数据挖掘，对大量的数据进行挑选以确定其中的模式、趋势以及关系，并借助特定的计算机分析软件（Zotero）和可视化工具（Google Maps）进行图像数据分类，建立文件夹，并以关键术语或标签命名；三是数据汇编，对于数据挖掘阶段确认的图像符号的每一次视觉改变与符号转换，使用新的术语再次搜索并进行多次汇编。第二个阶段主要基于"文化-历史活动理论"（cultural-historical activity theory）等图像社会学相关理论，通过质化方式对图像的构成（composition）、生产（production）、转变（transformation）、发布（distribution）、传播（circulation）五大物质性过程进行研究。可见，格里斯关于图像事件研究的图像追踪法，既是对班德尔（John Bender）和威尔伯瑞（David E. Wellbery）的修辞观——"修辞作为人类存在与行动的普遍条件"[①] 的新唯物主义意义上的经验性回应，也是在时间坐标上考察图像事件演化过程的一种视觉修辞方法。

概括来说，图像事件的视觉修辞不仅体现为图像符号本身的修辞，同样体现为作为符号事件的一种实践话语修辞，格雷伯的"凝缩符号"、基青格的"新闻模板"、兰斯·本内特和雷吉娜·劳伦斯的"新闻聚像"从不同的理论维度上提供了一个视觉修辞研究的分析范式，格里斯的图像追踪法则提供了一种具体的操作方法。具体来说，我们可以从以下两个维度来把握图像事件文本的视觉修辞方法：第一是识别和确认图像事件中的凝缩符号。在图像事件中，究竟哪些图像发挥着凝缩符号的功能，这便需要借助大数据的方式来寻找并确认那个象征"决定性瞬间"的视觉符号。一般来说，凝缩符号具有某种强大的情感动员或争议制造功能，可以借助数据挖掘等方式进行确认，即那些转发量和讨论量最多的图像符号，往往便是图像事件中的凝缩符号。第二是探讨凝缩符号的生命周期和跨媒介流动过程。兰斯·本内特和雷吉娜·劳伦斯关于新闻聚像的生命周期的"三阶段说"以及格里斯提出的图像追踪法都旨在回应图像事件中视觉符号的流动机制与过程。作为新闻聚像的"凝缩图像"是如何被生产的，如何进入传播场域，如何建构了公共议题，如何实现跨媒介叙事，以及如何影响和塑造当下议题的媒介框架和社会认知，所有这些问题提供了一个考察视觉修辞实践的基本分析路径和操作过程。

---

① BENDER J, WELLBERY D E. The ends of rhetoric: history, theory, practice [M]. Stanford: Stanford University Press, 1990: 38.

声音与"听觉中心主义"*
——三种声音景观的文化政治

□ 周志强

📖 摘 要

现代声音技术以其独特而有效的编码逻辑，显示其对自我意义的侵犯、渗透、改造和创生的能力。摇滚乐之物化噪声、流行音乐之人机共声与梵音音乐之去声音化，呈现出三种不同的声音文化政治的编码方式与生产机制，也显示出声音技术逐渐"摆脱"其场所和空间的限定，将人的身份、气息和光晕凝聚为一个可以被不断叠加、编排和合成的自我幻觉之路。由此，声音的拜物教导致"听觉中心主义"。一种"伦理退化症"的倾向与声音的技术政治紧密联系在一起。声音变成"纯粹的能指"，还变成人们用内心的生活代替现实的境遇的有效方式。

📖 关键词

声音景观；听觉中心主义；文化政治

📖 作者简介

周志强，南开大学文学院教授。

现代声音技术的发展，为现代音乐娱乐产业的发展和繁盛提供了基本条件和必要支持。而人们对声音问题的关注，常常以声音本身的社会与文化意义为核心，大都会忽略声音的技术形态对声音编码的关键性作用。也因此，对声音的研究会被看作一种"听觉的研究"。事实上，早在被听到之前，声音就已经被定向处理和编码，并且以适合倾听的方式批量生产。在这里，表面上"被听到"的声音，实际上乃是"制造听觉"的特殊技术政治程序的后果。

笔者在这里试图从声音与听觉的关系问题入手，选择摇滚乐、流行音乐和梵音音乐作为研究的对象，考察和分析声音文化政治的编码方式与生产机制，以及这种机制随社会生活变迁而呈现出的文化逻辑。按照此一思路，笔者所说的声音，尤其是这里所选取

---

* 周志强. 声音与"听觉中心主义"：三种声音景观的文化政治 [J]. 文艺研究，2017 (11).

的声音，都是可以脱离肉身而得以"自我保存"的声音，即通过违背其现场性而获得现场性幻觉的声音。这种可以自我保存的声音，已经构成了一种"文化"，这种文化的作用就是不断地创造倾听者的自我感，从而最终把外界隔绝出去。在声音的生产和传播过程中，"排斥"和"允许"构成了其根本性的文化政治逻辑，而与之相应，自我与外界形成了现代人基本的无意识认知框架。创造一个"内在的空我"，并借机创生了一种可以不断被需要的"声音物品"，"声音"被赋予了一种神圣的意义：它可以导入心灵，回归纯真，回到你的所谓"真正自我"的经验里面去。这种对于"回归幻觉"的创生恰与现代社会之"退行"或"退化"的症状相互印证。在声音技术创生的音乐文化景观中，这种"退化"趋向于对"被关注的自我"的经验想象，而这种"退化"则表现为人们总是喜欢以情感的生活命题取代社会的现实命题，或者不妨称为"伦理退化症"。

一、"声音文化"还是"听觉文化"？

与眼睛相比，人类的耳朵并没有外部保护和遮蔽的系统。眼帘低垂以至关闭，如果不是特定的表意诉求，那就是一种对信息的拒绝姿态。这种拒绝极其有效，甚至在我们观看恐怖片的时候，很多人觉得只要闭上眼睛一切恐怖的事情就都不会继续发生。相对而言，我们的耳朵是永远张开的，即使其内部的肌肉具有细微的自我听力保护的机能，它依然只能被动地接收外部信息，没有拒绝的能力。生活在极地的因纽特人长期处于安静的环境之中，对于突然而至的响声也就缺乏适应的能力，从而很容易听力受损。[①]

从这个角度说，耳朵更容易被暗示和控制。一旦人类进入睡眠，视觉就不再起主导性的作用，而听觉依旧在"默默无声"地接收着信息。只要允许耳朵听到的声音源源不断地出现，耳朵也就要无止无休地被动接收。从而，耳朵更易于被特定意识形态的意义表达反复占用，甚至可以达到无所不在的地步。一个到处充满特定声音的空间，也就是一个到处可以占用耳朵进行文化政治活动的空间。在集体主义占据上风的时代，"高音喇叭"更是充当了严肃的国家宣判与正义凛然的话语通告的角色，也由此变成了无所不在的空间的统治者。在电影《阳光灿烂的日子》中，高音喇叭声音为背景的片头曲《毛主席啊，革命战士敬祝您万寿无疆》超越了环境中的杂音而规定着画面的意义。人们的喊叫声、游行队伍的锣鼓声、鞭炮声、哨子声、卡车的马达声以及飞机的轰鸣声，都无法遮蔽这个声音的主导性存在。不同的场景，被这个声音串联在一起，构成一组极其富有文化隐喻意义的镜头。这个高昂的声音显示出声音现象背后隐含的"等级"。那些被反复灌输于耳膜的声音，自然而然地成为人们想象一种生活的核心媒介，而生活的杂音被人们当作没有意义的信息轻松掠过。

这也就表明了这样一个问题：声音的制作与编码，与其说是对听觉的服从或者对应，毋宁说是对听觉的"霸占"或者"盗用"。征服听觉，而不是声音与听觉进行生理性的配合，构造了声音文化的重要现象。

---

① 希翁. 声音 [M]. 张艾弓, 译. 北京：北京大学出版社，2013.

在"听觉文化"正在成为显学的时刻，笔者主张进行"声音文化研究"，或者直接进行"声音政治批评"。[①] 在笔者看来，声音政治批评的提出乃是建立在声音文化发展的基础上的。

这并不仅仅是一个"概念之争"，还是尝试提出一种学科研究的方向性问题。对于这个议题，王敦曾质疑过：

> "声音"和"听觉"是不是可以互换的概念？与声音概念对应的，是"噪声"还是"寂静"？声音的本体，与语言修辞的"声音""口吻""声口"的关系如何？符号、表征、艺术创造等的机制，如何得以通过声音来运作？并如何通过听觉感知来表意？过去通过音乐学来讨论音乐，与现在经由文化研究、文化人类学、传媒学来讨论声音，有何异同？讨论文学修辞和文学叙事的声音、听觉，能否与讨论实际的声音、听觉发生学理上的关联？身体、形象、语言、符号表意、修辞、时间、空间等，如何在声音、听觉里得到展现？留声机、电话、麦克风、KTV、广场舞，这些不同的声学技术和社会利用方式，能否帮助回答人文社会科学有关现代性转型、社区分化等许多大问题？[②]

他通过详细的语义考证和话语考辨，得出结论认为，"Sound Studies"应该翻译为"听觉研究"，而不是直接翻译为"声音研究"。他提出："应该考虑听觉经验是如何被塑造的，而不是死死盯住声音本身。这些求索的中心，应该围绕着具备听者身份的人本身，而不仅仅是他'听到了什么'。在'听到了什么'之外，'谁在听''怎样听'以及'为什么听'，都是值得思考的问题。"[③] 作为国内具有代表性的听觉文化的研究者，王敦的这个看法也代表了主流的观点。目前来看，国内大部分学者的论文皆以"听觉文化"作为研究主题词。除了王敦所强调的观点之外，笔者觉得也有另一种考量，即"听觉文化"可以成为与"视觉文化"相对照的概念，这样，就能够"顺便"提出所谓"听觉文化转向"（实为"转向听觉文化"）的命题，与此前的"视觉文化转向"相互印证，起到良好的激活新的学术兴趣点的效果。

对于王敦所设想的听觉文化研究应该更注重主体规训和主体能力研究，笔者认为这不仅有可能令"Sound Studies"陷入技术手段的困境，也会误入另一种"歧途"：仿佛声音的文化政治乃是由听者主导的。这其实是一个现象性的误区，人们确实通过自己的耳朵处理声音的信息，"听觉文化研究"也强调这种"倾听"其实乃是人的耳朵被规训的一种途径和方式，却依然存在把社会学的问题交给心理学或者人类学来解决的危险。笔者认为应该把王敦的问题置换成这样的问题：声音怎样编码自身？它如何修改和霸占

[①] 在与中国人民大学王敦博士的对话中，笔者首次提出"声音政治批评"的命题。值得注意的是，所谓"声音政治批评"中的"政治"，指的是"一个社会中的重大资源的分配方式。而一个社会资源的重大分配当中，我们至少可以分成两个有趣的层面：一个层面就是可见的层面，如现实生活中的政治权力；另一个层面则是无形的层面，如维持权力结构可以在一定时期内稳定地生存下去的观念。也就是说，我们的观念背后有一些影响我们观念的东西，我们的行动被我们的观念支配，但是谁来支配我们的观念？那就是意识形态。观念和审美，也是一个社会的重大资源，怎么分配这种资源，也是一种政治"。该对话经过李泽坤整理，以《寂寥的"声音政治批评"与"听觉文化"》为题载于2017年3月23日的《社会科学报》。

[②] 王敦．"声音"和"听觉"孰为重：听觉文化研究的话语建构[J]．学术研究，2015 (12)．

[③] 同②．

"听"并怎样内在地规定着"听的方式"？声音是怎样生产"听的欲望"的？它的这种生产本身培育了什么样的"倾听主体"？

事实上，在今天这个消费主义文化政治逻辑主导的时代，没有任何倾听仅仅因为主体的诉求而发生："倾听"是被声音文化工业生产出来的，这个结论应该是毋庸置疑的。也就是说，生产声音的机制，也就是生产"听"的机制，耳朵的顺从性和声音的侵略性乃是二位一体的"圣父"，而带有侵略性的"声音"，作为生产与接收的关键性的中介物，乃是"Sound Studies"之核心。

简单地说，"听觉"表面上是一个生理性存在，究其生理学基础而言，声音只有经过听觉之后才会真正实现或生成①，但是，这仿佛是孩子由父母生产，却并不由父母决定其性格一样，声音形成于听觉，却由人与社会的复杂活动来规定其内在意义和特征。与之相应，恰恰因为声音是由听觉最终完成的，所以声音才有机会创造这样的结果：听觉信息（声音）乃是由声音编码（在被耳朵听到之前就已经完成的程序）制造出来的一种"幻觉"。概言之，"声音"（一种预先设定了其编码方式——特定的声音振动频率、振动幅度、时间长度与特定文化信息巧妙结合，并符合特定要求的修辞形态）创生了"听觉"（一种由耳朵的开放性和特定的接收心态而产生的信息幻觉）。

二、非场所：现代声音技术的文化政治

任何声音都是有音源的，这就意味着"声音的现场性"至关重要。法国学者德里达讨论"语音中心主义"正是基于这样的考虑：声音的发生永远也无法摆脱它对音源的依赖，所以记录语音就等于回到现场。"'意识'要说的不是别的，而只是活生生的现在面对自我在场的可能性。"② 在很多场合，听到声音就意味着与音源同在，所以对于声音来说，它总是与稳定的时空暗中锁定在一起，这就为声音产生现场感提供了感受基础。用声音来证明在场，声音就意味着与君同在、与上帝同在。语音中心主义理所应当地发生，因为声音保证了原初意义——逻各斯的完整和真实。所谓的语音中心主义，从声音的角度来说，就是声音的存在本身变成了逻各斯存在的保障，于是声音本身就成为关键性的命题。在这里，声音与听觉完成了文化的合谋，即"我听故我在"。

无形中，声音变成了肉身的象征，也就是说，声音让听者感受到活生生的发声者的气息与经验，仿佛与之面对面交流。在这里，语音中心主义暗示了这样一种场景：那个伟大的布道者，那个圣人，将其声音留在了这里，宛若与你同在！尽管声音来自各种各样的音源——风声、雨声、鸟鸣、水起，但是，声音的"肉身"依旧是声音文化政治的基础——如果不是因为肉身之间的声音交流，怎么会有对大自然各种声音信息的文化理解和感悟？

---

① 王敦曾详细举证了声音乃是听觉之完成现象（参见王敦《"声音"和"听觉"孰为重——听觉文化研究的话语建构》）。

② 德里达. 声音与现象［M］. 杜小真，译. 北京：商务印书馆，2010：9.

有趣的是，现代声音技术的发展恰恰是向着另外一个方向进行的：努力让声音脱离其发生的现场，变成一种"不在场的在场"，即声音越来越有条件摆脱其与现实音源——或者说就是德里达所强调的逻各斯——同在的状况，独立成为一种可以随意编码的文化产品。

简单说，声音的文化政治来自这样一种技术趋势：声音可以脱离发出声音的"肉身"而独立存在。在这里，关键性技术乃是声音与人的分离，即人的声音，不仅仅是说话，还包括演奏、说话交流时的大自然的背景音等，可以离开声音发生的瞬间和空间而借助于其他载体存在和传播。

事实上，早于现代声音技术的"不在场的在场"现象已经发生过了，这就是文字对声音的记录。象声词和字母文字，隐含的努力就是令声音摆脱其发生的时刻而恒久占有时间。但是声音之真正获得其"物性形态"，而不仅仅是"存活"于空气等物质元素的振动与耳膜的听力复原的过程中，乃是根源于现代声音的录制技术。在 1877 年，爱迪生发明了一种能把声音留在蜡制设备中的东西，这就是最早的留声筒。有趣的是，爱迪生丝毫不觉得这个发明具有什么特殊的意义，他无法想象，正是这个发明可以在未来产生一种文化工业——流行音乐，并进一步推动录音机、电影和电视机文化的发生和延展。大约在爱迪生的发明十年之后，德国的埃米尔·贝利纳（Emil Berliner）创造了蜡盘留声机，即用扁平的圆蜡盘代替蜡质圆筒，刻录和制作"声音波纹"。到了 1925 年，贝尔实验室研制出维他风（Vitaphone）留声机。这些发明很快就应用到了电影播放的活动中。于是，电影中的人物影像与留声机里的声音有机结合，创造出了新的幻觉：人物和声音被技术性地编码在一起，从而创造具有现场感的"非现场"。

笔者干脆用"non-place"（非场所）这个概念来描述声音技术所创造出来的新的空间幻觉形态，也就是说，声音技术可以让声音"摆脱"其场所和空间的限定，从而让人的身份、气息和光晕只凝聚为一个可以被不断叠加、编排和合成的新的场所空间幻觉。

有学者这样介绍奥热（Mark Augé）的非场所理论："奥热认为，相对于传统人类学里所研究的那些人类学场所（anthropological space），在当代城市大量建造的是无数的'非场所'（non-place）。人类学场所定义了社群所共享的身份、关系与历史，比如祭祀空间、村社的广场、小镇的教堂等。这种场所是在社会流动性非常低的前现代时期经由社群与空间长期的互相塑造而形成的，这类空间具有交织的共同记忆与共同物质环境。'非场所'是指那些在快速现代化过程中不断涌现的新设施——主题公园、大商场、地铁站、候机楼、高速公路，各种城市中的通过性空间。'非场所'打破了空间与人自身身份之间的长期磨合所形成的关系。人与'非场所'之间的关系受契约与指令的控制。"[①] 事实上，声音技术的发展，尤其是数字声音技术的发展，归根结底让声音逐渐摆脱其"场所性"。只有特定的声音和空间场所相互交融，才能创生特殊的生活气息或神秘内涵。在录制专辑《生命中的精灵》时，李宗盛专门录制了生活中的汽车声、雨声，尝试用声音技术赋予其专辑一种生命的灵韵。但声音的发生与其所发生的生命活动

---

① 谭峥．"非场所"理论视野中的商业空间：从香港垂直购物中心审视私有领域的社群性［J］．新建筑，2013（5）．

之间，已经再也无法搭建呼吸相应、生息相连的关系。现代声音技术已经发展到了这样的地步：一切声音都是自由而独立的，而一切倾听都变成了这种整齐划一的声音制作流程的幻觉。

在这里，声音与其发生空间或场所的分离，就让我们的耳朵可以"自由选择"只属于自己个性需求和欲望的声音。不过，声音的制作技术空前发达，但是允许进入耳朵的声音却日益单调。笔者曾讨论过我们倾听的同质化和单一化的状况，在看似丰富多彩的各种各样的歌曲唱法之间，我们慢慢学会了躲避具有危险性的声音，以一种去社会化内涵的方式使用倾听，声音由此变成一种让每个人都获得独立自我幻觉的重要方式。①

抛开那些理论的枝枝蔓蔓，不妨这样说，现代声音技术的文化政治归根结底乃是这样一种文化政治：它把声音按照听觉的欲望进行编码，却伪装自己依旧是来自现场的真实记录；同时，它将声音与耳朵的结合转换为凝固的自我空间，从而创造出一种最贴近肉身（比如耳机）的"非场所"，这种"非场所"也就将自我固定在"自我的幻觉"之中，给了"自我"这个本来不应该被感知到的东西可以被感知的"形式"。

显然，声音技术让声音与耳朵在心理欲望的层面上更为贴合，也更符合倾听的各种要求。"悦耳"变得越来越容易，排斥"刺耳"也变得更加简单。一种所谓的语音中心主义正在暗度陈仓，变成消费主义时代的听觉中心主义，而这种听觉中心主义并不是因为听觉的生理改变而实现的，反而是由声音的制作技术完成的一次声音对人的成功"欺骗"与文化"霸占"。

三、摇滚的革命性幻觉

很久以来，人们坚定不移地相信摇滚乃是一种激进社会革命之声。在《声音与愤怒》一书中，作者详细讨论了摇滚与社会变革诉求之间的关系，与此同时，他也质疑摇滚是否能真正带来社会的革命。② 这其实已经显示了这样一种两难的焦虑：摇滚的愤怒之声，既是人的愤怒的表达，又是现代声音文化政治背景下被制造出来的声音愤怒。

简单地说，作为"人声"，摇滚怒气冲冲，制造着带有强烈反抗气息的噪声，以此抵制资本主义理性话语中对声音秩序的意识形态规范；而这种怒气冲冲的摇滚其实依然无法彻底摆脱被制作为"物声"的趋势，它终究是在现代声音技术的文化政治规划中形成和生产的产品。于是，对于摇滚来说，"人声"（制造噪声、轰炸耳膜、撞击习惯等）与"物声"（扩音设备、电贝斯、合成器、录制音轨等）构造了摇滚声音内在的基本矛盾。

换句话说，摇滚的魅力乃是这样一种魅力：它虽然处于声音的"非场所"围困之中，却努力营造出具有强烈生命气息的场所与空间的存在感。这是一场看似由摇滚歌手来激活的社会革命行动，却暗含着声音文化政治的内在撕扯与斗争。摇滚的魅力也就内

---

① 周志强. 唯美主义的耳朵 [J]. 文艺研究, 2013 (6).
② 张铁志. 声音与愤怒：摇滚乐可能改变世界吗？[M]. 桂林：广西师范大学出版社, 2011.

在地处于这样的境地:它只要反抗自身,就可以反抗遏制主义和资本主义意识形态。

鲍勃·迪伦在他的著名乐曲《答案在风中飘荡》中这样唱道:

> 一个人要仰望多少次
> 才能望见天空
> 一个人有多少耳朵
> 才能听见身后人的哭泣
> 要牺牲多少条生命
> 才能知道太多的人已经死去
> 答案,我的朋友,在风中飘荡
> 答案在风中飘荡

在这首被赋予了追求和平、反对战争的意义的作品中,鲍勃·迪伦用略带沙哑和伤感的声音,搭配了口琴和木吉他,唱出了一种寓言式的主题:人们的哭泣已经无法被耳朵听到,我们到处听到的都是自己想要听到的声音。"答案在风中飘荡",既是永无答案的意思,也是答案无处不在的意思。民谣的婉转多姿和摇滚的桀骜不驯,在这首名曲中进行了完美的结合。民谣的纯真被用来制作属于摇滚的纯粹和真实的幻觉,而懒洋洋的摇滚元素正好为歌曲带来了沮丧而压抑的愤怒冲动。事实上,摇滚和民谣从来都是互为能指、相互依存的。在《创造乡村音乐》中,彼得森生动地描绘了"乡村音乐"的"本真性"是怎样被"制造"出来的情形。所谓乡村摇滚,并不是我们想象的仅仅是淳朴的歌声与简明的乐器,以及那些听起来非常令人怀旧的旋律这么简单。乡村音乐的"本真性"乃是一系列复杂而有效的制作程序的后果。① 同样,摇滚的"本真性"诉求与其不可摆脱的商业化道路之间,不仅没有隔着千山万水,反而近在咫尺且唇齿相依。张铁志这样描述 20 世纪 60 年代摇滚的革命行动之后歌手四分五裂的局面:

> 也有人说,60 年代的革命终究是失败了。政治上,强烈对抗反叛运动的保守主义从那时开始取得霸权;音乐上,流行音乐则进入更商业化、体制化的阶段,音乐工业收编新音乐能量的技巧更强大了。还有人会将摇滚作为青年亚文化的武器吗?②

事实上,摇滚的噪声具有吊诡的双重性:抵制遏制主义与顺从声音技术政治。摇滚破坏声音,却无法破坏声音技术所创造的政治图景。摇滚创造破坏既定的同质化生活的幻觉,却无法破坏声音生产和制作的单一化趋势。这形成了摇滚身上总是存在的那种莫名的焦虑和沮丧不安的感觉。刺耳的嘶喊与悦耳的沙哑,交替出现在摇滚歌手的歌喉之中。这两种声音的交织隐喻了摇滚与声音技术所决定的摇滚的命运。在轰轰烈烈的社会运动中,革命变成了遥远的 20 世纪的激情记忆,而留给摇滚的却是永远存在的那种抵抗的幻觉与没有对手的不服输精神。

显然,单纯坚持刺耳的嘶喊与毫不客气地走向悦耳的沙哑,显示出了两种不同的摇

---

① 彼得森. 创造乡村音乐 [M]. 卢文超,译. 南京:译林出版社,2017.
② 张铁志. 声音与愤怒:摇滚乐可能改变世界吗?[M]. 桂林:广西师范大学出版社,2011:45.

滚歌手的命运。窦唯和汪峰由此形成了鲜明的对照。

在窦唯的声音中，平静的激情被压抑成激情的吟唱，其声音路线无形中形成了一种对电子声音和技术的拒绝路线。尝试使用"人声"代替"物声"，这是窦唯歌声坚守的堡垒。在《幻听》中，窦唯使用了吉他、贝斯、鼓、梆子（木鱼）、铃鼓，各种声音纠缠撕咬、互相激活，创造出一种黑色而激动的情绪。歌词逐渐离开了窦唯的摇滚，歌手嗓音的呼啸成为引导听者曲折转换心境的路途。而在《希望之光》中，"哎—噢—噢"的使用，已经令歌曲的意义一脚踏空，成为无所凭寄的生活感受的表达。窦唯的声音成为20世纪八九十年代理想主义激情消失的哀歌。声音本身的属性与那个时代散落的愿望，都成为窦唯摇滚激变的内在支撑。

简单地说，摇滚在它还是摇滚的时候，并没有获得如此丰富的声音韵律，而窦唯的声音则成为摇滚消失时刻摇滚个性的最好的证据。窦唯成为摇滚不再是摇滚的哀悼。这使得这种声音吊诡地成为它曾经存在的消失的表征：窦唯用这种不一样的声音挣扎，证明了摇滚曾经对声音技术政治反抗的意义。

与之不同，从20世纪末开始，汪峰日益致力于嗓音的沙哑感与器乐的厚重丰富之间的嫁接勾连。在汪峰的声音里面，我们感受到了摇滚声音由肉身的场所或空间的挣扎转向"非场所"的制作逻辑。汪峰的声音携带一种抽象的痛苦感和微甜的沮丧意味，这种声音不再像窦唯那样追求一种只属于自己时代的个性，而是要创造一种充满个性的"共性"。在这里，汪峰更多地在制造一种关于声音的仪式，而窦唯则更多地表达声音的意识。

在汪峰的声音仪式里，这个世界不再是要不要变革的主张，而是要如何接受的诉求。摇滚和革命的联姻，在汪峰这里完全变成了摇滚与生活的巧妙结合。每一次嘶哑的歌喉，唱出来的不再是崔健时代的愤怒，也不再是罗大佑歌声的沉重和理性的批判，而是一种隐含着"私奔"冲动的激情。只有无处可逃的时候，人们才会使用"私奔"的想象来给自己提供离开的幻觉。汪峰的歌声把摇滚嘶喊所蕴藏的一点超越世俗生活的悲情，变成了令自己神清气爽的呼喊和放松。

然而，无论是窦唯还是汪峰，都是在摇滚消亡的时刻，从摇滚现场转到"专辑"之路的印证。事实上，对于嘶喊的执着，可以看作用声音创造现场的恒久努力。摇滚演出的现场注重声音的爆炸、激烈与分裂，完美的声音和器乐的搭配，都不属于摇滚乐的生产瞬间。而专辑却是另外一种逻辑。没有比摇滚现场更具有声音政治的抵抗性意义了，但是也没有比摇滚专辑更富有反讽的意味了。失去了现场，嘶喊将变得毫无生气；而失去了专辑，嘶喊又可能与街头古惑仔的杀伐之声并无二致。

事实上，现场、录音室与声音的挣扎，共同参与了摇滚声音文化景观的制造。当人们讽刺汪峰失去了摇滚精神的时候，却忘记了摇滚从来就没有真正具有过这种精神。在声音技术政治的图景中，可能摇滚是最桀骜不驯的孩子，但正是因为其桀骜不驯，才给现代声音的文化政治增添了丰富的注脚。

相对来说，摇滚至少还在尝试发声与空间的对话和连接，至少还在坚持人声本身的感染力和冲击力，而流行音乐则是"人机共声"的婉妙"儿女"。

四、流行音乐的"人机共声"与现实隔离

如同摇滚乐的千姿百态,流行音乐也千变万化。不过,对于声音设备的依赖,却是流行音乐根深蒂固的品性。俗歌俗语与人之常情,这自然是流行音乐永恒的主题。但是,流行音乐之不同于民间小调小曲的根本原因,乃在于其唱法必须借助于声音技术设备才能实现和完成。

按照这样的思路,与摇滚对于肉身和现场的执着不同,流行音乐的声音追求的是一种"贴耳的悦耳"。借助于这样的声音幻觉,流行音乐把人与各种各样的生活声音"隔离",并生产出声音的商品:只有特定的声音才是属于自我而具有可卖性的声音。

所谓"贴耳",指的是流行音乐总是努力致力于创造一种耳边的声音,而不是像摇滚那样制造迎面而来的感觉。在人的听觉行为中,存在一种"听觉—发音"循环的现象:人只能发出他所能听到的声音。[①] 这就有了听觉被发音暗中引导的问题。在很多时候我们发现,熟悉的歌声容易引发人们的关注。赵勇在研究街头歌手的时候发现,人们听到熟悉的声音的反应,总是比听到陌生的声音的时候更容易产生认同。[②] "听觉—发音"循环原理可以很好地解释这种现象,因为熟悉的声音首先激活了发音的愿望,进而让倾听变得可能。流行音乐的魅力恰恰与这种容易激活的发音冲动紧密相关。当邓丽君的歌声依托清晰的录制设备于夜深人静在耳边响起时,每一句柔美的"呼唤"都仿佛可以在我们的心头荡漾。邓丽君的声音登陆之时,祖国大陆刚刚走出"文革",当时的人们还习惯于集体大合唱、男高音或者女高音的声音,这是一些"无性"的声音,声音中性化使得私人隐秘情感的意味丝毫不存在,于是邓丽君的纯美之声就不仅仅关乎诗意的浪漫,还是当时人们用耳朵选择的"情感的启蒙"。邓丽君的声音贴耳而生,如同跟我们喁喁私语,它所唤起的发音冲动归根结底乃是一种说出自己内心深处的情感微澜的冲动。

尽管经由罗大佑、李宗盛和周杰伦的层层改造,华语流行音乐已经显示出与邓丽君的卿卿我我截然不同的境界,但是这种"贴耳的悦耳"却始终是其内在核心。所谓"悦耳"并不仅仅是听觉的主观感受,更是声音生产和制作时要遵循的声音频率与振幅规律,音色与频率的巧妙结合会形成"悦耳"的感受。不同的器乐也就有了相应的"悦耳"的频率。比如,一般来说,乐器中的大提琴、小提琴、圆号、钢琴等振动频率与其音色的搭配,会被听觉感觉为声音悦耳;少采用偏执性的高音和低音,也会比较悦耳。[③] 事实上,华语流行音乐的发展之路,恰恰是逐渐放弃怪癖的声音而以唯美主义的声音为旨归的道路。当李宗盛代替罗大佑之时,俗语歌词逐渐取代了诗语歌词,声音中的嘶哑和狂喊也就变成了沙哑和呼喊。在零点乐队推出的专辑《永恒的起点》中,"你

[①] 希翁. 声音[M]. 张艾弓,译. 北京:北京大学出版社,2013.
[②] 赵勇. 草根歌手的两种命运:以"中关村男孩"为例[J]. 艺术评论,2011(9).
[③] 同①.

到底爱不爱我"这句口号式的呼喊,喊出了华语流行音乐对于激情的使用的"正确方式":曾经激荡心中的愤怒和表达抗争冲动的嘶喊,被悄悄置换成关于爱情和人生的深情呼喊。这一声"你到底爱不爱我",不仅情感充沛,而且激活了"听觉—发音"循环的冲动,很快就成为街头、浴室和卡拉 OK 厅的"第一喊声"。

这种"贴耳的悦耳",正是流行音乐与声音技术长期"磨合"最终慢慢形成的编码默契。在《流行音乐的秘密》一书中,新西兰学者罗伊·舒克尔比较详细地描述了乐器、声音录制技术、音乐承载技术和音乐声音格式技术的发展,对流行音乐内在品格的影响和推动。麦克风和电子扩音技术的出现,不仅形成了通俗音乐,也形成了流行音乐的秘密——"声音颗粒",也即倾听流行音乐的核心元素。而整个声音技术的发展,从立体声到环绕声,再到高清格式与无损格式,都在极端地强调声音的纯粹保真。[①] 这种趋势,令流行音乐最终成为一种在声音中感觉自我的方式。

耳机插入耳朵,这个世界就被隔绝在我们的经验之外,换句话说,只有自我独处的时刻才是真正的自我时刻,耳机的作用乃在于让"自我"这个原本具有哲学抽象内涵的东西变成我们可以清晰感受到的生活现象。流行音乐的"人机共声"旨在让耳朵"着迷",技术制造出来的声音借由这个永不会关闭的器官直接进入每个人的灵魂深处。在此之前,从来没有这样的体验,一个仿佛来自神秘地方的纯粹干净的清晰声音单独与个体呢喃细语。这种体验的美妙足以抗拒任何不属于这种声音程序的频率。于是,流行音乐不动声色地把我们固定在这种幻觉中:倾听音乐才会真正感觉到自我。

事实上,艺术被看作自我心灵的真实呈现,这种观念自资本主义的审美意识形态发生之后就坚定不移地主导着我们的感受方式。可是,当流行音乐把自我仅仅作为一个不声不响的倾听主体进行围困的时候,也就无意中彻底把自我抽空。自我就只是一个瞬间的体会,而瞬间就是一切,就是永恒!这种观念一旦在声音的技术政治中确立起来,就会成为普遍性的艺术消费观念:人生不过就是由瞬间的意义构成的,除此之外的理想,都是无稽之谈。

不妨说,流行音乐鼓励了这样一种意识:声音把自我关闭在自己的生活之外才会有真正的自我生活。这种意识归根到底不过就是一种市侩主义和实用主义的生活意识的苟合:只要自己的感觉好了,一切就都 OK 了!

在这里,流行音乐的声音制作,说白了就是隔离外界而专注自我的生产逻辑,即只有有效隔离外界的噪声,才能真正拥有属于自我的时刻。这充分体现在降噪技术的广泛使用中:从影视图像减少颗粒的降噪,到处理声音时尽量把外界和声音隔离起来的降噪,都是视听技术中的重要命题。声音的降噪,简而言之,就是把流行音乐的声音作为唯一值得保留的声音,而把现实生活的声音视为干扰音、杂音或噪声。这有点近似于英国学者约翰·厄里所讲的"游客心理":游客凝视隐含一种"离开"的意识;游客们只把旅行中的日子看作生命的自由和真谛,而把日常工作和生活看作不值得任何关注的现象。[②] 旅游者需要"离开",而流行音乐则许诺"隔绝"。在流行音乐的领域,声音越来

[①] 舒克尔. 流行音乐的秘密 [M]. 韦玮,译. 北京:世界图书出版公司,2013:41-53.
[②] 尤瑞. 游客凝视 [M]. 杨慧,赵中玉,王庆玲,等译. 桂林:广西师范大学出版社,2009.

越倾向于成为"声音拜物教":声音像神一样统治我们的感觉,让我们把一切非纯粹的、形态各异的声音都看作对真正的生活精神的干扰和侵犯。于是,人们越来越自觉地被困在唯美主义的悦耳声音之中,保持着对于非同质化声音的排斥。2014年一首名为《周三的情书》的歌曲在《中国好歌曲》节目上被演唱。歌手用云南方言的语调和生硬刻板的节奏,反复吟唱:

> 这三十多年来
> 我坚持在唱歌
> 唱歌给我的心上人听啊
> 这个心上人
> 还不知道在哪里
> 感觉明天就会出现

这首歌的魅力在于,演唱者用口琴和吉他伴奏,并以方言和说唱的方式形成了话筒前面"肉声真嗓"的感觉。这种感觉与歌曲要表达的那种在沮丧失落中寻找希望的感觉相互配合,形成了富有寓言性的声音——疲倦而强打精神的自我激励,匆忙而压抑的底层劳动者生活,两者被这个声音拼接在了一起。这种声音形象与流行音乐制造出来的唯美主义的声音有着明显的差异。于是,当笔者把这首歌给诸多学生和朋友听的时候,大部分人都无法理解地质疑说:"这怎么能叫作'歌曲'呢?"

显然,"人机共声"的流行音乐,已经改变了人们的倾听意识。只有那些让人们感觉纯粹悦耳和清晰干净的声音才是可以倾听的音乐。声音技术让今天人们的听歌经验与几十年之前的经验迥然不同了:人们在倾听被技术处理得异常悦耳无杂音的声音中把自己与外面的世界彻底隔绝开来。正是流行音乐的"人机共声"创造出来这样一种主体或自我:除了我自己空空荡荡的体验,其他的都不重要;声音让唯美悦耳进入心灵,于是心灵就只容纳那些悦人耳目的东西。

不妨将这个被流行音乐催化出来的自我主体称为"空我",而这个"空我"日益趋向于陷入心灵的幻觉,呈现出一种"除我之外别无一物"的利己主义形象。

五、梵音的"空我"与"去声音化"

流行音乐之"空我"制造的极端形态,就是梵音音乐。平静委婉,无处不在,流行音乐的演唱主体在梵音中被慢慢消解。很多时候人们听流行音乐会关注"谁在唱",对王菲或徐佳莹的声音辨识成为听歌的一种消费理念。可是,梵音致力于用一种包容一切而生生世世的宿命的声音,掩盖演唱的个性。一方面,它借助种种宗教气息和神秘旋律制造出平静而智慧地了悟人生真谛的经验幻象;另一方面,它却在"人机共声"的时代把声音物化,抽空一切现实意义,而只在其中存放抽象意义。

在这里,"放空"成为梵音构建与日常生活经验之间的沟壑的关键性概念。放空自己才能真正体会人生,这样的生活意识背后隐含了流行音乐所生产的那种隔绝一切才是真我的诡异幻觉，于是，梵音的繁盛乃是空我之泛滥的必然后果。

这种声音无形中就把这个场所中的人都变成了抽象存在的人，"非场所"的力量在于可以瞬间让其间的人变成惯性行为者。声音的物化在此被精辟图示：梵音乃是高度抽象化了的声音物质，它坚定不移地把倾听者与其俗世生活隔绝，从而让这种声音内化为一种意识，通过这种意识，内心的想象性关系取代了人们的现实关系，用神灵的痛苦取代俗世的困境。

无论是王菲还是李娜，甚至是齐豫，不仅声音被同质化、平面化，歌手所演唱的经书也消解了原初的意蕴和内涵。

旋律、低音音效以及人声之间的无限协调，正是梵音声音的文化逻辑。事实上，这正是梵音的声音秘密：声音已经华丽精美至极，意义也就衰微空虚至极。

梵音文化的吊诡也在此呈现：梵音通过声音的扁平化来创造一种"去声音化"的奇特效果。这让我们有理由把今天的流行音乐看作以"梵音"为最终目标形态的东西：梵音乃是流行音乐之最高形态，因为正是梵音的"去声音化"，才让一种毫无意义的意义释放出来，一种琐碎无聊的"我的意义"，在这里被顽强表意。

于是，音乐完成了一个整齐的故事段落：声音技术从独立的编码开始，终于成功完成了对耳朵的驯化。声音终于创造了这样一种倾听：听，却听不见。

六、"听，却听不见"：听觉中心主义与伦理退化症

在1995年一首名为《贝多芬听不见自己的歌》的歌曲中，齐秦这样唱道：

　　贝多芬听不见自己的歌
　　我想听歌不一定要用耳朵

这算是对现代声音政治的一种富有意味的反思：真正的歌曲耳朵已经听不见了，而我们能听见的只不过是"听歌"。只要"听"就好了，而不一定要"听见"，"听且有所见"不再是今天声音政治所追求的，"听"是重要的，声音的意义是次要的。

于是，我们遭遇了一种吊诡的听觉中心主义：听就好了，就有了消费，就有了满足，何必"见"？语音中心主义乃是用声音创造"面对面"的"见"的幻觉，现在，听觉中心主义只追求"听"。

在这里，听觉中心主义暗含三个含义。

从声音的技术制作的角度来说，声音日益摆脱人的外在物的特性，以"非场所"的形式，围绕耳朵的听觉中心展开。扑面而来的摇滚，终究被贴耳倾诉的流行音乐代替，并最终成为梵音无所不在的绕耳旋律。这是一种所谓的听觉的自我中心主义，呈现出"向心"的倾向："这个幻觉时而与困扰、受折磨的感觉相连，时而与某种内心的充实平和有关，感觉与整个宇宙连成一体……"①

---

① 希翁．声音[M]．张艾弓，译．北京：北京大学出版社，2013：32．

从人们的听觉感受角度来说，声音的一切编码和制造，都是为了让我们的耳朵陷入倾听却什么也听不到的状况。"任何人，无论在哪里，只要转动一个旋钮，放上一张唱片，就可以听他想听的音乐……缺乏积极的努力和获取的喜悦导致了懒惰。听众陷入了一种麻木之中。"①

进而，从听觉塑造的角度来说，听觉中心主义则表明这样一种现象：倾听这种行为可以暗中规范和驯化我们感受世界的基本方式，这是一种把个人的感觉看作第一位的基本行为。听觉中心归根结底就是"自我中心"。对自我的征服，在倾听活动中变现为：通过征服感觉来最终征服思想。

"非场所"、听而不见与听觉驯化，这正是声音文化政治隐含的三种主题。

显然，现代声音技术以其独特而有效的编码逻辑，显示了对自我意义进行侵犯、渗透、改造和创生的能力。这不仅仅呈现出声音文化景观与生活景观的新形态，也最终提醒我们认识到声音文化研究与听觉文化研究的不同内涵。这就必然形成所谓的"伦理退化症"问题，即声音技术的文化政治导向这样一种态度：人们退回到伦理的领域来认识和应对政治经济学所主导的世界。

所谓"退化"，来自弗洛伊德的"回归"（regression）概念。大部分条件下，这个词被翻译为"退行"，指的是一种特殊的心理现象：当一个人遇到困境或处于应激状态，往往会放弃已经掌握了的理性生活技术和方法，而退回到童年生活的欲望满足方式中来应对。所以，弗洛伊德相信，成年人生活的很多方面都包含了对早年经验的回归。比如，我们常常说"恋爱中的人是傻的"，这可以被看作一种回归作用：恋爱者往往呈现出童年经验的生活习性，表现得仿佛回归到早期的心智功能之中。就"回归"的意思来说，它既包含了回去、回返、回归的意思，也具有退化的意思。笔者在翻译伊利·扎列茨基（Eli Zaretsky）的著作《政治的弗洛伊德》（*Political Freud*）一书时，将其翻译为"退化"，主要是因为这个概念可以用来表达对这样一种现象的反思：当代大众社会中出现了一种把社会性的矛盾转换为情感性的矛盾来处理的趋势，即用"退回"到伦理生活中来想象性地解决社会性矛盾的趋势。②

事实上，声音拜物教正在促成这种伦理退化。"在商品逻辑和资本体制的推动下，'声音'开始变成一种'纯粹的能指'，用千差万别的差别来去差别化，用种种色彩斑斓的个性来塑造普遍的无个性，正是这种特定的抽象的声音，才如此丰富多样灿烂多姿，而又如此空洞无物、苍白单调。"③ 而这种声音拜物教要构建的正是这样一种效果：情感被神圣化，也就因此而与人的现实境遇隔绝；思想被抽象化，也就消解了声音的具体政治语境；同时，道德被普遍化，即道德变成可以指责任何问题的武器。在这里，现实和人的关系被彻底颠倒了过来：梵音正在致力于启发我们，去用人的内心的生活取代人的外在的生活。

---

① 舒克尔. 流行音乐的秘密 [M]. 韦玮, 译. 北京: 世界图书出版公司, 2013: 48-49.
② ZARETSKY E. Political Freud: a history [M]. New York: Columbia University Press, 1983.
③ 周志强. 唯美主义的耳朵 [J]. 文艺研究, 2013 (6).

一个线上公祭空间的生成[*]

□ 李红涛　黄顺铭

📖 摘　要

在首个南京大屠杀死难者国家公祭日期间,南京市三家媒体机构推出"捐砖行动""和平树行动""紫金草行动"等三项互动式的线上纪念活动,它们共同构筑了一个独具特色的线上公祭空间。以数字记忆的"镶嵌性"二维分析框架——"文化镶嵌性"和"制度镶嵌性"考察这一纪念活动,可揭示空间生成所依循的记忆生产逻辑。一方面,主导纪念文化在提供表述"工具"或资源的同时,也设定限制,从而导致线上纪念叙事与主导叙事之间高度契合。另一方面,媒体的政治经济处境和生产方式则影响着祭奠活动的展开、触及的人群及其社会文化意义。在这两种镶嵌性的共同作用下,线上纪念空间成为一个带有自发参与表象的空间,生产出数字化的民族记忆。

📖 关键词

南京大屠杀;线上公祭空间;纪念叙事;纪念公众;数字记忆的镶嵌性

📖 作者简介

李红涛,复旦大学新闻学院教授;黄顺铭,四川大学文学与新闻学院教授。

一、引　言

2014年12月13日是首个南京大屠杀死难者国家公祭日。公祭日期间出现了各种各样的媒体纪念仪式与活动,它们为国家公祭日合力构筑出了丰富的媒介纪念形态和实践。这包括公祭日当天在侵华日军南京大屠杀遇难同胞纪念馆举行的国家公祭仪式这样的"媒介事件",江苏卫视当天从早8点到晚8点历时12小时现场直播的"国之祭",报纸组织的"日本寻证""国家公祭·10城联动""知识界的抗争"等报道活动,以及公祭日当天的大幅黑白纪念报道,等等。作为媒介再现,它们是相对封闭的

---

* 李红涛,黄顺铭. 一个线上公祭空间的生成 [J]. 新闻与传播研究, 2017 (1).

文本系统，因此普通公众只能"阅读""收听""观看"，很难直接而积极地"参与"其中。

相较之下，互动式的线上记忆形式则具有较强的开放性和参与性。2014年7月6日，由新华网和侵华日军南京大屠杀遇难同胞纪念馆共同筹办的国家公祭网上线。网站在提供大量信息与历史知识的同时，还允许网民展开"在线公祭"：通过"点烛""植树""献花""敲钟""献祭文""献诗词""献楹联"等方式，祭奠南京大屠杀死难者以及其他抗战死难者。① 如果说国家公祭网大体上还是线下祭奠方式的线上版，那么公祭日期间由新华报业传媒集团、江苏省广播电视总台和南京广播电视集团等三家媒体机构推出的"国家公祭·众志成城，为了永不忘却的国家记忆"虚拟城墙捐砖行动、"我们的和平树——亿万民众点亮世界最高和平之树"全媒体公益行动，以及"紫金草行动"则体现出了自觉而强烈的创意性。

这些线上公祭活动是以新媒体为手段而开展的大屠杀集体记忆生产，其载体是网页或移动端的 HTML5 页面，以二维码或链接为识别标志。这些线上纪念活动可以被视为以社交媒体为核心的"联结性文化"（culture of connectivity）② 的具体表现：它在社交媒体上呼吁网友参与；它让人们只需要移动手指，轻触按键便能完成纪念过程；它号召参与者将某些相关符号换作社交媒体的头像或者将活动链接转发至微博或微信。在线上平台"捐"一块砖，"植"一棵树，或者"种"一株草，这不仅不同于观看一部纪录片或阅读一篇纪念报道，更不同于线下的纪念活动。它们是"虚拟"的，人们或许会因此怀疑其分量；然而，它们又是"真实"的，因为数以万计的人进入这些线上空间表达了哀思。

不过，这种自发联结和网络化生存的预设和想象，或许遮蔽了数字记忆生产的真实面貌。这类线上活动构造出什么样的祭奠空间？生产出哪些历史和纪念叙事？这些叙事与主导纪念文化和符号系统有何关联？它们如何体现了新媒体时代集体记忆的生产过程？如何与传统媒体的运作以及线下公祭活动的展开相呼应？这些正是本文所要探讨的问题。

具体而言，本文以"捐砖行动""和平树行动""紫金草行动"这三项互动式在线纪念活动为研究个案，探究线上公祭空间如何生成。纪念空间不是空洞的社会场所，其"生成"是一个动态的过程。首先，它牵涉到空间的"构筑"，即如何搭建空间的基本架构，并调用视觉和文字符号来填充这一空间，营造出与祭奠相契合的纪念场景和氛围。其次，纪念空间不是静止的纪念碑，其目的不是供人们瞻仰，只有将公众带入这一空间并开展富有意义的祭奠或记忆活动，线上纪念空间才算真正生成。因此，本文的经验分析涉及两个相互关联的层面：一是纪念空间的构造及纪念叙事；二是线上祭奠活动的展开方式，特别是推动公众参与的修辞与行动策略。

---

① 这里指的是旧版国家公祭网（2014年7月—2016年12月）的祭奠功能。2016年12月2日，国家公祭网新版（http：//www.cngongji.cn）上线，采用由"点烛"（祭奠）—"献花"（追思）—"敲和平大钟"（警世）—"留言"（祈愿）四个步骤构成的流程式祭奠方式。旧版网页参见：www.cngongji.cn/2016/index.htm.

② VAN DIJCK J. Flickr and the culture of connectivity: sharing views, experiences, memories [J]. Memory studies, 2011, 4 (4).

本文从数字记忆的"镶嵌性"这一理论视角出发,旨在理解传统媒体与纪念文化如何与线上世界相勾连,形塑数字纪念空间,并在此空间中展开记忆实践。对三个个案的分析表明,在线纪念空间的构造和生产既具有开放性也具有封闭性,其"生成"逻辑,不只是——甚至主要不是——网络或社交媒体的自发联结,而是传统媒体的组织化运作及其背后的主导纪念文化。我们发现,数字和网络技术的运用,一方面使得集体记忆的实践更富有创意,拓展了参与的主体范围和空间疆域,另一方面也使得传统媒体得以增强其组织和动员能力,拓展其意识形态基础设施的作为。这两个方面的结合,使得线上祭奠空间成为带有民众自发参与表象的国家权力空间,或者说是支配性的线下公祭空间的延伸。在此展开、经此建构的集体记忆,由此成为带有强烈民族国家色彩的数字记忆。

二、数字记忆的"镶嵌性"

无论是个体记忆还是集体记忆,都在一定程度上受制于"记忆的技术以及相关的社会-技术实践"[①]。学者们研究发现,"9·11"恐怖袭击事件发生之后,人们除了在世贸大厦废墟展开纪念活动外,也在网上表达对遇难者的悼念。[②③] 而网页、博客,以及YouTube和Facebook等社交媒体,则为各国人们纪念战争中殉职的军人提供了新的渠道和平台。[④⑤] 其结果是催生出"网络纪念"这一独特的记忆形态,即"正在浮现出一整套由计算机网络所中介的社会实践,在其中,数字化纪念客体、结构与空间得以生成"[⑥]。在数字化空间当中,个体聚集起来并展开纪念活动。

对于数字记忆的研究显示,与传统的纪念形式不同,线上纪念与被纪念的事件之间的时间差更短暂[⑦⑧],甚至事件还没有结束,人们就已经开始忙不迭地展开纪念了[⑨]。由于"数字数据的时间性、流动性和易得性"[⑩],线上纪念往往具有很高的灵活性,其形

---

① VAN HOUSE N, CHURCHILL E F. Technologies of memory: key issues and critical perspectives [J]. Memory studies, 2008, 1 (3).
② HESS A. In digital remembrance: vernacular memory and the rhetorical construction of web memorials [J]. Media, culture & society, 2007, 29 (5).
③ WALKER J. Narratives in the database: memorializing september 11th online [J]. Computers and composition, 2007, 24 (2).
④ KNUDSEN B T, STAGE C. Online war memorials: YouTube as a democratic space of commemoration exemplified through video tributes to fallen Danish soldiers [J]. Memory studies, 2013, 6 (4).
⑤ DANILOVA N. The politics of mourning: the virtual memorialisation of British fatalities in Iraq and Afghanistan [J]. Memory studies, 2014, 8 (3).
⑥ FOOT K, WARNICK B, SCHNEIDER S M. Web-based memorializing after September 11: toward a conceptual framework [J]. Journal of computer-mediated communication, 2005, 11 (1).
⑦ 同⑥.
⑧ 同②.
⑨ HOSKINS A. 7/7 and connective memory: interactional trajectories of remembering in post-scarcity culture [J]. Memory studies, 2011, 4 (3).
⑩ HOSKINS A. Digital network memory [M] //ERLL A, RIGNEY A. Mediation, remediation, and the dynamics of cultural memory. Berlin: Walter de Gruyter, 2009: 102 - 103.

式和内容可以轻易改变，但也可能随着时间的流逝而不再更新、无人维护，乃至不复存在。①② 有些学者认为，网络记忆空间的形成和运用推动了记忆生产的民主化。首先，互联网变成一座数字档案馆，巨量的历史资料在点击之间便唾手可得。③ 其次，它赋予一般大众工具和主动权，让他们得以参与到记录和叙述记忆与历史的过程中，而无须仰仗国家及其档案机构。④ 对网络纪念话语的运用具有赋权作用，它让普通人有机会在纪念中分享个体经验，表达私人情感，由此"强化了纪念社群中的民间声音（vernacular voices）"⑤。

以战争纪念为例，与强调民族一心、上下团结的传统纪念形态不同，网络记忆空间能容纳更多的争议和分歧。丹麦学者布里特·努森（Britt Knudsen）和卡斯滕·斯特奇（Carsten Stage）在分析了视频分享网站 YouTube 上纪念丹麦士兵殉职的视频及其评论后发现，视频中建构的民族英雄形象招致了评论者的异议和反对。换言之，YouTube 这个所谓的虚拟"民主空间"催生出一种新的纪念实践，即允许对战争现状和合法性进行质疑。⑥ 而在对美国新闻博客和中国互联网的研究中，研究者们也发现，互联网和社交媒体生产出有别于官方或机构化记忆的民间记忆、另类记忆乃至反记忆。⑦⑧⑨

新媒体与数字技术的运用使得社会记忆"既不是对过往的检索与恢复，也不是对过往的再现"，而是"镶嵌于社会技术实践当中，并经由后者而传布开去"⑩。在更广泛的意义上，有学者认为，记忆研究也面临着范式转换，只有发展出新的概念体系和认识论，才能更好地理解中介化或媒介化的记忆。⑪⑫ 在多种新的理论探索中，一个特别突出的路径是安德鲁·霍斯金斯（Andrew Hoskins）提出的"联结性转向"，即强调数字技术与媒介的极大丰富和渗透，使得人们联结或栖息于紧密而发散的社会网络之中，进而重塑时间、空间（场所）和记忆。⑬ 在"联结性的"网络环境之下，人们不再像大众

---

① HESS A. In digital remembrance: vernacular memory and the rhetorical construction of web memorials [J]. Media, culture & society, 2007, 29 (5).
② DANILOVA N. The politics of mourning: the virtual memorialisation of British fatalities in Iraq and Afghanistan [J]. Memory studies, 2014, 8 (3).
③ KNUDSEN B T, STAGE C. Online war memorials: YouTube as a democratic space of commemoration exemplified through video tributes to fallen Danish soldiers [J]. Memory studies, 2013, 6 (4).
④ LIEW K K, PANG N, CHAN B. Industrial railroad to digital memory routes: remembering the last railway in Singapore [J]. Media, culture & society, 2014, 36 (6).
⑤ 同①.
⑥ 同③.
⑦ ROBINSON S. "If you had been with us": mainstream press and citizen journalists jockey for authority over the collective memory of Hurricane Katrina [J]. New media & society, 2009, 11 (5).
⑧ KIM M, SCHWARTZ B. Northeast Asia's difficult past: essays in collective memory [M]. London: Palgrave Macmillan, 2010.
⑨ ZHAO H, LIU J. Social media and collective remembrance: the debate over China's great famine on Weibo [J]. China perspectives, 2015 (1).
⑩ HOSKINS A. Digital network memory [M] //ERLL A, RIGNEY A. Mediation, remediation, and the dynamics of cultural memory. Berlin: Walter de Gruyter, 2009: 92.
⑪ 同⑩.
⑫ READING A. Globalisation and digital memory: globital memory's six dynamics [M] //NEIGER M, MEYERS O, ZANDBERG E. On media memory: collective memory in a new media age. London: Palgrave Macmillan, 2011.
⑬ HOSKINS A. 7/7 and connective memory: interactional trajectories of remembering in post-scarcity culture [J]. Memory studies, 2011, 4 (3).

媒介时代的受众那样共享所谓的集体记忆。正如何塞·范迪克所指出的，网络媒体（包括社交媒体在内）所具备的记忆功能与其说具有"集体的"性质，不如说更具有"联结的"特征。①

但是，新媒体技术对记忆生成的影响并非发生于真空之中。英国学者埃米莉·凯特利（Emily Keightley）和菲利普·施莱辛格（Philip Schlesinger）指出，首先，在数字记忆及其形构过程中，"主流媒体远没有消亡，它们与线上世界的勾连仍在不断演变"②，正是新旧媒体的相互交织拓展了记忆实践的形态。其次，数字化媒介能否催生另类社会记忆，还取决于它们所镶嵌其间的权力机构、社会系统与支配性的意识形态。因此，凯特利和施莱辛格主张，在探究中介化记忆的本质，它所牵涉到的记忆实践，以及数字化媒介塑造、转化或扩展这些实践的具体方式时，不仅要注意到旧有媒体技术的持续影响，也要考虑到新旧媒体所镶嵌其间的社会政治结构。③

我们可以采用社会学理论中的"镶嵌性"概念，来理解数字和网络媒体中介的记忆（mediated memories）及其生成（practices of remembering）。"镶嵌性"（embeddedness）这一概念最早出现在卡尔·波拉尼（Karl Polanyi）对经济社会变迁的宏观分析中④，后来经由美国社会学家马克·格兰诺维特（Mark Granovetter）的重新表述而成为新经济社会学的核心概念⑤。格兰诺维特运用镶嵌性概念来探讨经济行为和社会结构之间的关系。他一方面反对新古典经济学的理性选择模式，认为它不够重视行动主体的社会性；另一方面，也反对社会决定论的模式，认为它过于强调社会对人的制约。他提出一个介于两者之间的解释模式，认为人的选择以及执行该选择的主体性都镶嵌于特定的社会关系和社会结构之中。从社会网络的视角出发，镶嵌性意味着：市场中的社会成员既不是"游离于社会情境的原子"，也不会"像奴隶一样死守由各种社会范畴所写就的脚本"；相反，"他们做出的有目的的行为镶嵌于具体的、持续运转的社会关系之中"。⑥

除了格兰诺维特所强调的结构镶嵌性之外，美国社会学家莎伦·祖金（Sharon Zukin）与保罗·迪马乔（Paul DiMaggio）还辨析了另外三种镶嵌性。一是"认知镶嵌性"，即聚焦心智过程中的结构性规律；二是"政治镶嵌性"，即经济行动者与非市场机构（国家和法律框架）之间的权力斗争如何影响经济机构与决策；三是"文化镶嵌性"，即共享的集体理解对于行动者策略和目标的影响。⑦⑧

---

① VAN DIJCK J. Flickr and the culture of connectivity: sharing views, experiences, memories [J]. Memory studies, 2011, 4 (4).
② KEIGHTLEY E, SCHLESINGER P. Digital media-social memory: remembering in digitally networked times [J]. Media, culture & society, 2014, 36 (6).
③ 同②.
④ POLANYI K. The great transformation: the political and economic origins of our time [M]. Boston: Beacon Press, 1944.
⑤ GRANOVETTER M. Economic action and social structure: the problem of embeddedness [J]. American journal of sociology, 1985, 91 (3).
⑥ 同⑤.
⑦ ZUKIN S, DIMAGGIO P. Introduction [M] //ZUKIN S, DIMAGGIO P. Structures of capital. Cambridge: Cambridge University Press, 1990: 1-36.
⑧ 镶嵌性概念也被广泛应用到其他社会研究领域，涉及性别、移民、犯罪与越轨、社会分层、社会抗争与社会运动、发展等各种研究议题。如：KRIPPNER G R, ALVAREZ A S. Embeddedness and the intellectual projects of economic sociology [J]. Annual review of sociology, 2007 (33).

这些讨论的聚焦点都是行动者及其经济行为,而本文的分析对象是网络空间中的记忆实践,它牵涉到一系列行动者及其所在机构在特定文化氛围与制度环境中展开的互动。因此,这里的镶嵌性,首先指向文化镶嵌性,探究共同体的共享符号和意义系统对于数字记忆的形塑作用。具体到南京大屠杀,无论是官方还是民间,都存在着一整套文化创伤叙事。在下文的分析中,我们将首先勾勒围绕国家公祭日的线下的、传统的祭奠空间,以及其间浮现的支配性的纪念叙事。在此基础上,我们将考察主导纪念文化与符号系统如何影响线上纪念活动对南京大屠杀的表征,线上的祭奠活动从纪念文化的"工具箱"① (tool kits)中汲取哪些符号、意象和资源,又受到哪些限制,形成什么样的祭奠空间(memorial space)。

其次,除了文化镶嵌性之外,我们还有必要关注正式的制度架构与组织关系之影响。②③ 在论述镶嵌性的研究文献中,市场被看作制度安排或规则,规制个体的行为和行动策略,影响生产常规和市场互动的形式。而在有关制度创新的研究中,"制度镶嵌性"概念也被用来解读创新的路径依赖④,或者技术、产业结构和相关制度的协同演化⑤。尽管本文所要处理的既不是经济体制的长时段演化,也不是创新与制度变迁,然而线上纪念活动既带有相当的创新色彩,也的确是在特定历史场景下的媒介体制与制度架构当中展开的。数字记忆生产所镶嵌其间的制度环境,既包括新媒体背后的社会经济与技术基础设施⑥,也包括与之相关联的传统媒体的政治经济环境、媒体组织之间的关系以及新旧媒体互动所生成的媒介场景。

文化镶嵌性和制度镶嵌性合在一起,构成了本文理解互动式在线公祭空间何以生成的分析框架。下文中,"构筑祭奠空间"部分对应于文化镶嵌性,而"'生产'纪念公众"部分则对应于制度镶嵌性。

三、案例背景与研究方法

本文以公祭日期间的互动式线上纪念活动为个案,案例包括"国家公祭·众志成城,为了永不忘却的国家记忆"虚拟城墙捐砖行动、"紫金草行动"和"我们的和平

---

① SWIDLER A. Culture in action: symbols and strategies [J]. American sociological review, 1986, 51 (2).
② BAUM J, OLIVER C. Institutional embeddedness and the dynamics of organizational populations [J]. American sociological review, 1992, 57 (4).
③ BRINTON M C, KARIYA T. Institutional embeddedness in Japanese labor markets [M] //BRINTON M C, NEE V. The new institutionalism in sociology. New York: Russell Sage Foundation, 1998.
④ GHEZZI S, MINGIONE E. Embeddedness, path dependency and social institutions: an economic sociology approach [J]. Current sociology, 2007, 55 (1).
⑤ NELSON R. The co-evolution of technology, industrial structure, and supporting institutions [J]. Industrial and corporate change, 1994, 3 (1).
⑥ READING A. Seeing red: a political economy of digital memory [J]. Media, culture & society, 2014, 36 (6).

树——亿万民众点亮世界最高和平之树"全媒体公益行动。[①]"捐砖行动"由新华报业传媒集团[②]主办，2014年9月27日启动，截至2014年12月14日，活动参与人数超过180万。活动页面由集团下属的中国江苏网设计制作，并被纳入后者的国家公祭专题"祭·忆——南京大屠杀死难者国家公祭日"，该专题先后获得2014年度江苏省网络好新闻一等奖、第25届中国新闻奖网络专题类一等奖。

"我们的和平树——亿万民众点亮世界最高和平之树"全媒体公益行动由江苏省广播电视总台[③]主办、江苏网络电视台承办，2014年11月28日上线，截至2014年12月13日17时30分，参与人数逾190万。该活动被纳入网络台"国之祭和平颂——首个国家公祭日特别策划"，该网络专题获得2014年江苏省网络好新闻二等奖。"紫金草行动"由南京广播电视集团[④]主办、南京网络电视台承办，于2014年11月6日上线，活动参与人数逾70万，转发次数17万。该活动是南京网络电视台"国家公祭紫金草行动"全媒体特别报道的一部分，该报道获得2014年度江苏省网络好新闻三等奖。

为分析线上纪念活动生产出的纪念叙事，我们收集了与三项活动有关的各类文本资料，包括：（1）纪念活动自身的文本，涵盖网页版和移动端活动页面中的文字与视觉符号；（2）活动的宣传与推广文本，例如活动倡议书和宣传片，组织者、名人与普通网友在微博、微信等社交媒体上发布的推广信息或活动体会，新闻奖申报资料，以及业务刊物上的活动经验总结；（3）主办方和其他媒体对相关活动和国家公祭日的报道、直播和评论。

为了了解数字记忆的生产过程，我们访谈了活动主办方，以获得与多媒体纪念活动的设计、组织和执行有关的经验材料。鉴于这些活动都由媒体集团的新媒体部门承办，我们访谈了江苏网络电视台、中国江苏网（中江网）和南京网络电视台的负责人与相关工作人员。访谈共四次，牵涉到11位访谈对象。第一次是2015年6月，后面三次均在2016年7月进行。其中两次为一对一的访谈，访谈对象为江苏网络电视台内容总监（1号访谈）和中江网副总编（2号访谈）。另外两次为集体访谈，一次访谈对象为中江网视频中心主任、编辑中心副主任及两位编辑（3号访谈），另一次访谈对象为南京网络电视台编辑主管及4位编辑（4号访谈）。访谈围绕各媒体的相关活动展开，聚焦活动创意、与其他媒体的竞争和区隔、纪念意象意义的阐发、纪念活动的内部组织、记忆动

[①] 当时的线上纪念活动不止这三个，除了常设的"国家公祭网"之外，南京报业传媒集团旗下的龙虎网推出了"铭记历史·全球网祭"活动（献花、点烛、撞钟等），腾讯新闻推出了"记得——悼以国之名义"的网祭活动（按压指纹），澎湃新闻等网络媒体也推出了各式线上公祭页面（转发、点烛等）。在这些纪念活动和页面中，我们选择的三项活动的纪念意象较为丰富、纪念方式较具创意。更重要的是，它们都由南京媒体主办，在公祭日之前也都展开了较大规模的推广活动，为我们描述并分析数字记忆的镶嵌性提供了较好的案例。

[②] 新华日报报业集团，于2001年成立，2011年更名为新华报业传媒集团。集团拥有《新华日报》《扬子晚报》《南京晨报》等14份报纸、7份刊物和一个网络群及10多家经营性公司。中国江苏网由集团控股，是省级综合性门户网站、国务院新闻办确定的地方重点新闻网站。"捐砖行动"网页版地址为: http://gongji.jschina.com.cn.

[③] 江苏省广播电视总台（集团）成立于2001年，设有9个职能部门，2个研究中心，10个事业部，16个直属单位。开播10个电视频道（包括江苏卫视频道、优漫卡通卫视频道等上星频道）、13套广播节目。江苏网络电视台隶属于集团新媒体事业部，运营荔枝网、荔枝新闻客户端等新媒体平台。活动网页版地址为: http://tree.jstv.com.

[④] 南京广播电视集团于2002年成立，由南京电视台、南京人民广播电台、南京广播电视报社和南京音像出版社等单位组建而成，系国家广播电视总局批准的第一家全国副省级城市广电集团。活动网页版地址为: http://www.nbs.cn/subject/national_memorial_day/cp.

员的方式与纪念活动的效果及反思等方面。

每次访谈历时 1～1.5 小时，我们除了交叉验证访谈对象提供的信息之外，还将访谈资料与公开发布的文本资料（文件通知和新闻报道等）相对照和印证。

为从参与者角度获得一些对线上活动及组织的反应，我们也展开了一次焦点小组访谈。2016 年 6 月初，我们请参与者（南京大学 10 位人文社科领域的学生）在现场完成三项活动，并请他们围绕参与经验展开讨论。在事实性的问卷调查之外，小组访谈与讨论涵盖下列内容：记忆最深刻的符号或图像、行动传递的信息、表达的意义（寓意）、寄语的选择与评价以及代表大屠杀的符号等。

四、构筑祭奠空间

（一）国家公祭日与纪念文化

2014 年 2 月 27 日，第十二届全国人大常委会第七次会议表决通过，将 12 月 13 日设立为南京大屠杀死难者国家公祭日。决议规定："每年十二月十三日国家举行公祭活动，悼念南京大屠杀死难者和所有在日本帝国主义侵华战争期间惨遭日本侵略者杀戮的死难者。"值得注意的是，公祭日以南京大屠杀之名，悼念以大屠杀死难者为核心的所有抗战死难者。

2014 年 7 月 6 日上线的国家公祭网具体列出了七类死难者作为悼念对象，包括南京大屠杀死难者、化学战死难者、细菌战死难者、劳工死难者、慰安妇死难者、"三光"作战死难者、无差别轰炸死难者等。在国家公祭网的首页上，1937 年 12 月 13 日的日历页、大屠杀纪念馆中的"遇难者 300 000"数字墙分别列于页面左前方和正前方，右前方是卢沟桥（七七事变），页面背景则是抗战浮雕剪影和 1931 年 9 月 18 日的日历页。① 这说明，一方面，南京大屠杀变成抗日战争期间侵华日军所有罪行的代名词；另一方面，南京大屠杀与抗战叙事紧密关联，成为近代中国"受难-复兴"叙事的有机组成部分。

围绕国家公祭日所建立的符号系统与纪念叙事以"勿忘国耻圆梦中华"为核心。它是国家公祭日前后纪念馆建筑和周边街道的标语，也是江苏卫视"国之祭"公祭日直播的主题语。而在此之前，全国各地都举办了以"勿忘国耻　圆梦中华"为主题的教育活动，包括全国和地方性的征文比赛、知识竞赛、演讲比赛、主题队（团）会和诗词楹联征稿活动等。例如，北京市在 2014 年 7 月初陆续开展了近 40 项纪念活动，而江苏省在 12 月初规划推出 32 项宣传教育活动。这些活动不仅是为了纪念南京大屠杀遇难同胞，也是为了纪念抗战胜利 69 周年、"七七"事变 77 周年和"九一八"事变 83 周年。

---

① 这里描述的都是旧版国家公祭网（2014 年 7 月—2016 年 12 月）的情况，新版网页相关表述较为模糊（"祭抗战死难之生命，悼血与火浸染之地"），并未详细列明这些信息。

粗略检索"中华数字书苑-数字报纸库"发现，全文中包含"勿忘国耻 圆梦中华"的新闻报道超过2 400篇①，其中2014年度的报道涵盖了多个纪念日，包括全民族抗战爆发（"七七"事变）、抗战胜利、"九一八"事变和国家公祭日，以及甲午战争爆发（"7·25"）120周年和烈士纪念日（"9·30"）。换言之，"勿忘国耻 圆梦中华"并非专门针对南京大屠杀公祭日所发展出的表述，而是贯穿这一系列纪念活动的主导叙事。在2015年纪念抗日战争胜利70周年的各类活动中，这一表述同样是最重要的主题。例如，2015年8月25日，中宣部和教育部下发《关于组织开展"开学第一课"活动的通知》，要求"以'勿忘国耻 圆梦中华'为主题，通过组织开展'开学第一课'活动，对广大青少年深入进行爱国主义教育和革命传统教育"。

"勿忘国耻 圆梦中华"也为新闻媒体对相关纪念日的报道与评论奠定了基调。例如，公祭日当天，《人民日报》头版的社论《构筑捍卫正义的国家记忆》这样写道：

> 让我们深切哀悼南京大屠杀死难者和所有在日本帝国主义侵华战争期间惨遭杀戮的死难同胞，让这段不屈抗争的历史，成为我们民族的集体记忆，成为捍卫和平的强大意志，成为实现中华民族伟大复兴的力量之源。1937年12月13日，在中国犯下了无数滔天罪行的侵华日军，开始在南京制造一场震惊世界的大屠杀，30多万同胞在长达六周的时间里惨遭杀戮……我们设立国家公祭日，就是为了强化国家记忆，凝聚中华儿女"勿忘国耻、振兴中华"的共同精神信仰，朝着"两个一百年"奋斗目标大踏步前进。

这段文字以极其浓缩的方式重述了历史（核心是"12·13"和"30多万"），并将哀悼对象界定为南京大屠杀死难者和其他遇难同胞，悼念者是"中华民族"或"中华儿女"，悼念的意义则是"凝聚……共同精神信仰"。大屠杀被界定为"国耻"，抗日战争被看作"不屈抗争的历史"，二者之间尽管存在一定的论述张力，但它们被共同放置到"勿忘国耻"的框架之下，与民族复兴关联起来。体现同一叙事，新华社在公祭日前一天刊发的评论员文章《以正义的名义》倡议"以实现民族伟大复兴的中国梦向遇难同胞献上最深切的哀思和最庄重的祭奠"；南京媒体《现代快报》公祭日的头版更以巨幅文字"祭以国之名 以家之名 以中华民族之名"将这一叙事整合进"家国同构"的框架内。国家公祭日设立于2014年，但这一"受难-复兴"的线性宏大叙事却并非新近出现，而是延续了此前媒体纪念报道中的核心主题②，而"勿忘国耻"也是爱国主义教育运动中的核心诉求③。国家公祭日带来的变化首先是强调"国家记忆"，其次则是将"中国梦"和"民族复兴"乃至更具体的"两个一百年"带入叙事，具体化"振兴中华"等已有的表述。

从人大常委会的决议到国家公祭网的设计，从铺天盖地的主题教育活动到媒体大量

---

① 这些报道绝大多数出现在2014年，并延伸到2015年。检索结果中包括不同媒体对同一条新闻的报道，但庞大的报道量还是能够大致折射出一系列主题教育活动在媒体上的宣传力度。
② 李红涛，黄顺铭."耻化"叙事与文化创伤的建构:《人民日报》南京大屠杀纪念文章（1949—2012）的内容分析[J]. 新闻与传播研究，2014（1）.
③ ZHENG W. Never forget national humiliation: historical memory in Chinese politics and foreign relations [M]. New York: Columbia University Press, 2012.

的报道,这些前期的线下和线上记忆书写,建构出关于国家公祭日的多层叙事。它们与南京本地多年累积下来的纪念传统、南京大屠杀遇难同胞纪念馆和丛葬地等记忆场所相结合,构成了地方媒体构造线上祭奠空间时的文化氛围和可资运用的"工具箱",它为线上纪念活动如何表述历史、建构纪念叙事、设置祭奠脚本提供了基本的素材,也为线上纪念活动的展开搭建了舞台背景。

(二)"虚拟纪念馆"中的大屠杀叙事

本文所考察的三项线上纪念活动并非封闭的文本系统,它们共同为参与者创造了一个虚拟的祭奠空间。通过视觉符号的呈现、行动意象的选择和祭奠寄语的设定,它们建立起一套与线下纪念场所/活动和记忆书写相呼应的大屠杀叙事。与上述媒体评论类似,这些纪念活动页面的历史叙事也以"30 万"为核心,像"沉痛悼念南京大屠杀 300 000 死难者""南京大屠杀 30 万死难者第一个国家公祭日""30 万无辜者死于惨绝人寰的大屠杀"之类的表述俯拾皆是。

与文字叙事相对,三项行动的网页版、移动端和宣传片中出现的表征大屠杀或公祭日的视觉符号,无一例外都来自侵华日军南京大屠杀遇难同胞纪念馆。按出现频次的高低,依次是:标志碑(5 次)、遇难人数纪念墙(4 次)、"家破人亡"雕塑(3 次)和"和平"雕像(2 次)。其中,只有以中、英、日三国语言书写的"遇难者"纪念墙出现在每一个纪念活动的页面之中,再次凸显出 30 万的重要性以及纪念墙的符号意义。

这与主导纪念文化高度契合,在《人民日报》历年的纪念报道中,纪念馆即被看作最重要的记忆场所[①],而这些视觉符号也出现在公祭日当天的媒体报道中。

以新华报业传媒集团旗下报纸的版面为例,《新华日报》的专刊封面为"家破人亡"雕塑,内页使用了遇难人数纪念墙、"家破人亡"雕塑、标志碑及和平鸽等画面;《扬子晚报》的头版题图为遇难人数纪念墙,内页版头为标志碑和"家破人亡"雕塑;《南京晨报》头版和内页则均为标志碑和"家破人亡"雕塑。媒体之间以及传统媒体和线上纪念活动视觉元素的趋同说明,它们都是从同一套既有的符号系统中调用经典视觉元素来表征大屠杀的。

此外,纪念馆符号的挪用和凸显以及空间的视觉构造,都让参与者产生步入"虚拟纪念馆"的感受。例如,"捐砖行动"的网页版"献花"页面就与纪念馆中的献花墙非常相似,而焦点小组中也有参与者提到,捐砖页面"灰暗的感觉"让人联想到"大屠杀纪念馆"(7 号访谈),捐砖让人"联想到南京大屠杀纪念馆的那个墙"(10 号访谈)。

在行动意象方面,三项活动分别选择了城墙、雪松和紫金草作为祭奠活动的标志。经由页面的视觉呈现和主办方的阐发,这些迥异的意象表达出高度一致的文化意涵。三个意象中,雪松与大屠杀纪念的联系最为直接明晰,"我们的和平树"这一活动名称将祭奠与"和平"主题相关联,"亿万民众点亮世界最高和平之树"的口号则传递出祭奠

---

① 李红涛,黄顺铭. "耻化"叙事与文化创伤的建构:《人民日报》南京大屠杀纪念文章(1949—2012)的内容分析[J]. 新闻与传播研究,2014(1).

者的身份认同。"捐砖行动"的核心意象是"城墙",《新华日报》称,它"既象征国力国防,又带有南京地域特点"。不过,城墙不单单是一个地方性意象。

> 创意来自新华报业传媒集团一次"国家公祭日"内部策划会议……集团领导……想到南京城墙,提议制作一个虚拟的城墙,让网友在线添加"爱国砖",堆砌城墙,寓意"筑起我们新的长城",展示"众志成城"的意志。

这段表述不仅通过"爱国砖"和"众志成城"等词语传递出爱国主义的信息,还将活动寓意阐发为"筑起我们新的长城",由此将"城墙"这一地方意象与"长城"这一国家意象连接起来。这种意象联想不仅表现在媒体的阐发当中,也直接体现在活动页面的符号呈现上。无论是网页版还是移动端,首页都是南京城墙,而在捐砖页则变成了万里长城。地方符号和国家符号由此联系在一起,地方创伤也得以转变为民族国家的认同,这一点生动地表现在网页版首页的倡议中:"为了痛悼亡灵,为了筑起全民意志的'城墙',请您动手加块'砖'吧,一块'砖'就是一份祭奠,中华民族有14亿人口,每人加块'砖',我们就将众志成城——"在这里,城墙从"实指"转化为民族意志的隐喻。"捐砖行动"因而具有双重意义:它既是祭奠,更是"全民意志"的彰显,"捐砖"的结果是"众志成城"。

"紫金草行动"的核心意象及其寓意建立在一段故事之上。

> 1939年,一名日本人在南京紫金山上采集到一种紫色小花的种子,此后几十年,他和家人致力于推广种植此花,以反对战争,呼吁和平,并将其命名为"紫金草",从此,这种花又被称为"和平之花"。其实,紫金草就是中国的二月兰,它耐寒、耐旱,在贫瘠的土地上也能顽强生长,蕴含着无穷的草根力量。

首先,这段故事表达的是当年的加害一方"对战争的反思和忏悔"(行动宣传片),这是大屠杀主导纪念叙事中的核心要素。[①] 其次,活动的意义被表达为"用草根的顽强,让世世代代永不遗忘"(行动宣言;移动端首页),并由此"凝聚民族的力量"(行动宣传片)。与"捐砖行动"类似,"紫金草行动"不仅是一种祭奠行为,也是中华民族意志和认同的集体表达。

线上纪念活动的"构造"并不是纪念符号与行动意象的静态展示,它还牵涉到纪念脚本的设定。三个行动设定的纪念方式都是高度程式化的,参与者只能按照提示按部就班地完成整个过程。以"捐砖行动"为例,参与者在首页选择"加砖",进入加砖页面,填写加砖人姓名,选择加砖属性,并在备选的寄语中选择"加砖寄语",点击"完成",可以看到砖块的"编号",点击"确认",整个过程在一分钟内即可完成。"和平树行动"和"紫金草行动"的参与过程大同小异,它们并不繁复,也不过于耗时,不会过度渗入人们的线下生活。更重要的是,线上纪念活动构造出一个半封闭的纪念空间,其封闭性表现在两个方面:一是预先确定、无法更易的纪念符号与行动意象,参与者不能更改或自行书写新的叙事;二是程式化、仪式化的纪念脚本,使参与者只能依照事先写就的脚本完成祭奠流程。

在虚拟纪念空间内,参与者自由发挥的余地表现在对寄语的选择和填写上。其中,

---

① 李红涛,黄顺铭. "耻化"叙事与文化创伤的建构:《人民日报》南京大屠杀纪念文章(1949—2012)的内容分析[J]. 新闻与传播研究,2014(1).

"捐砖行动"和"紫金草行动"提供了若干选项供参与者选择，这些标语或口号从另一个侧面勾勒出活动背后的主导价值或叙事。"捐砖行动"在移动端设置了20条寄语供参与者选择。寄语中出现两次以上的高频词包括"中华"（6次）、"国耻"（4次）、"先烈"或"烈士"（3次）、"历史"（3次）等。寄语以"中华"认同为核心，涵盖祭奠缅怀、国耻雪耻（"勿忘国耻""实干雪耻，空谈误国"）、振兴中华（"强我中华，扬我国威"和"见证中华之复兴"）等主题。"紫金草行动"只设置了5条寄语，但与"捐砖行动"类似，它们也是在爱国主义的宏大叙事框架下，沿着缅怀遇难者、勿忘国耻、振兴中华等叙事线索而展开。

参与者在上述寄语中做出选择，并完成"捐砖"或"种草"的过程，在某种意义上可以被看作主导纪念叙事落实于个体行动的过程。以"捐砖行动"为例，焦点小组中一半参与者选择了第一条寄语"勿忘国耻，祭奠英魂"。其中一位参与者这样讲述自己的选择理由："高中的时候……（历史）老师在课上就跟我们说一些日本人的暴行，当时我特别气愤，然后写上了'勿忘国耻'……所以我这次就选了勿忘国耻。"（5号访谈）由此可见，个人经历和爱国主义教育的叠加，对参与者造成了非常深刻的创伤情感或记忆"烙印"。

概括而言，三项线上纪念活动尽管各有创意，行动意象亦不尽相同，然而借由纪念符号、行动意象的选择呈现，以及寄语的设定，它们所构建出的纪念叙事却趋于一致。首先，它们对于大屠杀的历史叙述以"30万"为核心，选择的纪念符号均为大屠杀纪念馆中的纪念物。其次，它们都倾向于将行动意象阐发得既能够表达对死难者的祭奠，又能够凝聚民族的情感和力量。最后，供参与者选择的寄语更多地传递出"勿忘国耻"等爱国主义信息。这些符号、意象和叙事元素，大多来自表征大屠杀的既有符号系统的"工具箱"，也与公祭日的宏大叙事相契合。即便是"紫金草"这样一个相对较新的符号，围绕它的叙事和对其意义的阐发也沿着主导叙事的方向展开。总之，线上纪念活动深深地镶嵌于南京大屠杀的纪念文化和悼念政治之中。

五、"生产"纪念公众

（一）数字记忆的生产逻辑

线上祭奠活动的构造，不仅受到主导叙事和纪念文化的影响，也在很大程度上受制于数字记忆的生产逻辑。举例来说，公祭日的纪念活动即便放在线上，也不能够出任何差错。其结果是，"捐砖行动"和"紫金草行动"之所以会设定备选项，既是为了让参与者可以更快地完成线上纪念流程，也是为了减少人工审核寄语的工作量（2号、4号访谈）。

为了深入理解线上纪念活动所涉及的记忆生产活动，我们就必须考察数字记忆的生产逻辑。我们发现，它与潘忠党所分析的中国媒体生产香港回归的历史叙事遵循同一逻辑①②。该逻辑的核心是，国家与受市场利益驱动的媒体在建构民族主义叙事中联姻，在报道香港回归当中高歌民族主义既符合国家的政治利益，也受到市场的青睐。因此，围绕香港回归的民族主义叙事的生产形成了国家与市场、中央与地方之间的利益调适。③

从主办者对于线上活动的定位和命名中，我们可以管窥主办活动的媒体机构的利益诉求。"捐砖行动"被定位为"全媒体互动产品"，而"和平树行动"则被描绘成"大型全媒体公益活动"。其中的关键词首先是"公益"。线上纪念活动并非孤立地存在，它们是所在媒体公祭日纪念活动的一部分。以新华报业传媒集团为例，该集团于2014年9月27日启动"国家公祭·南京1213"全媒体行动，行动由集团社长、总编辑和副总编辑牵头策划指挥，持续近3个月，被视为"新华报业有史以来报道数量最多、传播效果最佳、社会影响最大的一次重大主题性战役报道"④。其间，集团所属各媒体推出各类专栏50余个，共刊发文字报道2 000多篇（200多万字）、图片报道300多幅、音视频报道200多分钟。

线上纪念活动镶嵌于公祭日的主题报道，这意味着它们被放在同样的框架之内策划，并与其他报道和宣传活动共享同样的基调和叙事，而线上活动网页上所提供的报道链接或者公祭背景材料，则将其与线下的祭奠活动和更广阔的祭奠氛围对接了起来。此外，集团的其他媒体及其报道也成为线上纪念活动推广的重要载体。例如，《江南时报》的"警钟长鸣，众志成城"系列报道在每篇末尾或专栏题图处都附上捐砖指引或活动页面，而江苏卫视公祭日的"国之祭"直播活动则全天滚动播出"和平树行动"的活动倡议。

线上活动定位的另一个关键词是"全媒体"或"产品"。与香港回归的欢庆不同，国家公祭日的哀悼氛围令商品化或市场诉求显得不合时宜。因此，无论是《新华日报》等党报，还是《扬子晚报》《南京晨报》《现代快报》等市场化媒体，公祭日当天无一例外都运用黑白版面，且无任何广告。在线上纪念活动中，同样也见不到广告的踪影。然而，这并不意味着公祭报道（包括线上公祭活动在内）完全是自上而下的灌输之产物。实际上，线上纪念活动的开展既符合公益，也符合商业利益。就前者而言，三项线上纪念活动与早前设立的国家公祭网可谓一脉相承，都试图通过将线下的主题教育向网络空间拓展，努力扩大爱国主义在网民（尤其是年轻世代）中的影响。与之类似，前面提及的"开学第一课"的活动通知专门强调，要"有效发挥新媒体的育人功能"，而2015年4月中宣部等部门还联合下发通知，要求以"勿忘国耻　圆梦中华"为主题在网上开展

---

① DICKSON B J. Cooptation and corporatism in China: the logic of party adaptation [J]. Political science quarterly, 2000, 115 (4).

② GU E. State corporatism and the politics of the state-profession relationship in China: a case study of three professional communities [J]. American Asian review, 2001, 19 (4).

③ 潘忠党. 历史叙事及其建构中的秩序：以我国传媒报道香港回归为例 [M] //陶东风, 金元浦, 高丙中. 文化研究：第1辑. 天津：天津社会科学院出版社, 2000.

④ 顾新东. 重大主题报道的新视野新突破："国家公祭·南京1213"新华报业全媒体行动解析 [J]. 传媒观察, 2015 (2).

祭奠英烈活动。就后者（商业利益）而言，线上纪念活动被传统媒体集团视为"台网互动"或者媒体融合的创新之举。这里的商业利益不是指狭隘的广告收入，而是指向媒体的曝光度、公共形象、在新媒体环境中的用户拓展，以及一般意义上的转型探索，所有这些都具备了为媒体机构在未来带来商业利益的某些潜能。

本地媒体与异地媒体、不同媒体集团以及集团内部新旧媒体之间的多重关系极大地影响了这些线上纪念活动的推行。以"捐砖行动"为例，它对于新华报业传媒集团而言不过是众多活动中的一项，但它对中江网而言却是其"祭·忆——南京大屠杀死难者国家公祭日"网络专题的核心一环：在中国新闻奖的参评推荐表中，被列为专题四项特色之一，在三项代表作中排第一位。中江网负责人指出，公祭日纪念对于江苏媒体既是一项义不容辞的责任，也是一个非常难得的题材，就像 2013 年上海自贸区是上海本埠媒体的"独特资源"一样。① 因此，他们从一开始就打算把活动做成精品，"在很多细节上都很严格地把关"，譬如，"捐砖行动"的网页架构就是聘请专业公司搭建的（2 号访谈）。该专题最终也为中江网夺得第 25 届中国新闻奖网络专题类一等奖，收获了非常重要的官方象征资本。

此外，三家同城媒体之间的竞争也对线上纪念活动产生了具体的影响，这是皮埃尔·布尔迪厄所言的"新闻场域"② 逻辑的一种具体表现。江苏网络电视台的受访者指出，他们的"和平树行动"之所以选择"雪松"意象，一方面是"因为雪松是南京的市树"，"雪松本身就有象征战争与和平的意义"，而另一方面则是为了"能和城墙与紫金草区分开来"（1 号访谈）。这里的"城墙"和"紫金草"分别指向 2014 年 9 月 27 日启动的"捐砖行动"和 11 月 6 日上线的"紫金草行动"。"和平树行动"在意象选择上刻意地与前两项行动区隔开来。

总之，公益与"私"益相重叠的文化生产逻辑不仅塑造了线上祭奠空间的构造和大屠杀叙事，也影响着线上活动对于纪念公众的"生产"。所谓"生产"，既牵涉到触及公众，将之带入纪念空间并转变为活动参与者（记忆动员），也牵涉到对公众及其参与过程的想象和塑造（记忆共同体的建构），进而将线上纪念转化为富有意义的记忆实践。

（二）记忆动员与线上-线下连接

线上纪念空间是"虚拟的"，然而动员工作却是很"现实的"，镶嵌于记忆生产的制度环境之中。鉴于主办媒体在媒介特性、政经地位和动员能力方面的差异，线上纪念活动以不同的方式进入公众视野，触及参与人群，连接线上线下，由此营造出不同的集体祭奠氛围。

我们注意到，三项线上纪念活动表现出了不同的纪念时间或周期。新华报业传媒集团主办的"捐砖行动"于 2014 年 9 月 27 日启动，而由广电媒体主办的另外两项活动则

---

① 2013 年 9 月 29 日，中国（上海）自由贸易试验区正式挂牌成立，东方网于 9 月 28 日推出《制度创新——中国（上海）自由贸易试验区特别专题》，获得第 24 届（2014 年度）中国新闻奖网络专题类一等奖。
② BOURDIEU P. On television [M]. Cambridge: Polity Press, 2011.

分别于11月6日和11月28日上线。"捐砖行动"之所以在那个时间点推出，是因为它要与当天启动的集团全媒体行动保持同步，并借势推广。那一天，距离国家公祭日还有77天，旨在建构出"南京大屠杀77周年"的象征意义。由于新华报业传媒集团——特别是报纸——每天能够传递的信息有限，因此纪念周期被拉长。以公祭日当天为例，尽管多家报纸都推出了公祭特刊，但其版面总归相对有限。而江苏卫视则在公祭日当天推出"国之祭"直播，从早8点至晚8点持续12小时。或许由于纪念时间和纪念周期不同，因此，"和平树行动"上线虽晚却提出了"线上雪松达到百万棵"的目标，而最早上线的"捐砖行动"则将目标设定为象征30万遇难同胞的"30万块"。

从理论上讲，线上纪念活动能够触及互联网世界中的任何网民，然而事实上，其能见度受制于主办媒体在空间上的覆盖（地域覆盖和影响力）。三家媒体机构中的新华报业传媒集团和南京广播电视集团基本都只能覆盖当地，江苏卫视作为卫星频道虽然可以覆盖全国，但在网络空间内，江苏网络电视台的影响力却无法与新华报业传媒集团旗下的门户网站中江网相提并论。为了增强覆盖能力，江苏网络电视台将微博、腾讯QQ、百度、搜狐视频等13家网络媒体列为"和平树行动"的联合发起机构。而中江网则联合北京、上海、重庆等10个城市的重点新闻网站，在公祭日前夕发起了"10城联动"网络纪念活动，这恐怕是受10月中旬《新华日报》"10城联动"系列报道的启发。这一做法既增强了地方媒体公祭日报道和线上纪念活动在全国范围内的能见度，也将发生在其他城市的创伤事件（例如旅顺大屠杀、731部队、重庆大轰炸、细菌战以及"万人坑"）带入国家公祭框架，这与公祭日的主导叙事相契合。

与此同时，线上纪念活动的发起者——两家省级媒体、一家副省级媒体——积极地运用组织资源和社会资源来展开线上与线下的推广和动员。除了借助于自身的媒体渠道展开报道之外，微博和微信等社交媒体也成为重要的动员平台。例如，南京广播电视集团在活动期间共发布80条与行动相关的微博，日均2.2条。不过，三家媒体机构的动员和生产方式有所不同。

首先，线上与线下的联系强弱使得线上活动呈现出不同的线下景观。新华报业传媒集团囿于媒介形态的差异，其线下纪念更多地以新闻报道形式出现。因此，"捐砖行动"更多地停留在线上世界，并不存在线下的对应物。江苏省广播电视总台和南京广播电视集团则不同，它们在公祭日前后策划的各种活动为线上纪念向线下的延伸提供了可能。"和平树行动"和"紫金草行动"都推出了纪念徽章，徽章充当线上与线下的中介物，而佩戴徽章则成了一种现实性的纪念-记忆展演。"紫金草行动"的主办方在线上倡议网民将紫金草换作社交媒体的头像，在线下则倡议市民在公祭日当天寻访丛葬地时佩戴徽章，或者在现场活动时"用紫色的纸来折这个花"（4号访谈）。"和平树行动"则直接将线上的虚拟种树延伸到线下公祭日直播的一个环节，即"当线上雪松达到百万棵，'世界最高和平之树'将在12月13日公祭日当天在南京被点亮"。公祭日当天下午5点30分，点亮仪式在江苏广播电视塔举行：一株和平树在环绕电视塔的LED屏上慢慢成长，成为直播当中极富象征意味的线下景观。

其次，不同媒体机构所拥有的资源状况制约着动员方式的选择。政经地位相对更高的新华报业传媒集团尽管也通过中江网进行了网络推广，但它主要是通过线下的组织渠道展开动员，其动员带有鲜明的官方色彩。2014年11月初，新华报业传媒集团与江苏省教育厅和江苏团省委联合举办"国家公祭新闻行动进校园活动",一直持续到公祭日前夕。线下的动员过程由省教育厅和团省委主导,与学校合作,采取自上而下的方式,带有非常强的官方色彩。省教育厅官方微博"江苏教育发布"将"捐砖行动"的消息置顶,而团省委则建立相关的工作QQ群,也在青年手机报和手机短信平台上开展动员工作。受访者介绍了进校园的过程(3号访谈):

> 教育厅、团省委还有宣传部(引者注:应为新华日报社),这三家,下一个文件到学校,还有一些是我们私下联系的,有的是学校里面团委联系的。然后让学校里团委出面,找一个班级或几十个人,让他们到食堂门口或操场,因为一二十、二三十也够了,然后(把)一些宣传册和一张桌子往那一放,找那一二十个人拿着宣传册找同学去扫那个二维码。

受访者所提及的这份文件名为《关于在大中小学开展国家公祭日相关活动的通知》。在新华报业传媒集团内部,不同媒体之间也有分工,例如中江网主要负责8所大学,而《扬子晚报》等媒体则负责在社区的推广。除了官方渠道之外,媒体及新闻记者也利用各自的社会资本来推动公众参与。"开协调会布置宣传推广的时候,就要求跑教育的记者全部来参加,(他们)要利用自己的资源在学校里面推,跑团省委的也来推。"(3号访谈)进校园和进社区等活动在发挥现场动员作用的同时,也制造出了新闻事件,供集团内的媒体报道,进一步产生"媒体放大"的传播效应。根据主办方公布的数据,2014年11月14日活动第一站时,捐砖数为53万块,而到2014年12月11日校园行结束之时,捐砖数达160万块,这在一定程度上印证了线下动员的效力。

与新华报业传媒集团形成鲜明对照,另外两家媒体机构(尤其是江苏省广播电视总台)则主要依靠自身的媒体资源和社会资本开展线上推广。以"和平树行动"为例,为了在两周之内完成种植"一百万棵"雪松进而实现点亮和平树的公祭直播目标,具体负责该活动的江苏网络电视台——

> 调集精兵强将,成立了专门的网络推广小组……有人专门负责"发送"——根据预先准备好的内容,运用一切可以运用的网络推广手段进行推广。12月13日直播当天,百度、优酷、360新闻、新浪微博、腾讯QQ、腾讯新闻客户端等多家强势媒体都在显著位置对总台的12小时直播和"我们的和平树"活动做了推荐。

其动员工作并未局限于网络台,而是"动用全台的资源"(1号访谈),把卫视节目贴吧、明星及其粉丝群、定点合作的媒体等渠道悉数调动起来,推广力度堪称"总台历史上最大规模的一次"(1号访谈)。被动员的资源除了合作媒体之外,还包括电视主播、影视明星在内的名人。相比之下,南京广播电视集团在"紫金草行动"中尽管也运用了类似的策略,但动员效果远不如江苏省广播电视总台,两者的差距很大程度上折射了它们在媒体资源和动员能力上的差距。

(三)公众群像和参与图景

在展开线上线下动员的同时,媒体也在新闻报道中积极地描摹公众群像和参与图景,以彰显活动的成功,并进行持续的媒介动员。我们发现,在活动页面和相关报道中,主要强调公众参与的三个侧面:规模、名望和多元性。这种描摹方式,与纪念叙事中传递出的国家逻辑下对家国和民族的想象遥相呼应,也与活动文本对集体性的强调和对纪念活动意义的阐发相契合。

首先,对活动主办方而言,参与人数攀升到某个特定的数字,构成了新闻由头,媒体得以顺理成章地报道纪念活动。从 2014 年 9 月 27 日到 12 月 16 日,《新华日报》官方微博共发布 10 条与活动相关的微博,其中 7 条提及捐砖者人数。数字意味着什么?该报 2014 年 11 月 14 日的报道《国家公祭日倒计时一个月:各界虚拟捐砖达 533 842 块!》这样阐释:

> 533 842! 这是 533 842 块虚拟的城墙砖,镌刻着 533 842 个名字;这是 533 842 双关注 77 年前惨痛历史的眼睛;这是 533 842 颗为过去百年中被侵略者戕害的同胞真诚祈福、为民族的复兴和尊严慷慨自勉的心。

标题中的"倒计时一个月"表述了报纸所看重的一个纪念时间,而庞大的数字意味着"众志成城",参与者的规模及其意义则与主导纪念叙事相暗合。当捐砖数超过 100 万块时,《新华日报》于 2014 年 11 月 29 日刊登头版报道《是什么把这么多颗心聚到一起》,称"100 多万块虚拟砖的背后,跳动着 100 多万颗关切南京大屠杀遇难同胞的心"。

另外两项活动同样非常强调参与者的规模。以"和平树行动"为例,"上线 5 天参与人数超 32 万""种树人数达 56 万,留言人数超过 16 万"等表述构成了描摹公众参与的核心叙事线。在公祭日前(2014 年 12 月 10 日),多家媒体刊发报道《我们的和平树参与人数破百万 和平树即将点亮》。在"国之祭"直播中,随着电视塔 LED 屏幕上和平树的慢慢长大及点亮,其上方的"参与人数"也不断地跃升,127 万、179 万,最后定格在 190 万。后来,这一参与人数也被用作活动成功的标志:中江网填写中国新闻奖参评表时,以"全媒体互动产品得到了全球 185 万网民的参与,凝聚起复兴中华的民族精神"作为社会效果的证据,而"国之祭"直播节目的中国新闻奖推荐表也强调了"190 万"这一数字。

其次,参与者中的某些特殊人物——党政领导人或文化社会名流——受到了特别关注。与前述动员渠道相关联,新华报业传媒集团相对更强调党政人物,而江苏省广播电视总台则强调名流。"捐砖行动"的第一块砖由江苏省委常委、省委宣传部部长在启动仪式上捐出,这是一个高度仪式化的举动,次日的媒体报道也都强调了这一揭幕式的行动安排,以此展示并确认该活动的权威性与政治合法性。在"和平树行动"启动数日之后,江苏网络电视台的微信号推出《名导名作家纷纷种下"我们的和平树"》的文章(2014 年 12 月 5 日),开篇放上三位名人的植树截图,并在文中列举多位文化名人的姓名和心愿。此外,在"和平树行动"的网页上,在"我要种树"按键之下,先是列出参与者总数,继而展示出一排名人头像及简介,最下方滚动播出普通的"种树人"与"和平心愿"。这种页面编排方式,刻意强化了纪念空间中的身份政治。名人栏共列举 43 位参与者——21 位主持人、18 位文体名人、4 位学者或社会活动家,并在对应页面列出人物简介、种树截图和微博截图。

最后，活动报道也常常强调参与者在地域和身份上的多元性。《名导名作家纷纷种下"我们的和平树"》一文写道："参与网友不仅来自全国各地，还有众多身在英国、美国、加拿大等海外地区。""捐砖行动"的报道也指出："全国4个直辖市、23个省、5个自治区、2个特别行政区，还有海外同胞、友人共添加了533 842块砖。"①

虽然参与者地域分布很不均衡，江苏占有更大比重，但这些报道通过强调"海外捐砖人士来自美、加、俄等15个国家"之类的信息，凸显出对南京大屠杀的祭奠超越了地域和国家，成为全球中华儿女的共同记忆。

概括而言，在线上线下的记忆动员中，三家媒体采取不同策略，取得了不同的动员效果。首先，受制于主办机构的媒介特性，"捐砖行动"局限于网络空间，缺少相对应的线下景观；而"和平树行动"与"紫金草行动"则通过佩戴纪念徽章和进行电视直播等方式，将纪念活动从线上延伸到线下。其次，受制于主办媒体机构的政经地位和资源状况，新华报业传媒集团主要通过官方渠道进行线下动员，而江苏省广播电视总台和南京广播电视集团则主要依赖由企业社会资本所衍生出来的媒介资源和明星资源来展开线上线下的推广。最后，三项线上祭奠活动能够触及的公众规模和广度有所不同，这在很大程度上并不取决于活动本身的创意性，而在于主办机构的动员能力。不过，它们遵循着共同的记忆生产逻辑，而各自对参与公众的想象与描摹则进一步延续了该逻辑，并与大屠杀和公祭日的主导叙事相契合。由此"生产"纪念公众，即在某种意义上建构承载大屠杀记忆的"民族共同体"（national community）。

六、结论与讨论

本文以国家公祭日期间南京三家媒体机构所推出的互动式线上纪念活动为研究对象，通过多个案例的比较，考察了数字纪念空间生成背后的记忆生产逻辑。线上纪念活动并非孤立地存在，而是公祭日媒体纪念活动的一部分，后者被当作重大主题报道而备受重视。因此，媒体投入了大量精力去构造互动界面和展开记忆动员。我们发现，首先，线上纪念活动建构出的纪念叙事与大屠杀和公祭日的主导叙事之间高度契合；其次，纪念活动的展开——特别是纪念公众的"生产"——深受国家法团主义框架下的文化生产逻辑和地方媒体的制度环境之影响。

本文提出一个二维分析框架，即"文化镶嵌性"和"制度镶嵌性"，来描述与分析数字记忆的"镶嵌性"。需要强调的是，文化镶嵌性和制度镶嵌性更多的是概念和分析层面的区分，并不代表纪念叙事和记忆动员分别只受到主导叙事和制度环境的影响。举例来说，中江网的"10城联动"既有生产层面的考量（扩大地域覆盖），也呼应公祭日的主导叙事；而媒体想象与描摹纪念公众的方式既受到动员渠道的影响，也与国家公祭的宏大叙事紧密契合。就一般意义上的记忆生产而言，记忆主体（文化生产者及其组

---

① 国家公祭日倒计时一个月：各界虚拟捐砖达533 842块！[N]. 新华日报，2014-11-14.

织）在主导叙事和纪念文化的环境与氛围中展开记忆生产实践，而主导叙事则经由特定的制度与组织架构得到具体表达、强化和再生产。

本文对数字记忆生产的讨论延续了潘忠党对于香港回归的研究，并试图推进对国家法团主义之下的文化生产逻辑的探究。潘忠党的文章在末尾指出："在目前以及最近的将来，我国传媒的历史叙事都将会在这种联姻的逻辑框架内被建构，历史也将会继续在由此构成的局促的传媒舞台上登场。"[①] 世易时移，新媒体如今已为更显著的一种存在，记忆生产的场景从线下转移到线上和线下的联结，这让我们得以考察该逻辑的常与变。

本文所关注的并非普天同庆的历史时刻，而是创伤事件的纪念日。尽管如此，媒体参与建构的同样是关乎民族共同体的历史叙事，也是极具仪式性的纪念活动。在数字媒体时代，记忆实践的产物不仅包括叙事，还延展到参与性的纪念空间。媒体机构作为线上祭奠活动的主办方，为直接组织和动员公众参与做出了更多的努力。在线上纪念活动中，公众的确不再停留于纪念叙事的被动消费者，然而他们的"自发参与"在很大程度上仍然只是一种表象：一方面，纪念空间的开放性非常有限，公众的参与更像是对支配性纪念叙事和程式化记忆脚本的"操演"；另一方面，"众志成城"的亿万纪念公众在某种意义上也是这一记忆生产过程的产物。纪念叙事和纪念公众的"生产"由国家主导，文化生产机构积极配合，这与潘忠党一文中所分析的文化生产逻辑相暗合。在政经线索之外，本文亦强调纪念文化和主导叙事的影响，由此造就的线上祭奠空间是线下支配性公祭空间的一种延伸，而最终所生成的数字记忆必然被深深地打上了"民族"集体记忆之烙印。

引入"镶嵌性"概念，旨在从更为情境化的视角拓深对于数字记忆的理解。前文我们对镶嵌性文献的探讨意味着，纪念文化和制度环境并没有穷尽所有的结构性或情境性因素，但它们可以作为切入其他个案的分析维度。需要指出的是，本文对文化镶嵌性的分析，更多地聚焦于线上纪念活动所生产的纪念叙事与公祭日宏大叙事之间的呼应，至于纪念文化影响记忆生产的机制以及文化和制度之间的互嵌问题，尚有待进一步的理论发展和经验层面的比较研究。

本文聚焦三个具体案例，已带有"多个案比较"的色彩，在案例之间的确也呈现出"同中之异"和"异中之同"。当然，这种比较还可以向其他时空情境进一步拓展。就文化镶嵌性而言，纪念文化和悼念政治的差异不仅存在于民族国家的疆界之间，也存在于一国内部不同事件之间。关于南京大屠杀的集体记忆更偏向于共识性的主导叙事，官方与民间并无太大区别。针对其他历史事件的纪念文化有可能更为多元、分化，有望为数字记忆提供另类的叙事工具和资源。而在制度架构方面，官方媒体在虚拟空间中的记忆生产/动员方式都存在差异，如果将市场化媒体和民间机构也纳入考察视野，差异或许更为显著。本文的分析显示了"镶嵌性"概念开启、解读和整合经验考察所具有的潜力，而比较的分析思路是更加深入和全面理解纪念文化和记忆生产的有效途径。对不同民族、国家或体制，对不同类型的历史事件以及对遵循不同制度和技术逻辑运作的媒体进行比较，将有助于我们深入理解"镶嵌性"的机制和条件。

---

① 潘忠党.历史叙事及其建构中的秩序：以我国传媒报道香港回归为例[M]//陶东风,金元浦,高丙中.文化研究：第1辑.天津：天津社会科学院出版社，2000：234.

20世纪90年代以来中国媒介文化生产的整体性嬗变*

□ 王敏芝

摘 要

中国当代媒介文化样态及其生产体系自20世纪90年代开始发生整体性的、全方位的更新与嬗变,"媒介文化"成为大众文化发展的新样态并逐步演化为居于社会中心位置的文化形式。同时,媒介文化在生产层面体现出与消费主义意识形态的双向高度契合,也使得媒介产品在生产过程中逐渐被商业逻辑裹挟与控制。媒介文化生产在场域构成、生产理念、生产方式与话语方式等方面均显示出整体性转向,对当下及未来媒介文化面貌产生着决定性影响。

关键词

媒介文化;消费主义;文化生产;文化工业

作者简介

王敏芝,陕西师范大学新闻与传播学院教授。

当代社会是一个被媒介文化裹挟的社会,这似乎成为一个无须质疑的事实。大众传媒不断地生产与传播各种信息与产品,而这些产品也正在显示着巨大的影响力:介入日常生活、塑造观念价值甚至创造新的文化形态。为了更深入地理解和认识这个时代及其文化,我们必须更深入地理解和认识媒介文化及其生产。

中国当代媒介文化从20世纪90年代开始,在政策、市场、资本、技术和国际化环境等各种力量的作用下进行着文化形态的全面演进与嬗变,媒介文化的社会功能与内在构成也在进行全方位的重构。这些具体体现在媒介文化的生产层面,也表现出从理念到结构再到生产方式的整体性转型。

---

* 王敏芝.1990年代以来中国媒介文化生产的整体性嬗变[J].陕西师范大学学报(哲学社会科学版),2015(3).本文在编入本书时题目稍有改动。

一、从"大众文化"到"媒介文化"的文化形态演进

20世纪中后期以来的种种事实证明，大众文化已成为一种主导文化，并且牢牢占据了社会的主流地位。在中国，这同样是事实。20世纪八九十年代，随着改革开放和经济转型，大众文化也适应并迎合着大众的审美趣味和需求，不断侵占和演化着精英文化的生存空间，使原本在文化生产中占据主要地位的精英文化或高雅文化不断退缩至学界的狭小领域。同时，大众媒介在大众文化攻城略地的过程中功不可没，在大众媒介推动中，大众文化的力量日渐强大并对人们的日常生活和整个社会的文化格局产生越来越深刻的影响，实现了文化的整体转向。

这种大众文化转向的最显著特征，是文化由审美性文化向消费性文化转变，从上层建筑向经济基础转变。从传统意义上讲，人们总是将文化和具体的、现实的生活特别是经济生活加以区别，并认为文化是有价值特性和精神内涵的，古典美学也是从人的精神自由与解放的层面上探讨美和艺术的。因此，文化尤其是精英文化的价值具有超越性，超越于具体和现实的功利性。马克思对文化的认识也是基于这样的角度，文化建设的根本任务和内容，就是"培养社会的人的一切属性，并且把他作为具有尽可能丰富的属性和联系的人，因而具有尽可能广泛需要的人生产出来——把他作为尽可能完整的和全面的社会产品生产出来"①。也就是说，文化的价值并不是为了获得某种实际的经济效益，而是为了个人丰富、完整和全面的发展。但与传统认识截然不同的是，大众文化时代中文化与艺术的品性有了根本性的巨变，文化不再是人的一切属性的展现，不再是自由自律的存在形式，而是一种或者说主要是一种作为"商品"的存在。于是，大众文化在进行文化生产时其主要目的就变成了对商业利益的追求而不是精神价值层面上的体现。许多法兰克福学派的学者把大众文化生产称作"文化工业"，实际上就是指出了文化产品生产和文化艺术创作之间的巨大差异。当然，大众文化之所以能够进行大规模的文化生产，主要依赖和凭借现代科技和工业化生产与管理的经验，这些量化生产出来的文化产品为人们提供娱乐消费。这种生产逻辑已经与传统的艺术创造完全不同："今天的美学生产已经与商品生产普遍结合起来：以最快的周转速度生产永远更新颖的新潮产品（从服装到飞机），这种经济上的狂热的迫切需要，现在赋予美学创新和实验以一种日益必要的结构作用和地位。"②

大众文化正是为了满足人们日益增长的、不断发展变化的物质文化消费需求而诞生的。我们也要充分意识到我国大众文化兴起和发展的语境与西方国家有所不同，其发展态势符合我国20世纪八九十年代社会经济和政治的发展态势并与之密切关联。中国社会的经济与文化领域在改革开放之前呈现出普遍的封闭性特征：当时单一的计划经济体制，导致了市场经济机制缺失与物资相对匮乏的普遍国情；同时，文化领域呈现高度一

---

① 马克思，恩格斯. 马克思恩格斯选集：第2卷［M］. 3版. 北京：人民出版社，2012：715.
② 詹姆逊. 文化转向［M］. 胡亚敏，等译. 北京：中国社会科学出版社，2000：140.

体化特征，这些都使得大众文化较难获得大规模繁荣发展的现实条件。但随着改革开放的逐步深入，我国逐渐由计划经济体制转变为市场经济体制；随着社会经济迅速发展、生产力极大提高和物质极大丰富，中国社会也逐渐从生产型社会转变为消费型社会。于是，大众文化在拥有了生长的条件和生存的空间之后迅速蓬勃发展起来。

与精英文化相比，大众文化有着不同的策略：大众文化努力迎合大众的文化趣味，以人们喜闻乐见的形式最大限度地赢得大众的青睐。而人们则像消费物质产品一样消费文化产品，于是文化的神圣性消失了，取而代之的是其渗透至世俗生活各种日常领域，以及体验的世俗性："文化产品已经以信息、通信方式、品牌产品、金融服务、媒体产品、交通、休闲服务等形式遍布各处。文化产品不再是稀有物，而是横行天下。文化无处不在，它仿佛从上层建筑中渗透出来，又渗入并掌控了经济基础，开始对经济和日常生活体验两者进行统治。"①

在大众文化主导的社会中，除了文化品性改变之外，文化在社会功能层面也发生了巨大的改变。文化在传统观念中总是表现出超越性和批判性的意义，因为它总是高于现实并以精神价值追求为核心目标，从而在面对现实生活时表现出对立、超越和批判的姿态。但这一切目标都被大众文化消解了："通俗艺术的目的是安抚，使人们从痛苦之中解脱出来而获得自我满足，而不是催人奋进，使人开展批评和自我批评。"②但大众文化有它本身的巨大功能，即提供娱乐消遣。文化这种轻松的任务比起传统的负重来说，更让文化的接受者高兴，因为文化不再着意培育人们的批判意识和超越精神，而只是简单地去满足人们的娱乐需求和消费欲望，这一文化在功能性上的转变不可谓不彻底。也正是因为如此，大众文化也引发了学者们的诸多担忧、质疑与批判。法兰克福学派的诸多学者都对大众文化持否定性态度，其主要原因就在于他们认为如此轻松的大众文化会使人丧失精神层面的批判性。比如马尔库塞一再阐释当代西方大众文化的"单向度"，意在指出大众文化导致人们原本拥有的否定能力丧失。

大众文化研究与大众文化在中国兴起几乎同步，因为几乎所有人都在20世纪90年代感受到文化样态的巨大转型。新兴的大众文化通过大众传媒广泛传播，在工业化技术和消费社会语境下适应并代表着当代社会的文化旨趣。因此，对这种新的文化形态和文化旨趣进行思考和探究便成为人文、社会各领域学者的本能反应。人们比其他任何一个时代的人都更强烈地感受到一场深刻的社会变革和文化转向正在进行。

在大众文化兴起的过程中大众媒介起到了催生、塑造和传播的重要作用；同时，由于"新媒体"（new media）的诞生，大众文化的生产、传播与消费更是显现出新的样态。可以说，媒介文化是当代社会大众文化面貌的典型体现，是在技术理性主导下的大众文化，是大众文化发展的新阶段、新形态。媒介文化是当代资本主义不断发展的文化产品，与当代文化转向和生活方式转变密不可分，消费主义的生活方式的出现与大众传媒技术的发达直接促成了媒介文化的产生，因此媒介文化的形成也有着深刻的经济、政

---

① 拉什，卢瑞. 全球文化工业：物的媒介化［M］. 要新乐，译. 北京：社会科学文献出版社，2010：6.
② 豪泽尔. 艺术社会学［M］. 居延安，译编. 上海：学林出版社，1987：233.

治和技术原因。比如,当今媒介文化越来越强调视觉性要素,显然与新媒介的技术革命密切相关。

道格拉斯·凯尔纳在其 1995 年出版的著作中认为,应该直接使用"媒体文化"(media culture,也译为"媒介文化")这个概念并放弃原有的"大众文化"或"通俗文化"的概念,理由在于:"'媒体文化'这一概念既可方便表示文化工业的产品所具有的性质和形式(即文化),也能表明它们的生产和发行模式(即媒介技术和产业)。它避开了诸如'大众文化'(mass culture)和'通俗文化'(popular culture)之类的意识形态用语,同时也让人们关注到媒介文化得以制作、流布和消费的那种生产、发行与接受的循环。此概念也消除了介于文化、媒介和传播等研究领域间的人为阻隔,使得人们注意到媒介文化体制中文化与传播媒介之间的相互关联,从而打破了'文化'与'传播'间的具体界限。"① 凯尔纳之所以会如此认为,其充分的事实依据正是美国及大多数资本主义国家的文化形态发生了重大改变,媒介文化已经演变成社会居于中心位置的文化形式。同时,媒介文化中的视觉文化成功地制造出整个社会新的文化风尚和文化接受习惯,以书籍为代表的传统媒介文化体验遭遇到极大的排挤和压制,所以在后工业时代或后现代社会,媒介文化这一称谓便成为对文化新形态的一种事实性的确认。凯尔纳也正是在这一意义上认为:"'媒体文化'一词还有一个好处,它表明:我们的文化就是一种媒介文化。"② 同年,英国学者史蒂文森出版了他的研究成果,并考虑到诸多现代文化产品都是依靠和借助大众传播媒介进行传播的,而"各种各样的媒介传播着古典的歌剧、音乐、关于政客的私生活的庸俗故事、好莱坞最新近的流言蜚语以及来自全球四面八方的新闻。这已深刻地改变了现象学上的现代生活经验,以及社会权利的网络",所以将书名定为《认识媒介文化》(Understanding Media Cultures),而将原拟定的标题"社会理论与大众传播"(Social Theory and Mass Communication)定为副标题。③

20 世纪 90 年代后尤其是 21 世纪以来,中国的大众文化发展也进入一个异常繁荣丰富的阶段。北京师范大学的赵勇教授认为,目前的媒介技术语境是数字媒介时代,而与这种数字媒介时代相适应发展的文化形式应该被称作"融合文化"或"媒介文化"。媒介文化有一个特定的媒介融合的技术基础,也就是说,只有有了媒介融合的技术前提,才有可能出现文化融合之后的新文化形态,即媒介文化。④ 当然,无论是技术融合还是文化融合,都是不同体系不断交汇的过程,并非一种固定不变的态势。经过媒介融合之后,新的媒介文化形式便逐渐显露。这实际上也呼应了道格拉斯·凯尔纳的说法,即媒介文化这种新的文化形态是在资本主义发展到后工业时代才出现的,因为只有在后工业时代,媒介才真正成为拓殖文化的重要工具,不断地生产和传播大众文化,人们"已生活在一个由媒介主宰着休闲和文化的世界里"⑤。

---

① 凯尔纳. 媒体文化:介于现代与后现代之间的文化研究、认同性与政治 [M]. 丁宁,译. 北京:商务印书馆,2004:60.
② 同①34-35.
③ 史蒂文森. 认识媒介文化:社会理论与大众传播 [M]. 王文斌,译. 北京:商务印书馆,2001.
④ 赵勇. 媒介文化源流探析 [J]. 河南社会科学,2009(1).
⑤ 克兰. 文化生产:媒体与都市艺术 [M]. 赵国新,译. 南京:译林出版社,2012:50.

二、媒介文化生产与消费主义思潮的双向契合

从某种意义上讲，消费主义文化的全球性扩张就是全球化的实质之一。之所以这么认为，是因为消费主义文化作为文化全球化的核心内容在为资本的全球扩张铺路开道，成为全球化的文化动力。简单地说，正是广播、影视等大众传媒将消费主义文化这种意识形态散播全球、推向世界。

20世纪90年代以来，中国的媒介文化生产也不断地契合并推进着消费主义思潮在中国的传播：电视娱乐节目专注于生产感性的快乐；各种类型的影视剧通过视听方式把华丽虚幻的世界形象展示给受众，带领人们体验一种并不真切的消费主义生活；报纸设置情感专栏叙写情感世界、宣泄欲望，来满足人们的窥私欲；时尚生活类杂志用画面或者文字给人们灌输个性、时尚、品位、格调等概念，具体地指导人们如何购物消费、如何更好地生活；广告则创造消费神话、塑造明星"消费偶像"来宣扬商品，引导大众消费……消费主义文化与传媒相互渗透、相互影响。消费主义文化借传媒传播并使传媒本身发生变异，即新闻传播者成了市场商品和传媒产品的推销者，不再只是担任环境监测者和信息提供者的角色，保留了原本的意义但又拓宽了职能；受众也变为市场产品和传播内容的能动消费者，而不仅仅是原先享用媒介公共服务的公民。

在消费主义文化语境下，媒介生产与消费逐渐受到商业逻辑的控制与支配，传媒内容生产面向"消费"并为了"可消费"而生产。生产过程中对成本的计算与对利润的注重更促使传媒在叙事模式、运作理念、生产流程和制度安排等机制层面发生了一系列的变化：为了"可消费"，媒体所用的叙事模式多为内容展示模式，尤其是冲突性叙事模式；在运作理念上首先有了从计划经济到市场经济的观念转变，而且在组织新闻生产时普遍有了按市场规律办事的意识；在内容生产上要计算成本和收益，并以"收视率""发行量""点击率"等因素决定媒体的生产流程，比如应该为谁生产、该如何生产、生产或者不生产什么，等等；在制度安排方面，媒体进行策划、设计及运营时始终围绕市场经营的目标，比如媒体评估体系的设置把内容的"可消费"作为主要标准，筹划提升经营部门的位置，等等。消费主义文化渗透所引起的这些媒体运作变化，使媒介文化的整体面貌悄然改变。

在这种普遍理念支配下，文化产品的主要出品者们实际上控制着大部分文化产品市场。而按照经济理论，这些文化产品的主要生产者在产品创新方面的热情并不高，尽管他们很可能总是对产品做出一些改头换面的举动或设计以便试探市场的反应。文化创新热情不高的主要原因在于对资本安全和市场占有的维护，因为他们进行生产的支配性逻辑是最大限度地获得利润，这必然导致无法最大限度地提供消费者之所需。"每家公司都在试图获得大众市场最多的份额，垄断组织的成员之间竞争激烈，但每一家几乎都没有创新动力。这些公司更倾向于避免与创新联系在一起的风险，乐意生产高度标准化的和同质的产品。只有这些公司失去了对市场的控制而面临日渐增多的竞争压力时，它们才被迫进行创新，利用标准化程度不高的内容来销售它们的产品。"[1] 这很能说明为什么许多媒介内容总是在某段时间内表现出极强的同质化现象。比如，都市报某些栏目设置、民生新闻在各地火爆荧屏，都是一种标准化的生产；再比如，很多电视剧生产中一窝蜂式的类型化现象，清宫剧、穿越剧、谍战剧、抗战剧、情感剧等都是如此。当一种风格取得市场的时候，会迅速有大量同质性内容生产出来，娱乐节目更是这样。《超级女声》的成功催生了多少家电视台的选秀类节目，《中国好声音》的高收视率又一次引发了各大电视台的模仿。更新鲜的例证就是2013年第四季度湖南卫视引进的韩国电视真人秀节目《爸爸去哪儿》走红大江南北，其破纪录的高收视率立刻引发众多电视台的亲子类真人秀节目的跟风，西安电视台也在2014年推出自己的翻版节目《那谁去哪儿》。

内容生产方面的跟风与同质化，其根本原因是资本的安全性和利润的可控性，是面向"消费"进行"生产"的必然结果。当然，在面对如何评价媒介文化生产过程中所体现出来的消费主义理念时，本文认为应持审慎态度加以观察。中国在改革开放和现代化转型过程中伴随着大众消费文化的兴起和兴盛，消费主义文化赋予世俗人生更明确的正当性，从而在客观上摆脱了泛政治意识形态的束缚，这在当时有极大的历史进步性。但辩证地看，消费主义生活方式消耗资源的过程是不可逆的，所以消费主义文化也存在固有的"顽疾"。消费主义能加剧人们所谓的"消费水平代表地位"的观念层面的竞争，从而宰制人们的意识形态，诱发无限的欲望，甚至在某种程度上解构传统的价值取向和文化传统。人们不得不担忧中国的文化走向，因此这种操纵消费式的文化并不能真正地改善当代人的生存状态。就传媒本身来说，一方面消费主义文化会增强媒介自身的诱惑力和感染力，并且能在一定程度上释放人的本能欲望；而另一方面消费主义文化又会减少文化的多样化，削减文化的深刻性和崇高性，并且侵蚀媒介应有的文化本性。而传媒市场化直接关系到传媒消费主义文化，它大大解放了传媒生产力，但又因为国内传媒市场的不完善和市场固有的消极外部性而使得"市场失灵"和"市场失败"。综上所述，我们在考察传媒消费主义文化现象时必须把它放在全球化和我国社会转型的语境下，辩证地体察它复杂的文化意味，这样才有可能探索出媒介文化在消费时代更具合理性的生产方式和发展方向。

三、媒介文化生产的场域重构与结构调适

改革开放以来的中国现代化进程，既是一个复杂的宏大场域，又是一个包含诸多矛盾与差异的历史演进过程，它的特殊性与复杂性难以一语概之。从中心化的政治体制统摄到丰富广泛的市场经济，从高度受控严格保护的新闻场域到高度娱乐化的传媒形态，从高度现代化的东南沿海区域到相对落后的边缘地区，从极具当代消费文化特色的现代

---

[1] 凯尔纳. 媒体文化：介于现代与后现代之间的文化研究、认同性与政治[M]. 丁宁，译. 北京：商务印书馆，2004：4.

生活方式到传统复兴的诉求愿望，古今中外各种文化现象和要素都被挤压在一个当下的平面上。当代社会和文化像一个高度浓缩的巨大容器，其中蕴含了多种多样的异质成分，它们相互作用，充满了矛盾和张力。利用威廉斯的三种文化结构论来分析，我们在具体考察中国当代传媒文化时也可以找到一些处于复杂张力关系中的典型的文化形态，如大众文化、精英文化和主导文化等，还有近几年值得关注的青年亚文化形态。

大众文化遵循商品交换的市场准则，是市场导向的产业化文化，能够大批量地生产、传播和消费娱乐产品；精英文化属于知识阶层，因而常带有鲜明强烈的批判性与反思性。但精英文化毕竟限制在学术界和知识界等少数人群中，很难直接对大众产生影响。而主导文化最具有中国特色，与大众文化、精英文化都有所不同，它代表着国家或者政府的声音与利益，意识形态导向鲜明而强烈，在文化中占据主导地位。笔者认为，对中国当代这几种主要的文化形态的分析，并不能完全对应于威廉斯描述的三种文化形态，但值得我们注意和同样适用的分析则在于他所揭示的不同文化之间的相互联系又相互抵牾的关系。

在中国当代传媒场域中，大众文化、精英文化和主导文化三者关系非常复杂，它们的生产、产品传播及对各式各样文本的接收，局部或整体地影响着当下中国社会文化的形态与面貌。一方面，这三种各具特色的文化形态分别在整体文化空间中占据了不同的场域位置，拥有不同的生产资源和生产与消费主体。大众文化通过产业形态与市场交换，为大众提供广泛的娱乐式的文化消费产品。精英文化隐藏在知识阶层中间，有其特定的小范围消费群体，但这种文化形态注重反思和批判的特征使我们不能忽视它的存在和力量。而主导文化地位权威、身份优越，既有的文化体制也赋予其一定的行政权力和巨大的资源。另一方面，虽然这三种文化各有其特征，但它们并不是独立运作、互不关联的，而是在当代传媒文化场域中处于相互作用的形态中。从前一个方面看，三种文化各有其场域，这就形成了中国当代传媒文化场域的三个次场。如果用布尔迪厄的权力与文化的关系理论来分析，显然，主导文化形成了某种权力场，而大众文化和精英文化依次关联着这个权力场。即，主导文化除了有自己的次场之外，还不可避免地以种种方式作用于大众文化和精英文化。因此，不同形态的文化力量彼此互动而形成"整体"的合力，从而使中国当代传媒场域中的三种文化在拥有各自基本特质的同时又不断地相互影响和不断互动。比如，大众文化利用主导文化的体制、资源与空间来扩大自己的商业利益，大力推广运作领域；反之，主导文化也日益渗入大众文化中，正娴熟地使用着大众文化娱乐化的方式来发挥作用，改变了传统的说教与宣传方式。当下中国传媒文化最值得分析的关系形态便是这两种文化的结盟和互惠。而精英文化坚持自己的特性，从本性上与这两种文化保持距离。但精英文化由于大众文化的商业压力与主导文化的政治权力的挤压，也在悄悄地消解自己与这两种文化之间的距离，也就是越来越多的知识精英正逐渐进入大众文化传媒场域或者主导文化体制，借助它们的巨大影响力来获取货币资本与文化资本。

从传媒结构的构成层面来讲，20世纪90年代以来最重要的变化是中国大众传媒从过去单一的、一元的层级结构转向"核心-多中心"结构。所谓"核心"是指那些承担着非常重要的政治指导和意识形态建构功能的核心媒体，例如中央级的重要媒体《人民日报》《光明日报》《经济日报》等报刊,新华社、中央电视台、中央人民广播电台等机构;而"多中心"则是指由媒介生产和传播的区域化、专业化、去政治化而形成的多元功能显现。如在20世纪90年代,"中国报纸的结构已经完成了单一机关报结构到兼有经济、文化、科学、生活等多方位、多层次的结构转变。今后报纸发展的趋势,是以各级党政机关报为主逐步完善其他方面和层次的报纸,以满足社会各方面的需要"①。而到了1999年,由于第二次传媒结构调整,以广州日报报业集团的成立为开端,数十家地方报业集团相继成立,地方无线和有线电视台合并成立广播电视集团,这些都使媒介生产"多中心"的结构性特征更为明显。

通过研究我们也可以发现,20世纪90年代以来中国形成的媒介文化生产的"多中心"结构有其形成的必然性与合理性。之所以这么说,主要是因为在中国改革开放以来进行的整体性现代化的复杂转型中,媒介在整体的动力系统中承担着非常重要的功能,无论是经济现代化、信息传播现代化还是观念思路的现代化,都与媒介有着密切的关联。传媒生产结构的"多中心"恰恰适应着现代化进程的需求,体现着现代传播更多、更大的功能。

四、媒介文化生产的理念更新与话语方式变革

20世纪50—70年代,利用传媒进行社会控制是中国媒介文化生产理念的主要目标,而改革开放所启动的现代化进程改变了这一目标,"经济建设"成为整个社会的关键词。新的文化生产理念体现出不一样的生产目标:市场利益的考量一度成为文化生产的首要指标。

可以说,在20世纪80年代"市场"就已被提出,我国的经济形态也被定性为"有计划的商品经济",但直到1992年初邓小平南方谈话发表、中共十四大召开,对市场的合法性认知才真正得以确立。因此,1992年也被视为中国深化改革大潮的新起点,是中国社会又一次全面而深刻的思想解放。

对于大众媒介而言,市场理念从两个方面表现出它的影响:其一,媒介文化市场能够扩大再生产,其动力直接源于媒介产品的直接消费者;其二,这些媒介产品的直接消费者又作为"产品",成为广告主争夺的对象,而这些将受众打包售卖的传媒机构获得了可供自身发展的巨额资金。20世纪90年代的中国传媒开始承担除原有单一的政治教化功能之外的其他功能,信息传播、经济服务、文化传承、娱乐大众等功能逐渐实现,传媒亦具备了"经济实体"的崭新身份而不再仅仅是意识形态国家机器,因为市场需要不断经营拓展才能有所斩获;传媒不仅维护政治和社会稳定,同时还是市场和经济发展的催化剂,因为只有市场繁荣才能保障参与市场运营的各个环节的利益。

新的市场理念确立的另一种结果,是媒介话语方式的转变。在后现代思想家的观察

---

① 新华通讯社中国年鉴编辑部.中国年鉴1991[M].北京:中国年鉴社,1991:396.

中，话语具有非常宽泛的界定，几乎所有被书写的文本、被言说的内容与交谈都可以被视为话语，这种视角更重要的是要说明，话语不但能反映现实更能对现实起到建构的作用。这种话语的宽泛范畴与功能也启发我们可以从新的视角谈论媒介话语。尤其值得关注的是，20世纪80年代之后的中国在政治、经济、社会和文化领域都不断转型，媒介作为意识形态国家机器也因此在话语方式和话语生产形式上发生了改变，进入20世纪90年代后这种特点体现得更为明显。

放弃传媒话语的泛政治化及由此形成的单一现实建构，成为媒介话语方式改变中最突出的表现。"传统的'政治'话语权力影响淡出日常生活领域，重构了传媒内部和外部的话语关系。"[1] 其中，传媒内部话语方式的改变在包括经济、政治、军事、科学与文化娱乐等在内的传媒内容的调整和重构上体现出来，而外部的话语方式改变则主要体现在传媒与大众之间、传媒机构之间所建立起的多种新的沟通方式以及新的对话姿态上。当然，在中国特定的发展路径规范下，传媒并没有放弃意识形态的原则，而且在某种程度上还不断强化它的权威性与主导性。在这个前提下，传媒主张让传播内容更加丰富、传播形式更为多样，让传媒更具有服务性、亲和力和指导性，从而在传媒话语方式上更有人情味、更贴近受众、更能体现人本主义立场。从另一角度分析，传媒话语方式也因消费主义观念的极大影响而整体倾向于消费与都市文化，这典型地体现在青春偶像剧、都市言情剧、综艺节目、警匪剧、广告等文化生产层面，甚至体现在各种媒介传播所呈现与暗示的现代生活方式上。

话语方式的另一个重要改变是：政治话语与娱乐话语相区分。20世纪90年代以后流行全国的电视娱乐类节目、各类游戏等，为人们创造了一个与现实生活有更大距离的虚拟时空，甚至造成了"话语"与"现实"之间更大的区隔。当代传媒在功能与结构上的区分就相应地形成了话语生产的两种不同方式。按照内容分析方法进行观察，政治话语与娱乐话语有各自的功能指向与规则。政治话语的传播规范与内容规范都极其严格，表述方式固定而且有其特有的修辞手法，尽管它的信息生产量相对较小，但是具有集中权威且价值导向非常明确的特征。娱乐话语在政治话语之外成为活跃的存在形式并展现出强烈的竞争性和高度的市场化特征。娱乐节目或栏目在各级电视台、广播电台、各类报纸尤其是各种小报及地方晚报上成为主流，其数量之多已经使其成为当下传媒文化生产事实上的主要构成。当然，这也体现了娱乐话语在观念、价值观和意识形态层面极强的包容性，以及社会对娱乐节目的极大需求。

五、媒介文化生产中工业性特征的初显与强化

现代传媒作为一个完整的组织机构，有机地组合其内部各个系统；同时，各个单独的大众媒介机构又组织在一起，形成一个更为庞大的传播网络。这是人类传播史上的革

---

[1] 刘文谨. 一个话语的寓言：市场逻辑与90年代中国大众传媒话语空间的构造[J]. 新闻与传播研究，1999（2）.

命性变革，因为传统的人与人之间、个人与群体之间直接的传播方式彻底改变了，在人与人之间、个人与群体之间多了一个机构性存在，即高度组织化了的大众传播机构。这个机构的信息生产方式极大地影响着人们的信息接收方式。被法兰克福学派称为"文化工业"的大众文化生产也被纳入产业化、工业化的生产模式中，第一次和其他物质生产一样成为一种产业、一种工业，这无疑是文化生产层面最重要的改变之一。同时，"文化工业"这个概念也在20世纪90年代的中国获得了其合法性地位，而这个概念背后暗含的并不仅仅是对一种新型文化生产模式的概括，更是对现代文化生产特性的揭示。当然，这种工业性特征的凸显也有一个必须承认的前提，那就是中国媒介文化作为精神文化产品在生产层面的根本规定性。

第一，组织性。媒介文化生产的工业性特征（首先）表现为媒介文化生产的组织性（规范性）。大众文化的传播媒介是组织化了的大众传媒，这就意味着文化生产不可避免地要接受组织规范的约束和控制，而媒介文化创造也因此成为组织程序和群体动作制造下的某种结果，而不能如传统文化艺术品那样率直表露个人的性情。组织化的媒介文化生产对文化而言意味着什么，可能会产生不同的认识：一方面，组织化的运作方式会窒息文化创造中最有生命力、最有创新意味的因素；另一方面，借助传媒强大的传播效应能将原本影响有限的文化意义传播到四面八方，这应该看作创作者个性的进一步张扬，是文化效用发挥的有力保障。

第二，标准化。媒介文化生产作为典型的机械复制时代的文化形态，其最直接的后果便是文化产品标准化。标准化生产具体体现在生产要素标准化、生产流程标准化和最终产品标准化等不同层面，而生产要素和生产流程的标准化也直接导致了产品的标准化或同质化。比如，影视剧中不同类型的产品在构成要素上必然有共同的要求：将类似的生产要素按照既定的流水线般的模式和流程生产出来，所有的产品看似各不相同，本质上却是一致的。

标准化的文化生产能够保证对市场上某种需求的精准定位，能够一如既往地保障"品质"并符合大众的心理期待。比如，在偶像剧中人们一定会看到"俊男靓女＋爱情纠葛"，在动作片中一定会体验到"惊险刺激＋视觉享受"，等等。因此，那些大众文化产品看似千奇百怪，实则千篇一律。但是，制作者如果打破这种固有的模式，那么注定会引起大众的不满甚至误解。制作者们非常害怕创新，因为创新似乎总是与风险联系在一起，但迫于压力又总是在形式新颖上下足功夫。因此，我们总能看到一种媒介产品在市场上获得好评之后便有无数面貌相似的产品冒出来。中国的都市类报纸、民生新闻报道、娱乐节目等都是非常典型的标准化生产下同质化产品的代表。由此可见，标准化的文化生产抑制人们的想象力，使人们甘于平庸保守的生活，也抹杀了文化的创新精神，使文化维持现状，这种负面效应对人类有极强的摧毁力。

第三，机械复制性。传播大众化之所以能成为现实，主要是因为文本能够大批量地复制生产，这同样反映在大众文化中。大众文化又被称为"文化工业"，其原因就是大众文化制造文化产品时采用了工业化的生产方式，即机械复制。市场经济下传媒产品复制数量成为衡量大众传媒质量的重要参数，正如当下各级电视台收视率、各类广播收听率和各种报纸发行量之间的争夺战愈演愈烈，这些指标影响和左右着大众传媒的发展方向与制作原则。大众文化生产方式的机械复制性作为大众文化的重要特征之一，对文化的影响和作用恐怕非常复杂。比如在报界，向来有量报与质报之分。量报形式多样、内容通俗，拥有数量庞大的读者，而质报却少有人问津。虽不能说精品只会有少数人懂得欣赏，但多数人接触的文化产品也不一定都是好东西。所以机械复制对于文化而言也有两面性：它能将文化制品最大限度地传播给广大受众，这恐怕是它带给文化最大的好处；但它同样对文化造成了伤害，即损害了对文化而言极其重要的天性、创造力、神秘观念与永恒价值，从而让艺术作品的独特与永久的特性不复存在。

上述大众文化作为"文化工业"的基本特征主要体现在生产层面，即大众文化产品在制作过程中的程序及价值取向，最基本的特点是商品化，其他种种特征均由此派生。所谓"文化工业"的核心含义，就是将文化制品当作商品来生产，因此可以用上工业生产的操作理念和程序方法。而更重要的是，"文化工业化"将资本逻辑渗透到文化领域，对文化有重大意义：资本逻辑（即以追求最大经济效益为目的的功利性原则）不仅渗透至文化领域，而且成为文化生产的首要逻辑，这对文化的影响是极为深远的。大众文化遵从资本逻辑，这仅从大众传媒的特性中就能发现其必然性。

六、结　语

当代媒介文化生产面向新的文化消费，在场域构成、生产理念、生产方式、话语方式等方面都发生着重大变化，并由此改变着媒介文化的整体面貌与发展趋势。20 世纪 90 年代至今既是中国社会迅速全面转型的时期，亦是媒介文化在中国兴起兴盛的时期。媒介文化生产层面在此期间发生的巨大更新，成为中国文化发展与文化形态确定的决定性因素，也就是说，在这个阶段所发生的媒介文化生产层面的整体性嬗变对媒介文化的发展而言具有规定性、决定性意义。因此，对中国 20 世纪 90 年代以来的媒介文化生产进行全面关注，重点探析文化生产的系统性改变，是理解当代中国媒介文化特征及发展趋势的必要基础。

四、亚文化审视

网络虚拟社区中的趣缘文化传播*

□ 蔡骐

📖 摘要

近年来,趣缘群体在网络虚拟社区中大规模兴起。网络虚拟社区中的趣缘群体有别于现实中的社会群体,他们在现代化进程中寻求身份的认同和共同体的重建,并以新媒介技术为依托构建起"小世界网络",形成了兼具传统社群凝聚力与现代社群自由度的趣缘共同体。从本质上看,趣缘群体是一种以身份认同为基础的亚文化体系,它构建了以兴趣和情感为核心的趣缘"圈子",并形成了"圈子化"的文化传播机制:圈子内部的信息扩散同时遵循相对封闭的圈子化路径和相对开放的交错式社会网络路径,人际传播互动则表现为扁平化与层阶化并存的结构;不同圈子之间存在着或对抗或联盟的关系,而同时,其在社会支配性原则的影响下也呈现出权力等级化的链式结构。

📖 关键词

网络虚拟社区;趣缘群体;趣缘文化传播;共同体;圈子化

📖 作者简介

蔡骐,湖南师范大学新闻与传播学院教授。

随着互联网技术的发展和普及,网络虚拟社区正成长为人们互动与沟通的新型空间。尤其是伴随着 Web 2.0 时代社会化网络应用的升级,由 SNS 等社会化媒体引领的以关系为核心的传播互动风潮令网络空间中涌现出大量的社群聚合现象。其中,因共同的兴趣聚合而成的趣缘群体尤为引人注目,如豆瓣网会聚了一批文学、影视、音乐及其他小众兴趣的爱好者,科学松鼠会为来自各地的科学爱好者提供个性化的互动空间,下厨房、马蜂窝、字幕组等各类细分的兴趣圈子也成为年轻一代所追捧的文化时尚。来自不同地域的社会个体以相同的兴趣为依托进行多层次的传播互动和关系建构,演绎出异彩纷呈的趣缘文化,由此呈现的"全新的文化杂态共生状态"[①] 已成为现代社会一种重要的文化表征。趣缘群体为什么会在网络虚拟社区中兴起?网络虚拟社区中的趣缘文化

---

* 蔡骐. 网络虚拟社区中的趣缘文化传播 [J]. 新闻与传播研究,2014 (9).
① 卡斯特. 网络社会的崛起 [M]. 夏铸九,译. 北京:社会科学文献出版社,2006:441.

呈现出什么样的传播机制及互动结构？本文拟从传播学、社会学及文化研究的角度来解析网络虚拟社区中的趣缘文化传播。

一、研究对象与相关文献

趣缘群体，是社会学意义上的一类社会群体。所谓社会群体，即通过一定的社会关系结合起来共同活动的集体。趣缘群体，顾名思义，也就是经由趣缘关系结合起来的社会群体，这种趣缘关系建立在共同的兴趣爱好、价值取向的基础上，比如传统社会中的黄梅戏迷群、朋克族，网络虚拟社区中的粉丝群、小清新族群、极客、维客等。

作为一种社群聚合现象，趣缘群体早已存在于人类社会发展的历史长河中，但显然，相对于血缘、地缘群体而言，趣缘群体始终居于次要地位，因此并未成为学术界关注的重点。细究之，"趣缘"研究的萌芽最早可追溯到 20 世纪社会学家对城市社区的研究。自社会学家滕尼斯提出"共同体"（Gemeinschaf）与"社会"（Gesellschaf）的二分概念开始，关于区域和环境如何影响人类社会结构的问题便成为社区研究的重点，而共同的地域被视为是社区形成的核心前提。20 世纪 70 年代，美国社会学家费舍尔（Claude S. Fischer）提出"社区解放论"（community liberated）一说。他在《城市性的亚文化理论》一文中指出，在现代城市中，城市居民更有可能超出邻里范围和地域局限，建立更广泛的人际关系，通过社会关系形成一个个"小圈子"[①]；而在其著作《社会网络与场所：城市环境中的社会关系》（*Networks and Places: Social Relations in the Urban Setting*）中，费舍尔又进一步阐述了社会网络在城市居民生活中的作用，指出居住在非邻近地域的居民，通过特定关系（如共同兴趣或爱好、共同价值观等）组成一个群体，从而形成自己的社会网络。[②] 总之，"社区解放论"主张将社区从地域和场所中解放出来，通过广泛而自由的人际关系构建"脱域共同体"[③]（disembedded community），而在众多学者的研究中，兴趣社区（community of interest）都被视为脱域社区的一种重要类型。

除了城市社区研究之外，由伯明翰学派主导的亚文化研究也包含了趣缘文化的概念。根据学者盖尔德（Ken Gelder）的界定，亚文化群体是指以特有的兴趣和习惯，以共同的身份、行为以及所处的地域而在某些方面呈现出非常规或边缘状态的人群。[④] 可见，共有的兴趣是构成亚文化群体的内在因素之一，诸如摩登青年、光头仔等亚文化群体都是某种程度上的趣缘群体。在理论建构方面，伯明翰学派着重对亚文化风格进行解读，认为亚文化群体通过"采纳和适应物质客体，并把其重新组织为一种独特的风格，表达了他们作为一个群体存在的集体性"[⑤]。伯明翰学派对符号学、结构主义等理论的

---

① FISCHER C S. Toward a subcultural theory of urbanism [J]. American journal of sociology, 1975, 80（6）.
② 夏建中. 现代西方城市社区研究的主要理论与方法 [J]. 燕山大学学报（哲学社会科学版），2000（2）.
③ 脱域共同体，是指跨越地域形成的共同体，社会互动与情感联结是脱域共同体形成的关键。
④ GELDER K. The subcultures reader [M]. 2nd edition. London: Routledge, 2005.
⑤ HALL S, JEFFERSON T. Resistance through rituals: youth subcultures in post-war Britain [M]. London: Hutchinson, 1976: 53 – 54.

应用，以及关于风格和认同的阐述都为趣缘文化研究提供了可资借鉴的路径。此外，也有学者从社会资本的角度讨论现实社会中的兴趣社团，如美国学者罗伯特·帕特南在《独自打保龄球：美国下降的社会资本》[①] 中指出，以兴趣为纽带形成的俱乐部及其成员之间的社会交往是社会资本的重要构成。

随着网络传播技术的兴起及传统血缘、地缘关系纽带的弱化，以趣缘关系为纽带的趣缘群体开始在网络虚拟社区中大量出现。国外学术界对网络虚拟社区中的趣缘群体的研究大致遵循两种路径：一是研究现实中的趣缘群体在网络空间中的发展趋向，考察网络技术及网络文化影响下的趣缘群体的行为实践。亨利·詹金斯从"集体智慧"（collective intelligence）的视角对网络参与式文化中的媒介迷群展开研究。他指出，网络参与式文化中的媒介迷是典型的"交互式受众"（interactive audience）。[②] 交互式受众并不局限于某个单一的趣缘圈子，而是根据自身的兴趣从一个社区转移到另一个社区，通过共同的知识生产和互惠交换形成"集体智慧"，其力量远远大于各组成部分的简单相加。詹金斯认为，随着互联网与主流文化及商业文化的交融，这些业余的知识生产族群将拥有更高的"能见度"，并为大众文化开启源源不断的创新。也有学者注意到趣缘群体在网络互动中的社会交换现象，如安德烈亚·贝克（Andrea Baker）通过对虚拟社区中的摇滚乐迷的参与式观察，指出社群成员之间存在各种形式的物质交换，这些交换的物质不仅构成了社群文化，也反映了社群成员的自我价值，更重要的是，这种给予和接受的过程强化了由网络新媒介技术联结起来的个体之间的黏合度及凝聚力。[③] 二是针对网络虚拟社区的研究，这一研究路径倾向于将虚拟社区等同于趣缘社区。早在 1993 年，美国学者霍华德·莱茵戈尔德（Howard Rheingold）首次提出"虚拟社区"（virtual community）一词，将虚拟社区看作网络虚拟空间中形成的"社会性群集"（social aggregations），是"足够多的人以充分的情感进行长时间的公共讨论而形成的一种人际关系网络"[④]。此后，许多学者开始思考网络技术如何使"社区"成为可能，利斯洛夫（Rene T. A. Lysloff）指出，虚拟社区形成的核心是共同的兴趣、理念、目标以及相互的信任，它们构成了身份的集体意识，而正是基于互联网技术的虚拟公共空间、持续性沟通与信息共享为这种集体意识的确立提供了可能。[⑤]

目前，国内学术界关于现实社会中的趣缘群体的研究成果较少，现有的研究主要集中于两个层面：一是从社会学的结构功能主义视角展开的研究。如章雯从城市社会结构变迁的背景出发探讨了黄梅戏迷群产生的原因，她指出，基于趣缘的人际交往能够为人们提供工具性支持和情感性支持，由此促进群体认同并催生一种新兴的关系共同体。[⑥]

---

① 普特南，虞大鹏，赵世涛，等. 独自打保龄球：美国下降的社会资本 [J]. 规划师，2002（8）."罗伯特·普特南"，现一般译为"罗伯特·帕特南"。
② JEKINS H. Interactive audience？the "collective intelligence" of media fans [M] //HARRIES D. The new media book. London：Bloomsbury Publishing，2002.
③ BAKER A. The exchange of material culture among rock fans in online communities [J]. Information，communication & society，2012，15（4）.
④ RHEINGOLD H. The virtual community：homestanding on the electronic frontier [M]. Reading：Addison-Wesley Publishing Company，1993：6.
⑤ LYSLOFF R T A. Musical community on the internet：an online ethnography [J]. Cultural anthropology，2003，18（2）.
⑥ 章雯. 城市社会结构变迁中的趣缘群体研究 [D]. 上海：华东师范大学，2006.

二是从社会互动与认同的层面探究趣缘群体的形成过程。如苗凤祥[①]、范芳旭[②]等将趣缘群体的形成看作一个动态发展的过程，重点探讨趣缘群体如何进行群体互动、构建群体规范，以及如何形成群体归属感和群体认同。国内学者对网络虚拟社区中的趣缘群体的关注和研究，主要是伴随着虚拟社区研究的兴起而出现的，现有的研究成果主要集中于三个层面：其一，不少学者考察了趣缘群体如何作为一种重要的虚拟社群在网络社区中出现。在大部分虚拟社区研究中，趣缘群体都被视为虚拟社群的典型类型，如黄佩在其著作《网络社区：我们在一起》[③]中重点论述了以品味和兴趣为纽带形成的"迷"文化。其二，更多学者则是对代表性的网络趣缘社区展开个案研究，其中比较常见的是对网络同人女群体、Cosplay族群以及豆瓣网等趣缘社区的研究。这类个案研究大多将趣缘现象作为一种社会文化现象，综合运用亚文化、社会认同、社会资本等多种理论视角展开分析。其三，也有学者从网络趣缘群体与青少年发展的角度展开研究。如谢玉进在《网络趣缘群体与青少年发展》[④]、《论网络趣缘关系》[⑤]等文章中指出，网络趣缘关系有利于提升关系主体的主体性，丰富个体的社会关系，推动人的全面发展。

总体而言，目前国内外对网络虚拟社区中的趣缘文化传播这一现象的研究还相当薄弱。从研究成果来看，关于网络趣缘的文献资料比较匮乏，与网络趣缘文化的发展势头相比，相关理论建构和实证分析都亟待补充；从研究的切入点来看，现有的研究大多单纯地关注普通的网络虚拟社区或现实生活中的趣缘群体，为数不多的对网络趣缘现象的研究主要沿用传统的社会学理论视角，未能全面深入地探讨网络虚拟社区中趣缘文化的传播机制及趣缘群体的互动关系。本文试图在现有研究的基础上，运用跨学科的理论视角对网络虚拟社区中趣缘文化传播的规律和机制进行深入的探究。

二、重建共同体：网络虚拟社区中趣缘群体的兴起

众所周知，在现代社会，人与人之间主要是经由特定的血缘、地缘及业缘关系联结起来的。相较于家庭、邻里及职业群体而言，趣缘群体显得较为小众化、边缘化，其往往是在一定的地理范围内自发组织而成的，多以小规模的松散化的俱乐部形式存在。然而，伴随着互联网技术及应用的更新换代，现实社会中零散而小众的趣缘群体如今正在网络虚拟社区中蓬勃生长，崇尚清新、文艺的审美趣味的"小清新"，以制作恶搞短片为乐的"恶搞族"等纷纷入驻虚拟社区，组建集体的精神堡垒，开启一场场身份建构和文化认同之旅。那么，趣缘群体何以会在互联网中大规模地聚合？与现实社会中常见的家庭、邻里及职业共同体相比，网络趣缘群体呈现出哪些新特征？

---

① 苗凤祥. 趣缘群体的社会互动研究 [D]. 金华：浙江师范大学，2011.
② 范芳旭. 趣缘群体中的群体认同 [D]. 武汉：华中科技大学，2010.
③ 黄佩. 网络社区：我们在一起 [M]. 北京：中国宇航出版社，2010.
④ 谢玉进. 网络趣缘群体与青少年发展 [J]. 中国青年研究，2006（7）.
⑤ 谢玉进. 论网络趣缘关系 [J]. 重庆社会科学，2007（3）.

（一）新媒介技术与"小世界网络"的形成

"媒介信使"麦克卢汉曾指出，媒介最重要的方面，并不是根植于与文化内容有关的各种问题，而是在于传播的技术。[①] 自互联网诞生以来，网络技术不断更新换代，从以门户网站为代表的 Web 1.0 时代，到包括 P2P（点对点传输）、RSS（简易聚合）等技术形态及博客、SNS、微博客等新兴应用在内的 Web 2.0 时代，再到近几年，移动互联技术的浪潮又开始在全球迅速铺开，新媒介的革新再度深刻地影响着既有的信息传播模式。其中，以 Web 2.0 技术为基础的网络应用的推陈出新，不断促使传播由"点到面"的广播模式向"多点到多点"的互播模式转变，互播模式的群体交互性使互联网天然地具备了社区的特质，而以 SNS 为代表的社交型应用的兴盛又使基于"关系"的传播得以凸显。随着人们逐渐将沟通和互动的场域从现实社会搬至网络空间，基于互联网的虚拟社区得以确立并发展。

网络虚拟社区并不特指某种具体的网络应用，网络论坛、博客、SNS、微博等都可以构成虚拟社区。从技术层面来看，网络虚拟社区是建立在 Web 2.0 技术及应用平台基础之上的可供人们沟通与互动的公共空间。然而，正如詹姆斯·凯瑞所言："技术这一最实在的物质产品，从产生之日起就彻底是文化的产物。"[②] 基于 Web 2.0 技术的网络虚拟社区并非冰冷的物化建制，它通过对时空距离的重构，创建了一种新型的社会互动模式。

从传播的文化研究视野出发，技术的不同偏向将导致形成不同的文化建制。哈罗德·伊尼斯将媒介划分为"偏倚空间"的媒介技术与"偏倚时间"的媒介技术。偏倚空间的媒介可以跨越空间界限使信息得到延伸传播，偏倚时间的媒介所传播的信息可以超越时间的流变得到持久的保存和延续。因此，偏倚空间的媒介创造了各组成部分相互分割的"大"社会，偏倚时间的媒介创造的是紧密联结的"小"共同体。伊尼斯指出，从报纸、广播到电视，传播技术的发展历程就是人们从偏倚时间的文化逐渐转向偏倚空间的文化的历史。漫长的大众传播时代塑造了广泛的彼此分离的受众，直至互联网时代到来，新媒介技术不再延续对空间的无限偏倚，并且改写了固有的时空结构和文化规则。

首先，毋庸置疑的是，与报纸、广播、电视等传播媒介一样，网络媒介也能实现信息在空间上的无限传递。通过电脑这一终端设备，由互联网发送的信息可以瞬间传递至世界各地，形成无数的由点到面的线性信息流。然而，不同于传统媒介时代的传受分离，基于互联网的信息生产的主体可以是任何人。处于世界各地的人们，因为互联网而突破了现实空间的束缚，他们以身体不在场的形式、以虚拟的符号角色遨游于网络世界中，在信息的接收、反馈、生产与再生产中与其他无数的虚拟角色共同结成一个巨大的信息网络。值得注意的是，在这个巨大的信息场中，人与人之间并不是彼此隔离的，而

[①] 史蒂文森. 认识媒介文化：社会理论与大众传播 [M]. 王文斌，译. 北京：商务印书馆，2001.
[②] 凯瑞. 作为文化的传播："媒介与社会"论文集 [M]. 丁未，译. 北京：华夏出版社，2005：8.

是以兴趣爱好、价值理念、目标利益等因素为纽带形成了一个个虚拟社区。在此，成员之间通常是以网络应用为媒介进行"面对面"的交流，或是通过相同的符号表达及行为方式来共享文化经验。经由网络技术本身的信息储存功能、与口语传播类似的网络人际交流以及仪式化的行为，虚拟社区中的传播也能实现超越时间的信息保存和文化延续。可以说，空间与时间的矛盾在网络虚拟社区中得到了某种程度的调和，基于网络虚拟社区的传播既可以达成跨越空间的远距离的交往，同时也能实现超越时间的近距离的互动与聚合。

进而视之，正是网络虚拟社区对时空结构的重构为趣缘群体的大规模聚合提供了可能性。从空间层面来看，空间范围越大，人们找到拥有相同兴趣爱好的同伴的可能性就越大。这就意味着，一定规模的趣缘群体的形成必须跨越广袤的地理空间；而从时间层面来看，基于共同兴趣的社会交往需要完整、充裕的空闲时间，趣缘群体的形成更需要建立在常态化的社会交往的基础之上。过去，在现实社会中，固定的地理空间和线性的时间规制束缚了人类向外延伸的触角，而如今，网络新媒介技术却正好打破了时空的束缚。网络技术将分离的个体通过信息高速公路汇聚至共同的文化部落中，并将人们的碎片化的空闲时间连接整合起来，推动了跨地域的社会聚合与文化实践，由此创建、发展并维系以兴趣为轴心的关系网络。沃茨（Watts）和斯特罗加茨（Strogatz）在关于网络结构与知识扩散的开拓性研究中曾提出"小世界网络"的概念：一方面它保持着正则网络本地互动性较强、网络聚合度较高的特性；另一方面，它也兼具随机网络交往范围较广、平均路径长度较短的特点。① 很显然，网络趣缘社区就是一种典型的"小世界网络"，社会个体跨越了国家、民族及地理位置的鸿沟，因共同的兴趣随机地组合成一个个文化部落，而内在的精神纽带又促使他们积极地展开文化沟通和情感互动，由此建构了一个个随机聚合而又紧密相连的"小世界网络"。

（二）现代化进程中的社会分化与文化重聚

新媒介技术为趣缘群体的聚合提供了行动的空间和场所，然而，作为一种社会性行为，趣缘群体在网络虚拟社区中的聚合并不仅仅意味着一种简单的空间延伸，影响趣缘主体行动的根本动因还在于社会文化的变迁。

众所周知，随着我国现代化进程的加速推进，工业化和城市化的发展正促使整个社会出现一种结构性的变迁，其对整体的社会整合模式产生了巨大的影响。一方面，市场经济的发展和都市化的进程改变了人们的聚居形态和联结方式，继而导致了传统社区的失落。在市场经济发展的浪潮中，越来越多的人开始离开传统聚居的土地和家乡，涌入工业化的城市寻求发展的机会，由此，传统的以血缘、家族关系为纽带的社区逐渐消散，取而代之的是城市中画地为牢随机聚集而成的"陌生人"社区。这种新的聚居形态虽然也被称为"社区"，但其意义却仅限于共同居住的区域，是一种空间上的概念。此外，基于市场经济逻辑的社会分工，使整个社会的异质性大大增强，人与人之间更多的

---

① 李世亮. 网络社区中的"小世界网络"现象研究［J］. 传媒观察，2011（2）.

是因社会契约、经济利益关系等"理性意愿"而相互联结，缺乏亲密、友谊、共同的信仰等情感要素。另一方面，高速发展的技术和经济、持续不断的人口流动以及铺天盖地的信息洪流共同推动了现代社会节奏的加快。当前，人类社会生活的明显特征就是流动和变化。人口流动使得"人与场所的关系短暂而陌生"，也造就了"人与人之间更复杂、脆弱、不稳定的人际关系"①；迅即变化的社会环境则不停地给现代人施加压力，在"变化"的催促下，大部分人不得不集结自身的心力来追逐高效率的行动，以跟上时代前进的脚步。总之，节奏的加快不断压榨着现代人的时间和精力，其造成的后果之一就是人们的情感逐渐变得粗糙且麻木。原本相互亲近的亲朋好友因接触变少而逐渐疏离，城市中的陌生人之间的不信任感、抵触感乃至敌对意识却日渐尤甚。哲学家罗素曾说过，对长年累月定居一地的环境的亲切，源自人的慢节奏的生活和观察。② 而如今，在快节奏的社会生活中，人们逐渐丧失了对自身生活环境的情感体验，个体的精神生活亦呈现出空前的碎片化，整个社会出现了一种强烈的"原子化动向"③，原子化的社会生存无疑令现代人倍感孤独。

进而视之，传统社区的解体以及原子化的社会生存加剧了社会的分化，人们在标签、符号泛滥的信息社会中面临着难以摆脱的身份认同的困境，在此情境下，如何与性情相通、志同道合的人彼此联系，并从共同体中获得温暖、归属和认同便成为一种现实需求。问题在于，新的共同体如何才能有效重建？吉登斯认为："现代性使个体陷入自我认同的困境，面对困境，我们并非无路可走，现代社会中个人可以反思性地进行一场'生活政治'。'生活政治'是一种'生活方式的政治'，人们其实是通过对生活方式的选择来实现自我认同。"④ 很显然，兴趣是构成个体生活方式的核心要素。兴趣的形成源于人们内心的情感偏好，是自我个性的一种表征，可以为个体的自我认同提供动力和依托，因此，基于相同兴趣的聚合为共同体的重建提供了一种行之有效的路径。

再从现实文化语境来看，当前大众文化的强势崛起正不断冲击着主导文化千篇一律的陈旧感，也打破了精英文化高高在上的优越感，其将社会大众从以往单一固化的文化审美中解放出来，间接地推动了多元文化格局的形成，由此，人们的兴趣取向和文化偏好得以无限细分和增长，而以自由、个性、分众为标榜的网络媒介又正好为基于兴趣的聚合及趣缘文化的生长提供了适宜的土壤。正是在此语境中，越来越多的人怀揣着自我的兴趣爱好和价值追求，行至网络空间中寻找同好，一面积极主动地参与生产，呈现自我，在他人的反馈中获得自我身份的感知，一面在群体互动中与他人共享相同的表达方式和生活方式，并由此产生对这一"生活方式"的意义体系的认同。通过共享和认同，拥有共同信念、价值观以及生活方式的趣缘群体也就此被建构起来。

本尼迪克特·安德森（Benedict Anderson）曾提出"想象的共同体"理论，他认为即使在最小的国度，其成员也永远不可能认识甚至听说过绝大多数成员，但在每个成员

---

① 沃斯. 作为一种生活方式的都市生活 [M] //孙逊，杨剑龙. 阅读城市. 上海：上海三联书店，2007：15.
② 龙希成. 论罗素的"节奏"思想及其现代启示 [J]. 自然辩证法研究，2007 (1).
③ 田毅鹏. 转型期中国社会原子化动向及其对社会工作的挑战 [J]. 社会科学，2009 (7).
④ 吉登斯. 现代性与自我认同：现代晚期的自我与社会 [M]. 赵旭东，方文，王铭铭，译. 北京：生活·读书·新知三联书店，1998：246-253.

的内心都有着关于其所处共同体的图景。① 也就是说，"共同体"是通过共同的想象和意义的共享而建构并维系的。然而，就网络趣缘群体而言，安德森眼中的"想象的共同体"已然通过虚拟技术被建构起来，并实现了对话，虽然他们的对话仍需要通过网络这一媒介，但是，这种对话的真实性是毋庸置疑的。更为重要的是，共同的兴趣和文化偏好将不同个体的意见、思想、情感体验汇聚到了一起，由此建构的趣缘群体既契合了个体的独特文化取向，也以共同体的力量消解了个体的孤独。总而言之，网络虚拟社区中趣缘群体的兴起，是在社会分化的语境中出现的文化意义上的社会重聚，它在本质上是新时代"共同体"的重建。

（三）网络趣缘共同体：凝聚力与自由度

有学者指出，网络虚拟社区兼具传统与现代的特征，它裹挟着传统主义奔涌而来，同时又散发着强烈的现代气息，网络趣缘社区（网络趣缘共同体）更是如此。从技术层面而言，网络趣缘社区是传统社区在互联网平台的延伸，而从社会层面来看，网络趣缘社区则是对现代社会组织结构的一种精神内涵上的补充。自然，传统和现代构成了分析网络趣缘社区之特性的两种路径。

首先，网络虚拟社区自出现以来，就因其对类口语化的人际交流与群体互动的凸显而被视为是对传统精神的复兴。美国学者霍华德·莱茵戈尔德在《虚拟社区》一书中指出，失落的传统社区将有望通过网络而重生，互联网可以重现及复兴社区生活。② 社会现代化的进程见证了传统的紧密相连的"小"社区向彼此分离的"大"社会的转变，而网络趣缘社区就如同现代"大"社会中的一个个"小"社区，在此，社区成员因相同的兴趣爱好而彼此联结，他们不仅借助网络应用进行频繁而紧密的人际交流，甚至还发展出为社区成员所共享的"仪式"。传播的仪式观把传播看作文化共享的过程，它"不是一种告知信息的活动，而是共同信念的表达"③，如同传统社会常见的宗教祷告、节日庆典，各个趣缘社区中也不乏仪式化的集体行动，如百度贴吧的签到行动，豆瓣社区关于电影、书籍等的标记和评论活动等，人们在共同参与的仪式中共享意义，确认秩序，由此建构并维系一个具有强凝聚力的文化共同体。

尽管网络趣缘社区具有与传统社区类似的亲密互动和文化凝聚力，但它没有传统社区那般严密的秩序和边界。在某种程度上，网络趣缘社区的形成类似于哈耶克所谓的"自发秩序"，即系统内部自组织产生的秩序，是人的行为的产物，而不是人为（有意识）设计的产物。④ 这种自发秩序的形成与互联网本身的特性密切相关。学者彭兰指

---

① 聂磊. 网络时代的虚拟社区及其成员参与模型 [J]. 现代传播（中国传媒大学学报），2012（8）.
② RHEINGOLD H. The virtual community：homesteading on the electronic frontier [M]. Reading：Addison-Wesley Publishing Company，1993.
③ 凯瑞. 作为文化的传播："媒介与社会"论文集 [M]. 丁未，译. 北京：华夏出版社，2005：10.
④ 张文宏. 网络社群的组织特征及其社会影响 [J]. 江苏行政学院学报，2011（4）.

出:"网络赋予人们一种虚拟角色,这种虚拟角色不会像社会中的真实角色那样受到来自社会环境的影响,角色的获得完全是出于个体的意愿。"[1] 换言之,互联网的虚拟性与开放性为个体带来了选择和转换角色的自由,人们在虚拟角色的掩护下可以随意地进入或退出某个趣缘社区,而无论是进入还是退出,都不会受到来自环境的束缚或是来自群体的压力。正是伴随着社会结构性力量的式微,个人行动的自由度得到极大程度的提升,人们可以忘却并抛开现实社会角色的种种规范和束缚,遵循自身的兴趣和意愿进行主动的自我呈现和网络互动,甚至可以挖掘出一个全新的"我"并建构全新的人际关系网络。从这一层面而言,网络趣缘社区显然又是极富现代意义的。

事实上,许多社会学家曾对传统社会与现代社会的人类组织结构做出二元的类型划分。滕尼斯将人类共同生活的基本形式划分为"共同体"和"社会","共同体"基于本质意志而形成,"社会"则基于理智意志而形成。从滕尼斯的视角出发,人们选择加入某个趣缘社区,事实上是本质意志和理智意志共同作用的结果,本质意志如获得群体归属感和文化认同,理智意志则主要是对信息、知识及社会资本的渴求,本质意志和理智意志共同影响着网络趣缘社区的文化秩序,使之同时呈现出高聚合性和多元复合性。此外,法国社会学家涂尔干从社会团结的机制出发,将传统社会和现代社会分别描述为"机械团结"和"有机团结"。按涂尔干的观点,机械团结的主要特征是"集体成员具有类似的特质,情绪感受类似,价值观类似……人与人之间保持相似性与相同性,是以集体湮没个性为代价的",而有机团结则是"建立在个人异质性基础上的一种社会联系"。[2] 尽管网络趣缘社区具有明显的同质性,然而,这种兴趣认同却是建立在独特个性基础之上的。换言之,若没有个性化兴趣的支撑,就难以形成同类的聚合,趣缘群体的聚合反倒是对自我个性的一种凸显。并且,在强烈的文化身份认同的感召之外,我们始终不能忽视的是现实中的身份、角色等社会因素在每一个成员身上刻下的差异化标识。

简而言之,从社区主体来看,趣缘群体具有文化意义上的同质性,而其在社会身份上又是异质的;就社区精神而言,网络趣缘社区因其文化旨趣的同质性而产生强凝聚力,又因身份构成的模糊性和异质性而具备了自由度。网络趣缘社区对凝聚力和自由度的兼容并包也使其呈现出独特的"关系"结构:一方面,成员组成的随机性及其社会身份的差异性决定了趣缘社区中存在着大量的"弱关系",弱关系链接充当了将个体与不同的社会圈子连接起来的"信息桥梁";另一方面,趣缘群体内部互动频繁,具有高情感卷入度,展现出明显的"强关系"结构。共同的兴趣偏好和强烈的情感认同不仅可以推进趣缘文化的传播,同时也能"有效地凝聚异质化的庞大人群,将分散化的个人资源转化为强大的社会资本"[3]。总之,网络趣缘共同体既打破了传统社会的固定性和机械团结的束缚感,构建了错综复杂的人际关系链,同时又沿承了传统社区的凝聚力和认同感,弥补了现代社区的异质和疏离。正是在传统主义与现代精神的对立和统一之间,网

---

[1] 彭兰. 网络传播概论[M]. 2版. 北京:中国人民大学出版社,2009:420.
[2] 汪玲萍. 从两对范畴看滕尼斯与涂尔干的学术旨趣:浅析"共同体""社会"和"机械团结""有机团结"[J]. 社会科学论坛,2006 (24).
[3] 卞清,高波. 从"围观"到"行动":情感驱策、微博互动与理性复归[J]. 新闻与传播研究,2012 (6).

络趣缘共同体颠覆了社会整合的固有规则，建构出极具张力的社会聚合新模式，因而也具备了信息传播及文化生产的无限可能性。

三、网络虚拟社区趣缘文化传播的"圈子化"

伴随着 Web 2.0 网络技术的普及，麦克卢汉关于"重归部落化"的预言进一步实现了。网络趣缘社区就如同在互联网空间中扎根生长的文化部落，在此，人们依循个性化的审美和兴趣偏好参与到特定的部落中，进行"多对多"的群体互动，演绎着形形色色的文化传播实践，由此建构出一个又一个兴趣"圈子"。在互联网空间中，"圈子"既可指代类似"圈子"形态的网络应用，如百度贴吧、豆瓣小组、腾讯 QQ 群，也可指称因共同兴趣而聚集的人群，而除此之外，"圈子"更是我们理解趣缘文化传播机制及趣缘社区互动结构的关键所在。

（一）网络趣缘圈子的形成：以兴趣和情感为核心

共同的兴趣构成了趣缘社区的核心与纽带，也决定了社区的边界，因此，趣缘社区就如同一个个兴趣的圈子。不同的兴趣构成了不同的圈子，如"御宅圈""恶搞圈""极客圈"等，而同一兴趣类别也可能分化为多个圈子，如小清新族群就有豆瓣小清新小组、百度小清新吧等多个圈子。毋庸置疑，趣缘圈子的形成并不是一蹴而就的。圈子形成的过程，既是一定数量的个体从寻找团体到融入团体的累积过程，同时也是一个以兴趣和情感为核心的群体互动及文化实践的持续过程。

如图 1 所示，首先，从行为学角度来看，趣缘圈子的形成体现为社会个体加入圈子并融入圈子的进程。这一进程展现出一种较为普遍的逻辑与路径，即个体基于自身兴趣寻找团体、寻求引导、进行试探性交流，继而参与风格实践和关系建构，并最终成功融入圈子。

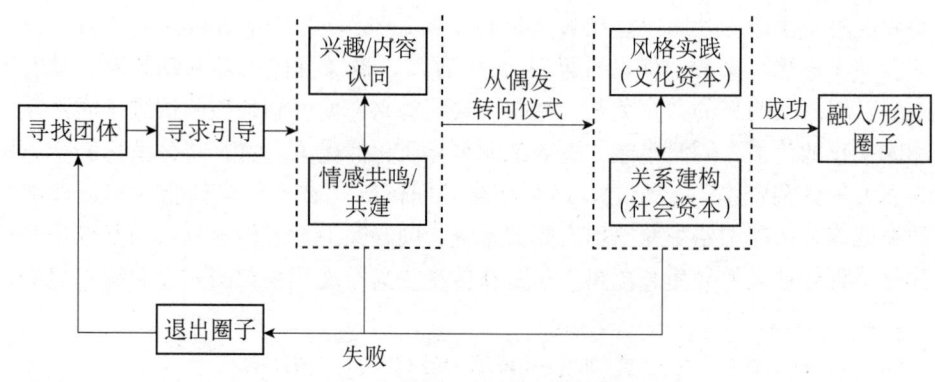

图 1　网络趣缘圈子形成的路径

个体融入圈子的行动呈阶段性发展,一开始,人们基于内心的兴趣爱好,通过搜索引擎或他人推荐寻找到与自身兴趣相契合的趣缘社区,并根据个人偏好选择加入某一社群。此时,个体会对这一陌生的环境产生认知需求,继而在社区中进行"潜水"观望或是参与浅层次的互动,从中搜寻足够的信息来消除内心的不确定性,这一阶段个体行动的主要目的是寻求引导。通过观察与互动,个体会对趣缘社区的内容及群体氛围有所判断,即能否产生兴趣/内容认同,能否形成情感共鸣。一旦兴趣/内容认同和情感共鸣都顺利实现,人们的偶发性行为便转为仪式性行为。其中,仪式既包括"他者"眼中的戏剧化、非常态的表演,如恶搞爱好者制作出极具夸张、反讽和戏谑意味的视频作品并进行病毒式的扩散传播,也包括程式化的日常行动,如百度贴吧的每日签到,维客对维基百科词条的修改、维护行动等。无论是戏剧化的文化实践还是程式化的日常传播,其共同之处在于都是以象征性符号体系进行的展演,其间暗含了文化身份的认同及意义的共享,能够推进趣缘社区的文化实践及关系建构。对个体而言,仪式性行为的践行将增进自身的文化资本和社会资本;对群体而言,一个具有文化感召力的趣缘圈子由此逐渐形成。在整个过程中,无论是内容认同、情感共建出现问题,还是在仪式性行为中遭遇挫折,都有可能导致个体退出圈子,重新寻找新的团体,如此往复。

其次,从文化研究的视角出发,网络趣缘圈子本质上是一种亚文化社区。从概念上来看,亚文化是"一种亚系统——更大的文化网状系统中的更小、更为地方化、更具有差异性的结构"[1],是"由处在从属结构位置的群体中发展出的一套意义系统、表达方式或生活方式"[2]。由是观之,趣缘文化是社会整体文化中的小众文化,趣缘圈子的形成取决于成员之间的相互认同,人群有着相似的兴趣偏好或文化品位,能够通过特殊的话语体系来确认彼此的身份。因此,趣缘社区可以被视作一种以文化身份认同为基础的亚文化体系。

作为一种亚文化社区,趣缘圈子形成的核心显然是兴趣和情感,兴趣是亚文化建构的基点所在,情感则是社区得以凝结的关键。有学者指出,在互联网行动中,情感逻辑是根本性的,对趣缘社区而言尤其如此。在趣缘社区中,兴趣和情感本就是相互促生的统一体,兴趣源自内心的情感偏好,而兴趣的认同又将促进情感的共鸣,兴趣认同和情感共建的成败决定了个体的偶发性行为能否成功转为仪式性行为。进一步来看,兴趣实际上反映了个体行动的价值理性,由兴趣所引发的趣缘社区聚合也显示了"人人都具备那些社会性的、充满移情能力的关系,以及真正深刻的、与交易和花费无关的动机"[3]。这一价值性诉求渗入趣缘群体的行动中,表现为形形色色的亚文化风格实践。比如,"小清新"们喜欢穿棉布裙、帆布鞋并使用LOMO相机,"恶搞族"热衷于以拼贴和戏仿的方式展开表意实践,"御宅族"圈子中则流行着"LOLI""控"等自成一体的语言符号。通过风格实践,趣缘群体实现了个性的彰显和文化资本的建构,并架构起同类的符号标识和精神堡垒。此外,"情感"既源于价值理性,同时又通向工具理性。美国学

---

[1] 胡疆锋. 伯明翰学派:青年亚文化理论研究[M]. 北京:中国社会科学出版社,2012:20.
[2] BRAKE M. Comparative youth culture: the sociology of youth cultures and youth subcultures in America, Britain and Canada[M]. London: Routledge, 1985: 102.
[3] 舍基. 未来是湿的[M]. 胡泳,沈满琳,译. 北京:中国人民大学出版社,2009.

者林南在关于社会资本的研究中指出，人们能够从趣缘群体中发展出一定规模的社会关系网，并从中获得"工具性资源和表达性资源"①，而镶嵌在趣缘关系网络中的所有能被动用的社会资源便构成了趣缘成员的社会资本。在趣缘社区中，隐性的社会资源向显现的社会资本的转换，正是依赖于亚文化族群的情感共建，以及建立在情感基础上的群体信任和社会交换。总之，兴趣与情感共同推进了趣缘社区的风格实践与关系建构，由此而形成的趣缘圈子亦突破了赛博空间的围墙，日渐渗透进人们的现实生活。

（二）基于圈子内部的信息扩散和传播互动

在 Web 2.0 时代，互联网不仅仅是信息传播的渠道，更是进行信息生产、互动传播与社会交往的社会界面及行动空间。人们以兴趣为基点，在互联网空间中穿梭来往，恣意编织起一个个或松散或紧密、或小型或大众的"圈子"，趣缘文化也因此呈现出"圈子化"的传播机制。那么，网络趣缘圈子内部的传播机制究竟是怎样的？我们可以分别从宏观和微观两个层面来进行解析。

（1）宏观层面主要考察趣缘圈子内部的信息扩散路径，对此，我们可以通过网络虚拟社区的结构形态来考察。

纵观当下各类网络虚拟社区，可以发现，各类不同形态的社区事实上都是由几个共同的功能板块构成的，包括广场、个人信息场、个人主页和群组。广场是没有特定边界的公共信息场域，如豆瓣同城板块；个人信息场是由信息订制和推送形成的用户个人信息库，如我们进入 SNS 网站时的"首页"界面；个人主页是用户的"形象展示"页面；群组如豆瓣小组、微群等，其在大的社区中为用户提供了细分的小圈子。

各类网络虚拟社区的形态结构呈现出不同的偏向，这直接导致了其信息扩散路径的差异。细究之，网络趣缘社区中的信息扩散呈现为两种常见模式：

一是以话题为核心、以群组为主要形式的信息传播模式，呈现出相对封闭的圈子化路径，如图 2 所示。

从应用类型来看，这一模式的典型代表是论坛和贴吧，"群组"是该类型社区的主要构成部分，而"广场""个人主页""个人信息场"则相对居于附属位置。这类虚拟社区都是围绕特定的主题建立起来的，以百度贴吧为例，每一个贴吧都有特定的主题，贴吧用户会选取与主题相关的子话题，发起"话题帖"，各个用户围绕"话题帖"进行交流互动，信息经由群组式传播在其中流通循环，由此形成以话题为中心的有一定边界的"圈子"。

二是以人为核心、以个体的社会关系网络为路径的信息传播模式，呈现为相对开放的社会化网络路径，如图 3 所示。

这一传播模式主要体现在 SNS、微博等虚拟社区中。从社区形态来看，该类型社区是将"个人信息场"和"个人主页"置于首要位置，并将这二者进行了无缝对接，前者指向信息的接收，后者是信息输送、展示及反馈的合集，"人"则是二者对接的桥梁。

---

① 林南. 社会资本：关于社会结构与行动的理论 [M]. 张磊，译. 上海：上海人民出版社，2005：235.

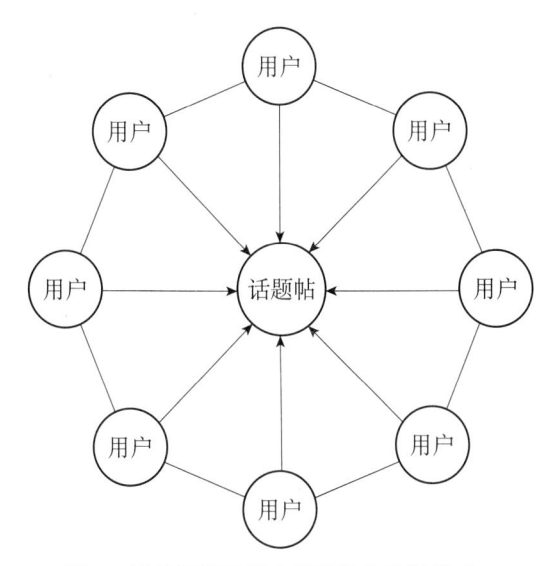

图 2　网络趣缘圈子内部的信息传播模式一

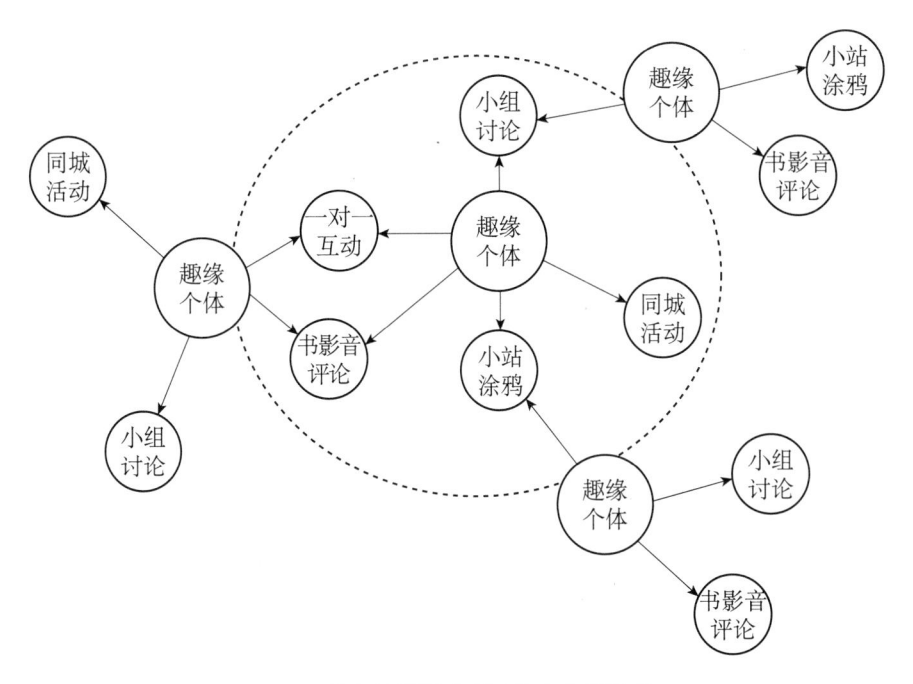

图 3　网络趣缘圈子内部的信息传播模式二

以豆瓣社区为例，豆瓣用户基于自身的兴趣爱好，可自由地在书影音公共平台、豆瓣小组及同城界面展开传播互动，而所有这些实践最终都会以不同的形式汇聚于用户的"个人信息场"及"个人主页"，在此过程中，趣缘成员经由传播互动结成的"社会关系圈"便充当了其个人的信息流动路径。进而言之，在以用户个体为中心的虚拟社区中，趣缘个体是构建信息传播路径的核心节点，"每一个节点同时扮演着信息的传播者与接收者的双重角色，节点的社会关系成为信息流动的渠道"①，由此构建了交错化的开放式信息网络。

值得注意的是，当下流行的网络虚拟社区大多同时涵盖开放式公共空间与圈子化群组，因而，网络趣缘社区中的信息传播往往呈现出圈子化与交错化并存的路径。

（2）从微观层面来看，趣缘圈子内的人际传播互动也呈现出一种复杂的关系格局。

通过对各类趣缘社区的观察，可以发现，网络趣缘社区中的互动议题大致涉及五种类型：主题讨论型、经验分享型、求助答疑型、信息整合型、娱乐灌水型。显然，不同类型的趣缘议题会形成不同的传播互动机制。基于议题的不同类型，网络趣缘圈子中的传播互动结构大体呈现为两种不同的偏向。

其一，趣缘圈子内的传播互动以碎片化聚合机制为主，呈现出扁平化的传播互动结构。这在求助答疑型与娱乐灌水型议题上表现得尤为明显。

碎片化聚合机制是指趣缘文化的传播是通过不同成员的多元化参与和碎片式表达的整合达成的，其表现为两个方面：一是参与主体的多元化，二是表达形式的碎片化与表达内容的个性化。一般来说，求助答疑型议题涉及的大多是个人性的疑惑，娱乐灌水型则是娱乐性、社交性话题，这两类议题并不需要很高的文化素养和专业技能，任何成员都可根据自身偏好来传达资讯、表达意见，在此过程中，所有碎片化的信息不断交汇并聚合，而群体的自由交互又将促进趣缘圈子的凝结。可以说，信息的碎片化聚合反映了网络趣缘圈子内部结构的扁平化。这一方面印证了基于 Web 2.0 技术的"协作式生产"模式在文化传播领域的可行性，比如，正是分布世界各地、具有不同文化背景的个体联合编写了世界上最大的百科全书；但另一方面，传播的去中心化和信息的碎片化也造就了"众声喧哗"的困局，频繁而迅速的信息流动增加了信息的冗杂度，也削减了趣缘文化实践的价值和意义。

其二，网络趣缘圈子中也会出现节点主导式的互动机制，反映出圈子内部的层阶化。

所谓节点（humanode），在互联网环境中指称作为传播主体的"人"。依据节点影响力的大小，可将节点分为基本节点和主导节点，以体现出普通个体和意见领袖的层级分化。在趣缘社区中，意见领袖或是在该文化领域掌握更多专业知识及前沿信息的人，或是对议题本身有独到且深刻见解的人，这部分人相比其他成员拥有更高的趣缘"文化资本"；有的则是因积极参与社区互动而在社群中占据更高的位置，如社区管理员，以及建构起广阔的人际关系网络的人，他们显然比"沉默的大多数"拥有更多的"社会资本"。就各类型议题而言，主题讨论型议题一般会出现多个意见领袖，信息和意见在各个主导节点间相互碰撞、相互修正，这一过程不仅决定了信息传播的广度和深度，也会影响议题的发展走向；经验分享型议题大多是由具有较高文化资本的意见领袖主导；而大多数的信息整合型议题是由社区管理人员发起的，以保证信息的统一度和连续性。由于意见领袖具备集中的话语权和更高的影响力，基于主导节点的传播互动在无形中不断形塑着趣缘社区的文化精神。

---

① 彭兰. 从"大众门户"到"个人门户"：网络传播模式的关键变革 [J]. 国际新闻界，2012（10）.

互联网技术赋予了个体自由表达和平等互动的权利，网络虚拟社区的去中心化使趣缘圈子内部彰显出丰富多彩的参与式文化，而趣缘文化的形成更是群体智慧的结晶。然而，网络虚拟社区的去中心化并非意味着绝对的人人平等。即便是在以参与、共享为理念的趣缘社区中，社会层级也依然存在，而决定趣缘圈子内部层级分化的不仅是现实中的文化资本与社会关系，还有趣缘社区自身的参与规则及文化逻辑。

（三）不同圈子之间的关系结构与场域格局

法国社会学家布尔迪厄指出，浑然一体的社会世界实际上被分化为一个个相对独立、"各自为政"的小世界——场域。场域不是一般的结构，而是充满冲突和争夺的空间。透过布尔迪厄的理论视角，整个趣缘文化世界就是一个"场域"，而整体的趣缘文化又在社会的支配性规则中被划分为若干处于不同位置的小"场域"，各个趣缘圈子在互动、冲突、联盟、分化中展现出复杂的关系结构。

首先，从横向结构来看，不同趣缘圈子之间的关系主要表现为对抗与联盟。趣缘圈子可被视为一类以风格实践为基础的亚文化社群。亚文化风格在促成圈子内部的文化认同的同时，也于无形中确立了趣缘社群的"社会定位"。换言之，风格是区分"圈内人"和"圈外人"的标识，拥有不同风格尤其是对立风格的圈子之间必然会产生对抗和冲突。比如，不同品牌手机的拥趸如"果粉""米粉"，美剧、日剧、韩剧粉丝，以及各个明星的粉丝团体之间，经常相互排斥甚至发生冲突。再如，豆瓣社区中还存在"小清新"小组和"最烦小清新"小组等直接对抗的社群。类似"最烦小清新"小组这样的社群并不是以特定的兴趣为追寻对象，而是借助"他者"的身份来公然地对抗某一趣缘文化。他们通过借用对方的文化内容及表达方式，并对之进行拼贴、戏仿和反讽，来达到情感发泄和文化抵抗的目的。然而，这种对抗式的风格实践最终反而建构且强化了被抵抗对象的文化表征。这一现象也意味着，在趣缘文化场域中，风格的存在导致了不同圈子之间的对抗，但在某些时候，对抗反倒建构了特殊的文化风格并强化了圈子内部的身份认同。

在以"群组"为主要形式的圈子化社区中，不同圈子之间主要呈对抗关系。不过，随着网络社区逐渐从传统的封闭式社区走向开放的社会化网络，不同圈子之间的联动和结盟也时有出现。毋庸讳言，在自由开放的互联网空间中，人们可以以兴趣为指引，在不同趣缘社区之间广泛涉猎，比如，一个美剧爱好者，他可能加入了豆瓣小组、美剧论坛等趣缘社区，与此同时，他还可能活跃于美食社区、摄影社区、微博等多个圈子中，通过"游牧式"的社会交往结识与自己品味相似的人，继而以此为线索编织出一个以自我为中心的关系网络。伴随着无数的个体从一个圈子游走至另一个圈子，圈子与圈子之间的界限被打破，并由此形成信息网络层面的联动。值得注意的是，虽然对抗主要发生于具有相反文化风格的圈子之间，但具有相似偏好的圈子之间也不一定会形成结盟关系。比如，同为"果粉"聚集地，威锋网和其他专业程度较低的"果粉"社区之间就有着明显的文化区隔，这一现象则涉及网络趣缘圈子内部的纵向文化等级。

其次，从纵向结构来看，不同趣缘圈子之间也会出现权力的分层。布尔迪厄指出，个体的文化实践是"惯习、资本以及场域之间关系的产物"①。行动者通过资本博弈在场域中占据不同的位置,并基于特定的位置形成不同的惯习。根据布尔迪厄的观点,趣缘文化的资本化使整个趣缘场域成为一个权力结构化的空间,由此呈现出等级化的链式结构。

其一,不同趣缘圈子的层级其实是外部社会文化权力的植入,现实社会的资本占有决定了趣缘圈子的"文化地位"。《南方都市报》曾推出一则《互联网鄙视食物链大全》②专题报道,指出了互联网中广泛存在着文化相"轻"的鄙视食物链。仅从电视剧鄙视链"英剧＞美剧＞日剧＞韩剧＞（中国）港剧＞（中国）台剧＞（中国）内地剧"及电影鄙视链"冷门国家文艺片＞欧洲文艺片＞（中国）老港片＞好莱坞大片＞（中国）内地片"来看,不难发现,越小众、越国际化、越能体现文化和学识的就越接近链条的顶端,而相应地,链条顶端文化的爱好者普遍具有更高的学历、更好的外语能力和更宽广的国际视野。也就是说,这些人占有更多的文化资本,正是文化资本的多寡形塑了文化品位的高低。当然,文化的阶层差异又是由其他社会建构的边界促成的,如经济因素、年龄和性别等。现实中,资深英美剧粉丝大多拥有优越的经济条件,贴吧在成年人眼中就是叛逆而幼稚的青少年的聚居地,而以年轻女性为主要受众的台湾偶像剧也更容易受到男权文化的排挤。毫无疑问,现实社会结构及资本逻辑始终微妙地影响着趣缘文化场域的权力结构。

其二,不同的趣缘圈子展现出各自不同的话语模式及文化实践,这些基本的生活方式,即布尔迪厄所说的"惯习",是"以阶级为根据的日常生活的细微差异的大规模集合"③。以电视剧文化链为例,在日常文化实践中,美剧爱好者明显表现出更强的生产性和创造力。美剧迷们在互联网上组建各种各样的兴趣社群,他们不仅积极地参与有关剧集情节的话题讨论,还会组建字幕组,义务翻译影片,甚至会写信给电视台发表自己对剧情的看法(当然,这些理应在遵守版权规则的基础上进行)。与美剧爱好者相比,国产剧爱好者大多只是追看剧集,然后在茶余饭后针对剧情和演员进行闲聊。可见,处于链条顶端的兴趣爱好者是典型的"参与式受众",他们主动地参与文本的生产、传播和再生产过程,从中实现自我表达和自我赋权。再如,不同的虚拟社区也表现出不同的话语模式,如豆瓣社区是偏倚情感的文艺话语,天涯、猫扑是典型的八卦模式,贴吧则是彻底的娱乐至上。很显然,处于链条顶端的趣缘圈子所表现出来的生产性、创造力及话语模式使其更容易得到社会的认可,并往往被认为更有品位。可以说,现实社会的支配性原则确立了各趣缘圈子的不同位置,位置的高低进而区分了惯习的高低,而惯习反过来又演变为一种能够在趣缘场域内部流通的文化资本,成为各趣缘群体权力等级的直接表征,趣缘文化场域就此成为一个"自成一体"的权力空间。

事实上,正是由于趣缘文化的资本化,基于兴趣的身份认同正被越来越多的人趋之若鹜。人们的自我身份建构不再需要通过"我拥有什么"来确立,而只需借助"我喜欢什么"就可以同时实现身份认同和品位标榜,以一种想象的、象征性的方式占据更具优

---

① 斯沃茨. 文化与权力:布尔迪厄的社会学 [M]. 陶东风,译. 上海:上海译文出版社,2006:161.
② 互联网鄙视食物链大全 [EB/OL]. (2012-04-07) [2014-06-30]. http://tech.sina.com.cn/i/2012-04-07/04486923463.shtml.
③ 霍尔,尼兹. 文化:社会学的视野 [M]. 周晓虹,徐彬,译. 北京:商务印书馆,2002:186.

越感的文化地位。也是在此语境之中，基于趣缘的文化传播得以透过网络虚拟社区，渗入社会大众的现实生活中，于细枝末节之处展现出不容小觑的影响力。

综上所述，网络虚拟社区中的趣缘群体既是传统社区在互联网空间的延伸，也充分反映了现代社会结构性变迁中的"社区化"动向。这正如滕尼斯所指出的，"人类需要社区"，当传统的以血缘和地缘为纽带的社区走向没落时，趣缘关系便成了人们在现代异质化社会中寻求聚合的重要路径，而新传播技术的发展又恰好为人们需求的实现提供了可能。事实上，网络虚拟社区中的趣缘文化传播正是人们在现代社会中寻找联结纽带的一种尝试，由此促成了以文化身份认同为基础的亲密共同体的重建。当然，尽管网络趣缘社区具有强烈的现代意义，但基于趣缘的文化传播又始终受到传播技术及社会结构性因素的制约，与此同时，网络趣缘文化传播实践反过来又会对现实社会的发展产生影响。作为一种新兴的社群聚合现象及文化传播现象，网络虚拟社区中的趣缘文化将如何在个体能动性及社会结构性力量的双重作用下，联结个体与社会、打通文化与经济、推进现实社会的变迁与发展，这些问题还有待于我们进一步探究。

青年亚文化视角下的审美裂变和文化断层

□ 马中红

摘 要

本文以网络文化消费与文化再生产为考察对象，认为审美之沟不再限于两代人之间，即使在同代人之内，圈层之沟、阶层之沟以及它们的不同组合所形成的沟壑，也同样会导致审美裂变和文化断层。网络不同主体借由网络语汇的生产和使用、符号重构及仪规设置等加深和巩固同类亚文化群体的审美认同，扩大不同群体间的审美差异和区隔。媒介技术的不断降维导致网络文化再生产在主体、内容和形式上不断降维，从而消解以社会精英阶层为代表的主流审美标准，放大了各类边缘群体的审美主张和价值。在此过程中，为争夺审美和文化话语权，不同群体再次强化圈层审美价值而导致社会审美共识和文化共识断裂。更深入地考察还发现，在技术平等赋权于不同书写主体时，由于教育不平等带来的文化资本权力在背后更深刻地影响着审美裂变和文化断层。

关键词

审美代沟；亚文化风格；技术降维；文化资本；文化断层

作者简介

马中红，苏州大学传媒学院教授。

一、审美文化的沟壑经纬

陶东风先生多年前就发出"两代人为什么变成了两种人"的诘问，感慨青年人为何"对父辈及其文化采取躲避、不屑和不予理睬"的态度，并且感叹"两套话语完全没有交流的可能性，相互不理解"以及"青年文化不仅与官方文化完全断裂，而且和精英文

---

* 马中红. 青年亚文化视角下的审美裂变和文化断层［J］. 广州大学学报（社会科学版），2019（3）.

化严重隔绝"。① 这样的问题应该是他所属的那代人共同的追问。遗憾的是，多年过去了，问题非但没有得到解决，反倒是更严重了，两代人仿佛变成了两个星球上的生物，同一类人也裂变成了各不相同的群体。

我们以中央电视台2018年9月初开播的一档节目《开学第一课》为个案管窥社会整体文化中审美的沟沟壑壑。该节目邀请了当时人气较高的几位娱乐圈男明星演唱主题曲并参与节目的游戏环节。制片方的初衷是以中小学生们喜欢的少年偶像来增加节目的吸引力，可未曾想到，节目开播便遭到家长们的舆论炮轰，其缘由除了强制收看、推迟播出、大量插播广告外，矛头直指四位"小鲜肉"嘉宾。家长们义愤填膺，嫌弃四位少年长得白皙柔美不阳刚，"娘味"太足不正气，微博上有的评论直接、粗暴："节目太垃圾了！强烈谴责！""什么'小鲜肉'，非常恶心！"② 主流媒体也很不客气地发声，《人民日报》发表评论文章《什么是今天该有的"男性气质"》③，认为"娘炮""不男不女"等带有贬损性的说法不妥，但少年偶像的确应该"更加积极、向上"；新华网题为《"娘炮"之风当休矣》④ 的评论文章直接将所谓"娘炮"现象称为"病态文化""不良文化"，并且认为其"对青少年的负面影响不可低估"。专家们则委婉地表达了相似的看法。某高校一位副教授认为："嘉宾方面，应该多邀请各行各业具备优秀品质、对社会有重要贡献和积极意义的人士，如科学家、劳动模范等。"一位新闻评论员也表态说："不仅要适应青少年的喜好，更需要引导他们全面地感受榜样的力量。可以选择一些智力、体力、毅力等方面突出的年轻人。"⑤ 从中不难看出，家庭、主流媒体、专家学者一致认为，"小鲜肉"们长相不符合男性阳刚气质，高颜值与聪明、努力、勤奋是不相兼容的，而阴柔气质与名利的双重导向将对青少年产生不良影响。在此舆论风暴中，无论是大众媒体中还是自媒体中都很难听到中小学生们的声音。我们转到B站去看这档节目，没有父母陪同观看的学生们对"小鲜肉"们在社交媒体中遭遇的炮轰不以为然："纯属没事找事，只是又白又帅怎么叫'娘'了？""男的长得好看就叫'娘'？""撩个头发就是'娘'了？"他们用大量弹幕刷屏，毫不掩饰地表达对偶像们的情感："我觉得挺好看啊"，"小哥哥好帅"，"好可爱"。其中不乏赞美、呵护之声。此事件虽然过去了，但精英文化审美与亚文化审美、父辈与子辈的态度有如此巨大的差异值得深思，青少年似乎完全懒得去理会家长们的愤怒和主流媒体的批评，懒得接话茬，懒得解释，更懒得辩护。

代际冲突不是一个新鲜话题，两代人之间的代沟差异也不是今天才有的情况，但两代人之间不再冲突，或者不再面对面冲突，不再试图通过沟通交流去解决冲突和增加理解，才是今天两代人遇到的最大问题。所谓"代沟"是指："由于时代和环境条件的急剧变化、基本的社会化进程发生中断或模式发生转型，而导致不同代之间在社会的拥有

---

① 陶东风. 两代人为什么变成了两种人 [J]. 民主与科学, 2012 (3).
② 中央电视台《开学第一课》，请小鲜肉当嘉宾，却因这一件事被家长吐槽 [EB/OL]. (2018-09-10) [2019-01-18]. https://baijiahao.baidu.com/s? id=1611213155310803275&wfr=spider&for=pc.
③ 什么是今天该有的"男性气质" [EB/OL]. (2018-09-06) [2019-01-18]. http://www.xinhuanet.com/video/2018-09/06/c_129948838.htm.
④ 辛识平. "娘炮"之风当休矣 [EB/OL]. (2018-09-06) [2019-01-18]. http://www.xinhuanet.com/politics/2018-09/06/c_1123391309.htm.
⑤ 央视《开学第一课》引争议 [EB/OL]. (2018-09-13) [2019-01-18]. https://www.eefung.com/hot-report/20180913174434.

方面以及价值观念、行为取向的选择方面表现出差异、隔阂及冲突的社会现象。"① 代沟一般发生在有明显年龄差异的群体中，在曼海姆（Mannheim）提出这一概念的 20 世纪 50 年代，通常以 30 岁为一代来划分；进入 21 世纪以来，原先父子为"代"或祖辈与孙辈为"隔代"的概念依然在用，但另一种新的划分得到更大范围的使用，即"80后""90后"。近年来，以 5 年为阶段划分成流行说法，有所谓"95后""00后"之称。这些新概念的出现，表明代沟的时间间隔大大缩短了，年龄相似的群体出现了"代沟"，我们称之为"同代代沟"。② 自媒体"刺猬公社"创始人叶铁桥认为："现在的鸿沟越来越多。以前，只是两代人之间有隔阂，现在你几乎跟每个年龄阶段的群体都有隔阂了。"③ 有学者以网络热词为研究对象，发现"年轻人文化生产、学习能力和追求身份区隔的主动性，进而有可能在同一生理年代、同一辈分的人群中产生出文化鸿沟和隔阂，形成'年龄之代'内部的'文化之代'"④。除网络热词外，更多青年亚文化的现象证明了同一个年龄群体乃至其他人口学属性相似群体内部在文化消费、审美趣味以及价值取向上的差异。每年 5 月 2 日为"霍格沃兹大战纪念日"，全球的粉丝以各种方式纪念这一节日，彻夜狂欢，但是，非哈（哈利·波特）迷们丝毫不为所动。

除了代际代沟、代内代沟的审美和文化冲突之外，还有一些"代沟"常常为我们所忽视，即时间维度的两代人叠加上空间维度的两代人、年龄结构镶嵌进阶层和地缘结构所呈现出来的审美沟壑，这样我们就能看到城乡、阶层、年龄三个维度所混合构成的各种"代沟"，其中，最典型的莫过于年龄相仿的同代人，因为城乡和阶层差异所表现出来的有云泥之别的审美趣味。在短视频平台"快手"上，表演者戴着粗大的金链条，文身、赤膊，面对镜头他们自虐式喝酒、自虐式吃东西、跳冰河，比赛式地以各种怪异、低俗的方式希冀博取关注、获得点赞、成为网红。卡尔·曼海姆认为："人们同时出生，或同时步入青年、成年和老年，并不意味着位置的相似；只有当他们经历同一事件或事实时才有相似位置，尤其当这些经验形成了相似的'层化的'意识时。"⑤ 同为青少年，当一、二线城市青少年在阅读《哈利·波特》时，小镇和乡村青年在网络直播间和短视频平台以"喊麦"的方式玩"音乐"，以"社会摇"的方式玩"跳舞"，城市青少年用居高临下的讶异目光围观，不无嘲讽地称他们为"土嗨"，此时，不在"同一位置"的同代人之间如何交流和对话？

二、次元壁：符号、话语和仪规

在互联网空间中，不同类型的代沟首先表现在语言符号的生产和使用方面。海德格尔认为"语言是存在的家园"，语言是思想的表达，是人与人有效交流和沟通的工具。

---

① 周怡. 代沟现象的社会学研究［J］. 社会学研究，1994（4）.
② 马中红，杨长征. 新媒介·新青年·新文化：中国青少年网络流行文化现象研究［M］. 北京：清华大学出版社，2016.
③ 叶铁桥. 代际鸿沟与"原子化"社会［J］. 青年记者，2017（18）.
④ 陈云松，朱灿然，张亮亮. 代内"文化反授"：概念、理论和大数据实证［J］. 社会学研究，2017（1）.
⑤ 曼海姆. 卡尔·曼海姆精粹［M］. 2 版. 徐彬，译. 南京：南京大学出版社，2005：57.

《圣经·旧约·创世记》"通天塔"的故事告诉我们，人们如果失去了共同语言，就失去了一起建造"通天塔"的力量，相反，上帝通过控制通用语言的形成，瓦解人类，从而获得控制人类的力量。因此，语言之争说到底是权力之争。历史也表明，语言的震荡、革新、裂变往往与社会转型期、异质文化进入、多元文化并存乃至媒介技术的变革有密切关联。毫无疑问，互联网普及使用以来，网络流行语汇[1]的大量生产和使用再次印证了这一规律，不过，这次值得注意的不同之处，即语言符号生产的主体由社会精英转向普通青少年网民，由自上而下的语言运动转向自下而上的日常文化消费和生产，而且与以往渐变不同，网络时代的语言符号是以断裂式的剧变进行的，这在网络亚文化中表现得尤为突出。

亚文化之所以"亚"，与其独特的风格相关，而语汇则是风格构成的重要元素之一。事实上，在互联网空间已经传播着成百上千的网络流行语汇，构成了亚文化特别的景观，与社会主文化和父辈文化形成明显区隔。

最引人注目的是网络流行语汇表现出来的杂糅性、模因化、模糊性和粗俗化的审美取向。就其杂糅性而言，网络流行语来源庞杂，包括激活废弃不用的古汉字、中日英词汇混杂、地方方言转普通话、采用外来和本土亚文化用语、改写大众媒体用语、生造用词用语等，网络表情包的混杂性同样在于其生成方式的多样性，Emoji、字符、卡通漫画、涂鸦、经典肖像、影视剧截图等，可谓无奇不用。模因化最典型地体现为流行语汇的大量复制、重复使用，或略加修改，再批量进入不同的语境，表达不同的情感和意义，如姚明表情包、金馆长表情包似乎可以使用在所有场景中，"元芳，你怎么看？"可以用来调侃所有不信任、不值得信任的人和事。许多网络流行语汇语义边界模糊，充分体现了汉语的多义性和引申义，使其确切意思无法锚定，比如"杯具"，按字面意思应该理解为喝水喝茶的器具，但挪用到网络流行语境中便替换了"悲剧"，用来指称所有不开心的状态，掉了钱包是"杯具"，忘带手机是"杯具"，迷路了也是"杯具"。与"悲剧"相比，多了几许自嘲自责。网络流行语汇的粗俗化历来是最被诟病的，虽然消费身体、色情、歧视、暴力和粗鄙的表达方式并非所有网络流行语汇的共同特征，但以往难登大雅之堂的词语纷纷登场的确是前所未有的。风格化的网络流行语汇，一方面的确与主文化倡导的、父辈们习惯的语言符号审美风格差异太大，彻底走向纯粹、雅致、优美和通俗易懂的语言符号之美的反面，而表现得异常混杂、粗鄙和难以理解，这就使得主文化与亚文化、父辈与子辈之间在语言符号交流和审美方面形成了难以逾越的"符号之沟"；另一方面，如果青少年们原封不动地借用主文化和父辈文化的现存语言符号，那他们如何凸显"我们"的审美独特性和文化创造性呢？这样说，并不代表替亚文化风格化的语汇辩护，而是认为创造适合表达自我的另类语言，"参与社会总体文化中表达权、创造权、话语权的再分配"，这是亚文化持续不断创造独特语汇的动因，只是得益于互联网海量文化资源和迅捷传播，构成了一波特别强劲的冲击。

当然，如果我们把网络流行语汇理解成是青年亚文化风格生成的自然产物，那就过

---

[1] 我们将网络流行语、网络表情统称为"网络流行语汇"，网络流行语包括词语、短句和语体，网络表情（emoticon）包括 Emoji、字符、卡通漫画、涂鸦、经典肖像、影视剧截图等类型。

于简单了。事实上，我们可以看出青年亚文化群体的刻意为之，审美差异、隔阂、断层往往是青年人在文化消费和生产中的主动行为。各社交平台自带的"小黄人"表情包在不同年龄群体中的使用是最广泛的，但为了刻意表明"我们"与"你们"的不同，青年人将微笑的"小黄人"故意解读成"呵呵""不想理你""无奈""好可怕"等与"微笑"毫不相干的意思，并以此界定使用者是否为"同一伙人"。在葛兰西学派文化学者看来，任何文本都不是意义的来源，意义永远是一个斗争与协商的场域，年青一代给微笑"小黄人"注入消极的含义，当父辈依然用微笑"小黄人"表达一种友善时，青年人则不屑地哂然一笑。与此异曲同工，青年亚文化群体都刻意创制自己的专属用语，饭圈话语、耽美话语是其中非常成熟的亚文化"语系"。豆瓣上有一则流传很广的"饭圈必懂常用语言科普"，列出了近六十个粉丝圈层的常用语，诸如"团饭""唯饭""私生饭""C位""脱非入欧""酸菜""小龙虾""蒸煮"等，从大量跟帖来看，不在饭圈的同代人，其实也是难解其意的。在影视剧将耽美亚文化带出"圈"之前，其独特的整套话语同样令"非我族类"傻眼。如此刻意建构的"符号之沟"或曰"次元墙"，不只适用于二次元文化，而且是横亘在主文化与亚文化、父辈文化与子辈文化、同代不同文化以及不同青年阶层之间的普遍现象，既阻断他人的窥视、进入，也区别于其他圈层，还反身强化圈层共同体的辨识度和认同感。

亚文化圈层内部约定俗成的礼仪和规范在群体身份认同和区隔中具有重要意义。B站会员的注册制度从一开始就构建起社会壁垒。按此制度，申请入会只有两种方式，一是通过老会员代码邀请，二是通过站内测试。而其测试题难度之高被称为"中国御宅学高考"，100道题大多数与ACG（animation，comic，game，ACG）文化相关，譬如"《妖精的尾巴》中哈比的声优是谁？""《我的朋友很少》中邻人部第一次和宿所吃的晚饭是……？""巡音的音源是谁？"等，达到60分才能及格成为B站会员。毫无疑问，这些测试题的内容都是二次元群体的共享文化，有其一整套的语言符号密码，入会考试具有极强的仪式感。当然，入会之后，大家通过点赞、评论、弹幕吐槽等互动方式，一起看新番，一起追二次元偶像，一起进行二次创作，这些都有约定俗成的礼仪规制，甚至B站每年除夕还有自己的"拜年祭"，充满仪式感。2018年的"拜年祭"开始半小时，直播间人气值就突破了3 000万，"二次元的春晚，B站拜年祭让我看哭了"，"不看春晚看B站拜年祭是我最后的倔强"，拜年祭直播时的弹幕夹杂着许多符号、表情、圈言圈语。身处圈外的我们既感觉发蒙，却也为那份真挚的激情和集体狂欢所裹挟。

语言符号最终指向审美价值认同，青年亚文化语言符号的多样性和不可通约性是否反映了他们关于何为美的价值取向呢？什么是美？在主导文化和父辈文化中，毫无疑问美是有统一标准的，简单来说就是真善美，但是，对于青年亚文化来说，"美"并没有统一标准，美是个性的、多元的、自我的，也是流动的、时尚的、酷萌的。近年流行的"污文化"典型地反映出两代人之间审美价值的差异。《现代汉语词典（第7版）》将"污"解释为"浑浊的水，泛指脏东西"，在此意义上形成了一大串相关的成语，譬如"污言秽语""污七八糟""藏污纳垢""污泥浊水""同流合污"，可以说凡与"污"字搭边的词语都是负面的、贬义的。但是，随着"污文化"流行，"污"的原义被改写了。"污"不等同于脏话、黄段子，在亚文化词典中，"污"与情色和性欲相关，但通常以含蓄、暗示的语言文字和视觉符号加以表达，并需要通过使用者的想象和联想来完成意义的缝合，比如阿Q说"吴妈，我要和你困觉"那是低俗和猥琐的，而徐志摩的诗句"我想和你一起醒来"、梁羽生说"两个人获得了生命的大和谐"、诗人聂鲁达说"我想在你身上做春天对樱桃树做的事"，这是网络新生代所认为的"污"。通常，"污"的审美效果需要通过符号拼贴、语境置换等手法将原义解构掉，重新生成新义来完成，"污"表情包，截图通常来自广为流行的电视剧，文字也来自影视剧原台词，被截图后从原有的剧情中抽离出来，以获取指鹿为马的调侃和戏谑的审美意义。一些脱口秀节目深受青年群体的喜欢，与传统电视综艺节目的"高大上"和伟岸正气不同，它们的辩题都很"接地气"，与目标受众的情感、困扰和成长密切相关。比如"好朋友的恋人出轨，你要不要告诉好朋友？""精神出轨和肉体出轨你更不能接受哪个？"等，而身体与性爱、友情与背叛、婚姻与出轨诸如此类特别私密的话题在传统文化语境中，比如公共电视、课堂或家庭中很少会公开讨论，网络综艺却特别擅长在娱乐、八卦、搞笑中去展开话题讨论，在正反观点交锋中呈现的观点也直接挑战了传统审美、道德和价值观。

三、技术降维，书写祛魅与审美裂变

凭借语言符号、异质审美、特殊仪规和价值观建构起来的次元壁，顺利完成了两代人以及同代不同圈层群体的区隔，而这一切都离不开特定的文化消费和再生产场所——互联网媒介技术及其空间形态。文化研究学者道格拉斯·凯尔纳认为："媒体文化是一种将文化和科技以新的形式和结构融为一体的科技-文化，它塑造诸种新型的社会，在这些社会中，媒体与科技成了组织的原则。"[①] 提出"媒介即信息"的观点，并认为媒介技术改变了人类感知方式和社会关系的麦克卢汉在形容对他产生重大影响的经济史学者伊尼斯时这样评述："一旦确定了文化中占支配地位的技术，伊尼斯就可以断定：这一技术是整个文化结构的动因和塑造力量。他还可以肯定，占支配地位的技术形态及其力量必然要受到掩盖，是该文化中的人看不到的……"[②] 换言之，媒介技术是支撑整个文化的基础框架，只要确定了文化中占支配地位的技术，就可以确定这一技术是整个文化结构中的动因和塑造力量。

在媒介技术发展史上，大部分新媒介技术的出现都会或多或少地影响文化的书写形态和审美趋向。印刷技术引导我们走向文字书写和理性的、逻辑的、韵律的审美，摄影技术的发明促使我们追求高于生活而又具有艺术本真的审美，电视技术的普及使我们的审美趋于平面和浅薄。但无论是文字书写、图像书写，还是视像书写，内容生产都由少数人完成，信息传播则由生产者单向度地向受众传输，信息回馈机制几近于零，而随着每一波新的书写工具的出现，受众群体却越来越庞大，参与程度也越来越深。

互联网技术肇始于20世纪60年代末，与二战之后西方青年亚文化的兴起相伴而

---

① 凯尔纳，贝斯特. 后现代理论：批判性的质疑 [M]. 张志斌，译. 北京：中央编译出版社，2011：4.
② 麦克卢汉，秦格龙. 麦克卢汉精粹 [M]. 何道宽，译. 南京：南京大学出版社，2000：137-147.

生,两者互为动力。与之相似,中国的情形大致是官方和学术机构对其的使用晚了近二十年,民用则晚了三十多年。2000年之前我们处于拨号上网状态,资费昂贵,网络内容的书写以文字为主,书写主体以科研机构、政府部门为主。张树新和她的瀛海威信息通信有限责任公司开启了中国网民自主书写内容的第一步,尽管书写工具仅限于文字,仅限于聊天、发帖,参与的人数也极其有限。另外值得一提的人物是张朝阳,他从美国麻省理工学院博士毕业后回国创办爱特信信息技术有限公司(搜狐前身),他以玩滑板、拍写真等当时非常另类的方式为自己和互联网公司打造了一个时尚前卫并且挑战成功人士传统规范的"酷"形象。2000年之后虽然出现了带宽数倍于拨号上网的ADSL,但个人内容生产主要表现在论坛(BBS)发帖,以及少量网络音频和Flash动画方面。"像以BBS(留言板系统)为轴心的主要网络文化代表了技术领域的螺旋式前缘。乐于使用BBS的主体,是由技术娴熟的职业用户和熟悉电脑的青年人构成的地下网络。"① 有条件、有能力从事新媒介技术开发的仅仅是青年群体中的极少数人,相比之下,其他人只是得益于新媒介技术的使用。

互联网技术与个人多媒体书写的元年毫无疑问是2005年,是年,网络进入Web 2.0时代,网民个人书写内容得以更广泛地展开,并且以两种不太相同的方式发展。第一种是城市文化人的书写。以新浪为代表的博客,是精英知识分子的天堂;以豆瓣网为代表的趣缘社区则是"散发着深厚文艺气息"的城市小知识分子的根据地;天涯、西祠胡同等火热的论坛会聚了更多城市草根网民,与此同时,优酷、土豆、酷六、我乐网、六间房等一大批视频网站出现,吸引了更多的网络使用者。至此,技术改变书写主体的情形还不是太明显,无论是文字、图片,还是音频、视频内容的生产者都依然是现实社会体系结构中拥有文化话语权的知识分子、活跃的城市小知识分子和互联网技术精英。以视频内容为例,当年风靡全网的视频作品《大史记》三部曲,第一部《大史记1》由当时在北京电视台工作的卢小宝导演,第二部《大史记2·分家在十月》由中央电视台《东方时空》原班人马配音,第三部《大史记3·粮食》出自中央电视台《百姓故事》栏目组。而只有拍摄《一个馒头引发的血案》的胡戈才是真正意义上的"草根网民",名不见经传。换言之,精英知识分子、技术精英、都市小知识分子携带着印刷时代的审美基因和书写特质来到互联网新时代,虽然用键盘替代了钢笔,用屏幕替代了稿纸,但和往常一样,以文字为媒进行书写,讲究表情达意、文通句顺、逻辑自洽、修辞华美。视频内容生产也相仿,上述《大史记》三部曲拍摄专业、画面精美、剪辑流畅、配音地道、一气呵成,是专业级的电影作品。胡戈虽然寂寂无闻,但其实也是典型的文艺青年,出身文艺世家,从事主持、音乐制作和视频处理等相关方面的工作。第二种是平民的个人书写。以榕树下、起点中文、晋江原创网等为代表的文学网站上开始聚集起大批年轻的平民创作者。据记载,2005年,榕树下每日投稿量在5 000篇左右,稿件库有300多万篇的存稿,并以每日1 000篇的速度递增。王朔受邀参加榕树下举办的首届网络文学大奖赛后撰文感叹:"什么叫人民战争的汪洋大海?这就是了。"当时在榕树下担任文学总监的陈村,他的兴奋点则是没有编辑了:"以前我把稿子发给编辑,编辑一看

---

① 陶东风,胡疆锋. 亚文化读本[M]. 北京:北京大学出版社,2011:418.

不行,就把稿子退回来。这个事情以后不会发生了,不至于因为编辑的不同意而让读者无法读到。"① 虽然文学网站的书写者平民化,文学网站也可以无条件进入,但总体来看早年从事网络文学写作的群体依然摆脱不了文字媒介的情愫、审美和思维惯性,从而保证了早期网络文学的质量。

2009年初,3G网络开通,首批3 070万手机上网的网民出现。同年,新浪微博上线内测,互联网迎来了社会化媒体的新阶段。微博这类兼具通信和社交媒介性质的互联网产品面市,一方面彻底消解了网络文化内容生产的精英主义色彩,将书写的权力交给了所有上网者。一条微博限140字,对知识精英擅长的表达方式和印刷技术培育出来的文字审美趣味是第一次影响深远的冲击,文字书写往后将越来越不重要,而短文字加一张图片(之后发展到一次可以上传九张图片)事实上极大地降低了书写难度,使得更多人有能力参与书写。另一方面,新浪微博号称"随时随地发现新鲜事"意味着对内容不再设限,即写即现,省却了斟字酌句的过程。新浪微博官方公布的数据显示,2010年初,新浪微博每天发博数可达2 500万条,其中有38%来自移动终端。新浪微博在成为深受大众喜爱的娱乐休闲生活服务信息分享和交流平台的同时,改变了网络内容的生态结构。原先单一的内容生产PGC模式被打破,更多元更丰富的UGC内容生产模式日趋主流,网络内容碎片化、日常化、娱乐化。2011年,微信上线,由于其技术门槛更低,语音短信、视频、图片和文字等内容生产书写工具更智能化、便捷化,因而朋友圈、公众号成为比微博更大的UGC内容生产和分发平台。

与微博、微信这类大众使用的网络平台不同,网络亚文化垂直型平台在大众视野之外的天地里自由生长,聚集起大批年轻的平民用户,比如网络文学领域的"起点中文""晋江文学城",二次元世界的AcFun、B站,以及不可计数的百度贴吧和豆瓣小组。

网络技术发展至此,网络文化内容生产模式已经发生巨大变革:生产主体由精英阶层书写的专业内容生产(PGC)转向普通网民参与的非专业性内容生产(UGC),其中,最为引人注目的是青年网民的内容生产能力;内容传播方式由先编后发的单向传播向即写即现的双向多点传播转向;内容呈现方式由图文为主转向多媒体,文字的重要性逐渐被图片、影像取代。2013年4G网络技术启用,导致视频内容生产的几何级增长。以网络直播为例,最早的视频直播网站"9158"诞生于2005年,以PC为终端,但由于受到带宽和PC端固定空间的影响,直播平台一直不温不火。2016年至今,4G技术解决了带宽问题,智能手机改变了用户的网络使用习惯,以映客、YY等为代表的直播平台得到超常速度的发展。同理,国内短视频发展也始于2005年,经过长达十年的沉寂期后于2016年随着快手、抖音、火山小视频、西瓜视频等平台的发展而爆发,成为最热门的网络应用产品(App),再一次革命性地改变了网络文化生态。

直播、短视频的主要书写方式是影像,从事直播内容生产只需要一个视频摄像头、一支电容麦克风、一副监听耳机、一块外置声卡、一台电脑,投入成本很低;短视频内容生产更简单,一部智能手机即可完成。低成本投入,内容生产简单又直接,促使大量

---

① 朱威廉. 榕树下教会我的那些事[EB/OL]. (2018-01-12) [2019-01-18]. http://mini.eastday.com/mobile/180112070-102584.html#.

网络用户涌入。以短视频为例，数据显示，截至 2018 年底，快手日活跃用户 1.6 亿，月活跃用户达到 6.8 亿；抖音国内的日活跃用户 2.5 亿，月活跃用户突破 5 亿。据我们调查，直播和短视频都出现了从最初一、二线城市用户快速下沉到三、四线及乡镇用户的趋势，这并不是说一、二线城市用户退出了使用，而是说更多小镇和乡村青少年的进入改变了直播和短视频的用户结构。他们进入后，易学易上手的视频生产方式很快帮助他们成为直播和短视频内容的生产者，大量带有底层小人物生活色彩和浓郁乡土气息的内容进入互联网文化内容生态圈，以猝不及防的速度和强度冲击着主流审美趣味和价值观。以"土嗨"文化为例，它主要存在于短视频和直播中，大量反明星高颜值的普通乡镇青少年用手机拍摄自己日常生活中低俗的搞笑取乐事和各种奇奇怪怪的"炫技"行为，或者拍摄刻意寻找的民间各种奇葩见闻、猎奇趣事。视频背景大多数是贫穷的乡村实景、尘土飞扬的沙砾路、建筑工棚和喧闹集市，通常配上很有地方特色的方言和歌曲，用叫喊和蹦跳加以表演，故而被称为"土嗨"文化或"土味"文化。毫无疑问，文化消费的低成本、低技术，文化再生产资源的丰富性、易得性促使越来越多的群体加入网络内容的生产和传播，正因如此，社会底层群体才获得了参与文化内容生产并将其直接展演和传播出来的机会。当然，媒介技术介入他们的日常生活，也以"上帝之眼"对他们产生直接影响，他们的直播内容、短视频内容多大程度上是他们真实生活的呈现，多大程度上是为了博取眼球而以审丑方式讨好受众，我们很难做出简单判断，但至少在大众媒体中被有意无意遮蔽的乡镇青年生活因为他们自己的书写而得以显现，他们也由此而分享现代科学技术对边缘、底层人群的文化赋权。

以计算机和互联网为基础构建起来的文化空间，是以数字化技术为核心要件，以文字、数据、图像、视频的技术特质为基础，创建出来的互动、复制、仿真和拟像的世界。在这样的世界中，懂技术者得天下，因此互联网最初形成的是技术向的黑客和极客文化，对技术要求很高，即使当年出现的动漫、Cosplay 这样本质上属于非技术领域的文化类型，也同样对其参与者提出了较高的技术要求。比如想下载最新动漫，就需要掌握 P2P 软件的使用，懂得寻找字幕并根据不同版本自行调整字幕出现的提前量或延迟量。Cosplay 玩家也要掌握后期修图软件，以便让自己的作品在光线、色彩上表现得更为出色。而网络注册、上传、下载、分享、转发、翻墙等也是参与网络文化内容生产最基本的媒介技能。马克·波斯特在评述本雅明的媒介思想时指出，技术具有解放和平等的潜能，技术武装下的介入使观众获得建立和批判的位置，因为面对新的媒介技术，"作者与观众并非处于固定不变的等级制位置，而是处于可逆的位置，这从根本上瓦解了艺术维护权威政治的主要手段之一，尽管这种维护有悖其初衷"①。网络技术的发展不断倒置主与次、上与下、中心与边缘的位置关系，在赋权给某个群体时，也在剥夺另外群体的权力。简要梳理互联网技术发展对网络文化生态的影响就可以清晰地看到因技术应用的一再降维，原先没有文化表达权和话语权的青年群体逐渐掌握主动权，以他们各取所需的审美标准和价值观生产大量青年亚文化内容，而原先掌握文化话语权的父辈精英群体相应就被剥夺了文化表达权，在网络世界中极容易失语。由此可见，随着书写

---

① 波斯特. 第二媒介时代 [M]. 范静哗，译. 南京：南京大学出版社，2000：17.

技术和方式的变化，文化内容的生产和消费由原先的精英生产庶民消费模式转变成自我生产自我消费模式，主文化时刻防范亚文化，精英文化与庶民文化隔绝，青年文化圈层分化，都市青年文化鄙视乡镇青年文化，审美裂变，文化断层。

四、文化输入、文化资本与审美实践

媒介书写技术最先使具有互联网接入条件、熟谙互联网"语法规则"和接受过良好教育的城市青少年获得赋权进入文化内容的消费和生产领域，媒介书写技术的再一次降维，使视频和直播脱颖而出，图文书写不再那么重要了，从而为受教育程度相对较低的乡镇青少年群体和患有技术"恐惧症"的父辈群体提供了广泛言说的可能性。但是，言说/书写什么、以什么方式言说/书写、为什么言说/书写的追问，让我们看到了父辈与子辈之间、同侪之间、不同亚文化圈层之间的悬殊。媒介书写技术的开放性从互联网整体文化构成和多样化审美的角度为原先处于社会底层的、高年龄的、低学历的、低收入的边缘群体提供了自我表达和展演的空间，但并不能担保这些群体消费和生产的文化内容都符合主流的审美观和价值观，他们的文化消费、审美、意义深刻地打上了社会、文化与历史的印记。"既存的文化模式形成了某种历史蓄水池，一个预先构成的'可能性的领域'，各个团体从中取用、转化与发展。每一个团体都从自己的起始条件去创制某些东西。通过这样的创制，通过这样的实践，文化被再生产与传递。"① 我们创制文化，也为文化所创制，前者是主动性的，后者是结构性的，只赞美主动性与文化的多样性显然是不够的，而只观照到文化的权力结构也是不够的，两者是一种辩证关系。陶东风先生认为不同年代的人分享相同的记忆是代际沟通的重要机制，反之，"没有共享的记忆，这是两代人隔阂的主要原因"，而隔阂不是"自然现象或生理现象，而是人为的社会文化现象"，是由制度造成的。科学技术作为一种结构性力量深刻地改变了两代人之间以及同代人不同群体之间的审美和文化关系，除此之外，在我们看来，教育以及由此构成的文化输入的巨大差异也是造成今日审美之沟和文化断层的重要因素。

"90后"通常被称为互联网"原住民"，是伴随着网络发展成长起来的一代人，同时也是在改革开放、市场经济和全球化环境中成长起来的一代人，而他们的父辈在相同的年龄，接受的是红色文化的影响和改革开放之后西方现代主义思潮、古典文学名著和古典音乐的熏陶，培养出古典主义的审美趣味和社会精英价值观。相反，最影响"90后"的不再是尼采、萨特，不再是巴尔扎克、高尔基，也不再是小约翰·施特劳斯、贝多芬，取而代之的是乔布斯、扎克伯格，是日本的任天堂、盛大《传奇》，以及日本的御宅文化和耽美文化。文化的输入，以潜移默化的方式影响文化消费者的审美趣味和价值观。"90后"创造的"火星文"如"那①刻＿ゞώ哭了ooOゞ为了ρ你ゞώ真Deづ变乖了ゞゞO"（那一刻，我哭了，为了你我真的变乖了），自由拼贴汉字字符、日

---

① CLARKE J, HALL S, JEFFERSON T, et al. Subcultures, cultures and class [M] // HALL S, JEFFERSON T. Resistance through rituals: youth subcultures in post-war Britain. London: Hutchinson, 1976.

文、键盘字符、表情字符、标点符号、制表符号以及其他特殊符号,明显受到美式和日式网络字符表情的影响,又留有网络在线交流时为快速便捷输入而将错就错的印痕。"00后"则直接用拼音或英文首字母在线交流,"xswl"(笑死我了)、"nss"(暧说说)、"NBCS"(nobody cares,没有人会在意),这是键盘文化和网络社交文化的混合物。在更多的青年亚文化中,我们看到了日本文化、韩国文化、美国文化的深刻影响,二次元文化中的动漫、游戏、Cosplay、耽美的文化样式、审美趣味和价值观几乎都与日本文化有着千丝万缕的关联。"90后"生于网络,长于网络,接受到了与父辈不一样的文化滋养,当他们有能力参与文化内容生产时,前涉文化不可避免地烙印在其文化消费和再生产上。

而同为"90后"或"00后",不同个体所消费的文化以及文化再生产的能力是否完全相同呢?答案是否定的。事实上,不同家庭、不同阶层、不同地区出生的青年人文化输入的差异不一定小于两代人,而决定文化输入多寡、质量优劣、审美高下的往往是其所受教育的程度。当城市里接受过良好教育的青年人创造各种符号以传递自己的压力、焦虑、狂欢时,乡镇的青年人同样也在通过独特的方式表达自己的无聊、逗乐、狂欢,这是由互联网书写技术的降维带来的。但是,前者吸收全球流行文化和先进技术文化资源为我所用进行文化的再生产,而后者远没有那么先进丰富的文化资本可资借用,因而呈现出明显的文化区隔和审美品味差异。我们说,消费和创造文化的内容与方式,表明了我们是谁,我们试图成为怎样的人,以及想象别人将如何看待我们。这并不是说,消费或创造什么就成为什么,也不是说文化消费和创造实践决定了人们的社会存在,但的确可以说我们的文化消费和文化再生产提供了一个脚本,使我们得以用各种方式去演绎"我们是谁"这出戏。

五、结　语

代际之沟、代内代沟、圈层之沟、阶层之沟以及它们的不同组合所形成的沟壑是一种无法回避的存在,在我们的日常生活中时常可以发现本文开篇所说的那种审美差异、审美隔阂和审美价值的冲突。审美一元化不利于社会文明和进步,审美裂变和文化断层更容易导致社会共识崩塌和社会矛盾加剧,因此,如何填补不同群体之间的"沟壑"既是一个理论问题,也是一个实践难题。理论领域,学者们提出了两代人之间的"文化反哺",聚焦家庭内部子辈对父辈的"文化反哺"[1][2][3],以及不具有亲子代关系的年轻者反向传授给年长者的"代内反授"。不过,"文化反哺"仅仅强调了子辈对父辈互联网和移动互联网技术使用和文化消费方面的帮助,"代内反授"也仅仅局限于年龄差异不那么大的群体之间在网络流行语方面的"反哺",而不同"沟壑"间因网络文化消费行为、

---

[1] 周晓虹. 文化反哺:变迁社会中的代际革命[M]. 北京:商务印书馆,2015.
[2] 周晓虹. 文化反哺与媒介影响的代际差异[J]. 江苏行政学院学报,2016(2).
[3] 周裕琼. 数字代沟与文化反哺:对家庭内"静悄悄的革命"的量化考察[J]. 现代传播(中国传媒大学学报),2014(2).

文化内容书写的再生产实践以及文化资本等级等形成的审美、观念、价值的差异尚未引起足够重视。实践领域，各行为主体都为填补越来越多的"沟壑"做出努力，主文化一方面加大社会主义核心价值观的传播，另一方面积极吸纳青年亚文化的话语符号体系和审美趣味。比如共青团中央就跟随青年人的脚步，先后去豆瓣、知乎、B站、快手、抖音开设官方账号，推出了《那年那兔那些事儿》《领风者》等主旋律主题的动画片；一些重要的互联网公司也发起诸如"抖音文旅扶贫，促进贫困县发展"的社会公益活动，促进城乡社会的互相理解和包容；商业资本不遗余力地获取最具独特性的审美符号和亚文化信息并放大了传播，在标签化审美和文化的同时，也通过制造流行元素、鼓励消费而在某种程度上起到了沟通作用。此外，在我们强调审美裂变、文化断层的同时，是否也应该更多地思考"文化韧性"问题，正如张隆溪先生等人所说的那样："现实表明文化与传统不可能简单地被人为地破坏、彻底地消除，在文化断裂中被压制的任何东西都可能反弹，甚至以双倍的力量、韧性弹回来。"[1] 但愿如此！

---

[1] 张隆溪，潘小英. 文化断裂与文化韧性[J]. 中国图书评论，2009（1）.

"弹性"的毛细管作用：中国粉丝权力网络的博弈与变迁*

□ 朱丽丽　蔡竺言

摘　要

粉丝文化与诸多结构性要素的复杂缠绕已成为中国当下的突出现象。本文以历史的、整体的视角探讨近三十年间中国粉丝的权力机制，沿袭"权力的毛细管作用"理念，剖析国家、媒介、平台、资本、粉丝等关系型力量的交互。20世纪90年代以来，粉丝权力网络历经三阶段的发展变迁，即萌芽期、扩张期与收缩期。粉丝权力的萌发源于媒介市场化改制、技术赋权与参与式实践的互动循环，而国家力量尚处于隐身状态。粉丝"出圈"与权力扩张，则是基于国家与平台资本的双重征用。饭圈整治嵌入国家针对平台的反垄断规制，意味着粉丝权力的收缩。粉丝权力机制被概括为"弹性"的毛细管作用，具体表现在：多圈涟漪效应下的自我规训、权力毛细管的数字化展演和权力意识的伸缩性。进，粉丝可以与爱国主义、商业主义共舞，参与公共生活和舆论导向；退，也可限定在微观政治和日常消费领域。国家权力的隐与显，是探讨粉丝文化"赋权"的最重要变量。

关键词

粉丝文化；权力；毛细管作用；权力网络

作者简介

朱丽丽，南京大学新闻传播学院教授；蔡竺言，南京大学新闻与传播学院博士研究生。

一、引　言

数字时代粉丝文化的兴起，实属中国大众文化中最出人意料而又最声势浩大的风

---

* 朱丽丽，蔡竺言."弹性"的毛细管作用：中国粉丝权力网络的博弈与变迁[J].新闻与传播研究，2022（8）.

潮，其兴衰变迁意味深长。从20世纪90年代"追星族"兴起至今，中国粉丝文化历经近三十年发展。在此进程之中国家力量、媒介力量、平台资本力量与粉丝力量的相逢、化合及博弈，交织出复杂的光影与肌理。粉丝文化时而被视为民主草根力量，时而被当作资本追逐流量的推手，时而又成为国家政策严加管控的"饭圈乱象"。粉丝文化与国家、资本、平台、媒介等结构性要素的复杂缠绕已成为中国当下非常突出的现象。

力量关系视角有助于厘清中国粉丝文化近三十年的发展逻辑，也可帮助我们解读粉丝文化研究诸多新的热点方向。2016年以来国家网信办牵头开展"清朗"系列专项行动，2021年整治重点转为"饭圈乱象"，"粉丝""饭圈"成为媒介热词，粉丝文化研究也从一个边缘性领域跃升为学界热点。研究领域的内在变动，映射的是当下中国急剧变迁的社会环境。互联网社会变革的剧烈性与颠覆性，为中国粉丝文化研究提出了新议题、新挑战。这些议题与挑战溢出了西方经典粉丝文化研究理论的范畴，本土视野的经验总结与理论检视成为题中应有之义。

本文聚焦粉丝权力。现代权力通常被构想为"在个体、群体、机构与组织之间转换与变化的交互性网络，它由社会关系、政治关系、经济关系甚至个体关系组成"[1]，粉丝权力网络的形成与变迁也经历了复杂的过程。本文致力于从整体的、历史的视角剖析国家、媒介、平台、资本、粉丝在粉丝权力网络之中的交互与协商，以探究历史及当下语境中的中国粉丝权力机制。我们所讨论的粉丝权力，既包括粉丝个体通过信息获取与传播、社会交往与参与、文化消费与再生产等方式获取的能力或资源，更指向涓涓细流所汇集成的河海，即个体粉丝通过媒介化组织聚拢并向外辐射的集体性力量。

现有关于粉丝权力的主流学术思路是赋权（empowerment），本研究也旨在对话粉丝赋权的相关理论与思路。无论是赋权的"外力推动模式"还是"个体主动模式"（即"参与式赋权"）[2]，皆表露出对于粉丝权力增长的乐观态度。粉丝曾经将自身行动限定在消费、日常生活边缘地带或娱乐化情感政治领域[3]，而近年来从"圈地自萌"到"文化出圈"的变迁趋势[4]，是否意味着粉丝权力网络已经覆盖更广阔的公共生活，粉丝已经突破了被动的客体地位而成为一种主体力量？如果答案是肯定的，那么这一主体在面对国家治理或资本平台的争夺之际，如何展现其自主能动性？如果答案是否定的，又该如何阐释近三十年间围绕着粉丝文化的权力实践及力量关系？

二、权力、权力网络与粉丝权力

在权力理论学者之中，米歇尔·福柯或许是最令人熟知的一位。福柯认为：权力首先应该被理解为多重"力量关系"[5]，这在微观层面上指向"权力的微观物理学"（mi-

---

[1] 泰勒.福柯：关键概念[M].庞弘，译.重庆：重庆大学出版社，2019：4
[2] 范斌.弱势群体的增权及其模式选择[J].学术研究，2004（12）.
[3] 朱丽丽.网络迷群的社会动员与情感政治[J].南京社会科学，2016（8）.
[4] 曾一果.从"圈地自萌"到"文化出圈"：社交媒介环境下"饭圈"文化的自我突破[J].学术前沿，2020（19）.
[5] FOUCAULT M. The history of sexuality：volume I [M]. New York：Pantheon Books，1978：93.

cro-physics of power)①；其次可将现代权力构想为"在个体、群体、机构与组织之间转换与变化的交互性网络"②；再次应该聚焦"这些力量关系在国家、法律和其他领导权（如生产资料所有制）中更大规模的、战略性的显现"③。杜赞奇（Prasenjit Duara）也将权力视为"各种无形的社会关系的合成"，他以"权力的文化网络"剖析中国乡村社会的权力运作机制，这一文化网络包括相互交错的各种等级组织和非正式相互关联网。④ 曼纽尔·卡斯特围绕着"传播力"论述权力网络，认为权力的产生不仅取决于行动者自身属性，更取决于行动者之间的关系及相对位置⑤，权力关系因而具有不对称性⑥。上述关系/网络视角之中，权力是无处不在的，"这并非因为它拥有将一切笼罩其中、战无不胜的特权，而是因为它每时每刻、无处不在甚至在所有关系之中被生产出来，并非因为涵盖一切，而是因为来自四面八方"⑦。权力之风吹拂而过，如毛细管一般渗透至日常生活的细枝末节，并于错综复杂的社会关系网络之中流淌和再生，这就是福柯所言"权力的毛细管作用"（capillary functioning of power）⑧。王汎森曾以此探讨清代政治压力下文化领域的创造及其吊诡效果——人们尽其所能"创造性"减少或回避来自中央的支配，却最终加深了政策达成的深度与广度，形成席卷每一个角落的权力旋风。⑨ 需要指明的是，福柯等人的权力理论提供了鲜活的形象，但存在泛权力化倾向。"权力"的定义广泛而模糊，不容易分析权力在几个层次上的变化以及它们之间的关系。因此，我们关注的权力主要表现在"话语"（discourse）之上。⑩

"权力的毛细管作用"强调的是权力的细微运作与关系导向，这有助于我们更新有关媒介化时代粉丝赋权机制的理解。粉丝赋权机制的相关讨论，最初基于对粉丝污名的反拨。一方面，文艺与学术作品长期以来将粉丝描述为病态化他者，是"歇斯底里的群众"和"着魔的独狼"。⑪ 自以费斯克、詹金斯为代表的欧美粉丝研究第一波浪潮以来，为粉丝正名的呼声不断，然而直至今日仍未彻底擦除粉丝身上的负面标签。媒介化时代的到来，意味着新兴技术作为一股外在力量加诸这一传统弱势群体，这就是赋权的"外力推动模式"。另一方面，"个体主动模式"或"参与式赋权"在当下粉丝实践之中更为突显。詹金斯认为 Web 2.0 既彰显个体创造力又构建着集体协作与智慧，粉丝实践由此可能由文化消费与再生产跨入公共政治参与，即所谓"粉丝行动主义"（fan activism）。⑫⑬ 这种赋权

---

① FOUCAULT M. Discipline and punish：the birth of the prison [M]. New York：Vintage Books，1995：26.
② 泰勒．福柯：关键概念 [M]. 庞弘，译．重庆：重庆大学出版社，2019：4.
③ 同②30.
④ 杜赞奇．文化、权力与国家：1900—1942 年的华北农村 [M]. 王福明，译．南京：江苏人民出版社，1994.
⑤ 周翔，李静．权力网络视域下的国际传播影响力 [J]. 当代传播，2016（2）.
⑥ CASTELLS M. Communication power [M]. Oxford：Oxford University Press，2009.
⑦ FOUCAULT M. The history of sexuality：volume I [M]. New York：Pantheon Books，1978：93.
⑧ 同①198.
⑨ 王汎森．权力的毛细管作用：清代的思想、学术与心态 [M]. 北京：北京大学出版社，2015.
⑩ 此处观点得益于李金铨教授启发。
⑪ JENSEN J. Fandom as pathology：the consequences of characterization [M] //LEWIS L A. The adoring audience：fan culture and popular media. London：Routledge，1992.
⑫ JENKINS H. Fans, bloggers, and gamers：exploring participatory culture [M]. New York：New York University Press，2006.
⑬ JENKINS H. "Cultural acupuncture"：fan activism and the Harry Potter alliance [J]. Transformative works and culture，2012（10）.

不仅表现为由被动赋予到主动争取的转变,而且能够聚沙成塔,各种微小力量在互联网空间的聚合可能导致话语权强弱关系的相对翻转。[1] 近年来粉丝的网络集体行动展现出强大的社会动员与舆论搅动力,令人惊愕以至忌惮,也在某种程度上动摇了粉丝作为亚文化弱势群体的基础预设。

诸多前期研究聚焦了粉丝权力网络中的各种关系型力量。一类研究着眼于平台资本对粉丝的征用和操纵,尤其对粉丝的"情感劳动"[2]、"数字劳动"和"免费劳动"[3]议题进行了深入辨析。粉丝在情感机制、技术逻辑和资本绑缚的多重驱动下,为偶像打榜、氪金、做数据,并生发出以"数据贡献"(data contribution)为指标的亚文化资本累积模式与监督机制。[4] 一类研究着眼于粉丝权力网络中的民族主义情绪,探讨民族主义对粉丝群体的情感征用和社会动员[5][6][7][8],透视了新媒介与网络民族主义运动之间的共生关系。还有一类研究从治理思路透视"饭圈失范"的表象与本质[9][10],或把粉丝文化定义为一种"社会症候"[11],或认为饭圈治理实为国家与视频网站对文化领导权的争夺[12],或将粉丝亚文化作为主流权力话语"危险的附庸"[13]。

这些粉丝文化相关研究从不同视角对围绕着粉丝权力的关系型力量进行了剖析。我们可以从中窥见,粉丝时而作为一种外部推动或自我驱动的参与式主体,时而作为一种国家与平台予以治理或争夺的客体而存在,其权力忽大忽小、游移不定。这也呼吁着关于中国粉丝权力的一种历史的、整体的描摹与阐释,即阿尔都塞所谓"复杂整体主导结构"之中的多元决定(overdetermination)探析。[14]

三、研究材料及分析方法

本文主要以粉丝议题相关的政策文件、媒体报道、研究文献及自媒体内容作为研究材料,展开文本细读与词频分析,同时选取粉丝实践的典型案例进行重点考察。但研究材

---

[1] 黄月琴. "弱者"与新媒介赋权研究:基于关系维度的述评 [J]. 新闻记者, 2015 (7).
[2] HARDT M, NEGRI A. Empire [M]. Cambridge: Harvard University Press, 2001.
[3] TERRANOVA T. Free labor: producing culture for the digital economy [J]. Social text, 2000, 18 (2).
[4] YIN Y. An emergent algorithmic culture: the dataization of online fandom in China [J]. International journal of cultural studies, 2020, 23 (4).
[5] 王洪喆,李思闽,吴靖. 从"迷妹"到"小粉红":新媒介商业文化环境下的国族身份生产和动员机制研究 [J]. 国际新闻界, 2016 (11).
[6] 李红梅. 如何理解中国的民族主义?:帝吧出征事件分析 [J]. 国际新闻界, 2016 (11).
[7] 杨国斌. 英雄的民族主义粉丝 [J]. 国际新闻界, 2016 (11).
[8] 刘海龙. 像爱护爱豆一样爱国:新媒体与"粉丝民族主义"的诞生 [J]. 现代传播(中国传媒大学学报), 2017 (4).
[9] 栾轶玫. 饭圈失范的表象及纠偏 [J]. 人民论坛, 2020 (26).
[10] 季为民. 警惕"饭圈"乱象侵蚀青年一代价值观 [J]. 人民论坛, 2021 (10).
[11] 晏青,侯涵博. 作为症候的粉丝文化:社会融入的价值逻辑与可能路径 [J]. 福建师范大学学报(哲学社会科学版), 2021 (3).
[12] 吴畅畅. 视频网站与国家权力的"内卷化"[J]. 开放时代, 2021 (6).
[13] 王宁馨. 危险的附庸:从饭圈冲突看粉丝亚文化的权力逻辑 [J]. 文化研究, 2021 (3).
[14] 阿尔都塞. 保卫马克思:纪念版 [M]. 顾良, 译. 北京:商务印书馆, 2017.

料又不局限于此,因为只有把粉丝文化置于20世纪90年代以来我国市场经济改革、大众文化腾飞与新媒介平台勃兴的宏大背景中,才能深刻把握粉丝权力的变迁历程与内在逻辑。

部分重点材料来自《人民日报》、@共青团中央微博账号。《人民日报》作为中央级权威媒体代表,1993年11月发布首篇以追星为主题的评论文章,全程记录了近三十年来关于粉丝的官方话语变迁。本研究借助《人民日报》图文数据库,以"追星""粉丝""饭圈"作为标题检索关键词,人工核查筛除后获得《人民日报》145篇相关报道、评论或副刊文章(截至2021年11月30日)。@共青团中央微博账号于2013年12月开通,它作为新媒体时代政党依靠群团组织进行"外生性"传播调适的重要手段①,通过与青年网民亲密互动而成为女性粉丝"小粉红"聚集地,继而成为观察国家力量、平台资本力量及粉丝力量交汇的前沿。本研究针对@共青团中央微博账号检索"追星""粉丝""饭圈"博文,核查筛除无关文本后获取143条相关内容(截至2021年11月30日)。在以上资料获取基础上,通过微词云工具对所有145篇文章与143条博文展开分词处理和词频分析,并依据不同时间阶段分别绘制高频关键词图示。

为了透视粉丝权力与国家政策、媒介市场化改制、平台资本商业扩张的交互细节,本文还进行了典型案例分析,包括2005年以来"超女"迷群实践、2016年"帝吧出征"文化政治行动以及2018年之后的饭圈网络举报。有关饭圈举报的资料获取,本文受到相关研究启发②,以"粉丝"和"@共青团中央"为关键词进行微博内容检索,平台自动屏蔽相似结果后获得2018年1月1日至2021年11月30日共536条博文,其后针对全部检索内容进行了词频分析与可视化。

四、粉丝权力网络之萌芽:权力循环

本文将1993年追星族引发广泛讨论作为中国粉丝实践进入公众舆论的标志,距今将近三十年。③ 以1993年为开端,中国粉丝权力网络的变迁历程可被划分为三个阶段:萌芽期、扩张期与收缩期。需要特别指出,阶段划分的依据并不限于粉丝自身,而是权力网络之中关系型力量的消长交互,前后阶段之间也并非截然断裂而是存在一定程度的交叠。

萌芽期与扩张期的分界关键,在于2010年之后我国微博类平台媒介的野蛮生长,这也代表着媒介平台和平台资本正式加入粉丝权力网络的互动博弈。微博平台是当前与粉丝文化绑缚最为紧密的媒介力量,其诞生之后见证了中国粉丝文化变迁的几乎每一个代表性事件。④ 而在微博类平台兴盛之前,粉丝权力网络最核心的媒介力量是市场化

---

① 张志安,章震.党团关系视野下新机关媒的传播调适研究:以@共青团中央微博为个案[J].现代传播(中国传媒大学学报),2021(4).
② 秦璇,陈曦.偶像失格、群体非理性和道德恐慌:粉丝群体互相攻击中的举报策略与诱因[J].新闻记者,2021(10).
③ 蔡竺言,刘楚君.从"追星族"到"饭圈":中国粉丝研究的核心概念与框架变迁[J].新闻记者,2022(4).
④ 朱丽丽.数字时代的破圈:粉丝文化研究为何热度不减[J].中国社会科学评价,2022(1).

改制的传统媒体。粉丝权力网络之扩张期与收缩期的分界，依据的是 2018 年之后饭圈称谓的流行以及有关饭圈的官方定调。整治"饭圈乱象"表征着国家力量由第一阶段的隐身、第二阶段的征用向着治理模式转变，平台资本借助粉丝力量拓展商业版图的野心受制，粉丝文化也被紧密嵌入国家平台治理与平台资本扩张的力量关系之中。①

（一）媒介市场化改制

20 世纪 90 年代肇始的媒介市场化改革与大众文化繁荣，是回溯粉丝文化历程的一个绕不开的语境。1992 年邓小平南方谈话和中共第十四次全国代表大会将改革开放和现代化建设推向新阶段。政策力量启动了这一时期的媒介经济增长，传媒业被正式列入"第三产业"，市场化改制催生了媒介产品的娱乐化、通俗化风潮，并推动着传统媒体的数量与结构迅速膨胀。统计数据显示，1996 年的报纸、电视台、广播电台数量相较 20 世纪 80 年代初期增长将近十倍。② 居民收入增长也使得中国城乡家庭的电视机拥有量猛增，通俗娱乐节目随着媒介物的普及而进入千家万户。一大批港台及海外媒介文本和本土化娱乐节目建构出人们的文化消费常态，粉丝文化作为大众文化的重要分支浮出水面。

1993 年追星与"追星族"进入舆论视野。央视三十五周年台庆晚会小品节目《追星族》诙谐探讨了时兴的青少年追星现象。中国知网数据库显示，这一年首现追星相关学术研究 9 篇。同年 11 月 2 日，《人民日报》第 5 版、第 10 版刊发读者来信《港台歌曲演播过头 少男少女追星堪忧》与时评《"炒星族"与"追星族"》，首次表达对青少年追星的关切。

进入 21 世纪，电视真人秀综艺节目点燃了大众追星热情，追星不再限于未成年而成为全民狂欢。2005 年以来湖南卫视《超级女声》是新时期传媒市场化运营的成功典范。央视索福瑞收视数据显示，《超级女声》平均收视率达到 26.22%，决赛收视率甚至超过了央视春晚收视率③，其广告收益也令人咋舌。媒体精英和知识分子继而将《超级女声》的高收视率、高参与率诠释为一个"超级能指"。④ 2005 年《新京报》策划的李银河、喻国明、朱大可三人访谈，就把超女粉丝表述为"大众"的代名词，直言这是大众文化对精英文化的反动，认为"拇指投票"（手机投票）开了"文化民选"的先河。⑤ 也有学者驳斥上述观点并批判大众媒体的文化民粹主义倾向⑥，一时之间关于"娱乐民主""超女式民主"的论争不断。⑦ 追星被置于娱乐政治的想象旋涡与风口浪

---

① 王维佳，周弘. 规制与扩张的"双向运动"：中国平台经济的演进历程 [J]. 新闻与传播研究，2021（S1）．
② 林晖. 市场经济与新闻娱乐化 [J]. 新闻与传播研究，2001（2）．
③ 赵赜. 电视栏目的娱乐化倾向与媒体责任：数字时代中国公共频道的展望 [J]. 国际新闻界，2009（6）．
④ 孙玮，洪兵，杨击. 后超女时代的知识分子：大众文化研究的分化契机 [J]. 新闻大学，2005（4）．
⑤ 超级女声：一场大众文化对精英文化的反动 [EB/OL]．（2005 - 08 - 20）[2022 - 05 - 29]．http://www.ce.cn/xwzx/ylxk/gdxw/200508/20/t20050820_4480097_2.shtml．
⑥ 孙玮. 以大众的名义：当前大众传媒的文化民粹主义倾向分析 [J]. 新闻大学，2006（3）．
⑦ 王菲. 民主"超女化"与"超女式"民主：自由主义民主与民粹主义民主之辨 [J]. 学海，2007（5）．

尖，也表征着社会转型过程中知识分子的内部分化，原本处于边缘地位的粉丝文化变身为透视时代潮流的一扇窗口。

（二）国家力量的隐身

本文认为，20世纪90年代初现的粉丝权力网络之中，市场化改制所推动的媒介规模扩张与内容娱乐化是重要助力，而国家主体通过主导经济改革潜藏于媒介技术推广、媒介组织革新身后，并对新兴粉丝现象保持观望之态。这种权力关系作为一种生产机制，初步建构出粉丝社群主体，粉丝力量的进一步增长则依赖于外力赋能激发下的粉丝参与式实践。

此阶段官方话语对粉丝现象的寥寥发声，从属于传统的教育引导框架，并未与粉丝力量进行实质对话。本研究基于1993—2009年《人民日报》有关粉丝议题的45篇报道、评论或副刊文章，绘制出粉丝权力网络萌芽期的高频关键词（见图1）。《人民日报》相关文章围绕着"追星""追星族"探讨青少年健康与教育议题。"青少年""大学生""教育"等高频关键词显示出对追星阻碍下一代健康成长的忧虑，与学界时兴的"追星综合征"[1]、"病理性准社会交往"[2]等疾病隐喻遥相呼应。类似报道或评论呼吁家庭、教育系统与社会的干预疏导，还试图将青少年追星热忱引向革命英雄（如雷锋）、伟大科学家（如袁隆平）、劳动模范等传统模范人物。官方话语对追星现象有道德批判，也有方向引导，表现出一种较为正统的价值观和陈旧因循的话语框架，但没有更进一步的实质性措施。

> 我们要的"追星"，也不仅仅是追那些影星、歌星，其实，在我们身边有许许多多默默无闻地工作在自己平凡岗位上的科技之星、见义勇为之星，他们才是我们更应该尽力去"追"的"星"。[3]

当"公款追星"触及国家廉政建设红线之时，官方话语才会予以严厉回应。2004年四川万源市委办公室、市政府以纪念"万源保卫战"胜利70周年的名义，向全市党政机关、企事业单位和乡镇采用"红头文件强行摊派购买门票"，一时之间舆论哗然。[4]《人民日报》连续刊发文章，重申对"公款追星"的零容忍。

（三）权力循环的初现

上文描述了粉丝权力网络之萌芽期的多元主体状态，在此基础上可能还需回答下列问题：在国家力量隐匿于高处、平台资本尚未崛起之际，粉丝力量的快速萌发仅仅是由

---

[1] 方建移. 受众准社会交往的心理学解读[J]. 国际新闻界, 2009(4).
[2] 章洁, 方建移. 从偏执追星看青少年媒介素养教育：浙江青少年偶像崇拜的调查[J]. 当代传播, 2007(5).
[3] 韩建中. "追星族", 我想对你说句话[J]. 中学生（初中作文版）, 2012(7).
[4] 四川省纪委通报"万源追星事件"调查处理结果[EB/OL]. (2004-11-24)[2022-04-16]. http://data.people.com.cn/rmrb/20041124/2.

图 1　1993—2009 年《人民日报》粉丝议题高频关键词（前 30 位）

于媒介技术与媒介组织的推动吗？我们认为，粉丝文化和粉丝经济必定内生于历史、社会和技术的宏大脉络，而粉丝主体嵌入日常生活的权力实践亦不容小觑，"主动赋能模式"与"外力推动模式"在这一阶段达成了良性循环互动。

不可否认的是，媒介技术与媒介组织是探讨粉丝权力增长的重要维度。20 世纪七八十年代港台流行文化的传入与追星现象的零星兴起，依靠的是收听境外电台广播或者走私磁带和录像带、进口卡式录放机等媒介物，政治风险和经济成本意味着追星只能局限在知识青年、时尚人士圈层。① 直到 20 世纪 90 年代经济改革，录放机、电视机等媒介物进入普通家庭，大众媒体刊播的娱乐化内容也大幅上升，追星实践才得以"沉降"为真正的大众日常生活，其社会影响力放大并被提上议事日程。再到 21 世纪初期网络社区、博客、手机通信技术的勃兴，又为原子式散布的个体爱好者提供了前所未有的跨时空连接契机。这就体现出媒介技术之于粉丝权力的另一重意义，它不仅提升了粉丝个体的媒介使用权与传播权，更表现出连通与架构粉丝社群的基建作用。② 如果说作为个体的粉丝在面对面人际互动时常羞于表达，那么借助媒介技术的连接，粉丝社群则更易于大胆彰显审美偏好及身份认同，并通过文化参与激发创造性与生产力，这是"参与式文化"理念的核心逻辑，也是发展传播学者借助对话、协作、共享探讨"参与式赋权"

---

① 陶东风. 20 世纪七八十年代之交流行歌曲的传播语境与接受效应：以邓丽君为个案的考察［J］. 现代传播（中国传媒大学学报），2019（3）.
② 黄月琴. 新媒介技术视野下的传播与赋权研究［J］. 湖北大学学报（哲学社会科学版），2016（6）.

的基本预设。①②③

除去媒介维度之外,粉丝通过参与式文化实践拓展其可见性和话语权的能动维度同样无法忽略。2005 年肇始的《超级女声》选秀,一方面体现出电视、网络、短信的跨媒体联动对粉丝集体行动的赋能,"喜欢她,就留下她""喜欢她,就说出口"等赋权标签风靡一时;另一方面,媒介技术仅仅提供了跨时空连接与永恒在线的可能机制,技术的实际效果则来自一种混合的"可供性"(affordance)。④ 粉丝并非完全被动地或均质地回应技术属性,而是通过嵌入日常生活的技术驯化(domestication)与迷群实践而达成自我身份表征与亚文化资本获取⑤⑥,并进一步促成粉丝文化与主流文化的对话交融。《超级女声》的诸多研究已然呈现出粉丝在文化消费、生产与社群建构过程中的自主和能动属性。⑦ 这种能动性首先汇集于百度贴吧等互联网空间,譬如女性粉丝创作的言情类同人文本,就反映了粉丝在性别政治领域的激进态度。⑧ 更具可见性的粉丝行动,是"玉米""凉粉""盒饭"在线下空间争取亲友、熟人甚至街头陌生人的草根宣传活动。

综上所述,在国家力量保持隐身、媒介市场化改制、媒介技术日趋普及的 20 世纪 90 年代初期至 21 世纪前十年,粉丝权力网络的萌发依靠的正是媒介赋能所激发的粉丝参与式文化实践。媒介技术可供性与粉丝驯化媒介的循环互动是剖析此阶段粉丝力量增长的重要视角,粉丝争取文化权力的内生动力,更是粉丝权力网络近三十年变迁的持续性动因。

五、粉丝权力网络之扩张:"出圈"实践

2010 年以来我国互联网政策呈现出"网络治理与数字经济发展分轨运行"的新特点⑨,互联网平台在政策、技术与基础设施的合力之下迅速腾飞。尤其是微博平台在这一时期的野蛮生长促成了个体粉丝权力的组织化聚拢并向外辐射。2009 年 8 月新浪微博诞生,2011 年底微博类软件总用户迅速增长到 2.5 亿,一跃成为近半网民使用的网

---

① JENKINS H. Textual poachers: television fans and participatory culture [M]. London: Routledge,1992.
② ROGERS E M,SINGHAL A. Empowerment and communication: lessons learned from organizing for social change [J]. Annals of the international communication association,2003,27 (1).
③ 黄月琴,黄宪成. "转发"行为的扩散与新媒体赋权:基于微博自闭症议题的社会网络分析 [J]. 新闻记者,2021 (5).
④ NORMAN D A. Affordance,conventions,and design [J]. Interactions,1999,6 (3).
⑤ 西尔弗通. 电视与日常生活 [M]. 陶庆梅,译. 南京:江苏人民出版社,2004.
⑥ THORNTON S. Club cultures: music,media,and subcultural capital [M]. Middletown: Wesleyan University Press,1996.
⑦ 郑欣,等. 平民偶像崇拜:电视选秀节目的传播社会学研究 [M]. 北京:中国传媒大学出版社,2008.
⑧ 杨玲. 超女粉丝与当代大众文化消费 [D]. 北京:首都师范大学,2009.
⑨ 易前良. 平台研究:数字媒介研究新领域:基于传播学与 STS 对话的学术考察 [J]. 新闻与传播研究,2021 (12).

络工具。① 用户规模的急速增长，使得新浪微博成为中国最具影响力的社交媒体平台和聚集、培育、动员各类粉丝社群的大本营。

本文据此将 2010—2017 年划分为中国粉丝权力发展的第二个阶段——粉丝权力网络之扩张期，这是国家力量、平台资本力量与粉丝力量密切缠绕、相互征用的短暂"蜜月期"。一方面，粉丝赢得国家与平台资本的双重征用，粉丝也主动拥抱官方话语和商业策略，抓住各种"出圈"契机展开文化政治行动与流量应援、消费狂欢，这促成了粉丝权力网络的爆发性扩张。在"帝吧出征"等出圈实践中，粉丝群体通过"借力打力"的游击战术获取情感满足与自我效能感。另一方面，平台资本借由操纵粉丝社群发展壮大，流量经济泡沫渐长，平台对社会和文化治理的"侵入"导致权力边界的重组并引发官方警惕，也就埋下 2018 年之后政策基调急剧变化、粉丝力量盛极而衰的伏笔。

（一）双重征用：平台入场与官方收编

所谓平台，泛指一种可编程的、用以连接不同组织和用户的数字化构造。② 塔尔顿·吉莱斯皮（Tarleton Gillespie）批判平台隐喻作为一种话术的微妙意图，该隐喻突显的是所谓进步、公平或不偏不倚的连接和中介属性，资本公司借此隐匿利润攫取野心并逃避监管责任。③ 盈利本能推动平台资本采用各种手段来拓展和激活用户，多年来微博就有意识地将普通用户活动量化为可视数据，并通过热度、热搜、榜单等排名系统将用户培育为围绕着某一名人、文本或产品，聚集于超话、微博群的粉丝社群。可视化的数据与排名系统之所以成为平台征用粉丝力量的有效工具，就在于它既能刺激群体内部的"数据贡献"，还能建构起群体之间的竞争甚至是大规模的网络攻击谩骂，而这些都被平台转化为以流量计数的商业价值。粉丝实践由此被精心编织进平台资本的商业盈利模式。

平台资本征用粉丝力量以拓宽商业版图之际，官方力量也悄然下场，力图借助社交媒体粉丝打通政府与公众的互动渠道，"微博问政"一时成为舆论热词。④《人民日报》2010 年 12 月 24 日刊发文章《这个政府微博可真火》，分享成都市政府新闻办@成都发布的账号运营经验。自此数年间《人民日报》聚焦微博粉丝之于改善干群关系、提升组织领导力等平台化治理效能，对各级人民政府和公安机关的政务微博账号持续关注。如图 2 所示，2010—2017 年《人民日报》有关粉丝议题的 86 篇文章围绕着"微博""经济""政务""发布"等高频关键词，显示出公权力对"平台化治理"⑤ 和粉丝经济的青睐。

---

① 中国互联网络信息中心. 第 29 次中国互联网络发展状况统计报告［R/OL］.（2012 - 01）［2022 - 04 - 16］. http：//www.cnnic.net.cn/hlwfzyj/hlwxzbg/201201/P020120709345264469680.pdf.
② VAN DIJCK J，POELL T，DE WAAL M. The platform society：public values in a connective world［M］. Oxford：Oxford University Press，2018.
③ GILLESPIE T. The politics of "platforms"［J］. New media & society，2010（3）.
④ 陈潭. 网络时代的微博问政［J］. 南京社会科学，2012（11）.
⑤ 孙萍，邱林川，于海青. 平台作为方法：劳动、技术与传播［J］. 新闻与传播研究，2021（S1）.

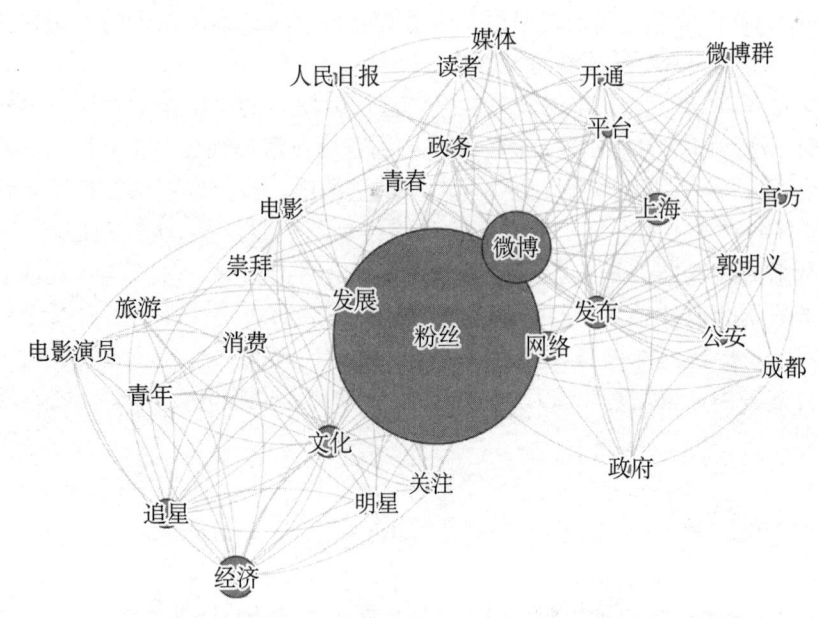

图 2　2010—2017 年《人民日报》粉丝议题高频关键词（前 30 位）

　　@共青团中央自 2013 年创建以来，便承担着对话青年群体、缝合主流文化与青年亚文化的重任。本研究针对@共青团中央微博账号，以"追星""粉丝""饭圈"进行检索，获得 2013—2017 年共 46 条博文并进行高频关键词可视化。如图 3 所示，@共青团中央自称"团团"以塑造萌化与人格化形象，借助"我们"的身份定位和"幸运""成长""努力"等青春叙事融入青年亚文化群体。这些话语策略在粉丝权力网络的第二个阶段大获成功，塑造引领了一批以青年女性网民为主的爱国粉丝群体。

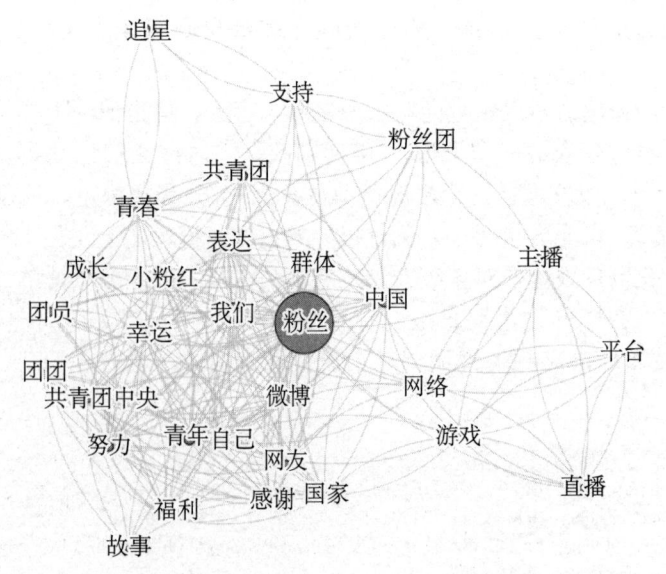

图 3　2013—2017 年@共青团中央粉丝议题高频关键词（前 30 位）

　　平台资本与官方力量的双重征用，是否意味着对粉丝权力的相对剥夺？一方面，政治经济学者关注粉丝劳动的"异化"与"剥削",伯明翰学派的赫伯迪格也论述了商业资本与意识形态收编对青年亚文化的湮没作用①;另一方面,参与式文化、参与式赋权一派的观点也具有吸引力。本文认为,征用或赋权的二元对立无法体现此阶段国家力量、平台资本力量与粉丝力量的复杂交互与微妙平衡,"both/and"思路或许更有启发意义。② 这一阶段公权力征用粉丝力量探索平台化治理方针,平台资本借由粉丝力量拓宽商业版图,又事实上推动着粉丝走向舆论场中心从而更具有媒介可见性,而媒介可见性正是弱势群体掌控话语权的必要前提。真正的问题在于:粉丝面对结构性政治经济力量的征用也好,赋权也罢,他们采取了何种行动,取得了怎样的效果?

(二)"借力打力":粉丝文化政治行动

我们以"帝吧出征"为典型案例,探讨粉丝的"出圈"实践与权力运作机制。从2010年"六九圣战"到2016年"帝吧出征",这些文化政治行动持续表明追星尤其是跨国追星在商业主义、消费文化之下的政治底色。粉丝采取"借力打力"的游击战术游走于不同维度的霸权话语缝隙地带,通过融入、顺从并部分征用霸权话语来正当化自身的情感游戏,并由此提升自我效能感。

"帝吧出征"的最初发酵,源于"韩流"粉丝跨国追星所遭遇的政治冲突与资本傲慢。中国台湾艺人周子瑜的不当言行原本仅为小圈层事件,韩国JYP娱乐公司有关周子瑜国籍的含混与轻慢态度,才是导致"韩流"粉丝大规模"脱粉"并引发舆论热议的关键。③ 当爱豆与爱国的微妙平衡被打破之后,粉丝社团纷纷公开发表声明,重申爱国立场,也同时向韩国娱乐公司施压。《周子瑜百度贴吧休站公告》行文措辞之间,是对韩国娱乐公司的明确指责与对偶像的潜在回护,粉丝团试图借助爱国主义话语重构自身追星行为之正当性,并借力中国消费市场以胁迫异国资本向着中国粉丝的意愿靠拢。从结果来看,这一系列举措确实取得了预期效果,JYP公司随后通过官方微博发布周子瑜的道歉视频:"中国只有一个,海峡两岸是一体的,我始终为自己是一个中国人而感到骄傲。"

粉丝的"出圈"洗版行动也处处可见平台资本身影。淘宝平台的全球商业扩张成为粉丝应援爱国话语的有效工具,而爱国主义官方话语也成为粉丝展开互联网情感性游戏的倚仗。④⑤ 马特·希尔斯(Matt Hills)称粉丝为"沉浸于非竞争性和情感性游戏的玩家",既触及了粉丝的情感体验特质,还意指粉丝通过玩耍对边界、语境与规则进行的再创造。⑥ "帝吧出征"参与者所收获的情感体验,除了粉丝日常实践的沉浸感与依恋

---

① HEBDIGE D. Subculture: the meaning of style [M]. London: Methuen & Co. Ltd., 1979.
② BAYM N K, BURNETT R. Amateur experts: international fan labour in Swedish independent music [J]. International journal of cultural studies, 2009, 12 (5).
③ 王洪喆,李思闽,吴靖. 从"迷妹"到"小粉红":新媒介商业文化环境下的国族身份生产和动员机制研究 [J]. 国际新闻界, 2016 (11).
④ 李红梅. 如何理解中国的民族主义?: 帝吧出征事件分析 [J]. 国际新闻界, 2016 (11).
⑤ 王喆. "今晚我们都是帝吧人":作为情感化游戏的网络民族主义 [J]. 国际新闻界, 2016 (11).
⑥ HILLS M. Fan cultures [M]. London: Routledge, 2002.

感之外，还混杂着爱国主义政治优越感、平台资本的商业征服感，以及涉及"帝国"与"出征"的浪漫主义古典英雄想象。① 换言之，粉丝创造出自我与国家、商业平台的身份叠加，将自身行动内嵌于爱国主义、商业主义话语框架。粉丝的权力实践并非以对抗政治经济结构性力量为目标，"出圈"过程的愉悦体验本身就直接导向自我效能感的提升。

需要注意是，粉丝"出圈"实践的基本前提在于，充分认同爱国主义官方话语和消费主义平台资本话语的主导性地位。通过粉丝文化政治实践，既有权力层级关系也愈加坚固并被粉丝们内化于心。恰如权力的毛细管作用所言，自下而上的粉丝实践与自上而下的国家权力、强势的商业权力相逢并合流，权力之风由此吹拂过线上线下生活的每一个细微角落。

六、粉丝权力网络之收缩：饭圈整治

2018 年《偶像练习生》《创造 101》等团体偶像养成类真人秀的成功，使得"饭圈"一词进入官方话语与大众话语体系。彭兰将"饭圈"定义为"某个（或某几个）偶像的粉丝们组成的共同体圈子"②。当人们采用饭圈而非粉丝称谓时，突显的是其组织严密性以及应援打榜、控评反黑、爱国出征的集体行动能力，甚至隐含着群体极化、网络暴力等负面意涵。

饭圈称谓同时指向了 2018 年之后的政策管控，标志着粉丝权力网络在这一新阶段的或被动或主动的束缚与收缩。行政力量着意调整与平台资本的权力关系并遏制"平台中心化"趋势③，饭圈整治也被嵌入国家互联网治理的宏大版图之中，以重申政府在文化领域的权力主导。政策调控进一步催生饭圈举报风潮，粉丝将官方话语内化于心，展开自我审查与自我规训，并模仿官方叙事攻击或恐吓敌对群体。这一阶段的饭圈举报，沿袭着"帝吧出征"以来粉丝依赖官方话语"借力打力"的实践策略，却收获了与前一阶段截然不同的戏剧化效果。

（一）"饭圈乱象"与平台治理

2018 年 8 月 12 日粉丝议题近三十年来首次登上《人民日报》第一版，题为《"粉丝集资"别成糊涂账（今日谈）》。

> 近年来，随着移动互联网的发展，粉丝经济不断壮大，"集资应援"出现了新的运营形态，其中衍生出的各种问题亟待监管规范……在互联网这棵大树上，新模式、新业态的长势越是欣欣向荣，就越要创新监管方式。把握节奏和关键，洞察市

---

① 杨国斌. 英雄的民族主义粉丝 [J]. 国际新闻界，2016（11）.
② 彭兰. 网络的圈子化：关系、文化、技术维度下的类聚与群分 [J]. 编辑之友，2019（11）.
③ 易前良. 平台中心化：网络传播形态变迁中的权力聚集：兼论互联网赋权研究的"平台"视角 [J]. 现代传播（中国传媒大学学报），2019（9）.

场和趋势,以监管之剪剔除那些歪枝烂花,才能让新模式、新业态更好服务于人民、契合于时代。

"监管之剪"与"歪枝烂花"的严厉措辞,表征着官方话语有别于第一阶段的疏离观望姿态,也异于第二阶段征用粉丝力量践行平台化治理的探索心态,行政权力大棒直接打向网站平台与粉丝社群。

当平台资本越来越广地介入市场监管、资源配置、劳动就业等原本由政府承担的基本职能,并借由操纵粉丝、影响舆论而触及文化安全红线时,国家针对平台的反垄断措施势在必行。2021年2月《国务院反垄断委员会关于平台经济领域的反垄断指南》出台。2021年6月国家网信办开展"清朗·'饭圈'乱象整治"专项行动,督促网站平台履行主体责任、优化相关产品功能,并坚决遏制粉丝各种不良行为。① 2021年8月网信办再次明确平台方有关饭圈整治的管理责任,将"对发现不及时、管理不到位的网站平台从重处罚"②。2022年3月国务院新闻办公室宣布,在2021年开展的"清朗"系列专项行动之中,累计下架应用程序、小程序2 160余款,关闭网站3 200余家。③ 网站平台成为饭圈整治的重要对象,也印证了前述平台资本与粉丝实践的纠缠状况。如图4所示,"整治""健康""清朗""平台""饭圈""乱象""流量""集资"成为2018年之后《人民日报》粉丝议题24篇文章的高频关键词,官方语调急转直下,显现公权力对平台资本恣意扩张的警惕与规制饭圈的决心。

(二) 饭圈举报与自我规训

网络举报成为此阶段粉丝实践的一种独特现象。举报往往发生在"同类型、同人设或同期偶像"粉丝群之间,这被阐释为明星偶像争夺既定流量资源的本质显现。④ 鉴于明星及其粉丝群在互联网舆论环境中的高度绑定关系,举报文本通常带有"某某(明星)粉丝"字眼,攻击某一明星与攻击其粉丝团的效用几近等同。

饭圈举报同时遵循着两套逻辑诉求。其一,在流量逻辑主导之下,举报者在短时间内复制发布大量重复性负面内容,以增加某一明星及其粉丝的负面可见性。⑤ 核心诉求在于通过负面消息占据对方"广场"(微博关键词搜索所得页面),以降低特定偶像明星的公众声誉,减少其商务机会,这一诉求与组织化的控评、反黑行动互相对立。其二,饭圈举报另有一套争夺官方话语资源的内在逻辑,举报者通过将某一明星或其粉丝与社

---

① 中央网信办启动"清朗·'饭圈'乱象整治"专项行动[EB/OL].(2021-06-08)[2022-04-17]. http://www.cac.gov.cn/2021-06/08/c_1624735580427196.htm.
② 关于进一步加强"饭圈"乱象治理的通知[EB/OL].(2021-08-26)[2022-04-17]. http://www.cac.gov.cn/2021-08/26/c_1631563902354584.htm.
③ 2022年"清朗"系列专项行动举行新闻发布会[EB/OL].(2022-03-17)[2022-04-17]. http://www.cac.gov.cn/2022-03/17/c_1649125522577850.htm.
④ 吕鹏,张原.青少年"饭圈文化"的社会学视角解读[J].中国青年研究,2019(5).
⑤ 秦璇,陈曦.偶像失格、群体非理性和道德恐慌:粉丝群体互相攻击中的举报策略与诱因[J].新闻记者,2021(10).

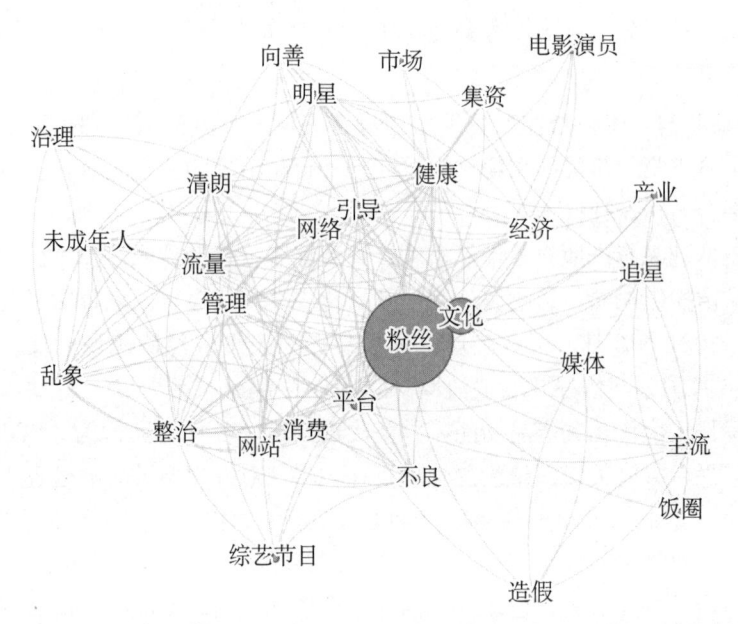

图 4　2018—2021 年（截至 2021 年 11 月 30 日）《人民日报》粉丝议题高频关键词

会、政治或文化敏感议题关联，期望赢得权威媒体账号的公开点评。① @共青团中央作为官方话语的重要平台之一，经常成为粉丝举报所求助的权威对象。一旦此类权威账号针对某一明星或粉丝群公开发言，便可能会对该明星和粉丝群造成致命打击。譬如@共青团中央将吴亦凡事件界定为"触碰法律的问题"，并发表诸如"人气和当红不是肆意妄为、违法乱纪的资本"等评论，这被视为官方话语对吴亦凡事件的定性。即使权威媒介账号对于举报不予回应，通过频繁举报提高某一明星的舆情风险所制造出来的恐吓效应也相当可观。

图 5 中"人民日报""紫光阁""人民网""央视"等高频关键词反映出粉丝举报往往同时@多家中央级权威媒体账号。"清朗""艺人""底线""整治""造谣""未成年""平台"等高频关键词体现的是饭圈举报借用"清朗·'饭圈'乱象整治"专项行动以及官方叙事的话语策略。

饭圈举报对官方叙事的娴熟引述，表明粉丝群体不再坚持自身行动与主流社会的严格划界，而是以自身情感、消费和智识投入为协商筹码，积极拥抱主流意识形态。② 为了合理化自身举报行为，他们在指责敌对粉丝团体违背政策导向、公序良俗或民族情感之外，还会强调自身甚至饭圈整体的政治立场正确性，以突显对方作为"害群之马"亟须整治之必要。

本阶段粉丝权力实践与前一阶段相比，沿袭相似逻辑却另有戏剧化后果。在"帝吧出征"等文化政治行动中，粉丝的自我赋权内嵌于爱国主义与消费主义话语，个体实践

---

① 秦璇，陈曦. 偶像失格、群体非理性和道德恐慌：粉丝群体互相攻击中的举报策略与诱因 [J]. 新闻记者，2021（10）.
② 晏青，侯涵博. 作为症候的粉丝文化：社会融入的价值逻辑与可能路径 [J]. 福建师范大学学报（哲学社会科学版），2021（3）.

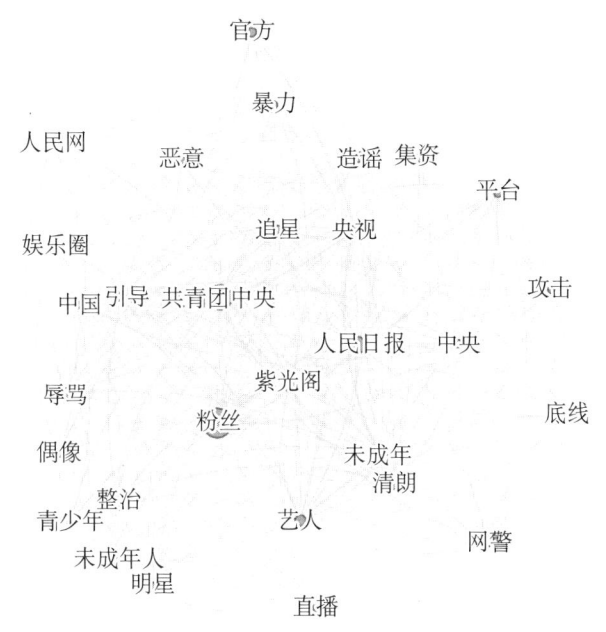

图5 "粉丝"＋"@共青团中央"博文高频关键词（前30位）

及其汇聚而成的集体行动对既有不均衡的权力关系进行持续确认与再生产。饭圈举报延续着相似的权力关系逻辑，然而这一阶段国家权力征用粉丝的热情减退，官方媒体屡次斥责饭圈恶劣生态。粉丝实践推动着饭圈声誉的持续恶化，反而成为粉丝争取舆论认同的极大阻碍。这也意味着本土粉丝研究的重要议题"赋权"，实则建立在国家权力的鼓励、征用或容忍基础之上。关于粉丝参与式赋权的诸多讨论，如果抽离了国家权力与社会语境，将成为某种伪命题。

七、结论与讨论

综上，粉丝权力网络从萌发、扩张到收缩的变迁历程，提供了一个具备中国社会特异性的案例，展示出不同时期粉丝文化与历史社会思潮、与结构性要素的密切缠绕。粉丝群体不仅仅是国家权力治理的对象，也是国家权力征用的对象，其中又复杂缠绕着平台资本的权力与技术的加持。20世纪90年代以来，粉丝从大众文化沉迷者向媒介消费者泛化。[1] 进入平台媒介时代，粉丝进而指代平台账号订阅者甚至平台用户整体（即"网民"），粉丝文化与青年文化、互联网文化逐渐难分彼此，粉丝群体、粉丝文化所扮演的角色日益重要，其地位也持续上升。对于粉丝权力机制的探讨，需要超越构筑于传统弱势群体预设之上的"赋权"思路。而参与式文化、参与式赋权等西方经典理论，也

---

[1] JENKINS H. Afterword: the future of fandom [M] //HARRINGTON C, GRAY J, SANDVOSS C. Fandom: identities and communities in a mediated world. New York: New York University Press, 2007.

需要结合本土语境进行更新与掘进。

本文认为,"权力的毛细管作用"适于解释中国粉丝权力运作机制,粉丝看似具备越来越强烈的主体性力量,但"官方的文化规制措施如同一颗颗投石进入池塘产生'涟漪效应',营造出看似模糊却又无所不在的敏感意识,引发了个体的揣度、修正与规训,从而激荡出一场全民大合唱"①。与日常生活实践理论所预设的"上有政策,下有对策"不同,粉丝自下而上的微观实践充当了权力毛细管,虽然表现了前所未有的文化自主性,但在更大程度上则顺从并践行了国家的文化意志。

我们尝试将粉丝权力机制概括为"弹性"的权力毛细管作用,具体表现为:

其一,多圈涟漪效应下的自我规训。尽管粉丝权力在过往三十年中曾经与国家权力、平台资本权力之间都有过密切合作、互相支持,其兴衰历程看似源自互联网赋权,但其与国家主体的关系实则更为紧密,国家权力的中心地位毋庸置疑。在多方博弈的格局中,国家政策的调整与变迁才是背后无形的掌控之手。政策风向所到之处,如同涟漪,其每一次微调或引导,不仅对粉丝群体,也对平台产生决定性导向。粉丝群体一直对国家权力奉行"柔性适应和调整的策略"。探讨粉丝赋权的最重要变量,依然是国家权力的隐与显。汇聚于粉丝的多重关系型力量也意味着这种涟漪效应并不仅仅是一个圈层、一个中心。粉丝文化从最初的边缘性青年亚文化,破圈成为当下中国主流文化中风声雷动的一部分,在一定程度上激发出更多圈层的涟漪效应。

其二,权力毛细管的数字化展演。我们还需注意粉丝权力运作的另一重戏剧性效果:粉丝引述官方话语相互监察,却并未赢得"圈外"大众或国家话语的称赞,反而推动饭圈污名愈演愈盛以致人人喊打。这种戏剧效果耐人寻味,或可根据粉丝自我规训与王汎森所言文人士子的自我禁抑的相异之处进行解读。文人士子对于政策的感受与反应,均发生在私密空间,所采取的是私下销毁、删改、藏匿等个体化和静默化行动。这种毛细管作用隐匿于社会皮肤之下,若非史学家孜孜不倦进行史料挖掘,微观权力的运作注定难以被觉察、被记录。而粉丝的自我规训与权力实践却是发生在互联网空间的高调集体性展演,粉丝所追求的并非私下静默而是"出圈"宣讲,这也使其作为权力毛细管的数字展演具备某种透明化、公开化的特质。

其三,粉丝权力意识的伸缩性。粉丝的权力诉求最初限于亚文化的微观政治领域,而随着平台资本的加持和国家权力的默许、征用,粉丝群体隐秘又公开地期望突破原有的文化圈层,破圈融入主流,并成为一种崭新的力量介入社会公共生活。但当粉丝权力与国家权力的诉求发生矛盾之时,粉丝群体又激发出强大的自我审查与自我规训能力,主动接纳并化用官方话语,在饭圈内外部推行"借力打力"战术。这既是一种对国家力量的积极调用,也表现出一种来自中国民间的生存智慧。这种智慧深植于中国社会的政治文化结构,具体表现为,每一个微观个体都具备了某种内化的、伸缩性的权力意识。

经过对粉丝权力网络近三十年历程的爬梳,本文认为,粉丝权力依然局限于互联网空间并受到政治经济结构性力量的极大左右。粉丝文化或是作为"谈资"润滑大众娱乐,或是作为消费性力量与平台资本共同起舞,恰如国家公众生活之中的密如蛛网的权

---

① 王汎森. 权力的毛细管作用:清代的思想、学术与心态 [M]. 北京:北京大学出版社,2015:346.

力毛细管,对国家机器的运作起到的是微观的末端的作用。这种毛细管政治发展出一套弹性机制:进,作为国家机器的支持性力量,可以参与公共生活的舆论导向,与国家权力、资本权力共舞;退,将粉丝实践限定在微观政治和消费领域,在日常生活的细微之处谨慎遵循国家政策的风向与引导。作为弹性的毛细管的粉丝权力机制,反映出当代中国青年娴熟的政治认知和始终游离不定的划界意识。我们对未来粉丝文化发展的空间,并不抱有必然的乐观态度,而是认为,粉丝群体作为一种"文化上具备高度主体性、行动上具备高度组织性的新型互联网社团"[①],其力量兴衰更多取决于历史语境给予它的可能性空间。

---

① 朱丽丽. 数字时代的破圈:粉丝文化研究为何热度不减[J]. 中国社会科学评价,2022(1).

从御宅到二次元:关于一种青少年亚文化的学术图景和知识考古*

□ 何 威

摘 要

"御宅/宅文化"作为青少年群体中的一种新兴亚文化,始于日本,进入英语世界,基于"西方中心主义"视角衍展出"迷文化"的特征。在中国语境下,这种亚文化"升级换代"为"二次元"文化。借用福柯的"知识考古"视角,这种演变与这种文化本土实践所遭遇的政经权力和知识同构密切相关。

关键词

御宅;宅文化;二次元;ACG;知识考古

作者简介

何威,北京师范大学艺术与传媒学院教授。

一、引 言

动漫游戏日益成为中国青少年日常消费的重要内容形态。媒体或学界对相关文化现象及其社会影响也都越来越重视。业界声称中国爱好动漫游戏的"二次元用户"数以亿计。多家主流媒体对此予以肯定,如《中国青年报》曾刊发"二次元的世界,你可以懂"专题,总编辑表示要"发掘青少年中间流行的二次元文化所倡导的友善价值观、唯美主义审美观、崇尚奋斗的精神",它"是践行核心价值观的一种新话语资源"[①];《光明日报》报道称二次元文化正"从小众走向大众"[②];《中国知识产权报》称"二次元文

---

* 何威. 从御宅到二次元:关于一种青少年亚文化的学术图景和知识考古[J]. 新闻与传播研究,2018(10).
① 张坤. 从"后喻文化"看二次元的唯美[N]. 中国青年报,2017-06-26.
② 吴晋娜."二次元"文化,从小众走向大众[N]. 光明日报,2017-06-27.

化趋于主流化"①。

因此，围绕动漫游戏等特定媒介内容的阅听消费行为及其培育的青少年亚文化，影响已超越商业或娱乐层面，触及个体精神与社会价值。相关的学术研究意义也因此而凸显。

本文对相关学术研究做了较全面的梳理，发现"御宅""二次元"是两个最核心的概念。本文体现了两方面的学术贡献：一是描摹了围绕动漫游戏媒介内容孕育的亚文化在日本、欧美及我国的学术研究图景，发掘了各区域相关研究的主要特点、学术脉络与互动关系，全面综述了我国相关研究并分析出六种主要研究框架，可为后续研究者提供参考借鉴；二是从我国独有的"御宅"到"二次元"等一系列核心概念重构现象出发，以知识考古学视角，剖析了本土话语实践的过程及其所反映的政经权力与知识同构现象，批判性地指出学界研究之不足，以待同人之建设。

二、御宅在日本：概念形成及重要论述

日本是创造生产动漫游戏的大国，也率先发明了"御宅"概念，并围绕它产生了一系列影响深远的学术论述。不论是对这一人群特点的剖析，还是"物语消费""数据库消费"等触及社会症候的观点，都对研究我国当下社会现象很有借鉴意义。

"御宅"（おたく，英语译为 otaku，中文也译作"御宅族"）一词源自日本。在日本知名辞典《广辞苑》中，它有四种解释：前三种都是第二人称敬语，尊称的是对方的家、丈夫或是对方；而第四种"指只关心特定领域特定事物，对这些事物有着异常详尽的了解，却缺乏社会常识的人"，而且彼此间倾向于以此名词互相称呼。② 这是广义的"御宅"概念，含义类似于专耕某领域的深度爱好者。而狭义的"御宅"概念则是"和漫画、动画、电子游戏、个人电脑、科幻、特摄片、手办模型相互之间有着深刻关联、沉溺在亚文化里的一群人的总称"③。

通常认为，"御宅"一词源于 1982 年在日本播出的科幻动画片《超时空要塞》。片中男女主角以"御宅"互称，引发了科幻迷和动漫迷们的竞相效仿。中森明夫 1983 年在杂志专栏中连载《"御宅"的研究》，将聚集在漫画市场（comiket）的动漫迷们称作"御宅"，被认为是使用该词来描摹相关人群的第一人。他还将铁道迷、科幻迷、偶像迷、书呆子、音响发烧友等都纳入了"御宅"的范畴。④

中森明夫笔下的"御宅"是一个"歧视词"，特点包括"不擅长运动"、"自以为很潮"地穿着死板或过时的服装、不是过瘦就是太胖、"眼神灰暗"、"一个朋友都没有"

---

① 侯伟. 二次元文化趋于主流化 [N]. 中国知识产权报，2017-03-24.
② 王蕾. "御宅"词源释义及宅文化之演进 [J]. 武汉理工大学学报（社会科学版），2013（3）.
③ 东浩纪. 动物化的后现代：御宅族如何影响日本社会 [M]. 褚炫初，译. 台北：大鸿艺术股份有限公司，2012：1.
④ 大塚英志. "御宅族"的精神史：1980 年代论 [M]. 周以量，译. 北京：北京大学出版社，2015.

等。① 自此，不擅运动、外形体态不佳、不懂时尚、不爱社交、逃避现实等负面标签逐渐被固化在"御宅"概念上。1988—1989 年"宫崎勤连续绑架杀害四名 4～7 岁女童"的事件震惊日本，媒体更是集中报道了警方从他房间搜出的大量漫画、数千盘录像带（包括一些恐怖片及儿童色情动漫），将其变态犯罪行为与"御宅"形象牢牢绑定。日本动漫界也因此低迷了五年。

在此背景下，对御宅的学术研究大多集中在从社会学、心理学、哲学视角去理解这种"特殊人群"到底"问题出在哪里"。例如浅羽通明认为御宅是未被社会化的存在。中岛梓认为御宅是一群在现实中寻不到居所而到虚拟世界中建立容纳自我场所的人，即"沟通不全症候群"。大泽真幸界定御宅为在虚构、幻想领域中获得自我认同的人。宫台真司则提出"御宅文化"是跟不上"新人类"的人群的补偿手段，是有问题的人格类型的集散地。②

日本的御宅研究，最为深刻和最具影响的论述来自大塚英志（Eiji ōtsuka）、冈田斗司夫（Okada Toshio）和东浩纪（Hiroki Azuma）。冈田斗司夫是在舆论逆流中第一个站出来为御宅正名甚至赞美御宅的人，其余二者则从御宅的特定人群和文化中找到了社会和时代的症候。

大塚英志在 1989 年出版的《物语消费论》中提出了"物语消费理论"（narrative consumption theory）来解释 20 世纪 80 年代末日本社会的独特文化现象。他分析了乐天销售的"仙魔大战巧克力"，并指认它为后来市场规模超过 2 万亿日元的形象产业中消费形式的原型。③ 从"仙魔大战巧克力"到《圣斗士星矢》《机动战士高达》，刺激消费者们的不仅是点心、手办、衍生品的使用价值，也不光是创作者发布的内容，而是全球性的政治降温、真实历史的宏大叙事隐退后，大众转向想象空间去寻求"虚构的大叙事""世界观"的表现。④

15 年后，大塚英志将"物语消费"置于御宅精神史的视角下重新审视，并总结道，动漫爱好者们所想象和创造的"大叙事"和"世界观"在广度和深度上都远远超出了原作品，而这种"接受者的过度阐释"正是御宅最大的特点。"他们认为虚构世界是在与现实世界相同的结构中形成的，这种思维模式和以这种思维为出发点的想象力的模式是'御宅族'最本质特征的显现。"⑤ 因而御宅的特征深植在后现代社会的日本的每个民众身上，也跟新闻娱乐化、女性意识、少年成长等社会议题紧密交织。

1995 年，由 GAINAX 公司创作的电视动画系列片《新世纪福音战士》（EVA）开始上映并流行，促使日本动漫重新升温，.这也是御宅形象逐渐转好的转折点。GAINAX 创始人之一及前任社长冈田斗司夫自封为"御宅之王"（Otaking），并于 1996 年出版

---

① 大塚英志. "御宅族"的精神史：1980 年代论 [M]. 周以量，译. 北京：北京大学出版社，2015：25.
② 傅培刚. 台湾"御宅族"的形成及其意义的探索 [D]. 台中：东海大学，2017.
③ 同①168 - 178.
④ 同①160 - 167.
⑤ 同①159 - 160.

《御宅学入门》，为御宅鼓与呼，界定其三大特征：一是"影像世纪"中的"新人类"（newtype），对影像感受极度进化；二是有"高度搜寻参考资料能力"；三是"永不满足的向上心和自我表现欲"，而且御宅是日本传统文化（江户时代的"职人文化"）的正统继承者。①他继而在东京大学开设"御宅文化论"讲座、赴麻省理工学院开课，将迈克尔·杰克逊、斯皮尔伯格、乔治·卢卡斯（George Lucas）、村上隆（Murakami Takashi）等文化名人都归为有"奇特癖好"的"御宅"。冈田斗司夫自认为："御宅在世人眼中的形象开始好转，差不多就是从这时开始的。"随着20世纪90年代以来日本动漫的世界流行，"不管是在欧美还是在亚洲，otaku一词皆以正面的意义被流通使用"②。

东京大学哲学专业出身的东浩纪在2001年出版《动物化的后现代：御宅族如何影响日本社会》，迄今被翻译为中、英、韩、法等语言在全球发行了十余万册。他指出御宅族系文化的结构，展现了后现代主义的本质；而鲍德里亚所谓的拟像（simulacra）和超真实（hyper-reality）成为消费社会的主导，以及利奥塔所言的大叙事（grand narrative）的凋零，则是御宅的现实语境，也是御宅族系文化的后现代特征。他认为大塚英志的理论在20世纪80年代是适用的，那些支撑着亚文化的设定和世界观确实是为了填补大叙事凋零而创造的，但到了20世纪90年代，不需要大叙事的世代登场了，因此"物语消费"变成了"数据库消费"（database consumption）。

如果说"物语消费"对应着树状模式的现代世界图景（被感知的表层世界由许多"小故事"构成，深层世界则为"大叙事"），"数据库消费"则对应去中心化的、数据库式的世界（只有表层信息而无深层"大叙事"）。东浩纪举例说，较早出现的《机动战士高达》的爱好者们，仍有充实高达世界的渴望，对想象的大叙事充满热情；但1995年以后的《新世纪福音战士》迷们，对整个EVA的世界似乎不太关心，"反而打一开始便将注意力集中在过度解读的二次创作以及人物萌的对象上"。他也由此率先指出了新一代御宅族最为关心的东西——"萌要素"。任何作品首先吸引受众的是角色的"人设"，人设则可以分解成不同"萌要素"的选择和组合，于是消费形成了"角色"（拟像）和"萌要素"（数据库）的双重构造。"属于数据库消费的御宅族，一旦被某个作品俘虏，之后就会无限消费相关商品与二次创作。因为……沉淀热情的'大叙事'已不存在了。"自此，御宅成了消费数据库的动物，对萌要素形成条件反射式的喜爱反应，"迷恋信息，放弃意义""没有欲望，只有需求"，就连社交都保留随时抽身而去的自由，使之成为一种外在形式。冈田斗司夫后来哀叹"御宅已死"，也正是观察到这种把"萌"和快乐原则凌驾于一切之上的现象，认为"第三世代"已丧失了"身为御宅必备的教养"，即对专精的追求，丧失了自尊、自傲与自信。③

日本学者御宅研究的主要观点，揭示了当下符号消费、过度阐释、大叙事凋零、迷恋人设与萌要素等时代风潮。这不仅限于日本，也不只发生在御宅身上，而是对探讨中国现实问题也深具意义。当我们审视中国的流行文化时，从热门手游如卡牌类的《阴阳

---

① 傅培刚. 台湾"御宅族"的形成及其意义的探索 [D]. 台中：东海大学，2017.
② 冈田斗司夫. 阿宅，你已经死了！[M]. 谈璞，译. 台北：时报文化出版企业股份有限公司，2009：69-74.
③ 同②.

师》或 MOBA 类的《王者荣耀》中，都能看到大叙事的消失、物语消费和数据库消费；而"人设"的概念早已从动漫延伸到影视剧、综艺节目及偶像明星，就像《偶像练习生》或《创造 101》粉丝所津津乐道的那样；所谓"佛系青年"又何尝不是"迷恋信息、放弃意义""没有欲望、只有需求"的"草食动物"呢？

三、御宅与粉丝：英语学界的研究与回响

英语国家对"御宅"的认知首先从日本相关产业向海外输出经济与文化影响开始，并围绕"粉丝""参与式文化"等概念开展相关亚文化研究。

20 世纪 90 年代初，约瑟夫·奈提出国家"软实力"（soft power）概念，将包括动漫在内的流行文化视为有别于传统政经实力，然而在国家竞争中同样至关重要的力量。类似的还有日本的"国民酷总值"（gross national cool）概念、日本政府力推的"酷日本"（Cool Japan）文化工业促进战略等。作为"酷日本"重要组成部分的日本动漫游戏，也随着 Hello Kitty、《机动战士高达》、《千与千寻》、《攻壳机动队》、《宝可梦》、《超级马力欧兄弟》的全球流行，影响力日渐全球化。发明"赛博空间"（cyberspace）一词的科幻作家威廉·吉布森（William Gibson）2001 年在《卫报》撰文写道："御宅（otaku）是激情洋溢的痴迷者，是信息时代的鉴赏家，更重视积累数据而非物品，是当今英语文化与日本文化之间天然的跨界者。……理解御宅，是理解网络文化之关键。"①

英语学界开始出现御宅研究，其中部分是日本学者的英语写作，也有被日本动漫游戏长年熏陶的欧美年轻学人，开始尝试以西方知识体系建构"日式流行文化"之意义。早期大多数英文论述是介绍性的，将 otaku 视为来自日本的群体及文化，是一个东方主义色彩的"他者"——"来自遥远他乡的性与犯罪的传说"②，论述内容包括 otaku 狂热如何兴起、"独自一人"但不"孤独"的 otaku、宫崎勤杀人案、御宅概念辨析、引介日本学者重要观点等③④。关于"他者"的知识，总是要联系了西方熟知的概念才能被理解，例如在加利福尼亚州伯克利大学日本研究中心组织的系列名词释义文章中，开篇就说御宅近似于英语单词中的"nerd"或"geek"。⑤

英语的御宅研究逐渐变得多元，例如从艺术与审美的视角，去讨论御宅消费、超扁平（superflat）艺术和回归江户风⑥；或从人类学视角出发，以秋叶原为一个物理的符

---

① GIBSON W. Modern boys and mobile girls [EB/OL]. (2001-04-01) [2018-03-26]. https://www.theguardian.com/books/2001/apr/01/sciencefictionfantasyandhorror.
② GRASSMUCK V, O'KANE P, QIU K Y. "I'm alone, but not lonely" [M]. London: Eeodo, 2016.
③ LAMARRE T. An introduction to otaku movement [J]. Enter text, 2004, 4 (1).
④ CREWE L, et al. Otaku fever? the construction of enthusiasm and the coproduction of markets [C]. London: Paper presented at the Royal Geographical Society Conference, September, 2015.
⑤ KAICHIRO M. おたく/Otaku/Geek [EB/OL]. [2018-03-26]. https://escholarship.org/uc/item/5zb9r8cr.
⑥ STEINBERG M. Otaku consumption, super flatart and the return to Edo [J]. Japan forum, 2004 (3).

号能指去考察御宅的公共形象历史变迁①；或认为御宅是自我或他人评判其不能保持四种特定规则（现实的、沟通的、男性气质的、主流的）后贴上的标签②；或探讨日本的御宅旅游和动画朝圣现象③……但绝大多数论述仍有不言自明的前提：御宅是日本研究、日本艺术或亚文化研究的子课题，并不太适合在欧美"本土"的亚文化研究中使用此概念。恩格（L. Eng）的博士论文是少见的例外。恩格针对"美国御宅"（American otaku）进行了人类学观察，检查这种青少年亚文化如何吸纳科技作为其信息/认同管理策略及其抵抗性所在；但他讨论的"美国御宅"，仍然是痴迷于日本动漫的美国人。④还有些研究聚焦于具体的动漫游戏，例如探讨"机器猫"形象的全球流行与日本软实力的关系，总结《宝可梦》的兴衰历史等，本文不再详述。

  英语学术圈倾向于用自己的知识体系来理解本土的青少年亚文化。英国伯明翰当代文化研究中心的亚文化研究思想脉络就深刻影响了当代的动漫游戏文化研究。另一重要理论资源来自亨利·詹金斯的"粉丝/迷"（fandom）文化研究。他在当代粉丝及参与式文化研究领域的开山之作《文本盗猎者》（*Textual Poachers*）出版于 1992 年。詹金斯回忆称当年"粉丝圈还隐藏在公众视野之外"，"他们的活动带着极大的社会污名，无论是媒体还是学术圈都不理解他们"；该书是"粉丝社群重塑群体身份、开始向公众发声，并对外进行自我辩护过程的一部分"；坦承自己是"以粉丝的身份观看流行文化"，"以粉丝的身份写粉丝文化"。⑤这些情况都与日本御宅的形象、社会处境及以御宅身份写御宅文化的日本学者们遥相呼应，不谋而合。颇有一些美国和日本学者吸纳了他的"迷"和参与式文化理论，来开展御宅研究。⑥

  詹金斯引用了翁贝托·埃科（Umberto Eco）的观点来讨论电影《黑客帝国》及其跨媒介叙事，说明其为何成为"迷拜作品"（cult artifact）：作品必须是一个"高度完备的世界，这样它的粉丝就能像是在私人小圈子里一样随意引用人物和场景"；"作品必须是百科全书式的，要包含可供痴迷其中的消费者钻研、掌握和实践的丰富信息内容"。"层层环套的资料线索刺激和增强了我们的'认知癖'（epistemophilia），而电影情节的细节甚至漏洞都为形形色色的知识社区提供了机会，让它们展示研究专长，破解深藏秘密的文本。"⑦这和大塚英志的"物语消费论"、东浩纪的"数据库消费"相映成趣。

  詹金斯继之以"融合文化""可扩散的媒体""粉丝政治"的一系列论述。同时，应用民族志方法搜集粉丝文化的实证资料并加以"深描"，兼有大量文本细读分析，其方法论路径至今仍是相关研究的主流。

---

 ① GALBRAITH P W. Akihabara：conditioning a public "otaku" image [J]. Mechademia，2010（1）.
 ② KAM T H. The common sense that makes the "otaku"：rules for consuming popular culture in contemporary Japan [J]. Japan forum，2013（2）.
 ③ OKAMOTO T. Otaku tourism and the anime pilgrimage phenomenon in Japan [J]. Japan forum，2015（1）.
 ④ ENG L. Otaku engagements：subcultural appropriations of science and technology [D]. Troy：Rensselaer Polytechnic Institute，2006.
 ⑤ 詹金斯. 文本盗猎者：电视粉丝与参与式文化 [M]. 郑熙青，译. 北京：北京大学出版社，2016：4-6.
 ⑥ ITO M，OKABE D，TSUJI I. Fandom unbound：otaku culture in a connected world [M]. New Haven：Yale University Press，2012.
 ⑦ 詹金斯. 融合文化：新媒体和旧媒体的冲突地带 [M]. 杜永明，译. 北京：商务印书馆，2012：159，161.

如果把以詹金斯为代表的"迷文化"研究与日本御宅研究对照参详，会发现：御宅研究中讲"同人志"（Dōjinshi），迷文化里有粉丝写作；"耽美"（Yaoi 或 BL）的动漫作品及二次创作，对应着从《星际迷航》到《哈利·波特》的各种"斜线文"（slash）……二者既相映成趣，又泾渭分明。

综上，英语写作者们使用 otaku 时，指称的就是日本动漫游戏爱好者，研究的是"他者"的文化；而英语学界对本土相关亚文化研究的主流框架，基于文化研究理论和方法，并发展出"迷""文本盗猎""粉丝政治"等新的资源。

为何如此？有语言文化壁垒的原因，如詹金斯在学术对谈中提到，日本资料少有翻译成英文的，因此很难了解其研究全景。[①] 另外，不同的社会和文化环境，使得不同国度亚文化的核心作品/文本迥然不同。

或许源自日本的"御宅"有太多特殊性，因而无法将其话语衍用到对欧美文化现象的研究；然而，同样是对特殊的、东亚观众并不熟悉的美国文本进行探讨的"迷文化"话语，却被广泛用于讨论中国、日本、俄罗斯的文化现象。是因为后者普适性天然就更强，还是说，这多少体现了"西方中心主义"或"英语中心主义"的学术霸权现状？

四、"御宅"研究的中国框架

自 20 世纪 80 年代开始，日本动漫游戏作品舶来中国，深刻影响了中国新一代青少年的文化消费与审美趣味。中国动漫游戏迷们也逐渐形成亚文化身份认同。ACG 则是该亚文化消费的主要内容形态。因此，基于 ACG 的"宅文化"并非基于中国人传统日常生活土生土长而成，而是从他国引进，并在持续的跨文化传播中被中国青少年接纳、改造而发展出来的。相应的学术概念也随之在中国普及。

笔者于 2018 年 1 月 21 日在中国知网（CNKI）"哲学与人文科学""社会科学Ⅰ辑""社会科学Ⅱ辑"三个数据库中检索了主题词含"御宅"或"宅文化"的文章，并逐一筛除了结果中发表于非学术期刊的非研究性文章及其他无关内容，最终还有 144 篇学术论文，发表于 2005 年至 2018 年。这些文献及其被引次数逐年分布情况如图 1 所示。因此，目前在 CNKI 能检索到的"御宅"研究文献最早出现于 2005 年，2011 年至 2017 年每年相关文献在 15～20 篇。从 2014 年开始，此主题的文献数量逐年减少，但其被引用次数却明显增多。

本研究应用 CNKI 的计量可视化分析工具，得到了所有相关文献的主题关键词共现网络，如图 2 所示。图中每个节点为文献主题关键词，节点大小表示该词出现频次（本图只显示了频次大于或等于 3 的节点），连线粗细表示两个关键词共现频次的高低。我们从中初步发现了"御宅/宅文化"研究有哪些常见相关主题。

---

① 詹金斯. 文本盗猎者：电视粉丝与参与式文化 [M]. 郑熙青，译. 北京：北京大学出版社，2016.

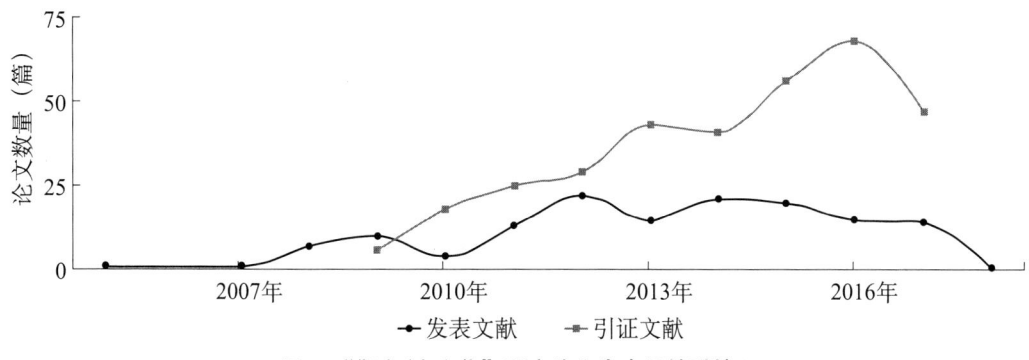

图 1 "御宅/宅文化"研究论文发表及被引情况

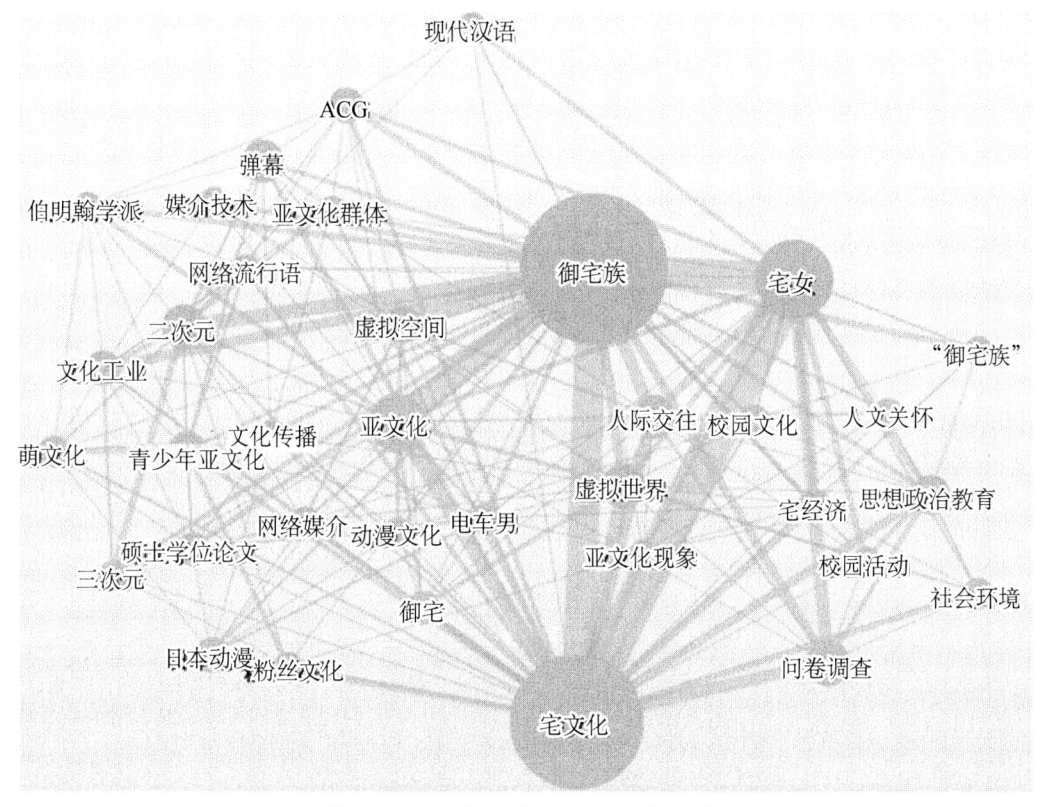

图 2 "御宅/宅文化"研究文献主题关键词共现网络

在此网络中存在相对独立的主题"社区"。例如，当分别选择"动漫文化""伯明翰学派""思想政治教育"为中心节点时，查看其临近节点构成的子网络，可发现它们几乎不重叠，如图 3 所示。

结合文献的阅读分析，本研究发现我国学界对"御宅"的研究存在三个明显的框架，分别是：(1) 日本动漫及日本文化研究；(2) 青少年亚文化与传播研究；(3) 青少年心理及教育研究。据此可以清晰地呈现我国围绕"御宅"概念的学术图景。

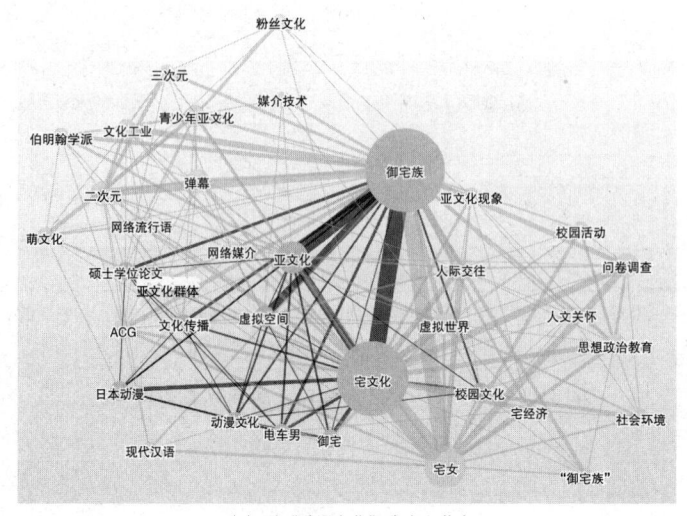

(a) 以"动漫文化"为中心节点

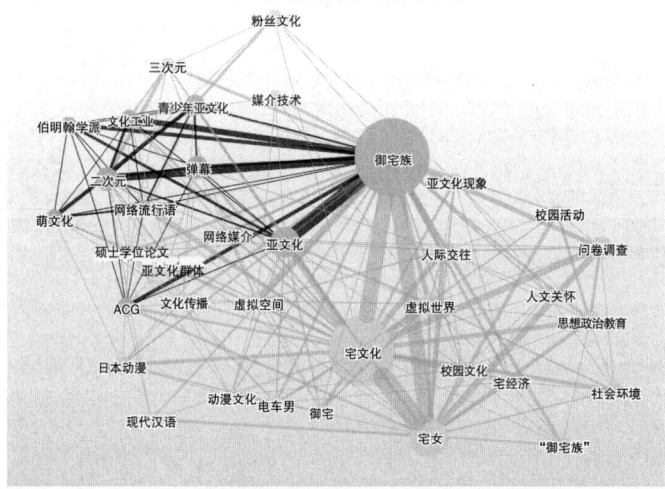

(b) 以"伯明翰学派"为中心节点

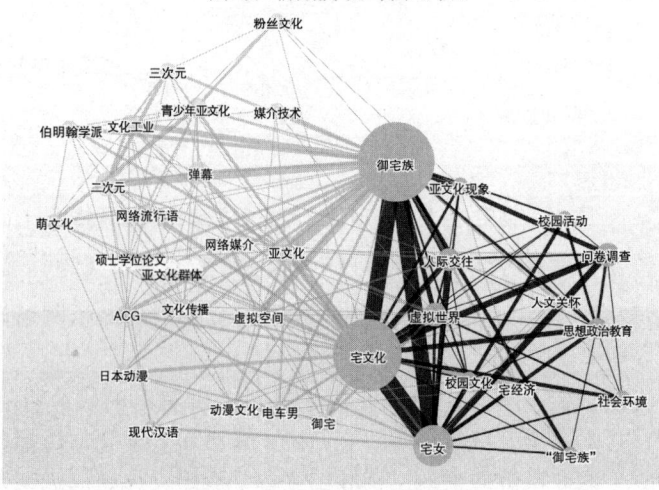

(c) 以"思想政治教育"为中心节点

图3 "御宅/宅文化"研究文献以不同主题关键词为中心节点的三个子网络

其一，"日本动漫及日本文化"研究框架最早的切入点是日本当代艺术与文化。CNKI 中能检索到的我国第一篇出现"御宅"的论文，分析了东亚卡通艺术的特征，称漫画艺术从"御宅族"文化分支而出，其代表人物村上隆、奈良美智等已得到世界艺术界认可。① 类似论文还介绍了日本当代波普艺术家提出的"超扁平""幼稚力宣言""萌文化"等概念，以及相关作品与日本御宅亚文化的关系。②③ 还有论文分析御宅族文化中的日本趣味④，御宅族与日本模型、玩偶文化的关系⑤，日本当代"宅向音乐文化"⑥ 等。

从早期延续至今的，还有从语言学视角去探析"宅""御宅""宅女""干物女"等词汇在日语和汉语中的含义的，顺便介绍了日本御宅文化或理论。⑦⑧

更多研究从日本动漫作品与受众的视角出发，研究对象以日本御宅现象为主。例如提出日本"萌系御宅族"具有考据癖、收藏癖和二次元情结三个特征⑨，认为御宅族有三重身份——虚拟信息的收集机器、永不满足的消费族群、文化价值的传播载体⑩，简析日本御宅族的行为方式及消费特征⑪。在 CNKI 中迄今被引量最高的"御宅/宅文化"主题研究是王申的硕士论文《御宅现象研究》。该文简介了"萌""二次元""腐""恶搞""吐槽"等文化现象，讨论了御宅的传播机制，议题范围广而偏描述介绍，胜在开了先河。⑫ 博日吉汗卓娜采用人类学方法考察了日本御宅族生活方式，表明御宅族的身份特征有动漫文化的"资本拥有者"、"发烧解读者"、"永不餍足"的"消费者"及"社会实践者"，也是"游离于现实世界与虚拟世界的特殊人群"。⑬ 还有研究分析中国动漫迷如何接受日本动漫并进行再创造⑭、分析日本动漫文化衍生出的"宅现象"如何被误解⑮、中日动漫差异比较及日本动漫对中国青少年的正负面影响⑯等。亦有研究分析日本御宅产业内容与机制⑰，认为漫画在日本 ACG 产业中占主导地位并值得中国动漫产业借鉴⑱，或对动漫消费者开展受众调查⑲⑳。

其二，"青少年亚文化与传播"框架下的研究，引入了英国文化研究、传播学或迷

---

① 金善姬. 艺术遇上卡通以后：东亚艺术的新领域［J］. 艺术当代，2004（6）.
② 祝铮鸣. 奈良美智与村上隆［J］. 世界美术，2007（3）.
③ 梅晨. 从奈良美智看"萌文化"的生成语境［J］. 数位时尚（新视觉艺术），2012（4）.
④ 押野武志，靳丽芳. 御宅族文化与日本趣味［J］. 电影艺术，2008（5）.
⑤ 常虹. 御宅族与日本模型、玩偶文化［J］. 艺术评论，2008（9）.
⑥ 罗薇. 日本当代"宅向音乐文化"浅析［J］. 人民音乐（评论版），2012（1）.
⑦ 潘瑞春. "宅女"试析［J］. 修辞学习，2008（2）.
⑧ 杨本明. 从"御宅族"到"宅男""宅女"再到"干物女"［J］. 日语知识，2008（6）.
⑨ 朱岳. 萌系御宅族的后现代性状［J］. 东南传播，2008（12）.
⑩ 张根强. "御宅族"的三重身份［J］. 中国青年研究，2009（3）.
⑪ 韩若冰，韩英. 日本"御宅族"的行为方式及其消费特征［J］. 山东社会科学，2012（6）.
⑫ 王申. 御宅现象研究［D］. 郑州：河南大学，2009.
⑬ 博日吉汗卓娜. 我迷故我在：日本动漫御宅族生活方式的人类学研究［D］. 北京：中国社会科学院研究生院，2014.
⑭ 何婧. 中国动漫迷对日本动漫的接受与再创造［D］. 重庆：重庆师范大学，2008.
⑮ 王卉. 论日本动漫文化和宅现象［D］. 杭州：浙江大学，2009.
⑯ 刘玲. 日本动漫对中国青少年的影响［D］. 长沙：湖南师范大学，2012.
⑰ 温潇. 文化研究视域下的日本"御宅产业"内容分析［D］. 上海：复旦大学，2012.
⑱ 曾密. 漫画在日本 ACG 产业中的主导性研究［D］. 南京：南京艺术学院，2013.
⑲ 陈奇佳，宋晖. 日本动漫影响力调查报告［M］. 北京：人民出版社，2009.
⑳ 何威，张伦，陈亦水. 中国动画产业与消费调查报告：2015—2016［M］. 北京：中国电影出版社，2017.

研究的理论资源，来考察中国本土"御宅"现象，并将其视为青少年亚文化、新媒体环境中被特定受众消费与再创造的媒体内容。其中不少研究生学位论文值得一读，中国的御宅研究因而呈现出"弟子不必不如师"的"后喻文化"特性。

这类研究从关注本土动漫迷（也称"漫迷"）群体开始，如用文化学理论分析中国动漫迷群体的符号系统（如语言和服装）及意义系统（如考据研究和同人创作），并与日本动漫迷群体比较[1]；以问卷调查和访谈方式了解长沙市动漫迷群体的消费行为[2]；以在线民族志方式观察动漫虚拟社区中动漫迷的生活方式[3]；对中日动漫迷开展基于小样本调查问卷的受众研究[4]等。

此后研究者们开始有意识地使用"御宅/宅文化"概念，引入文化研究理论及方法，包括：以伯明翰学派视角探析动漫亚文化之体系，如着装风格、虚拟身份、语言、审美等[5][6]，锁定大学生"御宅族"特定群体，描述其恶搞、自嘲、戏仿、耽美等亚文化特性[7]，乃至其"后亚文化"的一面[8]。胡小纯由柯南迷群的案例，发现动漫迷群身份认同是多元化、多角度的，其日常交流方式体现出自律性、道德感、专业性，对国家政治体制、道德规范等大多坚决捍卫。[9] 潘一帆发现曾经的小众文化"同人"已成为具备巨大经济效益的新型产业，极大地影响了青少年的世界观，甚至生成了"二点五次元"作为现实的"副本"。[10]

还有的研究用媒介与传播的视角来看待御宅。例如《广州日报》十年动漫新闻报道中，动漫迷被媒介再现为四种典型形象，分别是"幼稚无知的受众""热情的追随者""积极的生产者"和"忠实的消费者"[11]；社会的构建与御宅自身的阐释构成了该族群多样的形象图谱[12]。青年御宅族媒介是新媒介技术实践者和推广者，以此满足情感需求，参与和创造自身的文化。[13] 本土御宅族消费了日本动画中神道教元素，并在跨文化传播后进行媒介再现与二次创作。[14] 百度动漫吧中御宅族的文化传播特征是虚拟时空中的仪式表演，群体想象形成的共同体构建了"二次元世界"。[15]

我国对御宅的文化与传播研究，近来的趋势是细分化与宽泛化。

细分化体现在进一步钻研御宅之子类及其各自特性。如聚焦于御宅之"萌文化"的

---

[1] 张磊. 中国漫迷群体研究：中日动漫产业比较研究的一个视角 [D]. 武汉：华中师范大学，2005.
[2] 孔金连. 长沙市漫迷群体的消费行为研究 [D]. 长沙：中南大学，2007.
[3] 谷亮. 叛逆与快乐：解析动漫迷生活方式的意义 [D]. 北京：中央民族大学，2007.
[4] 孙华. 中日动漫迷比较研究：中国动漫产业发展研究的一个视角 [D]. 上海：华东师范大学，2008.
[5] 石勇. 动漫文化：不可小觑的青少年亚文化 [J]. 中国青年研究，2006（11）.
[6] 谭佳英. 动漫亚文化的文化体系 [J]. 广西民族大学学报（哲学社会科学版），2008（1）.
[7] 何川. 大学生"御宅族"亚文化研究 [D]. 重庆：西南大学，2014.
[8] 李冬冬. 大学生御宅族现象的后亚文化论析 [J]. 西部学刊，2017（8）.
[9] 胡小纯. 网络动漫迷群的身份认同研究：以"名侦探柯南事务所"中的柯南迷群为例 [D]. 合肥：安徽大学，2013.
[10] 潘一帆. 娱乐的力量 [D]. 上海：上海大学，2014.
[11] 梁静. 动漫迷的媒介再现分析：以《广州日报》2000—2009年动漫新闻报道为例 [D]. 上海：复旦大学，2010.
[12] 易前良. 御宅：亚文化族群的形象建构 [J]. 文化研究，2013（1）.
[13] 易前良，王凌菲. 青年御宅族的媒介使用动机研究：以南京地区为例 [J]. 新闻与传播研究，2011（4）.
[14] 张路. 作为跨文化传播载体而存在的符号与表征 [D]. 长春：吉林大学，2015.
[15] 蔡骐. 百度动漫吧中御宅族的文化传播解析 [J]. 求索，2016（10）.

独特符号体系①；分析萌文化流行原因、亚文化特征和被商业及主流意识形态收编的现状②。又如以百度贴吧"腐女吧"为例探讨耽美亚文化③；深入探析所谓"保守御宅族"，即日本近年政治选举和社会言论氛围中"御宅族支持自民党"的现象④。

宽泛化则体现为御宅从概念内涵到外延的扩大及其作为一种亚文化特征在动漫之外的各种文化实践领域的扩散。如分析"郭敬明现象"时提出郭敬明的作品有"数据库"的特点，集中了包括"萌"在内的"宅元素"⑤；提出"御宅电视剧"概念并讨论其艺术特征和现实影响⑥；讨论网络游戏中御宅族的话语互动特征和影响⑦等。

其三，"青少年心理及教育"框架下的研究，数量不少，质量却参差不齐。在CNKI中所有"御宅/宅文化"主题的论文中，被引次数最多的5篇中有3篇在此框架下，但它们对"宅"的定义全都偏离了原义。论者以"宅男"来指代所有御宅族，认为"沉迷于电脑游戏、网上聊天、论坛，甚至回家也沉湎于某一食物，社会交往不多的人"就是"宅男"，这种不健康生活方式的成因是"心理防御机制中的退缩在起作用，是为了逃避现实世界中的压力和失败"⑧。有研究调查了上海1 000多名在读本科生，得出结论——"近四分之一的大学生认为自己就是'宅人'"，"宅"特征包括"依赖电脑""不爱接触陌生人""作息时间不稳定""懒散"等⑨。另一研究认为"逾八成大学生存在'宅'现象"，没事就"宅"在寝室，其运动时间少，身体素质亟待加强，并建议通过加强校园文化建设、倡导健康生活方式来引导和帮助"宅一族"⑩。

在此框架下"宅"被视为一种心理失调，可能引发个人和社会的问题。但其聚焦的现象大都脱离了本文所综述的"御宅"的所指。这些研究的特点有：一是不把"宅"对应于动漫爱好者，不提及其"钻研、擅长某个领域"的特点，而是将"宅"跟"长时间待在室内""很少社交和运动""沉溺于网络和虚拟世界"联系在一起；二是常结合问卷或访谈调查大学生"宅"群体；三是大多试图从思想政治教育、高校学生管理的角度提出对策，让大学生"出宅"；四是普遍存在着循环论证（如先给"宅"做负面定义，再得出"宅有害"的观点）或只论不证的逻辑问题。亦有例外，有些研究因提供了真切而鲜活的个案而具有一定的参考价值。如以叙事探究的方法"深描"大学生"御宅族"的经历与状态，以同情与理解寻找问题及成因⑪；或以个案研究切入大学动漫文化现状，探讨大学生御宅族跟主流文化的隔阂与互动⑫。

以上呈现了我国内地学界十余年来对御宅的研究图景。而在我国港台地区，御宅现

---

① 吴一帆. 中国萌文化的发展现状及流行动因探析［D］. 广州：暨南大学，2016.
② 李帅. 青年亚文化视角下"萌文化"研究［D］. 南京：南京师范大学，2016.
③ 孙珊珊. 耽美社群与女性空间建构：基于百度"腐女吧"的考察［D］. 南京：南京师范大学，2015.
④ 潘妮妮. "保守御宅族"的炼成：亚文化、政治策略与互联网的交互：一个"民意"分析的中观视角［J］. 日本学刊，2016（5）.
⑤ 张岩雨. 轻阅读时代的郭敬明现象［J］. 南方文坛，2011（1）.
⑥ 宋煜. "御宅文化"电视剧研究［D］. 福州：福建师范大学，2013.
⑦ 陈旸英. 网络游戏中御宅族的话语互动研究［D］. 南京：南京师范大学，2016.
⑧ 赵思. 浅谈"御宅"现象及其心理分析［J］. 科教文汇，2009（12）.
⑨ 杨敏. 当代大学生"宅"生活的调查研究［J］. 思想理论教育（上半月综合版），2011（1）.
⑩ 沈燎，张益斌，楼仁功. 大学生"宅"现象调查研究［J］. 当代青年研究，2010（7）.
⑪ 王冰娜. 御宅现象：一位女大学生的叙事探究［D］. 上海：华东师范大学，2011.
⑫ 邱莎. 穿越"次元壁"：大学动漫文化现状调查与教育策略研究［D］. 成都：四川师范大学，2016.

象与研究也不鲜见。日本 ACG 及"御宅"概念在我国台湾地区的流行要早于大陆，2001 年台湾报纸媒体已提及御宅，1996 年起有了相关学术研究。在 2005 年以前，台湾关于御宅的话语大多是冈田斗司夫式的正面认知；2005 年以后，台湾媒体大量报道御宅，并在《电车男》等流行影视的影响下，建构了"宅男"等词语的负面刻板印象。1996 年至 2015 年，台湾有 40 篇左右的学位论文和近 20 本专著讨论御宅和日本动漫。[①] 台湾最重要的动漫评论团体"傻呼噜同盟"中有十余名大学教师，东海大学物理系教授施奇廷 2011 年还在该校开设了通识课程"御宅学"。在今日之台湾，御宅文化恐怕已不能再用亚文化来形容。[②] 香港的御宅族生活在资讯发达、自由多元的社会中，并非隔绝的群体，而是一群"资讯精英"，围绕 ACG 建立并维系自己的社会资本。[③]

五、突然爆发的"二次元"：概念与框架的重构

有趣的是，从 2016 年开始，国内围绕"二次元"的学术话语和媒体话语建构数量猛增，而对"御宅/宅文化"的论述则相对减少，事实上完成了一次概念的"升级换代"或曰"重构"。

笔者于 2018 年 1 月 21 日在中国知网（CNKI）"哲学与人文科学""社会科学Ⅰ辑""社会科学Ⅱ辑"三个数据库中检索了主题词含有"二次元"的文章。筛除了非研究性文章及无关内容后，找到发表于 2008 年至 2017 年的 169 篇学术论文。这些文献及其被引用情况如图 4 所示。相关论文从 2015 年的 8 篇激增到 2016 年的 56 篇和 2017 年的 91 篇；对照图 1 可知，同期的"御宅/宅文化"论文持续减少，每年仅 10 余篇发表。

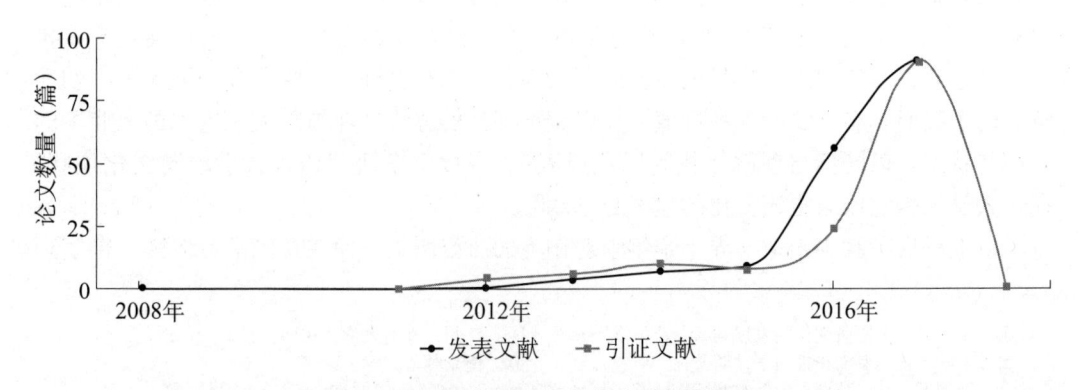

图 4 "二次元"研究论文发表及被引情况

日语中的"二次元"（Nijigen）是二维、平面之意，特指以漫画、二维动画、电子游戏等媒体形态展示的"平面化"的虚拟人物与世界。与之有别的"三次元"，则是三

---

① 傅培刚. 台湾"御宅族"的形成及其意义的探索 [D]. 台中：东海大学，2017.
② 何亮. 对台湾"御宅文化"的观察与思考 [J]. 北京电影学院学报，2014（6）.
③ 林宛莹，张昕之."隐形少年"现形记：香港御宅族网际网路使用与社会资本建构初探 [J]. 新闻学研究（台湾），2012（112）.

维的现实世界和日常生活，也包括真人偶像明星、真人影视作品等。

　　国内第一篇提及"二次元"概念的学术论文发表于 2008 年，朱岳将"二次元情结"（即迷恋以动漫方式表达的形象符号）归纳为"萌系御宅族"的三大后现代性状之一。① 2012 年有文章将"二次元宅"及其衍生的"异次元宅""萌宅"等归为"御宅"的子类别，认为这是狂热爱好"二维平面世界"如动漫、摄影、游戏等，且因狂热而忽略现实的人群。② 2013 年有 4 篇论文、2014 年有 7 篇论文和 1 本专著谈及"二次元"，都把二次元等同于 ACG。其对应概念是"三次元"。所谓"二点五次元"则是二者交界的区域。

　　2016 年起"二次元"主题的论文数量暴增，研究视野也有所拓展。本文应用 CNKI 的计量可视化分析工具，得到了"二次元"相关文献的主题关键词共现网络（见图 5）。结合文献梳理，总体来看该领域主要发展出三个研究维度/框架：（1）二次元美学对影视艺术的影响；（2）基于 IP 的二次元文化产业；（3）二次元青少年亚文化。

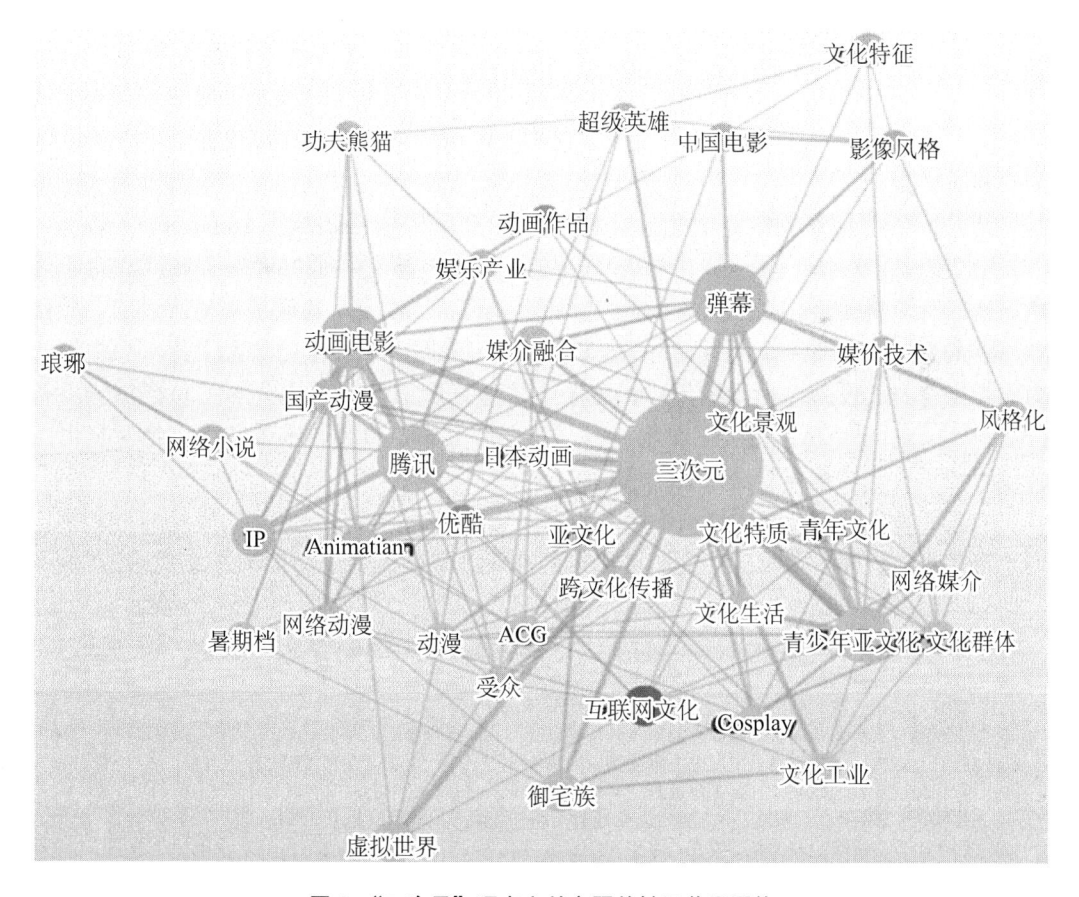

图 5　"二次元"研究文献主题关键词共现网络

---

① 朱岳. 萌系御宅族的后现代性状［J］. 东南传播, 2008（12）.
② 李谊. ACG 文化背景下"御宅"一词的嬗变［J］. 日语学习与研究, 2012（1）.

其一，二次元美学对影视艺术的影响。多见于影视研究学术期刊，倾向于认为存在特定的"二次元美学"，其风格及价值观不仅影响动画领域①，更广泛影响了中国影视创作，带来新的审美标准和叙事方式②。

二次元电影美学重视作品内部完整的世界观和特定世界呈现，人物行为方式和关系力图体现腐、燃、虐、萌等较典型的"二次元向"设置。③ 二次元与电影的跨媒介叙事基于媒介融合，注重奇观的视觉展示和强烈的感官刺激。④ 此外还包括人物形象的低幼、萌化、中性、柔弱化；被架空的虚妄想象和自我陶醉式的时空景观；价值观念上崇尚庸常琐碎的日常生活体验与审美。⑤ 研究者还讨论了诸如游戏改编电影⑥、漫画改编电影⑦、魔幻及玄幻题材影视与网络剧、以二次元爱好者为主角的电影《闪光少女》，或在B站走红的纪录片《我在故宫修文物》。

其二，基于IP的二次元文化产业。IP是"知识产权"（intellectual property）一词的英文首字母缩写；而在近年中国的产业实践中，IP更多地被狭义理解为那些具有足够知名度、可以被跨媒介开发且带来显著收益的故事或形象。有研究直接分析动漫游戏成功案例，探讨其经营模式、改编模式、衍生策略。建议参考御宅族粉丝孵化成功案例，将二次元IP与电影创作结合以期共赢。⑧ 二次元产业模式中渗透的互联网思维也可带来启示。⑨ 这些论述力图发掘二次元文化产品案例的成败经验，以服务于产业实践中的营利与扩张。

其三，二次元青少年亚文化。自称"二次元众"的ACGN［Animation（动画）、Comic（漫画）、Game（游戏）、Novel（小说）的合并缩写］爱好者以互联网和市集为栖居地，有专属话语、众多拟像和完美世界观，将"二次元"建成了福柯所说的"异托邦"。⑩ 粉丝文化和参与文化视角⑪、德勒兹的理论⑫被用来解读二次元文化。马中红认为青少年全身心投入二次元世界，积累了布尔迪厄所谓的"文化资本"和萨拉·桑顿（Sarah Thornton）所谓的"亚文化资本"⑬，并因其架空世界、唯爱唯美、绝对自由的特质得到了自足的精神与文化空间⑭。

白惠元首创了"二次元民族主义"概念，用来描述自发为《大圣归来》叫好和推广的"自来水"群体，认为这个群体是"文本内部潜藏民族主义动能的叛逆英雄"，这种

---

① 陈晓萌，陈一愚. 泛二次元：中国动画电影发展新趋势［J］. 当代电影，2016（10）.
② 齐伟，李佳营. 论华语电影的二次元审美文化现象［J］. 电影艺术，2016（5）.
③ 赵益. 试论二次元电影美学［J］. 当代电影，2016（8）.
④ 张默然. 二次元与电影的跨媒介叙事及其审美新变［J］. 当代电影，2016（8）.
⑤ 叶凯. 二次元文化对当下中国电影审美倾向的影响［J］. 当代电影，2016（8）.
⑥ 陈雅舟. 新世纪以来二次元美学视野下游戏改编电影的角色创造［J］. 文艺评论，2016（10）.
⑦ 聂伟.《滚蛋吧！肿瘤君》："二次元"的重构与精神疗愈［J］. 电影艺术，2015（6）.
⑧ 谢辛. AKB48御宅族粉丝的孵化：基于"泛娱乐"语境的二次元粉丝文化形态与电影IP衍生策略［J］. 北京电影学院学报，2016（6）.
⑨ 巴丹. 聚合关系：二次元对中国影视文化产品生产的经济学启示［J］. 当代电影，2017（2）.
⑩ 文春梅. 从"乌托邦"到"有托邦"：ACGN文化批评［J］. 美与时代（美学）（下），2015（7）.
⑪ 陈一愚. 互联网群体传播时代的二次元文化［J］. 青年记者，2016（21）.
⑫ 杨蕾. "新世界"的生成：德勒兹后结构主义视阈下的二次元文化［J］. 中北大学学报（社会科学版），2017（3）.
⑬ 马中红. 文化资本：青年话语权获取的路径分析［J］. 中国青年社会科学，2016（3）.
⑭ 马中红，孙黎. 二次元文化及其对青少年的影响［J］. 中国德育，2017（12）.

行为是"动漫一代的民族主义实践",是"80后""90后"对于外界"逃避社会、自我中心、历史虚无主义"批判的正面回应。① 林品认为二次元爱好者建构了想象性的"次元壁",营造了封闭自足的亚文化圈子,获得集体归属感并共同抵御来自"三次元"的压力;二次元文化日趋主流化,与民族主义或爱国主义话语有效对接;官方宣传模式也尝试借重年轻人喜爱的文艺形态,由此次元壁遭到双向破解。② 于是二次元亚文化超越了娱乐和狂欢的范畴,融合了政治表达和主流意识形态,其行动准则"规引着现实社会的行动方略"③。"表情包政治""情感性的游戏""从迷妹到小粉红"等概念跟"二次元民族主义"一起,让文化政治成为近期青少年亚文化研究的学术焦点。

综上,2016年和2017年近150篇"二次元"主题的论文在上述三个框架下展开。然而其中同时提及"御宅"或"宅文化"的不到20篇。相关学术研究的对象并没有太大变化;但核心概念却发生了从"御宅"到"二次元"的重构,相应学术话语和公众知识也因而转型。

六、从御宅到二次元的知识考古

耐人寻味的是,这一转型重构现象仅发生在中国。笔者2016年底应邀赴韩国参加"东亚数字部落与青年文化"国际学术会议(大塚英志亦参加了此次会议),曾专门向与会日本学者吉田宽询问并得知,日本学界仍以"otaku"来指称相关群体及其文化,"二次元"只是御宅们喜爱的对象之一,并没有多少学术研究是针对"二次元文化"的。英文文献检索和请教本领域资深学者的结果,均显示"two dimensional culture"在英语学界也少有人提。为何"二次元"成为中国独有的热点概念?

福柯自《疯癫与文明》至《知识考古学》,再到《话语的秩序》,不断追问:诸如"人性""精神病"这样的抽象概念或曰"话语对象"究竟如何形成?作为话语基本单位的"陈述"怎样交织成所谓的知识与真理?种种主观意志与权力运作在其间有何影响?由此生发的"知识考古"视角,对形而上学、史学或社会科学均影响深远。福柯还曾从三个方面分析话语的形成:形成区域、分界权威和专业格栅。④ 本文借此视角来分析中国的"御宅"和"二次元"话语的形成与变迁。

我国的御宅陈述乃至知识形成区域包括:日本动漫游戏爱好者、相对"后知后觉"的媒体和学界、秉持传统理念和主流意识形态的教育界。语言和文化隔阂引发了概念变形甚至误解。随着"宅"的负面含义和形象在社会舆论中逐渐成形,最终它被部分教育和心理的专业人士认定为青少年的"问题"。

我国御宅话语的分界权威相应也有三种:ACG爱好者,热衷讨论宅之乐趣与细节;文艺与传播研究者,阐释宅之审美与意义;部分教育和心理方面的专业人士,关注宅之

---

① 白惠元. 叛逆英雄与"二次元民族主义"[J]. 艺术评论,2015 (9).
② 林品. 青年亚文化与官方意识形态的"双向破壁":"二次元民族主义"的兴起 [J]. 探索与争鸣,2016 (2).
③ 华昊. 新生代网民的网络政治参与及其多元治理 [J]. 南京社会科学,2016 (5).
④ 赵一凡. 从卢卡奇到萨义德:西方文论讲稿续编 [M]. 北京:生活·读书·新知三联书店,2009.

危害与对策。三种人群对"宅"概念的理解其实并不一致。

专业格栅也因而形成：在日本动漫与文化、青少年亚文化与传播、青少年心理与教育这三大"御宅"研究框架内，相关的概念、理论、方法被引入，为御宅知识地图圈定了边界。

近两年，"二次元"替代"御宅"成为相关学术研究的核心概念。这种概念的变迁始自业界与媒体。相对于已被污名化的"宅"，"二次元"字面就显得新鲜活泼、引人注目，无负面意涵，甚至自带科技感和未来感。企业可以围绕它向投资人和公众讲出更漂亮的新经济故事；青少年也因此逐渐接纳了"二次元爱好者"的身份认同，并用"次元壁"来描述与"他者"间的差异和隔阂。"二次元"作为身份标识，得到了分界权威和被指称者的双重肯定，在业界和社会的推广普及因此全无障碍。

较之"御宅"，"二次元"相关话语的形成区域的主要不同来自三重影响：代际更替（从小接触ACG内容的"70后""80后"成为社会中坚，"90后"也开始走上舞台）、政经合力（从政府到资本都大力推动数字内容及创意产业发展）、意识形态（消费主义盛行、舆论对亚文化相对更宽容）。

从分界权威来看，由"御宅"到"二次元"的概念重构是由产业及资本主导的。多家知名互联网及泛娱乐企业从2015年开始鼓吹"二次元经济"。腾讯在2015年召开了围绕二次元经济主题的动漫行业大会；与会的B站副总裁陈汉泽称中国有2.6亿二次元用户。艾瑞咨询《2015年中国二次元行业报告》影响深远，被数十篇学术论文引用，其中称2015年中国泛二次元用户规模将达到1.6亿人。

不论是2.6亿还是1.6亿都超出常人的想象，难道每5~7个中国人里就有一个所谓"二次元用户"？事实上，上述陈述将所有阅、听、玩过动漫游戏的人都界定为"二次元用户"这个颇具营销意义的概念，流露出分界权威借此扩张金融资本及社会资本的欲望。但这种急切收编亚文化以服务资本和消费主义的做法，有可能激发该群体成员更加用力地去证明自己和"伪宅""伪二次元"的不同，重新界定话语对象。

"二次元"主题学术论文自2016年起暴增，反映出学术界略显滞后地追随了业界的话语轨迹。其专业格栅尚在形成之中，影视艺术研究、文创产业研究和青少年文化研究是目前最主要的"二次元"学术话语场域。然而总体上视角广度和分析深度仍不足因应现实之复杂。

从"御宅"到"二次元"的"知识考古"目的何在？就像福柯对精神病的话语实践的关注，目的是透过话语的形成，追溯社会思想的流变，揭示权力与知识的同构及其原因。

"二次元"知识/话语与权力的同构，首先是由于这种亚文化生长和浸润在特定的政治、经济、文化脉络中，被"三次元"现实潜移默化地影响。例如，二次元亚文化始终属于城市青少年，尤其要进入核心圈层，其经济资本和文化资本都是有门槛的，《2015年中国二次元用户报告》称二次元用户年均在ACG上的花费超过1 700元。农村留守儿童当然会看"喜羊羊"或者"熊出没"，但肯定不会被指认为"二次元"的圈内人；如果只看过《银魂》《海贼王》《火影忍者》这些过于流行的日本动漫，大概也不会得到核心圈层的认同。"民工漫"这个词，本身就是城市视角的话语，暗含对"民工"的贬抑。游漫展、玩同人既需要场地设施与同侪群体支持,也需要特定陈述来赋予其美学价值及社会意义。Coser(扮装者)们种种奇特的扮相,跟融入了日本视觉系亚文化元素的"杀马特"造型分处"鄙视链"上下两端。这些是"二次元"被现实锚定、无法逃避的政经语境,时刻影响着相关话语的建构。

其次,因为"二次元"现象与文化日趋主流,被党政部门和市场企业高度重视,相关话语也与主导意识形态日渐融合。东浩纪曾说:"御宅族已经被我们的社会完全接受,甚至成了日本民族和官方的骄傲。……它现在就是主流文化工业。"[①] 同样,"二次元"已日渐融入中国社会主流话语。二次元亚文化既被看成青少年流连和聚集的场域,因此政治力量要现身其间来争夺"宣传的阵地";也被当成青少年中流行的一种"符码"和"语言",因此政治力量需要用它来改造传统的宣传话语。党政部门越来越多地征用从语汇到形象的二次元文化资源,"萌""燃"等元素都被用于宣传或公关,也出现了所谓"二次元民族主义"的现象。市场力量以强大的资本运作和传播动员能力,不断生产和再造"二次元"话语,建构最有利可图的商业模式,也论证其在盈利外的政治与社会贡献,使其市场行为显得更正当合法。2017 年,在第十五届中国国际数码互动娱乐展览会(China Joy)上,组委会联合新华社瞭望智库共同发布的《面向文化复兴的文化融合动员力——"泛娱乐"战略报告 2017》堪称有关话语实践的里程碑。该报告将"泛娱乐"概念定义为"面向文化复兴的文化融合动员力",并实现了"二次元"与主流政治话语的完美对接——以腾讯、奥飞、华强方特这三家在 ACGN 领域表现出色的企业为案例,论证的是包含了"二次元"的"泛娱乐"是"文化体制改革的成果",应"服务于国家文化建设",贡献于"文化振兴、民族复兴";从"动漫强国"到"文化强国",是"核心价值观的入心入脑之途"。进而,"提升国家文化软实力","努力提升国际话语权",或"讲好中国故事",都可以从"二次元"中觅得具体路径。

从"御宅"到"二次元"的种种学术话语,批评和指责的矛头长期对准亚文化的主体——青少年 ACG 爱好者,论述中对政治或经济权力的批判则远远少于迎合与鼓吹。同时,对照日本、美国的有关亚文化研究,我们在理论、方法甚至是观点上的创新又都相对欠缺。为了应对这个意义日趋重大的领域内的复杂现实议题,学界同人们首先应直视当前学术场域面临的种种严峻问题,还应跳出资本划定的概念牢笼、扬弃媒体雷同的话语陈述,开展建立在文本细读、扎根考察基础之上的话语实践创新。

---

① 东浩纪,卢睿洋. 不是政治动物,而是资料库动物[J]. 新美术,2017(6).

五、访谈对话

媒体文化研究的进路*
——道格拉斯·凯尔纳访谈录

□ 王　蔚　道格拉斯·凯尔纳

📖 摘　要

道格拉斯·凯尔纳，1943年生，美国加利福尼亚大学洛杉矶分校（UCLA）教授，乔治·奈勒教育哲学讲座教授，马克思主义批判理论家。凯尔纳自20世纪80年代开始提出"媒体文化"研究的重要性。他试图整合德国与法国的哲学传统，提倡一种多视角文化研究方法，在继承西方马克思主义批判传统的同时，也建构批判的媒体文化理论。其在媒体文化研究方面的代表作有《媒体文化：介于现代与后现代之间的文化研究、认同性与政治》《媒体奇观：当代美国社会文化透视》《电视与民主危机》《波斯湾电视战争》等。上海社会科学院新闻研究所王蔚博士对凯尔纳进行了访谈，在邮件往来基础上改定本文。

📖 关键词

媒体文化研究；道格拉斯·凯尔纳

📖 作者简介

王蔚，上海社会科学院新闻所研究员；道格拉斯·凯尔纳，美国加利福尼亚大学洛杉矶分校（UCLA）教授。

王蔚：凯尔纳教授您好！非常感谢您接受采访。我曾在学生时代阅读了您关于媒体文化的相关著作，对您的批判理论产生了浓厚兴趣。您是著名的批判理论家和文化分析学者，对中国的文化批评界具有很大影响。您的学术思想和专论也经常见诸学术刊物。相信除了我之外，还有很多中国学者希望和您深入交流。

凯尔纳：我也很高兴！我曾经到过上海、南京、香港和台湾。我一直对中国文化，特别是国际顶级电影中的中国电影印象深刻。

---

* 王蔚. 媒体文化研究的进路：道格拉斯·凯尔纳访谈录［J］. 文艺研究，2014（7）. 本文发表时，作者中未标注凯尔纳的名字。

一、碰撞与融合：走进欧陆哲学

王蔚：您的学术履历很清晰地表明，您早前的研究重点在于法兰克福学派、文化研究学派以及后现代理论，尤其在马尔库塞研究方面著述颇丰。那么，您一开始是如何进入这些研究的？是什么特别的原因让您对马尔库塞的理论倍加重视呢？

凯尔纳：我于1965年进入哥伦比亚大学研究生院，那时我对哲学的热情主要在现象学和存在主义上。尽管我当时并未对学生运动带来的巨大影响做好应对准备，但还是在新左派运动中非常活跃，时常参加反战示威游行。事实上，为表达反对越南战争，遍布全美以及欧洲的学生运动已经占据了大学的楼宇甚至校园。1968年5月的巴黎，看起来像是即将爆发一场新的法国革命。为了更好地理解这些事件，我重新阅读了马尔库塞的著作。随着我对学生运动的兴趣与日俱增，且更多地参与其中，到1969年《论解放》（An Essay on Liberation）一文发表时，我对马尔库塞的著作以及学生运动的哲学基础都有了更深层的理解。

到了1969年，一些学生欲将1968年的游行示威重演，但学生们在短时间内被驱散，整个活动很快以失败告终。部分民主社会学生会（Students for a Democratic Society）成员幻想破灭，继而成立了臭名昭著的"地下气象员组织"（Weather Underground Organization）。几次爆炸事件之后，"地下气象员组织"的头目开始真正转入地下。同年，马尔库塞访问了哥伦比亚大学，发表了一次座无虚席的夜间演讲。哲学系在第二天为其举行了一场宴会，由于哲学系教员无一参加，哲学系研究生获得了与其面对面交谈的好机会。宴会上，他讲述了20世纪20年代在弗莱堡跟随海德格尔学习的经历，并开玩笑说他听说海德格尔的哲学理论已经成为石头，以此讽刺海德格尔后期哲学思想的保守。一小时后，马尔库塞提议到西尾酒吧小酌。那里曾经是金斯伯格、凯鲁亚克及其他"垮掉的一代"出没的地方，也是我晚餐和小酌常去的地方，所以我乐于陪同他一起穿越校园，前往酒吧。半路上，一些激进分子冲着我们喊道："我们要跟马尔库塞辩论！"我认出他们是"地下气象员组织"的成员，常在哲学图书馆学习。我和朋友们也经常去哲学图书馆，曾跟一些更为激进的民主社会学生会及"地下气象员组织"成员有过数面之缘。于是，我们在哲学图书馆附近席地而坐。那些激进分子告诉马尔库塞，他们正在计划烧掉一个哥伦比亚大学教授的办公室，这位教授正在做有关美国政府介入越南事务的研究，因而在学生中非常不受欢迎。马尔库塞强烈反对他们的计划，他认为大学是个乌托邦，激进分子可以在其中学习、组织，甚至采取某些行动，而校园犯罪必将招致警方镇压，这将伤害左派。

王蔚：从您的描述看来，马尔库塞虽然认为激进分子是革命者的一部分，但他鲜明地反对暴力。

凯尔纳：可以这么说。就在这一年，我离开了哥伦比亚大学，在德国政府机构的资助下开始撰写学位论文——《海德格尔的真实概念》（Heidegger's Concept of Authenticity)。我选择在图宾根大学继续研究这个课题。图宾根是德国西南部一个充满了激进主义气息的小镇,黑格尔、荷尔德林、谢林及其他杰出人士曾在此治学,是个研习德国哲学传统的好去处。在图宾根大学,我阅读了许多哲学著作,包括柯尔施关于马克思主义的著作,卢卡奇的《历史与阶级意识》,霍克海默与阿多诺的《启蒙辩证法》及其他法兰克福学派著作。同时,我还参与批判理论学习协会的活动,参加了恩斯特·布洛赫研讨班,讨论那些伟大的哲学家以及帝国主义、法西斯主义等政治话题。从布洛赫那里,我意识到哲学是一门高度政治化的科学,而政治也同时需要哲学分析及批判。

在我的海德格尔研究临近结束时,我读到了阿多诺的《否定的辩证法》,还发现了一些早期马尔库塞评论老师海德格尔的文章。文章对海德格尔的思想提出尖锐的批评,并建议将现象学的存在主义和马克思主义相结合,将海德格尔与马克思结合,以克服传统的局限性。我认为,马尔库塞对海德格尔的批评很具说服力,将海德格尔与马克思结合的提议也非常有吸引力。同时,在彻底研究了海德格尔与国家社会主义的关系之后,我对法里亚斯(Victor Farias)、奥特(Heinrich Ott)等人著作中揭露的海德格尔的纳粹主义也就不那么意外了。

在德国学习的两年中,我基本完成了关于海德格尔的学位论文,并建立起了良好的德国哲学基础。那之后,我开始对法国哲学和文化感兴趣,并非常渴望提高自己的法语能力。1971—1972年,我在法国巴黎停留了13个月,其间专攻法语及法国哲学,并完成了我关于马尔库塞的著作的初稿。至今,我对马尔库塞的著作仍然非常感兴趣。

王蔚:马尔库塞的著作在20世纪70年代传入中国,他强烈批判了工业社会的极权主义对政治、思想、社会和文化的异化,这种对马克思"异化"思想的应用与发展在中国影响很大。您刚才提到的其他重要著作,在中国也被广泛阅读,并应用于阐释现实。20世纪90年代,中国的改革开放成就得到一定程度的积累,大众文化逐渐占据了人们文化生活的中心。从那时起,学界将法兰克福学派的批判理论应用于大众文化批判就越来越常见了。事实上,包括福柯、德里达、巴尔特、鲍德里亚等人在内的法国哲学思想,都在中国的大众文化和后现代主义批判中获得深入阐释。这两种风格迥异的哲学思想在对大众文化的批判中却显示了共通之处。以您在法国期间的学术体验,是否更深切地体会到法国哲学与德国哲学的区别和联系?

凯尔纳:在巴黎期间,我有幸听到列维-斯特劳斯、福柯、德勒兹及利奥塔的授课,并阅读他们最新的著作。同时,我还阅读了鲍德里亚、德里达及其他著名哲学家的文章。福柯授课时喜欢在安静昏暗的礼堂里照着笔记本宣读,让人感觉仿佛置身教堂一般。列维-斯特劳斯比较有活力,也非常友善。德勒兹则更为活跃,喜欢用潦草的板书在黑板上表达他的主要思想。在1975年哥伦比亚大学的一个会议上,我目睹了德勒兹在黑板上演示现代分析思想与块茎思想的对比。利奥塔是一位极具吸引力的教授,总是穿着蓝色牛仔裤,叼着香烟,跟学生谈论时事,拿政治取乐,然后开始讲康德或其他哲学理论。他的课通常没有笔记,只是让学生参与讨论,这在当时的法国是非常少见的。

最初,我认为德里达的著作是海德格尔哲学的一种奇妙版本,而福柯、鲍德里亚及利奥塔的著作则是以当代批判哲学和社会理论对法兰克福学派进行的一种拓展和补充。在当代德国和法国哲学思想中,我看到它们的共通之处,即尝试将马克思、弗洛伊德与批判哲学融合,而忽略了今天它们之间显示出的许多明显分歧。因此,哲学对我来说并不是简单地在德国哲学或法国哲学之间进行选择，而是借助此二者以形成新的融合。

王蔚：您和马尔库塞深入交流，在图宾根研究德国哲学，在巴黎亲耳聆听法国思想家们的授课，这些已成为难以复制的学术经历，实在令人羡慕！那么，您早先发表的文章，是否就是对这些精彩的学术经历的总结？

凯尔纳：有一定关系。在即将结束欧洲三年的学习时，我邂逅了一本相对较新的致力于激进理论的期刊《泰劳斯》(Telos)，我很高兴看到，美国有这样一群人对我曾在欧洲学习的欧陆哲学理论同样感兴趣。所以，我给期刊编辑保罗·皮科内（Paul Piccone）写了封信，告诉他我对这份期刊很感兴趣。他很快就回复，让我帮忙介绍并翻译马尔库塞的《论劳动概念的哲学基础》(On the Philosophical Foundation of the Concept of Labor)。这篇翻译刊登于1973年夏天的第16期杂志上，是我首次发表的文章。大概也就在那时候，我认识了《新德国批评》的编辑。因为他也在同一期《泰劳斯》发表了文章，所以从那时候起我们有了联系。之后，我在1974年冬天出版的第4期《新德国批评》中发表了一篇名为《重访法兰克福学派：对马丁·杰伊的辩证想象的批判》(The Frankfurt School Revisited: A Critique of Martin Jay's the Dialectical Imagination)的论文。在这篇回顾式的长篇论文中，我阐述了对法兰克福学派哲学的基本看法，以及我与马丁·杰伊的哲学思想的不同。

王蔚：德、法哲学家们的思想和著作，甚至他们个性鲜明的批判气质，被您"融合"为宝贵的学术资源。这体现在您后来许多关于德国、法国哲学理论的研究成果中，也体现在对媒体文化的批判性分析中。您有很多著作还没有翻译成中文，是否能对您的学术成果做一简要介绍？

凯尔纳：在德国和法国学习的三年时间里，我积累了大量的文化资源，才得以在接下来的二十多年时间里创作出一系列关于法兰克福学派哲学和当代法国哲学思想的文章、评论和专著。我撰写的关于批判理论的著作包括：《赫伯特·马尔库塞与马克思主义危机》(Herbert Marcuse and the Crisis of Marxism，1984)、《批判理论、马克思主义和现代性》(Critical Theory, Marxism, and Modernity，1989) 及《批判理论与社会》(Critical Theory and Society: A Reader，1989，与史蒂芬·布朗纳合著)；还有《卡尔·柯尔施：革命理论》(Karl Korsch: Revolutionary Theory，1977)、《激情与反叛：表现主义的遗产》(Passion and Rebellion: The Expressionist Heritage，1982，与史蒂芬·布朗纳合编)、《后现代主义/詹姆逊/批判》(Postmodernism/Jameson/Critique，1989)，以及许多其他讨论马克思及马克思主义的文章。这些著述得益于我在德国及其后的研究经历。我的两本著作《让·鲍德里亚：从马克思主义到后现代主义及其他》(Jean Baudrillard: From Marxism to Postmodernism and Beyond，1989) 和《波德里亚：批判性的读本》，以及与贝斯特合著的《后现代转向》(The Postmodern Turn，1997)，也都得益于我在法国及重返法国与德国的那些年里对法国理论的研究。

二、媒体文化的确认：技术与文化新批判

王蔚：您在《媒体文化：介于现代与后现代之间的文化研究、认同性与政治》（以

下简称《媒体文化》)、《媒体奇观：当代美国社会文化透视》(以下简称《媒体奇观》)两本著作中的理论主张，对当代媒体文化研究极具启发性，也确立了您在媒体文化研究领域的重要地位。那么，是什么原因使您从批判理论的研究转向了媒体文化和媒体奇观的研究呢？

凯尔纳：我在 20 世纪 70 年代已经涉猎文化研究，至今仍然活跃在这个领域之中。大概在 1976 年，我给时任英国伯明翰当代文化研究中心主任的斯图亚特·霍尔写信，询问他的著作及项目的相关情况。当时，伯明翰当代文化研究中心还鲜为人知。霍尔给我的回信一共三页纸，还寄来了传说中他们中心"用模板印刷的文章"，我的媒体研究小组把它们读了个遍。由于我的研究涉及哲学、社会理论及文化研究等多个领域，因而我后来撰写了一系列综合类型的文章。1983 年夏天，我在美国伊利诺伊州的厄巴纳出席了一个由马克思主义文化机构举办的会议，会上遇到了霍尔。霍尔是一个非常活跃、大方、令人印象深刻的教育家。我听了霍尔、佩里·安德森、詹姆逊在会前的暑期班课程。这次的暑期班和会议让人十分兴奋，其间关于马克思主义、后现代主义和文化研究的讨论对我接下来数十年的研究产生了巨大的影响。这次会议也真正向美国学术界阐述了后现代主义和文化研究的核心主题。

20 世纪 80 年代，我产生了一个重要的想法：我认为我们的文化是媒体文化，媒体将影响我们日常生活的方式，(通过商业广告及宣传)影响我们的经济，影响我们日益媒体化的政治(罗纳德·里根是当时的总统，因此当时的政治中，有些部分是作秀、形象工程和奇观)，影响我们的文化。我们的文化正在逐渐转变为媒体文化，所有的文化形式都由媒体直接或间接地建构(比如，我们通过媒体了解到歌手或音乐的流行程度)。这个想法影响了我未来数十年的研究。

这种观念部分源于麦克卢汉。他在 1964 年出版的《理解媒介》一书中说道，伴随着新的媒体形式，我们将有新的文化形式、感官体验和日常生活。这种观念也同时受到法兰克福学派文化工业观点的影响，即资本与技术正在催生一种能够支配文化、经济、政治以及所有生活方式的综合事物。后来我更赞同葛兰西的观点，即文化是一个争夺的领域，而非法兰克福学派所说的是支配与操纵的工具。在那个时候，法兰克福学派的这个观点也是阿尔都塞和结构主义者以及其他马克思主义的媒体理论的观点。

因此，我开始研究一种媒体与技术的批判理论。这个理论试图表明的观点有两方面：其一，媒体作为工具被用于权力、统治和社会控制；其二，如何将媒体用于抵制霸权，如何将媒体用于提供新的教育模式、政治模式及交流模式。同时，我清楚地认识到媒体的强大、无处不在、极其迅速的扩散能力，想要真正完全了解媒体的复杂、奇特和不可思议的影响是不可能的(这也是我一直对后结构主义的媒体理论保持开放的原因)。

王蔚：虽然您认为完全了解媒体影响是不可能的，但您的许多观点对我们具有启发性。在《媒体文化》中，您强调了"媒体文化"的概念，从而取代了学界常用的"大众文化"，利用批判理论建设了一种批判的大众文化研究。在《媒体奇观》中，您在后现代语境中继续推进了媒体文化的思想，通过具体的媒体奇观个案，展现了"诊断式批评"的研究方法。您能否多谈一谈您关于媒体技术与媒体文化的一些主要观点？

凯尔纳：如前所述，我一直尝试将德国与法国的传统融合在一起，而不是将它们对立起来。这样的想法促使我与迈克尔·瑞安（Michael Ryan）共同出版了《摄像机政治：当代好莱坞电影中的政治与意识形态》（Camera Politica: The Politics and Ideology of Contemporary Hollywood Film, 1988）（以下简称《摄像机政治》）。这本书的初衷是结合批判理论和后结构主义方法，质疑好莱坞电影中的政治与意识形态。瑞安和我都将电影视为一种新兴的、异常强大的文化形式，这种文化形式使当代的人们可以通过录像带租赁商店在家就看到海量电影，甚至建立自己的"电影资料馆"。后来，我在奥斯汀买了一台 Betamax① 录像机。我早就看到过关于这个产品的信息，知道那就是我做电影和媒体研究所需要的工具。在那个时候，有线电视、卫星电视正风靡全美。我记得，作为第一批在奥斯汀使用有线电视和 HBO 产品的用户之一，我在 HBO 上看的第一部电影是《出租车司机》（1976），这也是我最早录制和仔细研究的电影之一（后来，我把录下来的这部电影用于课堂，和学生们反复讨论其中的场景。因此，磁带录像机成了教学和研究的工具，也成了一种乐趣）。当然，我的录像机不久就被各类 VCR 取代了。我就像那些一开始购买计算机的消费者一样，遵循着淘汰的轨迹，每年都更换设备。

王蔚：既然您认为电影是一种新兴的文化形式，同时您又认同葛兰西的观点，那么您应该会认为，电影也是一个争夺的领地吧？

凯尔纳：是的。在撰写《摄像机政治》一书的过程中，我和瑞安一致认为电影是一个充满竞争的领域，性别、阶级、种族、性等在其中展开政治斗争，同时，更为广泛的政治和意识形态都被转码，我们的著作也因此得名。我们看到，那些主流的电影类型、导演和具体影片，将当下社会和政治的斗争与情感等进行转码，通过解码和阐释，提供当下的观点，以及主流的想象、恐惧、希望和梦想。

王蔚：与电影相较，电视更为大众化，从而成为媒体文化批判的一个重要研究对象。您在 20 世纪 90 年代就已经出版了两本关于电视媒体的研究成果，其中您将批判的着力点放在了电视媒体与民主问题的关系上。能否谈谈您对电视文化批判的一些观点？

凯尔纳：我在里根和老布什时期撰写了两本关于电视媒体的著作，分别是《电视与民主危机》（Television and the Crisis of Democracy, 1990）和《波斯湾电视战争》（The Persian Gulf TV War, 1992）。这两本书借鉴了德国和法国的传统哲学思想，但试图通过具体研究美国电视媒体，重新思考法兰克福学派的文化工业批判问题。《电视与民主危机》中谈到，在里根时代，电视媒体是有力的统治工具和权力工具。这一时代，资本、形象工程和奇观在社会和政治中扮演的角色日益重要，随后制造了民主危机。我借助结构主义的经济模式、国家模式和媒体模式，提出大公司即将控制整个国家和媒体的观点。民主社会的自由主义理论提出行政、立法、司法的三权分立，而媒体以"第四种权力"的身份出现，起到监督与制衡作用。媒体可以批评权力滥用和腐败，提供参与观点和参与形式。当然，在 20 世纪 80 年代，美国社会的巨头公司通过控制媒体尤其是电视，借助商业广告以及大肆渲染消费、娱乐社会等手段，为公司本身谋取利益，同时大力支持代表其利益的政党。也是在同一时期，正是里根和老布什为富人提供

---

① Sony 公司早期开发的盒式录像机，上市后催生了录像带租用业。——采访者注

了税收减免、放松管制，以及任何为减轻负担和筹集政治资金而需要的政策。有一点可以肯定，大公司之间可能存在各种各样的利益分歧，但是里根和老布什的政治体制极大地增进了大公司的利益，无情地忽略了普通人、工人和中产阶级的利益和需求。

我在《波斯湾电视战争》一书中提到，老布什发动海湾战争是直接针对伊拉克和萨达姆·侯赛因的。当伊拉克在1990年侵略科威特时，老布什精心策划了一场电视战争，用以提升美国在中东地区的实力和霸权，证明美军是全球军事力量中的佼佼者，帮助老布什在再次竞选中受益。尽管老布什在海湾战争之后获得了90%的支持率，看起来在竞选中也稳操胜券，但是来自阿肯色州的新星、被誉为"希望之子"的比尔·克林顿，最终击败了老布什，赢得大选。1991年2月肮脏的海湾战争宣告结束，整个战争以及军工行业耗费的数十亿美元显得毫无意义。在这次战争中，媒体扮演着啦啦队队长的角色，它将老布什政府和当时五角大楼的一切谎言与宣传传达给民众，激起民众的爱国热情，从而获取民众对战争的支持。这一切看起来如同一场体育盛事，公众如同主队的啦啦队。此次事件的整个过程，无不揭露出日益恶化的民主危机、主流媒体的腐败，以及媒体在推动主流政治和企业精英所推崇的议程时表现出的惊人能力。

王蔚：您在《媒体文化》一书中提出，这是一个介于现代与后现代之间的时代，您用融合的哲学理论批判了前互联网时代的媒体文化现象。新千年之后，尤其是近十年来，媒体技术及媒体文化的发展又达到一个新的阶段，那么您的哲学批判又应当如何展开？

凯尔纳：在我所有的作品中，我将哲学和批判理论作为批判的武器和分析的工具，而这些武器和工具均可应用在实际的事件和问题中。因此，哲学不应该被当作供人膜拜的抽象教条，而应该作为一种应对当代问题的方法。最好的大陆哲学是批判的和对话的（如黑格尔、马克思、克尔恺郭尔、尼采、萨特等）。大多数思想家通常会借鉴先贤富有创造性的元素，摒弃不再实用和不相关的部分。因此，我认为哲学是辩证的。正如黑格尔、马克思、杜威、葛兰西和早期的法兰克福学派那样，哲学会将新的理论和思想纳入其理论和批评资源中，在社会存在、文化和观念等不同领域间制造联系，展示实体社会和观念世界的主要矛盾，摒弃某些令社会、政治和文化现实受到压迫的思想和批评，提供理论与政治之间新的融合。按照后结构主义的说法，哲学可以在当下明确指出事物之间的区别、事物的不确定性及复杂性。同时，哲学抵制具体分析中的任何完整的、确定的或者封闭的概念，因为历史总是敞开的，会一直经历新的解释和新的事件。正如鲍勃·迪伦所说，时代一直在改变。

王蔚：时代一直在变，一个重要的变化维度就是由技术驱动的。今天，伴随数字技术发展而来的新媒体时代，带给我们更多需要认识和处理的媒体文化问题。

凯尔纳：21世纪，博客、维基百科、Facebook以及其他新兴媒体和社交网络媒体，如YouTube和Twitter，进一步扩大了原本就无处不在的媒体矩阵。媒体奇观的政治经济和传播技术造就了有线和卫星电视的广泛应用，互联网和社交网络媒体等新科技的爆炸性使用紧随其后。互联网使每个人都能够通过不断扩大的新媒体和社交网站表达观点，传递新闻和信息。如果你能够负担得起并懂得使用，其他的新技术会使每一个人成为奇观的一部分。时至今日，无论是好莱坞或政坛的明星，还是埃及、突尼斯的网络行动者，抑或是"基地组织"等恐怖分子，都可以创造属于他们自己的媒体奇观，参与到今日的媒体奇观中来。比如北非阿拉伯国家的动乱，欧洲抵制全球资本的运动，以及2011年全球范围大规模爆发的"占领运动"。所有这些，在我最近出版的《媒体奇观与暴动，2011：从阿拉伯动乱到占领天下》（Media Spectacle and Insurrection，2011：From the Arab Uprisings to Occupy Everywhere，2012）中都有涉及。

三、媒体奇观与多视角分析：重构互联网语境下的媒体文化批判

王蔚：您在《媒体奇观》中谈到，克林顿/小布什时代以来，所谓新自由主义似乎取得了胜利，过去十年看到的是全球资本主义和跨国集团奇观的完全胜利。现在又一个十年过去了，互联网几乎入侵了全部的社会生活，在一定程度上重构了社会力量的分布格局，也翻开了控制与抵抗、合作与竞争新的一页。这使得国家和媒体企业对互联网的重视程度超越了对以往任何媒体的重视程度。那么，从宏观层面来看，您怎样理解近十年美国甚至世界媒体文化的变化？

凯尔纳：与国家和媒体企业相较，互联网和新媒体为公共领域的民主振兴赋予了潜力。互联网和社交网络使更多的受众更轻松地获得信息。同时，和历史上任何信息传播工具相比，互联网和社交网络的信源都更为广泛。它不停地揭示海量资料，毫无遗漏地表达每一个可以想象到的观点，持续不断地提供新闻和意见，以及多样化与差异化的资源。此外，互联网有利于实现双向沟通，有利于实现民主参与公共对话，有利于实施那些对生产民主政治至关重要的基本行动。

当今时代的一个主要矛盾在于，至少对于有线世界和不断增长的大规模公众而言，丰富多样的信息环境其范围在不断扩大，这个信息环境由以下不同部分构成：广泛的广播电视网络、印刷媒体和出版物，以及互联网和社交网站建构的地球村。与以往任何时候相比，当今时代单一媒介所能集中的信息和娱乐资源都更为丰富多样。由于可以向全世界即时发送不同类型和信源的信息与图片，各地互联网越来越多地被各类进步和反对组织利用。

尽管如此，但是大多数人的新闻和信息或者来自高度意识形态化的和信息流通不畅的国家，或者来自美国媒体企业。这就在当代的信息获得者和信息匮乏者之间制造了一个显著差异。进一步来说，互联网是一个进步力量、保守力量、国家和企业的必争之地，各种力量必须使用技术去赢得彼此相悖的目标。

王蔚：互联网确实具备了扩大公共领域影响、推进民主实践的功能，用户对互联网交互性的活跃应用，呈现出"众声喧哗"的状态，似乎使前互联网时代的那些"沉默的大多数"消失了。那么在现阶段，您认为互联网促进民主的这种功能，究竟得到了多大程度的发挥？

凯尔纳：世界上有许多地方还不是有线世界，许多人甚至不识字。各地居民获取信息和文化的方式各有不同，导致得到的信息类型和质量千差万别。这取决于个体获取信

息的能力，以及正确理解信息和将其情境化的能力。

然而，民主需要的是能够掌握信息的公民和信息访问权，因此，民主是否可行，取决于能够不断寻找关键信息的公民，是否具备访问和评价信息的能力，是否具备介入重要事务的公共对话的能力。这样，面对强大的企业势力和政治势力，媒体的民主改革和另类媒体的存在，对于保存甚至振兴民主计划而言至关重要。媒体如何能够被民主化？可以发展怎样的另类媒体？对这些问题的回答，在世界各地当然有所不同。但是，没有民主的媒体政治，没有另类媒体，民主本身也不会生机勃勃地存在下去，大面积存在的社会问题也不会被解决，甚至都不会被关注。

另类媒体需要与进步的运动相联系，振兴民主，并结束目前保守力量的霸权。过去几年，在纪录片领域、数字视频和摄影、社区广播、公共开放电视、不断进步的印刷媒体、一直在增长的自由与进步的互联网和博客圈，已经取得了许多重要的进展。

王蔚：正像您提出的那样，互联网和其他媒体一样，也是充满竞争的领域。近年来，世界各地的许多社会运动甚至暴乱、战争中，互联网政治显示了越来越强大的正向与反向的影响力，也形成了互联网时代的媒体奇观。

凯尔纳：到2011年，北非阿拉伯国家动乱、欧洲抵制全球资本的运动和占领运动，都使用了新媒体、社交网络和媒体奇观，用以促进民主议程，推进反对全球资本主义和专制独裁统治的运动。

正如我在《媒体奇观与暴动，2011：从阿拉伯动乱到占领天下》一书中所描述的那样，2011年发生的阿拉伯动乱、利比亚革命、叙利亚和其他中东国家的暴动、全球金融危机之后的欧洲运动、占领运动，以及其他政治运动，通过广电媒体、印刷媒体和数字媒体进行串联，攫取人们的注意力和情绪，产生了复杂而多重的效应。2011年，或许就像1968年一样，成为社会动荡历史上一个值得纪念的年份，也可能会成为一个标志性年份。这些事件表明，媒体和媒体奇观是当下的一个必争之地，有时会有助于民主和进步运动，有时会支持资本家的权力和反动的议题。未来的政治斗争将转战媒体，因为媒体在社会和政治生活中，正在成为一支越来越重要的力量。

王蔚：在您的文化批判理论中，始终存在着一种辩证逻辑，辩证地分析马克思主义、法兰克福学派、文化研究、女性主义、后结构主义等理论资源的洞见与局限，辩证地分析媒体文化本身的控制和抵抗等。因此，您提倡一种多视角的研究方法，旨在形成更有穿透力的分析。在我看来，多视角方法也存在削弱单一理论的激进性、尖锐性与普遍性的可能，而您所强调的情境主义的理论研究取向，针对具体媒体文化案例进行的批判分析，在一定程度上又恰好可以回避多视角研究方法的局限。

凯尔纳：我一直认为，应该将哲学见解和方法应用到规模浩瀚的文化现象中。我的著作《媒体文化》，试图通过使用这些哲学与批判社会理论工具，将文化研究工作重新概念化。在文化研究中，我一直认为多视角方法结合了政治经济学、文本分析、受众接受和媒体效果研究。从马克思主义到女性主义再到后结构主义，这些不同的哲学立场，能够应用于对文化和政治现象的解读和批判，同时有助于推动一种批判的、多文化的、政治的文化研究。

有时候，对于分析如马克思主义、法兰克福学派、文化研究、女性主义、后结构主义理论等视角下的具体现象，使用多视角的方法恰恰非常有价值。由于人们可以从多种立场做激进的批评，因此，在分析和批判具体现象时引入更多的批判性理论，将使我们的工作更为有力。

王蔚：您的批判大多围绕着美国的媒体文化现象展开，但正如您所说，美国的媒体文化正在影响全球化的消费者。在互联网时代，无论从现实层面还是从理论话语层面看，技术资本主义的影响都是跨越地域的。从这个意义上看，您认为美国媒体文化与其他媒体文化之间如何相互影响？

凯尔纳：美国媒体文化长期以来是全球文化的一个重要组成部分，尤其是在电影、音乐、文学和时尚领域。但和历史情况相比，今天的全球文化更容易使来自不同国家的不同文化得以传播。

四、媒介素养教育：媒体文化批判的一种实践

王蔚：从您的著作中，我感觉到您是一个温和的批判家，感觉到您对解决媒体文化发展中的问题，以及媒体文化中呈现出的抵抗的积极性，抱有乐观的态度。如果说今天的奇观思维依然在主导社会的政治、经济和文化，那么您认为媒体文化研究本身可以在这个议题上发挥怎样的作用？

凯尔纳：由于媒体文化的不断扩展，在媒体和文化研究方面总是会有更多事情可做。我自己近期的工作中就包含了媒体和技术素养研究。在加利福尼亚大学洛杉矶分校，我作为乔治·奈勒教育哲学讲座教授已逾十五年。我曾重点研究与教育、政治和日常生活相关的新技术，也一直关注哲学、社会理论和文化研究。在20世纪90年代中期至今的教育工作中，我一直特别关注素养概念的扩展，以容纳媒介素养和多重的技术素养。随着有线电视和卫星电视迅速发展，谈话广播和广播频道也在膨胀，它们都成为互联网吸纳的视频、音频、图像的文化奇观，作为新媒体和新技术不断扩散。到20世纪90年代中期，我很清楚地认识到，我们的文化是媒体文化，媒体成为日益强大的社会化工具、政治教化工具和意义与认同的来源。

王蔚：您在《媒体文化》一书中谈到过媒介素养教育，这非常具有启发性。或许我们可以将它视为媒体文化批判的一种具体实践，视为理论教育影响社会生活的一条有效路径。

凯尔纳：我长期以来一直倡导媒介素养。在20世纪70年代卡特总统任期内，我曾得到一大笔资金，用于为密西西比三角洲地区高中的低收入教师讲授媒介素养课程。授课持续了几个月时间，这些课程可以让他们教育学生批判地阅读并解码媒体信息，包括性别、阶级、性和种族的表征，帮助学生和教育工作者在寻找正面的形象、意义、角色榜样和媒体策划的同时，也能够辨别种族主义、性别歧视、同性恋恐惧症、阶级歧视者和其他媒体中的负面表达。在得克萨斯州，我设计了一个名为文化传播哲学的课程，介绍媒体理论、文化研究，并讲授批判的媒体素养，旨在推广媒体所有权和媒体策划的知识，讲授文本分析、媒体权力的前沿理论，以及在政治、教育、社会转型中那些具有进步意义的另类媒体使用。在加利福尼亚大学洛杉矶分校，我将这门课程转变为一个文化研究导论研讨会，使用我的著作《媒体文化》和与吉吉·达拉姆（Gigi Durham）合编的《媒体与文化研究：关键作品》（*Media and Cultural Studies：Keyworks*，2005），后者汇集了当代媒体文化和传播方法的主要内容，范围从罗兰·巴尔特到居伊·德波，再到最近关于 YouTube、Facebook 和社交网络的研究。

王蔚：在中国，媒介素养相关研究约在 2000 年开始兴起，目前也已成为一个研究热点。有些观点认为媒介素养教育应致力于缩小"数字鸿沟"，创造"数字机遇"。而您所描述的媒介素养教育，则是从媒体文化批判的立场，强调加强对媒体文化的深入理解，这一点令人深思。

凯尔纳：当我 20 世纪 90 年代在加利福尼亚大学洛杉矶分校时，越来越清楚地认识到，互联网和新的数字技术大大改变了文化、意识和日常生活。我在那里组织了一个研讨班，探讨技术和新媒体问题。在此期间，我在《教育理论》期刊上发表了一篇关于新媒体和新素养的论文。同时，其他相关的论文和著作还包括一系列对互联网与政治的研究，以及对新数字媒体和社交网络的研究。我认为新技术需要新的素养，拥有技术素养不仅涉及懂得如何使用计算机和新技术，而且涉及理解新技术和新媒体在日常生活中的多重功能，理解它们是如何改变了传播、社会互动、学术研究、政治、文化和经济的。

在探索如何在教育中应用新技术方面，我曾与我的学生为技术和社会、文化研究、教育哲学等课程建立了三个网站，此外还协助开发了后现代理论和批判理论的网站，这些都显示在我的主页上。我是最早建立网站的学者之一，我的文章甚至著作在刊发之后，都可以在我的网站上访问。我最终想要将这些研究汇集为一本著作，名为《新技术与新素养：新千年的挑战》（*New Technologies and New Literacies：Challenges for the Millennium*）。

许多主流文献对新技术往往不是赞美就是贬低，鉴于此，我计划对开发新技术的得失进行一次平衡的评估。当代教育的基础和源泉究竟是书籍还是电脑数据？对这一问题的回答存在两种不同观点。我将特别对这两个极端进行调解。我认为今天的教育应当以书本资料、新计算机和多媒体资料的平衡为基础。同时，我也认为传统的印刷文化素养、传统的阅读与写作技巧，在今天比以往任何时候都更为重要。但是，我们需要传授新的媒介素养，来作为既有技能的补充。

王蔚：日新月异的媒体技术的发展，带来了纷繁复杂的媒体文化现象。您曾提出，媒体文化不是构建某种像主体的东西，或者探究个人对主体的认同，而是要构建认同性以及主体性的立场。今天，各类新媒体一方面成就了令人惊奇的媒体奇观，开辟了一种文化控制与抵抗的新路径；另一方面，网民通过实名或者匿名的方式集结，进行社会事务的讨论、批判，甚至影响政府决策以及国际政治。其中交织的各种权力关系、制度选择、身份认同，为人们理解和营造互联网时代的新的社会秩序带来障碍以及新元素。这些现象出现在一个全球化的世界进程中，成为东西方共同面对的新问题。非常感谢您与我们分享媒体文化研究的历程，我相信随着互联网与社会生活的深度融合，您的相关研究将会产生更大的影响力。

回到发生现场与本土文化研究的超越*
——陶东风教授访谈

□ 陶东风　杜　安

📖 摘　要

文化研究的灵魂是批判,真实有效的批判的前提是提供真知识。文化研究的方法和视角是多元的,应当倡导一种语境化的、适合中国本土的文化研究。如果照搬西方文化研究范式,忽视西方与中国大的差异,就会出现难以避免的错位。转向当代中国大众文化的历史语境与发生现场,对之进行发生学的研究,是对照搬西方文化研究的理论方法与价值取向的全方位质疑和超越,也是本土化的中国文化研究范式建构的前提。

📖 关键词

文化研究的本土化;历史语境;超越

📖 作者简介

陶东风,广州大学人文学院教授;杜安,贵州师范大学文学院教授。

杜安:陶老师您好!感谢您接受这次访谈。与许多学术话语一样,"文化研究"是西方的舶来品。它与法兰克福学派的批判理论、英国左派理论家霍加特(R. Hoggart)与雷蒙德·威廉斯开创的伯明翰当代文化研究中心密切相关,也与后殖民主义、女性主义、解构主义等西方左翼思潮有着千丝万缕的联系。您是如何理解文化研究的?您在从事文化研究的过程中主要受到哪些文化理论资源的影响?

陶东风:一个人文学者,特别是文化研究者,做学术研究的目的,从根本上说首先是解答自己生活中遭遇的重大、尖锐问题(特别是与创伤性经验相关的问题),或者说以学术方式对自己的生存境遇做出回应。这样,文化研究是他生命书写的一种方式。这是第一位的。当然,由于人都生活在特定的社会、时代,这种生存境遇总是不同程度地反映了同代人的共同生存境遇,因此,对自己生存境遇的回应也都不同程度地具有公共

---

* 陶东风,杜安. 回到发生现场与本土文化研究的超越[J]. 文化研究,2018 (4).

意义。一个做文化研究的人，如果不是从切己经验出发提出和思考问题，就容易陷入五花八门的理论海洋中而迷失方向，以别人的判断代替自己的判断，把别人的病当成自己的病，把别人的药方当作自己的药方。至于那些追逐时尚，把学术时尚误解为公共关怀，唯世界学术市场行情马首是瞻者，就更是等而下之的了。

文化研究于我而言就是通过学术方式回应自己的根本性生存境遇，在此过程中，选择什么理论作为分析工具，或研究属于什么学科，我以为都无关大局，无须太多考虑。在西方，特别是德国，有很多反思和批判法西斯主义，研究"二战"创伤记忆、集体记忆的学者，如阿莱达·阿斯曼、杰弗里·亚历山大，他们的立场独立，其研究就不是文化研究了吗？再如学者徐贲，他的研究难道不是文化研究？

我以为这是所有文化研究者都要坚持的立场。在不同的国家，极权主义既有相同点又有差异性，因此，使用/坚持左的理论、立场还是右的理论、立场，会出现侧重点的不同。同样是反思极权主义，法兰克福学派可以说是左派，但哈耶克坚持的是自由主义立场，而阿伦特则很难被划分为左派、右派，她既批判法西斯主义也批判斯大林主义……她是左派还是右派？所有有志于文化研究的学者——无论左右——都必须坚持基本的价值立场，如果有一个号称"左派"的文化研究者，为极权主义（无论是哪个国家哪种类型的极权主义）辩护，那么，他就是反人类分子，而不是真正的左派。

我在做文化研究的时候，阅读和援引过西方马克思主义文化理论（如葛兰西、阿多诺等）、西方后现代主义文化理论（如福柯、布尔迪厄等），也阅读和援引过哈耶克、阿伦特、哈维尔、米奇尼克等人的著作。大体而言，我读得最多的是自由主义和后现代主义的著作。我觉得，在反抗总体化（极权主义的本质就是总体化，totalitarianism 也可以翻译为总体主义）这个共同的、最根本的价值诉求之下，这两种主义是可以结成联盟的，以最大限度地解放被边缘化的话语。这是批判性思维的精髓，也是文化研究的精髓，更是启蒙主义的精髓。后现代主义和自由主义在这里可以达成一致。后现代主义拒绝绝对真理，福柯的话语理论强调被边缘化的个体和群体起来反抗主流话语的宰制，打碎试图将个体和差异整合到同一性、总体性的话语框架，促成无限繁多的微观话语自由增生和繁殖，瓦解主流话语的一统天下。因此福柯反对整体描述法。福柯倡导的批判态度与康德阐释的启蒙精神是一致的，这就是对独断论、总体性的批判。福柯认为，启蒙不是"一个理论，一个学说，甚至也不是一个不断在积累的永恒的知识体系，而是一种态度，一种精神……通过它，我们对自己是什么的批判同时也是对加在我们身上的局限性的历史分析，也是一种超越这些局限的尝试"[1][2]。作为一种批判精神的启蒙比作为学说、理论、教条的启蒙更为重要。"可以将我们与启蒙联结起来的脉络并不在于信守教条原则，而在于不断激活某种态度，它是某种哲学的精神气质，我们可以将其描述为对我们所处历史时代的持恒批判。"[3] 这种批判"不再是以寻求具有普遍价值的形式结构为目的的实践展开，而是深入某些事件的历史考察，这些事件曾经引导我们建构自身，

---

[1] 丹纳赫，斯奇拉托，韦伯. 理解福柯 [M]. 刘瑾，译. 天津：百花文艺出版社，2002：12-13.
[2] 福柯. 什么是启蒙 [EB/OL]. (2010-09-19) [2018-09-10]. https://www.douban.com/group/topic/14194644/.
[3] 同[2].

并把自身作为我们所为、所思及所言的主体来加以认识。在这个意义上，这种批判不是超越性的，其目标也不在于促成一种形而上学，而是具有谱系学的方案和考古学的方法。之所以说这种批判是考古学而不是先验超越的，是因为它所致力的并不在于确定所有知识（connaissance）或所有可能的道德行动的普遍结构，而在于将表达我们所思、所言及所为的话语实例作为如此繁多的历史事件来探讨；同时，之所以说这种批判是谱系学的，是因为它不再根据我们所是的形式推演出我们所不可能做、不可能知的东西，而将从使我们成为我们所是的那种偶然性（contingency）中，分离出某种可能性来。在这种可能性下，我们得以不再依我们所是、所为或所思去是、去行、去思。这种批判将不再致力于促成某种最终成为科学的形而上学，而将尽可能广泛地为不确定的对自由的追求提供新的促动力"①。这不是非常符合康德的启蒙主义思想吗？这也是我在文化研究中一再加以坚持的批判态度。细读福柯的《什么是启蒙》，觉得福柯对启蒙多有（当然不是全部）继承和肯定，把福柯和启蒙完全对立起来是一种误解。

我在分析当代中国文艺学主流话语时，就综合使用了福柯、布尔迪厄的后现代主义或反本质主义观点，但是同时也使用了大量自由主义的观点。我认为，无论是工具论文艺学，还是自律论文艺学，关于文学本质的言说，都是特定历史时期的话语建构，文化研究者的工作不是要站在裁判的立场判断哪种关于文学本质的话语是真理，而是致力于对具体的文艺学话语进行考古学、谱系学的分析，争取各种差异化的关于本质的言说自由增生、繁殖，特别是要致力于营造这种自由言说的社会文化环境。我反对将任何一种关于文学本质的言说（无论是工具论的还是自律论的）称为"绝对真理"。

杜安：文化研究是一种跨学科的整合研究。伴随文化语境与具体问题的变化，文化研究的切入视角与研究方法也往往会产生变化。这是否说明文化研究的方法是语境化的、实践性的、策略性的？您能详细谈谈文化研究的价值取向与方法论特征吗？

陶东风：语境化非常重要，因为只有在具体的语境中，只有通过对自己的生活境遇、对自己身处的具体社会文化状况的历史化批判性分析，才能判断文化研究的对象是什么。在这里我觉得有两点很重要。首先，做文化研究的人一定要忠实于自己的真实感受。有些人明明知道他面对的是什么，却不敢说，于是为了显示自己的批判性，就去找一个替代品。我觉得这样的人最好不要去做文化研究。文化研究的灵魂是批判，但是有效的批判必须建立在真实知识的基础上，特别是建立在关于批判对象的真知识的基础上，真实有效的批判的前提是提供真知识。真知识是真批判的基础和前提。这其实不是一个道德要求而是一个学术（认知）要求。知识就是权力，知识同时也是反权力：那种揭穿了权力真相的知识也就是对权力最有力的批判（也是来自福柯的思想）。其次，对权力的准确诊断需要公开透明的信息环境，要能够获得各种与权力相关的信息资料。没有足够的信息就不能做出准确的判断。关于权力也是或更是这样。在这一点上，我觉得持不同立场和理论的文化研究者应该达成高度共识，因为在此大家没有也不应该有分歧。

---

① 福柯. 什么是启蒙 [EB/OL]. (2010-09-19) [2018-09-10]. https://www.douban.com/group/topic/14194644/.

文化研究的理论资源和方法的确是实践性、策略性的，也就是说，不能死守一种理论教条。我的文化研究——理论资源、方法、立场——就经历过很大变化。20世纪90年代初刚开始做文化研究时，我比较迷恋后现代主义和法兰克福学派，特别是法兰克福学派的文化工业理论，几乎是机械套用它来把中国的大众文化一棍子打死。后来我对自己这一阶段的研究进行了反思，我觉得用后现代主义和法兰克福学派分析当代中国的文化现象，特别是20世纪70年代末80年代初的大众文化（以邓丽君流行歌曲为代表），往往分析得不够到位，他们的理论话语和我们社会文化现实的隔膜比较明显。因为这些理论是根据西方发达资本主义国家的社会文化状况发展出来的，而中国和这些国家有很大的差异。因此，尽管其批判、怀疑精神和边缘化立场值得继承，但是具体的批判对象、"边缘"和"主流"的具体含义，都需要在中国自己的语境中把握。相比之下，哈耶克、阿伦特和哈维尔等人的理论在这方面体现出更大的优势。

　　杜安：文化研究的对象具有很强的不确定性和复杂性，研究视角的差异会使文化研究的具体维度和研究结论产生复杂的变化。以资本主义的文化工业为例，法德批判理论强调文化生产具有自上而下的宰制性与文化意识形态的欺骗性，而英美大众文化研究注重文化接受者对文化资源的"使用"或在再生产中的能动性。在方法论上，前者倾向于整体性的批判研究，旨在揭示文化生产的单一性和权力规训的压迫性；后者倾向于日常生活实践的微观研究，旨在凸显文化接受的多元性与文化实践的策略性。您如何看待这种研究视角的差异？在研究中国大众文化的过程中，您批判与介入的理论视角是什么？

　　陶东风：斯图亚特·霍尔在2008年的一个访谈中谈到早期文化研究中心与西方社会学的关系时指出，早期中心与社会学（特别是韦伯、涂尔干、马克思）的关系密切，但是其人员都没有接受过社会学训练，他们对社会学经典的解读和使用是"为我所用"、实用取向的。比如，他说："我们没有接受传统的马克斯·韦伯。我们也没有因循守旧地解读韦伯，我们对涂尔干的解读也是如此。""我们借鉴韦伯的观点，但不是成为韦伯。就文化研究而言，我们摘取所阅读、借鉴、汇编的一切东西为我所用。有些取自社会学，有些不是，有些取自理论，有些不是，文化研究是跨学科的研究领域，概念并不纯粹。"[①] 这一点对所有文化研究，包括今天中国的文化研究，都是适用的。我曾经说过，文化研究没有自己了不起的理论（没有一个够得上理论大师称号），研究者们使用的理论来自马克思主义，韦伯、布尔迪厄等的社会学，以及结构主义、后结构主义、符号学、精神分析法、后现代主义，等等，在把它们用于经验研究时是不拘一格的。问题取向、实践取向这点最重要。针对特定的问题灵活选择各种理论而不是死守一种理论。立场也是如此。"立场"的意思不就是立于场中吗？场就是语境，在一定的语境中才能采取特定的立场。语境决定一切。

　　关于大众文化研究，我同样一直倡导一种语境化的、适合中国本土的大众文化研究。当然，这个工作难度比较大，因为西方的大众文化研究是以西方资本主义消费文化为原型的。但在中国，如果我们照搬西方大众文化研究范式，鹦鹉学舌，忽视西方资本

---

① WINTER R，AZIZOV Z. Cultural studies in the past and today: interview with Stuart Hall（2008）[J]. Studi culturali，2017，14（2）．

主义社会及其大众文化与中国大众文化的差异，就会出现难以避免的错位。

我想结合我对中国大众文化研究的一篇文章具体谈谈这点。我在《文学评论》2015年第4期上的《畸变的世俗化与当代大众文化》中提出了"两种世俗化"的观点。关于"世俗化"，由于受韦伯社会学的巨大影响，我们通常只把世俗化理解为政教分离，即世俗领域和神圣/宗教领域的分离，而没有对世俗化/世俗领域做进一步的区分。我以为阿伦特的一个重要贡献就在于把"世俗领域"进一步区分为"世俗公共领域"（"世界"）和"世俗私人领域"（这个区分隐含在阿伦特的《人的境况》中，她并没有明确做这样的概念划分，是我总结出来的）。一个人的理想生活应该具有双重性，其中公共领域解决公共世界（政治）问题，私人领域解决物质生活和私人情感问题。分立、独立、互补，人们一方面会热心参与公共事务，呵护、珍爱公共世界；另一方面则保持私人世界不受公共领域侵害吞噬。而在一个黑暗时代，一个世俗公共领域坏死、政治败坏的时代，人们或者避开俗世，信奉上帝，沉溺于宗教信仰（西方中世纪），或者沉溺于私人生活，政治冷漠，躲进个人内心世界，养成自恋人格，享受物质消费（西方消费社会）。

阿伦特的观点虽然源自对西方社会、历史与文化的研究，但是对于区分改革开放以来中国社会的两种世俗化非常有启发：20世纪70年代末至80年代的世俗化兼顾了公共性和私人性两个方面，人们一方面从"文革"时期的那种"大公无私""以公灭私"中摆脱出来，捍卫自己的私人利益，另一方面又热情参与公共政治，私的话语在那时候具有公的维度。这个时期以邓丽君流行歌曲为代表的大众文化，绝对不是去政治化、去公共化的，相反其所追求的日常生活幸福，具有突出的重建公共领域的启蒙意义（下面还要谈到这个问题）。20世纪90年代以降的世俗化，却逐渐失去了公共性的维度，表现为去政治化的物质主义和消费主义，其实质是利己主义与对公共世界的冷漠，对个人内心隐秘经验的变态迷恋（因为我有专门文章论述这个问题，这里就不展开了）。

这样，依据中国自己的历史与现实灵活地运用西方理论，有助于我们历史地和辩证地理解当代中国大众文化变化着的政治和文化意义，不再简单化地予以肯定或否定。我的文章最后要说明的是：世界祛魅、"上帝"（或世俗化的准"上帝"）死后，广大民众通常会以巨大的热情建设一个崭新的公共世界，开始健康的公共生活；但如果公共世界的参与渠道被堵死，如果人与人之间的公共交往因为制度性原因被阻断，那么，唯一的出路或无奈的选择，只能是退回物质、个人和内心。

杜安：您最近比较关注中国大众文化的发生学研究，提出了"回到发生现场"建构中国大众文化研究新范式的观点，您认为中国文化研究与西方文化研究有无差别？有没有文化研究的中国范式、观念和问题意识？还有，您选择了邓丽君流行歌曲——或许很多人认为这已经严重"过时"了——作为个案。那么，您认为转向当代中国大众文化的历史语境与发生现场，对之进行发生学的研究有什么意义？选择邓丽君，是基于您的个人经验，还是有其他方面的考虑？

陶东风：我对当代中国大众文化（不同于现代革命群众文化和古代流行文化）的发生一直有强烈的兴趣，这里面既有经验的原因也有理论的原因。

经验的原因是和我的经历相关的。中国当代大众文化发生于改革开放初期，是改革开放的伴生物，当时我正是20岁左右的青年，也像其他同龄人一样喜欢听邓丽君，看

《霍元甲》。大众文化在我们心中唤起的那种震撼感受，在今天的青年看来肯定感觉不可思议。王朔说，听邓丽君的歌，感到人性的一面在苏醒，一种结了壳的东西被软化和溶解。现在的年轻人一定无法理解。这是两种截然不同的声音，两种截然不同的文化。对于从革命文化（以样板戏为典型）中长大的一代人来说，邓丽君的歌声温软圆润，无异于一场文化和心理的地震：世界上居然有如此动人的"靡靡之音"！因此，必须从两种文化差异的语境来理解当时海峡两岸的大众文化交流。

我们不能只是在审美的层次谈论邓丽君及其代表的流行文化，也不能只强调发生期大众文化的私人化意义（这方面的文章已经很多），更重要的是要看到它对于建构健康的公共文化、公共领域，培育新型主体性的意义，把握其启蒙价值与流行原因。

从20世纪70年代后期开始，随着政治经济文化领域的世俗化转型，长久以来被压抑的情感以一种反叛的姿态释放出来，其中夹杂着改革开放初期人们重建世俗公共生活的憧憬。邓丽君的歌曲就是在这样的时代背景下飘过海峡而来，积极参与了新主体性与新公共领域的建构。私人的回归具有公共的意义，情感的宣泄具有理性的维度，温软的"靡靡之音"具有惊人的个性解放力量。流行歌曲风行全国的时期正好也是大众对公共事务的关注热情空前高涨的时期，而那些被"靡靡之音"感动落泪的年轻人也绝不是两耳不闻窗外事、一心只听邓丽君的自恋青年。"白天听老邓（邓小平），晚上听小邓（邓丽君）"形象地体现了政治与娱乐、公与私、"老邓"与"小邓"在那个时代的亲密关系。

除了经验的原因，也有理论的原因。理论的原因就是觉得西方大众文化理论，特别是1990年前后进入中国的法兰克福学派文化批判理论，与我和我同代人的上述大众文化经验，是严重脱节和错位的。但在相当一个时期内，国内大众文化研究界基本上没有意识到这种错位，一味机械套用法兰克福学派文化批判理论（其主要代表就是《启蒙辩证法》的"文化工业"理论），指责中国的大众文化也是自上而下实施的对大众的欺骗和操控，是以虚假满足迷惑大众，使其丧失批判精神；说大众文化的功能和效果是维护主流意识形态，发挥了使社会一体化、固化的"社会水泥"的作用，特别是说大众文化的听众、观众是消费被动的，他们听流行音乐的时候"心神涣散"（distraction）、"心不在焉"、"漫不经心"（inattention），等等，实在与我和我同代人的经验差距太远。我们的经验是：当时流行歌曲所唤起的不但不是什么心神涣散、心不在焉，正好相反，这是一种无比的震撼、莫名的惊讶和深深的恐惧交织在一起的"触电一般的感受"，既如沐春风又胆战心惊。

杜安：文化身份/认同是文化研究中的另一个核心问题。伴随金钱、信息与人力的全球化流动，扎根在传统生活中的人被"连根拔起"，失去了身份的内在性与确定性。今天，如何处理性别、阶级、种族与文化身份问题，不仅是一个地方性的微观政治问题，而且是一个全球性的宏观政治问题。您同意这种看法吗？请谈谈您的观点。

陶东风：总体而言，从伯明翰当代文化研究中心开始，文化研究与马克思主义的关系就是复杂的，既不是简单的全盘照搬，也不是一概拒绝。他们与马克思主义的不同大概在于两点：经济还原论和阶级还原论。就阶级还原论而言，他们认为马克思的阶级学说有局限性：作为宏大叙事的阶级理论忽视了身份复杂性，而且它是一种总体性话语，忽略了身份中除阶级之外的其他维度（如种族、性别等）。比如，一个工人阶级的男性可能是一个大男子主义者，在工厂他受到资本家的剥削，回到家对老婆拳脚相加。也可能有这样的情况：一个非洲国家的工人阶级，可能与西方国家的非裔资本家而不是白人工人阶级结成联盟。阶级利益不是身份认同或群体联合的唯一因素，特定情况下甚至可能不是主导因素。这个思想其实也是来自福柯。有福柯研究者指出："对福柯而言，简单明了的（如基于阶级的）社会身份（social identity）这个观念是难以接受的。他认为个体对其身份的理解是随环境变化的。不同的因素——如性别、人种、民族和宗教信仰——可能在某一时间非常重要，而在另一时间变得无关紧要。我们都有许多潜在的身份，也属于许多不同的群体。"① 这些身份同时存在于一个人身上，有时会相互矛盾。其中的哪个身份获得支配地位，要取决于具体的语境，不可能一概而论。

其实，这种多种身份理论只是基于福柯对人、自我、主体性等的反本质主义的理解。他认为，我们关于人的观念、我们的自我和主体性，不是自然给予的，而是社会、文化、历史建构的。人不具备固定不变的、单一的特性或本质。相反，"我们是一个话语、机构和关系网的产物，总是随着环境的变化而变化。因此，尽管我们认为自己是拥有某些不变特性的统一而具体的个体，但事实上我们是许多不同的人：在家中的我们和上班的我们不完全相同，面对一个法律案件的我们和与宠物或恋人共处的我们不同。我们在不同的地点和时间里有什么样的主体，是什么样的人，取决于一个文化的法规、话语和思想。这些东西决定了我们可以说什么、想什么、做什么，以及在一个历史环境里我们要怎么样生活"。那么，一个人到底是谁？"哪个也不是，哪个又都是，这只能取决于这个人所处的环境。"②

但是，这样过分夸大阶级认同之外其他身份的重要性而走到极端是很荒谬的。因为阶级认同基于经济关系，而即使在今天，经济关系也仍然是最基本的人际关系维度。在西雅图的反全球化浪潮中，基于共同的经济利益，不同肤色和性别的人组成联盟，这就很能说明问题。很多西方马克思主义者（如伊格尔顿）在重新强调阶级政治的重要性。在中国，由于后殖民主义和女性主义等的兴起，文化研究的去阶级化倾向曾经也很流行，好像阶级话语已经过时，但实际上情况远非如此。

杜安：20世纪80年代以来，出现了以官方文化、精英文化和大众文化的三分法来描述中国当代文化状况的经典分析模式，而三种文化之间的"脱节"与"断裂"，也成为中国的文化研究无法回避的问题。作为高校文科教授，您知识精英的身份难以磨灭，面对商业化、泛娱乐化的大众文化思潮，您认为文化研究者应当持什么样的价值立场？

陶东风：关于精英文化、精英知识分子与大众文化的关系，也要进行历史分析，回到历史现场。它们并不总是对立的，也不存在普遍的、不变的固定关系。比如，在20世纪70年代后期80年代初期，精英知识分子和大众文化与邓丽君的流行歌曲，在政治

---

① 丹纳赫，斯奇拉托，韦伯. 理解福柯[M]. 刘瑾，译. 天津：百花文艺出版社，2002：101.
② 同①142.

倾向和精神价值上无疑是极为一致的，都属于新启蒙和人道主义思潮，而且结成了联盟。它们各自以自己的方式在淡化阶级斗争和单一革命政治文化，在塑造新型主体性和新型公共领域。那个时代的大众文化通过自己的方式呼应、配合和推动了当时精英知识分子主导的新启蒙和人道主义思潮。相当多的文章都看到了20世纪70年代末80年代初邓丽君的流行歌曲对民间大众，特别是对青年的巨大影响，这当然是没有问题的。但关于邓丽君与那个时期的精英知识界（主要由中老年专业知识分子构成）关系的文章很少。如果有，突出的似乎也是他们之间的对立。特别是由于当时主流音乐界对邓丽君的激烈批判，可能会导致一种误解——似乎那时的精英知识界普遍排斥邓丽君。实际情况恐怕不是这样。李泽厚无疑是当时精英知识分子的代表，他曾在一次对话中明确表示支持大众文化，认为它虽然不直接对抗什么，却通过自己的方式拓展了文化空间，解构了一些东西。① 这个看法应该在很大程度上代表了当时精英知识界开明人士的态度。当然，目前能够找到的精英知识界明确、直接支持邓丽君和流行歌曲的相关文章或言论的确不多（这和当时的政治形势紧密相关），但后来的"追认"却不少。比如有回忆文章称，七月派诗人彭燕郊听了邓丽君的《你怎么说》后说："诗人就要有颗世俗的心，任何时候（都）要发乎真心。"② 他还在一个采访中坦承自己（当年和现在都）"非常喜欢邓丽君"，认为她是"一百年才会出一个的人"。③ 介乎启蒙知识分子和文化干部之间的人喜欢邓丽君的也不在少数（但在当时的环境下往往不便直说）。有文章称，前文化部部长2006年在接受采访时直言喜欢邓丽君的歌，并认为邓丽君没能来大陆演出是自己当文化部部长时的遗憾之一。④ 给予邓丽君相当多同情、关注的是王蒙。王蒙本人曾在自传中谈及1979年春初次聆听《千言万语》的感受。当时他刚刚从新疆"平反"归来，而邓丽君的歌曲已经在遥远的新疆文联四处流传。"我听了两次，觉得不错，调调记了个八九不离十。但我只是莞尔一笑，没有说一句邓丽君歌曲的好话，……从此我知道了个词叫'爱的寂寞'，这个词是否通顺，是否无病呻吟，我一直抱着疑问，但它带来了另类的感受、另类的信息。"⑤ 这种既喜欢又出于警惕不便明说的微妙心态，在当时应该说是非常典型的。

由于邓丽君和启蒙的这种关系，也有人直接把她的流行歌曲理解为"歌声启蒙"。邓丽君以自己的方式，对一代人起到了启蒙的作用，这不仅是审美意义上的启蒙，也是情感和人性意义上的启蒙，是通过歌声进行的启蒙（文化启蒙、人性启蒙），而不仅仅是声音领域的启蒙。

杜安：部分学者认为，伴随伯明翰当代文化研究中心于2002年撤销并重组，文化研究已经开始衰落。国内文化研究学者也正深陷多重的困境之中：许多西方文化理论"水土不服"，难以有效阐释中国问题与中国经验；除了沿袭"文本细读"的文学批评方法外，大部分研究者缺乏有效的方法论武器；研究者要么流于学术时尚与社会热点问

---

① 李泽厚，王德胜. 文化分层、文化重建及后现代问题的对话 [J]. 学术月刊，1994 (11).
② 刘羊. 小小的幸福 [M]. 北京：北京十月文艺出版社，2009：155.
③ 彭燕郊. 搞文学又不是搞超级女声 [M]//袁复生. 一个外省青年的精神成长史. 成都：天地出版社，2016：106.
④ 李军. 她的歌声温暖了八十年代 [N]. 南方都市报，2008-11-05.
⑤ 王蒙. 王蒙自传：第2部 [M]. 广州：花城出版社，2007：34.

题，要么埋首书斋，与社会隔离，缺乏对全球政治格局的审视及"批判与介入"的立场。与此同时，面对政治体制的影响、文化市场的诱惑与学院派的习性，研究者往往感到力不从心。您认为，我们如何才能避免这种困境？

陶东风：你的问题太多了，恕我不能一一回答。我不认为伯明翰当代文化研究中心的解散就意味着文化研究的衰落。刚刚在上海召开的国际文化研究大会参加者超过700人（如果不是严格规定英语为唯一工作语言而且按照国际惯例收费，人数肯定会更多），似乎从一个侧面说明文化研究没有衰落。而且，文化研究作为一种知识生产的方法、思路，已经进入诸多学科内部，我们在文学、艺术学、新闻传播学、电影研究、历史学、社会学乃至政治学等学科中，都可以发现文化研究的影响与踪迹。现在，参加文化研究会议的人大都来自不同的学科领域，这就是说，文化研究作为方法和思路已经到处开花结果，不能因为专门的文化研究机构数量不多，或者甚至有些还解散了，就认为文化研究衰落了。

媒介学：观念与命题*
——关于媒介学的学术对谈

□ 陈卫星　［法］雷吉斯·德布雷

摘　要

雷吉斯·德布雷是法国哲学家和作家，是长期以来在法国大众媒体上有较高曝光度的公共知识分子，先后出版了数十本著作，发表了各种论文和大量的媒体访谈。他创立了一种名为"媒介学"的学术研究范式，聚焦各种象征符号、社会集体组织和信息技术系统的互动关系，研究这些关系在一个社会或跨社会当中的传播功能和意义效果。2014年9月，清华大学出版社翻译出版德布雷关于媒介学的奠基性著作《普通媒介学教程》，"即引起传播学界的关注"。随后，主持翻译的陈卫星教授在中国传媒大学和德布雷进行了一场学术对话，就媒介学的关键词、媒介学与经典原理的关系以及媒介学的人文学科价值等问题进行了对话性探讨。

关键词

媒介学；传播；信息生产

作者简介

陈卫星，中国传媒大学传播研究院教授；雷吉斯·德布雷，法国著名媒介学家。

一、传递是不是一种基于界面的信息再生产？

陈卫星：我们知道"媒介学"这个名词或者说术语，是您的发明，最早出现在您1979年的著作《法国的知识权力》（*Le pouvoir intellectuel en France*）一书当中。从20世纪90年代开始，您的一系列著作开始探讨和建构媒介学的问题（problématiques）。

---

* 陈卫星，德布雷. 媒介学：观念与命题 [J]. 南京社会科学，2015 (4).

今天我们至少可以说这是个研究方向。我们之所以可能比西方人更好奇这个研究方向，是因为在利奥塔等人宣布宏大叙事终结之后问世的媒介学有可能具有一种历史哲学的立意或意涵。这样说的理由是，您在 1987 年曾出版过一本您自己认为非常重要的书《政治理性批判》(Critique de la Raison Politique ou L'inconscient Religieux)，而您在十年后出版的《普通媒介学教程》(Cours de Médiologie Générale) 一书中重申了此前提出的历史观："在《政治理性批判》一书中，我曾经试图说明人类历史是合二为一的两个历史。事实上是两个相互交叉的记载，但是要合理地加以区分（如果混淆就会产生最可怕的恐怖主义，在知识上和治安上都是如此）。有人与人的关系史，还有人与物的关系史。前者是一种可逆反的强度，一种不分前后的重复空间；后者是一种积累性的延伸，一种发明与发现的开放空间。艺术、宗教、神话、政治属于第一个领域，科学和技术属于第二个。"① 事实上，我们是否可以认为您另辟蹊径地找到一个研究方向，即把人类文明史上与信息移动相关的物质变量统合起来，借助技术性、物质性、微观性的研究为历史提供另外一种多元的、偶然的开放视角？

如果这个说法成立，这就衍生出一个比较重要的概念问题，即如何翻译媒介学的一个关键词 transmission。这在中文语境中出现了两种翻译，一种是"传承"，另一种是"传递"。前面这个词含有一个接受和继承的意思，后面这个词更强调"抵达和接触"的意思。我们倾向于第二种翻译，理由是不能仅仅将 transmission 理解为一个被动的历史性过程，因为其中不仅包含基于技术平台的物质性流动过程，而且强调思维主体和物质客体的平等关系，就是您自己主张打破的"思维主体在上，物质客体在下"的二元论。同时，我们也意识到在这个过程中，具体的传播主体和传播客体的界面差异意味着一个独立的信息再生产，比如传统媒体如书籍、报刊、广播、电视以及现在流行的以智能手机和平板电脑为代表的新媒体各自所代表的话语体系和话语模式不仅有差异，而且在时间流程中的累积效果也大相径庭。前者有机构背景，可能是线性状态并形成一种可以持续的力量；而后者借助自发性，可能是点状并幻化为一种瞬间的热度。

德布雷：首先我要说明一点，我所谈论的媒介学，不是大众媒介社会学，而是一种对文化领域和技术领域的互动研究。如果你们考虑到印刷术、汽车、互联网等技术更新的文化效果，换句话说，文化不只是存在于头脑中的东西，也包括拿在手里的东西，比如使用的工具，那么我对这个问题的思路是这样的，就是思想在引导人们行动的过程当中，具有强大的制导功能，比如人类历史上最早出现的宗教思想和后来出现的各种开启社会大叙事的思想。在这里，我要引入一种重要的区别，即传递和传播间的区别。现在所做的就是在传播，我发出声音传递到你的耳朵，信息由发出者传递给接收者，传播阶段就告完成。我所传递的东西可能是两年后我回过头来想知道的东西。有的动物也很会传播，如海豚和蜜蜂都能精彩地进行信息交流。只有人是能传递的动物，这就是说，人能把自己的遗产传递给后来者，后来者又对此遗产进行加工，再传递给后来者。现在我们有很好的装备来控制空间和时间。这就是，我们清楚地知道如何定位别人，如何缩短距离，但我们还不能掌握如何缩短时间，因为存在着不可压缩的时限。例如，在空间上

---

① 德布雷. 普通媒介学教程[M]. 陈卫星，王杨，译. 北京：清华大学出版社，2014：34.

北京和莫斯科的交通时间可以根据飞机的速度变化，而在人类自我再生产的生孩子这件事上面，十月怀胎的时间就不能压缩，这就是说有的时间不能被压缩。

媒介学是思考大众媒介的另类方法。人类有着自己的历史，而蜜蜂没有自己的历史。为什么人类有自己的历史？因为人类一代一代地传递着物质工具和智力工具。换句话说，今天的蜜蜂是2 000年前蜜蜂的准确复制品，今天的中国人则不同于2 000年前的中国人，而是一个累积起来的中国人，有一个累积的历史，是一个创造中国历史的中国人。要传递就要有保存，这就是说存在着遗产继承，必须积累痕迹和档案。要保存就需要图书馆、视频资料库和纪念物，以便能延续传递，实现积累和变迁。矛盾的是，一般意义上，革命者是一些好的保管者，革命者是历史的积累者，他们在时代变迁中保持一种记忆的延续。今天，我们这个时代存在着一种危险倾向：人们在失去记忆。传递是一种累积的过程。这就是说，要传递就要继承、吸收和改变。在传递中存在着重新表达和适应，也就是说存在着被转变和被改造的内容，这个传递不是简单地把一种物件传递给另一个人，而是需要再思考、再表述、再转化。如陈老师想传播媒介学，他在传播的过程中就会有重新表述和创新，要适合中国的语境，找到适合的语言。不能仅满足于重复，在某种程度上必须进行再创造。

二、技术的创新性能是不是可以中和经济基础和上层建筑的二元论？

陈卫星：您所参考的对印刷史的研究成果证明，印刷工艺流程的质检技术规范是现代工商职业伦理的一个起源。因为排版要求字词校对一丝不苟，同时在排版过程中会有各种旨在修改、篡改和阐释的泛文本的参与，对文本的阐释和创新逐步扩大了人们的认知视野。从此以后，理性主义从职业态度上升为一种抽象观念，要求权威必须有原则，任何权力的合法性来源都开始不得不接受理性的挑战，并在这种挑战中让媒体技术扮演历史的接力棒角色。您在书中是这样说的："文字最初是教士的特权，可它后来也成了政教分离的承载者、支配的工具、革命的介质。"①

如是说来，专业领域的技术规范所建构的职业伦理，逐渐成为西方社会近代化过程当中的社会伦理的一个重要基础。那这是否意味着技术创新所代表的新生产力打破二元论的画地为牢？因为技术的力量和科技的创新可以改变社会的生态结构，甚至重新建构经济基础和上层建筑的关系，比如说我们今天实在难以把互联网单纯归类为经济基础或是上层建筑。技术的历史始终与社会、经济和政治在一起。如果说技术的创新性能提供人的表达能力和表现范围，那么势必要产生两个人类学的假设：一个是人性是否最后跟随技术对人的解放所提供的可能性？另一个是人们对时间的选择究竟是地方的时间还是非地方的时间？

德布雷：您提到了经济基础和上层建筑的二元性问题，在这里我要参照一下西方的传统。在西方，我们有这样的二元划分，即灵魂与身体、物质与精神等二元对立，这是

---

① 德布雷. 普通媒介学教程[M]. 陈卫星，王杨，译. 北京：清华大学出版社，2014：240.

我们的思维方式，伴随着古希腊哲学和柏拉图而来。在柏拉图看来，高高在上的是可理解的世界，这是些重要的东西，下面存在的是物质，即一些基础的、琐碎的东西。我们可以说马克思主义是反唯心主义的，认为历史演化的决定性元素存在于生产的物质性工具之中，存在于劳动工具或生产资料之中，在上面的是上层建筑，即意识形态世界。但马克思似乎没有考虑意识形态也有自己的物质基础。换句话说，如果把没有文字的口语社会、印刷社会以及音视频社会加以比较，就会发现其中的思维并不相同，即存在着象征世界的断裂。

象征世界的断裂指向了媒介学。阿尔都塞提出的"国家意识形态机器"概念，指的是报刊、电视、大学等。我个人的感觉是，与法国相比，中国的发展更适合媒介学。这里有一个简单的原因：中国没有二元主义或二元划分的传统，中国有自己的"和谐"概念，深谙"中庸"之道，有一个人与外部环境交流并保持一致（communion）的孵化环境。我们可以说媒介学是一个文化生态系统，也就是说，媒介学是对环境（milieu）的研究，在这种环境中被称作媒介圈（médiasphère）的文化得以发展。媒介圈是一整套或一系列技术工具（或器械），它们制造了我们毫无感觉地生活在其中的空间。如您所说，这个技术文化环境似乎是自然的，因为我们意识不到。这是一个无意识的环境，如鱼意识不到水的存在，好的传递是意识不到的传递，这不像丢了眼镜就能感觉到。好的路径是您感觉不到的路径。当然，必须得铺设这条路径。当您开车时，您意识不到，觉得这是自然的。不过，建造的道路系统是对自然的征服。因此，这就容易产生一种无意识，是媒介学的无意识，我们难以把这种环境客观化或具体化，我们只能通过比喻或比较的方法来体会其中的具体差异，例如我们处在视频环境中，我们会意识到印刷环境，在印刷环境中，我们会意识到书写环境。因此，要想成为媒介学学者不容易，需要一种体谅历史的阅历。

有两个非常简单的历史案例。我们说没有文字的民族没有历史。原因很简单，要书写历史就要书写一系列的事件，要书写一系列的事件，就必须有注解（annotation）系统，需要载体。没有文字的民族生活在某种永久的当下之中，他们只有记忆，但记忆是不固定的，因此不能组织一系列的按照时间序列来编排的事件。第二个案例是西方社会历史中的问题。无论在西方还是在东方，传播流动都越来越多。但是如果没有印刷术，也就没有新教运动。随着印刷术的出现，人们都可以自由地接触《圣经》，不需要再通过教会机构，人们就可直接接触它。这是印刷术的重要效果，是信仰（foi）的个体化，也就是说，不再需要神父和教皇，你自己可以成为基督教信仰的传播者，这是西方社会中的一个重要颠覆。明天，如果你想写一部共产主义的历史，比如说19世纪出现的共产主义及社会主义运动，就发现它的诞生和传播与印刷业和印刷文化分不开。在19世纪，社会主义运动的奠基人或活动家，大多要么是印刷工，要么是排字工人，要么是编辑，这些都是被称作"书报人"的人。我们可以说，社会主义运动从书籍演绎而来，由学校推动，由报刊反映出来。印刷媒介是本质性的，是党派的组织者。因此，与社会主义和共产主义相对应的是"书写域"，是一个印刷小册子、报纸、论文、红宝书的印刷世界。

今天是一个由影像引领的世界，在被称作"视听域"的世界中，一些源出"印刷媒介圈"的思想难以继续产生飞跃式的发展。为什么呢？只有通过书写文本，才能有一种批判性的思维、一种乌托邦式的希望（anticipation）。而被记录的影像可以显示某种观念，是一种未来的影像、一种当下的影像、一种个体的影像，但你很难通过影像来发展一种对抗、否定现存东西的观念，影像只能记录客观存在的东西。如何能够为一种非可能性拍照，如何能够为一种未来的概念拍摄？如果没有书写工具，我认为就不能进行分析，如黑格尔、马克思等所做的，我想我们不能去分析占支配地位的资产阶级系统。因为我们只有当下的现象记录，却不能说明和剖析这些记录，看不到辩证性的超越，影像没有辩证性，否定性（négativité）退却，缺乏超验性。

我不是简单地从技术层面来进行推理的，因为我们处在一个生态系统当中，其中有因果循环。在生态系统中，存在着物种、土地和地域间关系的建立以及气候环境，不是说地域机械地生产物种，存在着某种简单的循环因果关系，而是说其中还存在着文化创造和技术环境的互动。换句话说，由于历史、社会以及发展环境的不同，一种技术创新并不能生产相同的东西，技术创新需要某种文化环境来开发它的潜在能力。

您提到了技术解放人的问题，还提到了人们选择的时间是地方的还是非地方的问题。我在此想做一个技术和文化间的根本区别。必须经常把二者联系起来，在文化的后面经常有一种技术，在技术的后面往往有一种文化，但是技术具有汇聚特征，技术是标准，是一致性。当我来到中国后，我发现在中国有着与法国相同的技术世界，我们有着相同的手机，我们有着相同的摄像机，因此存在一种使世界均质化的元素、一种统一化的元素，可消除差异。我在巴黎开车和在北京开车都一样。这些我们可以称为技术全球化。对于技术而言，这很简单，因为大家有相同的标准。那么，文化是什么呢？是当我来中国后，我读不懂中国的文字，这是因为文化彼此不同。文化产生差异，技术产生相似性。认为我们在技术和经济领域中生产着相似性，我们就可机械地在文化领域内也生产相似性，这是一种幻觉，也许我们的自我出发点是相互认知的前提，自我认同是相互认同的一个基础，当然这也可能是一个不断反复的历史性过程，其中有差异，也有重合。这就是为何提到人们选择的时间是地方性的还是非地方性的问题。这里有两个时间，技术时间是相同的，但文化时间是不同的。你们有着自己的文化时间，这可能就是您不能真正传播的东西，对您对我都是如此。对我而言，中国人的思维、文字和记忆往往是属于他者的东西。必须要记住，在历史中存在着两种时间性（temporalité），技术的标准化将创造越来越多的文化和宗教差异。

三、媒介学的观念会向我们担保认知世界的认识论吗？

陈卫星：在您的著作当中，您认为这种信仰和能量来源（包括超验性）的缺失是一种媒介域（médiasphères）的转换所带来的危机，因为信息载体的碎片化分化了社会内聚力，弱化了集体身份，泛化为丧失个体责任意识和共同体意识的信仰危机。在这个意义上，我们可以说，通过研究信息传递的技术创新的载体如何产生文化结构的效果，媒介学提供了一种引导道德和关系向权力和知识转换的辩证思考。这里涉及一个新的历史主义态度，即历史的循环观与历史的线性观如何平衡的问题。您在书中提出的建议是："每个人根据其对这种历史新近的创造的评价去衡量，究竟是要把历史看作最好从中醒来的噩梦还是对个人吸氧来说不可缺少的开放窗口。两者互相对话，而且无疑也应该一起对话。"①

如果从知识建构和学科发展的角度来说，我们还可以这样归纳您的研究，即从宗教社会学考证象征权力的来源，从近现代史上的权力博弈解析舆论机构的效能，从物质载体的技术形式勾勒社会的变迁动力，用技术生物学的观念呈现媒介机制的感性源头，充满激情的社会主义运动史的怀旧证明印刷文化的历史美德，公民媒介学的纲领性议题无疑是对传统政治学的理性挑战，而所有这些史实的梳理、概念的辨析和叙事的趣味是否可以界定为一种新进步主义观，即从过去旨在改变世界的总体性、抽象性和理想性转化为一种多重的、补充的和多学科的跨越和连接。这种旨在发现存在于现象之间的一致的关系的研究对我们打破工具主义的学科观念有什么意义和可以预测的发展未来？

德布雷：您的提问里包含着很多东西，一开始就提出一种危机、信息技术载体的碎片化问题，碎片化稀释了社会的内聚力，弱化了集体身份。是的，我们处在一个新的被称作"数字域"的媒介域中，这个媒介域在"视听域"之后，是一个二维码的、影像的和符号的世界。的确，在这里存在着碎片化的倾向，原因很简单，我们从一个以发出者为中心向大众传递某个信息的大众媒介系统开始过渡，我们从大众媒体过渡到自媒体。这就是所有人都可散布信息，每个人不仅仅是接收者，也是活动者，是作者。在这里存在着对个人主义的惊人推动。也就是说，人们不再说"我们"，而是说"我"。利用手提电脑或移动电话就可发表自己的意见，他与其他人的意见有着相同的价值。这就是我们所说的传播的"去制度化"，制度性越来越少，个体性越来越多。一种技术创新会修正权力关系，不仅修正国家与公民间的关系，也修正代与代之间的关系。

文字的发明使以往的记忆保存形式变得不再重要。有了文字，现在一个年轻人和年老人能知道同样的东西。现在，代与代之间有着相似的现象。老人们把知识传递给年轻人，但是有的技术创新反过来让年轻人把知识传递给老人，我得向我的儿子讨教如何使用我的手机。年轻人对老人们在传播系统方面有一种新的霸权，但延伸到政治方面，情况就比较复杂。今天，在西方存在一个麻烦的问题：社会的中下层和上层能够同时获取相同的信息。这就是说，在总理通过法新社获得一条信息的同时，我也获得了这条信息。以往，政府首脑、总理获取的信息，自己保存起来，不对人们公开，私藏某些信息元素，如屠杀、铁路事故等，但今天所有的人都能自由地接近这些信息。这非常重要，因为对信息的单向支配变得非常困难。因此，我们生活在一个永久的现实性之中，我称之为"当下主义"，这就是说我们经常处于当下状态，没有记忆，没有方案，我们紧张地追踪早间新闻、午间新闻和晚间新闻，我们体验着一种紧迫的、即时的和加速的时

---

① 德布雷. 普通媒介学教程[M]. 陈卫星，王杨，译. 北京：清华大学出版社，2014：454.

间。这使得政府的操作空间越来越小。举个例子来说,今天的美国在伊拉克打击宗教极端分子。这是什么原因?奥巴马先生知道,美国的干预是灾难性的,直至现在。所有的美国人都能在电视上看到美国记者被杀害的画面,这改变了公共舆论,奥巴马被这种传递给所有人的影像所造成的情感冲击逼迫。100年或50年以来,类似的情况可以证明新闻运作能够使偶然事件和不幸事件产生影响力。

随着数字化,产生了时间性的变迁,如您在提问中所暗示的长时段历史的消失,这符合短时段的利益。例如,政党政治纲领的消失。纲领是一种预期安排,是一种不能被看见的东西,它不是情感性的东西,而是理性的东西。在这里存在着一种历史的缩短或压缩,也可能存在着一种人类发展历史的消失。我们生活在一个消费社会中,仅仅消费或投资于当下,无法消费将来,我的购买或消费行为就发生在今天。因此存在着经济支配和信息技术支配的组合,这使当下的存在感变得更加强烈,历史在逐渐消失。这里有几个观察点。

第一,变得更具根本性的是媒介圈中的注意力经济。要如何吸引和保留注意力?遥控是个灾难,因为人不停地从一个频道转移到另一个频道,这分散了注意力。今天的西方社会,注意力成为稀缺资源,甚至连注意能力也成为稀缺资源。因此,必须用电视连续剧的方式来讲述故事或历史,每10分钟都有意想不到的东西。今天的西方政治家都需要会讲故事,也就是说,像电影一样来讲故事,要有悬念,政治圈子和媒介圈子开始一致起来,像电视连续剧一样来引起人们的兴趣。

第二,消失的是历史,不是戏剧化(dramatisation)。史诗意义上、长征意义上、进步意义上的历史,等等,都需要戏剧化以保持吸引力。

第三,还要说明一点,因为我们在谈论技术和文化的二元对立,而互联网矛盾地使诸多地方语言生存下来。不可否认,盎格鲁-撒克逊语言成了经济和技术语言,但是通过数字化,我们也见证了许多地方的语言得以繁荣,例如人们在网络社区更多地使用本地语言而非英语,因此出现了地方身份的回归。可能这是一种悖论或矛盾,我们需要一种文化世界向技术世界的叠加,是我们向往差异的需要,通过这种主体身份的回归来抵制技术的均质化和一致化,这有时可能会成为暴力的诱因,特别在涉及宗教、民族的身份认同时。

四、批判的武器本身要转化为武器的批判

陈卫星:您提出的关于公民媒介学(Médiologiecivique)的11个论题(onz ethèses)是关于大众传媒与政治-社会制度的关系的论断。我们认为,您试图通过媒介技术发展与社会历史运动的互动关系来强调媒介技术的前台作用。我们甚至推断,恰恰是通过对媒介技术与社会环境的历史性分析,您试图探索一种人和事物的主观与客观、静态与动态的关系的根本:"我们与物的关系由人调节,我们与其他人的关系由物调节。媒介学的功能正是要建立技术领域和神话领域的关系,即在不断变化的东西和能够持续存在的

东西之间建立联系。"① 显然，对这种联系的建构过程和解构过程的分析成为贯穿媒介学的主题。

如果说您试图在一种理论和理论的外化的巨大差异中找到技术分析的肌理，那就不得不依赖一种技术主义的阐释学，比如说，由于媒介域发育的差别，在世界上不同的地域或者民族-国家，媒介域的技术更新所带来的阶层意义和个人意义上的赋权效应在数量上和质量上不一样。媒介域的转换对传统意识形态的象征系统的冲击所产生的社会变量，是否可以作为我们学习和应用媒介学要面对的重要命题？换言之，您的媒介学在学术方法上虽然有黑格尔式的"绝对精神"的痕迹，但在哲学上是否最终还是立足于当前的现实来重新思考当代政治的自主性及其可能？

德布雷：您提到一种技术主义的阐释学问题。考虑不同历史传统为技术一致性带来的细微差别，的确，这导致了许多不同的有趣的分析。以非洲为例，一些地区或国家直接从口语文化跳到音视频文化，没有经过书籍文化。如果没有印刷文化，就难以建设一个民族国家，而一个民族国家是一部法典，是法律，也是扫盲机构，更是讲述自己历史的学校。若一个地区突然跳到一个声音-影像世界，那就有一个缺失。依据是否存在书籍记忆，依据数字化以及视频效用，就可以理解为什么不同的大陆有不同的文化。

不过，您的问题的另一点，被您称作政治自主性的东西，从我的观点来看，我所处的环境中的政治自主性，在西方越来越具有局限性。媒介是主宰中的主宰（maître）。是的，在西方，政治权力失去了自己的力量或权力。我们在此可以谈论下君主和奴隶的关系，君主成了自己传播工具的奴隶，媒介彻底地成了这些统治者的统治者。我举一个有关法国的例子。因为法国总统必须出现在电视上，并在电视上发表演说，这不仅是一种理性辩论，也是文化的、情感的东西。发言要短，不能让观众感到疲劳。在有重要事情时，他需要出现在电视上，还必须面对自己的私生活问题，因为记者们会捅出来。这完全是一个记者成为主人的世界。

在西方，如果考虑到宗教文化的演变对社会和媒体的影响，那么就会感觉到人们越来越跟随感知的东西或情感的东西，并把这种表现形式通过大众传媒来予以操作。在这个意义上，我们有着我们的机器伦理，这些机器把我们导向某种社会，在我们那里，个人主义支配着消费。对于公众来说，这是一种意志或愿望（volonté），这当然是在说法国。同时，我们看到时间的消解。能不能有一种对工业生产的长期规划？我们有一种作为特殊战略愿望的政策的危机，这种危机有利于某种再刺激政策，导致一种情感政策，服务于短时段，而这不可避免地对政治自主性产生很多的削弱，使得今天对政治的批判必然成为媒介批判。

---

① 德布雷. 普通媒介学教程 [M]. 陈卫星，王杨，译. 北京：清华大学出版社，2014：35.

尼克·库尔德利：数据殖民主义是殖民主义的最新阶段*
——马克思主义与数字文化批判

□常 江 田 浩 ［英］尼克·库尔德利

摘 要

本文通过深度访谈，对英国著名社会学家和媒介研究学者尼克·库尔德利的学术思想进行梳理与分析，从殖民主义与马克思主义两条思想线索出发探讨作为资本的数据对人的日常生活进行挪用和深度商品化的基本机制。通过对库尔德利的学术观点和研究实践的分析，本文认为，当前的全球数据生产实践预示着殖民主义的发展进入新的阶段；社会科学研究者应回归殖民主义的历史，对其逻辑内核进行批判性考察，而不是仅止于将其视为一种新型劳动；当代马克思主义者则应积极在数字时代实现理论与方法的更新，推动马克思主义与当代社会的深度结合。

关键词

尼克·库尔德利；数据殖民主义；马克思主义；数字技术

作者简介

常江，深圳大学特聘教授；田浩，复旦大学新闻学院青年副研究员；尼克·库尔德利，伦敦政治经济学院媒体与传播系教授。

一、尼克·库尔德利的学术思想及其影响

尼克·库尔德利是伦敦政治经济学院媒体与传播系教授，主要研究与教学领域为媒

---

* 常江，田浩．尼克·库尔德利：数据殖民主义是殖民主义的最新阶段：马克思主义与数字文化批判［J］．新闻界，2020（2）．

介、传播与社会理论。他曾在麻省理工学院、宾夕法尼亚大学、斯德哥尔摩大学等校担任访问学者,并在澳大利亚皇家墨尔本理工大学担任讲座教授。

尼克·库尔德利十分关注媒介与传播、文化与权力之间的关系问题,对权力集中于特定机构的现实在日常生活中所产生的后果尤其感兴趣。他擅长借鉴社会学、政治学、人类学与文化研究的理论,并着眼于在对传统"媒体"尤其是电视和新闻媒体的社会影响的研究中对上述理论进行发展。长期以来,他持续关注的问题是:信息与传播技术为人们的日常生活带来的"现实",以及围绕着这个过程所产生的权力结构问题。他所提出的"媒体作为实践"的分析路径,在学界具有广泛的影响力。近年来,他的研究重点越来越侧重于数据实践、数据伦理以及与此相关的政治和社会问题,就数字技术语境下"媒介与权力"相关议题提出了大量具有影响力的观点,其中以数据殖民主义(data colonialism)最为知名。

尼克·库尔德利教授的主要学术作品包括 14 本著作以及诸多学术论文。他的作品《媒介社会与世界:社会理论与数字媒介实践》(2012)、《告别沉默:新自由主义之后的文化与政治》(2010) 等受到了学界的欢迎。作品《现实的中介化建构》(2017) 获得 2017 年德国传播学会理论奖(German Communication Association Theory Prize)。他的最新著作包括《连接的代价:数据如何殖民人类生活并为资本主义所用》[*The Costs of Connection*:*How Data is Colonizing Human Life and Appropriating it for Capitalism*,2019,与乌利塞斯·梅日亚斯(Ulises Mejias)合著] 以及《媒体的重要性》(*Media*:*Why It Matters*,2019),等等。

二、数据殖民主义及其特征

近年来,尼克·库尔德利最重要的理论贡献,就是以殖民主义的隐喻来解读影响日隆的数据(data)生产实践。从马克思主义的批判视野出发,他在当代数据生产实践中抽象出与历史殖民主义相呼应的一系列理念,以此来完成对数据及其社会意涵的理论化。他认为,数据正全面侵入人类的日常生活,并将其抽象为可供资本借用的标准商品形式。我们的访谈就从这个重要概念开始。

常江:您曾提到一个十分具有启发性的观点,即数据殖民主义就是将历史殖民主义的掠取行径与抽象的计算方式结合在一起。您能否向中国读者详细阐释一下这个观点?

尼克·库尔德利:"数据"这个概念正在经历重大的转变。无论在预测商业趋势的报告中,还是在揭示资本主义新特征的批判性作品中,学者们普遍都承认这一点。我们呼吁大家关注这种发展。我和我的合作者乌利塞斯·梅日亚斯将当前的数据生产实践与历史殖民主义进行类比分析的目的在于,通过对当今人们生产和使用数据的方式的分析,为社会变革提供更广泛的批判性观点。我们在新书《连接的代价:数据如何殖民人类生活并为资本主义所用》中详细地阐述了这一点。从 16 世纪到20世纪，殖民主义行为致使数以百万计的土著人丧失生命，大量自然资源濒临枯竭，所有这些都是为了使少数人变得更加富足。我们的目标并非简单套用历史殖民主义的内容或形式，也无意于批评其中的暴力因素。我们的目标在于：在全球经济发展过程中，通过对与历史殖民主义发挥了相似作用的另一条线索的阐释，尝试回答资本主义如何规范资源分配行为，以及如何重新定义社会关系以便让剥削变得"自然而然"的问题。

常江：您能否明确界定一下什么是数据殖民主义？

尼克·库尔德利：在阐释这一点之前，我们需要重新理解"殖民主义"这一术语。正是殖民主义在历史上的形态塑造了"南方"的初始状态。近期，学者们在研究大数据的过程中往往缺少一个用以理解整体社会变化的普遍性框架，我认为这个框架可以是殖民主义，因为殖民主义是我们理解眼下正在发生的全球资源获取方式转变过程的最好方式。通过"数据"这一新的殖民主义实践，新形式的资本主义蓄势待发，正如历史殖民主义的掠夺为工业资本主义在两三个世纪后的崛起铺平了道路一样。西方强权所引领的历史殖民主义是一个漫长而复杂的过程。尽管去殖民化斗争主要发生在20世纪60年代及之前，但迄今仍没有完全结束。殖民主义正在以新的形式，尤其以美国式的"新殖民"形式持续塑造着全球文化与经济。历史殖民主义往往表现为宗主国的极端暴力行为与种族主义统治。但我建议，研究者应该首先考量殖民主义的历史功能，亦即殖民主义在改变历史演进的方向中所发挥的作用。从这个角度来看，我们首先应该重视的是殖民主义所带来的资源的历史性占有状况：大约从1500年开始，虽然当时西方仍处于基督教时代，但一些国家已经开始占有世界范围内的资源；他们不仅试图拥有世界范围内的领土，而且要不择手段地获取一切可能的资源。

因此我们的观点是：随着当前对数据的收集、处理和提取价值的普遍化，现在发生的事情不仅仅是资本主义的延续，而是拥有更深层次的逻辑——这是一种新的分配世界资源的方式，一种促进经济增长的新的资源获取方式，这就是人类的日常生活本身。通过获取人类经验并将其转化为具有潜在经济价值的数据，我们可以从人类经验流中提取价值。我们称这种新的掠夺方式为数据殖民主义。

常江：有人质疑这个概念的修辞意味大于它的理论意味。

尼克·库尔德利：数据殖民主义并不是借用了殖民主义意象的修辞，也不是以往那种领土殖民主义的延续，而是21世纪独具特色的新殖民主义形式。数据殖民主义将历史殖民主义的掠取行径与抽象的计算方式结合在一起。在全球南方（Global South）的框架下理解大数据意味着我们需要准确解读资本主义对这种新技术形态的依赖。这种新技术无处不在，在人与物连接至信息基础设置的所有接合处都发挥效用。这种转变或许意味着，在全球视野内描摹将由此产生的资本主义形式尚为时过早。正如长期的历史殖民主义为工业资本主义的兴起提供了必要的条件一样，随着时间的流逝，我们可以预见数据殖民主义将带来一种新的资本主义形式。尽管我们现在还几乎无法想象这种资本主义的形态，但是这种资本主义的核心必定是通过数据控制人类。因此，我们的当务之急不是推测资本主义的最终阶段是什么，而是共同抵抗正在发生的数据殖民主义。

尼克·库尔德利从殖民主义的历史脉络出发，提出数据殖民主义作为殖民主义和资本主义发展新阶段的观点。在他看来，数据殖民主义将人类的日常生活视作能够带来经济利益的数据，并通过对日常生活的计算化和抽象化获取价值。借此，我们获得了一种理解数字技术和数字文化的观念框架。

三、数据殖民主义的作用机制

在提出数据殖民主义的主要观念框架之后，尼克·库尔德利转而从数据本身的属性出发，阐述当前数据生产实践与数据殖民主义的主要概念之间的逻辑关系。他认为，尽管数据殖民主义占有人们的日常生活的方式变幻无常，但其核心目标是不变的：将人们的日常生活不断纳入日趋扩张的经济领域内。

常江：您是否能够具体阐释一下数据殖民主义与当下社会的数据生产实践之间究竟存在什么样的关系？

尼克·库尔德利：我将数据殖民主义所催生的新的资本主义组织的抽象形式与社会关系称为"数据关系"（data relations）。具体来说，数据关系描述了一种组织社会生活和社会关系，以优化数据提取和创造经济价值的方法。有大量证据表明，数据对人的日常生活的介入和改造，正在服务业、工业，乃至个人理财、教育、健康、保险等诸多领域同时发生。作为组织社会生活的一种方式，数据关系的扩展为重新组织资本主义奠定了新的基础。通过数据关系这种新型的人类关系，数据可以被提取出来并进行商品化。从这个意义上来说，全球范围内的社会生活已成为可供提取的"开放"资源，以某种"予取予求"的方式供资本任意取用。数据殖民主义对全球数据流的取用与历史殖民主义对土地、资源和肉体的攫取一样普遍。数据殖民主义与历史殖民主义之间的一个区别是，后者仅涉及有限的欧洲强权国家（最初是西班牙和葡萄牙，而后是英国、荷兰和法国），但新的数据殖民主义则涉及世界各地的强势国家，其中最重要的是美国。数据殖民主义这一新的术语同时在外部与内部，即在全球与本国范围内发挥作用。数据殖民主义的精英（例如Facebook）正是受益于这两个方面。而南北、东西的划分不再能够发挥同样的效用。

常江：数据滥用现象的确正在引起人们的关切，而这不仅仅是一个操作性问题，也是一个政治经济问题。

尼克·库尔德利：是的，许多个人数据被挪用以满足那些非个人的目的。个人数据指的是那些与个人实际或潜在相关的数据，通常是直接从个人处或第三方收集到的。为了使个人数据能够被随意占有，我们必须首先将其视作一种静止不动的自然资源。而获取这种数据资源的逻辑需要自然化与规范化。换言之，个人的日常生活流需要能够以数据的形式被重新调配与呈现。贾森·穆尔（Jason Moore）认为，资本主义的发展曾依赖廉价自然资源的获取：丰富的自然资源易于从所有者手中获取，且不用担心消耗问题，但其"资本的可利用性"必须通过精心设计的市场化手段来构建。我们现在所说的个人数据也是如此。个人的日常生活被视作数据资源，这实际是新的"计算社会性"（computed sociality）的结果，而非先验式的前提。这就是为什么我们无法获得原始数据，因为我们所"捕获"的数据实际上是被"给定"的。但是由于自然资源"天然存在"，一系列建立在这种共识基础上的法律和哲学框架使得"自然资源本来很廉价"的这种观念变得合理起来。可能直到很久之后，人们才能意识到自己需要为这种观念付出的代价。

常江：这种原始数据的获取机制本身，便已经将大多数人和机构排除在有资格获取的范围之外了。数据殖民主义或许也体现为一种话语？

尼克·库尔德利：是的，就像历史殖民主义一样，数据殖民主义对数据的占有行为也依赖大量的意识形态工作。让我们看一下企业的陈言肤词，即数据是"新的石油"，在被企业发掘并使用之前，它一直被人类白白浪费掉。这也就使得数据被构建为一种具有自然价值的原始材料，正如世界经济论坛（WEF）声称的那样："个人数据将是新的石油，这是21世纪的宝贵资源……它成为一种与资本和劳动力一样的新型原材料。"通过这种话语，数据与数据收集行为之间的联系被模糊化了。这种模糊通过一个共识体现出来，即数据仅是人们生活中散发出来的"疲累感"，原本是无法被任何人拥有的。当然，为了完成对个人数据的占有，数据殖民主义也依赖于其他获取逻辑（extractive rationalities）。正如许多批判学者所指出的：存在着一种社会理性，将对数据获取做出贡献的许多劳动视为无价值的"分享"行为；还存在着一种实践理性，将企业视作唯一有能力获取并因此占用数据的组织；同时存在着一种政治理性，将社会定位为企业的数据获取活动的天然受益者。这与将历史殖民主义视作"文明化"计划，而人类社会从中受益是同样的逻辑。

常江：在社会机构（social institutions）层面，数据殖民主义是如何运作的呢？

尼克·库尔德利：数据殖民主义在具体社会中的主要参与者可以统称为社会量化部门（social quantification sector），这些部门主要包括那些参与获取人的日常社会行为并将其转化为可量化数据的公司，而这些数据经过分析可用于产生利润。西方的亚马逊、苹果、Facebook和谷歌，以及中国的百度、阿里巴巴和腾讯等公司都是其中最知名的代表。社会量化部门包括大小硬件和软件制造商、社交媒体平台的开发部门，以及致力于数据分析和经营的公司。后者大多是经济领域中不受管制的部分，专门用于从医疗、金融、刑事和其他记录中收集信息，并通过算法对个人信息进行分类。数据经纪人将这些分类信息打包并出售给广告商和其他用户。

尽管社会量化部门十分复杂，但是历史殖民主义的实践与当前数据殖民主义的发展之间的相似性仍然让人震惊。不妨回想一下殖民时代西班牙帝国的声明。征服者以西班牙语向不懂西班牙语的听众宣读此声明的目的，就是向土著居民介绍他们将要遵从的新的世界秩序，否则将面临种族灭绝的后果。如今，在数据殖民主义时代，我们已经习惯于使用同样难以理解、被称为"服务条款"的文档，其中大多包含了公司过度收集用户数据的主张。西班牙帝国声明的权威来源于绝对的力量垄断。当今的力量则来源于各种形式的经济集中，其中之一就是数字平台。无论使用何种形式的权威，它的效果如今都是通过话语行为实现的，这种行为将个体不可避免地嵌入殖民关系中。

常江：我们是不是可以将数字化的超级平台（比如Facebook和苹果）作为分

析数据殖民主义的切入口？平台的数据生产实践对日常生活的殖民，有哪些具体的方式？

尼克·库尔德利：殖民主义历史使我们明白数字平台的出现不仅仅是一种商业发明，甚至不仅仅是通过多边市场形成的新的经济控制形式。作为一种技术手段，数字平台为资本生成了新型的"社会"，这种社会由于数据的存在，其内部的各个细节都能被持续跟踪、获取、分类和计算为价值。普遍意义上的日常生活迄今仍然游离于一般经济关系之外，但是通过数字平台这一关键手段，日常生活将被完全纳入市场化的网络。阿维德松（Arvidsson）很好地分析了从平台数据中提取价值作为金融化形式的技术方法，但是更基本的做法是对社会本身的挪用。

不过，社交媒体平台获取数据并进行商品化和价值提取只是数据殖民主义将日常生活纳入资本的多种形式中的一种。还有一种是，在人类生产的所有领域中，以数据为导向的物流都获得了巨大增长，无论这种物流是否以牟利为目的。不仅物流本身与全球供应链中的货物移动管理成为同义词，物流的普遍"逻辑"也对所有的产品，以及所有人类和非人类的行为一视同仁，均通过数据进行管理。这就将连续的数据收集和大规模的数据处理纳入了许多工作领域，并导致了这些领域的巨大变化。因此数字平台上和围绕着数字平台的准劳动力的增长，以及各种形式的低薪劳动力，构成了日常生活被资本占用的第二种方式。

人类的日常生活被新型社会关系占用的第三种独特的方式是，个体会为了数据获取而主动收集自己的行为，这种举动有时是自愿的，但经常（这或许与第二点有所重叠）是他们的劳动或其他合同的要求，比如保险或社会保障。正如最近一些数据批判研究所阐明的那样，这种形式的自我数据收集为新的歧视和不平等提供了基础。

常江：日常生活殖民化带来的主要后果是什么？

尼克·库尔德利：刚才谈到的那些转变都体现了资本对社会生活所有领域的占有，以及对个人生活大部分领域的占有，这种占有构成了当代资本主义的殖民性。然而，关键的一点是，从严格意义上讲，推动数据殖民主义成为可能的社会关系不仅仅是劳动关系，也包括各种类型的私人关系。人类生活本身正在以新的方式逐步资本化，其细节、程度和精确度远远超出了我们对日常生活资本化的早期预测。

尼克·库尔德利不仅界定了数据殖民主义与全球社会发展过程之间的关系，也大致地说明了其得以顺畅运转的意识形态机制，以及主要通过超级数字平台收集和生产数据的具体方式。数据殖民主义的实践将人的日常生活纳入经济范畴内，再以此为基础塑造有利于资本主义自我更新的社会关系，这是人类生活进一步资本化和殖民化的集中体现。

四、马克思主义视野下的数据实践

作为一名倡导将经典马克思主义思想与当代社会分析结合的学者，尼克·库尔德利指出当前的数据实践实际上大大扩展了马克思关于商品的定义。在他看来，数据通过殖民主义的逻辑提取、占用人类的日常生活并将其深度商品化，并从中发展出一种新的资本主义形式。

常江：您在研究中经常引用马克思的表述，请问您认为我们是否应该对马克思主义的论断加以发展以适应当前的社会与全球情境？

尼克·库尔德利：必须要指出，一些学者对经典马克思主义的反思是正确的——经典马克思主义对历史殖民主义的论证的确不够充分，而更多将目光聚焦于工业资本主义的增长时期。但这一时期恰恰是在历史殖民主义为欧洲各国提供了大量资源供其发展的前提之下才成为现实。我首先要将马克思视为社会理论家而非政治经济学家，他发展出这个世界上最宏观的一套社会解释体系，清晰地说明了资本主义如何产生，以及如何通过新的社会关系所催生的商品形态将自身确立为全球秩序。正如一些马克思主义思想家［例如莫伊舍·普殊同（Moishe Postone）］所坚持的：我们需要在自己所处的时代创造性地运用马克思主义的思想。作为社会理论家的马克思的一系列论断与当代社会关系愈加密切，包括中国也是如此。立足于这一点就要求我们更加重视马克思的社会理论——这正是我们在这本书中想要阐释的。

常江：具体而言，马克思主义如何帮助我们更好地理解数据殖民主义？

尼克·库尔德利：通过借鉴马克思的洞见，我们可以更好地理解这种更广泛的殖民主义及其社会形式。我认为，不应该拘泥于所谓"传统的"马克思主义，而应当从关于马克思主义对全球历史的解释的局限性以及它对殖民主义和奴隶制的相对忽视的后殖民主义辩论开始我们的思考。这使我们可以更加自由地借鉴马克思的社会理论。当然，我们也综合了马克思主义学者近年来在数据研究方面所做的大量工作，以确定当前劳动剥削的独特形式。但是我们寻求另一种论点，可以更好地把握当前的数据占用规模及其对资本再生产造成的长期影响。

马克思很清楚，在资本主义制度下，商品领域正在不断扩大。因此，我们不应该将商品领域局限于马克思在19世纪中叶至晚期所设定的范围。马克思著名的商品化例子是劳动：在资本主义制度下，曾经的工作或生产活动变成了劳动力。这种劳动力获得了在市场上交换所需的可衡量的标准。这样，工人的劳动力就可以作为商品出售。此外，工人在劳动过程中使用的物品也作为商品获得了交换价值。例如，在资本主义制度下，农民的种子和肥料成为商品，虽然在资本主义制度确立之前，它们只是土地使用过程的一部分。因此，商品化对社会的变革性影响在于，劳动这一日常活动在工业资本主义中获得了抽象的维度。通过对马克思的重新诠释，我们想要强调的是，正是由于商品化这一抽象力量，人类的生活过程才会转化为具有价值的"事物"，而这正是资本主义的基本特征。

常江：将马克思主义运用于大数据时代的社会分析，是否需要我们做更多的理论阐释工作？

尼克·库尔德利：在大数据时代我们得以采取一种新的方式从人类的生活流中获取价值，这其实与马克思在工业资本主义时代提出的劳动商品化是同样的逻辑。如今，对于人们的日常生活日益暴露于资本主义数据化力量之下这一现象，学界已有共识。四五十年前，学者们指出资本主义的工作组织已经由工厂扩张到了全社会,这就是著名的自治马克思主义者的"社会工厂"(social factory)概念。关于类劳动(quasi-labor)与游戏化劳动(playbor)剥削的研究也已颇具成效,尤其是在数字平台上的研究,这些新理论往往来源于对马克思主义分析的补充。

马克思主义社会理论能够帮助我们思考商品化在围绕着数据生产和消费所产生的关系中所发挥的新作用。须知,"数据"是对人类生活过程的抽象化处理。数据的抽象化过程并非自动进行的,而是通过某种我们所允许的社会关系进行的。同时,数据日趋商品化。马克思认为,工业资本主义通过将劳动这一普遍人类活动转变为具有抽象维度的形式来改变社会。如今,数据殖民主义通过将人类生活转变为一种新的抽象的形式来改变社会。我们需要强调,这种转变的方法并不是劳动关系,而是广义上的商品化的社会关系,或更简单来说,是数据关系。

常江:"我们所允许的社会关系"指的是什么呢?

尼克·库尔德利:它的意思是,即使是那些最普通的社会互动,也已经像种子或肥料一样,通过数据化来不断创造出生产要素中的剩余价值。人们被追踪,并从他们的社交中被提取出数据,虽然这些数据可以被占用、提取和商品化,但这并不是一种新型的劳动,因为这个过程不仅包括劳动,还涉及生活的许多其他方面,这些方面直到现在还没有被视为经济上的"关系",而是被视作一个泛化的生产过程中的一部分。这些新型的社会关系将人类纳入数据提取的过程中,但是表面上看起来又不具有攫取的色彩。此处有一个关键点:大胆而又狡猾的公司试图将所有人的日常生活纳入一个泛化的过程以产生剩余价值,无论其是否被视作产品。从肉体、事物和系统中提取数据为管理所有事物提供了新的可能性。这正是平台和其他的数据提取环境所发挥的新的独特作用。如果这个过程成功,那么这种转变将不会给资本主义生产留下任何明显的"外部":日常生活将直接融入资本主义生产过程中。由于这种转变的发生有赖于数据殖民主义的占用行为,因而,从被占有的对象——人类的角度来思考被剥夺的感觉就显得至关重要了。

常江:以马克思主义的理论视角分析数据殖民主义,会面对什么样的困难?

尼克·库尔德利:一个阻碍我们理解当前的数据殖民主义的变化以及它与之前殖民主义(不仅仅是资本主义)的相似性的因素在于,人们普遍认为,自治主义(Autonomism)与其拥趸已经很大程度上介入现今的资本主义发展了。人们已经发现了社会生活全面转向资本主义的取向,但是他们仍然不清楚其机制,除非他们意识到了应该将工作的结构与规范拓展至整个社会生活领域。正如罗莎琳德·吉尔(Rosalind Gill)和安迪·普拉特(Andy Pratt)所说的:从社会工厂的视角来看,劳动被区域化、分散化和去中心化,从而整个社会都被置于对利润的支配之下。克里斯蒂安·马拉齐(Christian Marazzi)也表达了类似的观点:现今,资本主义的工作组织旨在融合工作和工人,使工人的一生都投入工作。但这种观点对于我们理解数据殖民主义毫无帮助。因为无论数据殖民主义是否将生活作为原材料,日常生活实际上都是一种劳动形式,或至少是与劳动相似的(labor-like)。

随着数据在全球范围内的差异化剥削中发挥的作用逐渐加强,为了解决这个问题,我们需要发掘一个新的点以抵抗21世纪资本主义独特的资源占有方式。我们观察这些发展的眼界不应该局限于欧洲过去半个世纪中社会化的资本主义,而应该着眼于全球范围内长达数百年的殖民主义与资本主义的纠缠。如果没有历史殖民主义对广阔的领土、自然资源与肉体的占有,工业资本主义就不会发生。与此相似,我们现今正在目睹另一场长期变革的初始阶段:通过包括数字平台在内的各种机制对日常生活实现殖民性占领,并进一步使其被资本吞噬。我们认为平台实际上产生了一种社会资本,就是说,平台是一种允许数据价值被占有与剥削,并与其他数据互相连接的"社会"形式。与其说是劳动的扩大化,不如说资本主义的生产过程的本质就是对自然资源的占有。这种占有方式使资本的所有主体以新的方式呈现,所以最有助于我们理解的,正是与资本主义长期发展相关的新阶段的殖民主义。

常江:围绕着数据殖民主义这种新的殖民主义形式,我们是否需要对"数据后殖民主义"的文化政治体系进行有意识的建构呢?正如萨义德和霍米·巴巴所做的那样。

尼克·库尔德利:我们可以通过回顾秘鲁社会学家阿尼瓦尔·基哈诺(Aníbal Quijano)的观点来获得启发。对基哈诺来说,理论研究的目的不仅在于通过"后殖民主义"超越殖民主义,而且在于通过"去殖民主义"思维从根本上挑战殖民主义的合法性。虽然他专注于历史殖民主义,但他的思想对于探讨数据殖民主义也非常重要。特别是去殖民主义的思想让我们明白,无论是历史形式还是新形式的殖民主义,只有在其核心思想被攻击时它才会奋力反抗;而其核心思想恰恰在于,使连续的占有自然化、必要化以及在某种程度上使其显得有助于人类的发展。我们必须放弃基哈诺所说的"绝对的普遍性"(absolute universality)。仅仅有"后"理论是不足的,我们需要的是"去"理论。即使我们已经发现了数据殖民主义试图创造人类社会新秩序的企图,但是也要明白,大数据的逻辑并不是唯一可能的人类秩序愿景。

常江:作为一个长期关注中国数字媒体行业和数字文化的学者,您能否为有志于从事媒介与传播批判研究的中国学者提供一些建议?

尼克·库尔德利:对我而言,中国可能是当今世界上最有趣的社会,因为我们可以观察到基于数据使用而建立的新社会秩序。从这个意义上讲,我没有办法向中国学者们提供建议,因为他们一定比我更深入地了解诸如阿里巴巴和腾讯这样的中国平台。如果需要我提供建议,那么我一定会说:要创造性地使用历史社会理论来阐释传播行为在建构新的社会秩序中所发挥的作用。这里的传播行为指称的是使一种社会关系得以重新组织的新的基础形式。中国政府似乎对这一目标很明确:在其所制定的政策文件中,目标是推出"改善社会和经济秩序的市场举措"。现在,社会理论和传播研究的责任是确切阐明随着中国社会的发展,这种实践将意味着什么。这是一个让中国和世界范围内的批判传播学者都倍感激动的时刻。

尼克·库尔德利相信我们目前正处于一种新的社会形态产生的初始阶段,而数据殖民主义正在为这种新的社会变动进行准备工作。中国传播学研究者和马克思主义学者得以目睹并亲历新的社会关系的形成过程,这为批判理论的发展提供了历史契机。学界"在历史中"创造性地进行着的社会理论构建工作,将是对当前的社会实践最为有效的摹刻。

图书在版编目（CIP）数据

新媒体文化研究选读/曾一果，王敏芝主编. --
北京：中国人民大学出版社，2024.9. -- ISBN 978-7
-300-33183-6

Ⅰ.G206.2-53

中国国家版本馆CIP数据核字第2024BU2064号

新媒体文化研究选读

曾一果　王敏芝　主编

Xinmeiti Wenhua Yanjiu Xuandu

出版发行	中国人民大学出版社		
社　　址	北京中关村大街31号	邮政编码	100080
电　　话	010-62511242（总编室）	010-62511770（质管部）	
	010-82501766（邮购部）	010-62514148（门市部）	
	010-62515195（发行公司）	010-62515275（盗版举报）	
网　　址	http://www.crup.com.cn		
经　　销	新华书店		
印　　刷	北京七色印务有限公司		
开　　本	787 mm×1092 mm　1/16	版　次	2024年9月第1版
印　　张	25.25　插页2	印　次	2024年9月第1次印刷
字　　数	563 000	定　价	88.00元

版权所有　　侵权必究　　印装差错　　负责调换